回想十年

[日]吉田茂 著
徐英东 田葳 译

下

北方文艺出版社

目录
CONTENTS

第二十一章　战争赔偿和补偿 001
第二十二章　战后混乱期的财政问题 027
第二十三章　关于超均衡预算费尽心血 046
第二十四章　从朝鲜战争到议和独立 077
第二十五章　预算升至一万亿日元 086
第二十六章　历经三次行政整顿 094
第二十七章　回首复兴重建的脚步 108
第二十八章　我国应走的道路 118
第二十九章　我的皇室观 167
第三十章　　回顾外交官生涯 181
第三十一章　留在我记忆中的人 211
第三十二章　书信和论文 243

第二十一章 战争赔偿和补偿

一、赔偿、补偿等事项的处理

核心是战争赔偿

战争的政治善后工作需要通过《和平条约》的缔结以及之后与交战国恢复邦交的谈判加以解决。另外，一系列经济上的善后处理工作也亟待解决。其中最为代表性的工作自然是日本对曾占领国家的赔偿问题，这在诸多场合都是恢复邦交的必要前提条件，因此从这个意义来看，经济赔偿问题也是一种政治上的善后处理问题。我将在后文对此加以详细叙述。众所周知，我在任期间仅有一些解决该问题的头绪，时至今日就整体而言依然没有最终解决问题。

战败后的经济善后工作除赔偿之外还有类似赔偿的补偿问题。大致分为两种情况：一种是对交战国俘虏和交战区无辜民众遭受的战争苦难进行的补偿，另一种是战时与同盟国之间的物资往来等方面我方尚未支付部分的处理问题。尤其是前者，对于交战国俘虏的补偿，《和平条约》第十六条特别做出明文规定，为此，日本将在中立国或原同盟国境内尚存的财产移交给红十字国际委员会。关于这些问题，我在任期间尚未处理的部分，大多在有关当局的继续努力下分别与对方成功完成了谈判。

另外，赔偿和补偿是完全不同的问题，因战争而中断的国有公司的外币债务偿还计划有必要重新制定。这是日本回归国际社会首先应履行的义务。关于这一问题，我们派遣专家并督促驻外使馆的工作人员进行解决。以下简要叙述一下上述各种问题的处理情况。

史无前例的战争赔偿

战败必然涉及赔偿问题，然而众所周知，太平洋战争的赔偿与第一次世界大战时的赔偿相比有很大的不同。这是因为战败之后的局势与《和平条约》对赔偿做出规定时的情况之间出现很大变化，而且，在具体实施赔偿的过程中，还做出不少与当初构想不同的修改。

说到日本赔偿的特殊之处，就是日本战败投降数年、日本周边形势发生巨大变化之后，赔偿原则才最终确定下来，必须说这是史无前例的。另外，赔偿原则的具体制定，是从军事控制中完全解放出来的战败国与索偿国在彻底的和平状态下通过外交谈判实现的，甚至没有确切的赔偿期限，这也是前所未闻的。上述异常与当时的特殊历史情况有着密切的联系。二战结束后不久，又打响了性质完全不同的世界战争，而且是以冷战的形式愈演愈烈。同时对日本进行占领管理的国家正是处于冷战另一方核心地位的美国。美国站在援助自由阵营中的一员日本复兴重建的立场上，帮助日本实现了基于信任与和解的媾和。

在最初规定日本赔偿义务的《波茨坦公告》的第十一条中有这样一项内容："允许日本保留那些可维持国家经济且对实现公正的实物赔偿有帮助的产业，但可以使其重新武装作战的工业不在此列。"该公告充分吸取第一次世界大战后对赔偿问题进行处理的经验和教训。然而其后的实际赔偿，至少在《和平条约》签署之前，都没有按照上述规定执行，都是由美国政府的意向所左右，而美国的想法也随着时间的推移和世界形势的变化做出明显调整。

《和平条约》签署前和独立之后

将战后十多年时的情况与被占领时期以及和谈独立后的一段时期进行大致区分的话，可以说赔偿问题也以《和平条约》的签署为转折点，其意义和性质均发生明显改变。《和平条约》签署之前采取中间赔偿的措施，即将应该以后确定的赔偿以预付款的形式按照最高司令官的指示进行资产的拆除移交。《和平条约》签署后与此不同，按照《和平条约》的规定通过与各个索偿国进行外交谈判来具体推进赔偿问题。这期间日本具有充分主张自己意愿的自由。然而，虽说应该按照《和平条约》的规定进行赔偿谈判，但由于作为主要索偿国之一的缅甸完全没有参加和平会议，因此形式上没有按照条约执行而是单独进行赔偿谈判。当然，谈判精神上，无疑遵循的是《和平条约》的第十四条原则。

从拆除赔偿到劳务赔偿

美方关于赔偿问题的方针在占领初期和和谈时期也发生明显改变，对此我要做一下简要叙述。占领初期的同盟国特别是美方的对日方针在于彻底永久地清除日本未来的作战能力。该方针与赔偿处理问题紧密相关。因此在当时日本国内尚存的工业设施中，被认为对发展国民经济非必需的设备全部被拆除，随后同盟国采取将这些设备移交至战时处于日军占领下的亚洲各国的方针，且部分已付诸实施。

这是鉴于第一次世界大战后德国赔偿失败的教训而采取的新措施，但设备的拆除和运输都需要巨额经费，这给我国的财政增加很大负担。这种情况下，加之占领后期，也就是在进入和谈准备期之后，美国的想法反而向不赔偿的方向转变，因此拆除设备进行赔偿的举措也就自然而然停止了。不过考虑到如果日本完全不赔偿，直接战争受害国不可能同意参加《和平条约》的签署，故而如后文所述，在条约草案中加入劳务赔偿的原则。

二、拆除赔偿的意义和效果

用现有物品作一次性赔偿

1945 年 9 月 22 日公开发表的《投降后美国对日初期政策》中有一项是"针对日本侵略的赔偿方法"。其中有两个规定：一是规定日本境外的日本财产遵照同盟国相关当局的决定移交，二是除日本经济所需以及对占领军的补给所需之外的物资、设备等都要移交。前者原封不动包含在之后的《和平条约》内，因此对于日军占领区域之外的一般同盟国的赔偿可视作已经完成。而后者即为接下来将要叙述的拆除赔偿。虽然这一方式中途停止，但上述两种赔偿方式都是出于希望尽可能利用现有物品一次性赔偿完毕的想法。

第一次世界大战后作为战败国的德国承担的赔偿是完全无视其支付能力的苛刻的金钱赔偿，因而在履行赔偿义务时才陷入僵局。为打破这一僵局，最终反而陷入向德国注入超过赔偿额的援助资金的窘境，而且这也成为招致纳粹势力抬头的诱因。拆除赔偿无疑是鉴于这一沉痛的历史教训，出于避免日本被长期课以沉重赔偿负担的考虑。

波利调查团的来访

美国政府为上述拆除赔偿能够顺利进行，调查移交的赔偿物品，派遣以埃德温波利大使为团长的使节团访日，用一个多月的时间对日本各地进行视察。其中间报告于12月7日公开发表，报告中波利大使就赔偿缴纳原则表达了如下意见："过去日本的工业发展带有浓厚的军备扩张色彩，即使停战后的今天，相对于日本国民平时的经济需求依然拥有明显的过剩能力。通过消除过剩的部分完成解除日本武装的同时，可以将这些设备移交给遭受日本侵略的国家，来帮助这些国家复兴经济、提高生活水平。"并建议我们应尽快开始拆除工作。随后列举出需要拆除的包括全部陆海军兵工厂在内的大范围的生产设备。

拓展阅读：

  波利中间报告中列举的工业设施如下：（一）一半的加工机械制造能力；（二）全部陆海军兵工厂；（三）全部飞机工厂；（四）全部球状及滚柱轴承工厂；（五）在对占领不会产生影响的情况下二十个造船厂的全部设施；（六）年产量超过二百五十万吨的钢铁生产能力；（七）一半以煤炭为燃料的火力发电厂；（八）除金属精炼厂附属工厂之外的全部催化法硫酸工厂；（九）四个苏尔维制碱厂中最新式的一个工厂；（十）41个电解苛性碱工厂中的二十个工厂；（十一）全部轻金属工厂。轴承厂、全部轻金属工厂以及大部分造船厂和硫酸厂等与军事目的并无直接关系的部门也被视作拆除对象，而且通过将钢铁生产能力限制在远低于平时所需的250万吨之内，从中可以看出将日本非军事化的意图是何等的明显。

严厉的波利中间建议

  关于中间拆除赔偿的上述报告从我方立场来看，只是急于消除日本潜在的军事力量，完全没有将日后日本人口的增加充分考虑在内。当时百废待兴，日本疲于恢复经济，但看起来该报告对这些并未给予考虑。政府看到这份报告后，马上决定设立由外务大臣我领导的以政府和民间有识之士组成的赔偿协议会，商讨在拆除指令执行时尽全力避免混乱和摩擦的对策。另一方面，各相关行政部门一同探讨报告的具体内容，就其中的若干内容提出放宽政策的要求。①

虽然我明白使节团在我国的生活水平问题方面持有相当严厉的看法，而且没有充分理解日本的经济本质，存在纸上谈兵之处，但从赔偿这件事的性质来看，让对方理解战败国的理由和立场是极其困难的。但相关负责人在短时间内准备出确实可靠的材料并努力进行说明，最终我方的主张在一定程度上获得认可。尽管从1946年5月到12月间，远东委员会正式在被采用的中间赔偿计划里新添加了一些需要拆除的种类，不过对折除硫酸厂和轴承厂的要求有了很大松动。

波利使节团于1946年11月向杜鲁门总统提交了最终报告。这份报告遵循之前已经公开发表的中间报告的严厉路线，在某些方面甚至进一步扩大范围，提出加强拆除赔偿的力度。

美国国内的批判

自该报告公开发表时起，美国国内就开始出现批评的声音，并引起反省，认为虽然要求日本赔偿理所应当，但太过苛刻的条件，

---

① 关于中间赔偿的实施准备方面，政府在1946年10月在停战联络中央事务局内新设立了赔偿部，作为与总司令部关于赔偿问题的联络处以及政府内部实施工作的综合运营核心部门。而且，拆除一开始，该机构就出现扩大的需要，1948年2月起成为首相府外设局的赔偿厅。1952年4月28日《和平条约》生效后，该部门撤销。

会没有必要地削弱日本的国力，从而增大美国占领费用。这种批评的声音逐渐传达到美国政府内部，结果，美国决定再次派员调查日本的实际情况。1947年1月，美国派遣以陆军部斯特赖克为委员长的调查团赴日，在各地进行大约三周的视察。这次的报告书并未公开发表，但与波利的报告不同，该报告认识到日本经济的特质，是从促进日本自立的角度出发进行的撰写。正是因为这份报告的影响，在远东委员会于当年5月决定的赔偿原则中才同意采纳以现存的财物（即库存产品）以及将要生产的财物（即新的产品）进行赔偿的方式。

在此过程中，远东委员会的各成员国之间也有一种微妙的气氛。在东京，代表各成员国的对日理事会成员们也受到美苏两国间紧张气氛的影响，关于日本管理很早就显现出貌合神离的对立状态。而后在欧洲方面，英美等西方阵营和苏联阵营也围绕对德议和一事出现明显分歧，这种分歧渐渐带有军事色彩，西方特别是美国认为因为赔偿而弱化日本是不利的，应促进日本经济的稳定以建立反共壁垒。

拆除的部分执行与中间赔偿的中止

上文提到的远东委员会采纳的中间赔偿计划在相关各国中分别进行，1947年4月，根据代表远东委员会的美国政府的决定，先将预定拆除的三成工业生产能力立时移交，并向同盟国最高司令官下达相关指令。根据指令，该部分工业生产能力分配如下：一成五给中国，半成给菲律宾，半成给荷兰（荷属东印度），半成给英国（缅甸、马来以及其他远东殖民地）。

以上预付计划的第一部分先从兵工厂等开始着手，1948年1月，以第一艘运输船驶向中国为开端，开始进行中间拆除和运输。然而，如前文所述，美国的方针因美苏对立而有所改变，1949年5月，美国发表声明停止中间赔偿拆除，美国关于按国家分配的提案也就此取消。因此，除已经分配的部分，其余设施停止拆除，1950年5月开往菲律宾的最后一艘运输船为移交画上了句号。这期间移交给各国的设施价值以1939年的汇率计算，约为1.64亿日元。

拓展阅读：

　　1957年5月号的《文艺春秋》中有一篇伊藤正德的名为《大海军的遗产》的文章。下面是该文章中的一段话，大概能够从侧面反映出当时的拆除赔偿吧。

　　"停战之后，中华民国政府要求将神户的川崎造船厂作为其战利品。由于造船厂是私有财产，因此事情陷入僵局，最后从吴海兵工厂将一对子母齿轮切削机作为赔偿运往中国。这是曾在大和战舰的建造过程中使用过的切削机，是一台直径为五米半的庞然大物，其中的小切削机直径也有三米，可以称得上是天下极品。英美赔偿委员们颇为不解：'这些我们都很少使用到的设备，中国拿去打算做什么呢？'但是中国委员却因为听说日本海军的齿轮切削机是日本的国宝，就格外想要得到，想方设法地弄到自己手里。然而共产党治下的中国受工业技术水平所限，直至今日也未能熟练使用该设备。从1957年3月到现在，大切削机被草席裹着在上海仓库里已经闲置十年之久。而当我们试图去寻找小切削机的下落时，却得知它们母子相别，以同样的状态被孤零零地深锁在天津仓库里。应该说这是一对天下难寻的切削机。"

三、所谓的不赔偿与劳务赔偿

何谓"不赔偿"？

旧金山体制是本着不赔偿的精神制定的，这在社会上广为人知。实际上我也在用这种说法进行解释。然而，它只是从大方面体现出条约精神，最终签署的《和平条约》的相关规定绝非不赔偿。这是因为，《和平条约》在第十四条的开始部分就规定"日本对于战争中造成的损害和痛苦，应该给予同盟国相应赔偿"，同时，具体的赔偿方法也在同条款中做出明文规定。不过上述赔偿原则后面的内容承认："但是，日本目前拥有的资源不足以支持一个自主的经济体，且不足以完全赔偿上述之一切战争伤害，同时也不足以支撑履行其他债务偿还。

因此从严格意义上来说，《和平条约》规定的并非不赔偿，只是对日本国民来说，即便要在未来长期担负沉重的负担，也无法支付赔偿，尤其作为主要交战国的美国、英联邦、荷兰各国承认这一原则，并接受不赔偿。作为最大交战对手的中华民国也很快表明不要求赔偿的相同态度。

日本的微妙立场

回顾当时的实际情况，美国考虑通过快速推进日本的稳定复兴，从而使日本作为自由阵营防卫的一端，为此持续给予日本大量援助。美国作为太平洋战争的主要交战国，且作为获得胜利的核心势力，原本应该有要求赔偿的最大权利，却反而站在必须向战败国注入大量财物的立场上。这种情形下，如果日本对交战国的任何一国重新支付赔偿，换句话说就等于美国在支付这笔赔偿。这是不合理的，美国也难堪重负。

此外，几乎每个同盟国都多多少少在接受美国的直接援助。接受美国援助的同时，却通过向日本索偿来间接地增加美国的负担，各同盟国无法提出这样的要求。由于上述各种原因，对日《和平条约》的不赔偿原则比较容易地得到主要参战国的认可。

但另一方面，居民的生命财产因日军占领受到损害的国家当然不会接受这一原则。虽然不赔偿，但在同盟国领土内的日本财产如果由各国政府处理或者变卖折现，可以视作已经赔偿。然而，这类财产在日本的占领国中相对较少。而且，从遭受到战争创伤的国家的国民感情来看，含有不赔偿条款的《和平条约》令他们无法接受也属正常。

在杜勒斯方案制定的最终阶段，不赔偿这一观点发生改变，在条约中加入被称作劳务赔偿的新方式。即，通过为索偿国加工其提供的原料、或为其打捞和拆解沿岸水域的沉船等方法，以避免给日本带来外币负担的形式实现对被占领国家的损害补偿。

拓展阅读：

　　《旧金山条约》决定的赔偿问题包含在第五章"请求权及财产"中，分为三部分进行规定：（1）日军的原占领区；（2）一般同盟国地区；（3）中立国。

　　规定对第一部分中被日军占领破坏的地区执行所谓的劳务赔偿。关于第二部分的一般同盟国，其境内的日本财产由各国自行处理或变卖折现，将此视作赔偿已经执行。第三部分与所谓的赔偿有所不同，作为对战时俘虏的补偿备付款，将留在中立国和日本原同盟国内的日本财产交给红十字国际委员会。

会议前的谅解工作

在杜勒斯先生的苦心斡旋下，索偿国终于同意参加旧金山会议，即便如此，缅甸还是以对条约草案的赔偿条款不满为由拒绝出席，因此我们担心好不容易才出席会议的菲律宾和印度尼西亚等国也因而拒绝签字。如前文所述，我到达旧金山之后，在杜勒斯等美国官员的建议下，抽出时间，亲自拜访相关国家的代表团或者派我方代表团的要员与对方代表团协商，总之诚心表明我方愿努力赔偿的想法。

努力的结果不得而知，但最后参会的国家除苏联及其卫星国，其他国家都在条约上签了字。然而，菲律宾、印度尼西亚两国的代表在会议上的演说中，十分露骨地表明要严厉追究日本的赔偿责任并要求执行赔偿。很显然有三个国家将成为主要求偿国。因此日本如果不能解决与这些国家的赔偿问题，就算迎来媾和，也会陷入"亚洲孤儿"的困境。

四、开始执行的劳务赔偿

自以为是的四项原则

在交战国中，虽然也有两三个国家最后决定放弃对日本的赔偿请求权[①]，但主要求偿国还是如前文所述要求严厉追责。于是随着《和平条约》的签署，解决东南亚主要求偿国的赔偿问题成为新的重要课题。因此在签署条约的9月末，决定设置各相关行政部门之间关于赔偿问题的联络会议，并设立由外务省、经济安定本部、大藏省以及通商产业省等各部门官员组成的赔偿商讨会，针对基本方

[①] 与《旧金山和平条约》无关的中华民国和印度单独签订的《和平条约》分别于1952年4月28日和6月9日生效，两国皆放弃对日本的赔偿请求权。而且在之后的1954年秋，印度中国三国中的柬埔寨也出于对我国的同情表明放弃赔偿请求权。

针和具体实施政策进行商讨和调整。

我们当时的想法是完全接受《和平条约》第十四条的规定，确定赔偿义务仅限于劳务赔偿，不通过金钱和工业产品进行赔偿的基本方针。基于该方针设立四项条款，即：提供劳务作为赔偿，原则上不超过财政经济的承担能力；劳务赔偿的履行限于我国有余力的情况；提供劳务赔偿在不会给我国的外汇储备带来负担的范围内进行；接受加工不妨碍平时的出口。我方基于这四项条款的原则，与各求偿国进行谈判。然而，无论哪一项原则对我国来说都是只考虑自己，严格来说的话，哪一项都很难实现。而且，外交谈判必然有谈判对象，如果严格遵守四项原则的话，谈判明显会陷入困境。正如后文也会提到的那样，条约中我方主张的劳务赔偿条件在缅甸赔偿中首先遭遇失败，不仅增加生产资料赔偿，还在赔偿协定的实行过程中逐渐被对方强迫要求将生活资料也列入赔偿项目之中。

走向与亚洲各国的共存共荣

我关于赔偿问题的想法是：这不仅仅因为它是条约规定的义务，对各求偿国补偿在战争中的损失是理所应当的，希望通过支援这些新兴发展中国家发展经济，努力提高其生活水平，为亚洲地区带来稳定的同时促进亚洲繁荣，也就是所谓的共存共荣。下文将对此进行叙述，我方打破劳务赔偿的原则，同意将生产资料列入赔偿项目中，也是出于进一步提高赔偿效果的想法。

在《和平条约》签署那年的12月份，印度尼西亚赔偿使节团来访；次年即1952年1月，我方派遣使节团前往菲律宾，在《和平条约》生效之前便开始赔偿谈判，并取得一定进展。1952年4月28日，《和平条约》完成必须数量的批准交存，正式生效，但是菲律宾和印度尼西亚两求偿国以未解决赔偿问题为由未予以批准。对于这些国家而言，赔偿问题的解决是恢复邦交的前提条件，因而希望与东南亚诸国达成亲善关系的日本有必要尽快推进谈判进程。

来之不易的中间协议最终流产

在与菲律宾和印度尼西亚两国的谈判中，东久迩内阁的阁员（大藏大臣）津岛寿一被聘请为外务省顾问。当时对方要求的赔偿数额巨大，我国很难接受，谈判因此陷入僵局。

于是，在1952年1月，与印度尼西亚商定先将确定赔偿总额的谈判推后，首先关于原则性的赔偿大纲达成一致意见，并草签中间赔偿协议。作为赔偿的一个环节，1953年12月，与印度尼西亚签署沉船打捞协定。然而，之后印度尼西亚方面以先决定赔偿总额为由，迟迟不肯推进上述协议的议会审批程序，协议就这样化为泡影。菲律宾方面，有关赔偿总额的谈判也一直没有进展，尽管在1953年3月达成打捞沉船的相关中间赔偿协议，但在打捞劳务的折算方面却未达成一致，以至于协议无法实施，白白浪费了时间。

在这期间，与缅甸之间的赔偿协议竟出乎意料地进展顺利，在别国之前达成了协议。缅甸赔偿问题的解决不仅对其他求偿国来说是一种刺激，赔偿金额和方式也成为先例和雏形，为赔偿问题取得进展做出贡献。因此，下面详细谈一下对缅甸的赔偿情况。

缅甸赔偿问题创造先例

对缅甸方面，我国于1952年11月在仰光开设了总领事馆，通过这一机构就赔偿问题与对方进行一定程度的非正式探讨。我在1953年9月派遣外务大臣冈崎胜男作为亲善使节访问菲律宾、印度尼西亚和缅甸三国，以赔偿问题为中心深入交换意见，并以此为契机，与缅甸的谈判取得重要进展。

与各求偿国间的谈判过程中，比较明确的问题是：如果坚持劳务赔偿的原则，回避工业产品赔偿的话，作为一个现实问题，不仅很难取得对方的同意，在技术上也很难顺利实施赔偿。当然，说到劳务赔偿，如果在劳务方面涉及若干消费物质，我方也并非坚持回避这种情况，但最初并没有想将赔偿主体定为国内的产品。不过，如前文所述，我们非常清楚在进行会谈时对此进行坚持实际上很难让对方接受。

于是，派遣冈崎特使出访时，我们下定决心，赔偿项目即使是新生产的产品，如果是生产资料的话，也不必刻意回避。如果生产资料不会带来特别的外汇负担，且对将来日本经济发展有积极作用的话，就可以解释为并不违背《旧金山条约》的精神。

拓展阅读：

冈崎特使访问东南亚三个月前，也就是1953年6月17

日，在第十六次国会众议院的会议上，社会党议员铃木茂三郎就东南亚贸易和赔偿问题提出质询，吉田首相在答辩中做出以下阐述：

"劳务赔偿之外进行实物赔偿，我认为是很合理的，因为我们必须要考虑到对方究竟要求和希望什么样的实物赔偿，并且要考虑到无论如何，日本也要为东南亚各国的发展和复兴尽最大努力。条约上规定了将劳务赔偿作为原则，但是根据会谈的实际情况，加入实物赔偿也是理所当然的，而且只要日本财力允许，我们希望能做出更多努力。"

冈崎与缅甸政府首脑之间进行深入磋商，就包括生产资料在内的赔偿原则，以及在协定中加入经济合作内容的方式交换了具体意见。1954年8月，以外务大臣代理人吴桥碾为团长的使节团来访，完成了最终谈判。之后在9月25日草签《和平条约》和赔偿协议，正式签署则是11月4日冈崎外务大臣再次访问缅甸时在仰光与对方的吴桥碾之间进行的。

缅甸赔偿的内容

缅甸赔偿协议达成的意义除上述"新方式成为先例"之外，还在于赔偿总额对其他求偿国来说也是一个标尺。其内容是：在未来十年内，通过每年平均支付2000万美元，也就是提供总额相当于两亿美元的生产资料和劳务来进行赔偿，此外，十年内每年平均提供500万美元即总额为5000万美元的经济援助。另外,5000万美元经济援助中的2000万美元可以通过政府借款支付。

缅甸赔偿中还有一事必须提一下，双方还约定根据将来日本给予其他求偿国的赔偿条件，缅甸可以要求对本协议重新进行协商。这是因为缅甸虽然同意签订协议，但担心以后日本会提供给其他求偿国比自己更为有利的条件，所以在协议中加入了这一条。有一天，缅方提出要求时，日本必须同意再次谈判。

与缅甸之间的赔偿协议是在我第五次内阁后期去欧美访问，不在日本期间签署的，得到国会批准时，我已经下野不再担任首相。协议于1955年4月16日开始生效，至此，封闭的赔偿之窗终于通过缅甸赔偿问题的解决成功获得开启。

受挫的菲律宾赔偿谈判

冈崎特使访问东南亚后，又派遣大野胜巳公使和倭岛英二公使分别前往菲律宾和印度尼西亚关于赔偿问题进行试探性访问。与印度尼西亚的谈判后来也未取得重大进展，而在菲律宾，我方的大野公使和对方的格鲁西亚外相在赔偿总额和年限上大体取得一致，随后在20年内支付总额4亿美元这点上达成谅解，于1954年4月完成草签。日本负担4亿美元，但菲律宾方面要委托给日本价值10亿美元的工作，我记得当时是这样解释的。

从经济价值的观点来看，这种解释也能成立，但从接受方的立场来说，这一折算却未必令其满意。果然，菲律宾国内的反对声音特别是对条约拥有决定权的上院的反对声音非常强烈。为此，我方派往马尼拉正式签署条约的村田省藏首席全权代表一行只是进行了形式上的正式谈判，最后无功折返。

不仅限于菲律宾，我认为虽然从国民负担方面考虑赔偿的支付问题十分重要，但同时，应该着眼于深化日本和对方将来的经济关系。换言之，如何使赔偿发挥最大效益对当事国双方都很重要。我之所以多次就赔偿问题烦劳具备多年实业界经验的永野护先生到当地考察，就是希望从大局角度研究如何有意义地进行赔偿。从这个意义上说，一味地控制赔偿总额不是好办法。在大野和格鲁西亚签署协议时，我方也有强烈的反对声音，认为赔偿数额过多，但我认为迈出这一步从大局上来看是有必要的，因此才指示赔偿4亿美元。

大野·格鲁西亚协定的余音

这是大野·格鲁西亚协议签订后的事。我在欧美访问，到达美国时，恰巧也在纽约的菲律宾上院议员拉吴雷鲁说想私下见我，于是见了一面。拉吴雷鲁说："大野·格鲁西亚协议并不合理，能否取消这一协议重新进行谈判？"我回答说："我们希望与菲律宾恢复邦交，并且进一步加深友谊。因此，当然想改善通商关系。如果阁下对我方的这种心情真正有所共鸣，即便如阁下所愿取消协议重新谈判也可以。"拉吴雷鲁似乎对我的答复颇感意外，顿时面露喜色，说道"我马上与本国进行联系"，便离席而去。

我去华盛顿时拉吴雷鲁再次来访，向我通报他们国内对我的上述谈话非常满意，强烈希望开始重新谈判。我回国后马上再次请永野护先生重新制定谈判计划，但最终因为不久之后我随着内阁总辞职下野而未能实现。

不久前，菲律宾赔偿问题终于解决，永野护作为协议正式签署全权代表团的一员出发前，让我给拉吴雷鲁写封信。我写道："听闻与阁下在华盛顿的谈话成为转机，协议即将签署。我想阁下应该很满意，我也很欣慰。两国邦交正式恢复后，将成为远东繁荣与和平的基础。"后来，永野君带来他的回信，信中对方显得非常高兴。

五、类似赔偿的其他补偿

如前文所述，战后经济上的善后除对上述日本原占领区各国的赔偿之外，还有对同盟国军队俘虏的补偿以及原轴心国各国间遗留的未决核算问题的清理。前者在《和平条约》第十六条中已明确阐述。

对俘虏补偿四百五十万英镑

关于对俘虏的补偿问题，英、法、澳等12个相关国家的前军人在伦敦设立类似于利益共同体的执行委员会，由曾任新加坡守备司令官的英国帕斯瓦尔将军担任委员长。我在欧美访问，到达伦敦时，这位帕斯瓦尔将军要求与我会面，希望我方能够尽快履行《和平条约》第十六条中规定的补偿义务。

《和平条约》中明确规定，作为俘虏补偿的资金来源，将中立国内的日本财产移交给日内瓦的国际红十字委员会，然后由其进行恰当分配。中立国内的日本财产，当时在瑞士国家银行有一大笔存款①。日本政府的想法是用这笔存款进行上述补偿，而瑞士政府自身也要求日本对战争中瑞士在日本及亚洲地区的本国商社和国民遭受到的人员、财产损失进行补偿，因此上述存款被瑞士政府冻结，日本无法自由支配。出于这个原因，对同盟国俘虏的相关补偿也一拖再拖，正在此时，我到访英国。

我对帕斯瓦尔将军做出保证：既然条约上已经约定补偿，我方一定不会食言，将军对此表示体谅。恰巧那时原驻日公使诺曼·罗伯茨就这一问题赴东京进行谈判，与访问英国的我失之交臂。我结束美国的访问归国时，即11月中旬，东京的谈判已经接近尾声。最后商定，日本向国际红十字委员会预付450万英镑，时间不晚于1955年5月，将此作为已经完全履行《和平条约》第十六条的义务。

11月30日，上述协定由执行委员会代表罗伯茨公使和我方外务省代表签字确认，次年5月，日本外务省代表和英国外相麦克米兰正式交换公文，现金支付也已结束。双方决定一半金额使用美元或者其他可自由兑换的货币支付，另外一半使用英镑支付。由此，与12国的问题得到解决。

对荷兰被扣留市民的慰问金

荷兰政府要求日本政府对日军在占领期间向普通市民施加

---

① 约8000万瑞士法郎，瑞士的补偿要求于1955年1月21日在伯尔尼通过协商得以解决，日本政府与瑞士政府签署协定并执行：（1）追加承认瑞士政府已于1949年作为补偿从日本资产中扣除的242.66万瑞士布朗；（2）在一个月内支付1225万瑞士法郎。

的虐待行为进行补偿。这笔钱与上述瑞士的补偿要求性质相同，不属于《和平条约》规定的义务。但和瑞士不同的是，我与荷兰外相斯特克尔在签署《和平条约》时正式约定要进行补偿。虽然我在任期间最终未能解决，不过我与此事有关，因而在此做简要记述。

日军在后来的印度尼西亚共和国，也就是战时被称作荷属东印度的地区战斗较少，但对其进行过长达五年的占领，其间扣留了在此居住的荷兰国民大约11万人，自然遗留下众多问题。据荷兰方面说，受害者人数众多，其中因营养失调而死的人员约1.8万名，遗留的寡妇和孤儿约1.1万人，另有残疾人约1万名。

对此，我去旧金山参加媾和会议时，作为荷兰代表参会的荷兰外务大臣达克·斯特克尔强烈要求我方就特别补偿加以考虑，我对此表示接受。此前已经记录，和谈会议召开之前，在杜勒斯等美国要人的提示下，我先后拜访几个相关国家的代表，为取得谅解付出努力。其中便包括我与荷兰代表的会谈。

斯特克尔表明以下的态度：条约草案（第十四条 b 项）中要求除规定的赔偿外，同盟国以及同盟国国民均应放弃一切索偿权。荷兰政府对此表示理解，但希望日本政府出于良知，对于荷兰国民实际上遭受到的巨大财物损失和心灵创伤，主动进行适当的补偿。并希望和谈会议结束前能得到我方对该问题的确切回复。我对此痛快地表示同意，回答说，应该在两国另行协商后进行适当的补偿①，斯特克尔代表对此表示接受。

各国要求结算特别日元

应该说，战争中日本与原日本盟国间有些尚未结清的账目，即所谓的特别日元处理问题，其实与《和平条约》没有关系。战争最初，由于法国的维希政府处于被德军支配的状态，日军进驻印度中国是在法国政府的同意下进行的。因这一关系，两国甚至签订了《日法金融协议》，在我国的横滨正金银行设立印度中国银行的特别账目，以此完成在当地的物资筹措。战后法国多次要求日本对未结算部分进行结算。开战之后不久，日本便与泰国结成军事同盟关系，并在横滨正金银行设立泰国的特别账目，以此在当地进行物资筹措。与原盟国意大利之间也有类似的关系，因此遗留有巨额未结算的账款。相关国家屡次要求处理此事，我方当局者多方虚与委蛇。

不过，在我访问欧美，到达意大利时，意外受到谢尔巴总理关于结算的催促。我表示一定会履行国际义务，并解释日本由于战败债务负担沉重，正为如何解决绞尽脑汁。意大利由于立场相同，能够理解战败带来的痛苦，因此对我方立场表示谅解。我回国后很快便不再担任首相，未能亲自解决这类问题。但我认为后来的执政者

---

① 9月7日斯特克尔外相的信件与8日吉田首相的回信作为公文的交换，标志这次协商正式成立。基于这一承诺，两国间正式签署协议是在1956年3月13日，我方外务大臣重光与荷兰代表罗伊希林署名，经国会同意后于6月1日正式生效。协议的内容有："日本政府对日本在第二次世界大战中给荷兰国民造成的痛苦表示同情和遗憾，因此自愿支付荷兰王国政府相当于1000万美元的英镑作为慰问金。"上述补偿每年支付200万美元，五年支付完毕。

为此付出诸多努力。

回想补余：

外债处理与吉田首相——津岛寿一（防卫厅长官）

　　战后十年里，我与吉田首相在东久迩内阁时期同为阁僚（藏相与外相），受到开除公职处分期间，吉田首相也经常向我询问国际经济、外资引进以及《和平条约》问题等方面的意见。恢复公职后（1951年8月），适逢签署对日《和平条约》，我被吉田首相委任为外务省顾问，负责与印度中国、菲律宾之间的赔偿谈判。此外,1952年夏天我到纽约负责战前外债的处理工作。1953年，我成为参议院议员后，担任吉田总裁领导下的自由党外交调查会会长。

　　我本人对吉田首相最为钦佩的是，吉田首相尊重国际信义，在履行对外义务方面充满热情和诚意。其施政的远大目标在于：恢复我国因战争而受损的国际信誉，谋求在恢复信誉的基础上引进外资，以期有利于日本的重建。我认为这一想法对吉田首相有很大影响。

　　我负责赔偿谈判，这在对日《和平条约》成立但还未生效时就已开始进行。这体现出日本想尽快履行《和平条约》第十四条义务的精神和诚意。与印度尼西亚在1951年12月至1952年1月进行赔偿谈判，又从1952年1月至2月与菲律宾进行谈判。

《和平条约》第十八条规定日本需要对战前外债进行处理。吉田首相对尽快开展这类谈判显示出极大热情。恰逢1952年春天德国的战前债务处理国际会议在伦敦召开，日本的外债处理会议无奈只得改成同年7月份在纽约召开。纽约会议召开前，吉田首相在同年3月末采取坦率表明我方支付外债精神的方式。即，向英国政府提议，考虑到英国债权人的利益可将外币持有额中的两千万英镑存入英格兰银行，并付诸实施。存期为两年，与英镑债务处理有关时，应向债务人支付的部分可在中途提取。这一金额相当于日本英镑债务本息的40%。英国政府十分高兴，特别在伦敦市场，对这一罕见的喜讯表示热烈欢迎。吉田首相为恢复日本的国际信用下了很大本钱。

实际上，我在当年2月自菲律宾回到国内时，吉田首相就将这一构想告知于我，我对这一高明的举措表示赞成。当时首相表示将存款3000万英镑，但实际执行时却变成上述的2000万英镑。

在英国之后，又将2000万美元作为对美外债偿还金存入纽约联邦准备银行。当时法国驻日大使德江向我表示希望与英美一样，将法国作为适量额度的外币存款方。但由于外债额极少，决定不采取相同做法。

在纽约会议上日本与英美签署了《战前外债处理协定》。

谈判一开始日本就提出，不讲任何条件，严格按照原合同的利率等条件履约，并立即重新开始支付。因此问题很快得到解决。不过，日本提出希望债权国对战时、战后十年的时间差给予考虑。这一点与意大利、西德的处理条件相比完全不同，全面实现了吉田首相的支付精神。该做法为恢复日本的国际信用从而打开引进外资之路做出了巨大贡献。

正因为始终贯彻这一精神，对方才同意全部解除战前外债的相关担保，并提供各种便利，连现在的电力借款都很容易获得。另外，对方还同意由极度困难的东京银行作为财务代理人。

我想，在一般的外交方面也是同理。尊重国际信义、履行条约义务的精神是外交上的最大支柱，我可以毫不犹豫地说，吉田首相就是最典型的这样的人。

第二十二章　战后混乱期的财政问题

一、第一次吉田内阁的财政政策

新政拥护者的领导欲

我第一次不得不意外接任内阁是在停战后不久的1946年5月20日。在财政经济政策方面，毫无疑问，首先必须着手进行的是继续东久迩、币原两任战后内阁未完成的战争善后工作。同时，制定针对粮食、煤炭等重要必需物资不足和匮乏问题的相关对策以及早日实现财政、经济稳定的相关方案。

然而，占领军总司令部的对日管理政策当时仍然十分严格，对我国政府施加所谓内部指导的欲望特别强烈，因此在现在看来，对方在财政、经济方面自然也对日本内政进行过很多干涉。特别是总司令部内负责财政经济的部门经济科学局，其局长马库特少将是保护麦克阿瑟元帅逃出巴丹半岛的护卫之一，是自菲律宾战役以来一直跟随麦克阿瑟元帅的老军人，在财政经济方面同我一样没有多少知识和经验。但其从美国本土派来的下属文官中有不少所谓的新政拥护者。尽管这些新政拥护者谈不上是真正的社会主义者，却是计划经济的信奉者。他们认为可以随意人为地决定一国经济的存在方式和发展模式，打算根据描绘的蓝图，在日本实践他们的理念，并对此充满野心和热情。因此如前文所述，他们自然总是意图对日本政府进行内部指导，与其周旋的我方负责人所付出的艰辛非同一般。我本人除接触麦克阿瑟元帅之外，还与局长级别的人员进行过两三次会面，但自此以后便几乎再也没有会面商谈的机会，只是通过报告对新政拥护者有所了解。当时就连大藏大臣都要每周一两次按照约定日期与经济科学局局长等该局领导会面，或接受诸多指示，或阐述我方情况以求谅解。而大臣以下的事务部门人员几乎踏破总司令部的门槛，经常前去听取无理要求，接受训斥。

让老成持重的人担任藏相

在组建内阁之际，出于上述原因，我认为经济方面的大臣无论对内对外都必须是老成持重的人。从这一意义上来看，农林大臣的挑选最为辛苦，同样是经济方面的，负责财政和金融的大藏大臣一职，能够顺利请出石桥湛山（之后的首相）担任就颇为幸运了。

我原本对财政、金融方面的事情就不太熟悉，关于组阁，我的想法大致如下：

第一，大藏大臣这一职位，必须由具备高水平的学识和见解，坚持主义主张，不为小事所动，哪怕被说成顽固和强硬也会坚持到底的人来担任。

第二，由于当时处于粮食不足、生产不足的匮乏时期，恢复和提高生产力自然是当务之急，然而这一问题必须兼顾喧嚣一时的高通货膨胀危险。

第三，任何事都不能任性妄为、自由放任，但以战败后的民心来看，贯彻强制性政策相当困难，而且无论民众还是企业，如果单纯依靠国家补助金或救济的话，永远无法以自己的力量重新站立起来，因此必须尽可能避免国家管制。

万事托付于石桥藏相

我与石桥平素交往并不多。不过我早就听说他从战前开始就是自由主义倾向的经济杂志《东洋经济新报》的主编，并且作为"街头经济学家"具有相当不凡的见解，因此在党内的推荐名单上看到石桥的名字时，我毫不犹豫地决定任命该人为大藏大臣。我仍记得石桥强调"当前首要任务是恢复和提高生产力"。

我决定由石桥担任大藏大臣后，社会上马上有人出来批评说：坚持废除管制论、支持通货膨胀论的人进入内阁算是怎么回事？但是石桥的废除管制论与我的想法是一致的，主旨都是尽可能消除管制带来的消极面，打造生机勃勃的经济态势。对于由前内阁遗留下来的中止偿还战时政府债务问题，石桥君一开始就坚持必须偿还的观点。我脑海中关于此事虽记得《破产管理办法》之类的处理手段，但由于太复杂，实在不明白。

我有两三次听过关于通货膨胀的争论，诸如凯恩斯的完全雇佣如何如何之类的内容，总之主旨是不应采取矫枉过正的手段。现在想来，当时的状况好像已经到了通货膨胀无法避免的地步。只不过，"通货膨胀的无法避免"也好，"无止境的泥沼"也好，社会上以第一次世界大战后的德国状况为例，对此类说法争论不已。石桥在这方面的意见是：首先解决生产力不高、物质匮乏的问题，以此遏制住通货膨胀的加剧，并在此基础上对财政和金融进行适当的控制，从而避免发展到失控局面。

当时处于非常之期，我信赖石桥，将财政经济方面的事务全部委托给他，以便于石桥实施自己的想法。其实委托一说只是表面好听而已，对我来说，除此之外别无他法。

中止战时债务偿还问题与司令部

当时所谓的新日元经济[①]勉强进入第三个月，战后的混乱局面完全没有得到控制，粮食配给根本无法保证，甚至出现粮食危机的说法，每天充斥在耳边的都是对生产进行管制、突击检查、检举揭发等内容，生产完全没有进入正轨，局面一片混乱。好不容易才控制住的日本银行券数月间不断贬值。如果不坚决进行战争的善后处理，使新经济走上新的轨道，即使新日元经济，也不过是水中捞月

---

① 1956年2月17日，为稳定民众生活，币原内阁制定了一系列紧急经济政策，如金融紧急处置令、日本银行券存入令等，与诸多紧急敕令一同发布实施。这些措施主要规定：（1）停止支付并冻结存款；（2）3月2日之前将所有5日元以上的日银券全部存入金融机构，逾期作废；（3）存款中，个人限额换取100日元的新日元，其他均作为冻结存款；（4）关于冻结存款的提取，户主限额300日元，家庭成员每人限额100日元；（5）固定工资500日元以下使用新日元支付，超出500日元部分冻结支付。

而已。

1956年5月末，正好在我组阁第一周左右时，石桥君被总司令部叫去向马库特少将说明中止偿付战时债务和财产税的方案。石桥君说："这是个相当大的问题，而且我自己也有很多想法，想研究一下再说。"自那以后大约两周时间，他与总司令部多次进行交涉。在内阁会议上以石桥君的提案为基础讨论对策，我也听取了多种解释，然后决定按照该提案执行。

总司令部中止偿还战时债务的原提案不是不进行偿还，但偿还同时征收100%的税金，以此作为偿还的前提。对此石桥并没有表示反对。也就是说，既然政府约定好会进行偿还的国家债务因为战败便拒绝偿还可以倒是可以，但不能说妥当。但征收100%税金实质上等同于中止偿还，而且道理也说得通。然而，比起这一点，问题更在于将导致中止偿还战时债务的损害直接波及银行，进而不得不取消银行储户的存款。不用说，给储户带来这样的麻烦，使银行陷入困境，将会使即便不如此，本就不易的日本经济复兴益发陷入困境。给无辜的储户带来不测损失，而且银行不同储户遭受的损失程度也不同，从公正的角度来看也不恰当，因此石桥君的意见是通过财产税进行处理。此外，从消除中止偿还战时债务带来的社会不安角度出发，请美国务必进口粮食，美国应设法解决过度增加占领费给日本带来的负担问题，我将上述这两个要求作为类似附加条件的形式提出来。我认为从上述情况来看也能察知我国当时的国情。

倾尽全力进行斡旋的石桥大臣

在中止偿还战时债务的问题上，石桥君多次耐心地与总司令部进行交涉，他感叹道："对方像在自己国内推行政策一般，坚持非常抽象的原则的同时，又非常在意具体而微的细节，真不能拍着胸脯一口答应。"然而直到6月末左右与对方也未能达成协议，于是我给缪拉参谋长写了一封信。不知是否因为这封信反而起到刺激作用，总司令部在7月初便向石桥强硬提出最后通牒式的声明书，表示无论日本政府接受还是不接受，都要向国会提交议案。

这之后，石桥与经济科学局长马库特进行了相当激烈的论战，无论如何都无法达成一致意见。内阁会议上有人提议，如果总司令部坚决要求日本按照自己的建议去做，不如发出正式的指令，也可以由我给麦克阿瑟元帅写一封信，或许事实上就是那样向总司令部提议的。总之有很多内情。结果由我给麦克阿瑟元帅写了一封信，而麦克阿瑟元帅在7月22日对我的信件予以回复，使事情终于告一段落。此时距离事情发生已经整整过去两个月。

最后，石桥君的观点未被接受，只是火灾保险金等非课税部分的金额相比总司令部的原提案有所缓和。不过，中止偿还战时债务即100%课税案最终实施后，竟意外地顺利。原因之一，便是由于在如上所述的与总司令部的交涉过程中，大藏省关于"如果按照原提案实行，如何才能避免经济界出现混乱"这一问题进行综合研究，并针对这一问题制定了对策。但我认为最大的原因在于通货膨胀从金额数量方面减轻了经济界因中止偿还战时债务带来的打击。也就是说，通货膨胀竟意外地缓和了中止偿还战时债务带来的压力。

石桥在中止偿还战时债务这一问题上与总司令部交涉时倾尽全力，听说后来向国会提交相关法案时，他一边报告交涉经过，一边感慨落泪，其心意实让人感动。当时的石桥斗志昂扬，可能伤害到总司令部方面的感情，以至于石桥日后被革除公职，其间的情况正如本书上卷（第九章第四节）所详述。

财产税转作一般财政收入

麦克阿瑟元帅希望一九四六年春天的总选举能够体现日本全体国民对修改宪法的意见，对总选举抱有一定期待。不过总选举迟于当初预定的时间，于4月10日才举行。因此在1946年度预算真正制定完成之前，需要持续不断对上一年度的预算稍做修改后临时实施。自由党当时曾在建党大会上主张税制改革，因此组阁后面对如何确定财政方针的问题时，马上开始争论税制改革问题，然而石桥认为在经济状况尚未稳定的情况下改变租税体系是不妥当的。

提到如何处理财产税，石桥表示将其用作一般财政收入。财产税的想法自前任内阁时期就经涩泽敬三大藏大臣着手推行，在新旧日元交替过程中也一并实施财产调查和申报，准备工作一直在持续。不过，那时也确实用作偿还公债，进行战争的善后工作。在与总司令部就上述中止偿还战时债务问题进行交涉时，财产税也是征税方式这一想法逐渐改变，从最初预计的1000亿日元降到不足500

亿日元。这种情况下,"所谓的偿还公债不过是保护有钱人和资本家的措施,从财产中夺取的部分应该用于社会公益事业"等争论在党内也甚嚣尘上,因此石桥君在多方考虑后做出决定:反正财政会出现赤字,不如将财产税用于一般财政收入。根据石桥君的主张,从财产税的本质考虑,将其用作偿还公债是正确的,将财产税转化为一般财政收入的话,与发行赤字公债具有相同的经济效果,虽然知道其危险性,但由于处于最后必须发行赤字公债的局面,因此只要十分谨慎地实施,也许就不会有太大的危险和弊端。好像石桥也十分介意社会上各种各样的批评,在关于财政进行演说时对此事进行了十分详细的阐述。

美方也协助削减终战处理费

预算方面我想起的是,石桥将终战处理费视为棘手的问题。由于7月份制定的1946年度预算中,年度支出的三分之一都是终战处理费,石桥对此相当担心。进入9月份,进驻军随意开展工程项目,预算不可能够用。大藏省和复兴院等相关部门多次出现要求进驻军控制过于随便或者奢侈的要求的呼声。该问题后来拟成数条申请事项,正式向总司令部提出。总司令部方面决定自我约束,要求即使是地方军政部相关的工程,超过一定数额也需获得中央总司令部的许可。但是日本人看到本就不足的木材、水泥和玻璃不断供应给进驻军使用,为进驻军修建漂亮的高尔夫球场和剧场,就更加感觉自己生活悲惨。或许处于被占领状态下这种情况难以避免,但内心还是希望即便是总司令部，也不要夺取日本重建经济的初期努力成果。

如前文所述，总司令部自身自不必说，事实上驻扎在各地的美军也在我方提交削减终战处理费的申请之后切实地协助我们。我虽然不清楚最后的工程费用支出总额节约了多少，但根据石桥他们当时的估计，据说平均节约两成。即便如此，现实情况是在资金筹措方面还是难以支付终战处理费，记得当时曾由日本银行先行垫付。

拓展阅读：

当时的大藏大臣石桥湛山在其著作《湛山回想》中描述如下：

"风传由于我强力主张削减终战处理费，从而招致司令部的憎恨，导致被革除公职。然而这只是误会。我认为如果在日本确实发生可怕的通货膨胀，其原因无外乎与第一次世界大战后的德国一样，只在于赔偿。终战处理费具备等同于赔偿的性质，当然会极力请求削减相关费用。但是我并未感到因此而招致司令部的憎恶。……司令部也慎重探讨了日本政府提交的削减方案，并最终接受。不仅如此，在各地已经开始施工的被认为不急需和不必要的工程遭到中止。另外，我听说第八军的埃切尔伯格将军连家中装饰用的花束也节省了，美方为减少经费所做出的努力超出我们的预期。由于社会上对这些问题有很多误解，因此在此记述下来。"

设立复兴金融金库

因财政收入不足这一问题我想起的是隐匿物资处理问题，总司令部也曾对我提到过此事。经常有人说停战时日本军队持有的物资如果能够直接由政府管理的话，既可以在物资方面有利于日本复兴，将其变卖所得的资金也可成为财政收入。我认为，这一话题应该是稳定本部长膳桂之助与石桥等人就进驻军费问题与总司令部进行交涉前后提出的。石桥兼任稳定本部长之后，与国会议员世耕弘一一同在此事上投入相当大的精力，然而实际上事情根本不如预想顺利，反而发展为严重的问题。

产业复兴必须投入资金。设法增加生产设备是当时关注的中心问题。特别是煤炭问题，一次又一次地反复讨论。会见相关业者、担心罢工、受到列车明天会停运的威胁等等，切身难忘。近来听说煤炭生产过剩，不由得感慨万分，事态变化如此之戏剧性终我一生也极少遇到。

考虑到对产业复兴极其重要，石桥与司令部商议后，决定设立复兴金融金库。由于当时银行存款遭到冻结，战时债务也中止偿还，企业和银行完全没有资金储备，因此石桥建议国家必须向企业直接提供资金。我记得国会通过相关法律，金库正式开始运行是在第二年即1947年初。在这之前，从当年8月份起事实上已经由兴业银行向煤炭、化肥等行业提供资金。

通货膨胀倾向渐趋明显

加强生产的确有必要，而且对生产进行投资也很重要，但结果却形成投资增加导致物价上涨，物价上涨又需要增加投资的状态，即便实行管制也不会完全发挥作用。3月份才确定的物价体系逐渐开始失控，按照煤炭的官方价格进行交易根本不划算的说法刚一出现，关于公务员工资上调的问题便开始议论纷纷，丰收后的稻米收购价格问题也马上有人提出，开始陷入物价和工资的恶性循环之中。社会上总强调这是通货膨胀，那是通货膨胀，不免在心理上引发紧张情绪，有人开始认为需要踩刹车。社会党方面提出冻结新日元等措施，使社会更加担心。几乎没有人在银行储蓄，民间资本的积累根本无法增加。当然也有人向我解释说，"因通货膨胀而物价上涨时，不会有人存款"，倒不是没道理。听说石桥十分气愤，曾斥责社会党干部说："你们这些社会党员，是真想冻结新日元吗？"总之，这样的传闻对稳定人心不利，为此曾请求过总司令部发布不会冻结新日元的声明，又在众议院通过稳定货币的相关决议，并由议员组成货币稳定对策本部，同时大力开展储蓄救国运动，采取了很多措施，但大势所趋不可能阻止通货膨胀的发展。

与通货膨胀做斗争的经济大臣的艰辛

1946年10月左右时就已经开始讨论如何编制1947年的预算。关于新年度预算有很多议论，产业所需资金可以通过储蓄筹措；作为替代财产税收入的财政收入，必须进行大幅增税；根据前一年支出额度估算本年度终战处理费等等。然而涉及物价和薪金，以及公务员的基本工资等问题，根本无法准确预测，关于编制何种程度的预算比较合适，最终可能必须进行修正之类的讨论一直不能取得共识，进入1947年1月份后姑且确定了大体平衡的预算纲要。当时石桥专注于公务员和企事业人员的工资问题，日夜奋战，我想他大概没有时间静下心来编制预算吧。

如今回想起来，从1946年秋到1947年春的这段时间里，通货膨胀每天都在加剧。感觉大米、煤炭、工资、罢工、追加预算、黑市物价等各种因素开始以不可阻挡的趋势使局势恶化。说实话，我不得不承认自己对此也有些不安。负责经济问题和劳动问题的大臣们虽然对层出不穷的问题费心尽力，甚是辛苦，但也感觉出他们有些疲于奔命。当时的石桥以天生的坚定自信和积极的进取精神，无论在煤炭问题方面还是在工资问题方面，都是亲自面对，大有万事一身承担的气概，但以我的观察，毫无疑问石桥可以信赖，然而说实话，不知为何总有种左支右绌的感觉。石桥本人也感觉开始时的自信、信念险些崩塌。

那么有其他什么好办法吗？当时日本正处于没有经济实力且政府权力弱小之时，时至今日也许可以说，那时只能走一步看一步。大概因为当时劳工运动猛烈的缘故，我感到如果不设法创造出国民能够勤恳、认真工作的经济环境，反而会陷入共产党的彀中，日本将处于无谓的混乱当中。暂且不谈财政和金融方面技术性的一系列措施，我一直强烈感到整体经济形势发展与我原来认为的方向完全相反。

事到今天说这种话，实在对不起当时一心努力工作的各位同僚，不过将当时的真情实感记录下来未必没有意义。之所以这样说，是因为我后来再次执政后，在财政方面和金融方面的基本观点实际上都深深植根于此时的经验和感受。

尽管我抱有上述想法，不过可以毫不夸张地说当时最令我竭尽全力面对的问题是一部分过激分子在共产党势力的指导下，提出各种过分要求最终使问题的解决停滞不前，动辄宣布举行罢工、接管生产，从事破坏生产、扰乱经济的活动。针对这些情况，在真正忧国爱国的国民的声援下，极力将危害减少到最低。现在看来，"二一罢工"时，我与内阁相关大臣也许用尽了全力。

编制1947年预算案时，制定了大幅度的增税计划，并很快与追加预算等一起提交到议会进行审议，在下一年度到来前得以通过。当时国内气氛已经因总选举而处于不安状况之中。选举结束后，召开新宪法颁布后的第一次国会前，石桥与石井光次郎（当时的商工大臣）以及木村笃太郎（当时的司法大臣）等人一起受到开除公职的处分，吉田内阁的执政也正好第一卷完了，告一段落。

二、第二次内阁时代的各种问题

当务之急是稳定经济

1948年10月，由于芦田内阁的总辞职，我再次受到担任首相的提名。我当时最为关心的问题是：如何抑制通货膨胀？换言之，如何切断物价与工资的恶性循环，从而使经济能够稳定并得到重建？以经济稳定本部为中心实施的所谓重点扶持方式和对经济活动的严格管制暂时看到成效。然而从其他立场来看，感觉本末倒置，并不是正本清源的做法。

很多意见和想法通过党内外人士传到我的耳中。其中有一条建议是：应该以统一因商品种类不同而不同的汇率为目标，在调整国内物价并使之稳定和理顺企业生产经营的同时，考虑与国际经济接轨。经济上的详细理论暂且不提，大概由于我多年在海外生活已经熟悉国际关系的缘故，本能地接受必须将本国经济视作国际经济组成一部分的观点。因战败丧失领土，积蓄用尽，且人口不断增加，此种状况下的日本经济如果仅局限在国内框架之中考虑，即使再苦心经营，所取得的效果也是有限的。必须尽快重返国际经济的大框架之中。通过与国际经济接轨，自然而然能够找到稳定日本经济的办法。管制也好，支持也罢，在小框架内即使用尽各种手段稳定经济，最终也不过在兜圈子而已。日本的经济如果不能毅然决然地借助国际经济的东风乘势而起，不可能重新得到振兴。与国际接轨也许是痛苦的，但如果不这样做便会永不见天日。当时我从任庆应教授的永田清以及其他经济学家那里也听到过类似的话，并与党内人士进行过探讨。

日本的管制与美国的管制

片山、芦田两任内阁时期，与总司令部"新政拥护者"们配合行动的社会党和民主党的做法总感觉像是对美国经济管制方式的模仿。我认为美国作为经济实力强大的大国，其自身不会受到国际经济大潮的左右，因此无论对经济进行管制也好，其他方式也好，并不是如何重大的问题，实施也就实施了。管制之所以能够顺利实施也是因为管制在本质上对美国来说不是作为生死攸关的重大问题来理解的。总之与日本的情况不同。综合考虑，日本已经到了必须转换经济运行方式的时候。也就是说，与其被人为的经济规则所束缚，日本经济运行更应该遵循自然的经济法则。我的想法就是这样。

社会上对我有各种评价，例如极端保守主义者、老派自由主义者等，但也有人认为我在经济方面的观点是亚当·斯密式的自由放任主义。我并不认为自己非常守旧，回顾当时的经济状况，时至今日我仍然不认为自己拥有上述想法是不对的。

根据党内人士的推荐，我决定任命泉山三六担任第二次内阁的大藏大臣。但是泉山三六因一件无所谓的事情在两个月后就不得不离任。对于干劲十足的泉山本人来说，想必非常遗憾吧。泉山离任后，由于准备解散众议院的关系，作为临时措施，决定由商工大臣大屋晋三兼任大藏大臣。

少数内阁的悲哀·工资问题上的失败

组阁之初便面临政府职员工资的标准问题。正好人事委员会于

11月9日提出将工资基准改为6307日元的建议①，当时编制补充预算的大藏省正苦于如何筹资金而最终没有接受，于是一段时间里与人事委员会龃龉不断。政府方面决定按照大藏省基于资金来源核算出的5300日元标准编列补充预算，并于11月末在内阁会议上通过，12月初便提交国会审议。但由于面临总选举的原因，各党派因工资基准定为6300元还是5300元这一问题发生较大的争执，纷纷到总司令部寻求支持。15日，民主党因党内情况分为两派，6300日元派以一票之差占得上风，政府方面的形势顿时不妙起来。

我认为到了必须下最后决断的时候，于是前往拜访麦克阿瑟元帅。会面时，民政局长惠特尼与经济科学局长马库特两位少将在场。根据当时总司令部的职能分配，公务员制度的相关问题由民政局负责，工资预算的相关问题则由经济科学局负责。针对当时的工资基准修改问题，民政局的态度大体是"6300日元也好，5300日元也好，根据国会的意愿决定就好"。经济科学局方面则认为很难找到修改工资基准所需的资金来源。当着麦克阿瑟总司令官的面，两位

---

① 自1947年秋的片山内阁时代起，政府雇员工会要求上调工资的抗争就连续不断地发生，直到1948年7月麦克阿瑟函件送抵芦田内阁，命令禁止公务员的抗争行为，同时工资问题被移交给人事委员会（12月3日随着公务员修订法的实施改为人事院）。人事委员会经四个月研究，于10月9日向政府提出应该将之前的3700日元标准调整为6307日元（含税）的建议书。这是以在普通城市从事中等劳动强度工作的单身男性为基准，计算其生活费用后，得出每月需要2470元的结果。以此为基础修正工资表，计算出全体政府雇员的工资水平应为每月6307日元。并同时解释道，这一水平与民间的工资水平几乎是相同的，能够取得平衡。人事委员会的建议，关于工资水平的内容得到国会的认可，但地区补贴、家庭补贴等受到一定修改，从12月份开始实施。该建议书以对《关于政府职员工资实施的法律》进行局部修改的形式颁布实施。

局长与我进行了一番协商。最后经济科学局方面向民政局让步，决定"资金来源问题改日再谈"，我不得已接受6300日元的基准。面临国会解散，工资问题和补充预算无论如何都要在这之前解决。而且当时是少数党内阁，在野党处于压倒性多数，从这点考虑此举也属不得已而为之。坦白说，这是少数党组阁意料之中的失败。

正合我意的稳定工资水平三原则

上述公务员工资标准修改问题虽然结局惨淡，但另一方面令我们信心倍增的是，关于工资的相关问题，总司令部明确了自己的想法。11月4日，总司令部当局公开宣布针对工资上调的工资"三原则"①，即，不进行赤字融资，不更改物价，不发放补助金。我当时深感企业往往习惯于政府的管制和保护，逐渐失去自主性和节约意识，因此"三原则"正合我意。

当时通货膨胀的余威仍在，说得极端一些，甚至不知道物价会上涨到何种程度，社会动荡不安。提到物价，几乎所有商品都规定了政府价格，实际上涨的是黑市价格，但国民的生活费用，特别是城市工薪生活阶层的生活费用难免会深受影响。因此可以毫不夸张地说，工会上调工资的要求不知何时能够停止。无须赘言，提高工资的要求与罢工紧密相连。如果发展到行业罢工生产就会停止。把

---

① 11月4日，政府关于煤炭矿业的工资上调问题会见了劳资代表，当时总司令部经济科学局劳动课长艾普拉、煤炭协调官怀亚特也到场出席。总司令部方面明确表示，用于工资上调的资金，不应该通过"赤字融资"、更改政府定价、政府支付补助金等方式进行筹措，也就是所谓的工资稳定三原则。三原则同时也包含有加强遏制工会增薪要求的意图。

提高生产力作为燃眉之急的当时，即便罢工一天后果也将十分严重。煤炭等基础行业尤其如此。因此总司令部相关部门最初的观点是，为避免生产停止，上调工资的要求即使有点过分也可以接受。

上述情况和观点带来的便是"赤字融资"、补助金以及更改物价。所谓的"赤字融资"指将因上调工资导致的收支不足部分以借款形式进行弥补，借款由复兴金融金库筹措。当局自己鼓励用借款来弥补经营收支的赤字这种非同寻常的做法如今看来实在是有病乱投医，然而当时也是不得已而为之。除此类赤字融资外，还采用更改政府定价即允许价格上涨以使企业增收，根据情况从国库拨给补助金来摆脱困境等手段。上述举措在当时是不得已的，但必然会招致工资和物价之间的恶性循环。在我的第二次内阁期间，于上述三原则公布的1948年末，经历恶性循环后，虽然事实上生产逐渐增加，然而同时，恶性循环的弊端也可以说一点点到了朝野双方难以承受的程度。

经济九原则的命令

继工资三原则后，12月18日，总司令部特别发布《稳定经济九原则》的命令。仔细研读后我认为，其前言中的内容尽属理所应当，都是我们平时所思所想的事情，并无特别异议，而且文末表示"为早日实现单一汇率，务必实施上述计划（九原则）"，政府对此也深有同感。然而在九项条款中，有几条与加强管制相关，使我们多少有些意外。

政府就财政经济政策已经在国会上表明了方针，其中最先提出的便是对经济管制的整顿，强调企业对自身责任的自觉意识以及经营活动的活跃化，因此预算委员会对这九项原则提出诸多疑问。我直率地谈了我的看法，特别关于管制问题，我强调有必要重新研究美方在日本尝试新政式管制的做法，不能像迄今为止那样一直持续对经济的管制，即便作为过渡性做法保留管制政策，也应该朝着在将来合适的时间加以废除的方向努力。

坦白地说，在当初刚来到日本的美国经济科学局高级官员们的头脑中，如前所述，抱有实行更严格的管制，也就是所说的新政的想法。举例来说，一个叫克雷默的人决定进一步加强日本的经济管制，事实上反而带来很大的弊端。此人用他美国式思维强力进行推动，结果管制不成，反而导致黑市猖獗。看到这种情况，他只好暂时搁置一厢情愿的管制原则，被迫考虑改变方法。从美国国内曾派来粮食问题调查团，考察日本的管制情况，对粮食现状等方面进行了调查。调查团中的一个人说，在英国几乎没有像日本这样的黑市，在挪威等国也没有像日本如此猖獗的黑市。于是便开始迫切地想方设法取缔黑市。我想上述情形可以说从侧面证明与美国不同，在日本实行经济管制是如何困难。

12月末，政府针对九原则的具体方针在内阁会议上通过。可以说，借此机会将之前的各种考虑进行了总结。即，通过设定单一汇率与国际经济接轨，削减价格差价补贴，确保财政平衡，严禁赤字融资，坚持企业和政府事业单位的独立核算，简化管制等。这样，为将长期执行的稳定经济政策完成了布局，迎来1948年后，进入总选举。

第二十三章　关于超均衡预算费尽心血

一、第三次内阁初始时期的各种问题

大藏大臣池田勇人

我很早之前就深切地感受到，要想稳定时局，强力推进国家重建，实现财政经济复兴，最为重要的便是建立强有力、能够长期执政的政权。庆幸的是，在1949年年初的总选举中，我们民主自由党获得绝对过半数的议席，还得到民主党联合派的协助，从而诞生了基本符合我的期待的长期稳定的政权即我的第三次内阁。所以对于大藏大臣的选定，我自身抱有前所未有的慎重态度。我之所以这样，是因为我已经下定决心，无论选择谁，我都会成为其强有力的后盾，希望他可以在从经济稳定到经济复兴的艰难事业上，充分发挥自己的力量。

另一方面，总司令部方面也有很多举动，经美国政府授意特别发表声明表示，为重建日本经济，必须采取坚决的手段进行改革。

2月1日道奇先生[①]与罗亚尔陆军部长一同来到日本,他直接以公使的身份,作为处理财政经济问题的顾问留在日本。之前曾听兼任藏相的大屋晋三说起过道奇的建议:为控制通货膨胀必须编制平衡预算;国民一定要有忍受困难的心理准备。做到上述两点美国援助才能有效地发挥作用。因此他对1949年的年度预算建议称,哪怕多花费些时间,一定要慎重地推敲完善。如此一来,我想此刻要选出能够身负重任、有足够信心与总司令部进行交涉的大藏大臣。所以,我很容易便想到大藏省出身的池田勇人,他有经验、精于计算、做人认真。池田勇人虽入党不久,但我对他的为人大致了解,他对大藏省的工作也很熟悉,我认为可以委以重任。

在初次内阁会议上强调节约经费

在组阁后的第一次内阁会议上,我强烈希望:"为落实九原则等经济稳定政策,必须努力实现平衡预算。因此,各位一定要严格贯彻执行有关彻底减少不必要费用支出的政策。一些人认为到三月份的预算年度末期,还没能用完该年度预算,就拿不到下一年度预算,因此突击花钱。一定要杜绝这种做法。"这是我抱着必须控制通货膨胀、重建经济,为此有必要收紧财政支出,强化该控制的支出一定要控制住这一制度的心情,完全基于自己的考虑做出的发言,并非受到别人点拨,或是读现成的稿子。我的发言得到各位内

---

① 道奇(Joseph M. Dodge)原来是底特律银行行长,来日本前指导过西德的币制改革,后来曾经担任埃森豪威尔政府的预算局长。

阁大臣的理解。

拓展阅读：

　　吉田首相在第三次内阁的第一次内阁会议结束后（2月16日），立即召开记者招待会，在发表完"首相谈话"，回答记者提问时，公开表示要严控共产党的反征税斗争以及小学教员的通共行为。他的谈话称："此次总选举的结果，是以稳健的保守主义为基调的政党占据最多数议席。上述事实强烈表明国民拥护扎实稳健的民主主义的态度，他们不满意这种由于政见完全不同的政党间相互妥协而导致的政局混乱，渴望真正志同道合的政党能够使政局长期稳定，并且有所作为。战败使我国陷入困苦与匮乏的最低谷，但值得庆幸的是，我们得到同盟国，特别是美国的援助，使我国经济逐渐出现复兴的迹象。此时的政府应该坚持平衡财政政策，清理整顿行政机构，果断严肃纲纪，以此因应时局要求，同时消灭一切浪费。希望所有国民继续发挥勤劳敬业的优良作风。我保证政府将与国民一道，大力且忠实地推进经济九原则的实施。可是，有一些人趁着战后国民思想混乱，丝毫不顾当下国情，言行随意不负责任，并意图采取破坏行为。为保护祖国的安宁和国民的幸福，我们将对此给以严厉打击。"

探听道奇顾问的真正想法

在难产的 1949 年度预算中，需要削减价格调整费和行政费，增加公共事业费和失业对策费，因为贯彻特别会计的独立核算制而不得不提高运费以及使用费，还有我党在总选举中公开承诺的减税。可见，预算要在相当彻底的财政紧缩方针下开始编制。大藏省从上次议会解散前大体上就秉持这样的想法，因此一直在推动事务方面的准备工作。也有时机的关系，新内阁组阁伊始，便决定向总司令部提出想法进行交涉。

虽说是和总司令部进行交涉，但池田主要去见道奇，打探道奇的真实想法。迟迟没有像以前那样与课长或部长进行细节方面的交涉。据池田说，道奇的看法与总司令部之前的看法非常不同，特别对新政拥护者的做法给予了批评。比如说，他称对国内物资提供价格差补助金，通过压低进口价格抑制物价等做法是"高跷腿"，一定要砍掉。我感到道奇的想法与我们的想法在很多地方不谋而合。因此希望池田与道奇仔细商谈，编制出一个好的预算。但听说道奇不太赞成我党公开承诺的废除交易税、降低所得税等主打政策，可能他对日本国民负担的实际情况还不太了解吧。我拜托池田一定和道奇好好谈谈。

打破承诺的道奇方案

在此期间，总司令部也以道奇为中心反复完善预算案的大纲，大概 3 月 20 日左右，内部通报给我方。其中，价格差补助金从我方一减再减的700亿日元增加了大约三倍，高达2000亿日元，我方期待的公共事业费从750亿日元减少到500亿日元。减税完全没有希望。党对社会的承诺几乎处于体无完肤的状态。

池田这之后的态度也相当强硬。他第一次成为内阁大臣，经过各种努力却得到这样的结果，感到非常惭愧，使党也处于艰难境地，甚至一度想辞去大臣一职。我通过其他途径听说，道奇非常欣赏池田，认为池田无论见识，还是业务都属上上之选，应该让他继续工作，不能让他辞职。再说我认为因为这么一点挫折便轻言放弃为时过早，事情才刚刚开始，真正的难关还没到。因此对池田大加鼓励，建议他与总司令部再谈一两次。对方想法与我们大致方向相同，可以求同存异。党内的不满由我解决，要求他放手一搏。

拓展阅读：

池田勇人所著的《平衡财政》中，有如下记载：

"在向议会提交1949年的年度预算案时，由于和最初的计划大相径庭，属于极端紧缩预算，受到党内的严厉批评。尤其我刚踏入政坛，作为新人还颇为意气用事，所以尽管编制完成了预算案，首先想到的还是必须辞职。当时，吉田首相给予我很多帮助。可以肯定的是，吉田首相并不了解经济，但他却鼓励我放手去做，无论发生什么事情都未曾改变过立场。经济在三年里稳定下来，道奇居功至伟，但如果吉田首相摇摆不定，道奇无论提出什么样的解决办法，只要手持绝对多数票的自由党不为所动，一切都将无法实现。如今看来，他是具有远见卓识的人。

从另一个层面来说，我还要感谢大野伴睦。大野作为党内元老给过我很多指导，所以当我感到必须辞职时，觉得礼貌上应该先让大野知道，所以深夜前去拜访。大野不会讲什么大道理，只是默默地握着我的手，说了句"为了国家百年大计"。

减税终于没有得到认可

接到总司令部内定的预算案，我决定先接受下来，用一周时间大力推进有关减税的谈判，但结果是完全谈不拢。我看出道奇是一个顽固的人，他下定决心后说出的话，不可能轻易改变，所以尽管党内不满声音高涨，还是决定接受总司令部的内定方案。不过，我在池田的解释下，明白了道奇当时不能公开说的想法。有关减税问题，道奇认为迟早需要重新研究税制整体存在的问题，因此计划从美国请来专家，研究一套解决方案。2000亿价格调整费是将到目前为止隐含的补助资金完全表面化，最后压缩至2000亿，对此道奇考虑采取在年度内多次研究的方式，逐步进行缩减。道奇还考虑将援助物资的回转日元收入作为通过其他途径获得的资金积存起来，用这笔资金对金融系统进行调整的同时，根据情况不同，可以作为复兴资金支出。因此我决定第一阶段先按照总司令部的方案进行。

不履行承诺受到追究

进入四月份，国会开始正式审议预算，我在关于施政方针的演说中特别强调此次预算的制定是在政府具体主持下进行的。社会上，不是没有预算受到总司令部的压力，在道奇全面指导下制定的，严重缺乏自主性这样的声音。因此我重点强调预算编制的自主性，明确表明，尽管有相当多的困难，但决心制定平衡预算，实现真正的独立和重建。不过政府将果断地尽早实行根本性的行政税制改革，即使在实施平衡预算的过程中，也要设法修改完善税制以及征税方式。另一方面加强节约年度支出，随着情况的改善对预算进行调整，努力减轻国民的负担。如今重读手边我当时的演讲稿、池田的财政演讲稿、青木（孝义）安定本部长官的经济演讲稿，实在感慨颇深。

此次具有划时代意义的预算，自提案以来，仅用17天便通过审议，速度之快可谓前所未有。执政党内部似乎也存在各种不满，在预算委员会就发生了执政党的一位议员向大藏大臣进行质询，追究其不履行承诺责任的一幕。我感觉那位议员言辞太过分，而且必须力挺大藏大臣，所以事后曾严厉警告了他。在野党以预算制定丧失自主性、不履行承诺两点为主要理由，追究执政党责任，最后甚至提出重新编制预算的动议，被执政党以绝对多数否决。因此可以清楚地了解到在国会中，多数党政府稳定政权的强大力量。

二、1949年度预算的特色

1949年的年度预算案经历上述过程后成立，俗称"道奇路线"或超平衡预算，可以说是具有划时代意义的财政预算制定方法，下面，对它的特色进行简单介绍。

综合平衡

首先，财政的平衡，是以一般会计预算为主进行考虑，重点在于取得平衡，并且一般认为只要能够取得平衡便万事大吉。但1949年的年度预算彻底抛弃这种简单的想法，不仅从一般会计，还从特别会计出发，而且通过政府相关机构，彻底实行综合平衡的方针。当然，作为遏制通货膨胀发展的根本性措施而采取的方针，我相信它具有重大意义和效果。

虽然按照以前的预算制定方法，一般会计也获得了收支平衡，但特别会计等方面，则大量使用公债或是借款。例如，粮食管理特别会计，米麦等粮食的采购资金并非以一般租税为资金来源，而主要是依靠日本银行；最有问题的是复兴金融金库的资金等，大部分资金也是依靠日本银行。这些方式，造成通货增发，进而成为通货膨胀的诱因。此番讨论并不存在异议，虽说如此，但按照理论的理想方式严格调配这些资金，无论是从以往的习惯看，还是从实际情况看，都并非易事。

拓展阅读：

为了满足上述超平衡预算的支出，需要大幅度增加收入，但将当年的国税、地方税、专卖费相加，计算每个国民所承担的费用，已经从上一年度的 6140 日元上升到 9542 日元，增加了将近 50%。社会上，"如此艰难竟然增税！""横征暴敛！"之类的批评声音高涨。道奇公使在其特别声明中对此加以否定，"本年度预算的税收，仍然执行以往的税率，只不过税率所适用的收入以及价格的水平升高了。这是通货膨胀的产物之一。"并指出"税率本身的确很高，但征收效率却极低。如果每个国民都不主动履行纳税的义务，那么就很难期待税率的公正化、效率化。只有国民发自内心履行各自的纳税义务，现行税率才能得到降低"，显示出他对财政态度严厉的另一面。

但按照当时的情况看，既然美国年年对日本提供巨额援助，绝对有必要保证日本经济的稳定和自立。所以美国方面对预算提出的要求完全是理所当然的。即使一开始就没有这样的要求，为遏制战后通货膨胀的发展，稳定国民生活，作为政府当然有责任果断行事。从这个意义上说，也许政府的动作已经慢了半拍。

被盯上的复兴金融金库

当时生产方面看上去正朝好的方向发展确实是事实。但提起事实的真相，必须说这是拜每年接受美国高达数亿美元的物资援助所赐，没有显示出日本自身经济能力的真实情况。可以说日本反倒处于因为急于增加生产而被指责招致资金的浪费也无力辩解的状态。

就这样，复兴金融金库的融资被指为浪费的典型。因此，整个1948年度，复兴金融金库的该项职能被中止，另行积存援助物资的回转日元，采取被称之为回转资金结算这样的金融手段为重要的生产活动提供资金。所以在1949年的年度预算中，政府向复兴金融金库拨出资金330亿日元，但全部被用来冲抵金库的债务。不仅如此，新的贷款业务全部停止，成为专门负责回收当时一千数百亿日元遗留过往贷款的部门。

另外，关于外国贸易特别会计所需资金，也从一般会计划转了400多亿日元。这样使用租税支付与一般行政费的收支性质不同的会计资金，按照往年惯例来说，实属破例，所以政府内部也存在诸多争议。但迫于当时的形势，即使是不合常规的举措，也必须彻底、果断地实施。对我而言，除了对肩负重责的大藏大臣支持到底外，别无他法。国民的税金，不仅用来支付一般行政费，还用来支付特别会计的运转资金，甚至用来偿还过往债务。社会上把上述做法称作超平衡预算，完全是超出平衡的平衡预算。

价格调整补助金的清理整顿

该年度预算的另一个特色是对名为价格调整费的补助金进行的清理整顿。被当时道奇公使称之为"高跷腿"的日本经济怪异之处，就包括高额补助金的支出由国库负担这一点。当时的对外贸易由总司令部管理,但外汇兑换率是根据物品种类进行划分,而且有很大差异,为此虽然在处理贸易收支的特别会计中进行价格补助操作,但其真正面目却未必明确。实质上,这是政府针对特定的制造业和消费者提供的补助,为对其进行适当的清理整顿,首先必须在预算上清楚地体现出来。从这个宗旨出发,清查出1949年度的价格调整费2020亿日元,并计入年度支出中。与上一年度的625亿日元相比,看上去出现异常大幅度增长。如上所述,其实是因为把过去隐藏于贸易会计中的部分,以看得见的形式重新计算。实际上,与上一年度相比受到了削减。

拓展阅读:

在池田勇人所著的《平衡财政》中,有如下记载:

"在此次的预算方案中,我的一个遗憾就是减税。削减补助金,生活费就会提高,因此从缓和民众压力的角度看,应该减少所得税。特别是自由党在选举中曾承诺减税,所以我认为应该向这个方向努力,但与道奇商讨长达十多天,对方丝毫不为我所动。真是个顽固的老爷子。一个星期六的下午,我听司令部内一个和我关系不错的朋友说,星期一中午以后再和道奇谈一次,或许能成功。我这个朋友不会随口乱说话,所以我非常高兴。可结果还是不行。这件事,我想了很久都觉得难以理解，直到两年后我才明白道奇仍然反对的原因。原来那个星期一的早上，自由党的几个干部来见道奇，就减税问题进行谈判。这些人，打算从侧面支持我，想着为国民利益进行一番论战。然而却产生了完全相反的效果，道奇一度有些动摇的决心再次坚定起来。他的理由是：'我讨厌被人说占领军被日本国内政治所左右'。由此可以看出道奇之顽固。当然也因为那时的道奇刚到日本不久，对日本了解不深，还不能清楚地感受到吉田以及自由党对日本的稳定何其重要。"

三、单一汇率的设定

突然宣布的 360 日元

前面也提到，使日本经济重新回归国际经济，是我在经济方面的基本考虑。这不外乎因为我盼望日本能够早日成为国际社会的一员，作为真正独立的国家，迎接从占领下解放的那一天。经济上不自立，就得不到政治上真正的自由和独立。在当时有"摆脱温室经济"一说，虽然不是温暖舒适的温室，但很清楚在日本这一狭窄框架中，封闭的经济循环不能永远持续下去。

继 1949 年度预算成立之后，日本经济直接面临的就是 4 月 25 日单一汇率的设定。对此，政府早就已经做好准备，只不过预测公布时间会延迟。没想到这时，突然通过外电在媒体上报道出来，同时接到总司令部的通知。

拓展阅读：

1美元兑换360日元的官方汇率是华盛顿政府的决定。美国国务院发表声明称："1美元兑换360日元的比价适用于一切获得许可的外国贸易和外汇交易。新比价同样适用于使用现行军用比价的交易。与美元以外的其他货币的比价，以日元对美元的比价为基础，根据该货币在国际货币基金登记的对美元官方比价进行换算。"此番声明由美国合众社发布，转载在4月23日日本各大报纸的晨刊上。同日下午，总司令部发表特别声明，确认将按照美国国务院声明设定新汇率，并命令日本政府于4月25日开始实行，同时做出以下解释：（一）本措施为实施去年12月19日的稳定经济"九原则"的主要政策；（二）日元比价的设定，在日本政府和民间的共同盼望下完成，此次实施反映出日本经济不断向稳，不久之前日本国会通过新预算也是日本经济向稳的表现之一；（三）新日元汇率不仅是使日本对外贸易恢复正常的重要因素，也可以促进以日本产业合理化为目的的现行计划。

单一汇率设定对策审议会

接到"九原则"的指令，以经济安定本部为中心，一直在大藏省和商工省进行事务性研究，后来把汇率单一化问题移交给特别机关"单一汇率设定对策审议会"①，希望学者以及专业人士可以共同参与研究。大体结论就是，认为1美元兑换350日元左右的比价比较合适，而且最好在新预算实施不久后根据经济动向，再进行单一汇率的设定。正因如此，突然发布的单一汇率，使经济界尤其是贸易界遭受到相当大的冲击。但根据池田从道奇处所了解到的情况，预算编制的基础，事实上使用的是1美元兑换330日元的比价，所以道奇预测大体上就是330日元。结果贬了将近一成即360日元，据此我认为美国政府进行了微调。总之，今后必须使1美元兑换360日元的比价作为日本经济运行的核心，按照该比价促进日本经济稳定发展，按照该比价扩大日本出口，复兴日本经济。应该会出现经营艰难的行业，必须付出痛苦的努力。带着这样的心情，在4月26日的内阁会议上决定，由于汇率的设定引起的进口原材料价格上涨通过企业的努力自我吸收，不调整物价，不追加预算单价。

稳定经济政策的连锁反应

不可否认的是，稳定经济政策的实施在很多方面引发摩擦。恰逢世界经济由于受到美国经济衰退、英国货币浮动的影响而处于下

---

① 单一汇率设定对策审议会，成立于1948年12月30日，吉田首相任会长，委员有来自民间的日本银行总裁一万田尚登、经济团体联合会会长石川一郎、东京商科大学校长中山伊知郎、东京大学教授东畑精一、同有泽宏巳、庆大讲师永田清、富士纺社长崛文平、江商社长驹村资正、产业复兴公团总裁长崎英造等人。1949年1月，该审议会作为结论总结出日方如下意向。(一)汇率的设定以尽早为原则；(二)希望能于4月左右实施预算；(三)汇率基准定在350元左右较为适宜。

行状态，造成日本出口无法达到预期目标，成为摩擦发生的一大原因。复兴金融金库贷款的停止在金融方面使资金来源大幅收紧，平衡预算导致的政府订单锐减，回转资金以及大藏省存款部不再出资也是重要原因。价格差补助金的削减导致企业的产品价格低于成本也有相当大的影响。总之，从五六月左右起开始正式进行企业停业整顿、缩减人员。日本银行发行的银行券，在6月4日，降到3000亿日元关口之下，有人对我解释说，这是出现通货紧缩的征兆。政府制定的人员裁减方案，尽管发生了下山事件等，总算按计划得以完成。相应地，在极其紧张的财政中，对失业对策和裁员产生的退职补贴进行反复研究，虽做不到面面俱到，但自认为已经竭尽全力。

企业合理化主要是以清理人员的方式进行，加之管控的取消造成依靠非正常途径获利的一批人失去谋生手段，而且通货紧缩对中小企业造成极大影响。所以，1949年下半年度以后，各种意义上的社会不安形成暗流涌动的状态。"早晚发生危机"这样的话很流行，有人认为日本经济马上就要不行了。我自然早有思想准备，毕竟这样的摩擦和动荡也是新时代出现的新困难，我想如果不能克服这些新困难，就相当于是回到了原点，所以希望大家共同思考解决的手段，但坚决贯彻基本方针的决心丝毫不为所动。

过早流传的日元贬值说

9月份，英国货币贬值，导致一部分人对出口前景越来越悲观。政府之所以不进行探讨，尽快明确了没有必要变动360日元比价的态度，也有一定程度上对经济发展方向抱有信心的缘故，但最关键的在于政府态度坚定，根本不会轻易考虑对好不容易制定的、作为稳定政策核心的汇率。意外的是，总司令部慌乱起来，发出含义模糊的声明"眼下不会调整日元兑换美元的比价"，反而因此出现总司令部对日元比价不自信的传闻。

之后的一个月里，日元汇率将要变动一说被大肆报道，通过调整日元汇率对道奇路线进行调整的讨论，显示出多少有些动摇，不过在10月中旬，我们借麦克阿瑟元帅之口发表声明，表达了我们的坚定决心，此事才终于告一段落。

摩擦不可避免

曾听池田多次说过，因为通过综合预算的收支平衡大幅收紧财政，而且执行得相当彻底，所以一定要在金融方面对此不断进行适当的调整。财政对资金过度吸纳会加剧通货紧缩，出现资金周转困难，到达一定程度后，整体经济将无法运转。由于存在着如何处理日本银行与一般银行之间的资金往来关系等各种各样的难题，便在日本银行新设一个政策委员会，吸收产业界出身的人士加入，希望以更宽阔的视野解决金融政策的问题，并就委员人选展开了一系列讨论。我认为委员会一定要吸纳相当有主见的人，所以我决定说服我多年的知己宫岛清次郎出马。宫岛一旦接手这项工作就不能再与公司经营等有关系，意味着需要退出一线，所以有些担心他能否同意，但是他爽快地表示接受，解决了大问题。

总之，如今想起来，当时虽然有各种各样的难题出现，但我们还是坚持以财政的均衡为中心，将稳定经济政策贯彻到底。我们认为因此某种程度的摩擦不可避免，需要暂时的忍耐。池田说话直来直去（当然我也不太擅长言辞），就经济问题畅所欲言大概是第二年即1950年的事了。就池田本人来说尽管有干到底的强烈决心，1949年6月左右，他还是考虑过如何缓和各种摩擦。缓和这个词不是好词。总之，池田要就稳定经济政策的实施方式、推行方法等问题进行思考，还要向我做各种报告。

四、肖普建议与减税的实现

对肖普建议中减税内容的期待

我们无比遗憾的是，备受信任的内阁在最初编制预算时，并未实现之前所承诺过的减税。在经济艰难的实际情况下，即使是让国民拥有少许希望也好的心情，促使我想办法实现减税。但道奇的想法是，连征税本身都不顺利，又怎么能实现减税呢，也非常有道理。在决定肖普博士于5月份来我国考察税制改革时，我认为这是减税的契机，总感觉好像是以欢迎我方援兵一样的心情等待博士的到来。

但是，我热切盼望的博士一行，先要在全国走访一遍，仔细调查税制实情后，再给出建议。慎重也好，不慌不忙也罢，我们希望他们尽早给出"减税的建议"，期待他们可以说服道奇等总司令部方面的人，为此内心煎熬不已。不管怎么说，在选举中公开承诺过减税，而且在国会的施政演说中也做过阐述，所以才希望能够设法实现减税。

从经济稳定到经济复兴

一方面，对1949年度预算的追加预算也在准备过程中。另外，还要着手规划接下来的1950年度预算。还要提前准备，在修改税制的建议下来后，如何将这些建议具体落实。因此，希望道奇可以秋季再来一次日本以决定是否减税。因此，当时早早就开始确定编制预算的方针，8月初，已经召开了内阁会议。会议决定继续实行平衡财政，但要砍掉价格的调整费用，以此缩减财政整体规模，某种意义上说，也是减税计划的一部分。另一方面，在提供失业对策等费用的同时，决定将经费投放的重点放在公共事业、促进出口等能够充实经济基础的方向上。从中可以看出我们希望经济从稳定转向复兴的心情。

8月下旬，我们焦急等待的"肖普建议"终于出台了。其中包括各种报告和建议，有我们一直期待的废止交易税以及降低所得税等内容。因此，出于先手牵制道奇和总司令部方面的考虑，首相发表声明宣布接受建议并希望付诸实施。利用肖普建议，快速推进补充预算以及1950年度预算的规划，甚至具体到估算减税额的程度。

道奇公使的第二次来访

在我方看来，肖普建议中也存在很多不合理的地方。例如，他认为把所得税的最高税率适用线定在 30 万日元过低，最好定在 50 万日元左右，以及，劳动所得的免税比例应该从 10% 至少提高到 15%。日方已经考虑按照建议进行调整，希望这样可以将肖普建议有关补充预算中的 150 日元减税额，稍作提高，估算到 200 亿左右。于是，我方也与总司令部开始关于在年收入的自然增长外，能砍掉多少补助金、物价体系如何变化、这样的变化又会给支出增加和减少带来什么样的影响、如何解决薪资问题等进行谈判。

第六次临时国会于 10 月 25 日召开。但关键人物道奇却迟迟没有出现。国会一直催促尽快提交预算案，然而道奇不来日本便决定不了，总司令部也没有办法，焦虑不已。10 月 30 日道奇一来，就与池田大藏大臣进行了一周左右的讨论，总结出大体思路。回忆当初，我依然记忆深刻的就是，提高价格、减税，无论什么，都要在 1 月 1 日之后实行；1949 年度到 1950 年度 15 个月的预算；米价问题，特别是超额缴纳的粮食价格提高两倍还是三倍，以及粮食进口量估算为多少等粮食问题非常不好解决。

来往于病床间的信件指示

我想起来还有一件事，在预算大体有眉目时，池田因病住进了庆应医院。具体是什么病，我已经记不清了。道奇说："大藏大臣病倒了可如何是好，希望他能早日康复。"拜托麦克阿瑟元帅让随身医生带着高级药品到医院探病。没想到，道奇本人也得了感冒卧床不起。第二天内阁就将召开会议讨论决定预算方案，于是道奇通过在病床间传递书信的方式，向池田提出各种难以实现的要求。说到要求，我记得道奇事先审阅我的施政方针演说时，在"内阁成立以来，通货膨胀得到控制"部分，他特地要求我加上"到目前为止（so far）"一词。

11月14日，内阁会议终于通过补充预算，提交给国会。后来听池田说，道奇也为那天的内阁会议能够顺利进行感到非常高兴，他说："这样一来既治好了池田的道奇热病，也治好了我的池田热病。"当时我想，本来以为道奇只会板起脸来说话，没想到他还是个相当幽默的人。

成功减税913亿日元

道奇于12月4日离开日本，听说一直到离开之前，他与池田两人围绕1950年度预算问题，对金融问题和减税问题展开讨论。尤其是在减税问题上，道奇表达的一大思路就是不要超过肖普建议的减税额，并强烈要求，必须采取可以完全保证税收的措施。理清他的思路相当困难。有关税制和租税管理问题，已经以书信的方式告知首相他的看法，其中甚至写到要对偷税、漏税行为提起刑事诉讼，关于减税所带来的财政上的后果等，道奇非常慎重，反对的态度很彻底。不过，后来与总司令部进行强烈交涉有了较好结果，原来成为问题的提高劳动所得免税比例以及将最高税率适用线上调至50万日元，允许按照日方希望的标准处理，并可以将超出肖普建议的减税额913亿日元纳入1950年度预算之中。这900多亿日元毫无疑问是减税，但并不是税收减少相应数量，而是税法不修订时的估算征税额与修订后估算额之间的差值，不是与当初编制预算时的税收额之间的差值。由于很难理解到底是税法上的减税，还是预算上的减税，因此成为争论的源头。

1950年度预算案，道奇离开前已经确定了大体脉络，在减税问题得到解决后基本成形。停战处理费等相关费用，较前一年相比也有所减少，尤其是价格调整费减少到一半左右。失业对策费和公共事业费得到增加，大体符合我们的思路。最重要的是，与上一年度相比，财政规模实现了缩减。

五、道奇路线的放宽执行

逐渐高涨的要求放宽的呼声

经历上述过程完成的1950年度预算在国会审议过程中受到很多质疑。其中计入巨额的债务偿还这一点，被认为将更加推进通货紧缩政策。即使没有发生这个问题，在中小企业倒闭、歇业、社会不安不断加剧之时，也会出现今后财政政策如何展开，回转资金以及存款资金如何提供的问题。总之，关于如何调整整体金融政策引发了激烈争议。不仅国会，当时经济界要求放宽执行道奇路线，修改反通货膨胀政策强烈呼声也开始日益强烈。有关这方面的政策，我认为池田最好与道奇再认真进行一番商讨，但等待道奇访日时间上来不及。我想至少要在6月份的参议院选举前理出大体的头绪，因此决定让池田赴美。

池田的赴美使命

在道奇离开日本前的一次聚会上，他曾说过"欢迎池田藏相到美国"这样的话。在占领的情况下，万事都要听从总司令部的指示，在闭着眼睛、塞住耳朵的情况下摸索世界动向，谈什么回归国际经济、复兴重建经济根本不切实际。池田也希望多开阔一下眼界为今后的进一步发展做准备。

池田赴美定下来后，他出发之前抽空来见我，对我说："在日本国内，议和问题得到民众极大关注，今后政府制定政策，需要明确针对议和的先期布局，所以我认为即使去美国，理所当然也会涉及这一点。"池田是想在走之前问问我对此事的意见。于是，我向池田阐述了关于议和的想法，并拜托他，如果有机会，希望可以把这个想法传达给美国各界，试探一下对方的态度。如前面所述，池田赴美的直接使命，就是关于财政经济问题与道奇进行商讨，当然很重要。不过说实话，了解美方在议和问题方面的态度，对我来说，重要性不亚于这件事。

所谓赴美礼物事件

池田于 1950 年 4 月 25 日出发，他按照计划与道奇以及国务院、陆军部要人会谈，得出大体结论。池田即将回国时，我因面临 6 月份的参议院选举，正在关西各地进行竞选演说，便和他约定先在京都见面，让他 5 月 20 日再回东京。因为我想尽快听到池田带回来的消息，但又不能随意更改我的计划安排，所以只能这样。但从结果看，没有想到的是，无心之间使这次见面以"赴美礼物事件"的形式发展成为轰动新闻界的一大事件。我是一个很重视礼节的人，自认为非常注意对总司令部的各种慰问和礼仪细节。然而当时总司令部的人似乎认为池田直接到京都见我没有礼貌，他们强烈感觉到自己受到了冷淡。可以说误解造成的误解，导致形成微妙的对立状态。

总之，总司令部好像认为我和池田一起，以赴美礼物为由，想在参议院选举前为达到政治目的而演出了一场戏，竟然因此把总司令部抛到一边，他们感到不能容忍。马库特少将与惠特尼少将两人联名气势汹汹地向西下途中的池田发出警告，称："我们认为关于放宽执行道奇路线，无论是首相还是大藏大臣，试图将取得的成果利用在政治上，都是非常有悖礼让原则的。如果发生这样的事，恐怕会在现任内阁与总司令部合作制定稳定计划方面造成困难。"因此，尽管池田已经回到国内，却不能公开在华盛顿的会谈情况。

消除总司令部的误解

暂且不提议和问题，在财政政策等方面，池田报告说，预计今后的发展前景相当良好。我还记得在当天傍晚的新闻发布会上，我不露声色地表达了自己的想法。但与一直联系顺畅的总司令部之间产生微妙的隔阂令我很为难，为打开僵局，我立刻改变计划，决定从京都返回东京。

据说池田也在回到东京后,通过事务部门,进行了一系列说明。不记得是谁的办法,建议从首相角度给麦克阿瑟元帅写一封信,信中附上池田报告,请麦克阿瑟元帅对此发表意见,通过这种方式解决难题。我立即照此办理。5月25日我就收到了麦克阿瑟元帅内容相当长的回信。信中写道:"池田报告中提出的建议,如果立即实行,会重新出现通货膨胀的倾向,这与稳定经济九原则相矛盾。如今,日本为经济稳定所付出的努力正受到全世界的称赞,如果这样做,将会损坏来之不易的国际好评。"信中充满冷漠和否定的语气。不过,反复通读这封信,感到针对池田藏相与道奇等人通过会谈商讨出的提案的部分内容,元帅的态度也许可以善意地解释为:"现在不能立即实施,如果实施也是下一年度预算的问题。"

苦心之作"首相谈话"

所以说,下一年度的预算问题从某种意义上来说与本年度的补充预算问题也存在一定关联。借用池田的智慧,我写了一篇既像在谈下一年度预算,又像在谈本年度补充预算的文章,实际上,我将进行期待大家将阅读重点放在补充预算方面的发表,从而使池田藏相赴美取得的成果得以明确。发表于5月30日以首相谈话的名义对外公开:"明年的年度预算要在12月末之前完成编制,而制定本年度的补充预算时,仍然需要坚持预算平衡方针,同时努力实现以下几点,其中有需要紧急解决的,希望在即将到来的临时国会上审议通过。即:(1)削减预算总额;(2)节约原有经费,筹措资金来源，调整公务员工资基准；(3)明年的年度预算中，将不会通过一般会计进行债务偿还；(4)大幅度削减或取消价格调整补助金；(5)以上结果产生的财政剩余继续用来减税。"此外，还提及池田与道奇等人的会谈中涉及到设立出口银行（当时叫作出口金融金库）、增加中小企业贷款额度、加入国际货币基金组织以及《国际小麦协定》等内容。

对此一部分经济界人士评论说，看法太过乐观。但这就相当于选举时的公开承诺，事实上，谈话中提到的内容，在后来编制补充预算、编制1951年度预算时，大体得以实现，成功地使财政金融政策朝着当初考虑的方向发展。而且，道奇路线的放宽以及反通货膨胀政策的修改也在朝鲜战争突然爆发之际迎来重大转机，情况发生了翻天覆地的变化。

拓展阅读：

在池田勇人所著的《平衡财政》中，关于肖普博士有如下描述：

肖普博士第一次来访是在1949年5月。……请肖普来访是同年2月我与道奇就减税问题谈判终于失败后的事情。我当时并没有特别打算让肖普就日本税制问题给出理论性建议。我国的税制，本身是在对欧洲大陆多国的税制进行认真研究后制定的，其理论根据已经达到相当高度，所以并不需要外国人的特别指导。在税制执行方面，即税务行政方面，当时比较混乱。与其说是由税制本身的缺陷引起的，倒不如说是由于当时社会普遍无序；相较于通货膨胀的急剧发展，基本征税免除规定没有随之调整，处于弃管状态，从而造成纳税人数量不断增加，不得不新录用大量缺乏经验的税务官员等原因造成的。

请肖普来访的首要原因是考虑到当时总司令部内部的势力关系。上一年末，华盛顿发出"稳定经济九原则"的指令，开始采取多种手段意图遏制日本通货膨胀的发展。道奇的到来也是手段之一。发生通货膨胀时，最好吸收购买力，为此，只有提高税金。这种简单套用公式的做法占得上风。从同年的2月份到3月份，在与道奇就减税问题进行交涉时，说到底，他的内心就是秉持这样的想法，无论我怎么逐条细说我国的税务行政存在的不合理之处，他只是反复强调自己是外行，不太明白税务方面的事情。

事实上，在司令部内部，长期以来，租税作为财政整体的一个部门，不过是由一个处室下属的一个科室负责管理。直到去年夏天，一个之前在美国国税厅工作名叫莫斯的人来了之后，才逐渐出现独立出去的趋势。怎么说呢，我国财政在年度支出的重压之下苦不堪言，距离"量入为出"的财政理念相当遥远。

以自身作为税务官员的经验来看，莫斯认为，征收如此高的税金，事实上不可能。由于税率过高，纳税人自然不会如实申报收入，而税务官员尽管明知道申报不实仍不得不承认，这样下去，无论到何时，心甘情愿的纳税都无法实现。但要凭一己之力打破现状，降低税率，从美国国会的情况和司令部内部的势力关系上来看，都是不可能的，所以就想到，可以邀请美国的某位权威人士来日本了解情况，然后提出减税的建议。在他就此事与我商量时，我马上表示同意。

就这样，肖普来到日本。他从5月份开始一直到夏天，历时三个多月的时间走访日本了解情况。报告概要于8月末公开。在此期间，我多次与肖普进行讨论。我内心一直在想，不管怎样，一定要让他同意降低所得税，即提高基础免征额度、抚养家人免征额度，降低税率。也有必要说服他同意，1月份选举过程中自由党公开承诺的废除交易税。不过，交易税实际施行所造成的弊端以及理论上缺乏前后一致性的情况并不少，因此，基本都是学者的肖普一行人似乎从一开始便决心废除交易税。

减少所得税，将涉及年度支出会被压缩到什么程度，是有关财政整体的问题，所以肖普很是头疼。从当时的情况看，在下一年度中，价格补助金可以进一步削减多少，应该计入多少战争赔偿和补偿，这两个因素是左右财政规模的关键点。两者都属于道奇的工作范围，和肖普不存在直接关系，所以肖普认为不能提出不成熟的减税建议，从而给道奇的工作造成干扰，也是自然的。

特别是道奇作为麦克阿瑟的顾问来到日本工作，而肖普一行人受经济科学局的邀请，追本溯源，是我和莫斯请来的，所以，先不论在美国如何，在军事占领下的日本，两者之间自然分量有所不同。但从结果来看，肖普用几个月的时间对日本各阶层进行充分的调查，拥有了广泛的知名度，加之国民当时苦于重税，对他的报告寄予期待，凭这一点，他的工作就很有分量。

8月末，肖普公布建议的纲要后，离开日本。纲要内容包括：废除交易税、减少所得税、重新评估企业资产、取消法人的超额所得税、新增富裕税等。建议是由不了解日本情况的外国人所提出的，从这一点来看，可以说还算合格。从我的角度看，关键的交易税的废除、所得税的减少得以实现，应该可以满足。这样，实质上能够实现1000亿日元的减税。难以接受的是将所得税的最高税率定在所得收入30万日元，我无论如何都不能同意。从30万这个金额来看，不仅不合常理，而且从最低税率到最高税率之间的所得收入"等级"遭到彻底压缩，将会造成低收入者和高收入者，两者所交纳的税金几乎是相同的结果。为避免受到这样的指责，肖普建议向富人征收富裕税，但这个税种，就如我当初警告的那样，只能起到"虚张声势"的效果，很显然，时至今日，不论是征税费用还是征收的税款都会妨碍资本积累，结果只不过是让学者的良心得到了满足。

所得税的最高税率起点定在30万日元，这怎么想都不合理，所以肖普回国后，我与莫斯进行协调，将所得税的最高税率调整至以超过50万日元为起点，尽管如此我还是不太满意。

总之，肖普建议对政府来说大体可以满意。社会上如此群情激愤，这是道奇也无法忽视的。对于在下一年度财政规模还没有确定之前肖普便给出减税建议，尤其他还只是以受经济科学局委托的身份提出的建议，司令部表露出不满。我对此很快有所察觉，于是在纲要发表的第二天便公开发表了首相谈话，强调肖普建议非常合理，应努力加以实现。

肖普的主要思想是意图通过税务制度，确立地方自治体的财政基础，将大量税源转让给地方，并建议实行平衡补助金制度。关于这一点，我虽然认同其本意，然而从地方的实际情况来看，我认为有些过于理论化，如今我也这样认为。

第一次来访时，肖普建议重新评估法人资产。重新评估的问题与证券市场有着密切的关系，因此特别受到关注。

距离肖普第一次来访刚好一年，1950年8月，肖普与之前的同行人员再次访日。从8月到9月，肖普远赴北海道进行考察，研究前一年自己给出的建议的实施情况。

1950年，尽管朝鲜战争爆发，但这一年的财政比较稳定。关于1951年度预算的编制，年度支出基本控制在5800亿日元左右，预计年收入6500多亿日元，其间的700亿日元差额作为减税目标。9月上旬，我带着这个情况，去拜访正好在信州轻井泽忙于总结第二次建议构想的肖普。

当时,我和肖普商议的腹案是,将所得税的基础免征额度从2.5万日元提高到3万日元,将抚养家人免征额度从一人1.2万日元调整到1.5万日元,将税率的"等级"从现行的超过50万日元后部分50%征税调整为超过100万日元后部分55%正征税等。平摊到整个年度可以实现500亿日元的减税,此外通过物品税等小额度税收再减税大约200亿日元,这样就可以实现合计700亿日元的减税。

作为我来说,这是在对年度支出的大致情况进行预估的基础上做出的提案,并非没有合理性。暂且不论税制上的问题,肖普认为就下一年的年度预算会余留下多少减税财源的问题,必须由道奇来确定。假设有这样那样的财政剩余,首先可以用于增加平衡补助金,如果还有剩余,则按照一定的顺序,对所得税等进行减税。感觉肖普自身也不外乎基于各种假定给出建议。正如我前面提到的,为充实地方财政,肖普一直坚持应该增加平衡补助金,而我认为在地方认真考虑减少不必要费用之前,需要慎重。当天的讨论以此为出发点,进行得相当激烈。不过在其他税法方面的问题上,肖普基本上同意我的观点。

我们关于酒的减税问题产生分歧。我力陈降低酒税的好处。从酒的供求关系来说,如果降低酒的价格一定会畅销,年收入并不会减少,还会减少非法酿酒的情况。下一年度的大米产量比较乐观，红薯的增产估计也会提高酒的酿造量，所以即使降低酒的价格，也不会使国家税收受到影响，但肖普完全不同意我的看法。最后他还生气地说道："一个粮食靠进口的国家，用主食酿酒算什么事？"对他的这种态度我毫无办法。肖普一行人到底没有建议降低酒税。因此，肖普等人回国后，在进行税制修订时，我说服莫斯，决定自1950年12月起降低酒的价格，责任由我一个人承担。当时国民经济逐渐稳定，岁末年初正好也是酒的需求旺季，调低酒价取得令人满意的效果，在1950年的年度决算中，酒税收入超过当初预算。我的意图是，在确保酒税的同时，政府主动调低酒及烟草价格，使逐渐出现下降趋势的物价继续保持下降趋势。

肖普是一个真正的学者，他认真走访日本全国，听取各方意见，致力于实证性研究，我对此深表敬意。

第二十四章　从朝鲜战争到议和独立

一、日本经济状况为之一变

新式通货膨胀

朝鲜战争的爆发，使经济态势发生了天翻地覆的变化。特需一词不知从何时开始，经常挂在人们的嘴边。驻日美军的紧急订货，首先刺激了经济，海外物价迅速上涨对日本的经济发展起到推波助澜的作用。很快，出于人气看涨的心理或预感物资将会缺乏，社会出现焦虑不安状况，物价和工资不断上涨，货币发行量增加，呈现出将要发展为通货膨胀的表征。我开始担心，费尽周折制定了稳定政策，使经济发展日益趋向正常状态，难道形势会发生逆转吗？不过池田向我解释道，确实物价在上涨，工资也在上涨，表面看来像是发生了通货膨胀。不过这与停战后所经历的通货膨胀形成条件根本不同，完全是海外需求和物价上涨引发的通货膨胀，所以不如主动顺应世界经济的整体动向，借此机会思考扩大经济规模，推进企业合理化的对策。

在 1 美元兑换 360 日元汇率的今天，物价问题也通过汇率与世界物价联系在一起，因此受到世界物价的影响可以说理所当然。改变汇率，使物价变动不会波及国内的想法不可能实现。对每种商品都课以出口税，或支付进口补贴，意图调整海外物价和国内物价的做法难以实现。最后在采取措施避免引发国内通货膨胀的同时，只有跟随海外物价一种做法。情况就是这样。

经济管控复活论的出现

因此，当务之急是要将提高进口作为重要政策加以推动。以此保持经济平衡的同时，支撑生产活动的扩大，从而抑制物价的过分上涨。于是，政府一方面通过调整外汇预算、扩大进口范围、对多种商品采取进口自动许可制度等，尽量完善可以自由活跃地进行大批量进口的体制，同时采取外汇支付的延期措施以促进民间贸易公司调配进口资金。

但当时最具争议的问题是是否应该重启管控措施。尤其当时正处于朝鲜战局对联合国军不利之时，有人认为日本马上将被孤立于太平洋之中，粮食及原料无法进口，陷入无可奈何的境地。这种情况下，不得不实行管控。不管怎么说，甚至美国都在实行各种管控手段，日本也应该效仿。好像只要实行管控，物价就不会上涨，物资供求也能取得平衡。当然，日本的经济基础薄弱，根基尚不坚实、稳固，需要不断进行一定程度的调整。虽说需要进行经济调整，但政府方面主要考虑的是财政、金融的资金方面的操作和外汇贸易等方面的全局性调控措施，如此即可。借此机会提高出口，促进进口。设法扩大经济规模是增强国力的道路，为此可以使我国经济运行低位跟随世界物价的走向，保持当世界经济稳定下来之后，能够迅速做出应对的态势，所以必须在国内财政金融方面努力加强一定程度的管控。

急于兑现选举中的承诺

这种情况下，肖普博士为重新研究税制问题将来到日本，道奇也将于10月初来到日本。所以我打算尽快开始着手制定1950年度补充预算和1951年度预算。当然为安抚国内，我有意尽早具体落实选举时的承诺，因此早在7月中旬便确定了预算编制方针。当肖普和道奇两人相继到来时，完成大体框架也并非难事。事实上，在9月20日，肖普给出第二次建议的前一天，内阁会议就已经确定1951年度预算的概算，多少带有牵制美方的意味。10月7日，道奇抵达日本，开始与池田进行会谈。从结果来看，总体上可以说顺利。减税内容纳入预算，决定开设出口银行，砍掉价格调整费，提高公共事业费，实现对薪资待遇的改善，债务偿还问题也不复存在。不过，每次都不例外，协商总是相当艰难。尤其以前并不是太大问题的特别会计运转资金问题，如今也被作为很有争议的问题受到讨论，美方强烈要求废除一直以来从日本银行借款的做法，从一般会计中划拨。存款部和回转资金的使用问题也成为需要激烈讨论的对象。通过取消公营部门，废除补助金，意图向大幅度解除管控的方向发展时，有人便提出，大米怎么办，向国家上交摊派的份额后余下部分可以自由销售吗？小麦怎么办，取消上交摊派，任意买卖吗？这些都在编制预算时成为麻烦的问题。

流产的大米管制撤销

大米方面，某种程度上似乎已经完成了撤销管制的构想，但由于中共介入朝鲜战争这一新情况的发生，道奇突然慎重起来，最后决定暂缓实行。小麦存在一定问题。美方要求政府只承诺收购小麦数百万石左右。司令部的解释是，如果不这样做，粮食会计仅靠从一般会计划入能否满足需要，还是必须另行贷款，尚无头绪。

对此，广川弘禅农林大臣回应道："写成字据也没有用。这不是只考虑自己吗？"反对的态度很坚决。然而我方不同意，美方就不可能认可补充预算，所以轮到池田很为难，两人争论很久，也没有结果。记得最后我不得已介入，对广川说了句"先签字再说吧"，才算解决这件事。1951年度预算于3月28日在参议院通过。这是停战后，第一次在新年度前完成预算的制定。

二、朝鲜特需过后的财政经济

频频出现的金融问题

1951年春，世界经济开始逐渐呈现趋稳态势，停战会议开始召开，给由于朝鲜特需而过热的日本经济带来一种反作用。出现亏损的贸易公司无法顺利偿还银行借款。从那时起，超额贷款问题受到热议，一般认为相关制度非常不健全。银行方面，在出口银行运行后不久，开始改组复兴金融金库，决定设立开发银行。沉睡的复兴金融金库总算苏醒过来，但已经不再是原来的复兴金融金库了。在这段时间里，感觉都是金融方面的各种话题，而财政方面没有什么麻烦事。例如，总司令部方面指出目前积压货物的抵押贷款过多，在高层建筑等不必要、不急需的项目上投入的资金过多，从而招致社会上的批评声浪。银行应该是从秋季才开始能够自主决定融资项目。

对日援助的中止与日美经济合作

财政方面，自7月以后，随着对日援助的中止，开始出现美方需负担占领费的问题。这个问题实际上也是之前一直讨论的中止对日援助以及日美经济合作问题等一系列举动的一部分，尤其日美经济合作这一议题还关系到议和问题，从1951年1月杜勒斯访日起，政府内部就在进行各种设想和研究，而且，民间也有各种声音。大概在4月中旬，总司令部经济科学局长马库特少将突然来访，告诉我他将代表日本政府亲自前往华盛顿，就日美经济合作问题探听对方意向。从他带领一行人等匆匆出发时起，问题便转入需要正式面对的阶段。

我之前就在想，像日本这样资源短缺人口众多的小国，如果不想办法，经济根本得不到发展。虽然这样说，但在大国的恩惠下生存，国家的尊严不能允许。我认为，作为独立的国家，站在对等的立场上进行经济合作是可行的。由此，既可以将正常的贸易体制、交易体制紧密对接，可以通过引进外资，大规模开发国土、振兴产业，使经济更加繁荣。因此我对经济合作与引进外资表示全面赞同。即使出于政治考虑，美国与我国在经济方面相互紧密结合的同时，我国能够建立起坚实的经济基础，实现与亚洲各国的经济交流，共建繁荣，就真是一件好事了。

马库特少将于5月16日返回日本后，立即发表声明，就日美经济合作问题进行了一番表述，但多是大体上抽象，类似于说教的内容。其中提到日方也应该明确方针，所以，大概一个多月后，日本政府表明了态度。日本政府在声明中提到，作为独立后的日本，希望尽早凭借自己的力量加入世界经济的行列，尽早加入国际货币基金组织，加快外资引进，获得经济合作的果实。我本意就是要通过声明展示出日本的充足干劲和满腔热情。当然，作为实际问题，关于经济合作与外资的引进，进展很不顺利，直到1952年以后，才得以具体落实。

道奇对强行减税的不满

作为议和会议全权委员中的一员前往旧金山的池田，就今后的财政方针与道奇进行了探讨，并在回国后早早便开始着手编制1951年度的补充预算。道奇建议池田，独立后的日本经济非同寻常，不可放松警惕，应继续实施紧缩财政政策。减税需要慎重。考虑到赔偿、外债处理、援助资金的返还、防卫以及遗属问题等都需要资金，必须让财政具有一定的灵活性，绝不可因投资等关系引发通货膨胀。据说道奇回国后还一直担心此事，很长一段时间里以书信形式反复强调自己的看法。关于减税问题，池田说他将坚持到底，责任由他承担，而且在道奇再次访日之前，补充预算基本编制成形。

总司令部没有像往常一样提出各种看法，也没要求"等道奇来"，便同意了补充预算，大概他们考虑到议和会议刚结束不久，日本独立已在眼前，不进行具体干涉为好。我认为对方某种程度上也感受到了日本政府在独立即将成为事实，今后的工作需要承担起自己的责任自行处理的情况下反映出来的热切心情。

补充预算，就这样在道奇到来之前提交给国会，问题在于1952年度的预算。减税已经抢先一步在补充预算中提出，所以要坚持到底。但还有一个未解决的取消大米管制问题，以及随着和平的到来出现的对内、对外各种问题。如何解决这些问题呢？道奇刚到达横滨就表示说："我认为减税不合适。关于大米问题，日方的想法也过于乐观。"他的讲话作为特别报道，引发社会的种种议论。但最后依然决定按照计划实施减税。

再次失去取消大米管制的机会

在大米问题上，分配上缴份额的知事会议争议不断，政府内部也存在各种意见，最后以时间已经截止为理由，暂缓取消对大米的管制。大米问题在此之前已经确定了大体方针，并顺利进展，所以我多少感觉有些遗憾。这个问题拖到第二年、第三年仍然没有得到解决。而问题的本质从那时起已经由"农民很辛苦"的管制转变为"农民很受益"的管制。

在与总司令部的交涉过程中，如何从整体上解决以防卫相关经费为中心的有关议和的各种经费问题进展最为困难。包括遗属抚恤金在内，最初得出的数字高达二千亿日元，与上一年度相比大幅度增加，即使降低划入特别会计的部分，依然必须挪用部分一般经费，因此在确定预算的内阁会议上大家怒气难平。甚至天野贞佑文部大臣都对过度削减文教相关经费感到非常气愤，厚生大臣桥本龙伍不客气地对遗属抚恤金问题表示了强烈不满。执政党方面也强硬地提出继续增加公共事业费的要求，内阁会议当天未能得出结论，延至下次内阁会议讨论。

说服内阁成员

在内阁会议上听着各种议论，有时会因为问题极度复杂、极度困难，竟然产生束手无策的感觉。盼望已久、望眼欲穿的议和和独立，终于得以实现，这实属好事，然而依靠日本自己的责任感和努力走进国际社会并得到国际社会的承认绝非易事。赔偿、对外债务的偿还、安全保障、确保治安等，这些都是作为一个独立国家在清算过去、面向未来时必须考虑的内容。一方面，国内经济的开发和发展需要产业投资和公共事业，而且越多越好。另一方面，社会保障、遗属抚恤等民生相关经费也越多越好。当然作为资金来源的税收越轻越好。但像这样出发点不同的主张不可能全部实现。如何统筹安排最终只能交给大藏大臣决断。我信任并支持池田。阁僚的不满则由我代为说服和压制。

从此时开始到同年 8 月末的国会解散，政局一直处于混乱状态，所以我不太记得有关财政和金融方面的事情。有印象的主要是，决定加入国际货币基金组织，池田作为日方代表出席年度大会；决定就外债处理问题与美国和英国进行谈判，津岛寿一作为特命全权大使前往美国。

第二十五章　预算升至一万亿日元

一、推迟4个月的1953年度预算

谋求政局稳定未果

1952年4月，日本实现了盼望已久的议和独立。这之后，日本政府开始独立处理国内外问题。但如此一来，如何谋求政局的稳定、加强政府的执行力对当时的日本显得尤为重要。这也是我之前反复考虑的问题。特别在经济问题、财政政策方面，若不能将确定的想法贯彻实施到底，中途妥协，采取八面玲珑的处理态度，则有可能会使那些为谋求经济复苏而辛勤努力积累的成果付诸东流。我对此很担心。用于公共事业的经费动辄采取利益均分方式，其他补助金方面也有这种趋势。我们必须谨慎小心、严格自律以确保财政。军事占领下的日本在总司令部的指挥与支持下，健全的财政政策得以贯彻实行。然而我认为我们不能满足于此。

但是政局的实际状况却事与愿违，在日本独立之初，党内矛盾加剧导致政局稳定迅速受到威胁。当年8月，在突然解散众议院之后进行的总选举中，自由党再次以压倒性优势胜出，我开始第4次组阁。虽然一时克服党内纷争完成组阁，但并未彻底解决问题，党内纷争依然持续不断。

任命向井忠晴为大藏大臣

在当时那种情况下任命何人为大藏大臣，着实难以决定。池田在任已久并且我也打算任命他为通产大臣，让他从另一方面为国家的经济做出贡献。经过一番深思熟虑后，我决定任命原三井物产董事——向井忠晴为大藏大臣。不考虑党内人士而选择来自实业界的人士一方面是因为折服于向井的见识和人品，另一方面就是我想让担任此职的人的立场尽可能不受党争的影响。我相信向井能够做到不为党争所困，不迷失于权力、欲望，切实并强有力地干出一番业绩。

向井以他独特的问题处理方式为我解决了很多烦恼，包括补充预算。任命向井为大藏大臣时恰逢国会再次召开，预算的审议本身没有什么问题，但在众议院的委员会上围绕着审议表决，党内某派别的小动作给向井着实制造了不少麻烦。

1953年度的预算是日本独立后第一次由日本政府编制的预算，所以有人认为应该与以往不同有所创新，也有人持应在某种程度上转向积极财政的观点，要求对平衡财政重新进行研究。因此，预算逐渐膨胀最终达到9600亿日元。并非对此不担心，因为这两年财政规模逐渐扩大，使国民的收入也确实在增加，世界经济又处于低迷状态，故而有关人员认为在这种情况下预算的适当增加不会给日本经济带来什么问题。我依然隐约记得在削减防卫经费方面一直难以达成共识，向井便与美国大使馆方面进行交涉，在发行公债问题上经过一番讨论后决定发行减税国债。最终，虽然向国会提交了预算，可只在众议院审议通过，不久之后由于3月份国会解散没有在参议院通过，截止到总选举结束，每个月都是临时预算。

总感觉对向井不公平。我对他满怀期待，想必他本人也是干劲十足，但政局始终不稳定，最终还是没能有所成就。他始终是无欲无求的态度，而且头脑聪明，总能抓住问题的要点，为我解决了不少棘手的问题，对此，我只有感谢。

通货膨胀预算的批评

在总选举后的第5次内阁会议上任命精通财政经济的小笠原三九郎为大藏大臣。虽然执政党还是第一大党，但没有获得过半数的席位，我考虑执政党与在野党进行协商谈判的情况会很多，因此任命一个老练的人。

因国会解散而未通过的原预算方案稍加修改后，于6月初提交给国会，距离预算年度开始时间延迟3个月。虽然完成组阁，但我希望与改进党组成联立政府的想法却未能如愿，成为少数党政府。在国会审议前必须与改进党以及从自由党分离出去的鸠山一郎派进行政策协商。协商结果是增加公共事业费、社会保障费、军人养老金，新设立义务教育费国库负担金，并增加与地方财政相关的经费。

对此社会上有很多批评消费性支出过多的声音。减税超过千亿，另一方面将过去积累的资金用于财政投融资，公开募集国有铁路及电信电话公司的债券，发行减税国债等。打算更多依靠民间资金，没想到会引发严重的通货膨胀。有批评认为支出超额预算是引发通货膨胀的主要原因。对此，我不做正面否认。

另外，在众议院审议的最终阶段，因造船利息补助存在贪污嫌疑，有批评认为我们修改预算草案时，为与改进党、分离派自由党达成妥协而使预算的随意性更大。该预算在议会审议通过期间，发生西日本洪涝灾害，处于必须编制补充预算的状况，社会上对爆发通货膨胀的危险抱有莫名的不安也许并非没有道理。这样，1953年度财政，连续4个月执行临时预算，总算从8月份开始执行正式预算。

二、昭和29年度的预算与财政紧缩

1万亿日元预算的原委

1953年8月上旬，杜勒斯长官访问朝鲜后顺访日本时，我和他在美国大使馆举行了会谈。当时关于接受租借美国武器的谈判正在紧张进行中。对于如何在稳定日本经济和增强日本防御力量之间找到平衡点，双方发生激烈争论。那时，我意识到美方对于日本经济的看法依然相当严厉。日本经济能力中可用于增强防御能力的余力有多少？援助及引进外资的必要性有多大？总之必须使美方了解日

本经济的上述现实。必须使美方认识到日方为实现经济自立和稳定付出了多大的努力。因此，我感到关于下一年度即1954年度的财政经济政策，需要更加认真地进行思考。我考虑派池田再次出访美国就各类问题与美方进行协商大致就源于这个时候。同时，使我下定决心要设法稳定日本经济，绝不能让好不容易恢复起来的日本经济再次走上通货膨胀的道路，让在朝鲜战争中赚取的外汇流出日本。

小笠原大藏大臣离开日本出席国际货币基金组织的年会，而池田以我的特使身份出访[①]时，一系列金融紧缩政策开始通过日本银行强力推行。另一方面，为与此相呼应，政府内部、媒体方面开始提出一万亿日元预算的口号。于是各种议论声音逐渐高涨，例如，这样发展下去的话，国际收支将会产生不平衡，而国际收支的平衡是经济运行的第一要务；消费购买力过强、投资过大，必须紧缩资金、舍弃赘肉等等。我认为确实如此。我更多考虑日本经济的健全化并不是只顾及与美国之间的关系，而是源于一个契机。从我自己接手解决战后通货膨胀问题开始，就一直在考虑建立健全的财政和坚实的经济。有一次我偶然想到何种状态是健全的根据时期不同理解也会所不同，所以何为健全概念并不清晰。在10月份发表"稳定货币价值是所有经济政策之本"的政府声明时，我的看法大体确定下来。

[①] 1953年10月，自由党政务调查会长池田勇人以吉田首相特派大使的身份，与政府代表大藏政务次长爱知揆一等人再赴美国华盛顿，与美国助理副国务卿举行会谈，就基于美国MSA（相互安全保障法）的对外军事援助以及经济援助等诸多问题进行了会谈。

引起预算规模扩大的因素增加

讽刺的是，事情并不按照我想的那样发展，洪涝灾害、低温灾害、公务员工资上调，都使补充预算的制定成为必然。特别是大米收成不佳，一方面引起米价上涨，另一方面必须花费大量外汇用于紧急从国外进口粮食。这些负面影响使政府在提交第一次补充预算后又必须向临时国会第二次提交补充预算。第一次时，预算总额止步于9990亿日元，差一点达到1万亿日元底线。但第二次时，预算总额终于突破1万亿日元底线。虽然编制第一次补充预算时，迫于改进党与分离派自由党的压力而不得不做出妥协，不过编制第二次补充预算时，由于政府方面对于即将到来的1954年度预算已经明确方针，尽管改进党要求实行米价双轨制，最终也没有做出妥协。

小笠原在美国就电力借款问题与世界银行方面进行协商，世界银行方面以日本经济形势不稳定为由拒绝贷款，池田君也向我传达了美国方面不能贷款给面临通货膨胀危机的国家的意见。在日本停留5周的世界银行考察团离开日本前发表的声明也强烈希望日本建立健全经济。我的决心愈加坚定。恰在此时举行了与美国副总统尼克松及助理副国务卿罗伯特松的会谈，使我的想法更加清晰起来。至于防御问题，我打算在别处涉及，此处不提。寻求政治独立，即让外国军队撤离日本、逐步增强防御能力等一系列问题，以及争取经济独立，即摆脱对美国特需的依存，引进外资，从经济援助到经济合作等一系列问题始终萦绕在我的脑海。我认为增强国力，稳定和振兴经济是第一要义，为此，我下定决心要采取强有力的措施。

激励小笠原大藏大臣

当时，人们普遍认为1954年度预算将严守平衡财政，无论如何会控制在一兆日元以内，并紧缩金融，从而实现经济的重建。经济界对此表示支持，执政党内的观点也保持相同方向。但由于议员提出的各种法案以及国会进行的修改会影响到1954年度预算，必然导致经费的膨胀。这里增加一些，那里增加一些，只要不能大刀阔斧砍掉不合理的预算，就很难将预算总额控制在1万亿日元范围内。此时，我下定决心这次哪怕必须亲自冲到第一线，也要坚守1万亿日元的预算。

1953年12月29日向内阁会议提交了9943亿日元的大藏省方案，并以此为基础进行党内协调谈判，经过少许调整后，于1954年1月15日正式提出9995亿日元的预算草案。针对下调10%物价、防止国际收支失衡、削减投资等一系列方针政策，有很多批评声音指出，这将使中小企业陷入困境，导致失业率的上升，引发社会动荡。但我的决心已定，鼓励小笠原坚持到底。此时的心情与4年前决心解决通货膨胀时的心情几乎相同。不同的是，在经济条件方面，我的不安感没有那么强烈。我记得到地方上进行竞选演说时，曾以相当激动的语气表示："因为编制这样的预算而引起民众对政府的不满、对自由党的不信任，那绝不是我们错了，错的是故意造成这种状况的人。"

获得成果的1万亿日元预算

围绕国会审议、预算通过进行的政治博弈中有很多让人厌恶的事件，例如，造船贪污疑云、聚众斗殴等。但我认为在经济、财政方面，一万亿日元预算的成果显著。当然其中有世界经济景气恢复的功劳。而且不仅在财政方面，在金融等方面，步调一致推进经济健全化政策也发挥了作用。然而更多的是拜全体国民的努力所赐。他们坚信作为独立国家国民，必须按照自己的意志和责任，保卫自己的经济，并使其繁荣昌盛。关于财政、金融，我并不太明白，但这次编制1万亿日元的预算，我确实用心思考，亲自站到第一线，坚定不移地做出决定，正因如此，期间种种令我难以忘怀。

总之，必须说，通过日本国民的艰苦奋斗与辛勤努力，我国经济打下牢固的根基，作为日本经济后来腾飞的基础，其发挥的作用之巨大难以估量。从1955年起，日本经济确实明显得到恢复，恰逢世界各国的经济形势好转对日本经济产生助力，到1956年，日本经济取得了惊人的进步。与西德经济的发展并驾齐驱，共同成为世界瞩目的焦点。想到我们的紧缩努力打下根基，为日本经济的大发展贡献出一定的力量，我的内心便充满喜悦。我非常清楚消极财政、紧缩预算，无论是政治家还是日本国民都不会欢迎，但我必须坚定地强行推动。作为责任人的艰辛我在任期间不止一次地经历过。知道这一切都不是徒劳的努力是对我最大的安慰。虽有些自卖自夸的嫌疑，姑且将内心感怀记录于此。

第二十六章　历经三次行政整顿

一、第三次内阁执政伊始的大整顿

以上大体讲述了我在财政经济政策方面进行决策的过程。在这诸多政策中，令我印象特别深刻的就是行政整顿。

避之不及的讨厌工作

在任期间，我不止一次进行行政整顿，有时并不能完全实现整顿目标。其中应该说最早最大的一次行政整顿便是我第三次内阁执政伊始时进行的行政整顿。那次整顿大幅度缩减政府机关的工作人员，从中央到地方共解雇数十万公职人员。当时，战后经济尚未实现稳定，实际上，即便是公职人员，也不能完全摆脱生活的不安。这种情况下，就算为国家大局着想，政府实行的解雇大量公职人员的政策，于情于理确实令人难以接受。

如果对政府机关工作人员数量不进行控制，不知什么时候又会膨胀起来，有必要看准时机如春秋季节的大扫除一般进行清理。然而，缩减政府各个部门的工作人员，牵扯到人员整顿，势必会遭到强烈的反对。工会的竭力反对属于意料之中，连社会党等革新派政党也不问是非曲直强烈反对，另外社会舆论方面也多为反对意见。

说到人员整顿，一律采取从上到下硬性规定解雇几成工作人员这种最具有可操作性的方式。其实可以不夸张地说只有这种方式具有可操作性。但另一方面，想从道理上解释这种一刀切方式非常困难。它本身确实存在着缺点。抓住这些缺点不放的反对声音一直不断，说到底其效果与反对整顿本身是相同的。而且剥夺成千上万人的工作，不用说，于情于理都难以让人接受。所以行政整顿从我的经历来看也是避之不及的讨厌工作。

沿着"经济九原则"的路线

我不得不在第三次内阁一开始便着手实施的行政整顿，从我个人来说很不情愿，但从大局上看却是迫不得已。由于二战战败，日本的国土规模大幅度缩小，经济实力也大幅度下降，尽管如此，行政机构与人员数量却与战时相同。在这种情况下，又为满足占领需要新设置了很多国家机关，因此不论谁当政，大扫除都是必需的。而且，执行"经济九原则"，行政整顿是最为必要的。即，控制财政支出，从当时情况来看，必然要进行令人厌恶的行政整顿。

当初的目标是在1949年3月份之前，即在新年度开始时实施，但由于选举以及重组内阁等原因而推后了准备工作。所以在第三次内阁成立的同时，便决定由行政管理厅长官本多市郎作为主要负责人紧急制定行政机构改革和人员清理的基本方针，以6

月1日起实施为目标推动计划。并准备在第五次特别国会上完善必要的立法程序。

上文所述的行政机构改革旨在清理简化各政府部门布局，缩小机构整体规模，同时积极完善组织架构以提高工作效率。人员清理方面设立如下基本目标，业务人员裁减20%、非业务人员裁减30%、国营企事业等由国库支付工资的单位人员裁减20%，以求减少政府部门的人员数量，并为此制定称作《行政机关职员定员法》的特别法，所有整顿工作均按此法执行。国会、法院、人事院、地方公共团体等单位需按照政府的宗旨配合执行。

设立特别法——定员法

《行政机关职员定员法》的方针是以法律的形式规定政府机关各部局的人员数量，裁减超过定员的多余人员。同时根据该法发给被裁减人员特别退职补贴，使人员清理工作能够顺利进行。此外还明文规定，政府方面给出的整顿标准不能作为集体谈判的对象。

上述特别退休补贴对被裁减人员来说没有异议，在推动整顿工作方面有不少效果，但是不能作为集体谈判的对象这一点遭到工会方面的强烈反对。在上一年度的法律修订中已经规定公务人员一般不得罢工，不承认集体谈判权。不过，国有铁路等公共企业的从业人员拥有集体谈判权。因此，如果通过与工会协商来推动人员清理工作的话，不但结果如何不得而知，实行日期也难以确定。

根据当时政府的方案，国有铁路也有工会会员众多的原因，裁员将多达9.4万人。国有铁路的整顿成功与否将在很大程度上左右整体计划的实施，故而十分担心工会的态度。工会方面果然对政府方面提出的裁员基准持强烈反对态度，主张应该将人员清理作为集体谈判的对象，与认为协商不过只是单纯要求同意而已的政府方面的态度从正面产生了冲突。工会坚持的必须进行集体谈判的主张与根据法律不能进行集体谈判，而且在整顿期间，没有调整人员、退职补贴的余地的主张呈平行状态，无法达成一致。最终，政府方面于7月2日放弃与工会协商，决定按照政府的方案强制推行。

在紧张的气氛中完成整顿

我也不是不能理解工会方面的主张，只是关乎国家经济重建的大局不得已而采取的方针，加之当时工会内部的激进分子煽风点火的迹象明显，有利用工会对行政整顿的反对来实现他们政治目的倾向。政府方面如果接受工会的主张进行所谓民主协商，很有可能陷入他们的阴谋之中。当时政府之所以态度坚决背后也有这方面的原因。尽管明白工会有可能进行非法罢工，但是政府依旧没有改变既定方针。

拓展阅读：

当时的新闻评论倾向于不仅认为与之前"二一罢工"时的情况不同，反而警惕工会的肆意妄为，支持政府的裁员政策。国有铁路裁员最为紧张之际，7月4日的《朝日新闻》甚至发表社论指出工会反对态度的背后存在政治意图，描述出当时形势的一个侧面。具体内容如下所述：

"不只是站在工会自己的立场，而要站在更高的位置上。如果基于作为国民的立场认为解决通货膨胀和重建经济绝对有必要的话，理应会抱着带有包容和深意的态度，使行政整顿控制在最低必要程度的同时，期待政策实施的公正性，给予被裁减人员的退职条件以及受理态度能够尽善尽美。但是工会从一开始就激烈反对行政整顿。他们之所以持如此态度原因之一在于他们不管三七二十一，只想将行政整顿作为打倒吉田内阁的政治斗争的由头，根本不打算解决问题本身，属于左派的强硬做法。

"只要把问题上升到政治斗争范畴，工会便会迅速采取非法斗争手段，不可避免将会出现很多牺牲者。这种情况下，左派如果期待国民会支持工会，支持打倒吉田内阁或政治改革，将大错特错。暂且不论国民是否支持吉田内阁，我认为国民至少不会支持以非法手段摧毁民主主义制度的行为。

"站在斗争的中心，用诡计煽动事端的一些人容易沉迷在这种行为之中。这种过激行为会产生多大的反作用，又会因此对健全的工会运动造成多大的阻碍，以及将直接产生多少牺牲者，这些无辜的牺牲者以后又该怎么办，他们毫不关心。与此相反，负责行政整顿的领导人必须对每件事情的轻重缓急做出判断。我们应该祈愿他们脚踏实地，立足于自己冷静的判断，在这种重大分歧的路口以理性与勇气把握大局的正确方向。"

在这种紧张的气氛中公布了被裁人员名单，第一次 3.07 万人，第二次为 6.3 万人。7 月 5 日，国有铁路最高负责人下山定则总裁失踪，第二天发现其尸体，属于非正常死亡。我们对此十分震惊。这一事件再加上同月 16 号发生的东京都下三鹰车站电车无人驾驶开动事件，都是围绕当时人员清理行动而发生的奇怪事件，给社会带来强烈震动。但另一方面，这种暗流涌动的气氛中发生的上述事件反而给工会内部的反抗斗志浇了一盆冷水。或许由于这个原因吧，国有铁路的大量裁员进行得格外顺利，之前担心的不可收拾的局面并没有出现。据报告称，一方面工会内部的左右对立对工会的行动有所牵制，另一方面因为发给特别退职补贴的关系，主动希望退职的人意外地多。

如此一来，到当年 9 月份，所有政府部门基本完成了困难的整顿工作。关于行政机构改革，撤销近三成部门，中央和地方共裁减人员 40 多万名，从 300 万正式职员减少到 260 万。前面提到，围绕着行政整顿暗流涌动，发生过一些不好的事情，但整体上并未发生多少混乱，基本完成预期目标。关于整顿，出现过很多情况。之所以能够成功，必须承认与当时的社会舆论比较认可行政整顿的宗旨和必要性，间接地采取支持政府的态度有不少关系。

拓展阅读：

此次的机构改革中完成的政府部门改组主要有以下成果：（一）经济安定本部从总理厅中划分出来成为部级独立部门；（二）基于九原则重视对外贸易的宗旨，撤销商工省、贸易厅，相关业务由通商产业省统一管理；（三）通信省拆分为邮政省和电气通信省（后来到1952年7月，政府的电信电话事业改为由采取独立核算制度的"日本电信电话会社"经营，同时再一次合并到邮政省）；（四）总理厅、法务厅升格为总理府、法务府，宫内府降格为宫内厅，成为首相府的直属局。（五）按照5月5日总司令部下达的"关于国税行政改组备忘录"，将征收国税的业务从地方财务局中分离出来，新设国税厅专门负责征收国税，国税厅于该年6月1日正式成立。

二、第二次机构改革与人员清理

行政机构改革有头无尾

机构改革与人员裁减从政令咨询委员会成立时开始第二次引起关注。该委员会是受1951年5月3日李奇微总司令官发表的声明启发，为检讨占领期间实施的政策而设立的。在此之前，关于政府机构的清理撤并，我指派政府内的行政管理厅负责研究并立案。政令咨询委员会也对此进行研究，探讨简化行政程序的改革方案。政党方面也抓住机会进行相应的研究。我记得政令咨询委员会里的主要人物是东京大学的田中二郎，政府方面的负责人最开始是广川弘禅，之后是桥本龙伍、木村笃太郎、野田卯一等。

但是，研究并提交立案的宗旨在于缩小政府机构，是另一种意义上的裁减人员，不会有什么好的评价。政府以行政管理厅长官为中心，特别设立了行政简素化实施本部。并提出很多改革意见：将运输、邮政、电气通信三省合并为交通省或运输通信省；将厚生、劳动两省合并为社会省；将警察预备队、海上保安厅与出入管理厅合并为治安省；使用国土省、粮食省等名称。尽管有一部分确实得以实现，但大部分中途遇到阻碍没能实现。

由于电气通信事业移交给新设公社经营的关系，撤并得以实现的省只有通信省合并到邮政省。其他方面，仅对数量众多的行政委员会进行了一定清理。废除人事院改组为国家人事委员会的提案本来预计在1952年7月开始实施，与其他简政提案一起在第13次国会上提出，但却在国会审议时遭遇到重重阻碍，特别是参议院反对强烈，大部分法案都进行过重大修改并延迟至8月1日执行。至于废除人事院的提案最终未完成审议，后来继续存在。这让我深切认识到简化行政机构说起来容易做起来难。世人评价说，此为有头无尾的行政改革。

预计裁减人员12万余名

行政机构改革的结果虽然事与愿违，但此次在某种程度上完成了与其互为表里的裁员工作。裁员与行政改革在启动时间上虽然基本相同，然而行政改革却暂时延后，在上一年度的第12次国会上提交议案，进行大幅修改后，于1952年1月至6月间施行。

此次裁员方案与废除人事院以及撤销主粮管制等机构改革的构想相对立，因此部门不同裁员比例也不同。原有工作人员89.6万多名，预计裁减人员8.7万余名，包括国有铁路、专卖等国有公司在内，原有工作人员152万余名，预计裁减人员12.1万余名。如果考虑到其中包含长期缺勤人员，空缺职位，实际裁员7万人左右。而且在这其中尚有三分之一的人自愿退职，实际上受到裁减的人员很少。

此时给予上述自愿退职人员的退职补贴当然也有特别考虑。对于退职人员，一般在正常退职补贴的基础上增加一定数额发放。1至3月份退职的人员提高8成，4至6月份退职的人员提高4成，并且为进一步推动裁员工作，规定给予10月15日（内阁会议决定日期）以后到1952年年底自愿离职人员再增加8成的补贴。

进展艰难的定员法修正案

包含上述人员清理在内的《行政机关职员定员法（修正案）》在国会审议时陷入僵局。因内有撤销主粮管制的含义而引发众多争论，不仅如此，特别是参议院对行政整顿的强烈反对以及妨碍行为，着实让我为难。最终，我们做出让步，裁员数量减少2.7万余名，降至6万余名，这样才好容易达成妥协。在当初针对政令咨询委员会的答复中为13万至14万,行政简素化实施本部的初案也在12万左右的裁员计划,最终后退到一半甚至以下。社会上评价此次人员清理方案为被阉割的方案。但毕竟也是一个裁员方案,总之第二次人员清理有一定的效果。

三、根据待命制度进行的人员清理

社会党一如既往地强烈反对

在我第四、五次内阁时期进行了第三次裁员。虽说裁员,由于国会上的反对声音过于激烈,受到清理的人员数量并不太多。这么说是因为,当时的空缺岗位大约1万人的三成左右被从《定员法》的范围内去除,所以裁员几乎没有实质上的意义。当时负责此事的国务大臣是曾担当行政管理厅厅长一职的本多市郎。1953年2月初,内阁会议决定,保安队、警备队、警察、检察部门、监狱、学校教员等不在清理之列。按照《定员法》制定出包括各种减员在内的裁减3800名人员的议案,但由于3月份国会解散,这一问题被搁置到同年5月以后的第五次内阁会议上。

前面提到过,革新派政党一直反对裁员,此次也不例外,表示出强烈反对之意。在第19次国会上虽然提出了定员法修正案,但负责审议的内阁委员会委员长参、众两院都是社会党议员,因为这个关系,审议迟迟没有进展。特别在此次国会上,防卫二法案即"防卫厅设置法案""自卫队法案"遭到社会党两派的拼死反对导致审议拖后，导致定员法案也受到连累审议无法进行，在国会混战事件之后的延长国会最后一天才终于得以通过。不过是用空缺岗位和自愿退职者应付而已。

特别待命与临时待命

关于第三次人员清理，特别想着重强调的是，此项工作根据先于《定员法（修正案）》实施的"待命制度"推行。这里所说的"待命制度"是受战前对外交官及陆海军人员实施的"待命制度"的启发而制定的一种制度。即一定期限内，虽然离开工作岗位但继续在编，期间照常支付工资，期满后退职，并领取一笔特殊退职金。该制度于1953年10月在内阁会议上审议通过，11月1日开始执行。"待命制度"分为"特别待命"与临时待命。"特别待命"是，在自愿退职的情况下，待命期限为一年，并增加退职时给付的退职金。"临时待命"是，与具有人事任命权方进行协商，按照工作年限，将待命时间定为1到10个月。3年以下工龄者，待命时期为1个月，20年以上工龄者为10个月，二者之间设置不同的等级。"待命制度"执行得比较顺利，并收到一定效果①。

回想补余：

协助进行行政整顿——增田甲子七（原国务大臣兼内阁官房长

---

① "特别待命"截止日期为1954年2月15日，共有9160名人员提出申请，"临时待命"截止日期为同年7月15日，共有6852名人员出现在待命名单上。

官，原自由党干事长）

吉田首相前后断然实行了三次行政整顿。在这三次整顿期间，很偶然的情况下，我曾以官房长官、干事长、党的行政改革委员会委员长三种身份面对该问题。

吉田首相常挂在嘴边加以强调的是：如果不节约行政开支，为国民建立一个廉洁政府，日本将很难实现复兴。我们对此耳熟能详。关于行政整顿，当时每个政党都提出过，但是截止到今天为止的战后这十二年，脚踏实地加以落实的唯有吉田首相一人。行政整顿的目的在于，尽一切可能节约行政开支，或将其用到事业费中，充分合理地使用国民缴纳的宝贵税金。如果不对战后迅速增加的行政开支采取措施，确立健全的财政制度将成为纸上谈兵。遵从吉田首相的坚定信念，1949 年 6 月至 7 月启动第一次行政整顿工作，裁员总数达 26.5 万人之多。当时，我担任官房长官，我的下属本多市郎作为行政管理厅长官积极参与了此次工作。

明治政府以来头一次裁减如此之多的员工，引起政府、国会的巨大震动。裁员最多的是国有铁路，达 12 万人，接近国有铁路员工总数 65 万人中的两成。如今回想起来真的十分感谢大屋运输大臣能够率先接受 12 万人的裁员份额。

当时处境特别艰难的人是国有铁路下山定则总裁。至今还记得吉田首相以及我们总是安慰鼓励他。不管怎么说，在 280 万政府员工中将要裁减的 26.5 万人，国有铁路占比竟高达 45%，对国有铁路内部的冲击非常巨大。

虽然1949年的客货运输量与1937年基本相同，但因战时增员以及录用海外归国人员，员工总数却从1937年的27万人增加到1949年的65万人。国有铁路的裁减对象主要集中在25岁以下、具有可塑性的年轻人以及女性员工。这是考虑到二十二三岁以下的年轻人技能尚不熟练，寻找其他工作岗位开始新的人生比较容易。另外，女性员工是为了弥补战时男性员工不足转而让她们从事重体力劳动，应该使她们回到本来承担的轻体力劳动中或者回归家庭，从而把工作机会留给那些将自己的一生都托付给铁路的熟练技工们。

这种特别考虑却遭到强烈反对，最终勇敢的下山总裁原因不明死亡成为牺牲者，并相继爆发平、三鹰、松川事件，一时间整个国家都弥漫着紧张的气氛。至今不能忘记当时尽管吉田首相和我们一再反对。还是在我们身边部署了大量警力以策安全。

后来，在1952年3月吉田首相又断然进行第二次行政整顿，裁减人员10.3万余名。当时，我任干事长，负责大臣为桥本行政管理厅长官。1954年春天进行第三次行政整顿，通过修改定员法，裁减人员6.4万余名，当时我任党的行政改革委员长，塚田任行政管理厅长官。第二、第三次行政整顿工作与第一次相比，裁减人员数量较少，有人因此评价这是虎头蛇尾、雷声大雨点小。可是，我希望这些人能够明白每减少一名职员，就会少支出相当于今天40万日元的预算。另外，现在国有铁路员工为43万名，客货运输量却是第一次行政整顿之前（员工总数为65万人）的一倍以上。这样的评价着实令人寒心。

地方团体在中央大无畏的决心影响下，纷纷开始进行地方财政的清理工作。然而，当时有两三个府县知事却不遵循国家的大政方针，吉田首相对此发过数次脾气。尽管国家通过三次行政整顿取得很大成果，例如，经济大幅增长、建立起健全的财政体系，而那几个府县却为赤字所困扰，不得不寄希望于将来才能生效的《地方财政再建整备法》。

人们常说国家复兴的成功范例，亚洲为日本，西欧为德国。但与从无罢工事件的西德相比，日本就没有那么乐观，不仅有人专注于从事破坏活动，还有极少数人完全缺乏对祖国复兴的热情。但吉田首相与阿登纳首相一样，心中充满重建日本舍我其谁的豪迈气概，为实现日本的再次复兴鞠躬尽瘁。至今我都难掩对吉田首相的敬佩之情。

我先是出任在野党时代的自由党政调会长，日本独立前后，担任官房长官、干事长等助手角色，在吉田首相身边聆听教诲的时间颇长，各种回忆不计其数。但我只想说一个事实，唯有吉田首相一人坚定推行了言易行难的行政整顿。由此可见吉田首相作为政治家的信念是多么坚定。

第二十七章　回首复兴重建的脚步

战后流行的悲观主义的实质

以上主要是根据我自己的记忆以及翻阅资料，记述了战后以我为主的政治方面的负责人经历过的事情。回首日本经济复兴的脚印，想叙述一下让我格外记忆深刻的两、三件事。日本国民估计不会想到战后混乱动荡的日本能有今天这种成就吧。我也再次深切地感受到战后日本的经济复兴真的是伟大之极。

日本国民的优秀能力

日本能够完成这么伟大的复兴主要还是依靠日本国民的勤奋与努力。就连战后给予亚洲各国复兴援助的美国领导者们也不禁认为我们是亚洲最优秀的民族并开始重新审视日本。

当然，日本实现经济的复兴也离不开美国的各方面援助。战领初期，对于奋力要在被战火烧焦的这片土地上站立起来的日本，美国无论从物质上还是精神上都给予了极大的援助，对日本国民的鼓舞以及取得的效果难以估量。虽然如此，但如果没有日本国民自身的努力奋斗，仅靠那些援助日本是不可能达到今天这种水平的。

日本国民的这种能力不仅仅推动了经济的发展，也极大地推动了社会各个方面的发展。另外在民主化方面虽然存在部分守旧分子和不符合日本国情的过激政策，但新制度总体顺利地移植到我国，执行方面也基本没有差错。至少我认为日本国民一点都不比其他国民差。我认为在这个意义上说，日本国民应该抱有十足的信心，而且对未来应该非常乐观。

到处传播的毫无根据的悲观论

回首日本经济复兴的每一步，有一件事我至今都不能理解。社会上部分人顽固散布称之为夸张的悲观论也好，受害妄想狂的呓语也罢，总之不去培育国民的自信心不说，反而以伤害国民自信心为快事的言论，有时甚至有广为传播的苗头。

比如说，在战后混乱时期，轻言经济危机的到来，并且鼓吹如果不依靠社会主义或社会党政权，日本将不可能实现经济复兴。甚至一些一流学者也对此深信不疑，支持这种言论。尽管我不太懂社会主义，但是这种言论毫无疑问从正面否定构成日本国民生活基础的社会经济结构，使国民对现状充满不信任感以及不安感。然而十几年后的今天，日本经济又怎么样了呢？事实胜于雄辩，当时那些听起来颇有道理的主张、预言完全属于毫无根据的空谈。

日本成为亚洲的孤儿？

上述极端的病态悲观论到后来又表现为对国际问题持有愚蠢的

悲观论。如反对旧金山和平体制的主要观点有：这样下去日本与中苏两国的和平将处于危机之中，日本将成为亚洲孤儿。然而事实如何呢？不用再次强调大家也都知道，日本与中苏两国非但没有产生外交危机，反而要面对两国的微笑外交攻势。日本不仅没有成为亚洲的孤儿，而且通过《旧金山和平条约》与曾经侵略破坏过的东南亚各国恢复邦交，赔偿等义务的履行也渐次就绪，同时还在逐步加深相互之间的经济联系。上述事实有力证明了反对论者所大声呼吁的观点悉数都是被害妄想式的极端论调。

大多数这类争论的真相都是为达到某种目的而采取的攻击策略，因此不一定值得从正面迎击。但并非都是这样，像我前面指出的那样，有时表现为片面的想法，貌似有道理的悲观论。这种倾向恐怕今后会长期出现在政治批评中。希望日本国民凭借战后十年的经历，保持警惕，不要轻易相信他们的言论。

《防止破坏活动法》与《警察法》

被害妄想最为严重的情况体现在一些人在反对《防止破坏活动法》，抨击警察制度再修订时发出的论调之中。有关《防止破坏活动法》以及警察制度再修订的详细内容已经提到过。所谓《防止破坏活动法》指的是：禁止以爆炸、杀人、纵火等重大刑事犯罪行为作为达成政治目的的手段加以利用的特别法。而警察制度再修订的意图不过是对因战后改革的过激作法使警察队伍极度分散、极度弱化的状况通过重新加强统一管理进行改善而已。

但是，关于《防止破坏活动法》，报纸上刊登的以进步知识分子为中心撰写的批评文章中，大量出现指责该法律把教唆煽动爆炸、杀人、纵火等重大刑事犯罪行为作为刑法处罚对象的论调，攻击该法律不过是战前的《治安警察法》或《治安维持法》的翻版。甚至有极端言论称日本国民已经完全丧失政治自由，然而事实上该法律从开始执行到现在已有 5 年多时间，完全没有禁止思想自由的迹象，政治家、评论家、报纸、杂志的言论和报道自由甚至达到极端的程度，日本国民非但没有失去政治自由，听说日本还被评价为世界上罕见的自由国家。当时疯狂反对的人们大概自己都忘记了有这部法律的存在吧。

对新警察法的反对甚至引发了应该说是我国国会史上最大的耻辱——混战事件。当时的反对观点一言以蔽之就是激烈抨击新警察法为战前政治警察、警察国家的翻版。而这一备受抨击的警察制度后来顺利实施，现在的警察作为民主社会的警察在维护社会治安方面正在做出自己的重要贡献。那些抨击者所担心的事情完全没有发生。对此，大多数国民并不怀疑。我知道担心重新出现警察国家、政治警察的想法根本就是被害妄想式的空谈。

朝向歪曲诽谤教育立法

如果说上述反对言论还属于夸张的被害妄想式空谈，那么对保护教育在政治上维持中立的法律和禁止从事义务教育的教职人员进行政治活动的法律进行的激烈抨击便属于歪曲诽谤了。

众所周知，社会主义者利用中小学这一教育场所，煽动青少年。当然并非所有的学校都有这种现象，然而到处出现工会活动的现实，是明事理的人所不能容忍的。而且，尽管禁止普通公务员参与政治活动，却特别允许教职员有参加政治活动的自由，其不合理性和弊端极大。特别是考虑到允许教职员拥有政治活动的自由可能会导致倾向性教育，作为对国民教育负有责任的政府，理应采取某种限制措施。当时被称为教育二法案的特别立法，就是为因应这种现实要求而制定的法律。

然而，针对相关立法计划教职员工会表示反对尚可以理解，但那些被世人奉为有识之士的众多评论家竟然任意发表极端的批评言论，称国家开始设法控制教育，会招致警察权力对教育的侵犯。这些言论恐怕都是有目的的曲解中伤。当时弥漫各处的被害妄想式悲观论气氛使这种毫无根据的曲解中伤更容易被接受。后来的事实证明他们所担心的一切都没有发生。

二、留给国民的重大课题

以上列举的事例证明日本的政治、经济、社会不需要这些悲观论。关于国际关系，日本在世界上的地位不断提升。尽管由于苏联恶意进行政治策略性反对，使得日本加入联合国的时间向后推迟。但是从日本的实力和地位等方面看，必须说不同意日本加入联合国这件事本身就是不正常的。

日本从未隶属于美国

另外，一些社会主义者及其追随者们一直诽谤日本为美国帝国主义的跟班，散布一些虚构性内容无法证实也就罢了，然而，现实中哪里存在日本受美国支配的证据呢？回顾日本独立后我在任的这些年，日本都是按照自己的意愿和判断处理本国事务，从未有过自由受到限制的记忆。美军驻留也从未给日本政府带来任何政治压力。不仅在日本，在欧洲等自由阵营国家，美军等外国军队的驻留恐怕完全不存在政治干涉的情况。

有人说十分震惊于在20世纪后半期依然有那么多人抱有19世纪的想法。二战后，根据投降条件对日本进行占领的时期另当别论，除此之外军队驻留会干涉被驻留国的内政简直就是无稽之谈。至少在自由阵营国家里没有发生过这种情况。那些批判日美两国的共同防卫体制并将其解释为隶属关系的人如何看待上述事例呢？他们认为在东欧等共产卫星国存在的通过军队驻留进行新型殖民地式控制和压榨的情况也会在自由阵营国家发生吗？实在可悲。

日本国民根据过去十几年的经验已经有足够的信心去考虑自己身边的问题。特别是战后的改革涉及各个方面，应该稳定下来的已经稳定下来，能够进行改革的已经做出相应改革。希望日本国民今后能够汲取过去的经验教训，不再被一些不负责任的言行所蛊惑，根据国民自己的判断，继续不断改革，昂首阔步向前迈进。

美国对日本考虑过多

在这个意义上，我认为现在确实是再次回首观察战后改革的好机会。我曾多次提到过，进驻日本的同盟国军队特别是其主要势力——美国的领导者们对日观念中存在着巨大误区。

他们认为日本是极端军国主义国家，如果任由这个国家的组织机构保持不变将会威胁到世界的和平。而且认为日本是所谓的警察国家，控制国民的思想，极端限制人权。因此，若不从根本上摧毁日本的国家机构、彻底根除军国主义思想，那么世界将难以维持和平秩序，人类安全也将受到威胁。所以他们意图彻底颠覆迄今为止保持的日本国家、社会和家庭秩序，建立一个全新的民主国家。当然在某种程度上确实如他们所料，其主旨思想不是没有可行性。然而他们没有将这个历史久远的国家的传统、国情、所处环境纳入思考范围里，至少是在轻视这些的情况下进行的改革。自然不可能避免改革的过激之处。

战后对皇室的处理也体现出他们的多虑、偏激。对此，我会另行细谈自己的看法。此外，在教育改革方面，即使为了贯彻民主主义，制定教育方针时无视一个国家的历史和民族传统也是不明智的。不仅历史，甚至在地理课中强行规定不能教授的内容，说是为防止军国主义复活，在我看来不过是些浅薄至极的想法。

或许占领军本打算使日本变得更好，但在意图消除军国主义的思想背景下制定的教育制度，我认为必须重新改革，而且这一改革也只能依靠我们国民自己，所以必定需要很长的时间。

改革是自发且稳健的

日本人崇洋媚外，不懂得尊重自己确实是件可耻的事。现在日本各界思想发生混乱或许就是因为对外来思想的本质存在误解。要彻底解决这些混乱，必须树立国民自身的坚定信念。

可以说这是赋予日本每个人的课题。这个课题十分重大，而且困难。但是，为建设新国家，使日本重生，即使困难，我们也必须解决它。

从这个意义上说，在各项占领管理的遗产中，今后有很多地方需要改革。当然并不是政府单方面强行进行改革，而是需要每位国民参与其中，反复探讨、研究，寻找出最适合日本发展的制度。这种情况不会在短时间内出现。必须循序渐进、合理处理所遇到的问题，不能一蹴而就。世界上不存在永恒不变、永远正确的制度。所以要在反复的探讨中等待改革时机的自然成熟。

修改宪法的问题，不能性急。有的政治家大声呼吁修改宪法，意图在自己党成为执政党，而且自己组阁期间建立功勋，但时间将证明这种做法是错误的。上面也提到过，对这样的问题，最重要的还是长时间反复研究、探讨，付出耐心之后自然会水到渠成。

需要三思的选举方法

新宪法确立了我国的民主政治，但现在的政治形态果真是当时所期待的那样吗？国民还需要时刻注意政局的变化，直至真正意义上的民主制度确立下来。

另外，不得不说我国的选举制度种类过多。且不说国会议员、都道府县的知事及议员、市町村长及议员，甚至是农业委员都需要选举。繁多的选举对于贫困的日本来说确实是劳民伤财。更有甚者，最近出台的一项制度规定，教育委员的选举都需要经过全国都道府县市町村的甄选。而这一切需要大量金钱的支持，且每年成增长趋势。政治的每个阶段纷纷效仿这种做法，到最后成为国民的负担，导致政治资金的滥用。进而助长政治腐败、道德低下现象的滋生。

虽然如此，但又不能因此废除选举制度。所以必须想办法建立操作简单又不会耗费过多的制度。在城市中开始实行的区长任命制、废除教育委员的公选，都收到一定效果，具有参考价值。

众议院的选举等也尽量寻找机会改换成在小选举区内进行选举，必须想方设法节约费用，防止乱推候选人的现象发生。那些为一己之私而阻止改革的人其行为真是丑陋至极。关于参议院议员的选举制度，现在这种徒劳无益的与众议院重复的做法也应该进行修改，一半议员通过选举产生，另一半议员任用学识、经验丰富的人。

在现今状态下，国会采取两院制基本没有意义。反对党为达到妨碍议事、拖延审议的目的不择手段。如果众议院、参议院都是如此状况，我实在想不通设立两院的意义在哪里？实际上当初总司令部暗示日本实行一院制。日本方面极力主张两院制，最终说服总司令部，才实行的两院制。从这一点来看，有必要设法改变参议院的现状。

日本国民啊，挺起你的胸膛！

说出以上想法后，社会上肯定会对我进行负面评价，认为我一定是反动派，想复辟战前制度或旧体制吧。这种逻辑本质上与我本章最初提到的过度悲观论相通。从根本上说，世间之事不可能完全相同，即使我想原封不动恢复到原来状态，也不可能做到。

无论主动做出改变还是被动做出改变肯定各有其道理，各有其理由。就如我前面所提到的，占领军进行的改革中，主旨可取之处相当多，从效果来看也非常不错。大方向上我认为是正确的，但是确实存在多虑和偏激的情况。我只想指出，人非圣贤，孰能无过。加之时间仓促，难免会出现一些错误，因此存在需要重新探讨的余地。

我绝不是想复辟战前体制。就像我本章最开始讲的，看待事物态度极端是时代的负面倾向，是人心浮躁的表现之一。我即使想回到原来体制下也不可能做到。关键在于，一切改革都不能忘记传统、大环境以及民族精神。日本被一些有野心的政治家、军人所掌控，给周边各国带来战争的灾难，而最终结果也让日本遭受到史无前例的大失败。毋庸置疑这场战争是日本的巨大失败也是罪恶的，但不能因此就全盘否定日本之前的所有历史，彻底颠覆日本的根本。国家社会的各种制度受到一些有政治野心的人的恶意利用，既是国民的责任，也是国民的不幸。然而没有道理认为制度本身都存在问题。

我之所以对过度悲观论持否定看法，是希望日本国民能够充满自信，切勿受到上述不良风气的影响。

第二十八章　我国应走的道路

一、外交和国际信义

回顾日本的兴衰荣辱

在明治维新实行新政的时候，右大臣岩仓具视、大久保利通、木户孝允两位参议，还有数十名官员踏上考察欧美之路，广泛研究国外的形势，提出许多的治国方案。当时的日本在不到半个世纪的时间里，从一个名不见经传的岛国，历经甲午战争、日俄战争，到第一次世界大战之后，跻身世界五大国，在国际联盟①的5个理事国中占有席位，在当时的世界上写下惊人一笔。

但是后来，以军部为主力的领导层骄傲自满于国运的昌盛，对于外交走向缺乏周密的考虑，悍然卷入二战招致惨败，葬送了先人的伟业，举国茫然，陷入不知何日才能挽回昔日盛景的境况。然而从那以后不到十年，日本又恢复到胜过战前的繁荣。这一卓越的国

---

① 世界上最初的国际组织。一战后由美国总统威尔逊提议，根据《凡尔赛和约》而建立。1920年成立，1946年宣告解散。

民努力成果和复兴再建的历史，再一次令世人惊叹。

虽然一部分日本人总爱觉得自己不如别人，无理由的自卑倾向在战后尤为显著，但是我认为日本国民应当追寻近代历史的足迹，直视重建复兴的现状，拥有足够的自信和自豪。关于这些，前面也有谈及，这里我想再一次回顾日本走过的兴盛和衰颓的历史，就日本今后应该走怎样的外交道路谈一下自己的见解。

外交不是权谋策略

外交既不是要小聪明的把戏，也不是权谋策略。应该以国力为基础细心经营，不断努力使国运昌隆，除此以外没有正确的外交之道。用耍小聪明的把戏和权谋策略谋求国家利益的话，即使一时成功，但如果用长远的眼光来看的话，在此期间失去的东西会和所得相抵消，反而留下没有信用的印象，这类事例在近代历史中并不少见。不如着眼大局，谋求为人类的和平、自由、繁荣做贡献，主张应该主张的，该妥协时便妥协。在各国之间必须深化信任与理解，不应该有丝毫口是心非的举动造成失信于他国。这才是真正意义上的外交。

在这点上，明治时期以来的前辈政治家们，走了一条正确的外交之路，坚持作为大国的一员应有的道义，我们今天回顾这些，必须对此表示衷心感谢。日俄战争时日本陷入前所未有的国家危难，在取得战争胜利前，日本得到同盟国英国明里暗里的支持。出于日英同盟之谊，第一次世界大战英国面临困境的时候，日本毫不吝啬地伸出援手，这些事实，今天很多国民都不知道，或者可能已经忘记。当时英国外务大臣爱德华·格雷①在《二十五年》("Twenty Five Years")一书中，提到日英同盟，赞扬日本的忠诚态度，令我一直铭刻在心。虽然这一点在第一章已经提到过，但在这里我想再次赘述。

称赞日本诚实的两部著作

当时，日本政府对中华民国政府提出的外交要求，被认为是趁欧洲战火扩大的良机，意图染指中国大陆。这引起各国的猜疑和警惕。但是即使是关于这一点，爱德华·格雷也用反问的形式给予了赞扬，他说："那么，假如和日本处于相同的立场，西欧哪个国家，能有着超过日本，哪怕和日本一样自重的觉悟呢？"。

另外，特里维廉的《英国史》②这本书，在叙述日英同盟的由来这一节里，也有如下记载："当初同盟的目的是防备俄罗斯势力东扩到太平洋，防止列强瓜分中国领土。同时，英国也得以避免在远东海域拥有庞大的海军势力造成沉重负担。"进而，对第一次世界大战中同盟国日本的诚意做出如下赞扬："日俄战争爆发十年之后，

---

① 格雷 Joseph.C.Grew（1880—1965）：美国外交官。满洲事变后1932年任美国驻日大使直到太平洋战争的爆发。回国后任副国务卿。著有有关日本的书《Reponts from Tokyo（1942）》以及《Ten years in Japan（1944）》等。

② George Macaulay Trevelyan，1876年生，英国历史学家。曾就读于剑桥大学，担任过剑桥大学教授，是美国三一大学的校长。著有《British History of the Nineteenth Century》和《History of England》以及其他很多著作。

在第一次世界大战时，日本国民始终坚守与英国的同盟，不仅在远东水域抑制敌国德国的猖狂行径，甚至在遥远的地中海也对英国施以援手。"

我确信，自第一次世界大战以来，日本加入五大国行列，逐渐在国际外交中占有重要地位，这当然是国力增强的必然结果。同时，如前所述，也是当时的前辈政治家们制定正确的国策，抱着一颗真挚忠诚之心思考战时日本进退的结果。

中立主义即脚踏两只船

1953年年底还处于美军管辖下的奄美群岛的行政权被返还给日本，关于其经过已经叙述过（第十八章第八节）。

众所周知，基于和平条约第三条，北纬29度以南的西南诸岛，在议和独立后仍处于美国行政管理之下。琉球群岛自不必说，奄美大岛也被包括在其范围之内。这种做法，作为美国，无非是出自远东防卫的战略需要，想要不受他国行政权的干扰，在岛上展开不受拘束的建设和运营。从道理上说，美国作为大国，不可能对东洋小岛的领土有非分之想。因此，日本遵从《日美安全保障条约》的精神，并相信，琉球和小笠原的回归问题一定会水到渠成。

社会上，很多人把彷徨在自由阵营和社会主义阵营中间的态度，称为中立主义并且承认其价值。甚至认为，对这两种势力采取若即若离的暧昧态度可以从中获益。像这种通过脚踏两只船来谋求国家利益的浅薄做法，是我在开头所阐述的权谋策略的二流做法，结果就是无法获得任何一方的信任，从长远来看对国家是不利的。

所谓反美情绪的本质

这种脚踏两只船的两面主义，打着中立主义的旗号，宣扬其正当合理性。这里我将谈一下与此有关的所谓的反美情绪。

说起来，战败国的国民，祖国被战胜国的军队所占领，不仅内政外交的所有方面要遵从指示，还有很多人被宣判为战犯、受到流放等，因此发展到或多或少产生反感的地步也是在所难免的事情吧。但是被美军管理的日本，其占领期的政治，虽然也是基于国际形势变化的背景，然而基本上可以说获得了史上罕见的宽大对待和恩惠。因此虽然是战胜国和战败国的关系，我认为国民的反感情绪并不特别强烈。

当然，在占领期间，有人通过巧妙周旋获取利益，也有人相反因为占领政治而失去很多。现实的情况就是人们的处境迥然不同，因此，人们对于美国或者美国人的感情当然也不一样。而且，其中很多人怀有强烈的反感也并非不可思议的事情。但是，国民感情中被称作个人仇恨的情绪，并不会永远存在，也不可能是广泛存在的。

我认为，现在日本大多数国民对占领政治或者对美国的感情，并非很糟糕。我相信，大家已经忘记了战败，忘记了占领，或者说国民懂得，正因为有了美国的占领，才有了现在这样的国民经济的复兴和生活的改善，才可以感受到自由与和平。

忌惮时代潮流的评论家

所谓反美情绪，我认为具体来说，并非个人的仇恨，更应该说是一种马克思主义世界观，总之是一种动辄将美国当成自由阵营、帝国主义的化身，认为其对外所做的一切都怀有险恶用心的思想潮流。当然，普通人虽然不会模仿社会主义者的表达方式，把日本当作美国的附属国或殖民地，却也会对善意地理解美国的行动、为其辩解多有忌惮。甚至可以认为这是当今知识分子的普遍心理。

国民有一种深层心理，不愿善意地理解美国而动辄怀疑美国有险恶用心。相比于理解美国立场的言论，曲解美国意图的言论更容易被接受。从另一面来说，作为大多数的评论家和评论员，认为承认美国的善意，对美国立场进行辩论，是很难为情的事情。

这样的氛围，尤其在青年人和知识阶层当中尤为浓厚。因此，报纸和杂志，不知应该说是迎合他们还是追随他们，总是顺着他们的腔调。因此，全体国民的情感也看似倾向反美情绪。即使其中有与这种言论相反的论调，也不会被充斥着这些言论的杂志所接纳。如果是大学老师的话，据说来教室里听课的学生就会减少。我在任期间也听说过此类事情，感到很惊讶。我记得，在负责治安的大臣当中，有人为应对此事煞费苦心。

新意义上的曲学阿世之徒

我认为，像这样为了讨报刊业的欢心，取悦于左翼青年，发表歪曲事实言论的人，应该称之为新意义上的曲学阿世之徒。关于这点，我在其他地方也有提及，这里再次说一下我的看法，那就是我对这种倾向从很久以前就十分讨厌。针对议和问题宣扬的不可能实现的全面议和论、曲解中小学教师遵守政治中立法的反对言论、夸张歪曲破坏活动防止法宗旨的攻击评论，从我的实际经验来说，可以说这些都是为社会主义者及其追随者所指导的过激的工会所代言的论调。因为这种论调变成了一时的潮流支配着报刊业，所以大家都争相迎合追随，颇有市场。过去，为了迎合当权者而发表取悦言论的行为被称为曲学阿世，在战后的今天，言论完全自由，根本没必要去忌惮当权者。一味迎合时代潮流作为一种明哲保身之术正大行其道。因此称之为新意义上的曲学阿世。虽然之后的现实事态的发展并未如他们所预期的那样，可是他们仍能装作若无其事的样子，由此可知我的观点是正确的。

然而，最近这种气氛传染到负有责任的政治家身上，经常能见到忽左忽右言行不一致的人。他们不敢提倡对美协调合作，就连关于国际共产主义的威胁这种各自由阵营国家已有共识的重大问题，也不敢触碰。对此我真不知该如何评论。

二、对美协调的必然性

自然发展而来的事实关系

我国从明治时期打开国门以来，通过与英美两国进行政治、经济的合作，迎来国运的昌隆。其原因我在第一章已经进行过叙述。

但是，众所周知，"九一八事变"以后，这样的国策不再被奉行，由于与德意两国结成同盟，鲁莽地陷入战争当中，遭受惨败。今天，日本已经从战败中走出，通过与各自由阵营国家尤其是与美国在政治、经济上紧密合作，日本实现了复兴。鉴于上述历史，回顾这些结果，可以说，日本与英美合作便实现昌盛，而与英美对抗便招致毁灭。这样说绝不为过。

日本立国的基调应该是与各自由阵营国家尤其是与美国亲善互助，这不仅仅是顺应历史潮流的需要，也是由于从日本被占领到独立的过程中两国之间产生的亲密关系。今天的日美两国关系，并不是特意的、精心运作的结果，而是在战败、占领、议和、独立的历史进程中，自然且必然的产物，即自然发展而来的事实关系。

即使是日美共同防卫体制，也是出于受到国际共产主义势力威胁的两国共同的得失和感情，把既成事实用条约形式化而已。换言之，无非是又一次确认。关于这些，在记述和平条约制定经过的第十八章（中卷）里也提到过，鉴于牵涉到我国外交根本的日美关系的重要性，再一次在此简短地论述一下。

从经济上考虑也是必然的道路

日美关系的重要性，不仅因为历史的必然，也可以从我国国民经济的根本性质来理解其意义。日本是岛国，即海上之国。在狭长的国土上拥有罕见的稠密人口。为了养活这些人口，扩大海外贸易是必需的。另外，为了不断谋求经济增长，也必须从发达国家引进资本、技术。为了海外贸易，为了引进资本，日本必须同世界各国之中经济上最富裕、技术最先进的国家结为伙伴。这不是主义和思想的问题，而是最便捷的道路。如果从这层关系上眺望世界，英国和美国等自由阵营国家才是日本最应该尊重的伙伴。尤其考虑到日本今后国内建设和发展需要引进外资，在这中间同美国的亲善关系对我国来讲最为重要。

不可或缺的外资引进

关于引进外资的问题，我想在这里稍微阐述一下自己的见解。日本自明治时期打开国门直至"九一八事变"之前，从英、美、法等国引进资本以谋求国运的昌盛。换成今天的话来说就是推动了经济的发展。除通过发行公债或公司债来引进外国资金，外国资本直接投入到我国，从而推动经济发展的案例也有很多。

回顾战后的十余年，也是一样的。美国占领军军费上的援助暂且不论，占领地区的救助金，也就是占领地复兴援助资金，在当初以物资、生产资料的形式投入，虽然可能称不上外资，但从经济上的效果来说，与引进外资毫无区别。尤其是援助物资在国内的销售资金，作为所谓的对等基金，为复兴建设做出很大贡献，后来由日本开发银行接手管理，今天尚在国内的产业金融方面发挥着积极作用。听到这些，我认为可以称之为了不起的外资引进。如果考虑到独立后引进到日本的世界银行等其他资金以及外国工商业者的产业投资，外国资本在战后重建中所扮演的角色，我认为可以给予超乎人们预料的高度评价。

但是，关于这些事实不能忽略的是，必须从政治上、经济上、或社会方面保障国内形势的稳定。另外日本的外交态度获得信任、国防安全得到保障也是必需的。社会上，只承认停战十年的复兴重建成果并享受由此带来的好处却不考虑其原因的人很多。普通国民自不必说，就连那些持有看似贤明论调的知识分子，也几乎看不到这样思考的痕迹。我想说这种人比比皆是。

安全保障是一切前提

作为一切的前提，最重要的根本问题是国防安全和治安保障。如果不能实现，民主政治的顺利实施、国民经济的喜人发展，都只能是空头支票吧。而且，追溯起来的话，自由、人权，其根本全都是以国家社会的安全保障、秩序的维持为前提条件。如果没有这个前提，宪法的保障、法律的保护都只不过是纸上谈兵。

关于这些道理，已经在宪法第九条的解释部分详细叙述过，好似太阳的恩惠、空气的宝贵一样，这种保障国民生活的根本事物动辄就被遗忘。军队和警察平时就是所谓的无名英雄，相比其责任的重大，功绩却很难获得承认。

但是，无名英雄，这样就可以了。这是因为，军队和警察，并不被期待在公众面前扮演光鲜的角色。忘记这些人的功绩和劳苦也算勉强能接受，但是认为其无用且麻烦，敌视他们的论调大行其道是怎么回事？而且，持此观点者，被当成是进步的、高层次人物，而其本人也往往会摆出一副自视高明的姿态。因此，形成一种风气，就是对其发表反对言论会被人们顾忌和避讳。

这恐怕与对过去的警察和军队的负面信息知晓过多的国民经验有关吧。不过，还有一个原因，就是不喜欢军队和警察强大的社会主义者将其喜好不知不觉地在年轻人和知识分子群体中间进行渗透的结果，这点不难想象。因此，对于防卫安保机构，或者怀有无意识的反感，或者有意识地加以责难。

不过，这些所谓宣扬进步思想的人，在说起自由和人权的时候，仿佛自由和人权只要被写在宪法里就可以得到保障，而忘记了在暗处一直为保护自由和人权做出贡献的无名英雄。我想说，如果没有人能够保证我们不受国内外敌人和秩序破坏者的影响，制定宪法的意义何在呢？

从我的政治经验来看，这种不负责任的书生论调，极大地误导了舆论、迷惑了当局者。战后不久，担任警察等治安任务的人，很多人要顾及这样的舆论而无法按照自己的意愿去维护法律、维持秩序。这样的倾向，今天也或多或少残留着。

日美共同防卫体制的真正价值

战后的新宪法，在日本毫无军事战斗力的情况下如何谋求国内外的安全保障呢？特别在面临议和与独立的时候，这是我们执政者最关心的问题。不仅执政者，对于有心人士来讲也是一个问题吧。考虑的结果众所周知，就是将我国的安全交付于美国，美国占领军继续驻留，由此形成相互安全保障的关系。关于如此诞生的共同防卫体制带给国家与国民的利益，正如前面所说，有很多人已将其忘记。相反，把这样的日美关系当成侵略或者隶属关系，强调日本殖民地化的人不在少数。当然，公开发表这种言论的人可能是社会主义者及其拥护者，但是，不知不觉被这种论调左右，只看共同防卫体制受到批判一面的人，即使今天依然格外多吧。

我想再强调一下，没有战斗力的日本，靠美军的战斗力获得保护的这种状态，给日本国民带来莫大的帮助。总之，事物的真正价值，往往隐藏于看不见的地方。日美共同防卫体制也如此。如前所述，政治、经济、社会的稳定是战后十年复兴重建的基础、加速外资引进的根本条件。我认为，应该从这些方面探索日美共同防卫体制真正的价值。

三、不同意识形态国家结成阵营的两种情况

基于上述认识，对美亲善和日美合作，从历史的原因、经济上的必然来看，是我国最自然、最明智的国策，这一点不言而喻。在这当中，我还有一件事想要提请我国国民注意。人们通常会把注意力集中在两个世界霸主——美国和苏联的对立上。但是，美国所领导的自由阵营和苏联所领导的社会主义阵营，在结成阵营的根本原则上有很大差异。

自由国家阵营和社会主义国家阵营

在自由阵营当中，从领土、人口、财富等方面来说，美国当然是领导者。领导者和其他成员之间的关系，完全不是对立、隶属的关系，而是建立在合作和信任的基础上的。美国作为领导者，独断专行、对自由阵营国家强拉硬拽无论如何都做不到，至少必须尊重其他重要国家的想法。这已在很多事例中得到证明。

然而，社会主义阵营尤其在东欧诸国当中，卫星国对于领导者苏联完全是隶属关系。无法忍受这种隶属关系的南斯拉夫已经脱离社会主义阵营，近来波兰和其他国家也有这种动向，甚至在匈牙利，为了防止叛离竟然进行残忍的军事镇压，这些都证明苏联领导的社会主义阵营具有怎样的性质。

因为南斯拉夫脱离社会主义阵营的前车之鉴，苏联对社会主义中国使用了各种手段，这是了解国际形势的人们的常识。即使这样，中共政权是否始终满足于与苏联的友好关系，我从很久以前就对此怀有疑问。

总之，社会主义阵营的内部关系，依然是旧时代的关系。与之相反，自由阵营的结合，是在今后必定要进一步发展的国际合作关系，不得不说这才符合联合国的基本精神。

英联邦的结合情况

某一个国家使其他国家隶属于自己，使其以所谓的卫星国形式存在，这种缔结国家联盟的事例自古以来就有很多。然而东西方的历史告诉我们，这种联盟不会永远存续，不久就会瓦解。

在这点上，我觉得英联邦国家的组成很伟大、很明智。我当时在英国感受到的是，日本人动不动就发表大英帝国国运衰退这种见解是很肤浅的，今天也有很多人持这种论调。也就是说，曾经的日不落帝国，其属地都相继独立，世界的经济霸权也被美国夺取，现在如同日落西山。这些都是战前的军部对英国所做的观察，而另一方面，他们从美国好莱坞的电影中断定美国人沉醉于鸡尾酒和舞蹈中，盲目相信且宣扬"英美不足为惧"。

然而，大英帝国并非如这种肤浅的见解那般凄惨。在第二次世界大战结束的时候，不知不觉中变成了大英联邦。英国过去的属地相继独立，各自变成自由国家，但是，这种独立一点也不意味着叛离。伊丽莎白二世陛下被各国拥戴为女王或者元首，作为联邦的成员，也向联邦会议派遣代表。另外，也保持着关税和其他经济领域的互助、合作。

虽然在我国通俗地把这称之为联邦，但是并不是结合成所谓的联邦，而是完全自由的新形式的国家联盟。这就是大英联邦划时代的意义。

应该铭记的尼赫鲁总理的话

这种国家联盟的形态与联合国在某种意义上有相通之处。或许也可以说这是发展到将来的世界联邦或者世界政府之前的一个阶段。总之，除大英联邦外，近来逐渐被关注的欧盟，也和苏维埃联邦或者社会主义阵营有着本质的区别。自由平等的各国间的合作关系是不能被忽略的。

关于这点，引起我注意的是前不久来访的印度总理尼赫鲁对报社记者说的一段话。他说："印度的知识分子阶层强烈反对、憎恶与英国的隶属关系，但是认为英国的国内政治所采取的方法是最好的。"印度国民排英抗英直至印度独立，然而独立之后这种情绪就消失了。

四、英美两国国民性格的比较

英式外交与美式外交

顺便从我的经验谈一下自由阵营的两个典型国家——英国和美国的外交态度。

英国人在殖民地政策，或者在对待不同民族的政策上，毕竟有着几十年乃至几百年的经验，所以并不会很突然地将自己的主张强加于对方，而是抓住关键和要点，其他方面某种程度上给对方自由处理的空间，或者充分听取对方的意见。可以说是实事求是的、讲求效果的做法，可能也有人将其视为狡猾的做法。

与此不同，美国人的做法，往往重视理想而轻视对方的情感。他们制定理想的方案，一旦认定可行，就会坚决将其强加于对方。虽然带有善意，但往往同时忽略掉对方的情感、历史和传统。

因此即使投入巨额资金伸出援手，结果有时甚至会招来反感。

举例来说，在对日本的占领管理中，从开始就认定日本是军国主义、封建主义国家，一副要把日本国民从这些主义、制度中解救出来的架势。当然，后来美国改变了自己的方针，才造就史上罕见的占领成效。总之，美国的做法有上述倾向。对华政策，尤其是对于国民党政府的援助政策中体现得非常明显。

动辄自以为是的美式外交

美国人认定什么东西是好的之后，就会将其强加给对方，如果受到对方抗拒、讨厌的话，有可能就会觉得对方辜负了自己的一番好意。但是从日本来说，有时只能认为美国自以为是。例如对于亚洲问题，我认为我们日本人作为亚洲的一员，比美国人要了解得多。因此美国在亚洲问题中提出对策的时候，如果就这个对策是否适用于亚洲的实际情况询问日本的意见的话，会有很大参考价值吧。当然，并不是说关于每一个亚洲问题日本人的意见都会有用处。总之，美国关于某个问题提出具体方案之后，应该就其可行性以及利弊参考日本人的意见。

这是我从多年的经验中深切体会到的，也在会见美国要人的时候直接表达过这层意思。有时说出来后虽得到对方的认同，但是让他们真正理解我们还是很难的。

英国人的"反美情绪"

另外，关于反美和排英这两个词语，我想唤起我国国民的注意。我们偶尔会被英国朋友邀请去做客，在闲聊的过程中，经常遇到说美国坏话的人。诸如美国人的英语好可怕、美国人的行为举止缺乏教养之类。但是，深信这是英国人对美国的憎恶、嘲笑或者是反感的话，就过于草率了。这种情况只不过就像东京人笑话京都方言或者东北人口音一样，完全不是出自国民性的反美情感。

正因为如此，说美国坏话的个体英国人，一旦提到外交等国策，他们体现出来的是与美国之间很坚固的纽带关系。同为盎格鲁撒克逊人在统治着各自的国家，同为使用英语的国民，在我们看来，不得不说这是"血浓于水"。如果在国际上发生了重大问题，去询问英国意见的话，英国当局就会说："我先确认一下美国的意向。"在我的经历中这种情况不止两三次。也就是说，英国尊重美国的想法和做法，想要尽量保持和美国步调一致。

与此同时，美国也往往如此。例如，在很多情况下，发生问题后，直接和美国交涉进展困难的时候，如果成功地说服了英国，将英国拉进来的话，美国就会想："既然连英国都这样认为……"有时，之后的交涉就会意外的顺利。由此可以看出英美相互信任的程度。所以，这就是在对美外交中不能忽略英国的原因。

如此看来，英国和法国的关系同样不可轻视。英法之间的亲密关系可以说具有传统性。最终美英法三国的纽带关系，虽然也会在不同时代有所变化，甚至有时也会彼此互相反对，但在主调上形成了自由国家阵营的核心。这一点在今后永远不会变，至少在两个世界持续冷战期间是不会改变的。我对此深信不疑。

五、新时代的国防体制

明治初年首次设立陆军的时候，采用的是法国方式。这是由于德川幕府为了进行新式训练招聘了法国军官的结果。因此，大山岩[1]、寺内正毅[2]、上原勇作[3]等将军均远赴巴黎留学。普法战争中德国取胜以后，就变成以德国陆军为典范。桂太郎[4]等人就是去德国留学，从德国请来梅克尔少校[5]，进行了设置参谋总部等军制改革。

第二次世界大战后，在占领统治下，受到美军的援助和指导，武器都是由美军供给，所以不得已军装等也自然带有浓厚的美军色彩。从设立警察预备队开始到现在的自卫队，在装备训练时，美军为了扶植友军，竭尽全力指导我们。这种好意我们应该永远铭记。

---

[1] 大山岩（1842—1916）陆军大将、元帅、公爵。生于鹿儿岛县。从第一次伊藤内阁到第二次松方内阁，连续担任六任陆军大臣、参谋总长。日俄战争期间任满洲派遣军总司令，统帅全军。

[2] 寺内正毅（1852—1919）陆军大将、元帅、伯爵。生于山口县。从第一次桂内阁到第二次桂内阁，连续担任三任陆军大臣，日韩合并时的第一任朝鲜总督，后任首相。

[3] 上原勇作（1856—1933）陆军大将、元帅、子爵。生于鹿儿岛县。第二次西园寺内阁时代的陆军大臣。后任参谋总长。

[4] 桂太郎（1847—1913）陆军大将、公爵。生于山口县。从第三次伊藤内阁到第四次伊藤内阁连续担任四任陆军大臣。之后第一次组阁，在四年半的时间里缔结日英同盟，直接负责实施日俄战争。在议和时，与外务大臣小村一起，因为对条款不满而成为国民的攻击对象。后作为内大臣进入宫中，之后又再次出山组织第三次内阁，不久受到追究军部阴谋的所谓宪政拥护运动的攻击后辞职。最后在失意中死去。

[5] 梅克尔少校 Klemens W.J.Meckel（1842—1906）普鲁士时代德国名将莫尔特克的高徒。1883年被请到日本，作为陆军大学的教官讲授战术，为军队的组织及军制改革提出了划时代的建议。旅居满三年后回国，1906年去世。

创立扶植自卫队的苦心

建立军队的事业不是一朝一夕就能完成的。要建立有组织、有纪律的军队，而不是乌合之众，自然需要很长时间。正因如此，当年的自卫队干部可谓煞费苦心。特别需要回顾过去所犯下的错误，注意防止军国主义复辟，确立重视文官的原则，在雇佣旧军人时，刻意筛除有军国主义思想倾向的人，选拔纯洁公正的人，可谓大费周章。当时我请教的人有原陆军大将下村定、原中将辰巳荣一等。

更加令人挠头的是，新部队的编制训练，一定会受到旧军人批判，另外也不会立刻获得普通国民的信任。我担心不容易让队员自身怀有充分的自豪和自信。这应该如何是好？首先为了取得国民的理解和好感，需要做对地方有益的事情。例如在发生自然灾害时派自卫队到场，让地方人民知道我们行动迅速、富有效率等优点，让他们对我们感到亲近。或者偶尔在市区里列队游行等。政府可谓煞费苦心。

对部队候选军官的教育是最重要的问题，我们加紧建立防卫大学。我们接受私立大学先驱——庆应义塾大学的推荐，聘请该大学教授槙智雄担任校长，在槙智雄校长的指导下组建学校。槙教授在庆应义塾大学毕业后去英国剑桥大学留学，是沉稳笃学的绅士，作为学者也无可挑剔。

这个大学当初称为保安大学，后来又改名为防卫大学。我们选定横须贺市外一处风光秀丽的海岸，在那里逐渐建设、完善校舍等各项设施。今年春天送走第一期毕业生，他们被分配到各自的部队。我作为最初的防卫厅长官①，去地方出差的时候，顺便巡视检阅了各地方部队，偶尔也尝试给学员做训示，努力与队员多接触。我也多次前往参观防卫大学，今年春天还参加了第一批毕业生的毕业典礼。

对自卫队队员的爱戴

自卫队组建不到十年，还存在许多需要改善扩充的地方，我希望各位国民体谅政府的不易，为了培养一支对国家有用的防卫部队，希望大家给予十二分的支持，使队员们感受到他们受到国民的信任和爱戴。

军营里应对严寒酷暑的设施还没有完善，为了保证纪律，日常生活就要被束缚在苦闷、不自由的状态下。英国军营设施惊人的完善，这是有原因的，其意义不难理解。另外，需要在自卫队队服上注意，要努力让队员感受到国民的爱，同时不能背叛国民的信任。

今后对防卫部队的主要干部一定会提出很多要求，另外，如果发生重大事件，将来可能有必要改为强制征兵制度。但目前还是采取志愿制度为好。作为队员，主动参加国家防卫，服从防卫任务是很重要的。我认为本着自愿原则尽国防责任的精神对于民主主义军队不可或缺。

---

① 1952年8月设立统辖海陆两军的保安厅，吉田首相兼任保安厅长官。1954年开始改为防卫厅。

现代防卫观念和日美共同防卫

我国现在的体制，众所周知，是在安全保障条约之下，建立在日美共同防卫的原则之上。现在的国际关系非常复杂微妙，自由阵营和社会主义阵营对立，冷战的状态今后会不断发生很大变化。任何一个国家都不能独善其身。因此，正如《北大西洋公约》及《日美安全保障条约》一样，甚至连英美等强国，都以集团防卫（Collective Defence）或集团安全保障（Collective Security）作为国防的根本方针。

正如前面所述，《日美安全保障条约》，既不是我国屈膝有求于美国，也并非由美国强加而来，而是很自然地从两国的一致利益出发产生的。作为自由阵营的世界性安全保障的一环，日本加入了反共防卫组织。我国理解美国的意图，美国也认可我国的立场，因为在其中找到了共同利益，我们才主动加入这个组织当中。

然而，社会上，很多人感觉这种共同防卫体制简直就是一种耻辱。直至今天，人们还在就到底是不是对等关系不断争论。这些人不知道现今的国际形势，不理解现代国防的意义，只能说是所谓的井底之蛙，不知道天下之大。今天没有任何一个国家可以凭借自己的力量独自支撑国防。美国空军分担以英国本土为中心的空中防卫，意、法的部分国土由英美军承担防卫任务。西德紧邻在苏联控制下的东德，根据《北大西洋公约》，有英、美、法三国驻军。西德也对此表示欢迎，不希望英国军队削减人员。外国军队的驻扎，避免了大量的军费负担，对我国战败后的复兴做出巨大贡献，我对此表示感谢。对此没有任何屈辱感和自卑感。

不要忌惮反对基地的庸俗言论

我国得以省去庞大的军费，是我们能有今天如此复兴的一大原因。有很多人也许知道这件事情，也许不知道，他们单纯地对美军撤军表示高兴，说这就像迎来国家主权的回归。总之和我刚刚所说的无缘由的屈辱感互为表里。防政当局对美国撤军后的政策担忧，而财政部门则暗自担忧外汇收入的减少。

政府在财政允许范围之内试图逐步增强国防力量，因此有必要遵从安全保障条约的责任与义务。而且应该增强反共自由阵营国家的信任，另一方面，必须让国民理解驻日美军的由来与意义，引导国民对美军在国防安全方面的帮助表达充分的好感。

针对基于条约的基地扩张要求，政府不用惧怕那些肤浅的论调和恶意势力，必须采取毅然决然的态度应对。对于前面说过的西欧诸国的外国军队驻军，所有的国民都没有认为那是本国的耻辱。被驻军国家对驻军提供基地也是理所当然的国际义务，因此，不曾听说当地居民有反对和骚动的情况。反而应该说因为有一致的国际利益，所以受到国民欢迎。

将我国的国防托付于美军，前面也说过，这是自然发生的事实关系。对两国都有益处，对维护世界和平也是必要的。提供基地给美军是条约上规定的义务，但并不是等待条约出台后才能这样做。

在条约产生之前就有必要提供基地。条约不过将此做了明文规定而已。

美国为充实日本的国防，让很多指挥军官驻留日本；还向日本提供大炮、军舰、飞机等新式武器，不仅教给我们使用方法，还让我国很多军官去美国留学；邀请考察团去美国参观各类军事设施和秘密武器。总之付出了各种各样的努力。面对这样的善意，政府、国民应该公开表示感谢。正因为美国有与日本共同保密的法律，所以不惜对日提供新式武器。而日本还在犹豫要不要保密立法，至今也没有制定出来，这是很难理解的。

日本国土受到觊觎

另外在这里有一点补充。社会上通常认为日美共同防卫体制的目的是为了抵御国际共产主义的威胁。当然就是如此。解除武装却没有统一思想的日本，如果就这样解除占领的话，一定会变成国际共产主义侵略的目标。然而，这种事情没有发生，日本没有变成第二个朝鲜，在这中间可能还有其他因素，但是必须看到美军驻留体制发挥了最大的无言的威力。

但是，如果再进一步考虑的话，对日本虎视眈眈的外部武装势力，不一定仅仅限于社会主义国家。非常多的人忽略了这一点。不必多说，一衣带水的邻国韩国，依仗其武力背景，对我国离岛和出海渔船做出非法举动，这点是大家都知道的吧。而且韩国还从很久以前就主张对我国的对马有领土主权。不能保证已经占领了岛根县竹岛的韩国不会向对马扩张。如果有保障的话，那就仅仅是由于日美共同防卫体制所发挥的无言的威力吧。另外，主张对西南诸岛尤其对琉球拥有主权的台北政府其态度也早已明确。西南诸岛是我国领土，这点日本国民深信不疑。虽说如此，但在现实中，如果抛开美国驻军的事实，对于战败国日本，是没有什么确切保障的。

当然，对于这些领土的武力侵略，如果被认定的话，终究会受到联合国的制裁。但是，在达到社会混乱、动荡不安必须获得救济的程度之前，联合国是不会帮助我们进行预防的。没有武装力量的日本，无论如何也需要来自第三国强有力的保障。

可以极端地说，日本全国从南到北都处在武力威胁的范围之内。通俗地说，日本是被觊觎的国家。虽然隔着海，但在现代军事力量面前，和接壤没有什么不同。处在这种地理环境中的国家，如果自己没有战斗能力，那么谋求国土安全的途径，就只有像现在这样接受友好大国的直接保护。即使今天我也坚信这点。

六、产业立国的各项问题

我国人口即将达到一亿。人口是国力的体现，不用担心人口过多，应该把人口多当成是国之幸事。对于像计划生育这样的消极政策，应该委托专家进行研究，作为国家应该思考怎样养育如此庞大的人口。

因为我国现在人口过剩，虽然没有到同胞相残的地步，但企业家们会迅速集中在有利可图的生意上展开激烈的竞争，结果导致公司破产。因为国内同行的竞争，出口产品的价格暴跌，会被进口国怀疑是不当竞争，导致禁止进口的局面。另外，在海外，我国商人在采购竞争中哄抬价格，导致价格上涨进口困难，往往造成两败俱伤。我觉得人口过剩在贸易领域中体现得最显著。也就是说，与其担忧人口增加，不如担忧这样的不正之风，应该积极思考出一条养育庞大人口的道路。

通过围海造田和垦荒来扩大农用地

我国人口的四成为农民。耕地面积的增加是农民生活稳定提高的保障。占全国人口四成的农民如果能够提高生活水平，就是国家稳定的保障。但是由于此前制定的农地法导致农耕地的私有面积受到限制，另一方面人口增加、产业发展的结果就是，居住地或工业用地连年侵占农耕地。说起来，农村有时能吸收经济不景气造成的城市剩余劳动力，有时农村又可以为城市提供必要的劳动力资源。因此保护作为城市大后方的地方耕地是支撑城市繁荣的有力途径。扩大构成农村经济基础的耕地面积应该一直列入规划。我国四面环海，到处都是港湾和内海，非常适合围海造田，通过这种办法扩大耕地面积的空间很广阔。

几年前，我们从荷兰聘请扬森博士①，请他帮忙进行国内各地围

---

① 扬森博士 Peter P.Janssen，荷兰皇家技术协会负责土木水利的委员，代尔夫特工科大学教授。前后两次来访日本，指导有明湾等围海造田计划。

海造田的实地调查，完成了了不起的调查报告。此后，这份调查报告没有着手付诸实施。据说政府从今年开始已着手八郎潟的围海造田，我认为这是非常好的事情。

和我国一样国土狭小的荷兰，把须德海岸隔开，进行为期十几年的围海造田，另外据说目前正在其西南的泽兰地区制定围海造田计划。这些都可以为我们提供借鉴。

畜牧业在我国也有发展前景

因为日本全境面积的八成是山地，除森林之外，几乎没有被利用。在这些山地中，有很多适合放养家畜的土地。应该开垦这些土地，种植牧草，奖励放牧，作为多种农业的一部分。几年前，把多年在北海道从事畜牧业的丹麦人请到山形县，将山形县当作畜牧业的试验场，请他们指导畜牧业，据说取得了不错的成绩。我国的渔业向来很兴盛，但国民对于畜牧业没有太多了解。近年来，牛、羊、猪的饲养有很大增长，畜牧业在各地也纷纷兴盛起来，成绩喜人。

由于我国气候水土的关系，具备发展畜牧业的良好条件。如果奖励得法，不仅畜牧业会得到很好的发展，也一定会在东亚一带找到很好的黄油、奶酪市场。希望在通过围海造田和垦荒来谋求耕地面积扩大的同时，和欧洲一样，乳畜产业的发展也可以打开农家经济的新局面，给出口产品增加新品种。

"修路是为了日后修缮吗？"

自从明治初年修建窄轨铁路以来，在设备和其他方面已经进行过很多改善。但是隧道、弯路桥梁等还需要改善。不仅如此，有很多地方铁路还没有普及。港口处于同样状况，在大型船舶时代，我国的港口水深不足，不仅不利于吃水量大的船只入港，港口设施也有很多欠缺。

至于道路方面，随着汽车、卡车等车流量的激增，已有道路的破损非常严重，新设道路的建设、铺设等也有很多地方需要改善。现在，道路问题已经变成举国关注的焦点，也成为批评的重点。为了农业和贸易的发展，必须尽快完善交通设施。

本来，我国的汽车和卡车发展就很落后，所以对于道路的认识没有像欧美国家那样先进。战后，由于车流量急速增加，道路问题日益明显，社会上对于施工方法等也多有批评。道路施工以人为主要劳动力，不太依赖机械，因此效率很差。由于把失业救济与建设道路相结合，施工进展非常缓慢。

本来把道路施工纳入到失业对策里就是错误的，因为工程进展缓慢，让产业整体蒙受巨大损失，反而增加失业人数。欧美国家的道路施工在车流量少的夜间进行，但是我国的施工是上午很晚才开始，下午太阳还没落山就到点下班，因为在车流量最多的时间施工，不仅妨碍交通，施工也越来越难于推进。另外，有很多施工是应急性的，非常粗糙。一个外国人说："日本修路是为了日后修缮吗？"真是非常犀利的批评。

一位外国人关于旅游业的忠告

从最近来访的一位美国实业家口中听到一些建议。他说，现在日本苦于外汇不足问题，美国的撤军会进一步导致外汇不足。在美军撤军的 1959 年，外汇不足将变得更为严重。前段时间英国就由于外汇不足引起很大骚动。法国现在也苦于国内的外汇不足。日本对于所持外汇不足，必须从现在开始就制定补充计划。由旅游业吸引外汇的政策是最常见的一个办法。据说巴黎的旅游业收入达到每个月两亿美元。仅仅是去意大利的罗马和梵蒂冈参观者，每个月带来的收入就高达两亿美元。在伦敦，最近得到纽约希尔顿酒店的援助，计划在市中心的主要地区公园附近街道修建极尽奢华的高级大酒店。这家计划修建的酒店以游客带来的外汇收入为目标，仅客房就有七百多间，拥有餐厅、宴会厅、面向顾客的商店设施。以日本的风光来说，如果完善了道路、宾馆等设施，吸引美国游客并不难。而且，如果为修建旅游设施而在纽约筹集贷款也很容易。另外，应该以此向美国的航空业者、酒店业者寻求帮助，今后在纽约推进募集贷款计划。

我深切感受到这个忠告的可行性，特别在这里介绍，希望能够唤起社会上有识之士的注意。

交通和通讯的改善要寄希望于外国债券

在电话、电信等方面也遭受到很多指责。东京、大阪、九州等干线电话最近已经有了很大的改进，但是支线的电话连接情况至今还不尽如人意。我前段时间对访问日本的世界银行布莱克总裁讲述了我国交通事业不完善的情况，在说起为改善现状需要发行国债的时候，布莱克总裁笑着说："从东京打电话到镰仓花了三个小时。"另外，据说从三浦的灯泡工厂向东京运输产品时，由于路况很差，每次都有二成破损。由于物流条件差，造成时间、劳动力和金钱的浪费，因此生产成本增加，给出口贸易带来极大影响。

一边说着贸易立国，一边又如此疏于交通设施的建设完善，其不合理性令人愕然。国家主干道路的修缮和建造应该尽快完成。为了道路建设能够在短时间内完成，无法指望国家每年的收入，只能通过外国债券支付，进行重点施工。日本如今产业发达，都是仰仗过去公、私的外国债券。有人说不可以使用不规定用途的外汇贷款[①]，那只是纸上谈兵的财政论。以那样的想法，战败后的日本很难复兴。

意大利的移民·日本的移民

意大利和我国在资源贫乏、人口众多这方面的国情最为相似。意大利多年来一直考虑海外移民，仅仅是在美洲大陆的移民就非常多。意大利本土的经济因移民汇款而恢复，海上运输也因移民的往来而繁荣，随着海外移民的增多，海外贸易得到发展。可以毫不夸张地说，这个国家战后的复兴繁荣是移民政策带来的。我希望政府

---

① 不规定用途的外汇贷款，是在合同上不约束用途的贷款，与此相对的，例如进口发电机器设备的贷款，是以特定的用途为条件的贷款。战前的外国债券几乎全部为不规定用途的外汇贷款。

当局能够借鉴意大利移民的成果。

仅仅移民是不够的。为了移民必须首先考虑输出资本以及产业设施。如果移民到达目的地之后没有谋生所需的设施，移民就变成了弃民。过去，说起移民政策，仅仅是招募移民、调查身份、支付路费等事宜，并不考虑照顾移民，使他们在目的地安居乐业。如果不为他们考虑这些，移民计划不会取得成功。

1954年，我去欧美访问时，在纽约谈妥了移民贷款。当时的计划中，第一年借入1500万美元，制定第一期移民计划，用第二、第三期贷款来继续推进计划，据说后来的1500万美元不采取一次性贷款，而是每年贷款300万美元，5年贷款1500万美元。

虽然不能说通过移民可以解决人口问题，但是移民有助于农村经济的发展，带来海运、贸易的繁荣，其对经济复兴所做出的贡献，看看意大利就很清楚了。移民是一项国家大计，必须事先制定充分的计划。移民不仅仅是把国民送出国门，必须要让他们不断和本土联系，关注移民的发展情况，在必要时提出改善方案。我国的移民开始于七八十年前，与其说是移民，不如说是外出打工。而政府在积极的、有计划的援助方面做得很不到位。虽说如此，今天仍然收获到不菲的成绩，很多人从事农场等经营活动，积累了巨额财富，在南北美等国家赢得很高的社会地位。应该依靠这些人的力量，制定新的移民计划，获取更大的成功。

履行赔偿义务是与邻国发展友好关系的机会

我军在战争中给东南亚国家造成损失，基于《旧金山和平条约》，我国对这些国家履行了赔偿义务。当然，赔偿战时损失是根本原则，但我国应该把履行赔偿义务看作是增进彼此友好、在经济上建立密切关系的机会。在失去领土、粮食供给不足和工业原料来源地减少的今天，我国正努力扶持东南亚的开发，希望能够确保粮食供给和工业原料来源，努力使之成为对日友好型的市场。

在菲律宾，我们希望通过开发铁矿，确保我国的铁矿石原料，使之与我国工业紧密相连，同时增进彼此的经贸关系。然而，尽管签订了相关赔偿协定，由我国支付赔偿，而关于彼此的贸易关系，没有达成任何协定。不仅铁矿的供给没有特别的协定，至今菲律宾政府还严格限制日本人入境。在与印度尼西亚和其他国家签订赔偿协定的时候，应该尤其注意国民的食物、工业原料的供给和市场开发等加强彼此经贸联系的事宜。如果不能签订附加相关内容的协议，赔偿便不能发挥更大的作用。在今后的谈判中，有关部门一定要考虑这些内容。

对方国家可能把这些理解成为我国的经济侵略，没有必要对此过于担心。未开发地区的开发、工业原料的确保以及市场的开发，这些都对双方有利，应该正大光明地提出主张。

印度尼西亚的开发需要得到荷兰、美国等与印尼关系密切的国家的支持。如果认为印度尼西亚的开发应该由日本一手包揽，那就错了。荷兰是占领印度尼西亚多年的国家。美国因为战后东南亚防卫机制的关系，很关注这一带的开发。因此，与荷兰、美国一起合作开发印度尼西亚，是使开发得以顺利进行的有效途径。

解决世界贸易问题的途径

我前几年在纽约的报社记者俱乐部发表过演说，提出为开发东南亚，美国应每年投资40亿美元。当时，驻印度的前美国大使查尔斯·波伦特先生特意写信给我，说他在其他俱乐部发表过相同见解的演说，还给《外文事务》杂志投过稿，并给我寄来演讲和投稿的原稿。他强调，开发东南亚，提升当地居民的生活，是阻止当地社会主义势力发展的唯一方法。他阐述道，只有靠经济开发带来的繁荣才能限制社会主义势力。不仅可以限制社会主义势力，如果能够开发亚洲经济、扩大贸易，还能解决美元流动不平衡这一世界经济问题。

今天，全世界都苦于贸易的区域性不平衡、美元流动不平衡。要想解决这种贸易问题，只有依靠亚洲开发和亚洲经济的发展。而且在这方面日本国民有很大的活动空间，各位国民不应该低估自己的作用。

现在，东至美洲沿岸及大西洋，西至印度、非洲沿岸，北至阿拉斯加海域，南至南大洋，都有日本的捕鲸船在活动。远洋渔业是日本最重要的产业之一。政府应该倾尽全力保护这些在世界各大洋纵横驰骋的渔船。为此，引起国际争议也是在所难免。在澳大利亚北岸捕捞珍珠贝的争议，最终由我国向国际法庭提起诉讼。必须像

"李承晚路线""彼得大帝路线"那样，对于不当的公海渔业限制，勇于向国际法庭提起诉讼，只有这样才能保护我国的渔业权。

七、民主政治的根本含义

采纳并吸收外国文化是我国国民的长处。另一方面，也有醉心于外来思想、轻视固有政治道德观念的弊端。一个国家的政治根植于本国的历史、国民的观念、情感，如果不以这些为根本，其政治形态是很难存续的。

民主政治是宽容的政治

社会主义那一套，在俄罗斯这样的国家才会产生并得以存续，如果移植到国情不同的其他国家，情况就会不同。即使在今天的东欧各国，也不断发生混乱，有时甚至发生流血惨剧。匈牙利和波兰就是这样的例子。现在，对于社会主义，就连卫星国也产生了疑惑。南斯拉夫的前副总统米洛万·吉拉斯因为批判社会主义而入狱，他把在监狱写的著作寄往美国，以《新阶级》为题出版发行，将内部抗争公布于世。

尽管世界上出现了质疑社会主义的趋势，但在我国仍有人认为社会主义颇具魅力，或许是崇尚外来思想的旧习所致，真是万分可笑。而且，在自由主义阵营和社会主义阵营的对立抗争如此激烈的今天，中立主义的存在基本不可能。另外，虽然说民主主义好，但只有被消化的、被日本化的、与我国的国情和国民情感相融合的民主主义，才能在我国发展。不被国民充分理解的东西，是不能作为我国的政治形态持续存在的。

民主主义的基础思想是宽容（magnanimity）而非敌我争执。只有自知自爱，了解敌人，尊重敌人，才能实行民主政治。睚眦必报的观念是封建观念，与民主主义相悖。

前几年在欧美访问时，丘吉尔首相邀请我出席晚宴，在阁僚之外还邀请了艾德礼等工党领袖。丘吉尔首相亲自把艾德礼引荐给我。外国政府在首脑举办招待会的时候，还邀请反对党的领袖，并且将其介绍给外宾，给他与外宾会谈的机会，这才是民主主义的本色。据说今年秋天英国首相麦克米伦决定访美的时候，还请来工党领袖盖茨克尔，向他解释访美意图，并获得他的理解。这也是我们应该学习的。

把政党之争变成君子之争

在内政外交中，要是非分明，堂堂正正，而且需要舆论批判，只有这样才是为国民考虑的、由国民来进行的民主政治。在民主政治之下的争论应该是君子之争。这些应该让国民知晓，而非仅仅是依靠国民。执政党和在野党都以卓越的见识参与国政，互相合作，共同推行国策，这才是民主政治。当争论之处则争论，该妥协之处就妥协，如此以期国策的圆满执行。只有这样，民主政治才是为国为民的政治。

民主政治不是只有执政党自己就可以完成的。只有与在野党一起，富有远见卓识和爱国激情，基于国家和国民的利益进行执政，才能叫作民主政治。以淡泊之心不执着于政权，给反对党参政的机会是明智的做法。一党垄断政权不是民主政治的正道。如果反对党缺乏参政经验，其主张就会远离实际政治，变成空谈，其行为就会倾向于过激，政治斗争变得激烈，以至于民主政治无法实施。执政党、在野党堂堂正正地对立、合作共同推进国家的发展，才能实现完美的民主政治。如果反对党处于弱势地位，反对势力不足，自然执政党就会不团结，导致政党政治的堕落颓废，引发国民的失望，民主政治就会陷入僵局。

我拒绝参加片山内阁的原因

我的第一次内阁在大选中失败后，由社会党的片山哲组阁。那时，他来找我入阁，说："我虽然不期待你入阁，但是希望阁僚中也有自由党成员。"对此，我问他："贵党内的所谓左派的意识形态是什么？"西尾末广代替回答说："可以理解为容共、或者人民战线。"于是我拒绝片山说："自由党以反共为原则。原则主张不同的自、社两党建立联立内阁，首先与政党政治的本质相悖，而且最终对两党也不好。"

然而，几位自由党干部听说之后，频繁要求我与社会党组建联立内阁。甚至有人发表极端言论，说如果不与社会党组建联立内阁，自由党就难以维系。我以回答片山时相同的宗旨给予回应，告诉他们："你们的想法我不清楚，总之我自己是不赞成联立内阁的。对错问题暂且搁置，党的进退应该在党内会议上决定，我们在议员会上提出这个问题，征求大家的意见之后再决定吧。"第二天召开议员大会时，我说："政党的进退不应该草率决定。"我详细阐述完上述宗旨后，立刻响起热烈的掌声，联立内阁说就此烟消云散。党的进退应该贯彻原则主张。不应该为了维持政权而改变原则。诸如举国一致或者联立内阁这样的事情，应该在国家的非常时期，或者是在政策一致的政党之间存在。思想意识不同的政党为了维持权力，图一时的方便而建立联立内阁之类的事情，是政党政治的堕落，是有害的。这就是我当时的想法。

我虽然不赞成建立联立内阁，但是也对片山内阁的成立表达了善意，警告我党党员不要妨碍内阁成立。不仅如此，我还尽量与反对党的各位议员交流，沟通双方的意见。但是我没能将自己的意图充分贯彻到底，至今仍感遗憾。

期待政治斗争的节度

现在的政党，无论执政党还是在野党，都有为了攻击其他政党不分善恶是非的倾向。在外交、经济、财政、劳动、国防等问题上，只顾攻击其他党派，缺乏倾听其他党派言论的胸襟。换言之，在政治斗争中缺乏节度。在野党一方，对政府部门工会的罢工、基地反对运动甚至是社会主义者的态度，有时都会给人一种似乎是示好的感觉。

前几年，我在西德的波恩与阿登纳总理会谈时，他对我说："在德国，工人也燃烧起重建和复兴国家的热情，他们没有闲暇罢工。"经过战败，在应该举国团结一致共同迈向复兴的时候，用罢工来妨碍生产、妨碍复兴重建，很明显是不合道理的。尽管如此，却把罢工当成政治斗争的工具，不仅不能得到国民的支持，作为反对党的政府批判力量自然也会减弱。

政府执政党也只有不强行推行自己的政策，给反对党和普通国民足够的理解的机会，有寻求合作共同执行政策的宽容，才是民主政治、议会政治。只有倾听反对党的意见，努力使其理解自己的主张，堂堂正正地辩论，采取依靠舆论批判的态度，议会政治、民主政治才能得到完美的实现。

消除选举过度之弊

近年来频繁发生贪污问题。究其原因，是选举过多耗费金钱所致吧。我国的选举制度很多是模仿美国的选举制度。也就是说，中央和地方的选举过多，选举费用极高。据说一个地方知事为选举耗费了两千万日元以上。美国是富国还好，在战败的日本，承受不起那么高昂的费用。应该认真思考如何改善选举制度。应该由政府选任知事，谋求所有选举的简洁化，限制选举费用。

其次是府县的合并。在社会上有人讨论日本的都道府县制[①]，主张进行适当合并。我认为他们的想法与我的意见是一样的。在推行市町村合并的今天，府县不应该不能合并。应该舍弃对一个地方的

---

① 日本的行政区划制度。

特殊情感，为了完成民主政治，必须谋求简化选举制度、节约选举费用。

今天，欧洲各国都在努力节约、控制消费以抑制通货膨胀。我国为了复兴重建，应该减少府县的数量，知事由政府选任，采取小选举区制度，努力节约费用。

官僚在民主政治中的形态

完善议会政治的前提在于建立健全的官僚制度。有人一提起官僚政治就会说三道四，这是完全错误的。在英国，虽然政策最终由政府决定，但在决定之前，政府会充分听取各方面尤其是各行政部门官僚的意见。各行政部门的官僚，应该凭借他们的专业知识，陈述自己的观点，排除政党政治派别的主张，以在其职位上获得的知识、经验来谈论自己的想法，帮助政府做出决策。

在法国，政变不断，内阁频繁更迭，其中有的内阁仅仅数周便倒台。自从第四共和国以来，内阁已经变更过三四十次。虽说如此，因为政策的实施完全掌握在各行政部门官僚的手中，因此，国民对于内阁的更迭似乎并不太关心。

在我国，官僚组织不像英法那样坚固，政党有时会无视各行政部门的意见，各行政部门也往往不能坦率表达自己的想法，非常令人遗憾。决定政策的时候，当然必须尊重主管官僚的意见，但是政府官员如果不能积极利用其在工作中获得的知识、经验坦率地陈述自己的观点，犹犹豫豫、对政府决策不能提供参考的话，就不是民主政治中的官僚。在民主政治中，各行政部门官僚必须要坦率陈述其观点帮助政府决定政策，同时对于已经决定的政府政策的实施给予支持，要有义无反顾的诚意。

希望大藏官僚保持如此作风

在战前的各行政部门当中，军部除外，真正的官僚是内务省、外务省和大藏省的官僚。很多年轻有为之士，在以上三省中，尤其重视内务、大藏两省以期飞黄腾达。内务省在战后解体，分为厚生、劳动、自治、警察等各省。这是好事还是坏事，我认为今后还有待观察。

外务省放到后面讨论，大藏省如今还保留着官僚的特色，在预算上也有掌控各省的实力，这种状态对国家来说是比较理想的。在朝野上下都在为获得预算而奔走的今天，大藏省有着掌控这些预算的权威，国家财政的根本就在于此。

经常听说因为大藏省难以应付，所以有人建议把预算编制权收归内阁。战前也时常从军部方面传出这种论调，这种想法简直荒谬至极，持这种主张是心怀叵测。大藏省，尤其是大藏大臣，在制定预算的时候，要处在与各省大臣同时对立的立场。强化这种立场，是端正政治根本的有效途径。

每次制定预算的时候，如果没有阻止各省的强索、强行要求和威吓的部门，国家财政就会破产。这个部门是民主政治中最重要的部门，这就是今天我国的大藏省。为政者应该毫不动摇地保证这些部门的权威。阁僚也必须有虚怀若谷的雅量，听取基于大藏大臣的专业知识所提出的意见。

与此同时，大藏官僚也应该意识到相应的责任，要有足够自重不负所托的觉悟。只要是由人组成的组织，就会有错误、误解、过度的做法，但是必须要有知错能改的度量。举一个例子，正如前面所说，坚决否定不规定用途的外汇贷款，一味地阻止外资引进，就是大藏省的错误和过度做法。关于不规定用途的外汇贷款和其他外资的使用，会在其他机会再详细记述。总之，我国自明治以来，从甲午战争、日俄战争，到大地震之后首都的复兴，都从中受益颇多，新日本的建设也因此得以完成。不着眼这样的大局，而一味地排斥不规定用途的外汇贷款，不能不说这是大藏官僚视野狭窄的一个例子。

外务省官僚之我见

外务省过去一直都是关心国际政治的精英心驰神往的机构。在甲午战争和日俄战争之后，我国逐渐在国际外交舞台上被认知，外务官僚也在我国政界里开始占有重要地位。从陆奥宗光伯爵时代开始，到小村寿太郎、西园寺公望、加藤高明、牧野伸显、珍田舍巳、林权助、内田康哉、币原喜重郎等老练的前辈政治家在外交官舞台上先后登场的时代，一直都是这样。战争时期及占领时代暂且不论，在收回外交权的今天，外务官僚是否具有指导外交的权威，对此我不禁感到些许不安。

我认为，即使在旧金山和平会议当时，也有人主张全面议和等空谈，但是，近来有人一边说日美亲善是我国外交的基调，一边又主张恢复同社会主义国家的外交。在恢复日苏邦交后，甚至还有人主张恢复日中邦交，发表中共贸易、日中经济的合作关乎我国国运等极端言论。这些人，是否知道现在的中国有多少贸易支付力，我对此颇为怀疑。然而，对于这样的主张，政府当局的态度还非常不明了。这样，外国政府方面，对我国的外交方针自然会抱有怀疑。

作为外务省的职责，其对外进行宣传的功能似乎可以得到理解和支持。但是，不能忘记，指导启发国民舆论的责任更重要。正如现在字面意思那样，在国民外交的时代更是如此。这是外务省官员肩负的重大职责。一国的外交可以体现源自其地理条件和几百年历史演变的、自然形成的某种联系。英法的关系在过去有过诸多变化，但是它们之间有着难以割舍的关联，英美两国之间也是如此。外交当局应该遵循其自然的联系，坚持因地制宜的外交方针，而不是迷失在偶然事件里不断改变方针。

这种外交之策，是基于多年的研究、知识、经验得出的结论。外务官僚最大的职责是坚持在工作中获得的外交之策，以此辅佐政府当局，启发指导国民，为避免国家偏离前进轨道而努力。

总之，官僚组织和议会政治应该相辅相成，这样才能期待政治的有效实施。英法等历史悠久的国家的议会政治和官僚组织的关系，是经过多年的磨合，历经曲折才形成的，或许不能立即适用于我国的现状。为了议会政治得以完美实现，衷心期待我国官僚组织的完善。

回想补余：

作为第一次吉田内阁的阁僚——石桥湛山（原大藏大臣、首相）

直到我第一次进入吉田内阁之前，都不太了解吉田首相。在战争时期，已故的清泽洌在专心于外交史的著述之时，似乎有很多与牧野先生、吉田先生接触的机会，清泽洌建议我跟他们见一面，于是我就和清泽一起去吉田先生的平河町老家拜访。谈话的内容丝毫记不起来了。我记得此后吉田先生走访过东洋经济新报社，当时已经是食物匮乏的时代，但是我们经济俱乐部的人员凑钱买了牛肉火锅，开烧木炭的汽车送到他家里。我与吉田先生的关系仅限于此，连第一次入阁到吉田内阁也是由于党内人士的推荐，没有与吉田先生直接交流过。

可能对于其他的阁僚也是这样吧，吉田先生作为首相丝毫不干涉我们的工作。或许是打算全权委托给我们，我们也没有与吉田首相进行过特别谈话。众所周知，当时一切都须得到总司令部的承认，最麻烦的就是所谓的"中止偿还战时国债问题"。在一番争执之后，我请吉田首相在我起草的给麦克阿瑟元帅的越级上诉状上面签了字，由首相将其寄出。但是，很快就被人知道这是我的所为，惹怒了民政局和经济科学局。在中止偿还战时国债问题中，我最担心的就是造成银行资产亏空，存款被扣减，以致增加民众对银行的不信任感，给储蓄和其他业务带来恶劣影响。我与总司令部谈判时基本都在努力避免出现这种情况。然而，过后再看，我们实现了今天的复兴和繁荣，问题并没有我担心的那样严重，也没有引起特别的混乱。总而言之，这是因为中止偿还国债问题出现前后发生严重的通货膨胀，结果造成货币大幅度贬值，借款额和存款额也相应降低。中止偿还国债的打击实际上并不严重。换一种思路来看，这也是通货膨胀所带来的消极功德之一。如果这是当初我们就有此想法而策划的，那可相当了不起。

在当时的政策中，至今仍觉得奇怪的是财产税的处理。因为战败，对有财产的人征税以剥夺其财产无疑是正确的。当初想要以此来抵消公债。不知何时起，开始提出将财产税变成社会保障的财源，社会党也通过决议，甚至连自由党也确立了这种态度。不过，财产税用现金缴纳即可，但是大多数都是以公债、冻结存款、不动产的形式缴纳的。既然将此作为年度预算的财源，结果就等同于解除好不容易实现的存款冻结，或者发行赤字公债。也就是说，这就是社会上所谓的通货膨胀政策。但是，政党和社会舆论都不介意这些，被财产税或者社会保障等美名所迷惑，纷纷赞成使用财产税的税收。

于是我就趁机利用这种舆论倾向，将其编入一般财政资金来源。然而，当我在国会警告说会引起通货膨胀后，财产税便不了了之，不知所踪。我至今也觉得很奇怪。

说起通货膨胀，那些由于中止赔偿国债而身无分文的大部分实体公司，后来之所以得以复兴，总之是因为复兴金融金库贷款或银行的过度贷款使日本央行信用膨胀的缘故。毫无疑问这引发了通货膨胀，但通货膨胀又使过去的债务负担减轻，同时生产经营活动也得以顺利进行。战后初期的生产力恢复，可以说是通过缓慢的通货膨胀实现的。也许可以说这是第一次吉田内阁的功劳。

回想补余：

学者团体和吉田首相——和田博雄（原农林大臣、社会党议员）

从停战到1948年3月22日麦克阿瑟元帅发给吉田首相关于经济政策的书信公布为止，是日本经济的混乱期。因为3月31日众议院已经解散，第一次吉田内阁时代可以说处于经济混乱期的末期。因此第一次吉田内阁主要忙于当前的应急措施。我们认真思考如何设法结束积累性的恶果造成的经济恶性循环，摆脱混乱，使日本走上经济重建的轨道。我认为经济安定本部的设置就是出于这层考虑。

在商议经济安定本部长官人选的时候，我向吉田首相推荐了非常适合担任这一职务的有泽广巳教授。吉田先生让我去试着与他沟通一下。我便与有泽先生谈论此事，他找出很多理由，不愿答应。因此就拜托现在已故的高野岩三郎先生和大内兵卫先生帮忙劝说有泽先生出山。经过与有泽先生多次沟通，最终他答应如果高桥正雄教授和自己一起来经济安定本部支援自己，他就出任经济本部长官。于是又去说服高桥先生。因为当时是停电频发的时期，我和高桥先生还有小学好友岸本诚二郎教授三个人围坐在蜡烛旁谈了很多，想努力说服高桥先生，可是高桥先生怎么也不答应。我向吉田先生报告了详细的经过，告诉他希望不大。7月上旬高野先生拜访吉田首相，正式告诉首相有泽不同意任职一事。最终请有泽教授出任经本长官的事情以失败告终。

7月20日，膳桂之助出任经本长官。因此我和武建太郎商量，向吉田首相进言：以吉田首相智囊团的名义，请求一流学者协助经济复兴。其成员有：有泽广巳、中山伊知郎、东畑精一、永田清、茅诚司、堀义路、内田俊一等博士。膳先生也多次出席这个学者团体的会议，吉田首相经常找他了解情况。对于这种会议，吉田先生从一开始就非常热心，将外务省的大臣室拨给他们做会议场所，非常小心周到，同时，吉田先生闲暇的时候就会来参加。我记得会议至少一周举办一次到两次。

在这个会议上，所谓"倾斜生产方针"首次作为"有泽构想"被提出来。也就是说，为了切断当时在煤炭和钢铁之间存在的累加式恶性循环的因果关系，所有的政策实施都在向煤炭和钢铁的生产倾斜。通过谋求煤炭的增产，使钢铁的增产成为可能，通过谋求钢铁的增产来实现煤炭的增产。以此作为突破口，将此效果扩大到其他经济领域，使日本走上经济重建的轨道。1946年12月经济安定本部同意这个构想，成为倾斜生产方针中破解煤炭、钢铁增产危机的方针。同月下旬，内阁会议通过了生产煤炭3000万吨的倾斜方针。吉田先生针对实行煤炭、钢铁生产倾斜方针所必需的重油进口，积极做司令部的工作，显示出极大的热情。但是，倾斜生产方针在第一次吉田内阁期间由于很多原因并未收到很好的效果。不过在接下来的片山内阁中得到继承，逐渐发挥了作用。至今我仍认为这件事包含着经济学上很引人关注的问题。

吉田先生对学者的爱惜在当时的媒体受到广泛宣传。这或许与当时这个学者团体的交流有很大关系。吉田先生似乎对这个团体的会议活动非常满意。不管怎样，都是彼此秉性相合、堂堂正正的学者，都是具有反抗精神的自由之士。会议中的吉田先生，据说就像在自己家里一样。彼此之间话题丰富，妙语横生，又都深谙幽默。受吉田先生邀请边吃饭，边谈话的时候，经常忘记了时间。

学者们也通过会议活动对吉田先生好感倍增，同时对吉田先生来说这里也是涤荡精神之所，或许因此他对学者和学问的尊敬愈加强烈。想起当时的情形，我至今都感慨万千。

回想补余:

投身祖国重建的拼命三郎——铃木正文（原劳动大臣）

我与吉田先生频繁接触是从1948年10月到1950年6月之间，就是所谓的第二次以及第三次吉田内阁时期，这段时期吉田先生将其政治家气质发挥到了极致。

第三次吉田内阁刚成立不久，道奇就来到日本，还带来"道奇预算"。当时1949年度的预算已经编制完成，即将被提交国会。如果执行"道奇预算"的话，我们的预案就要全部推倒重来，整个内阁一片愕然。池田藏相自身，后来作为"道奇预算"的忠实、有力的执行者取得了成功，据说他最初看到提案的时候也是非常惊讶。

于是，三四位大臣杀到吉田首相居住的外相公邸，表明要以内阁集体辞职作为要挟，换取更改道奇预案内容。虽然去的只是三四位，但是几乎所有的阁僚都持相同见解，我刚开始的时候也与大家的想法一致，连刚刚成为阁僚、对很多事情还不清楚的人，也莫名其妙地以代表的姿态赶到那里。我记得池田好像没有去。

不知是幸运还是不幸，当时首相就在公邸。走在前面的阁僚首先简单讲了下不能原原本本接受道奇预案的理由，刚一说完，首相就大声说："你们辞职吧！"把包括我在内的其他人都吓了一跳。

首相的大致意思就是：现在不是发表这种书生论调的时候。看清现实！出于对严峻的现实的考虑，不能理解国家方针政策的阁僚立刻给我辞职！会见大约持续了5分钟，大家全都一脸严肃从首相室里走出来。正巧这时，记不清是增田官房长官还是池田藏相，来走廊观察情况，听到我们的话也一起回去了。从那以后，内阁成员全体总动员，按照"道奇预算"开展工作。

我并不想议论道奇议案适当与否。但是，我想说的是，当时吉田首相对于国政的基本态度可以说是不屈不挠，其魄力可以用"投身祖国重建的拼命三郎"这样的强烈语句来形容。

另外还有一个就是《工会法》的全面修改和《公劳法》的大幅修改被提交到国会的时候。当时，经过一个半月，在赤旗林立、三十多名共产党议员的阻挠声中，修改案终于被提交到参议院。在国会的会期还剩三天的时候，被提交给参院劳动委员会。

参院委员会摆出老一套架势，执意要见首相，最后首相与增田甲子七官房长官商谈，由我和首相一同出面。实际上已经审议了一个半月，即使见面，他们也提不出什么问题。我知道首相连续斗争一百多天，疲惫不堪，就说："您先回去吧。"吉田先生露出喜悦的神情鞠了一躬就出去了。但是随后情况发生变化。参院委员会与众院委员会不同，敌我都促膝而坐，因此我小声说的话被在野党听到，他们吵嚷道："你凭什么随便让他回去？马上叫他回来！否则就不能提交到正式会议。"虽然我很清楚他们的用意，但是已经时间无多，如果今天不通过委员会，恐怕在会期截止前无法表决。

我去首相室见吉田首相。他独自一人坐在那里。我刚一进去，他就说："我早回来好像给你带来了麻烦。我去几次都没关系。我可以再去被他们骂。"说完又去和参院委员会见面。第二天，修改案在参院顺利通过。

吉田首相的强硬广为人知，但是吉田首相的纯情和真诚却鲜为人知。连我这个报社记者出身的人都觉得日本的报纸在这方面不够公允，疏于探讨。

第二十九章　我的皇室观

一、君主制与民主主义

皇室和国民不可分割

我相信，日本民族的国民观念是：皇室与国民是一体的、不可分的。我认为，宪法中"天皇是国民的象征，是国家统一的象征"表明皇室与国民的不可分割性。拥有相同父母的人组成家庭，拥有共同祖先的人们组成民族、国家。应该说皇室的祖先就是民族的祖先，皇室是我们民族的起源。换言之，以皇室为中心，围绕皇室的家族集团就是大和民族，是日本国民，这些构成了我们的国家——日本。自古以来，君臣一家，相互扶持，组成国家，这是日本的传统、历史。由于这种传统、历史，产生了祖先崇拜的大义，并得到继承，发展成为我们民族固有的特性，最终发展成为我国的立国之本。抛开这些，不可能理解日本人尊崇皇室的信念。有的学者把日本人的皇室尊崇信念归结为明治以来的政治作秀。在我看来，这是令人嗤之以鼻的浅薄之论。经历过残酷的战败，我国国民对皇室的爱戴之情甚至超过战前，这又如何解释？想要解除皇室与国民的同宗、一体的观念是不可能的。

政教合一

历史悠久的国家最初阶段都是政教合一。日本古代也是如此。而且，在我国，政教的中心是皇室，这是自古至今贯穿日本历史的不可动摇的事实。以皇室为中心的祭典和政务是一体的、不可分的。可以说皇室就是国家，因此皇室的历史就是国家的历史。神道是皇室的宗教，同时也是国民的宗教。在很长的历史时期中，也曾出现过皇室信仰佛教的情况。即使在那个时期，以神道为本位的宫中的仪式也始终在持续举行。停战后，日本在占领时代变为政教分离的制度。但是宫中的祭典一点也没有变化，至今仍在持续着。

停战当时同盟国的日本皇室观确实非常苛刻冷酷。关于皇室的处境，有人提出极端的意见。但是对我们日本人来说幸运的是，由于有麦克阿瑟元帅的理解和体谅，皇室作为日本国民统一的中心，保持了今天的地位。仅仅在这点上，日本国民应该永远铭记元帅的卓见。

作为道德中心的皇室

如上所述，由于皇室的历史背景、国民的崇拜和爱戴，也鉴于今天其在宪法上的地位，我希望将皇室作为政治、宗教、文化等社会各方面的精神上的、道德上的中心继续存续。例如从停战之前延续至今的宫中举行的各种具有重大意义的仪式，今后应该不仅是皇室一家的祭典，也应该将其作为国民的祭典。因此，不仅阁僚等有资格者才能参加，也应该允许广大国民代表参加。我认为这样才符合日本国民的思想，是保持历史传统、统一国民思想的根本之一。

上面仅仅是一个提议。皇室应该进一步积极努力，保护、奖励教育、文化、社会事业、福利事业等。这也是国民所期望的吧。当然，从政治上说，国家应该努力搞好社会事业、福利事业，而通过民间各方面的努力，实现经济的兴盛繁荣，这是社会的发展进步所必需的。此外，在政府和民间力所不能及的方面，如果皇室能够给予特别的保护、奖励的话，国民对于该事业的关注度也会有所提高吧。我相信，只有这样，日本才能将真正意义上的以皇室为中心的国民大家庭这一日本人的传统思想发扬光大，实现国民思想的统一，使大家互相扶持，走上国运昌盛的正道。

日本的皇室和英国的王室

然而，停战以来，在极少数国民中出现一种思潮，他们无视日本的历史和传统，认为把皇室从国民中疏离出来才是民主主义。另外在标榜"进步"的学者当中，有人否定我国历代天皇爱民、百姓爱戴天皇、上下浑然一家的事实，将"人类的历史就是阶级斗争的历史"这一马克思主义思想牵强附会到国家历史上，称之为"新的历史观"并津津乐道。应该说这是极端的歪理邪说。说起历史观，把几个世纪、几千年的历史全都用今天的尺度或者价值标准来衡量、解释的话，是非常愚蠢的。如同说亚当和夏娃的裸体与今天的礼仪相悖。在我国皇室和民众之间，完全没有任何形式的阶级斗争的事实。相反，我国几千年的悠久历史的大部分，如果从世界史的观点来讲，应该说沐浴在武陵桃花源式的太平之治中。

现在，在世界各国中，如果寻找和我国皇室最接近的例子，就是英国王室吧。虽然其历史和起源固然与日本不同，但是深受国民的崇敬和爱戴与日本非常相似。日本和英国在所谓的"君临却不统治"的政治立场上是有共通性的。

枢密院

英国历史初期，在王室就是国家的时代，所有国家权力的行使都集中在王室手中，国家的政治、财政悉数掌控在王权之下。随着议院政治的发展，具有政治性质的国务被移交到国会，除去这些部分，也就是说没有被移交到议会的那些剩下的职能，例如王位继承问题等，作为王室的特权得以保留。作为王室大权专属机关，枢密院（Privy Council）应运而生。而且，这种制度是在英国不成文的宪法之下发展起来的，即使今天，王室也保持着和国民的亲近感，对国家的繁荣、文化的发展、社会福利的进步做出了贡献。行使王室的职能处理政治、经济、文化、宗教等各种问题时，参与其中的就是枢密院。

我认为，如果我国也新设像英国枢密院一样的机关，使之适应我国国情，应该对我国独特的君主制民主政治有很大益处。一直的惯例是将其翻译为"枢密院"，但这恐怕会招来误解，令人误以为是我国过去的枢密院。我想如果设置这样的机构的话，应该要另外想出一个恰当的名称。

接受陛下咨询的机关

暂且不说名称，如果我国要效仿这种制度的话，作为一个具体的例子，皇室可以进行荣誉授勋，荣誉授予对象的具体选定则在这个机关进行审议。既然是荣誉授勋，就要和政治、政党分离，超越各种利害，以公平无私的立场授勋于那些对国家、对社会有功之人。如果不是这样，就会失去其意义和价值。为此，从博爱、正义、人道、文化的见地出发，通过政府的建议以及在枢密院进行公平的审议，以完全没有政治色彩的皇室的名义对国家的有功之臣授予荣誉。如果采取这种制度，受勋者也会以此为自豪，国家在国内外会给人以好感，荣誉授勋的权威性也会自然得到提高。特别是最高荣誉授勋是在皇宫中，由陛下亲自授予，这样的话，会更加感人肺腑吧。从最近的情况来看，现在的做法，会给人不重视荣誉授勋的印象，也会容易产生滥授荣誉的感觉。

这样的话，设置枢密院式的宫中机关时，必须选择学识经验皆优、国民推崇的人物充任其职。只有经过严格选拔的一流人物接受陛下的咨询，经过慎重审议之后做出的决定，才是真正意义上的荣誉授勋，接受者对此荣誉才会倍加珍惜。

促成皇室与国民紧密相连

关于荣誉授勋制度，在这里我想说的是，为了加强皇室和国民越来越紧密的联系，应该以政界、商界、学界和其他社会群体等为国家公共利益做出贡献的团体或者个人为对象，采取多种形式，定期在诸如天皇诞辰或春秋两季邀请他们出席皇宫中的御宴，并且形成惯例。另外，有外宾来访，在皇宫内招待客人的时候，陪同用餐人员的范围可以不仅是形式上的相关大臣，在野的对国家有贡献的人士也应该在受邀之列。

据说过去在明治天皇时代，经常让元老级重臣作为宴会陪同，席上陛下大声揶揄重臣，重臣们恭恭敬敬地奉答，陛下哈哈大笑，其他人仰望陛下满足的样子。松方正义被明治天皇陛下问道"有几个子女"时没有马上回答出来，他回答说："请允许我调查之后再作回答。"这个笑话也是那个时期的事情。君臣间，正如鱼水之交，和和睦睦。

在昭和初期也是，西园寺、牧野、一木喜德郎、汤浅仓平等重臣作为招待外宾用餐的陪同人员，正襟危坐，侍奉在陛下身旁。我从远处看到这种情形，不止一次感觉到皇宫中的盛典实在是国家的喜事。如果能够形成前述的枢密院制度，就可以选拔国家的栋梁之材，邀请他们联袂出席皇宫庆典、国家的仪式、外宾的招待宴会。如果这样的话，今天也可以看到过去宫中的盛况。我热切期待早日实现这一美好愿景。

走上"国际家庭生活"之路

为了加强皇室与国民的联系，可以拥戴皇室，让他们在宗教、文化、社会事业等领域享有重要的地位。皇室成员主动接受这些职务也理所当然。最近皇太子殿下就任日本红十字会副总裁，这实在是一件可喜可贺的事情。另外，1958年在东京举行国际体育竞技大赛，皇太子殿下接受推举担任总裁一职，甚至连天皇陛下也亲自在开幕式上发表了亲切友好的讲话，令人倍感振奋。

纵观英国乃至欧洲的王国，我深切感到，越是王室与国民之间关系亲密的国家，其社会就越健全、稳固。所幸的是，我国停战后，在庆祝天皇陛下诞辰或新年贺岁时，民众接踵而至，跨过二重桥，形成蜿蜒的长蛇之阵，这种风习越来越盛行。听到这些，我认为这是国民思想健康的证据,对此暗自欣喜。衷心希望政府以及宫内府当局,时刻注意不要怠慢国民对皇室的崇敬和喜爱之情。只有这样,皇室才可以真正成为日本民族家庭生活所憧憬向往的对象,既可以保持国民思想的统一,亦可以期待成为国际家庭生活(the family of nations)善良、优秀的一员。

关于"臣茂"说法的批评

说完我对皇室的见解之后,想顺便就我自身的言论发表一点意见。1952年11月10日,皇太子明仁亲王殿下成年,在举行成年仪式暨拥立太子仪式的时候,我作为首相代表国民,奉读了"贺词"。这篇贺词,此后成为各方议论的话题。批评的人说我自称"臣茂",认为这是反民主主义,从新的政治观念来看不可允许。但是,我是基于自己的信念,在准备好的原文上特意加上"臣"的字样来奉读的。

拓展阅读:

> 1952年11月10日举行的皇太子殿下成年仪式暨立太子仪式的时候,吉田首相分别诵读了贺词。后来立太子仪式的贺词,发表在报纸上。对此,除了有人指出用词难以理解之外,还有人批判说与时代潮流相悖。贺词内容如下:
>
> "臣茂敬言。天皇陛下举行立太子之礼,将立皇太子之事昭告天下。实乃可喜可贺。臣茂恭贺殿下于寿诞之际继承皇位天序。殿下得贤师良传聪颖睿智、仁慈孝顺,日益光辉灿烂,龙潜之德甚高,国之美誉必扬名四海。择殿下寿诞之良辰行此大礼,得日月之光辉承亿兆之企盼。皇基日益稳固,

国本愈加坚固。庶民举国欢庆。臣茂荣临盛典诚惶诚恐，欢欣雀跃不知所措。谨代表国民，敬祝皇室洪福、国运兴隆。"

当时我听到以上的批评，极其愤怒，想与持此观点的人当面对骂，促使他反省。但是，想到在国家盛典之际使用过激的言辞不妥，就强忍下来默不作声。我认为，说我自称"臣"是反民主主义思想本身，就是不理解民主主义本质的一知半解的想法。

不管到什么社会，如果没有父母、兄弟、长幼之序，没有前辈后辈之分，没有社会上下之礼仪，这个社会的秩序就不能维持，国家也不可能稳定。根据我国自古以来的历史观念、传统精神来看，皇室是我国民族的始祖、宗家。这不是理论，是事实也是传统。尊崇皇室是人伦之义、是社会秩序的基础。因此我国的民主主义必须以此观念、精神为基础。

近来，以进步者自居的人当中有一种风潮，他们觉得皇室和王室之类的，是封建的东西，与民主主义政治相悖。只能说这些人不懂我国历史，是只关心外国历史而对现状全然不知之辈。

先进的君主立宪国家是民主主义国家

在被称为民主主义、议会主义政治的鼻祖英国，对王室忠诚的观念至今依然被当作一切道德的源泉。对国家有一定功劳的人，会以女王陛下赠予的"爵士"称号为荣，工党的领袖引退之后也会被纳入贵族之列。

反对政府的在野党，无论是保守党，还是工党，都会被称为"陛下的反对党（His Majesty's Opposition）。曾经有过这样一个笑话：以前在我国军部实力强盛的时候，不知是谁，使用英国式的说法，将大政翼赞议员团以外的人称之为"陛下的反对党"，军部勃然大怒说："反对陛下的人即是国贼"。所谓"陛下的反对党"，指的是为了陛下或者代替陛下监督政府的反对党。即使是反对党的行为也是"为了陛下"。与此同时，也被解释成"为了国民"一词的同义语。因此，不认为这是封建思想。然而，世所公认，英国是议会政治、政党政治最发达的国家。

不仅英国，北欧三国即瑞典、挪威、丹麦，不能称之为大国，但却是民主主义政治运行最好的国家。社会党或者类似的政党掌权，社会保障很发达，因此被视作最稳定的国家。但是，这些国家都是君主国家，王室都是国民敬爱的对象。此外，荷兰、比利时、卢森堡、希腊，也全都是王国或者侯国，可以说国家稳定，国民充分享受自由。今天，被看作是社会设施、福利事业最发达国家的加拿大、澳大利亚、新西兰等各英联邦国家，都将英国女王拥戴为自己的"女王"并丝毫不觉得奇怪。

放眼望去，今天世界上民主制度最发达的国家同时也是最新意义上的福利国家，君主立宪制国家非常多。虽然不能说因为采用君主立宪制国家才会这样，但是说皇室、王室制度是封建的、与民主主义观念相悖的论调，很明显实际上属于没有任何根据的空谈。我认为我国的很多所谓进步人士并不了解上述事实吧。

请尊重历史和传统

总而言之，各国都有伟大的历史和传统。应该尊重其历史和传统的精神，以此为基础，创建并发展与时代相应的政治机构、经济制度。无论建立怎样的理论上的、形式上的国家机构、社会制度，孩子把父母的过错告诉警察，强制"自我批判""洗脑"之类的国家，把这样的国家称之为理想国家的话，不得不怀疑他们的脑子。我确信，无论怎样，关于亲子、君臣的自古以来的传统，今后会永远是我国的道德核心、国家秩序的根源。在这种意义上，我自称"臣"，又有何不可？反而是批评我称臣的想法才是错误的。

补充一点供您参考。在今天欧美的民主国家中，对外国的皇帝、国王都称呼"陛下"，使用"Sire"的字眼并不奇怪，反而不使用这个词才会被当作不懂礼貌、没有教养的人遭到取笑。

二、天皇、皇后两位陛下

我想借此记述自己平素对皇室的理解的机会，谈一下对当代天皇、皇后陛下的认识。

在我国历代天皇之中，像现今的陛下这样辛苦的天皇非常罕见。

1921年11月，陛下摄政以来，到1941年12月太平洋战争爆发仅仅20年时间里，发生4起在任首相遭到暗杀、袭击的事件。原敬、浜口雄幸、犬养毅、冈田启介等人相继遇难。另外，国家的重臣、有功者遭到刺杀的案件有十余起。1923年12月27日，在虎门发生了一凶徒袭击陛下的空前丑闻。另外，在内有"五一五""二二六"等事件相继发生，在外有"九一八事变""卢沟桥事变"相继发生，直至第二次世界大战爆发，我国国情可谓波澜起伏，现在回想起来还会觉得不寒而栗。

在如此动荡不安的时期，陛下始终坚持"统（reign）而不治

（govern）"的立宪君主信条。通常政府将内阁会议中决定的事情上奏，一定都会给予批准。然而，这不是单纯义务的、形式的批准，陛下向阁僚提问总能击中要害，使阁僚常常无法当场回答，这点从事实中就可以知道。

我们也常常不能对陛下提出的问题给出答复，就回答说"随后调查再奉上答复"。一想到会被认为"也有什么都不知道的首相"，就会狼狈不堪汗流浃背。虽说如此，陛下并没有责备我们，而是一直和颜相待，使我们更加惶恐。

如上所述，在政府上奏时，虽然有时会考虑陛下会不会不喜欢，但很多时候如果不是特殊情况，一般陛下不会发表自己的意见。陛下记忆力非常好，据说如果有和之前上奏内容不一样的地方，有时陛下就会指出，或者提问。据说，战时，在陆军大臣或者参谋总长等军部首脑上奏的时候，有过这种事例，被陛下质问或者批评，这些军部首脑全都惊慌而退。

这种情况一定发生在事关国家利害的重大问题之时。也就是说，陛下虽然平时尽量不表达自己的意见，但关于国家大事，是会说出圣意的。发生"二二六事件"的时候，军队上层惊慌失措，处理造反部队时的态度非常暧昧，迟迟不下达处分决定。陛下做出圣裁，将这些部队称为"反叛军"，说要亲自讨伐，至此，军队当局才终于决定采取平定叛乱的方针。

本次大战结束时，圣断也是这样。能够压制住军队主流的自暴自弃式本土决战论，全部是陛下的功劳。如果没有圣断，我国将会化为焦土，国民将会变成流亡之民。然而，在陛下宣读停战诏书的时候，说到"希望永世太平""朕将永远与尔等臣民同在"，给濒临绝望深渊的普通国民带来重生的机遇。时至今日拜读停战诏书，仍会不禁涕泪交流。

对于停战的圣断赞不绝口的外国人大概是同盟军总司令官道格拉斯·麦克阿瑟元帅。同盟军自瓜达康纳尔岛的激战以来，随着残酷的战局愈演愈烈，元帅意识到日本本土的陆地决战必将付出巨大的牺牲。然而，没有损失一兵一卒就实现了登陆进驻，这完全出乎他们的意料。得知这全是陛下公布停战诏书的结果时，麦克阿瑟元帅感受到陛下爱好和平的圣意和保护日本国民的心情。元帅事先也研究过日本的皇室，在日本进驻后第一次与陛下见面的时候，说了怎样的话不得而知，但无疑元帅被陛下的人品打动，进一步加深了平素对日本的信念。元帅多次对我盛赞陛下的仁德，说："未曾遇到过这样单纯无私心的人"。

我认为，元帅每次与天皇陛下会谈，对陛下的敬爱之心便会增加一层。而且我相信这种敬爱也会自然地对占领政策产生不小的影响。元帅在离开日本之前，还特意去拜见陛下。我认为元帅诚恳地道别正是出自元帅对陛下的敬爱之心。

战后，币原内阁（当时我任外务大臣）议定新宪法时，总司令部提出宪法修改方案。因为第一条里有"天皇是国家的象征"，在内阁会议中引发争论，10天都没能得出结论。这时，天皇陛下说："象征也没什么不好，内阁会议不能再继续拖下去了。"阁僚们顿感豁然开朗，众人意见立即获得一致。

陛下平时尤其重视对外关系，接见外国使臣或者是外宾的时候，我经常在一旁怀着崇敬的心情观察陛下说话时的样子，深深感到陛下的伟大胸怀。说起与此相关的过去的回忆，我的第一次拜谒是在 1921 年 5 月，陛下作为皇太子率领香取、鹿岛两艘军舰渡英途中，我作为驻英大使在直布罗陀恭迎圣驾。陛下在英国停留期间自然可以时常拜见英姿。我至今依然清楚记得，英国王室在白金汉宫举行正式欢迎晚宴的那个晚上，英国的王族、政府以及宫中的百余名高官，有如耀眼群星一般肃然在列，我国皇太子殿下坐在乔治五世和皇后两位陛下中间。英国国王首先致欢迎辞，对此，皇太子殿下发表致谢辞。玉音朗朗，有力压四方之势。连我们这些坐在远处末席的人，都可以清楚听到天皇陛下所说的字字句句。平日熟知其温和面容的我们，可以在如此正式的国际交流场合得见陛下的堂堂态度，不胜激动。

拓展阅读：

如今的天皇陛下，在还是皇太子的时候于 1921 远渡欧洲。搭乘舰为"香取"，随行舰为"鹿岛"。陛下 3 月 3 日于东京出发，访问英国及大陆各国，于 9 月 3 日回国。关于在英国王宫招待宴上的发言，当时驻伦敦大使馆武官小林跻造（后任海军大将、小矶内阁国务大臣）写给海军次官井手的私信中有所记载，其誊本在《敬原日记》1921 年 7 月 6 日处。摘取期中一段如下：

"5 月 9 日到达伦敦当晚，陛下出席了在'白金汉宫'举办的宴会。几十上百名皇族列席，陛下不见一丝怯意，其演说之高声有压倒会场之气势。在我旁边的警视总监说：'实属优秀之人，20 岁左右就能发出如此声音，若非卓越之才无法做到。祝福贵国，干杯！'"

我国已停战十数年，在战败之后得以复兴重建，成绩显著，如今国情正在向着稳定、昌隆持续发展。我知道当今圣上登基以来屡遭国难，虽然遭遇空前危局，国运却能发展至此，完全赖圣德所致。希望日本的国情将来永远不会像战前那样"唯我独尊，招致社稷危机"。

在身边侍奉的人总能感受到皇后陛下是一位非常仁慈的人，经常深居宫中，不为外人所知。我在侍奉的时候，会得到一年四季的赐物，有时还赐予雪茄。想到或许是皇后陛下听说我喜欢雪茄特意赐予，深感惶恐。我在叶山御用府邸侍奉的时候，作为侍从得赐皇后陛下所做的御歌。

微臣得圣恩眷顾，感激涕零无以言表。

第三十章 回顾外交官生涯

一、在外务省奉职初期

我在 1906 年 7 月从东京帝国大学法学专业毕业，当年 9 月通过外交官领事官考试进入外务省。在第一次西园寺内阁时代，外务大臣是林董。①

选择外交官之路的原因

选择外交官之路，应该说很偶然，并没有特别的动机。我在准备高中考试的时候，罹患结膜炎，因此休学一年，在箱根静养。痊愈之后回到东京，偶遇学习院②招生，便报了名。因为我想从学习院可以升学到东大。然而，在此期间，由于院长近卫笃麿③（近卫文麿的父亲）的提议，在学院附设了以培养外交官为目的的大学部，

---

① 林董（1850—1913）：日英缔结同盟时的驻英公使，后升为大使。担任第一次西园寺内阁的外务大臣及第二次西园寺内阁的通信大臣。
② 日本宫内省直辖的皇族、华族子女接受教育的学校。1877 年在东京创立。战后改为私立学校。
③ 近卫笃麿（1863—1904）：摄关门第（日本指被任命为摄政、关白两官位的朝臣家的门第）近卫家出身。明治中期的政治家。任贵族院议长之外，在政治上并没有特别高的权势地位。但在朝野上下担任指导性的角色，有着很大的影响力。

我从高中科毕业之后，直接进入到大学部，学习过程中不知不觉就有了成为外交官的想法。不过我当时并没有想将来会成为陆奥宗光①、小村寿太郎②那样伟大的外交家，也没有通过外交活动发扬国威、为对外发展做出巨大贡献的远大志向。

我在学习院大学部三年级的时候，近卫院长突然逝世，他煞费苦心创办的学习院大学部也被关闭。于是学生们纷纷转学到其他大学，我也转学到东京大学。一起进入外务省的同期生中，健在的还有尾崎洵盛、武者小路公共、藤井实、林久次郎等。现已故的广田弘毅③是当时一起进入外务省的，在大学里比我高一级。

我为了保持身体健康，在学生时代大约10年的时间里，常去小石川指谷町的马术练习所。作为学习的成果，取得了马术的毕业证书。因此，就算当时在外务省的录用考试中落榜，我也可以作为调马师维持生活。

当时的外务省

当时的外务省，一年的预算总额只有400万日元，除办公厅之

---

① 陆奥宗光（1844-1897）：明治时代著名的外交家。伯爵。和歌山县出身，作为山县、松方两任内阁的农商务大臣，第二次伊藤内阁的外务大臣入阁，处理了甲午战争前后的外交事宜，参与了对三国干涉的处理、对英国及其他国家的不平等条约的改正等颇有难度的外交活动。因病辞职，在54岁去世。著书有回忆录《蹇蹇录》。

② 小村寿太郎（1855—1911）：侯爵。日俄战争时的外务大臣。参与艰难的议和。当时沉醉于战争胜利的国民批评他未取得理想的议和成果，变成矛头所指。作为悲剧外交家被熟知。

③ 广田弘毅（1878—1948）：历任荷兰公使、苏联大使等。作为斋藤内阁及之后的冈田内阁的外务大臣入阁，在"二二六事变"之后组阁。对内恢复军部大臣的现役制，对外制定《德、意、日防共协定》，在加入反英美的轴心国阵营中起到决定性作用。东京审判裁定，与原大将东条及5位旧陆军军人一起被判处死刑。是唯一一位作为文官被判处死刑的人。

外，有政务局和通商局两大重要部局，而且当时的工作大部分都与中国相关。也就是中国问题、对支政策是日本外交的主要部分。在1894-1895年爆发甲午战争之前，可以说所谓的不平等条约的修改问题是主要的外交事务。在甲午战争结束后，发生俄、德、法"三国干涉"①问题，我国才第一次遇到对欧外交问题。

自此之后到1904-1905年的日俄战争之前，日英同盟的缔结和时而发生的加利福尼亚日本移民排斥问题，是我国外交上的主要问题。1902年缔结的日英同盟，从结果来看，对之后的我国国运发展具有巨大的意义和作用。但是同盟成立当时的情况，坦率地讲，真相是英国更加主动邀请我国缔结同盟，我国接受其邀请而已。只不过是远东蕞尔小国的日本，实现了在对等的立场上与控制七海的大国英国的握手合作。

在中国供职

我在外务省的工作始于1907年，任奉天总领事馆的领事官助理。到1928年卸任奉天总领事回国为止的大约20年的海外生活中，大部分作为中国各地的领事、总领事度过的，在此期间仅有几年是在意大利、英国、法国度过的。

我国的外交中心，如上所述，明治时代自不用说，到了大正、

---

① 在甲午战争的议和条约中，清政府对日本割让台湾、澎湖列岛和辽东半岛。此时，俄罗斯、法国、德国三国对《马关条约》提出异议，劝告日本"日本占有辽东半岛会危及清政府首都，朝鲜独立将变得有名无实。因此为了远东的和平，请放弃对辽东半岛的占据"。外务大臣陆奥宗光对在外使臣发出命令，探听俄、德、法三国的意向，采取安抚和离间三国的政策，另一方面，向英、美、意等国求援。虽然想尽办法，但是三国的态度强硬，英美也不给予帮助，仅仅意大利表示出善意。日本处于无计可施的状态，举国扼腕，对三国政府做出放弃辽东半岛占领权的答复（1895年5月5日）。

昭和时代，仍然是中国问题和对支政策。不可思议的是，作为外务省内的成功道路，所谓的中国服务（中国工作），尤其领事工作，属于所谓的旁门亚流，正路自来都是伦敦、巴黎、柏林，或者华盛顿、纽约，即欧美各国的首都、大城市的工作。因此，无论我如何志得意满，都不能说走了一条外务省优秀人才的成功道路。然而，不是我嘴硬，现在想起来，很早便开始在中国大陆的工作令我受益匪浅。

当时的中国，从清朝末期到辛亥革命初期，国情尤其是政情复杂，不断发生变化。在此期间，各国的外交政策都处于混乱状态。仅以我国来看，外务省、军部尤其是陆军在中国各地派有驻外机构，可以按照自己的意志接近地方政权和军阀。与此同时，我目睹了民间人士、政党政客的装腔作势、狐假虎威，对我来说，这些体验绝对很有意义。与此同时，我至今都深切感到，无论人置身于何种地位、何种境遇，在怀有不平、不满情绪之前，都要首先思考在被赋予的地位、境遇之中，自己应该尽最大的努力。

取消华盛顿之行

担任奉天领事官助理一年半之后，被任命去伦敦总领事馆工作（1908年11月）。在伦敦的工作仅持续一年不到，又被调往意大利的罗马大使馆。在罗马工作两年多，突然接到回国命令。回国之后，被要求去安东省（现中国丹东地区）担任领事，于是前往满洲赴任（1912年8月）。当时的朝鲜总督由寺内正毅元帅担任，他当时在外务省不知何故被视为克星。我年轻的时候（奉天领事官助理时代）机缘巧合结识了寺内元帅。因此，我的安东省领事，其实就是外务省负责接待寺内总督的工作。因此，我还兼任朝鲜总督府秘书长，寺内元帅任职朝鲜期间，我就没能离开过安东省领事的职位。

但是1916年10月寺内元帅离开朝鲜，接替大隈重信组阁。尽管如此，我仍在安东省继续工作四年才奉命回国。然后接到去华盛顿大使馆工作的任命书。在准备上任时，华盛顿之行突然被取消，得到外务省内最清闲的职务——代理秘书课课长。情况是这样的。在大约一年前，我还在安东省工作期间，发生对华"二十一条"问题（大隈内阁时代）。我只不过是安东省的一个小小领事，年轻鲁莽，对"二十一条"唱反调，企图呼吁在满洲的领事们发起反对运动。当然反对运动最后没有真正实施，从朋友处听说后来有人将此事报告到外务省的干事那里。因此我受到干事一顿训斥："以一个领事的身份，竟然反对本省决定的方针！"由于这件事，就在我马上前往华盛顿赴任的时候，这位干事想起上述的这件事情，突然决定取消我的华盛顿之行。本来应该被免职，看在我岳父牧野伯爵的情面上，降罪一等，变成"流放孤岛"。

二、巴黎和会随行

人生首次谋官活动

做了数月秘书课长以后，我被任命为济南领事（1918年2月）并兼任青岛守备军民政部的工作。当时的青岛守备军司令部的总务长官秋山是我在朝鲜结交的旧识，我想可能是秋山长官听从寺内首相的建议，将我从荒岛流放的处境中解救出来。然而此后没多久，听说牧野先生和西园寺公望先生将一起作为全权代表委员出席巴黎和会。我毛遂自荐作为牧野先生的随员（1919年2月）一同前往。这是我人生首次谋官活动。毕竟，进入外务省十几年，当时的我处于所谓净走歪路的时期，一听到巴黎和会，虽说自己以外交官的末位身份参加，然而能够列席，就应该说属于千载难逢的好机会，于是我开始了谋官活动。

我国参加巴黎议和会议的阵容是：西园寺为首席全权委员，其下有牧野、珍田（驻英大使）、松井庆四郎[①]（驻法大使）、伊集院彦吉[②]（驻意大使）四位全权委员，随员选拔了外务省的精英，全权代表团一共有150人以上。这次会议是处理一战结束后的事宜，因此议题涉及赔偿、领土、经济、产业等各个方面。日本全权代表团虽然有如此多的人员，也无法事事周全。

首席全权代表委员西园寺先生

关于巴黎和会的具体情况，有很多文献介绍，不再赘述。我想谈一下我自身的印象和感触。我国首席全权委员西园寺先生年轻的时候留学法国，在巴黎度过很长一段时期。应当说尤其幸运的是，议和会议中担任议长的克雷孟梭[③]，在当时的法国政界号称"法兰西之虎"，大权在握，他和西园寺先生在巴黎时期住在同一宿舍，私交甚笃。话虽如此，自巴黎留学时代已经过去几十年的岁月，因此，此时西园寺先生的法语已经退化很多，和克雷孟梭先生谈话的

[①] 松井庆四郎（1861—1944）：大阪出身。男爵。曾任驻法大使，后任清浦内阁的外务大臣。

[②] 伊集院彦吉（1864—1923）：鹿儿岛县出身。男爵。曾任驻意大利大使，后任第二次山本内阁的外务大臣。

[③] 克雷孟梭 Georges Eugene Benjamin Clemenceau（1841—1929）：法国政治家、共和主义者。1917年组阁，凡尔赛议和会议议长。

时候，让当时的比利时公使、外务省一流的法语高手加藤恒忠（后任四国松山市市长）伴其左右。"关于委任统治①用法语的话可以谈些东西"，于是就把加藤恒忠当作"词典"进行了会谈。在当时的报纸等媒体上，由于西园寺先生在会议上一言不发，始终沉默，因此传出"象牙面具"等批评性词语。在会议上没有雄辩场面是事实，但是克雷孟梭议长的旧友西园寺先生，作为我国首席全权委员出席会议本身，已经增加了日本的在各国间的分量，而且由于西园寺先生，才得以使会议向着对我方有利的方向进行，这些事情无论怎样说也不能被否定。

牧野先生提出种族平等的提案

岳父牧野先生在和平会议上提出关于种族平等的提案。与和平条约同时新产生的国际联盟的规则中，人们要求加入一条——提倡种族平等，于是引起热议。我认为这是基于牧野先生的倡议。因为牧野先生在任外务大臣时期（第一次山本权兵卫内阁），有过处理以美国加利福尼亚州为中心的排斥日本学生、禁止日本人拥有土地等排日运动的经历，所以作为对此的间接反对，他在此次国际会议上明确提出种族平等的原则。针对这个提案，英、美、法等主要国家代表表示赞同。但是遭到提倡白澳主义排斥有色人种的澳大利亚的强烈反对，甚至煽动起美国舆论进行施压，美国代表因此态度一

---

① 受国际联盟委托的国家对特定地区实行的统治方式。适用于从战败国德国和土耳其分离出来的领地。

转，事态发展出现僵局。在南非联邦的舒马慈将军①斡旋下，大家达成妥协，虽然日本的提案不予采纳，但是关于胶州湾问题，我们的主张大部分得到支持。

总之，在此次巴黎和会上牧野全权委员表现非常突出。可能有人会把牧野先生提倡种族平等解读成为胶州湾问题的好运埋下伏笔，不过这是重视结果的一种评论。我想，从牧野先生来说，他提出这种倡议应该是出于反对当时美国愈演愈烈的日本人排斥问题吧。

拓展阅读：

    在巴黎和会（1919年）上日本的要求是与以下三点相关的问题：（1）胶州湾（中国山东省）归还的相关问题；（2）赤道以北旧德国占领地区的处理问题；（3）种族平等问题。关于第二点，在会议之前已经和英国人达成妥协，赤道以南的德国领地由英国管理，赤道以北的德国领地由日本管理。因此，在会议开始之前，大体的问题都按照计划进行得很顺利，但是第一点和第三点却经历了很多波折。

    关于胶州湾归还问题，我国在对德最后通牒中明确提出"通过日本归还给中国的原则"。但是，其中附带了对日本的赔偿问题，在1917年的伦敦协约中得到日、英、法、俄、意五国的承诺。另外，根据"二十一条"交换公文，或1918

---

① 舒马慈将军 Jan C.Smuts（1870—1950）：南非联邦的荷兰血统军人政治家。生于开普敦，在剑桥大学学习。南非战争中任联合军最高司令官，是联邦自治独立的功臣。两次担任首相，为第一次世界大战后的国际联盟及第二次世界大战后的联合国的创立做出了贡献。

年的"日支两国关于山东铁道的约定",与中国方已经商定大致纲要。牧野全权委员据此与中国代表顾维钧①发生对立,顾维钧代表不仅要求将这些权益直接归还给中国,还要求废除"二十一条",使会议气氛骤然紧张起来。美国代表团当中,威尔逊总统②、豪斯上校③等积极倾听日本的主张,而兰辛④的意见则是完全支持中国方面。但英国的态度始终都是尊重伦敦协议的约定,他们试图寻求妥协,但日支的对立并不容易解决,情况恶化到一度日本的全权代表团几乎要考虑回国。美国威尔逊总统担心会议破裂,在处理"种族平等案"时,寻求妥协点。如此,以"日本的主张仅仅是继承德国享有的经济特权以及在青岛设定的居留地,山东半岛的全部主权归还给中国"的宣言解决了问题。

关于种族平等问题,在国联规定中,提出宣扬种族平等主义的主张。其宗旨是"虽然国联成立,为了其健全发展,必须站在种族平等的基础之上"。但这个提案,如上所述,并没有被采纳。

---

① 顾维钧(1888—1985):中国国民政府外交官出身的政治家。历任外交总长、财政总长、国务总理等。凡尔赛和平会议以后,在国际活动中被熟知。国际司法法庭法官。

② 威尔逊 Thomas Woodrow Wilson(1856—1924):美国第28任总统(1913—1921)。民主党人士。参加过第一次世界大战。1918年提出14条,负责国际联盟等的国际协调。

③ 豪斯上校 Edward M.House(1858—1938):作为第一次世界大战时的美国总统威尔逊的政治顾问,积极活跃在世界政治舞台,广为人知。

④ 兰辛 Thomas E. Lansing(1856—1928):美国威尔逊总统时代的国务卿。在巴黎和会中为美国全权代表中的一员。在胶州湾归还问题中,与威尔逊总统意见相左,支持中方主张。1917年作为国务卿缔结了《石井·兰辛协定》,该协定在华盛顿会议后,于1923年4月被废除。

谈不上高瞻远瞩和使命感

种族平等的原则等，在和平会议这样的重大国际会议中被提出，并引起广泛的争论，这件事情在今天的国际政治舞台来讲是很微妙的。对于如今的人们来讲，甚至会觉得不可思议吧。即使在今天，像美国南部的黑人问题这样的种族歧视依然存在，但那是一国的内部问题，而且其核心不外乎民族感情问题。作为国际原则，无论什么种族，也无论国力的强弱，在联合国等国际组织中，世界各国都站在平等的立场上对话，表决时大家也都平等地投出自己的一票，这点毋庸置疑。没有必要特意阐明种族平等。但这在仅仅40年前还不被国际认可。

考虑到这点，巴黎和会上由日本提出的种族平等提案，说是先知先觉也好，说是先驱也好，总之在历史的长河中扮演了指导性的角色。在之前的太平洋战争中日本奉献出绵薄之力，促进了东南亚各国的独立运动。与此同时，上述的巴黎会议上日本提出的种族平等提案，甚至有时被当作例证提出，这也是看结果给出的评论，其实并不是什么高瞻远瞩和先知先觉。如上所述，这个提议出自当时日本国民蒙受的苦难经历并将这种经历作为提高日本国际地位的机会而提出来。

话虽如此，却也不能轻视西园寺先生和牧野先生在巴黎会议上的功绩。我并不比别人吝惜对他们的溢美之词。总之，日本在巴黎和会上，跻身世界五大国之列，直到在后来成立的国际联盟中作为理事国受到重视。应该说这些都与自日本开国以来明治时期的老前辈们的不懈努力紧密相连。

三、从外务次官到驻英大使

"高等官一等"待遇化为泡影

巴黎和会结束以后,我调往伦敦大使馆(1920年5月),在林权助①大使的领导下工作有一年半多,后又作为天津总领事去中国工作(1922年3月)。天津工作三年多时,接到回国的命令。外务省内部消息说,这次是出任瑞典、挪威的公使,所以我自己也多少有些期待。但是,一天被当时(加藤高明内阁)的外务大臣币原喜重郎先生叫去,说:"真是过意不去,实在找不到其他的合适人选,希望你能作为奉天总领事赴任。"他又说:"作为补偿会提供很好的待遇"。我问是怎样的优待,他回答说:"高等官一等的待遇。"

不过,如果对我提高待遇,则同期的广田弘毅(当时任欧美局长)也必须设为一等,因此将广田和吉田的名字同时向内阁提出申请。然而,在提交内阁审议委员会后,得到答复说"广田没有问题,吉田的年限尚且不足"。由于广田在本省工作时间长,早就过了晋升的年限,而我在外国工作尚未达到年限,因此,本来一起报上去的广田通过了审查,制造契机的我却没能通过,即将到手的待遇就这样化为泡影。

币原先生好意提出的百年难遇的优厚待遇就此遭到取消。作为补偿,后来去满洲前由我申请,得到加藤首相亲笔写的推荐信。我被叫到加藤首相办公室取回首相亲笔信,当时的记忆现在仍历历

---

① 林权助(1860—1939):福岛县出身。男爵。作为驻英大使卸任后入宫,成为式部长官、枢密顾问官。

在目。加藤首相一边隔着眼镜片盯着我,一边问:"怎么样?这样可以了吗?"从他的眼眸深处闪出讽刺的目光,那表情仿佛在说:"这个推荐信对你大加褒扬,跟你本人的实际情况可是完全不同。"此情此景至今难忘。我拿着加藤首相亲笔写的推荐信去奉天后,充分利用这封推荐信,到处炫耀了一番。

"没问题吗?没问题"

在满洲一年半以后回国,1928年底,接任出渊胜次①成为外务次官。当时的外务大臣由首相田中义一大将兼任。在我的官场生活中,没有遇到过如此容易相处的上司。不知该说是大气,还是度量大,总之他不拘泥于小事、心胸开阔。事务性的工作通常委托给次官,只是偶尔在外务省露面。趁他露面的时候去盖大臣的印章,田中先生右手握着印章,文件的内容看也不看,只是问:"没问题吗?"如果我说"没问题",他就"哐"的一下盖上印章。没问题吗?没问题。盖章。反复如此,堆积成山的资料很快就处理完了。真是简洁高效。

1929年7月田中政友会内阁瓦解,浜口雄幸接任组建民政党内阁,外务大臣仍是币原先生,我作为次官留任。田中先生和币原先生性格、性情完全不同,对比鲜明。田中先生充分放权,会把具体工作委托给他人。相比之下,币原先生则非常周密、慎重。正因为他是外务省起家,所以对于省内的事情了如指掌。如果让他起草英文文件的话,外国专家也不能及,极其干练。因此,外务省的工作

---

① 出渊胜次(1878—1947):1928—1934年的驻英大使。后被选拔为贵族院议员。在岩手县被选拔为战后最初的参议院议员,在任期间去世。

他本人就能麻利完成。次官与其说什么都不做,不如说没有工作可做。甚至有外务省爱流短蜚长的人说过诸如"币原次官、吉田大臣"这种失礼的话。

拒绝做驻美大使

在币原大臣的领导下担任了一年多的次官,1930年11月,我被调职去担任意大利大使。在任一年半期间,作为全权代表出席了洛桑赔偿会议、讨论满洲问题的日内瓦国联大会临时会议,这期间没什么可以特书的。1932年我接到回国的命令。回国后到外务省报到,当时的外务大臣内田康哉[①]先生说:"能否接任出渊胜次去华盛顿?"因为我早就对退出国联的内田外交不满意,当场予以拒绝。内田大臣是出于一番好意向我推荐的这个职务,所以我从正面拒绝的时候他表现出非常吃惊的样子。虽然我对于内田先生的好意感到非常抱歉,但是在外交根本方针不同的大臣手下终究无法全力工作,因此决定回绝。

如此,年底时我处于"待命"状态。不久上面下令让我巡查日本驻外公馆。我想这是当时的外务次官重光葵的好意,给待命中的我制造了游历欧美的机会。这样,从1932年底到1933年春之间我在欧美各地悠然考察,实在难能可贵。1935年11月待命被解除,我辞去官职。

---

① 内田康哉(1865—1936):从第二次西园寺内阁的外务大臣开始,在原、高桥、加藤友内阁及斋藤内阁中五次担任外务大臣。坚决承认满洲国,坚持从国际联盟退出,因说过"即使将满洲国化为焦土也要承认满洲国",留下"内田焦土外交"一词。

任驻英大使两年多的印象

本以为这是多年外务省生涯的终结，没想到翌年春天"二二六事件"之后，广田内阁刚成立不久，我便被任命为驻英大使（1936年4月）。如上所述，广田内阁成立的时候，本来暂定我也将入阁，但由于军部的反对没能实现。因此广田首相为了安慰我做出这个决定。当时国内的事情自不用说，从国际政情特别是从日英关系来说，当时作为驻英大使赴任这件事在内外都不讨巧，我心想，必须做好这种心理准备。同时内心也有一种"值此之秋，舍我其谁"的自大情绪，毅然决定接受该职。

没想到，到达伦敦之后，昔日的友人们一如从前热情地迎接了我，英国政府要员们对我非常友好，另外，英国民间也对日本抱有好感。与其这样说，不如说英国政府和民间达成默契，都想在当时尽力将日本拉到自己一方，至少不得罪日本，避免日本跑到敌方。这是事实。我看到在那个国际形势动荡不安的时期英国人上下一致的态度，深感英国国民富有远见卓识。事实上作为驻英大使的两年多，是我长期的外务省生涯中记忆最为深刻的时期。

四、外交官生涯的教训

轴心国的威胁和英国的隐忍

我在伦敦赴任一年后，张伯伦内阁成立（1937年5月）。同年7月，爆发所谓的"卢沟桥事件"，成为日支事变（中国称抗日战争）的导火索，11月缔结《日德防共协定》，形成所谓的轴心国，有了威胁世界和平的苗头。关于这个协定，军部通过驻英大使馆武官辰巳荣一、驻德大使馆武官大岛浩对我传达军部的希望，让我同意缔结《日德防共协定》。对此我始终反对，关于这一点已经在本书的第二章谈过。虽然如此，张伯伦内阁始终对我国的排斥英美的挑衅行为隐忍自重，一直没有反对或者说一直采取安抚态度更恰当。

其中最典型的例子就是让在英国外交部对美关系中担任重要角色的克雷格[①]转任驻日大使。克雷格大使在很多日本人记忆中都留下了很深刻的印象。大东亚战争爆发之前，他与美国的格鲁大使一起，为避免战争做出很多努力。张伯伦首相对他尤其倚重。换言之，张伯伦首相派自己最信任的人来担任驻日大使，由此可知英国对日本的动向多么重视、如何为安抚日本不遗余力。现在想来，在这种时候，日本本应该回应念及同盟国旧情伸出援手的英国，利用英国的友情来缓和内政。

绥靖政策的经验教训应该吸取

当时张伯伦首相的态度是，对于有如市井无赖之徒的纳粹德国和日本军部等国际不法分子的恐吓与暴力，应该不惜一切努力隐忍、安抚，避免酿成大祸。而且这种努力，虽然作为绥靖政策最终以二战的爆发宣告失败，但其意图是谋求世界和平，今后将在国际政治以及外交舞台上大展身手的人应该从中汲取很多教训。与此同时，对张伯伦首相的绥靖政策，至少在一段期间之内，英国舆论没

[①] 克雷格 Robert L.Craigie（1883—1959）：英国外交官，1937年任驻日大使直到太平洋战争的爆发。

有加以攻击，反而给予鼓励。作为日本国民理应从英国舆论这种坚实、忍耐中获得很大的启发。

我作为驻英大使在英国两年多后，接到回国的命令，于1938年末回国，最终辞官。当时，国内反英美的情绪日益高涨。因此，对于像我这样的亲英美派自由主义者的攻击越来越严重，大概是外务大臣宇垣一成①陆军大将决定将我召回。回国以后半年多，第二次世界大战爆发（1939年9月3日），之后我国就走上了二战的道路，这点正如大家所知。

遵从萩原前辈的处事原则

最后我想说一下我在外务省工作中的失败经历。1908年，由于我第一次前往伦敦赴任，去人事课长萩原守一②处道别，萩原先生说："因为加藤高明将作为驻英大使赴任，他正在寻找适合担任高级秘书的人。如果你和加藤大使同船的话，一定会被要求当高级秘书。现在不可以养成恭维大使的习性，因此你要晚一班船出发。"因为萩原先生是很有骨气的人，我就决定遵从前辈的训示。

1916年寺内内阁成立，我被召回国内。刚回国没几天时，我去首相官邸拜访，寺内首相正在和家乡的客人会餐。我经人引领进去之后，首相突然说："做首相秘书官怎么样？"我立刻说："如果

---

① 宇垣一成（1868—1956）：冈山县出身。陆军大将。任清浦、加藤、若槻内阁的陆军大臣。后来，广田内阁由于军部的压力倒台，宇垣一成奉命组阁。但由于军部的阻碍没有成为陆军大臣，无法完成大家整顿军部的期待，自动请辞组阁大任。作为第一次近卫内阁的外务大臣入阁，但是这次也与军部不合，仅仅4个月便辞去职务。战后以最高得票当选参议院议员，在任时去世。

② 萩原守一（1867—1911）：明治时代的外交官。最后任外务省通商局长，45岁时去世。

做首相的话也许能胜任，秘书官的话我可难以胜任。"客人们都嘲笑我说："那是当然。"寺内首相批评道："不要狂妄，还没决定用你呢。"当然我这是开玩笑，同时也是因为想起了去伦敦赴任之前萩原先生的训诫。

担任全权代表高级秘书的惨痛失败

1919年巴黎和会时，为能够随同前往，我开始了有生以来第一次的谋官活动。关于这点我之前也有过叙述。虽说是全权代表的随员，其实我是担任岳父牧野先生的高级秘书。在巴黎和会召开期间，全权委员非常忙，到处受邀，因此，秘书官们当时也忙得头晕眼花。因为工作大体上都是与会议相关的公事，所以虽然忙却一点也不觉得苦。然而会议结束后全权委员们完成使命即将踏上归途时，秘书官的工作渐渐由公共的工作转为私人式的工作。

西园寺、牧野两位全权委员决定在回国途中，顺便去英国，从伦敦坐船回日本。西园寺首席全权委员的秘书是其养子八郎。这位西园寺八郎，非常机灵。在定下来巴黎和会结束后全权委员经由英国回国后，他立刻去托马斯·库克旅行社巴黎分店张罗具体事情，从访问英国、逗留到回日本的一切事宜全都交给旅行社做。因此无论是火车票、轮船票，还是预订宾馆，所有事情都做得滴水不漏。与此相反，我这个牧野的秘书官生性懒散，根本想不起来去拜托托马斯·库克旅行社之类的事情。因此在之后的旅行中，相比于西园寺那边无微不至的服务，牧野这边非常惨淡。就连为人温厚平时不怎么批评人的牧野先生，看起来似乎已经对我无法忍受，从伦敦到日本大约一个月的航程，一直到抵达横滨时为止几乎不理睬我。

如前所述，我如果想当驻英大使加藤或寺内首相的秘书官，也不是没有这种机会，但是我遵从萩原前辈的训诫，考虑到自己的性格，特意避开了这些机会。然而这次为了参加巴黎和会，主动要求任秘书官，却落得这种结果。自那以后深深感到无论怎样自己都不是当秘书官的料。人还是不应该毛遂自荐去做自己并不适合的工作。

五、关于外交的几点感受

我任职以来的外务大臣

我于1906年进入外务省以来，到1939年卸任驻英大使为止，回顾三十多年的足迹，真是感慨良多。下面记述两三件事作为本章的结束。

首先，列举一下我在外务省任职以来的明治、大正时期的专任外务大臣，有林董、小村寿太郎、内田康哉、牧野伸显、加藤高明、石井菊次郎①、本野一郎、后藤新平、伊集院彦吉、松井庆四郎、币原喜重郎各位。仅仅罗列这些名字，也会觉得过去的外务大臣都是了不起的人物。当然也可能是我当时还很年轻，处在下层的缘故。说到这里我想起来，麦克阿瑟元帅时常当着我的面盛赞东乡平八郎元帅和乃木希典元帅等日俄战争时期的日本将军，或许是因为他见到这些日本将军的时候是中尉，和我的情况很相似。

尽管如此，我总觉得明治、大正时期的前辈外交家，他们身上

---

① 石井菊次郎（1866—1945）：大隈内阁的外务大臣。后来作为特派大使前往美国，与美国签订承认日本在中国的特殊地位的协定。这个协定以当时美国国务卿兰辛的名字命名为《石井·兰辛协定》。1945年死于战火。

有一种很明显的特点，就是看事物、做事情都是以国家为本。他们当中，武士气质的人很多，以自我为中心、唯成功论者很少。当然当时的社会比较宽松，并不像现在的人这样处事圆滑，因此国家有大事发生时，很快就会团结在舆论周围，举国一致共谋大事。这是当时的常态，所以政治家和外交家做事也都是自然而然首先从国家利益出发吧。

"聘用的老外"的作用

其次，是过去在外务省的外国顾问，俗称"聘用的老外"。美国人丁尼生①、英国人比蒂博士②为大家所熟知。谈到这位比蒂博士，由于为日本效力，在第二次世界大战当中被剥夺了英国国籍，之后在日本去世。此外也聘用过法国人、德国人。这些外国人，不仅参与撰写外交文书，有人也参与机要的制定。

无论怎样外国人的看法经常会与我们日本人不同，因此在外交方面发生问题的时候，事先知道作为外国人是什么感受、会采取何种对策，在解决问题和解释问题方面会获得很多参考。如果始终坚持日本人自己的想法，容易导致自以为是。读外语的文件、报纸杂志等，他们这些外国人也可以一个晚上读二三百页本国文章。比日

---

① 丁尼生 Henry Willard Denison（1846—1914）：美国人。年轻时就已成为外交官，来到日本，作为神奈川领事任职至1878年。指出领事裁判制度不合理而辞职，在横滨开办律师事务所。1880被聘请到外务省，成为万国公法副顾问，为陆奥外相当时修改不平等条约做出很大贡献，另外也在甲午、日俄战争之后，为起草关于国际法的文书做出贡献。1914年在东京去世。
② 比蒂 Thomas Baty（1869—1954）：英国人。1901年在牛津大学、1904年在剑桥大学取得法学博士学位。1916年作为日本外务省的法学顾问被聘用。在第二次世界大战中，因与日本合作被剥夺英国国籍。1936年被授勋二等瑞宝章。1954年在日本死去。

本人又快又准是不言而喻的。即使今天，我也认为应该聘用外国人。在这类事情上坚持本国意识、奉行排外主义，不得不说是偏激、愚蠢的。

外语学习最重要

想对今后的年轻人说的是要学习外语。不仅限于外交官，在各个方面精通外语尤其英语都很必要。经常有人说日本人天生不擅长学外语，即使学了也没用。不得不说有对人误导之嫌。当然，对于日本人来说学习英语的确要比欧洲人困难得多，但是如果有毅力和决心去克服困难，那么像英美人那样使用英语也有可能。

提起我所在的外务省的英语高手，最先想到的还是币原先生。虽然大家公认币原先生学习英语有天赋，不过币原先生年轻时在英语学习方面非常努力。或者说是常人无法效仿的。刚进入外务省马上就去伦敦工作的币原先生的一项日常功课就是每天早上先把伦敦《泰晤士报》的社论翻译成日语，然后再自己试着用英文写，与泰晤士报的原文对照、研究，这是外务省内有名的事情。另外，币原先生从国外回来，在外务省工作之后，向聘用的老外丁尼生顾问求教，专心学习外交文书的写法。早上早早起床，与丁尼生一起散步。他把自己的桌子挪到丁尼生的桌子旁边，从早到晚向丁尼生求教。在充分利用聘用的老外的资源这一点上，币原先生可以说是外务省第一人。据说丁尼生也对币原先生的英语能力极力推崇。币原先生就这样长期坚持学习英语。或许到他去世为止韦伯斯特辞典也没有离开过身边吧。年轻时期英语不好的我们经常聚在一起说："如果像他那样专心学习的话，无论谁都能学得好。"实际上是为自己的懒惰开脱。

币原先生关于英语的轶事

成为币原先生这样的英语高手，就会有很多轶事。前面也略有提及，币原先生即将就任首相的时候，作为外务大臣的我去征求司令部的同意。于是，麦克阿瑟元帅突然问："币原男爵多大年纪？"我回答："七十几了。"他就说："年纪太大了啊。"接着又问，"会讲英语吗？"可能他认为七十几岁的老爷爷，不可能会讲英语吧。我当场回答："当然讲得很好。"结果不出所料元帅表示同意。偏偏是以英语高手自居且受到其他人公认的币原先生被问"会讲英语吗"，虽然颇具讽刺意味，我的内心还是非常愉快的。回来之后在写给币原先生的报告中，我特意隐去关于英语的事情。我本打算日后有机会用这件事跟他开玩笑，遗憾的是在他生前一直没有得到这样的机会。

实际上，提起币原先生就会想到英语，这样说也无妨。曾经有人拜托币原先生在某个纸片上签名，币原先生从桌子的抽屉里拿出砚台盒，那个人惊讶地说："您也写日文吗？"可能他以为币原先生会用钢笔用拉丁字母签名吧。

斋藤博、白鸟敏夫两位的英语

另外，提起英语想起的是同样已经去世的斋藤博、白鸟敏夫两位。斋藤最后职务是驻美大使，客死于华盛顿。当时美国政府为表示最高敬意，派美国军舰护送其遗骨回国。白鸟是驻意大使，停战后，被宣布为战犯，后来病故。这两位也是公认的外务省首屈一指的英语高手。

在华盛顿召开削减军费会议时，两位都作为我国全权委员的随员参加会议，主要工作是记录每天会议中的讨论事项。即——记录会议中日、英、美三国的全权代表与专业委员之间交换的意见和提议。会议一结束两位便在宾馆的一个房间里，整理、誊清这些记录，当天晚上将其交给我国全权代表团。他们非常克己勤勉。

两位都生于日本，毕业于东京大学，并没有在国外接受教育。因此两位的英语完全靠自己努力学习。一想到这些，就感到因学习方法不当、没有毅力而通常被认为不擅长学习外语的日本人，也可以多接触英美人，使用英语在工作中取得不逊于英美人的成绩。

内行外交家与外行外交家

最近经常被问及内行外交家和外行外交家的优劣。据说，与外国有重大谈判时，委派经济界或者政界的重要人物而非外务省出身的职业外交官作为首席全权代表去处理事情，往往效果会更好。另外，最近经济外交被屡次提及，有人说财界的人更适合担任与我国经济关系密切国家的大使。持此论者经常举出英美的大使中有很多人之前是财界人士、律师、报社行业从业者的例子。

对于这样的言论，原则上我不能同意。换言之，我认为从我国的现状来说，派遣驻外使臣，无论如何还是外务省出身者最为适合。第一点原因，必须是长年接受国际化训练的人才适合，虽然这点没什么特别。换言之，需要从年轻时候就在国际感、礼仪、生活方式等方面进行学习、积累经验。在国内，无论多优秀、多有能力的人，面对外国人，不见得能够充分发挥其才能。就如同同样是官员，有人适合外派，有人适合国内一样。

说起这些，我觉得与我们日本人相比，欧美人普遍更富有国际感，这点不能否认。所以英美的很多财界人士或者自由职业者可以随时出任大使或者公使。应该说这当然与风俗、习惯、语言有关，不能因此认为日本的经济界人士或是自由职业者的才能就比英美差。关键在于是否适合做外交官。当然，在交通、通信手段极度发达的今天，与外国各方面接触、交流必然会愈加频繁。因此今后的日本人会逐渐像欧美人一样具有国际感，那么非外务省出身的人当中产生优秀的大使、公使的可能性也一定会提高，但是我认为这需要一些时日。

外交官也是"术业有专攻"

除了上述的常驻外国使臣，在大型国际会议或者临时的涉外活动时，比起普通的职业外交官，具有专业知识的财界人士或者在国内政界拥有实力的政治家作为日本的使节更合适。关于这一点我在一定程度上可以肯定。回顾过去，在华盛顿及伦敦的裁军会议上，首相加藤友三郎[1]海军大将、原首相若槻礼次郎[2]都作为首席全权代表受到派遣，两位都圆满完成了任务。

另外，即使不是特别的大型会议，在任何经济方面的对外活动中，实业家作为使节团的首席代表完成使命的例子也不少。但是，必须注意的是，任何情况下，必须有一两位外务省出身的官员加入

---

[1] 加藤友三郎（1861—1923）：子爵。海军大将、元帅。广岛县出身。大隈、寺内、原、高桥等内阁的海军大臣。高桥内阁倒台后任首相，在职期间去世。日俄战争中，作为联合舰队参谋长协助东乡司令官取得了日本海海战的大胜。同时，任原内阁海军大臣时，作为华盛顿裁军会议的全权代表，针对英、美、日三国主力舰队的比例为五·五·三的条约，出色地团结海军部促成了条约的签订。这些作为他的主要功绩被广为传颂。

[2] 若槻礼次郎（1866—1949）：男爵。岛根县出身。第三次桂内阁的大藏大臣、加藤高明内阁的内务大臣。加藤首相突然离世之后任首相，田中、浜口两内阁后再度受命组阁。

全权团的干部当中协助首席全权代表。无视所谓的无名英雄，只根据表面的成果就把功绩都归结到主要人物身上，说外行外交家比内行外交家更优秀，应该说非常不恰当。因为我长期在外务省工作，可能有偏袒之嫌。然而，我想强调一点，终归是"术业有专攻"。

回想补余：

内政外交的远见卓识——田中耕太郎（最高法院长官）

  我第一次见到吉田先生是在1936年去罗马回来的途中经过伦敦的时候，当时我的身份是日意交换教授。当时的吉田先生任驻英大使，对于我确实没留下什么记忆，我也对当时的访问完全没有印象。

  在当时的非常时期，日本需要强有力的外务大臣。所谓的强有力，当然不是指法西斯主义，而是不屈服于军部。但是，当时的吉田先生在反法西斯阵营似乎没有多少支持者。内田康哉曾经问："谁最适合担任外务大臣？"我记得我的一位关系不错的前辈对我说他当时的回答是除了吉田以外谁都可以。当时他对我提起这件事希望能够引起我的共鸣。

  1946年5月吉田先生组阁的圣命下达时，我正作为婚礼的媒人出席宴会。在那里我遇到一位与吉田先生有多年深交的政界大佬，他很自信地对我说：吉田先生不组阁比较好，否则一定会失败。

  下面是我对吉田先生的一点看法。

  在我任文部大臣安倍（币原内阁）领导的文部省学校教

育局长时，受到来自安倍本人的进入第一次吉田内阁的入阁邀请。我考虑由前田多门先生（币原内阁文部大臣）和安倍先生发起的教育改革应该继续推进，就答应了。

吉田先生深夜来到我的避难地——位于调布的松本烝治（我的岳父）家，令我非常吃惊。记得当时有石黑武重陪同，目的是想让我帮忙邀请大内兵卫、东畑精一两位入阁。由于我和两位都交往密切，两位或者其中任意一位入阁都是令人高兴的事情，所以就与吉田先生一起去拜访了两位，游说到深夜。我记得当时和田博雄也在，除此之外还有那须皓。游说没能成功。吉田先生委托我在第二天再次拜访大内、东畑两位，结果依然无功而返。

入阁后我阐述了作为文部大臣的构想，吉田先生充满理解与同情地倾听我的见解。我说日本的教育一直以来都是受师范学校制度所害，因此要全面废除师范。吉田先生说："误导陆军的是幼年学校教育吧。"我佩服他理解的准确性。我继续说："但是，废除师范学校是一个大问题，关系到内阁的命运。"吉田先生说："内阁倒台也无所谓。合理的事情就要去做。"他的话让我深受鼓舞。

1946年内阁重组时，我引退在家。吉田先生好像为了联合社会党，想要招揽学者团体。我希望这个计划能够成功。

辞职的时候吉田先生劝我加入自由党，但是我当选参议院议员后，与志同道合的人组织了绿风会[①]。

[①] 1947年由日本参议院保守派中不属于各大政党的成员74人组成的院内交涉团体。后来失势，于1965年解散。

我经吉田内阁指名，于 1950 年 3 月被任命为最高法院大法官。

旧金山和谈时，吉田先生推荐我作为全权委员随行。我不想辜负厚望，尝试研究了很多外国事例。但我认为日本的情况是：在任的法院法官参加和谈很难获得人们的认可，就推辞掉了。

每次与吉田先生会面我都对他关于内政外交的远见卓识深感敬佩。吉田先生对于我国皇室的崇敬之情实在让人感动。外国人也对吉田先生给予高度评价。去年 2 月我在西德见到阿登纳总理，他对吉田先生赞誉有加。每次到外国旅行之前，我都会拜访吉田先生，关于世界形势听取他的宝贵意见。去年去多米尼加共和国之前，我听取了吉田先生关于日本移民问题的真知灼见。

回想补余：

吉田先生出马——石井光次郎（岸内阁副首相）

这是 1946 年 5 月的事情。好不容易升为第一政党，鸠山一郎先生在组阁之前被开除公职，日本自由党陷入总裁难产的困境。古岛一雄不行，松平恒雄不行，吉田茂也不行，鸠山宅邸（当时鸠山先生住在位于麻布的石桥正二郎家里）可谓愁云惨淡。

当时林让治和我合住。林说："这样下去不行。我们一起去丸楼吧。我去找白石多士良，让他去说服吉田先生。你去找野村骏吉，让他也去劝吉田先生组阁吧。"白石是吉田先生的亲戚，野村和吉田先生在大矶（神奈川县南部，濒临相模湾）也有亲密交往。这两个人当时都在丸楼有办公室。能否成功姑且不论，我们二人由于无法忍耐在鸠山邸与松野鹤平先生、河野一郎干事长、三木武吉先生等一起静静等候的沉闷气氛，去了丸楼。

我见到野村，说完有关情况，他马上去见吉田先生。傍晚，我在位于丸之内长盘家的党本部茫然呆坐着，对野村的劝说没有抱太大希望，这时野村来电话说："有希望。"

我跑到野村的办公室，野村说："我跟吉田先生聊了很多，好像未必就没有希望。吉田先生说如果当上总裁，就会与奇怪的家伙为伍。经常会在走廊之类的地方被人从后面拍肩膀说，喂，吉田！我可不愿意那样。虽然吉田先生不情愿，但是如果是鸠山先生力荐的话，好像还有希望。"我觉得这个很有趣，就马上找到鸠山先生告知此事。于是鸠山先生兴冲冲地跑去说服吉田先生。

第一次吉田内阁就这样成立了。

回想补余：

和田农林大臣的由来——武见太郎（医学博士，牧野先生的孙女婿）

币原先生辞职之后不久提出要见牧野伸显先生。因为当时牧野先生在千叶县的柏市，我随同他进京。他们两人在我银座的诊所里进行了大约1个小时的交谈。我在别的房间等待，币币原先生一边走出房间送牧野先生一边大声说:"请阁下原谅。"我不明白这句话的意思,但在返回途中的车里,牧野先生对我说:"吉田精通外交斡旋但并不是政治家。我没同意让吉田做首相,这样我就放心了。"因此我得以知晓谈话的内容。

第二天早上我接到吉田伯父的电话。说让我去理化学研究所之前顺路去官邸(位于麻布市兵卫町)停留5分钟左右。我去之后他说:"因为鸠山被开除公职,我不得不做首相。币原先生说牧野先生都已经同意此事,所以我也就答应了。"我非常吃惊,就把前一天的事情告诉给他,但是已经来不及了。这说明币原先生当时说"请阁下原谅"是打算隐瞒牧野先生的回绝向吉田先生做相反的描述。我心里想这可不好办,便问:"您打算怎么办呢?"他坚定地说:"历史上有失去战争却赢得外交胜利的例子。"这句话即使今天也经常在我耳边响起。

吉田先生甚至还命令说:"这任内阁是粮食内阁。农林大臣最重要。你去找石黑忠笃先生问问他的意见。"我立刻去石黑府说明了情况,他说:"东畑精一博士任粮食对策委员长,所以他最了解粮食问题。而且他在美国学习过,可以直接谈。我们一起去找他吧。"于是我们一起乘车去农学部的教授室造访。

东畑先生说:"我想见一下有关人员,明天开车送我去。"完全看不出他有拒绝的意思。被开除公职的石黑先生进出官邸存在风险,但我们还是偷偷溜进去报告有关情况,石黑先生谈了很多农林行政方面的具体意见。两三天后东畑先生拒绝的态度越来越坚决,但吉田先生执意要找到他进行劝说。得知想要退避的东畑先生在他弟弟家,首相急忙赶去。在谈判的时候东畑先生突发脑贫血。

我估计石黑先生认为东畑先生是行政方面的外行，所以决定次官一定要请和田博雄做。第二天我去拜访和田先生请求他给予帮助，和田先生从大局出发同意了我们的请求。于是他进入官邸，不惜留宿来给我们提供帮助。吉田先生放弃东畑后，那须博士也被开除公职。吉田先生便拜托他说："和田局长，你来做大臣吧。"我想这是与和田先生整整接触5天后得出的结论。于是我与和田一起去拜访石黑询问意见，就这样，和田农林大臣产生了。和田先生在昏暗的车里眼含泪水握着我的手说："因为这是在战败时期我才答应的。"我可以断言在和田先生的心里并没有考虑到个人的得失。

第6天终于完成组阁。在此期间也有很多顽固的阻碍，不关注政党的吉田先生，他的不受拘束的想法体现在很多方面。从结果来看这既是好事也是坏事，在这一周共同生活的时间里我深切感到吉田先生是一个伟大的爱国者。

"麦克阿瑟元帅答应给粮食之后我可以组阁，如果一个月内全国都发生恐慌的话，就会有粮食从美国运来。"在此期间，吉田先生一边这样说一边认真分析着当时的时局。我认为这点应该特别说一下。每天晚上接到陛下询问组阁是否完成的电话，他都心中惶恐不安。但是在第6天的晚上麦克阿瑟元帅把吉田先生叫去说："只要我最高司令官在任一天，就不会让一个日本人饿死。"我向在官邸等待的石黑、和田等各位传达了这个消息，于是就可以组阁了。这是我第一次见识到外交。

吉田先生作为病人是很任性的，我让他戒烟，他说："做着这么无聊的生意,还有人跟我说这也不行那也不行,真受不了。"虽然他有这样不听话的一面,但是到了发病的时候,就会可爱的无条件投降。

新桥的菊村家女老板说:"原敬先生在新桥的等候场所从早到晚见人。吉田先生不见人是不行的。"因此,我对吉田首相提到此事,他笑着说:"我是被聘用的首相,怎么能那样做?"

第三十一章　留在我记忆中的人

由于我长时间旅居海外，直至战争结束，几乎没有接触过政治，值得回忆的前辈和友人的范围，或许可以说不太大。即便这样，在漫长岁月里，直接或间接地对我进行过帮助和指导，蒙受过其恩惠的前辈、同事的数量也很多。在此，我尽量将关于他们的回忆记录下来。其中，如果有的内容能给读者带来裨益，将不仅满足我缅怀故人之情，还会令我有喜出望外之感。

一、西园寺公爵和牧野伯爵

温和敦厚却又性如烈火的西园寺公爵

西园寺公爵[①]是历经明治、大正、昭和三个时代的老一辈政治家，是明治时期的最后一位元老。1919年1月，在巴黎郊区的凡尔赛宫召开第一次世界大战巴黎和会之际，我作为全权随员之一，第一次近距离长时间接触到西园寺公爵。自那以后，我多次受牧野伯爵差遣，去拜见他老人家。

[①] 西园寺公爵（1849—1940）：作为右大臣德大寺公纯的次子继承西园寺家业，是历经明治、大正、昭和三朝的元老级政治家，政友会第二任总裁，曾任两届首相。

西园寺公爵平素一副温和敦厚、从容不迫的样子，但有时也会显示出其暴烈的一面。巴黎和会期间，从日本随行而来的一位新闻报道员写了一篇内容真假参半的文章《巴黎生活的背后》刊登在国内报纸上，被西园寺公爵看到，他非常气愤："日法关系发展正处在重要时刻，如此报道，小事也会变成大事。"不顾任何人的安慰和解释，直接禁止那位记者出入日本全权代表团队驻地。

反对退出国际联盟

1933年的初春，松冈洋右[①]因参加国际联盟大会动身前往日内瓦的前几天，我去劝说他："千万不要做出退出国际联盟这样轻率的举动。"他当时回答我说："我和你有同感。"我当时的看法是，国际联盟理事国的地位是因为日本在第一次世界大战中做出贡献才获得的，是日本对国际政治、外交、经济等诸多问题能够发言的唯一的宝贵权力，无论如何都不能放弃，放弃对日本没有好处。但是，松冈洋右一行人到达日内瓦之后不久，在报纸上就时不时出现日本将要退出国际联盟这样的传言。因此，一天，我决定拜访西园寺先生。去拜访前偶尔在报纸上看到当时的首相斋藤实子爵到兴津（静冈县）巡视一事，心里想："难道这件事已经不可挽回了吗？"见到西园寺公爵后，我向他陈述了"不可以退出国际联盟"的意见。

默不作声听我说话的老公爵缓缓说道："你的看法原则上我是

[①] 松冈洋右（1880—1946）：山口县出身，年轻时留学美国刻苦学习，归国后进入外务省，任职总领事。1921年出任满铁理事，1927年升任副总裁，后于1935年任总裁。1933年，出席处理满洲事变的国际联盟大会，作为退出国际联盟的主要发动者受到当时舆论的赞扬。1940年担任第二次近卫内阁的外务大臣。1941年，代表日本签订《日苏互不侵犯条约》。战后作为东京审判的被告，于审理期间病死。

赞同的，但具体来说我是反对的。"我对他的这句话感到莫名其妙，紧接着，老公爵一转刚才的神态，语气严厉地说："在议论国家大事时，必须有舍身于此的决心。你有那种决心吗？"当时西园寺先生的态度令我不得不正襟危坐。

坦白来说，当时我虽然情绪激动、夸夸其谈，但内心里，丝毫没有为这件事不惜赌上自己性命的决心。西园寺先生的话让我领悟到，在讨论国家大事时，如若没有那种决心就不应该多说话，也不应该去做。西园寺先生的严肃态度，即使现在也经常浮现在我眼前。

既是前辈又是岳父的牧野伯爵

在我的回忆里要谈到的前辈中，岳父牧野伸显伯爵是必不可少的一个人。实际上，既是前辈又是我岳父的牧野伯爵不仅在外交、政治上令我受教良多，在殖产兴业方面也给予我很多启迪。

牧野伯爵一生都保持着萨摩人的性格与意识。另一位给予我诸多恩惠的寺内正毅元帅生前经常谈起长洲人和萨摩人在性格上存在的差异。如果是长洲人，不会让人轻易进入外城门，一旦进入，之后就会让人直接进入到内城，但如果是萨摩人，无论谁都可以轻易通过外城门，可是不容易靠近内城。换句话说，长洲人最开始时很难接触，但一旦关系融洽，就会坦诚相见，萨摩人正好相反，表面上很好接触，但从来不会交心。

事实上，对于牧野伯爵来说，我虽然是他的女婿，同时作为他外交部的后辈，自然受到他很多眷顾，但直到他去世，待我如同外国人一般。借用寺内元帅的话，我没有能够走进牧野伯爵内心的那座城。经常在牧野伯爵的亲戚们聚会时，只要谈起家乡的事，如果我也在场，他的第二句话一定是"在吉田君面前说家乡的事不太合适……"

牧野伯爵朴素的生活

伯爵还坚持着维新时期萨摩人的作风——朴素这一美德。牧野伯爵正如人们所了解的那样，是明治的元勋大久保利通公爵的二儿子，后来过继给牧野家，很小的时候就去了美国。长大后进入外交部，历任日本驻意大利、奥地利等国家的公使。后担任第一次西园寺内阁的文部大臣，第二次西园寺内阁的农商务大臣，山本内阁的外务大臣，从大正9年开始担任内大臣一直到1935年，长达16年之久。从他的家世、阅历来看，大家都认为牧野伯爵其人生前应该过着相当奢华的生活，并且给自己的子孙留下不菲的财产，然而事实上正好相反。

"二二六事件"中，他在疗养地汤原河遭到叛军袭击，好不容易躲过一劫，后来在千叶县的柏市过着隐退生活。隐退生活极尽简朴，特别是战后通货膨胀时期，好像不得不依靠出售家产来度日。即使在这种情况下他生前也不曾向作为女婿的我张口。

1949年的总选举，我所属的党派自由党获得绝对多数。我马上出发去柏市，看望病床上的牧野伯爵，并将此事报告给他。他听到这个消息后很高兴。这是我最后一次见到他。或许是感到自己时日不多，刚好自己的一个孙子在病床前看护，他好像自言自语般说道："我这一生，没有做过任何愧对良心的事。"这是牧野伯爵在这个世界上说的最后一句话。离开这个世界前，确信自己一生没有做过任何愧对良心的事，这是多么幸福的事情啊。牧野伯爵去世后，几乎没能留下什么像样的财产。仅留下打算作为隐居之地而在涉谷的松涛置下的 3000 多平方米土地。年轻的时候并没有过上多么奢华的生活，晚年也过着特别简朴的生活。对于知道这一事实的我们来说，牧野伯爵的清廉之风更让我们对他充满追思。

二、寺内元帅和山本权兵卫伯爵

陆军大臣和助理领事官

我年轻时对我非常赏识的人中便有寺内正毅元帅。元帅担任过朝鲜总督、首相，不仅是陆军重臣，也是政界元老。我在 1907 年初第一次去满洲赴任，当时日俄战争的善后处理还没有结束。也就是说，关于将作为战场的我军曾一度占领的满洲归还给清政府的手续以及措施一事，和清政府及俄罗斯进行谈判，即进行战争善后。而且，日方内部也在位于旅顺的关东都督府和奉天总领事馆之间不断发生权力之争。

为解决这些问题，当时的陆军大将寺内先生到过满洲。但那时正好萩原守一任奉天总领事，他因要和外务省上级领导进行磋商而回到日本，他返回奉天之前的这段时间里，由我代表总领事馆接待陆军大臣。

现在回想起来，当时的陆军大臣和助理领事官，从地位上来说，完全就像"天上和地下"一般。然而那个时候，我年轻气盛，虽说对方是陆军大臣、陆军大将，我却并没有特别感到惶恐不安，应对自如，泰然自若。对于无论去哪里都已经习惯高高在上受到各种优待的寺内将军来说，一定会觉得这是一个"奇怪的小伙子"。总之我受到将军的重视，从那以后经常得到他的关照。

被寺内先生训斥

寺内先生这样的人，一旦他认可谁，无论到何时都会加以关照。同时，他也会进行责备，有时甚至大声训斥。但与其说那是情绪化的训斥，不如说是出自关爱之心给后辈们的教训和指导。这一点当时作为年轻人的我们都很清楚。因此，受到斥责后，虽然满面羞涩地离去，但马上又会产生到寺内先生那里去请教的想法。

寺内先生担任朝鲜总督期间，正好我以外务省礼宾官身份担任安东县的领事。一次，一位叫龟井的《时事新报》记者找到我说："想要组织反对袁世凯的运动，能否将我引荐给寺内先生？"我便马上给他写了介绍信。据说龟井记者一见到寺内先生就把自己的想法全盘托出："袁世凯是一个非常奇怪的家伙，只要像他这种人在北京执政就无法实现日中亲善，我想设法把他干掉。"这之后，我见到寺内先生时，寺内先生狠狠训斥我说："阴谋暗杀他国元首这种事儿太荒唐了。你竟然将这种不法之徒介绍给别人，真是糊涂至极！"

寺内先生既有这样严肃的一面，又有天真可爱的一面。记不清是什么时候的事，我应邀参加他在朝鲜总督官邸举行的晚宴。元帅将一只幼虎牵到食堂拴在餐桌下。虽然是刚出生不久的小老虎，但老虎毕竟是老虎，谁也不能确定它会不会咬人。由于需要时刻保持警惕，自然也就无法安心享受美食。在座的各位客人都是如此，特别是一些女性客人更是一副为难的表情，只有一个人，即秃顶童颜的元帅面露喜色，注视着我们。直至今日，我依然记着当时的不愉快和尴尬。

海军重臣山本大将

说到陆军的寺内元帅,就要提到海军的山本权兵卫[①]伯爵。山本伯爵不仅是海军的元老,还前后两次担任过首相。第一次见到山本先生时,我在币原外务大臣手下担任次官。那是1930年初,在伦敦召开裁军会议,前首相若槻礼次郎、海军大臣财部彪、外务省松平恒雄、永井松三作为全权代表参加。

伦敦裁军会议的议题有关海军,而且我国海军省和外务省之间动辄意见不合。于是,我们事前拜访海军泰斗般存在的山本先生,请求他能够充分谅解外务省的想法,如果国家层面不统一意见,在伦敦的这个会议上,无论全权代表团如何努力,也不可能得到满意的结果。

不过,当时的外务大臣币原先生的注意力都集中在研究条约的语句上,对和海军沟通谈判之事没有什么兴趣,结果,由作为外务次官的我出面。山本伯爵出身于萨摩,和牧野伯爵是同乡,关系也相当不错。之前我几乎没有请牧野伯爵帮我写过介绍信,这次特意请他给我写了一封介绍信。

强大的精神和温和的教诲

见到山本伯爵后,在我还什么都没说时他便开始滔滔不绝地高谈阔论起来,表明他对这次裁军会议的看法。我们特意过来准备解释一

[①] 山本权兵卫(1852—1933):鹿儿岛县出身。第二次山县内阁的海军大臣。海军将军。1913年以及1923年两度担任首相。伯爵。

下外务省的意见,却连切入点都不给。在聆听山本先生的高谈阔论时,我意识到,如果不采取非常手段,山本先生好像不会听取我们的意见,我想只有一个办法,那就是对他说的话进行有限度的反驳。因此,看准机会说道:"阁下身为海军元老的同时,也是国家的元老,然而刚才听您的谈话,完全就是海军第一主义,感觉到您的态度好像在说如果不是海军军人就不是合格的人一样。西园寺公爵非常讲究公平,经常听取我们年轻人的意见并且给予我们指导。"

于是,山本伯爵那双如鹰隼般的眼睛愈发炯炯有神,好像在说,你怎么能说出这种大逆不道的话。我的话如火上浇油一般,他愈发能言善辩,甚至谈及曾经的"厦门事件"的处理,"福州事件之际,曾有传闻说陆军要攻打厦门,对于陆军的倒行逆施,海军不仅不支持,而且威胁说将在海上击沉陆军的运输船,终于制止住陆军的胡来。我们只考虑,为了国家利益,应该果断进行处理。这种果敢,关键时刻退缩的那些人能做到吗?"他的语气愈发激烈,纵横古今内外,滔滔不绝,我实在自叹不如。

那天完全宛如山本伯爵的个人秀一般,尽管如此,最后山本伯爵声音一沉,用平静的声音说:"我虽然这样说,实际上,是想到以后的某一天,你将坐到责任更大的位置。我只是告诉你我的心得,当断不断必为其乱。"那之后,直到 1933 年末,山本伯爵去世,在很短的时间里,我又去拜访他几次。每次都是谈笑风生,在其强大的精神压力背后,有很多温和的教诲。

对后辈的关爱之心

想来,无论是寺内元帅还是山本伯爵,当时一般都作为脾气暴躁又极其顽固的恐怖老爷子令人畏惧。他们的长相和语气乍一看，让人感到可怕确实是事实。但这些明治、大正时代的大部分前辈政治家们的共同特点是，在训斥、痛骂别人时，却带着对后辈进行提携指导之心。想到今天那些只知道明哲保身和获取名利的众多政治家的态度，不由得感慨万分。

三、外务省的各位前辈

豁达又缜密的加藤高明伯爵

我进入外务省之后结识的大臣中，让我直接受教匪浅的人最早的有加藤高明[①]伯爵。加藤先生不仅是十分优秀的外交家，后来还作为政治家担任过首相（1924年6月—1926年1月），他很早便开始和当时的元老级政治家交往过密，与大隈重信侯爵关系特别近。

豁达的同时又保持着缜密的头脑。正如人们所知，加藤的夫人出身于三菱（岩崎家），是币原喜重郎夫人的姐姐，加藤和币原属于连襟关系。在加藤担任外务大臣时，币原担任他的次官，在加藤担任首相时，币原先生又是他的外务大臣。币原先生一次在本乡切通（东京地名）的宅邸举办宴会，他的邀请函上写着"敬请光临寒舍"这样的语句。看到邀请函的加藤先生说："'寒舍'指的是什么呀，那是岩崎家的房子，他只是暂时借助而已。"加藤先生就是那样喜欢讽刺人。但是，在提携后辈方面，加藤先生却无微不至。我

[①] 加藤高明（1860—1926）：爱知县出身，幼名服部总吉。继承加藤家业，后改名为高明。伯爵。第四次伊藤内阁开始首次入阁担任外务大臣，历经第一次西园寺内阁、第三次桂内阁、第二次大隈内阁。后作为宪政会总裁组阁，在任期间病死。

作为奉天总领事去赴任之际,加藤首相按照我提的非常任性的条件,给我写了一封言过其实的介绍信。

宝贵的国际人士——本野一郎子爵

本野一郎[①]外务大臣(任职时间:1916年11月—1918年4月)与日本国内相比在国外的知名度要高得多。作为外交官,他首先在德国工作,后来长时间辗转于欧洲各地。本野先生很有语言天赋,法语水平和法国人差不多,因此交际范围很广,欧洲的外交使团中像本野先生那样出名的人,日本人就不要说了,外国人当中也没有多少。

本野先生精通现代世界外交史。当时像英法协商之类的协商方式在外交界十分流行,他对其门道也非常清楚。担任驻俄大使时,欧洲各国之间一有协商问题,圣彼得堡的外交团队就会去咨询本野先生。他就是这样受外国人尊重,是我国一位极其难得的国际人才。

出了名顽强的珍田捨巳伯爵

关于昭和初期的侍从长珍田捨巳[②]伯爵,由于他为人低调,也许现在的年轻人很少有人知道他。他也是外务省一位老前辈,笃实敦厚的绅士,而且东北人的特点明显,是一位做事锲而不舍的人物。

巴黎和会时珍田先生以驻英大使身份,成为全权代表中的一人。在这次会议中,对于日本归还在战争中占领的胶州湾(山东省)

[①] 本野一郎(1862—1918):明治、大正的外交官。法学博士。驻俄大使。后在寺内内阁中担任外务大臣。子爵。
[②] 珍田捨巳(1856—1929):1885年进入外务省,历任驻德、驻英大使。巴黎和会全权代表之一。皇后大夫、侍卫长、枢密顾问官。伯爵。

等问题，牧野代表和中国代表顾维钧相互对立。美国代表团中的兰辛先生则支持中方的主张，希望日本重新声明，直接归还山东的权益给中国（日本从德方接手后，没有归还给中国）。

兰辛试图说服牧野伯爵。会议期间，某一日，他给日方代表团驻地打电话希望进行会谈。牧野伯爵一开始很不喜欢见面会谈，但最后还是决定去美方代表团驻地拜访。到达之后，可能是对方安排有误，牧野先生一行人被带到一般会见室，等了很久也不见兰辛出来。我方一行人便返回到日方驻地，感到很幸运。

过了一会儿，美方代表团的秘书给珍田先生以及我们的房间打电话，"刚才由于我方人员失误十分抱歉，能屈尊再来一趟吗？"于是大家一番商量的结果，回复说："牧野先生现在不在驻地，也不清楚去了哪里。珍田先生代替牧野伯爵去拜访。"这样，珍田先生与美方代表兰辛进行会谈。会谈持续了很久，最后就连兰辛先生也败在珍田先生的顽强态度之下，日本没有重新发表放弃山东权益的声明。

说服寇松的珍田先生

就这样，我们第一次见识到珍田先生的顽强态度，紧接着，我们再一次见识到比上次还要厉害的珍田先生。

巴黎和会结束后，西园寺、牧野率代表团归国途中决定访问英国。在伦敦停留期间，一天，受到英国王室的招待。当时的英国国王乔治五世陛下对我方代表团非常热情，可以说像对家人一样盛情款待我们。国王陛下和我方代表团谈话时，竟然涉及到很隐私性的内容，英国王室在苏格兰也拥有土地，那里收获的马铃薯和小麦算是王室的主要收入项目。而且那年由于马铃薯产量不高，甚至还影响到王室的餐饮标准。听后深为感动的牧野伯爵回到大使馆后便将此事告诉给大使馆的工作人员。于是，使馆秘书将此事用电报详细汇报给外务省。后来，这件事被刊登在当时外务省内部的杂志上。

但是，这篇报道偶然间被当时东京的英国驻日大使馆人员看到，他们很快将此事通过电报汇报回英国。当时的英国外相是以刚毅闻名的寇松①先生。寇松外相听说后勃然大怒，对珍田大使表达了最强烈的抗议："今后，无论日本来什么官员，我们绝不再让王室出面招待，政府要员也绝不出面。"对此，平时一直很温和的珍田大使，面对正在气头上的寇松，非常耐心地反复解释我方并非出自恶意，足足能有两个小时，最后终于成功说服寇松，收回那句"这之后不再会见日本要员"的话。

这次事件在当时的外务省十分出名，听到这个故事的人，无不被珍田大使的坚韧所折服。这件事给当时的我们一个宝贵的教训，一个国家的政治家、使节会见外国政要时，谈话内容即使非常私人化，在国际礼节方面，采取直接复述原话的做法也应该相当慎重。

原敬首相的法语

说到培养我的外务省，能让我回忆起来的人士，很早以前有原

---

① 寇松 George N.Curzon（1859—1925）：英国政治家。1899年担任印度总督，期间采取压制政策，引发反英运动。第一次世界大战后任外交大臣，推动对苏干涉政策失败，1924年辞职。

敬①先生。原敬先生是历代首相中数一数二的杰出人物。年轻时留学法国，这之后拥有在外务省工作的经历。我只见到过他一次，那是在大正天皇赐宴给参加巴黎和会的日方全权代表团一行时，我作为随员之一，忝陪末座（1919年）。原先生当时担任首相，与其说是我见到他，不如说是我从很远的末席位置望见他更准确。当然更别提什么打招呼了。宴会进行到一半时，餐桌上正在讨论日本人不擅长讲外语的话题，大正天皇恭维原首相说，"不时听说原首相年轻时曾在法国待过一段时间，那么一定很擅长讲法语喽。"于是原首相回答道："我的法语很不地道。"他的声音大到我们坐在末席的人都能清楚听见。现在关于他的事情我几乎都忘记了，唯独这件事印象特别深刻。

我从牧野伯爵那里听到过和原先生有关的故事。牧野伯爵和原敬等人曾经一起到东京的比利时公使馆参加晚宴。宴会结束后，告辞离开之前，主人比利时公使、原首相、牧野伯爵三个人在会客室闲聊。当时的比利时公使馆原来是牧野伯爵的亲生父亲大久保利通公爵的宅邸，因为这个关系，三人自然就围绕着大久保公爵被暗杀一事展开话题。正如大家所知道的那样的，当时担任参议大藏卿的大久保公爵于明治11年5月，在清水谷遭到勇士岛田一郎等人刺杀。但是，这场宴会之后还没过一天，1921年11月4日的下午，原首相在东京站受到暴徒中冈艮一袭击，遭到暗杀。

---

① 原敬（1856—1921）：岩手县出身，进入外务省担任外务次官。递信大臣。内务大臣（3次）。1914年任政友会总裁。1918年成为首相，被称为平民宰相，开创政党内阁制度的先河，在职3年多。1921年11月4日在东京站被刺客中冈艮一暗杀。

四、田中男爵和币原先生

在田中外务大臣手下担任次长

在我的为官经历中,担任田中义一^①大将兼外务大臣的次长是最愉快的时期。前面我也曾提到过,本来担任次官本身,就是和田中先生有关的回忆之一。

我担任奉天总领事时,田中外务大臣主持召开过一个"东方会议"(1925年6月27日—7月7日)。这个会议实际的主办人是当时担任外务省政务次官的森恪^②。他的目的主要是,把中国、满洲各地驻在的外务省派出机构相关人员召集在东京,让他们和本国政府及党派方面进行密切的沟通,而且,以此为契机,将外交置于政争之外。无论哪一种,这次会议,与"田中外交"的对华政策紧密结合在一起,受到内外的注意,各种各样的揣摩臆测满天飞。

姑且不论那些,自这次会议以后,森先生和我,意气相投、肝胆相照,成为非常好的朋友。但是1928年春天,外务省人事变动,我被任命为驻瑞典特命全权公使,同时兼任挪威、丹麦、芬兰的公使。这之后没多久,原外务次官出渊胜次出任驻美大使,他推荐一个人接替自己,而政务次官森恪先生推荐了我。出渊与田中外相为姻亲关系,所以局面对我不利。在这期间,我到横滨送赴海外任职的某个人时,森恪也来到那里,对我说:"次官好像没什么希望了,

---

① 田中义一(1864—1929):陆军大臣(2次),陆军大将。1925年担任政友会总裁,1927年出任政友会内阁的首相,在职2年多。男爵。

② 森恪(1882—1932):历经大正、昭和的政治家。从实业界进入政界,担任政友会干事长。犬养内阁的秘书长。

这时最好去瑞典赴任。"

向大臣毛遂自荐

于是，我对森恪说："如果那样，我直接去和田中先生谈谈，你帮我安排一下。"出了名内心强大的森君也有些惴惴不安，"直言犯上好吗？""好不好我不知道，但毛遂自荐后如果不成功，也就安心了。"森君表示同意，这之后没多久他便安排我和田中首相见面。

终于见到田中首相时，他突然问道："张作霖①最近怎么样？"于是我回答说："我今天不是为张作霖的事来的。我自认为这次的外务次官候选人中我最合适。然而听说首相没有同意我接任，因此我最近将前往瑞典赴任。出发之前，我想来和您谈一下假如我成为外务大臣我将怎么做。"这样我将关于平时考虑的对满洲、对华政策谈了一番。田中首相在我说话期间一句话没有说，只是望着庭院。后来我听说，田中先生有个习惯，当对方说自己不太喜欢的事情时，便会望着院子。当天我就对华政策滔滔不绝讲了许多，对首相来说绝不是愉快地听完的。

但是，我回到家之后不久，从首相官邸打来电话说"明天想在腰越（神奈川县）的别墅见面"。第二天，在指定的时间前去拜访。田中首相从里面笑眯眯地走出来说："吉田君，这次指派你担任外务次长，没有异议吧？"竟然对着前一天还在毛遂自荐的人问"有没有异议"。

田中先生有这样若无其事装糊涂的一面。从那以后，我完全被

---

① 张作霖（1875—1928）：出生于奉天（沈阳）。以辽西马贼身份发迹，控制全满洲，后进入北京担任大元帅、组建军政府，但在国民党革命军发动的北伐战争中失利。乘坐火车撤回奉天途中，被日本关东军密谋炸死。

田中先生迷住,追随在他身边。在我漫长的外务省工作中,我曾经两次毛遂自荐,第一次主动提出担任巴黎和会的全权代表,第二次便是这次的外务次官。

这家伙不是傻子吧?

但是,在田中先生手下工作,曾有一次很窘迫。一次,东欧某国的公使来访,就一个与日本几乎毫无关系的问题,而且还是同一个问题重复很多次,一直说了很长时间,连为人和善的田中首相,也终于有些不耐烦,在对方还沉浸在谈话之中时,对我说:"这家伙不是傻子吧?"无论怎么不懂日语,在日本即使待过很短一段时间,像"傻子"这种程度的日语还是明白的吧。居中作为翻译的我,一瞬间如僵住了一般。田中首相一方面是粗心大意,另一方面还真是有幽默感的人。

张作霖将军赠送的老虎皮

田中首相的故事中有张作霖的名字出现,因此,在这里简单介绍一下张作霖。我担任奉天总领事的大正末期到昭和初期,应该说是"币原外交"的全盛时期,对华政策标榜不干涉内政主义。但作为实际问题,在满洲以及中国本土的日本派出机构,外务省的命令往往会被陆军和满铁等规避,或者无视,造成日方驻外机构之间各种纷争不断。

比如说,1925 年 11 月,郭松龄叛乱事件爆发时,外务省一方当然坚持不干涉内政主义,秉持一种张作霖政权崩溃与我方无关的态度。张作霖自己频繁地与日本军部派出机构互通款曲积极做工作。

结果，一时间陷入危险，甚至不得不提前做好逃跑的准备，然而由于我国陆军给予其帮助得以渐渐挽回颓势。

因为这件事，张作霖对我国陆军非常感激，而对外务省却很冷淡。那时我多次有机会见到张作霖，但我们的关系绝不能说好。有一天，张作霖的军事顾问町野武马中佐来找我，说，"张作霖最近想和你一起吃饭，有兴趣吗？"我回绝说，"我又不是张家的下人，让我去吃饭，我就必须痛快答应。"于是，过了两三天之后，送来正式的邀请函，不得已去了。席上张作霖说："如果想和阁下相处融洽，应该没有问题。怎么样，今后我们好好相处吧。"对此，我回答："我不太明白您的意思。我们现在一起吃饭不就代表着我们的关系很好吗？"当时，张作霖脸上的表情很微妙。这种情况下，到最后我们的关系依然没有变好。前面曾提到的郭松龄之乱平息后，张作霖将虎皮作为谢礼送给各方面。后来了解到，送给我的虎皮是最小的一块。

众所周知张作霖这样的人物是所谓的绿林出身，前身为马贼头目，他有好多异于常人之处，某种意义上说是一位很有意思的男人。最后，暴死于常年互通款曲的日本军部之手，属于命运非同凡响的人物。

外务省的代表性人物币原先生

我国现代外交政策中，像"××外交"这种，将外务大臣的名字放在外交一词的前面的做法，是从"币原外交"开始的。币原喜重郎[①]，无论从哪个意义上说，都是外务省的代表性人物。总之，看他的履历就知道，经历加藤高明、第一次若槻、滨口、第二次若槻四次内阁，共计担任五年多外务大臣。因此要说像币原先生一样通晓外务省事务的人少之又少是理所当然的事情。

对于币原先生自己来讲，好像只有外务省才是最舒心的地方。有一个证据，币原先生的外务大臣时代，某一天内阁开会，按照惯例其他阁员都会以首相为中心一起吃午饭，只有币原先生一个人，从首相官邸回到外务省，在外务省的食堂和局长等人一起吃饭，好像这样更享受。这种时候他特别心情好，平时严肃的表情放松下来，笑话连发。

当然币原先生的笑话，不客气地说，都很无聊。举一个例子，币原先生姓氏的读法 xi dei ha la 是正确的发音，但也有很多人读成 hi dei ha ra。于是有人产生疑问："到底哪个读法是正确的？"他本人一直都很得意地回答："正确的读法，我是 hi(he) dei ha la，我妻子是 xi(she) dei ha la。"能和英语挂上钩，确实是币原先生的拿手绝活儿。

币原先生英语水平之高、名气之大，已经到了提起他就会想到英语的程度。然而英语水平太高，有时会发生一些偏激的事情。这样说，我有根据。有一段时间，外务省的主要位置都为币原先生垂

[①] 币原喜重郎（1872—1951）：出生于大阪，1896年进入外务省，1916年—1918年担任外务次官，后任驻美大使。历任加藤、第一次若槻、滨口、第二次若槻的外务大臣。战后1945年10月成为首相。第二年4月被推举为进步党总裁。后作为国务大臣入阁吉田内阁。在1947年4月的总选举中，从大阪府当选为众议院议员。在1949年1月的总选举中再次当选，同年2月任众议院议长。男爵。

青的人物所占据。那些人物明显带有币原先生的特点，语言能力高超。也就是说，币原先生判断部下时，会想当然地认为语言水平越高，工作能力越强，便将其使用在重要位置，而另一面，如果语言水平不高，就会被视为能力不行。不用说，我属于后者。

反抗币原先生

我在币原先生晚年时和他交往颇深。在这之前，我对币原先生来说不属于他记忆中美好的部分。当然，从我的角度来说，不只是语言水平差的问题，自我还很年轻地位不高时开始，经常毫不顾忌地说话，有时还会与上司对着干，所以性格方面，币原先生是不会喜欢我的。

对币原先生的反抗，现在想起来也不禁冷汗直流。我在上一章提过，在我还担任大使馆二等秘书时，华盛顿之行被取消，经过一段时间复出代理秘书课长。当时的我，内心有很大不满，即使每天从币原次官房间传来呼叫铃声，我这个秘书课长也不会站起来去他的房间，顽抗了好一段时间。

但是年末，无论如何都要在次官室露面，不得不低下头。因为，这时，我如果不在币原次官面前亲自露面，就不能领到秘书课职员年末奖金袋。我自己的奖金不领也罢，但不能不领全体课员的奖金。所以不得不违背本意，勉强来到次官室，对币原先生恭恭敬敬低下头，领取全课的年终奖。

币原先生和青霉素

币原先生在战争结束那年的冬季，即担任首相期间曾经得过肺炎。但那时的日本还不能轻易得到青霉素，只能拜托同盟军总司令部。于是，我马上去拜访麦克阿瑟元帅。元帅答应得很痛快，又叫来自己的主治医生让他去看望一下首相。我的想法是把药给我就好。但那位主治医生好像认为日本的医生都是庸医，说："日本的医生还不太清楚青霉素的用法，我去吧。"医生的态度亲切，难以拒绝，结果只好麻烦他了。

第二次去拿药时，碰巧是同一位医生，他又说："我去吧。"这样一来就显得他相当不信任日本医生的医术。但不管怎么说屡次麻烦美军医生治疗不太好，于是拜托因牧野家关系认识的武见医生："你能帮下忙吗？"医生说："日本名医不能在美军庸医的监督下注射。"无论如何都不答应。结果，这之后一直都由那位美军医生治疗，币原先生不久就痊愈了。

后藤新平大臣和币原次官

寺内正毅内阁（1916 年 10 月—1918 年 9 月）末期，由于外务大臣本野一郎子爵的去世，之前担任内务大臣的后藤新平[①]伯爵转任外务大臣。提到后藤先生，1882 年 4 月 6 日，板垣退助在岐阜遭到刺客袭击，就是由他进行的治疗。后来，儿玉源太郎陆军大将在甲午战争后获得的领土台湾担任总督，后藤被其提拔为民政长官。日俄战争后，南满洲成为日本势力范围。他接受儿玉大将（日俄战

---

① 后藤新平（1857—1929）：岩手县出身。伯爵。从医生成长为政治家，跨越明治、大正、昭和三朝，留下很深历史印记。台湾民政长官，南满洲铁路公司总裁。第二次及第三次桂内阁的递信大臣，寺内内阁的内务以及外务大臣，此后担任东京市长，山本内阁的内务大臣。任东京市长期间，非正式邀请苏联外交官耶夫访日，打开日苏邦交大门。在山本内阁担任内务大臣期间兼任帝都复旧院总裁，致力于大地震后的东京地区重建工作。

争中任满洲军总参谋长）经营满洲的理念，担任南满洲铁道股份有限公司的总裁。后藤先生治下的满铁，不仅限于铁路公司，实际上经营煤炭、炼铁等各种业务，触角甚至伸到满洲国的政治、外交方面，像以前英属印度的东印度公司一样，作为负责经营殖民地的国营企业具有很大的权力和很强的实力。

有这样经历的后藤先生从内务省调到外务省时，外务次官依然是币原先生。如前所述，币原先生作为一个纯粹的外务省官僚，将外务省当作自己家一样。后来，听币原先生自己说，他一听说后藤先生接任外务大臣，就非常担心后藤先生会以在满铁时的作风滥用外务省的机密费，如果大臣希望的支出不合理，作为事务次官他将直抒己见，一定把钱包看好。但是，后藤先生来到外务省后，仅仅提出"为了能够经常了解国外情况，想雇一位代替自己阅读外国报纸杂志的人，费用希望从外务省的机密费中支出。"虽说后藤先生担任外务大臣不过半年，然而除此之外，他再没有动过机密费一分钱。下了很大决心要控制住大臣滥用机密费的币原先生十分扫兴。

从满铁总裁时代已习惯于挥金如土的后藤先生的角度来看，当时外务省的机密费这种小钱，他根本没放在眼里。后藤先生的宽广胸襟和币原先生开了个玩笑。这个故事的主人公，一位是极其谨慎、过于认真的事务高手、一分钱也不浪费的币原次官，另一位是经常制定常人难及的大计划并为此不惜投入巨资的后藤大臣，两个人相得益彰，我自己在心里不由得充满笑意。

田中外交与币原外交

我担任外务次官时，经历过田中、币原两任外务大臣。当时，社会上流行着"币原外交""田中外交"的说法。对比一下，前者被视作消极主义，后者被视作积极主义。确实，那时可以说是我国自由主义的灿烂时期，即使以现在的眼光来看，当时的政党政治已经发展到相当高的程度，汲取明治以来自由党传统的政友会和应该说是改进党后身的民政党两大政党相对立，进行政权的交替，而且，两党提出的政策纲领具有相当显著的特点，形成对照。比如说在财政经济政策方面，高桥是清的积极政策——反对党抨击其为随性政策，和浜口雄幸先生的紧缩政策——反对派贬低其为消极政策，无论是理论上还是实际上，显示出一定程度的差异。

财政经济政策过于理论性，而在外交政策方面，"币原外交"和"田中外交"的对立无可否认。特别在对华政策方面更是如此。即民政党内阁对华政策，一言以蔽之，就是将对华内政不干涉主义、各国协商主义彻底作为主打政策加以标榜。与此相对，事实上，田中政友会内阁当时以我国满蒙权益为重点，主张在此范围内的自主外交。

但如果问到两党实质上有多大不同，今天看来很明显没有什么不同，即使在当时，我认为真相也是没有不得了的根本性不同。说到底，不同的程度只是让人能感觉到两党在处理中国问题时细节方面多少有些差异而已。这种差异的产生与其说有理论上的根据，不如说应该看作是内阁当时所处的国内政情与国际形势的不同和变化造成的。

即使"币原外交"，绝不是轻视满蒙权益主张放弃之，而"田中外交"虽说是自主外交，却与全然无视之前我国与欧美各国达成的条约与协定，坚持自己的主张到底的军部外交观根本不同。正如张作霖被炸死事件，众所周知，和田中首相的意图基本相悖，对于如何处置让他煞费苦心。因此，抓住一点便称之为软弱外交，抓住另外一点便称之为强硬外交的表达方式，除了用来攻击对方，没有什么太大的意义。

五、英国的两位首相

关于外国人的回忆也有很多，英国张伯伦[①]首相的好意便是我难以忘怀的事情之一。他因对德国采取绥请政策而非常有名。对于我国，张伯伦首相也设法友好相处并不惜努力到最后，正如前章所述的一样。

有关张伯伦首相

我记得张伯伦先生组阁后（1973年5月）没多久的时候，有一天，他招待当时任驻英大使的我吃午餐。一个国家的首相在国家节日时邀请外国使臣，举办正式的晚宴或者聚会绝不是什么稀奇的事。而大英帝国的宰相以个人名义宴请外国使臣这样的机会并不那么常见，也就是说宴请带有相当大的善意。当天我是主宾，此外还有三四位首相的老朋友，属于非常私人性的聚会，让我很高兴。

因此，席间的谈论内容很轻松，都是好友间的对话。例如，张伯伦首相不经意谈道："我父亲（约瑟夫·张伯伦）让长子奥斯汀大学毕业后，不惜花费很多钱去法国或者德国留学，但次子以下的孩子却不允许这样，一出大学校门便直接进入银行工作，或者做生

[①] 张伯伦 Arthur Neville.Chamberlin（1869—1940）：英国政治家（保守党），1937年组阁，对德实施绥靖政策，造成第二次世界大战爆发。

意。我自己被他指派去经营西印度的农场。"老朋友中的一人不失时机插话嘲讽道："那个时候啊，你还兼营着杂货店，向当地土人的女儿推销贴身内衣呢。"于是，首相回应说："嗯，是这样，而且杂货店亏损，结果便被叫回国内，然后才开始从政的。"主客哄堂大笑，气氛相当和谐。

在这种随意的闲谈中，我隐约感受到空气中充溢的英式风格。从张伯伦首相随意的内心话中可以知道，尽管他那样有名，但在张伯伦家族中，在次子以下孩子的身上是不会多花钱的。政治这样费钱的职业，主要由长子从事，次子以下的孩子们从事生产性的实业。张伯伦首相原来也应该投身农场经营中，可以说是非常典型的英国家庭的厚重家风。

前几年在外访问时，又去到久违的伦敦，见到了张伯伦首相的夫人，有机会多次谈论逝去的张伯伦首相，以表思念。

丘吉尔先生对我的评价想回赠给他

提到英国首相，不得不说到丘吉尔先生。我作为大使在英国时见过丘吉尔先生，但当时虽然丘吉尔先生拥有着第一次世界大战时海军大臣的经历，却没有进入张伯伦先生的内阁，和首相之间的关系并不好。也就是说处于党内的在野党地位，没有成为政界的头面人物。一般对他的评价是有野心、蛰伏的男人，形象并不高大。再加上我与张伯伦首相的关系亲密，没有过多接触丘吉尔先生。

因此可以说前些年（1954年秋）我外访欧美到达伦敦时和丘吉尔先生的那次深谈是第一次。而且那次一见面，就像十年未见的老朋友一般，特别佩服他对待客人十分周到这一点。皇太子殿下在我之前不久到访英国，当时英国的氛围很不好。由于战争时期日军虐待英军战俘，英国国内的反日情绪还很强烈，在纽卡斯尔等地发生反日示威游行，就连伦敦新闻界都开始刊登反日报道。丘吉尔首相喊来新闻界的头面人物提醒他们说："热情迎接外国使节不是英国的传统礼节吗？"他的讲话使形势得到控制。事实上，丘吉尔首相在官邸招待皇太子时，就像关心自己的孩子一样非常热情。这是根据当时的新闻照片大众所能了解到的。

坚韧不拔的丘吉尔先生作为历经两次世界大战在国家危难之际力挽狂澜的大政治家，真正见面时他的和蔼可亲给我留下的第一印象非常深刻。丘吉尔先生本人在晚宴上致欢迎辞时说："吉田首相在日本国内以非常强硬闻名，但今天我们的亲切会面，证明他是一位极其温和敦厚的人。"那时，在我的内心里，却想将他说的话原样奉还回去。

不是白兰地，而是威士忌

和丘吉尔先生聊天时，偶尔会提到他非常有名的《大战回忆录》，他问我："阁下为什么不写一本回忆录呢？"我做了如下的回答："我曾经在一本杂志中读到过，说您撰写回忆录期间，一想到什么，即便是深夜也从床上跳起来，叫起秘书，自己一边喝着白兰地，一边口述，我肯定模仿不来，我没成为您的秘书太幸运了。"于是，丘吉尔反驳我说："说的不对！我喝的不是白兰地，是威士忌。"我以为我说的内容全都错了，结果仅仅是一本正经地强调酒的不同，这种洒脱和幽默值得人品味。

杯子里的水·地中海的水

这是听别人说的，无法保证真伪。丘吉尔首相有一年去地中海沿岸度假旅行。一天，他正在享受海水浴，报社的摄影师来到旁边，将镜头对准穿着泳衣的丘吉尔，丘吉尔出其不意对摄影师扬起了海水。听到这里，知道向摄影师泼水这种事，全世界不只我一个人干过，深觉好笑。当然我泼的是杯子里的水，丘吉尔先生则是地中海的水。我认为这水该泼。

丘吉尔先生和我说过，他母亲曾经到日本旅行过。在他小的时候经常从母亲那里听说日本的景色如何美丽，特别是富士山的风景如何优美，留下很深的印象。于是我答应送给他一幅"日本一流画家画的富士山景图"。回国后便拜托同住在大矶的大画家安田勒彦先生，但他拒绝说："我不怎么研究富士山，横山大观先生最合适。"不过最后争得他的同意，画出来一幅很棒的画，去年赠送给丘吉尔先生，并且收到丘吉尔先生非常开心的感谢信。

丘吉尔先生的名言

众所周知，丘吉尔先生不仅是大政治家，同时，也是大作家、雄辩家，他所创的许多名言、警句流传于全世界。"铁幕"便是一例。他那部著名的《大战回忆录》中也有许多让读者折服的名言，其中让我感慨颇深的是"善意与忍耐"。文中说："因为有它，世界避免了很多次战争，因为没有它，国际间发生了很多不幸事件，这已经为历史所证明。外交上必须常以'善意与忍耐'来处理相互间的关系。"告诫人们外交不能目光短浅。我认为一位练达的老政治家的教诲，后人应铭记于心。

六、麦克阿瑟元帅

理解我国皇室的元帅

即将到来的1961年正当我国议和独立十周年。我提议，届时邀请战后这些年来对我国有过帮助的外国人前来我国，向其表达我国国民的谢意，同时顺便请他们视察一下我国复兴与重建的实际状况。如果我的这个提案得以通过，那么受邀者名单上的第一位，毫无疑问是当时的同盟军最高司令官——道格拉斯·麦克阿瑟元帅。对此不会有任何人存在异议。关于我国在占领管理这段时期内元帅的功绩，书中各章各节都有所记录，不过在此重新进行一次概述也有必要吧。

元帅的第一大功绩，从我们日本人的角度来看，是将天皇制度以现在的形式加以保留和维系，并为此给予我国站在他的立场上所能给予的最大的善意和支持。当然，在战争结束时美国本土支持我国天皇制的人，像原驻日大使卡索先生、格雷先生这些知日派、亲日派的人做出的努力我们绝不会忘记。但作为占领军最高负责人麦克阿瑟元帅，不顾远东委员会和对日理事会的波涛汹涌，从另一个方面来说，正因为顾及此，未雨绸缪，为维护我国皇室制度开始制定新宪法，费尽心思采取各种富有深谋远虑的措施，对此现在的我们必须表示最大的敬意与谢意。

防止北海道赤化的元帅

第二条功绩，作为同盟军一员的苏联军队进驻北海道的提案，被麦克阿瑟元帅严肃拒绝。如果那个时候，万一让苏联军队进驻北海道，如今我国会变成什么样子难以想象。元帅对此事的拒绝为日本国民的幸福做出多么伟大的贡献无须赘言。而且，他及时制止了总司令部内一时得势的新政拥护者们意识形态化的占领政策。他们的过激行为得到控制很多情况下得力于麦克阿瑟元帅的卓识和权威。而且元帅关于驻日军队尽快撤出的主张无疑极大地促进了对日议和。对日本来说，元帅的功绩难以计数。然而，对于我们这位大恩人，我国民众并没有充分表达出承认和感谢，这是什么原因呢？我一直有些不解。

我觉得归根结底也许因为元帅比较清高，不喜欢抛头露面。即使在美国，虽然他的崇拜者不算少，但相对于全体美国人来说人气并不高。占领期间元帅只在作为宿舍的大使馆和总司令部所在地第一相互大楼之间出入，除了不时前往朝鲜前线视察以外，几乎从不外出，从不在社交场合以及娱乐场合露面，过着每天睡前读一会儿圣经的日子。作为占领军的总司令，过着这样严肃又清静的生活，古往今来实属罕见。

当然，元帅既然也是人，会有各种对他的评价，有说他态度高傲的，有说他高高在上的，但我认为对于日本人来说，作为占领军最高负责人能迎来一位对日本人给予很高评价的元帅，无论如何是日本的幸运。

玩具骡子和老将军

因为元帅孤傲的性格，所以他的私生活极少为人所知。某一年的圣诞节我曾经送给元帅当时至多十岁的独子亚瑟一匹玩具骡子。

那只骡子按住它身体的一个部位，脚就会抬高，或者左右摇头，或者晃尾巴。四五天后有机会去大使馆，元帅夫人一见到我便说："谢谢您的圣诞节礼物。不过礼物被将军（元帅夫人对元帅的称呼）拿走了，没有给亚瑟。将军每天都会抬高骡子的脚或者摇晃它的尾巴，十分享受，所以孩子没有跟您道谢。将军倒是非常喜欢。"作为能够反映出元帅一个侧面的事情，我颇感兴趣。

元帅现在和妻子以及独子一起住在纽约华尔道夫酒店的公寓中，担任世界知名打字机公司雷明顿兰德公司的董事长，生活惬意。前几年外访期间，我见到久违的元帅，向他汇报了日本正在顺利推进复兴与重建的情况，元帅非常高兴，并对日本表示祝福。

七、与近卫公爵有关的失败谈

近卫文麿公爵，是无人不知的，本书也有所提及，无须赘述，只想谈一下我的一些失败，这些都跟公爵稍有关系。

遭遇特务监视也跟公爵同病相"临"

说到失败，上文所述战争之初，打算和近卫公爵一起赴欧进行和平工作，但也就只是想过而已，无果而终；受到近卫公给天皇的奏章牵连，我被扣在宪兵队有40天之久。要说失败这也算是失败。但比起这件事，更可怕而又荒唐的事也还有那么一两件。

记不起准确时间了，在我大矶的家中，需要一名寄宿、同时帮助干点零活的男学生，女仆给我家介绍了一个说是她堂兄的人。他挺能干活的，家人都觉得很难得。就在我被宪兵队监禁前夕，他悄然离开我家。这事前后没几天，介绍这个人来我家的堂妹——那位女仆也不见了。当时觉得挺奇怪，但也没太在意。

事后慢慢了解才知道他是宪兵队的特务，监视我的活动并逐一向上汇报。而且是这个女仆跟他合谋把他引进我家的。这个特务很厉害，监视我的任务完成后，又潜入到位于小田原的近卫公爵别墅的廊檐下，装了一部微型窃听器，将客厅的谈话全都录了音。遭遇特务之祸使我和近卫公联系在一起。

这也算题外话，战争结束后那个人突然来访，向我谢罪："战争期间做出对不起您的事，并非出于本意，但是有上司的命令不得不这么做，给您添麻烦了。"我勉励他说："忠实地完成上司交给的工作，不需要道歉。"然后让他走了。其后，他又来拜托我给他介绍工作，我以"工作态度非常认真"的保证给他介绍成了一件工作，可能现在他仍然在工作中干得很好。

酩酊大醉，火车坐过站

战后组成东久迩内阁后，有一天国务大臣近卫公爵联系我，我以为是什么事呢，原来是让我问一下牧野伸显伯爵的意见。于是我拜访了隐居在千叶县我孙子市的牧野伯爵，返回时到永田町的首相官邸汇报。办完事后就打算回去，这时候曾任东久迩内阁国务大臣的小畑敏四郎（原陆军中将）走进来。两人不约而同地说："好久不见，一起吃顿饭吧。"我也有此意，便一起去了荻窪的离市中心稍远的公爵暂住的荻外庄。

公爵夫人也和我们一起交谈，战争期间的事情自然说个没完。吃着公爵夫人做的菜、喝着公爵珍藏的香槟，不知不觉就过去很长时间。我要告辞站起来，因为喝高了，脚下有点不稳。虽然夫人说在这里休息吧，但因大矶那边有事要办，还是决定回去。公爵很担心，一再说："真的没问题吗"，随后给我派了车，又让一个寄宿生把我送到新桥火车站。

在车中酒劲上来，醉得厉害，怎么坐上火车的都不记得。大概过了几个小时，忽然睁开眼，环视周围，怪哉！怎么右边是山，左边是大海，虽在夜里可还是看得很清楚。到大矶没有这样的地方。根本不知道这是哪儿。过了一会，火车停下，不管怎么样先下车，一看，坐过站坐到热海（静冈县东部海滨城市）了！想马上返回去，但末班电车已经发车。不得已只能在车站候车室过一夜了。

香槟变成皮鞋

这时我才发现，自己当作宝贝抱在怀里的竟是近卫公爵送给我的香槟！对于喜欢喝酒的我来说，一瓶香槟酒的重量算不得苦差事。早晨醒来发现有很多人在排队。我知道不排队就买不到票，慌忙加入排队的行列。但命运捉弄人，到我前两三个人时就显示车票售罄。气死我了，但也没办法。到卖下一趟车票之前还要等两个小时左右。肚子很饿，可那时候也没有能吃饭的地方。

这附近有没有认识的人？思来想去，想起来一个我任职驻英大使时，有一个在英国念书的侯爵名叫蜂须贺正氏的好像在这附近。我想跟他用不着太客气，于是擅自做主，右手拎着香槟去拜访蜂须贺。我单刀直入，让他招待我吃早饭，把昨天夜里的事情讲了一遍。饭后蜂须贺说："给你一样好东西。"说着将一双皮鞋拿给我，说是英国货。我非常感谢，作为回礼，将近卫公爵给我的香槟送给他。

后来有一天碰到近卫公爵，他问我："那天晚上顺利到家了吗？"我将那晚的事如此这般地对他一说，公爵笑着说："那天你喝得太多啦。"确实喝高了，但是我没有将他给我的香槟变成一双皮鞋的事告诉他。

第三十二章　书信和论文

一、针对宪法调查会的公述书[①]

高柳老先生台鉴

敬启者：

前日光临舍下，不胜感激。虽蒙邀我到会，但近期进京格外频繁，疲乏之甚，以故18日恐难赴京。敢烦代读当日所用之拙稿。鄙人缺席之不恭，尚乞海涵。

顿首。

12月17日　吉田茂

[①] 根据1946年6月11日公布的《宪法调查会法》，1947年8月13日成立的宪法调查会在同年12月18日召开第8次全体会议，但当天作为证人而被请来的本书作者，因身体疲惫的缘故缺席，便以书面的形式向会长高柳贤三提交下面的信件。会长在会上朗读了这封信，第二天各大报纸基本上全文登载。其中尤其是作者对修改宪法的态度引起各方面的反响，成为议论的焦点。虽然讨论主旨与本书第八章所记述内容完全相同，但因发表时引发争议，所以不厌其烦在此再次将信件全文登载出来。

宪法修改草案大纲的产生

有关新宪法成立的经过，其他证人已有详细叙述，而我自己对细节已记不太清楚，所以想谈一下大致的内容。

有关币原内阁时代的宪法调查，虽然我并未直接参与，但我知道松本烝治先生写过一份试行方案。在我的记忆中，松本认为不应该受同盟国方面的束缚，所以十分大胆地提出这一方案。可以说他是想竭尽全力要把自己的想法强加给对方。结果，松本的提案并没有得到对方的认可，反而对方提出同盟国军司令部的方案。对方认为应该在极其秘密的状态下进行立案，而日本方面完全没有理解对方的暗示。

1946年2月23日根据总司令部方面的要求，我在外务大臣官邸会见了对方。日本方面有我与松本、白洲次郎等，对方有惠特尼民政局长、凯迪斯大校以及其他成员。当时，惠特尼局长说，日本方面的修改方案是无法接受的，同时拿出几份总司令部形成的草案，提出要以此为基础火速起草日本的方案。还说，这份草案，必须获得美国政府以及远东委员会的认可。关于天皇的地位，麦克阿瑟元帅很早前就开始就进行慎重的考虑，依据这个草案进行宪法修改正是为了实现这个目的。如果不然，天皇自身的一切就无法得到保障。他还说："我们并非命令日本政府一定遵照此案修改宪法，我们只是希望日本政府能够尽快形成并提交一份在基本原则和根本形态上与总司令部一致的修改方案。"

这时松本认真地阅读草案的内容，我也瞥了一眼，我觉得他们拿出来的是一份十分荒唐的东西。松本与对方进行两三次问答后，最终约定"先充分阅读内容，然后再进行意见陈述"便结束了当天的会面。

不消说，这份司令部方案的内容在当时实在是革命性的。可是要把他们的方案原封不动地作为修宪基础，日本政府却很犹豫，于是开始和总司令部进行谈判。然而对方态度强硬，显出一种毫无妥协余地的气氛。

2月19日的内阁议会上，松本将事情的经过进行汇报，有两三名内阁成员说司令部的提案无论如何也不能接受。最终，币原首相决定拜访总司令部，关于问题的处理，结论是以后再协商。之后的2月21日，币原首相拜访麦克阿瑟元帅，直接了解到他的意向。在第二天的内阁会议上对结果进行通报：元帅是由衷地为日本着想，尤其是拜会天皇以后就想设法确保天皇平安无事。司令部的提案，就是为了保护天皇而制定的。强调其主旨是，第一条规定天皇是国家的象征；第二条规定放弃战争。币原首相说："我的印象是，除这两点以外尚有充分的妥协余地。"

但是，这之后的交涉结果可不那么轻松，松本先生直接向民政局局长确认得知，除将一院制变成二院制之外，对方的态度十分强硬。

于是，在总司令部严厉的督促下，3月4日，日方将草案提交给对方，民政局针对日方当局的草案连夜进行审议，最后制定出和司令部拟定的方案几乎没有太大差别的草案。

在3月5日的内阁会议中，听完松本报告后，又讨论了陆续送来的、司令部通宵会议形成的方案。关于其中的内容，内阁认为，令人难以接受的地方很多，特别是关于天皇地位，提出很多质疑，大家的意见很难统一。等到会上传达了天皇本人的"似可遵从司令部方案"的意思之后，内阁成员们也只好勉强同意。为保住皇室平安无事也别无他法。这样，由首相上奏，得到天皇口谕，草案大纲最终得以公布。

关于和麦克阿瑟元帅的关系问题

作为总司令部，为什么会如此急于形成草案，是大多数人抱有的疑问。关于此事首先要考虑的是，元帅对天皇怀有好感，是天皇制的支持者。与此相关联，我认为元帅最担心的是与远东委员会的关系。正如大家所知道的那样，远东咨询委员会改组为远东委员会正式开始工作。作为元帅，一旦建成远东委员会，他们必定会先提出修改宪法问题。这样，受苏联和澳大利亚方面影响，完全不知道天皇的地位将变成什么样。于是决心来个先下手为强，先造成既成事实。这件事情可以从远东委员会第一次会议在2月下旬举行就可以推测出来。除此之外，宪法草案中有关天皇地位等事项，以前日本一方与司令部的意见发生分歧时对方像口头禅一样一直说的是，如果完全按司令部的意见做，由于跟远东委员会的关系，最终还是对天皇有利。

从麦克阿瑟元帅对我说的内容就不难想象，他与天皇进行会晤后，对天皇的品行非常钦佩。进驻日本的时候，元帅就深刻地认识到，为使日本投降顺利实现，除了依靠天皇的力量别无他法。在这一信念之下，他可谓用心良苦。元帅认为战争是由于有了天皇的诏书才得以结束的。天皇既已成为国民尊崇的对象，不难想象，如果没有天皇的合作，那些无谓的战斗还会多次展开。元帅对我说："虽然日本在战争中失败，但皇室的存在依然像磐石一样不可动摇。

如果不以皇室为中心精诚团结，日本很难实现重建的目标。"我认为这是他真诚的表述。

另外，借此机会我想说，通过我与元帅的实际接触，我知道元帅很早以前就深谙日本国情，他深知日本人为何许物也。元帅的父亲亚瑟·麦克阿瑟中将在日俄战争期间考察旅顺、大连的时候，当时还是少尉或者中尉的元帅作为中将父亲的副官随行左右，那时他见过东乡大将、乃木大将。他了解到日本的将军不仅勇武异常，人品也值得钦佩。他对此深有所感。元帅提到此事时说过："我与日本有40年的缘分。"他甚至还对我说自己知道"五条誓约"。

不消说，总司令部内部的人有各种不同的想法，其中有些人对日本存有戒心，也许有人想将日本作为实现理想的特殊试验品。但我认为至少麦克阿瑟元帅一直都是以理解和信任的态度看待日本的。他初次抵达厚木（神奈川县中部城市，其东部有美军空军基地）的时候，身上什么武器都没有带就走下飞机，足以体现出他对日本的信赖。从这样的事情来判断，有关这次宪法草案，我愿意认为这是元帅对重建作为民主国家的日本的善意。

此外，关于急忙形成草案的理由，可以认为这是为了在4月10日进行的众议院议员选举之前，给国民充足的批评和表达自己意愿的时间。

依据《波茨坦公告》以及接受公告时同盟国方面的要求，日本政府的形态应依据国民自由发表的意向来决定。这次大选无疑是向国民询问意向的最好机会。特别是在1947年3月，麦克阿瑟元帅发表声明说日本早已具有恢复和平的资格。可以推测，如果元帅当时有早期和解的构想，那么，4月大选举就是征询国民对新宪法草案意见的绝佳时机。

关于战后不久就开始着手从根本上修改宪法,在半年乃至一年这么短的时间内完成,也许我们可以批评美国式的合理主义以及他们的急性子,但我认为其真实情况是各种因素的综合作用的结果。

关于日本政府的立场,尤其是放弃战争问题

反过来回顾一下关于这个过程中的我方的立场,至少在草案完成之前的阶段,实际上有点像跟外国缔结条约的谈判一样。在此谈判中日本方面的立场,一言以蔽之:消极的、渐进的。与此相反,总司令部方面则是积极的、根本性的、激进的。

事实上,《宪法修改大纲》的发表,政府并不是完全同意且非常满意的。但政府之所以答应他们的要求,仅仅是认为这样做在大局上是有利的。也就是说,当时我国的当务之急是恢复独立,为此需要尽早向国内外表明日本是民主国家、和平国家的事实,获得大家的信任。修改宪法当然是大事,但在这样的客观状况下,长期耽搁在立法技术层面并非上策,当时的主政者的心事就是关于大纲,如无大碍就应尽快了结它。

这个草案在枢密院(据当时法律,枢密院为天皇最高咨询机构)审议的时候,我在回答为何急于修改宪法的质询时说:"作为日本,希望尽快恢复主权,请占领军撤离日本。有人戏称 G·H·Q 就是'快点回家'的缩略语。为此有必要让同盟国放心:我们放弃重新装备军队,已实现彻头彻尾的民主化。这些内容最好在作为根本大法的宪法上加以确定。"这也是基于上述的那些考虑。

说点题外话,与此有关的事是,有人说放弃战争的条款难道不是币原首相提出的吗？不过我认为还是根据麦克阿瑟元帅的考虑加上去的。当然币原首相也具有同样的信念，在首相和元帅会谈的时候提到这类问题时二位应该是意见完全一致的。不能想象是币原首相提出在宪法里加入此规定的。

我感到，当时作为同盟国的意向，是要彻底消除日本的根本能力，将日本彻底封杀，决不让日本再成为战争的策源地。另外，事实上战争以第二次世界大战为终结，到处洋溢着世界和平的气氛。麦克阿瑟元帅本身有一种宗教的心境，认为战争是不好的，应该根除。这正与华盛顿方面的希望一致，所以才产生了这个条款。

关于放弃战争，我本人也是赞成的。我认为当时同盟国的共同观念就是，日本人是破坏和平的、好战的国民。我认为，为了消除这种误解，让世人承认日本国民是爱好和平的国民，特别做出放弃战争的规定是适当的。

另外，有一个宪法实施以后的事，也属于题外话。在朝鲜战争期间，出现了重新装备军队的议论的时候，我以宪法为后盾从正面加以反对。值得高兴的是，这个问题在日美双方协商后能够根据麦克阿瑟元帅的赞同性暗示加以处理，最终的结论是可以灵活利用日本尚存的原陆海军的闲置设施，以此来间接地对联合国的要求予以合作。在这样的时候，第九条的设立也起到了应有的作用。

枢密院以及帝国议会审议的经过

这样，宪法修改案得以通过，4月17日在枢密院进行质询。在枢密院审议期间内阁更迭，我作为首相接手宪法问题。

枢密院通过后，宪法修正案向第90次帝国议会提出。在议会开会前原法制局长金森德次郎先生被任命为国务大臣，负责宪法问题。在委员会上进行说明的工作几乎都由他一手承担。

本届议会的讨论中心问题是国体问题以及放弃战争问题。尤其是国体问题和与此相关联的主权在谁的问题成为左翼和右翼两方面质疑的焦点。即，社会党方面主张应该在明文法中进一步明确主权在民，另一方面，自由党和进步党方面，多数议员是在维护国体的旗帜下在选战中胜出的，所以他们希望明确宣布国体不变。

我在第一次答辩时说："众所周知，现行宪法作为永不磨灭的根本法典为国民所尊崇。但是很不幸，宪法的精神被歪曲才导致今天的悲剧性结局。对照《波茨坦公告》，照此继续下去，无论在国家权力的行使上还是从国际关系来看都远远不足。""日本处于这种悲剧地位中，为了维护国体，维持国民的幸福，首要是要消除世界各国认为日本的国家机构是再一次成为威胁世界和平的存在这一误解，为此必须向世界表明基本大法的宪法是可以证明为和平主义的、民主主义的。"关于国体问题我说，"众所周知，日本的宪法是以'五条誓约'为出发点的，看看这五条誓约就知道日本是民主主义的，是名副其实的民主的。所以，民主主义并不是由新宪法首创的。在宪法与皇室的关系上，皇室的存在正是在国民中自然产生的日本国体本身，国体并没有因新宪法而有任何改变。"

此外，关于放弃战争，我说："关于放弃战争的规定，虽未直接否定自卫权，但在第九条第二款说不承认一切军备和国家交战权，结果等于放弃了启动自卫权的战争和交战权。近年来的许多战争都是在自卫权的名义下进行的。现在对我国的疑虑就是，日本是好战的国家，可能随时发动复仇战争，威胁世界和平。这是对日本最大的疑虑。首先，纠正这种误解是我们现在应该做的头等大事。"

宪法修正案提交议会之后，总司令部基本上采取旁观的态度。他们建议追加明确主权在民；首相和国务大臣的半数以上应从国会议员中选任；并且这些人员应该都是文官等内容。而文官诸项，政府指出其不合理性而加以反驳，结果对方就收回成命。然而到贵族院审议阶段又旧事重提，作为贵族院的修正加入进去。

与众议院的皇室财产方面的修正案相关联，有司令部的发言，其中有一些复杂情况才成为现行宪法中所见到的条款。

这样，《宪法（修正案）》在8月24日众议院大会上只有8票反对，几乎以全体一致的压倒多数通过。其修正点虽有二十几处，除上述各点之外，几乎全是以众议院自主提议为依据讨论通过的。

贵族院从8月26日到10月6日历时一个半月进行了审慎、耐心的审议，其结果仍是以几乎全体一致的多数通过，我记得反对票最多也不过4票。

在贵族院修改时，除了前言部分的字句外，追加三条，就是上文所说的文官的修正、追加保证由成年人进行普通选举以及有关法律法案的两院协商。这个由成年人进行普通选举的条款是根据联合国的要求追加的，这是理所当然的，贵族院没有任何异议。另一方面，文官问题，在跟第9条的关系上明显不合理，但此时根据远东委员会的强烈要求，总司令部实在爱莫能助，贵族院不得已编造了一个"文民"的新词加入进去。

这样，修正法案在贵族院通过后，经过向众议院移交以及向枢密院再次质询等流程后，于11月3日公布了修正法案。从币原内阁的宪法问题调查算起历时一年，从总司令部案提出算起经过

9个多月，终于迎来这一天。

我对最近的宪法修改意见的看法

最后，我想说一下我对于现在的修改宪法争论的感言。最近在回顾新宪法制定经过时有一种批判的意见，说这是在占领军的打压下强加给日本国民的。根据我的切身经历，对此我不能无条件地赞同。当然，在政府立案之时，有各种与内容相关的要求，在时间上受到急躁的催促也是事实。而且上文也说过，政府在最初对立案的条件也并非全都满意。但即使如此，也不是彻头彻尾高压性的，或者说强制性的和蛮不讲理的。相反，在很多时候对方都是倾听我方当局的意见，接纳我方的主张。并且，在双方意见对立的时候，对方常说："总之暂时先实施，等有了结果之后再议怎么样？要是结果无论如何都不合适的话，在适当的时候再商量改正不是更好吗？"实际上，新宪法公布前的1946年10月，远东委员会决定重新讨论新宪法。1947年1在新宪法实施前，在麦克阿瑟元帅关于新宪法实施前就再次讨论新宪法致日本政府的信件中正式暗示了这一点。另外，在那以后，1948年夏，总司令部确实有暗示重新进行宪法讨论的事。

有关草案拟定阶段的事情如上所述，在完成宪法修改草案之后，作为国内程序，当然经过枢密院、众议院以及贵族院审议，但据我所知，总司令部一次也没有对这些机关直接指示进行宪法草案审议的事。当然在这期间接到过上文提到的"文民"问题等要求，这些要求都是经由政府提出的。此外，在这些枢密院以及议会的审议中，对草案进行了充分自由的讨论，而且针对政府原案，两院根据自主的提议进行过若干修改，这也是事实。并且，在这中间所有场合都获得全场一致通过。

总之，问题是宪法的内容本身是否与国家国民利害关系相符，这是重点，而过分揪住制定当时的情况不放这一点我不敢苟同。

关于现在修宪的焦点，对于其必要性我有诸多疑问。例如，与天皇有关的"象征"一词，我们第一次见到时确实感到有些异样。但是在今天，国民对于天皇的尊敬不但没有比以前减弱，相反，我的感觉是，国民对于皇室比战前更多些亲近感。总之，正由于皇室与国民生活密切相关，这才体现出我国的基本特色，从这一点来看，现行法案并无特别的缺陷。

关于宪法第九条，很难看出有立即修改的必要性。无论从国民负担这一点来考虑，还是现如今的国际形势尤其是从海外的对日感情来考虑，我并不认为立即修改是适当的。不仅如此，就从毫无道理的战争导致的国民的伤痛尚未痊愈的国民思想的实际情况来说，我认为修宪为时尚早。因为作为再次武装的后盾这一心理基础已完全丧失。

家族的问题也是同样。联系到新宪法，人们常提及关于家族的自古以来的淳风美俗已荡然无存。对现在的潮流我虽然也有颇多遗憾，但是，我相信国民生活将会稳定提高，随着国民教养程度的提高，会重建以国民卓越见识为基础的新的良好社会风尚，依据现实而武断地认为这是制度的罪过，对此我无法认同。

当然，我并不是说永远不可修改宪法。但是，我认为当全体国民的意志高涨起来，并且一致朝着修改宪法的方向集中，这时才应该考虑修改。

修改宪法这样的大事，即使需要进行，也不是一个内阁或者一个政党的问题，为此要付出大量的时间在反复讨论和审议的基础上，遵从国民的总体意向，通过民主程序加以实施。

二、给重光全权大使的信件[①]

外相阁下，为了与苏联谈判，远赴海外出差，多承辛劳。

历来的日苏谈判至为难解，桦太（今称萨哈林岛）、千岛的领土主权，对联合国方面，我们放弃要求，然而这只不过是苏联以实力夺取并霸占而已；但对苏联，我们只能抗争，断无恳求之理；关于鲑鱼、鳟鱼之公海渔业，应加上美国、加拿大，在沿岸国家会议上决定，而不应只向苏联乞哀告怜。拘捕和拒不放归等问题已经多年，扣留乃非法行为，战后已有9年，以战犯为借口进行拘禁的非法行径应加大力度诉诸世界舆论，不可哀求其怜悯。

原本苏联在对外交涉方面，其手段因国而异，目的总在于赤化，使其变成自己的卫星国。称霸世界为终极目标，这一点从未改变。对英实施贸易订货，对待北非、中东近东以及其他亚洲国家实施经济援助，提供武器，最近对美英等自由国家提出共存共荣、东西方交流以及裁军方案，其意图是搅乱自由世界的阵营。看看苏联赤化捷克、波兰等东欧各国，

---

① 1956年7月25日，外务大臣重光葵先生作为日苏交涉的全权大使出发前往莫斯科。这之前的几天，即7月21日各报纸以本书的作者将书信交给重光全权大使的形式，刊登下列文章。众所周知，后来，日苏谈判开始，两国恢复邦交。鉴于书信中所表明的作者的主张中还有诸如领土这类一直没有解决的问题，将全文重新收录在这里。

使其变成自己的卫星国的轨迹可知其顺序是，首先派宣传人员潜入并搅乱其国政，导致社会动乱，然后驻军、革命、最后赤化。在远东，二战结束前，废弃《日苏互不侵犯条约》，突然向满洲派兵，开始军事占领，掠夺我国一切官、公、私有财产设施，没收我军械且数额巨大，并将这些供给中国北方共产党军队以击败南方国民党部队，将全中国共产化，全部纳入苏联势力下，以此完成现在的苏中社会主义阵营的态势。

对于日本方面，二战结束后，苏联作为对日作战同盟国的一员参加对日理事会，在东京代表总部配备了500人之多，进行对日宣传、指导日本共产党、唆使罢工、引起劳资纷争占领工厂、袭击并占据薄弱地区的警察局以及町、村公所、唆使朝鲜人暴动等恶行不胜枚举。众所周知，事实上甚至提议派兵驻扎北海道。

最近，关于日苏的谈判，以鲑鱼、鳟鱼的渔业权为诱饵，企图重新建立邦交，设立大使馆，其真实目的不难推测，首先是宣传、散布流言蜚语搅乱全国，引起外交关系纠纷，其意图十分明显。本来，近一时期我国国民对政府、政党的不信任日渐凸显，而政府一方面公开声称并标榜对美亲善是我国外交的基调，另一方面，宣称恢复日苏外交关系乃是本届内阁的重大政策之一，经常表明亲苏意图并不在于维系自由国家的信任，而是使美国远东军司令部以及同盟国军司令部向夏威夷或者是朝鲜转移。

此前，赫斯特系统的日本通讯报道了我国国内的不稳定，而且，英国的《经济学家》杂志断言，现在的日本没有欧美那样的政府；数日前，伦敦《泰晤士报》评论说，根据参议院选举的结果判断，日本现今在自由阵营和社会主义阵营之间徘徊不定，下不定决心。现在日苏尚未重建外交关系，苏联大使馆尚未设立，国情不稳，导致一系列外交纠纷。现在我国的国运前途一片暗淡，实在令人不胜忧虑。当此之际，阁下亲自承担与苏联交涉的重任。切望以国家全局利益为念，谨慎行事，勿单独与苏联交涉，应将案件交给联合国会议讨论处理。

三、迎来和平条约缔结5周年[①]

签署《旧金山条约》，迄今已有五年。这期间日本在政治上已经独立，经济繁荣起来，国民生活水平迅速提高。另一方面，不能忘记的是在处理战争遗留问题的时候，仍有诸多尚未解决的问题。

最大的问题是与苏联的关系。其他的还包括对某些国家的战争赔款计划尚未确立；而尚未缔结通商条约的国家也不少。虽然日本加入了关税贸易协定，成为世界贸易伙伴国，但是就在关贸总协定成员国中仍有颇多国家对日本商品抱有歧视态度。当时，和韩国还没有恢复邦交，和中国之间还存在问题。最不能置之不理的问题，当属被扣留者问题。还有曾被日本统治的部分南洋群岛和小笠原群岛的日本人的回归等重大问题。

日本今后的外交政策，应该在努力解决各种问题的同时，积极

---

① 下面的文章是刊载于1956年9月8日《产经时事》上、标题为《迎来和平条约五周年》的文章。和前一节的《给重光全权大使的信件》的内容相同，作者论述的主要观点即便在今天来看仍是适当的，所以重录于此。

争取世界各国充分理解我国的立场。特别是被扣留者的问题，把此事单独提出来作为人道主义问题谋求在国际上进行讨论。

与苏联恢复邦交，我听说最大的遗留问题就是在领土条款上出现僵局。领土问题固然重要，但是实际上政府和普通民众都缺乏对更根本问题的关心。苏联硬要恢复邦交，其意图何在不言自明。不仅掠夺我领土，劫走财产，扣留并残酷驱使我同胞，更有甚者，把他们作为人质充当外交谈判时的筹码，此种暴虐行径亦无须多说。如若跟这样的国家进行谈判，作为日本，要明确地站稳本国在自由世界的国际立场，并且充分理顺国内形势，应该在此基础上开始谈判。还必须牢固地密切同旧金山条约缔约国尤其是同美国的关系，保证充分的相互谅解然后行事。

然而，鸠山内阁对苏谈判却抛开理所当然的外交当局，采取怪异的背后策划来展开工作。这就显示出亲苏远美的态度。应该认为此事从一开始就是错误的。

重光全权大使出发赴莫斯科之前，我在通过报纸发表谈话时说，日苏之间不应该把领土问题当作一种交易，应该作为国际问题来处理。就是现在，我当时的想法也没有丝毫改变。然而鸠山内阁的对苏外交，被苏联以渔业问题为诱饵牵着鼻子走，加之政府和全权大使不能保持始终如一的态度，不消说导致了对方对我们的轻视，甚至还失去了各国的同情。而且，观察政府核心的举措可以发现，他们并不把对苏谈判当作国家大事，而是把它当作延续个别野心家政治命脉的工具。这就证明鸠山内阁的对苏谈判在动机和手段上都不是正大光明的。从今天的事态可以得出结论，现任内阁在毫无准备的情况下，既无信念又无定见，贸然开始以苏联为对手的谈判，其下场悲惨理所当然。

其实，所谓外交，不仅在国内要有大多数国民的支持，政府内部也必须精诚团结。事已至此，想要挽救现在的屈辱现状，只能停止现在这种怪异的外交，在组织起新的阵容之后，建立起新的构想重新起步。只此而已，别无他法。我深刻感到的全在于此。

回想补余：

大藏大臣眼里的吉田首相——小笠原三九郎

我和吉田先生的交往开始于1945年10月币原内阁成立之时。当时吉田先生担任外相，我是工商大臣。当时我负责战后的产业行政工作，面对被战争破坏的日本工业设备和行政机构，必须尽快使生产走上正轨。通过努力，设立了贸易厅，请三井的泰斗级人物向井忠晴先生出山；设立煤炭厅，任命原满铁总经理小日山直登为厅长。因为涉外方面的事情多，麻烦吉田外相之处自然就多。吉田先生总是爽快麻利地帮忙处理，这使我不胜感激。

我记得币原内阁时期的吉田外相的几件事。有一次召开内阁预算会议。会上，外务省的预算被大量压缩，他说："这怎么行呢！"然后离席径直回外相官邸去了。币原首相说："不能放任不管，我去一下。"说着就去找吉田外相。我还想起一件事。有关农业用地调整法案，松村谦三农林大臣在对农林省原案进行说明的时候，我持续一小时以上对原案毫不客气地阐述修改意见。吉田外相和松本国务大臣都一致赞成我的意见，强力支持我的主张。

我解除"清洗"①之后，于1952年10月的大选中当选并被任命为第四次吉田内阁的农林大臣。或许也是因为有这样的一些事，我在吉田首相的脑海中还留有印象吧。在那之后，碰巧由于通商产业大臣出现言语失当问题，我被平调到通商产业省，他对我的工作多有鼓励。第二年五月，第五次吉田内阁成立时，我被任命为大藏大臣。可能是前任大臣向井先生谢绝挽留，坚意辞职的缘故，结果就轮到了我的头上。而实际上，当时日本经济也真的被逼到难以收拾的地步。

当时的世界物价和三年前的朝鲜战争爆发当时相比，美国上涨10%，英国是28%，而日本的涨幅却是64%。日本的高物价引起出口锐减，进口激增，从而导致日本的国际收支急剧恶化到已经不能置之不理的地步。我一上任就感到，必须设法把物价降低十个百分点，强化日本商品的国际竞争力，增加出口减少进口，除此之外没有振兴日本经济的良策。基于这一考虑，针对1953年度预算，编制另外的执行预算，在已定的经费中把采购费用、设备费用压缩5—10个百分点。对此，国会和同僚们极力反对，当中也有人说："大藏大臣有什么权力削减在国会中通过的预算！"他们以"在既定预算范围之内压缩经费才是大藏大臣的责任"为由干脆拒绝，按原预算执行。

我认为，作为大藏大臣，要为国家整体分配各个省（相

---

① 1946年1月4日联合国军总司令部对日本政府发出命令，把对战争负有责任的人从公职中清理出去。后来对一部分人解除此令

当于其他国家的"部")的预算,所以总会遭到申请预算的各省的反对。不管你怎么出以公心,大藏大臣最容易遭人诟病。而支持大藏省的正是掌管整个政府全面工作的首相。在这一点上,吉田先生才是最值得感谢的首相。每当想起我当大藏大臣期间吉田首相对我的庇护和支持,敬佩之情不觉油然而生。同时还想,将来的首相也都能学着吉田先生这样,那么日本的经济和政治就不会遭遇挫折,会昌盛起来。对此我确信无疑。关于吉田内阁的财政经济政策,已有作者的详细阐述,所以再详述我当大藏大臣时期的事情就有点多此一举,但是我作为大藏大臣还能实现举步维艰的紧缩政策,多亏背后总是有吉田首相的鼓励和支持。因此我不顾重复,还想多少作一些补充说明。

在即将编制1954年度预算的时候,我决定实实在在地实现我所谓的经济健全化政策,就是后来被称为"一兆日元预算"。不消说,对日本经济起主导作用的还是国家的财政,所以我开始着手编制1954年度财政预算,同时也要求民众有异乎寻常的决心。在这样的意图之下,(1)无论如何也不能耗费过去的积蓄;(2)哪怕使用公债以及其他的名义实施,也不要再继续借贷;(3)年度支出预算一定要严格按照当年的收入实际情况来进行;(4)作为根本方针,不能先指望理所当然自然增加的、不确定的年度收入。这件事也得到吉田首相的认可,1953年9月我出席在美国华盛顿召开的国际货币会议时,制作了一个以"日本财政的现状和对策"为题的英语小册子,向美国的重要核心成员分发。我利用和道奇先生一起午餐的机会，说明自己的看法，征询他的意见时，他说："对独立国日本的财政问题，我虽然没有资格妄加评论，但是对您的意见我完全赞同。我热切期待实际的执行。"

还要补充说明的一点就是，1953年的年度预算由于国会解散而在年度内没有实现，最终从8月开始正式实施。这个预算是日本独立以后首次完全自主、自由地编制而成的预算。正因为如此，在被占领期间受到压制的对财政支出的要求反弹性的高涨起来；在一部分政客之间开始出现积极财政论，因此财政投资大幅度增加；而且，政府没有得到国会中压倒多数政党的支持比较软弱而不得不妥协。所以将近1千亿日元的年度收入有时就要依靠不太干净的财政来源。由于这样一些缘故，1952年度修正预算以来，积累性的财政超支就必然成为国内物价飞涨的主要原因。其结果是出口停滞，进口由于投机而进一步增加。这样，1953年度的国际收支出现了超过3.1亿美元的赤字。

因此，在编制1954年的年度预算时，贯彻年度收支平衡的原则，以本年度内能够接受的9990多亿日元的收入作为年度支出限额。和前一年相比，一般结算中减少275亿日元，此外还削减580亿日元财政投资，在对一般结算增加的财政投资和融资的政府财政总额中，削减约600亿日元。另外还削减进口，在制定外汇预算时把1954年度中的进口支出总额控制在20亿美元的额度内，和前一年相比减少15%。虽然金融方面对支柱性产业有少许宽松，但依旧坚持紧缩政策。为了能够实行健全的财政政策，执行修改税制，整顿补助金，清理行政机构和人员等各项政策。

由于1954年度的财政紧缩，因此实施强力收紧银根，干预外汇预算，整顿行政，改革税制等一系列经济健康化政策。也是因为日本经济底子薄，比较灵敏，1954年2月开始渐渐地出现改革成果，更借世界经济形势大好的东风，日本经济总体上在比预期更短的期间内，状况改善远远超过期望值，这已是众所周知的事实。遗憾的是，指出第五次吉田内阁业绩的人很少，尤其对吉田首相在暗中支持的功劳有所了解的人更少。

事实上，这些成绩的取得，可以说都是吉田首相理解、同情和支持的结果。现在回想起来，仍是充满由衷的感谢之情。吉田首相经常提醒我说："我对数字不太在行，请往好的方向努力，但是希望你坚决贯彻自己的信念。"在我受命任何大臣之职的时候，我都是怀里揣着任何时候都可以写上当天日期的辞职信。如果没有吉田先生的理解、同情和支持，说不定早就在中途提交了辞呈。

我以跟1954年度相同的方针考虑1955年度和1956年度这两个年度的事，如果说1954年是初步准备阶段的话，那么接下来的两年就是完成阶段。我一方面要着眼于国际收支的平衡，为增强日本商品的国际竞争力而进行产业设备的更新换代，努力实现近代化；另一方面，为消除国内景气的不均衡，平衡紧缩财政所产生的利害不均，考虑采取税制改革等各项措施。1954年的12月，我和吉田先生一起，中途辞去原来的职务。我还曾暗暗希望国民以及吉田先生看到我完成的工作而感到高兴。而这却成了我永远的遗憾。

回想补余：

吉田首相了不起——水田三喜男（众议院议员，原通产省大臣）

　　这是1952年1月我初次担任自由党政调会长时候的事。当时作为自由党招牌的重要法案，最终没有得到司令部的许可。从负责经济审查的周东英雄处听到放弃向国会提出此案的原委之后，我想，只能下决心将政府提案换成议员立法，而和司令部的交涉已完全由党来接手，这是不得了的工作。以我为中心加上爱知揆一、神田博以及福田一，我们四人成为谈判的主力。果然，司令部态度十分强硬，不仅拒绝审查法案，最后竟拿出反提案强迫我们提交国会。但是我当场拒绝，没有接受那份反提案。这下子问题严重起来。

　　在争论时，司令部方面竟然说："这是自由党赚取选举经费的法案"，我们都气得要死。我抗议说："这是我们事关日本复兴的非常认真的法案，希望收回刚才对政党侮辱性的发言！"由于对方没有收回的意思，我终于说："关于这个问题，过去司令部的行政难道不是贿赂行政吗？你们跟一些日本的牵线人联合在一起，根据错误的先入观进行指导实在是添乱。"司令部的人立刻冲动得所有的人都站起来，强迫我收回刚才的发言，但是我没有答应，我下决心抗争：以收回刚才那番侮辱日本政党的发言为前提。事态变得更加严峻，一个大校正式宣布："48小时之内，如果不接受司令部的反提案，就以反抗占领军论处！"

我们马上回到我党总部向领导汇报，进行秘密的磋商，但没有结论。法务厅的人提出意见说，反抗占领军的罪过不仅仅开除公职可以了事，可能被枪毙。大家紧张起来。最后只能决定去找吉田首相，向他汇报发生的一切并请他指示怎么办。请周东长官也一起跟着我们拜访了吉田首相在目黑的官邸。

吉田首相穿着和服一边在火炉上烤着手，一边听我说完之后说："闹到这个地步就没有办法了。既然闹翻那就坚持到底。你们谈到这个程度还是因为吵得不够劲儿，应该坚持吵满48小时。"对此我提出疑问："如果是吵得不够，那么我们会毫无畏惧地吵下去，但首相最后究竟会不会帮助我们呢？"吉田首相说："我不知道，但是很早之前就有一种说法，仲裁人员不会在吵架没有升级的途中出现的。"我们都骑虎难下，只能破釜沉舟。"明白了，跟他们吵足48小时！"于是站了起来，就要离开那里时，却被首相叫住，提醒我们说："吵归吵，接下来马上去找西博尔特大使，一边求他一边向他汇报这些情况。"

出了目黑的官邸，我们直接去司令部。那个大校站起来拿出朝日新闻，说根据舆论调查，自由党每竞选一次人气就下降一点。他逐年地读着报纸的统计，然后说听从他们的意见才能维持自由党的人气。我们回敬说："依靠同你的错误偏见争论，自由党的人气一下子就会提高，变成100%。"于是又争论起来："跟你们见面是没意义的，你们只有48小时了。"他说完便离开司令部。

由于承山川良一的斡旋和努力,我们终于见到西博尔特先生。完全按首相所说,向他汇报了详细的经过,他却说:"我是为了将来的外交任务而来的,虽然驻在日本,但没有权利指挥总司令部,所以只能作为参考听你们讲。"

马上就到宣布的时间了,我们突然收到司令部长官的电报,邀请我们去某宾馆的指定房间。我到现在都十分敬佩占领军领导层的堂堂正正的态度。

刚一开门,我们的手被对方几位的手紧紧握住。然后他们说:"这个问题司令部认输。在即将独立的时候干涉日本的国会,我国政府是不允许的。你们可以直接向国会提出你们自己想要的法案。"于是我向他表达了我的感谢,之后问他:"也就是说这个法案你们同意?"他回答:"正如你们所知道的,虽然无法通过内部正式程序同意这个法案,但我们自己负责,不用担心。"但是当时的情况是提出没有GHQ认可的法案会成为在野党追责的由头,混乱可以想见。所以我们说:"即使提交法案,只要某大校还在,我们就没有把握在国会上通过。"对方马上回答:"在审查法案时,将让某大校出差。""请问什么时候派他出差呢?""大概在这星期五以前。"根据这些回答,我们明白了一切,唱着凯歌退出房间。由于朝日新闻刊登出我们没有拿到司令部许可的消息,果然法案受到一些阻碍,但是议员立法终于在两院通过。

应该说这是占领统治下的秘史,我们到现在为止没有完全公开这些事实。当时吉田首相没有大声宣扬此事,也没有给我们支持的承诺，而是让我们进行努力抗争的同时，在背后不动声色地进行斡旋和解决。我敬佩吉田首相的这种行事态度。在当时的情况下，吉田首相不能单纯进行附和，但是抗争却又性命攸关。我觉得他的大胆且又细心的安排比什么都重要。所以当时首相的坚决态度以及适当的指示到现在我依然不能忘怀。

图书在版编目（CIP）数据

回想十年 /（日）吉田茂著；徐英东，田葳译. --
哈尔滨：北方文艺出版社，2019.3
ISBN 978-7-5317-4268-5

Ⅰ.①回… Ⅱ.①吉… ②徐… ③田… Ⅲ.①经济史
–研究–日本–现代 Ⅳ.① F131.395.3

中国版本图书馆 CIP 数据核字（2018）第 083317 号

回想十年
Huixiang Shinian

作　　者 / [日] 吉田茂	译　者 / 徐英东　田　葳
责任编辑 / 宋玉成　赵晓丹	封面设计 / 微笑
出版发行 / 北方文艺出版社	邮　编 / 150080
发行电话 /（0451）85951921 85951915	经　销 / 新华书店
地　　址 / 哈尔滨市南岗区林兴街3号	网　址 / www.bfwy.com
印　　刷 / 北京诚信伟业印刷有限公司	开　本 / 880mm×1230mm　1/32
字　　数 / 533千	印　张 / 27
版　　次 / 2019年3月第1版	印　次 / 2019年3月第1次印刷
书　　号 / ISBN 978-7-5317-4268-5	定　价 / 138.00元（上中下）

回想十年

[日] 吉田茂 著
徐英东 田葳 译

中

北方文艺出版社

目录
CONTENTS

第十一章　民主警察实现以前..................001

第十二章　从警察预备队到自卫队..................012

第十三章　我对重新武装的看法..................027

第十四章　土地改革及其效果..................048

第十五章　战后的粮食状况..................062

第十六章　劳工保护立法及其功过..................085

第十七章　对共政策的表里..................116

第十八章　旧金山会议前后..................148

第十九章　日美共同防御体制的由来..................235

第二十章　难产的行政协定..................249

第十一章　民主警察实现以前

一、强加的警察改革

战后的警察制度始于我任外务大臣的时期。据说日方向总司令部提出要增加警察而遭到拒绝。当时的警察制度仍旧是战前体制，日方的要求是希望把当时总人数 9 万多人一举增加一倍到 18 万多人。理由是，现在没有军队，9 万多警察维持治安不够用。但是总司令部没有允许。由此可以推知当时他们内心已有改革警察制度的想法。

警察的民主化与力量的削弱

后来实行自治体警察和国家地方警察双轨制，是强加给日本的占领改革的重要一项。其实施是我在野时期。我第二次组阁当时，并不太了解新制度，后来渐渐地碰到了各种事件，意外地发现那是不合理的制度，而感到十分惊讶。

当时的制度是，市町①村行政单位有自治体警察，此外还有国家地方警察。既然叫国家警察就应该管全国，其实不然，他们只负

---

① 大约相当于"镇"。

责没有自治体警察的地方，这才明白他们跟战前的国家警察毫无共同之处。而且政府根本无权指挥和下达命令。政府对自治体警察不消说，对国家警察都不能命令和指挥！

因为管理这么分散，警察自然就非常软弱无力了。这种软弱在某种意义上，也许正是总司令部实行警察民主化的目标。不错，软弱无力的目的确实实现了，后来随着破坏分子的有组织的活动日甚一日，这个新的警察制度的弱点作为重大的缺陷就凸显出来了。

例如，在警察力量达不到的地方村镇，破坏分子占领警察署，闯入村公所，又大搞罢工，工人占领工厂并进行工厂管理之类，对这些不法行为警察都鞭长莫及。加之，报章的导向对警察非常苛刻，对平息暴乱报道的调子简直就是罪恶一样。这样一来，警察作为维持治安的机关实际上几乎就完全无能为力了。最后，还出了这样的事：在神户朝鲜人发动暴乱，警察处理不了，第八军司令官爱凯尔伯格中将赶到现场宣布进入紧急状态，依靠军队的力量总算镇压下去了。

我竟然有所不知

我的想法是，警察应该是整个行政中最重要的一部分，内阁当然对此应负有责任，所以也应该有相应的权限。我当时以为在新的警察制度下原则上也是这样。然而后来，如前所述，面临各种事件，我才知道政府对警察，暂且不说责任，首先就没有任何指挥权、命令权。

这样说的根据是，广岛、横滨、福岛等地方不断发生暴动，又相继发生下山事件、三鹰事件、松川事件等离奇事件（原编者注）[①]。当时我想，警察都是干什么吃的！我把国家地方警察长官斋藤昇先生叫来，让他亲自到现场去指挥。然而他解释说，对自治体警察，如果人家没有要求你增援，国家警察是不能出面的。我说岂有此理，怎么会有这样的事呢！他说："总之制度的原则就是那么定的。"我实在是太迂阔了，事到如今我才知道新的警察制度是怎么回事。1952年5月在皇宫外广场发生了暴动，那时候，幸亏警视厅出手才镇压下去了，政府对自治体警察没有任何直接指挥命令的权力。制度就是那么定的。

（1）平市事件：1949年6月30日，在福岛县，煤矿工人、朝鲜人、等200多人占领了平市警察局，在警察局挂起红旗，搞得声势很大。事件的直接原因是，共产党设置揭示板，依福岛军政部劝告，平市警察局命令撤掉。可以说这是共产党有组织有计划地利用矿工、朝鲜人进行斗争的革命行动。这个事件由于国家警察增援而被镇压下去，以扰乱治安罪逮捕了不少嫌犯。一审不承认其扰乱罪，检察方抗诉，目前（本书执笔时）正在审理中。

（2）下山事件：1949年7月5日，国营铁路总裁下山定则先生失踪，次日在东京都足利区五反野南町常磐线线路上被发现，当时尸体已被肢解。那个时期国铁正处于因整顿而引起的争议的漩涡之

[①] 第三届吉田内阁于1949年2月16日成立，支撑到1952年10月24日。这期间政府进行了行政整顿，工会则反对其实施，另外，日本共产党采取了破坏性行动，随之发生了一系列事件。这些事件中，国营铁路首次进行大规模人员重组更受到广泛关注。

中。围绕下山总裁的死出现了自杀、他杀的各种说法，最终没有判明真相就结束了侦破。

（3）三鹰事件：1949年7月15日，晚9点20分，国营电车公司由7节车厢构成的电车向三鹰站内西部入库时突然在没有人的情况下高速行驶弄坏转辙器而冲进站内，冲过终点车挡和检票口，继续破坏站前派出所，斜向冲过站前广场东端，冲进民房才停下。这是个重大事故，一共死伤24人。对此事件，以国家警察总部为中心进行侦破，最终逮捕了嫌疑人原三鹰电车区检查员竹内景助等人。

（4）松川事件：1949年8月17日，凌晨3点刚过，在东北干线金谷川站和松川站之间的地点发生旅客列车脱轨，造成火车司机等人死亡的事故。国家警察福岛县总部全力进行侦破，逮捕了整顿时被解雇的国铁人员赤间胜美等人，现在案件正在审理中。

（5）1950年6月5日，总司令部驱逐日本共产党中央委员以及候补委员25名，6月7日驱逐赤旗报相关人员17名，6月28日命令赤旗报停刊。

（6）皇宫外广场事件：1952年5月1日，第23届劳动节在明治神宫外苑举行。当时在和平条约生效后的紧张气氛中，集结了日本工会总评议会为中心的各行业系统的工会、民主战线系统的朝鲜人、全国学生总联合会。大会结束后，朝鲜人、全学联、自由工会的激进分子团体从日比谷公园冲入皇宫外广场，悍然举行非法游行，对警察实施暴力，烧毁驻日军车。最终被警视厅镇压下去。结果警察伤900人，暴徒伤400人。警视厅当天在现场逮捕了48人，后来在5月4日以前以扰乱治安罪逮捕900多人。

举世罕见的制度

一国的政府，把警察权彻底交给市町村的小区域自治体，且对此无权过问，世界上有这样的国家吗？众所周知，这种离奇的制度是美国特别派到日本来的使节团以强烈劝告的形式强加给日本的。也许他们参考了美国自己的警察制度。美国的州警察和市警察都不归联邦政府管。然而这与设立于日本的制度却有根本的不同之处。他们的系统是具有全国权限的直属于合众国政府的联邦检查局，对不交给州或城市办的事项，或者地方警察在法律上禁止不了的事项，其警察可以出动。而日本我就经历过诸如战后日本各地频发的暴动事件，如果以不限于一个地方的违法活动为对象，这时软弱的村镇警察不消说了，就算比较强的城市警察要进行处理也是不够用的。

所以我想，这样不行，于是就让下面的人进行多方研究。然后，研究的结果在我的任期中实现了现在这种以府县为单位并且带有国家性质的警察制度。此外，政府还握有另外的实力部队以加强警察力量，也就是后来发展起来的自卫队。这在设立之初，我认为在总司令部内心深处藏着一层意思，那就是弥补脱离政府管辖而软弱无力的警察制度的缺点。这里想讲一下重新改革占领军所强加的新警察制度的经过。

财政拮据的自治体警察

战后警察制度的改革，大城市不消说，给5000以上人口的村镇强加自治体警察，所以全国出现了1600多支各自独立的警察队伍，而其中大部分，即将近1400支队伍是镇或村的警察。而没有自治体警察的农村山村地区，由全国的国家地方警察来管着，这是很复杂的。相互间的协作、国家警察的支援，这些原则上要有本地警察的请求才能实施。但实际上，或者处于割据，或者由于排他性，或者为保住面子，实际的请求是很困难的，因此国家警察的协作支援很少有顺利进行的。而且，据说村镇警察显然是由村镇当局者的财政维持的，因此就有或明或暗受当地有实力的人物的影响这种弊端。

上文已经提到，警察如此软弱无力，为国民服务的所谓警察民主化的目的确实是达到了，而且作为战前弊端的政治警察、思想警察的痕迹完全看不到了，但反过来又出现了软弱无力的缺点。最糟糕的是都说单独维持警察的财政负担承受不了。由于诸多原因，新警察法刚刚实施一年的时间，就有越来越多的意见被提出，制度的根本改革暂且不说，有意见提出希望废止比较贫弱的村镇警察，统一成为国家警察。而且1949年春季以后极度激烈的劳资纠纷不断发生，此外，上文说到的平市事件、下山事件、三鹰事件以及松川事件等频繁发生，要求改革《警察法》的呼声愈来愈高。

总司令部内的两种意见

有人认为那是企图恢复旧的国家警察即政治警察，反对的声音越来越强。我要提一下，在这样的场合，总司令部的民政局和参谋二部之间也有微妙的对立。前面已经谈到这二者之间的一种对立

（参照第三章），本来在新警察制度改革中，对设置众多小规模自治体警察，参谋二部的公安科就曾反对过。因此废除它，将其统一到国家警察中去，作为公安科的意愿似乎是赞成的。然而另一方面，民政局是这个新制度的始作俑者，而且是直接负有日本民主化使命的部门，所以对这种从根本上改革新制度根基，尤其是给人以回归旧制度印象的改革，他们压根儿就不欢迎。民政局推测我们欲修改《警察法》，将警察长官的任命权掌握手中，像战前那样将警察控制于政府管辖下，这大概也可以理解。总之，政府实施《警察法》修改的提案面临非常大的阻力。

不仅如此，当初看似支持废除小规模地方自治体警察的公安科的意见后来也发生了变化。当时，警察制度改革刚进行一年有余，所以总司令部上层也提出警告，要求至少两年以后才可以着手实施。

二、再改警察制度的动向

转机是共产活动的恶化

1949年频繁发生上述恶性事件，进入1950年之后共产党的活动更加露骨地显出暴力革命的特点，他们高呼反对帝国主义的口号，企图离间日美关系，一有事就攻击美国的政策。据称，莫斯科的总部批判日本共产党干部的思想，同时又下达新的行动指令，而上述露骨的变化就是根据莫斯科的命令搞的。有鉴于此，总司令部对共产党的态度更加严厉了。

1950年最大的事件就是6月25日爆发的朝鲜战争。日本国内也预想到破坏分子与朝鲜军队相呼应进行活动，认为需要维持治安，为此更加担忧警察的软弱无力。这时候，如下文所述，根据驻军总司令的指令，组成了新组织"警察预备队"，可以保有政府直接管辖的强大的警察力量。作为总司令部的具体负责部门，跟过去的民政局管警察相对应，这个新设立的预备队由参谋二部公安科来管。司令官的这个新设预备队的指令刚刚下达的时候，我方有一种意见，希望把它作为政府直接管辖的国家警察。而总司令部的想法是，与其使它成为警察不如变成近似于军队的组织更好。其性质跟一般的警察不同，由于众所周知的经过而发展成了现在的自卫队。

战后警察的两个弱点

从那时的经验来说，大家一致的看法是当时警察制度的主要缺陷是中小自治体的软弱和整个国家对警察力量管理力度不够这两个方面，另一个是对国家的大事件，要允许国家警察在全国范围内行使其权限。而且政府应该有权直接调动国家警察。

于是，各处都传递着各种各样的构想。当时，现在的公安调查厅前身特别审查局这个部门属于法务厅。这当然不是警察，是管理有政治目的的治安问题，当时的治安状况尤其需要改革警察制度，有很多问题跟特别审查局的工作对象是相同的。可能就是由于这种原因，总司令部民政局方面有一种意见说，应该扩大和加强特审局，并且再让它具有警察的权限，变成美国联邦调查局那样的机构。

这种改革方案可以说有些别出心裁，日本方面的意见是：解散国家地方警察，把它分为各府县自治体警察和具有全国权限的国家警察，再把特别审查局合并到国家警察中，使之成为美国式的联邦调查局那样的机构。

全民公投废除自制警察制度

这样的想法基本是成形的，但是却类似于在复杂的原有机构上叠床架屋，解决不了自治警察的设立过滥和软弱无力的状况，而且重新组建全国性的警察机构，说起来容易做起来难。由于这些情况，不仅在日本内部，就是在总司令部的内部也没有得到一致的意见。

这样，经过多方讨论，到了1951年，成功进行了以下述两点为主要内容的改革。其一是通过公民投票开辟了自行废止自治体警察的道路，废止之后当然就成为了国家地方警察的一部分。其二是都道府县的知事有要求时国家警察可以在自治体警察辖区内执行警务。

前者即废止自治警察，其后在多数村镇顺利实现，最初有将近1400个村镇警察机构，在1954年因国会群殴而成立的《新警察法》实施前夕，已减少到127个。

与此相反，后者即知事要求国家警察出动的事例据说一起都没有。

排除干扰，确立现行制度

但是我并不满足于上述改革。上述改革后，进行了旨在明确政府治安责任的若干改革，进一步制定了跟现行制度基本内容相同的大胆的改革方案并在国会上提出。遗憾的是由于1953年3月解散国会而流产。1954年重新提出，得到改进党和鸠山派的合作使现行的警察制度得以成立。其详细经过从略，其要点是废止自治警察，以府县为单位的国家警察取而代之，实现系统化，进而谋求统一指挥权和任命权。此外，由公安委员会实施的民主管理的方式，作为战后改革的优点而得以保留和继承下来。不过我要交代的是在进行上述重新改革方案的国会审议时，社会党强烈反对，为使法案流产，导致了阻止会期延长的暴力局面，即所谓的国会群殴事件。大概谁都记得这是国家政治史上的一个污点。

最终的民主警察的面貌

我想在这里进一步叙述的是，对这个警察法案的修正，不光是社会党，社会上的所谓有识之士都极其强烈地加以批判。我们改革的目标不外乎挽救警察的软弱、政府容易履行维持治安职责这两点。然而反对者总是不停地歪曲和夸张，说我们简直是妄图复活战前的国家警察和政治警察。更有甚者，他们说得简直就像丧失了自由一样。我实在不明白他们究竟是什么意思。那种难以理解的心情现在回想起来更沉重。后来，新的警察制度得以极其平稳地推行，是因为其与战前的国家警察已经完全不同。

我想，现在的这种制度，如果在战争刚结束之初的改革中就确立起来的话，人们就会比照战前的制度而盛赞那是极佳的民主化的警察制度。

就是那么极力反对我们改革的人们恐怕也有同样的感觉吧。然而战后警察力量一度极其分散，我们在这种情况下重新改革，希望能使警察力量多少集中些。可能是强化警力对那些不逞之徒来说是非常不称心的，所以就大放厥词说什么反动啊、倒行逆施啊，极尽攻击之能事。今天回忆起来，我再一次确信，我国的警察制度经过战后的改革以及我们所作的改正，已完全发展成为民主化的警察制度了。

第十二章　从警察预备队到自卫队

一、从无到有的 7.5 万人

收到总司令官的函件

在 1950 年 7 月，朝鲜战争爆发后不久，我收到最高司令官麦克阿瑟元帅的紧急且重要的函件。内容是关于采取措施确保国内治安的命令，其中包括设立警察预备队。其要点为，新设由 7.5 万人组成的警察预备队，同时扩大海上保安厅现有规模，增加人员 8000 人。

我一直担心警察力量的不足，深感有必要设法以某种形式加以充实。因此，我对总司令官的这个命令，以特别积极的态度研究执行。我甚至认为这是一次好机会。为尽快落实，当天便让有关部门的负责人开会研究函件要求和要采取的措施。函件本身的目的所有人立刻就能明白。也就是说，由于需要弥补朝鲜战争爆发后美军向前线移动引起的防卫空缺，以及为应对根据当时形势有可能在朝鲜以外地区发生社会主义势力入侵的危险，总司令部欲加强日本维持国内治安的能力。

会议上的焦点问题是新设立的警察的性质不明确，特别是与现有的警察属于何种关系不够清楚。

正好7月中旬将要召开临时国会，可以预想到新设警察预备队的问题也会成为质疑的对象，因此以上述疑点为中心整理出我方意见，然后与总司令部进行协商，对其意向进行全面确认。根据确认结果，针对国会质疑解释说与现有警察不同，属于政府直辖部门，并明确其要与国家地方警察以及自治体警察保持密切联系，以加强治安为任务。针对有人质疑是不是进行重新武装的第一步，强调新设部队纯粹是为了确保国内治安，与重新武装没有任何关系。众所周知，关于与重新武装的关系问题，这以后也一直受到质疑，在采取逐渐增强日本防卫力量的方针的同时，始终成为国会内外批判的焦点。

新部队的组织结构与队员招募

新设警察预备队的性质、目的得到明确后，为确定组织结构，以原法务总裁大桥武夫、原官房长官冈崎胜男为中心组成筹备委员会进行研究。首先决定以原香川县知事增原惠吉为新设部队的核心人物，然后决定让劳动省次官江口见登留参加到委员会中。我曾经在第一次去高知县参加选举，从大阪经高松前往高知县时，在高松见到增原并一起吃过饭，很了解他的为人。增原随着预备队成立被任命为本部长官，江口被任命为次官。

制定成立计划之际，与总司令部保持了密切的联系。最后决定如下主要原则：总部设在东京，全国分成数个管区；直属首相管辖，由其任命的本部长官统领整个部队；携带性能与治安警察任务相符的装备，具有与治安警察任务相符的机动能力。收到总司令官函件一个月后的8月10日，便公布了根据"波茨坦政令"制定的"警察预备队令"。

任命本部长官和次官的同时，马上开始着手招募队员，按部就班从应征者中挑选合适人员。考虑到当时受欢迎的职业和青年人的思想倾向，一些人对应征者的数量很担心，看法悲观。然而实际进行招募时，应征者格外踊跃，结果总数达到38.2万人，超出预计招募人数的五倍。合格人员进入国家地方警察管理下的警察学校，接受作为部队骨干所需要的初步培训。还有人担心应征者的素质，但听说实际招募时没有发现令人不放心的地方，而且后来应征人员的素质逐步提高。去年，九州管区担任类似于军团长职务的松永诚甚至说，这两三年进入自卫队的士官，素质特别高。

培养干部最为费心

一般队员的招募顺利至极，然而最困难的是部队干部的任用问题。很多人会想到从旧军人中挑选合适人员简单快捷，不过在当时形势下，这么做的障碍很多，作为我来说还是想尽量避免。况且，总司令部也特别提醒我注意这一点，希望我尽量不要任用旧军人。在快速充实干部队伍方面必须非常用心。

第一个问题是这统一着装部队的最高领导人由什么人来担任？

按照预备队的官员任命制度,最高领导人称为总队总监。有人提议由官内厅①次官林敬三担任,我也认为他很合适。

从旧军人之外寻找合适的预备队干部,制定挑选标准很难。而且预备队干部作为公务员必须官阶很高,如果根据正常的公务员资历标准,任用的同时决定其官阶,根本不可能招到所需人员。因此在预备队干部的任用制度方面,采取特别做法,使用与一般公务员不同的任用制度。

法律程序理顺后,接下来便是人员挑选。什么地方有合适的人?以什么标准挑选合适的人?这类问题完全令人不知所措。最后没有制定通用标准,而是从各有关方面广泛推荐,根据被推荐人的人品、经历、技能、健康情况进行判断,最终确定了200名高级干部。

除了这200名特别任用的人之外,还需要中级干部约600人。应征者大约有1.2万人,在各都道府县国家警察总部参加考试后确定了人选。此外还在已经入队的队员当中进行升迁选拔,总算使干部人数达到所需目标。

薪资方面遇到困难

警察预备队的高级干部任用问题,在相关负责人艰苦努力下以及各有关方的支持下得以解决。但是,一开始就比较麻烦的是薪资问题。我认为无论从招募优秀队员角度还是从使队员心情愉快地工作的角度考虑,都应该不惜高薪,并且对相关人员做出过指示。可

---

① 日本皇室的一个重要办事机构。

是，关于薪资，总司令部认为原定标准过高不予接受，到薪资标准最后确定颇费了一番辛苦。

有人提议采取奖励的方式，即服役满两年者支给5万日元到10万日元程度的退职金。我非常赞成这一做法，不过总司令部对额度还是有异议，最后决定退职金为6万日元。

对于每月的薪资，我方考虑队员最下级二等巡警为5000日元。而总司令部特别是民政局横加阻拦，认为太多。理由是，在队内服役时，衣食住都由国家财政负担，所谓薪资应该就是零用钱水平。不仅如此，两年服役期满之后获得的退职金6万日元理所当然应该作为薪资的一部分考虑。当时公务员的薪资水平不过为6300日元，由此他们认为队员的薪资过高。

关于薪资水平总司令部内的对立

当时，关于薪资问题总司令部的参谋二部与民政局持对立意见。虽然是些无聊的琐事但我仍记忆犹新。关于总司令部内部的对立，我在前文中也已详细叙述过（见上卷第三章）。尽管隶属于参谋二部的公安科赞成薪资问题的原方案，民政局却一个劲唱反调。当时这也不无道理。

公安科与我们意见一致，都考虑到警察预备队没有任何基础，完全是从零开始，在极短的时间里组成一支全新的7.5万人的队伍。因此希望至少能够通过高工资来确保招募到优秀人才。故而开始就有即便是薪资水平过高也无可厚非的观念。但是民政局担心这样一来，与一般公务员，特别是与普通警员相差过大，普通警员中的优秀人才可能会转职加入到警察预备队。由于双方意见不统一，便自然而然地产生了分歧，形成对立。

但是当时我们最担心的问题是究竟能招募到多少优秀人才加入到这支在当时尚并未赢得国民尊重、拥护的队伍。想要吸引更多优秀人才加入，除上述所提到的高工资外毫无其他办法可言，所以我们一直坚持必须不惜一切提高工资这一意见。但不管我们如何交涉、协商，始终没能得到理解和认可。

历经三个月终于解决

不断有新人加入警察预备队。然而由于薪资水平问题仍未得到解决，所以无法正式发放工资。我们十分担心这会影响到加入这支队伍的人员的士气甚至给应征者带来不好的影响。当时的情况举步维艰。最后商定由我联系麦克阿瑟总司令长官。我于10月初以书信形式向总司令官说明了情况。问题因此出现转机，双方决定将其作为财政问题，由我方的冈崎官房长官与马库特经济科学局长进行会谈，最终确定最下级二等巡警的工资为4500日元。按照原来的提案，服役两年后，支付给每人6万日元作为退休金。不过对此还是出现不少异议，勉强于11月10日在内阁会议上通过了这一决定，此时距离开始招募新队员已经过去近三个月之久。

经过上述过程，新设立的这支为补充原有警力不足以确保国内治安的强力部队总算组建完成。正式完成组建虽然是在1950年之后，但其实已经于 1950 年当年利用原水产讲习所位于越中岛的馆舍作为本部，挂起警察预备队的牌子。记得 12 月中旬左右，我作为最高负责人还亲自到越中岛视察了这支队伍。

增加海上治安人员 8000 名

就这样，按照麦克阿瑟函件命令创立警察预备队的工作终于就绪。另外，按照命令海上治安警察也需要相应增加 8000 人以充实海上治安力量，所以必须在陆上部队之外，另行筹建。既然是海上部队，必然需要军舰。然而当时的日本并不具备与治安警察相匹配的舰艇，也无法在短期内进行配备。好在当时主要从事海上救援的海上保安厅（运输省的特别局）保有最高 700 吨级的几十艘巡逻用船只。因此，只好增加海上保安厅的人员，使用该厅的船只，从而完成了增加 8000 人的命令。

二、走逐步增强防卫力量的路线

治安警察部队的成长与发展

新设警察预备队与增加海上保安厅人员暂时弥补了治安警力的不足。但作为即将到来的和谈独立之后的内外安保体制，毫无疑问这些是不够的。于是便产生了在日本独立后仍通过美军驻留日本以加强相互安全保障的构想。众所周知，基于这一构想，日本在签订《旧金山和平条约》的同时，还与美国签订了《安全保障条约》。

但尽管说是相互安全保障，实际上却是将自国的国防完全交于他国军队，怎么看也不合常理。美国方面自然也不愿意一直使日本处于这种完全没有防卫的状态。所以《安全保障条约》中的"逐渐增加自身的防卫责任"这一观点在条约草案的审议过程中必然成为关注点。该问题之所以重要，不仅仅是因为它被特别写在条约当中，也是出于日本在独立之后的内外形势的需要。

这样，从海陆两方面得到加强的新设治安警察部队之后规模不断扩大，隶属部门从保安厅发展为防卫厅。大致过程正如大家所了解的那样。同时，日本社会关于这个问题的争论，例如与宪法第九条的关系、能否重新武装等，时至今日从未停止过。我就此类问题的见解以及理念另行叙述，在这里先叙述一下作为治安警察部队的警察预备队的发展历程。

保安厅实施海陆一体的管理方式

前面提到过，警察预备队创建之初只有 7.5 万名队员。为应对国内外形势的变化，遵循逐步增强自卫能力的宗旨，从海陆两方面加强警备力量。1952 年 4 月和平条约生效前后，开始增加陆上部队人员，在原有的 7.5 万名基础上再增加 3.5 万名，使总数达到 11 万；另一方面，海上力量通过修订海上保安厅法设立海上警备队，作为保安厅的部门之一将其分离出来。并且在同年 8 月份，合并警察预备队与海上警备队，单独设立直属内阁称为保安厅的新机关进行一体化管理。陆上部队称为保安队，海上部队称为警备队。规定其任务为维持国内和平、稳定国内秩序、保护国民的生命财产安全，在必要情况下可以采取行动。

保安厅最初成立时由我作为主管处理该厅的大小事务。同年10月末第四次重组内阁时，由木村笃太郎担任主官。这期间，我视察了保安厅所在地越中岛，对各位干部表示慰问，后又在秋天，参加了于明治神宫外苑的竞技场举行的保安队成立纪念仪式，对此至今仍记忆犹新，令人感慨。

在仪式上，我提到保安队被赋予的重大任务，强调保安队一定要真正赢得日本国民的信任与爱戴，要求每位队员应以高度的自觉和努力为此奋斗。同时强调具有放眼于全世界的、健康的而非狭隘的爱国心至关重要，激励他们以这种爱国之心完成保安队的使命。

从美国租借舰艇

这样，作为保安厅的一部分，成立了海上警备队，暂时具备了海防体制。但是，我前面也提到过，海上警备队所使用的船舶不过是海上保安厅巡逻用的小船，对此必须采取措施。捷径便是向美国租借舰艇。很早以前，我便与总司令部谈过这个想法，经过一系列非正式协商后，在1952年4月，也就是海上警备队成立之前，我以书信的形式向李奇微司令官提出申请，向美国方面租借舰艇。

当时海上保安厅拥有3艘700吨级、22艘450吨级、20艘270吨级别的船只，力量很弱。而且均属于巡逻艇级别，无论是从数量上还是从性能上看，都不能有效保卫长达9000英里的海岸线的安全。所以当时向美国申请租借至少 10 艘护卫舰以及 50 艘登陆艇。

但是美国需要制定将自国军舰租借于他国的特殊法律，该法律于同年 7 月制定完成。申请租借的国家不仅有日本，还有台湾的中华民国政府、韩国政府，因此该法律是为满足上述国家的要求而制定的。这部法律详细规定了军舰的租借期限、租借条件等。日美双方基于舰艇租借法进行协商，最终美方同意租借给日本 18 艘 1500 吨级的护卫舰以及 50 艘 250 吨级的登陆艇，并于同年 11 月份签订《日美船舶租借协定》。

然后开始履行批准手续，在得到国会认可后于 12 月下旬生效。根据协定，军舰交付工作从第二年 1 月份开始至该年 12 月份结束，使我国的海上防卫面貌焕然一新。前面也提到过，在此期间，海上警备队脱离海上保安厅，与陆上警备队合并成为保安厅下的海陆治安警察部队。

MSA 援助的影响

恰在此时美国国内根据一直以来的对外援助事例制定出一部法律，也就是所谓的 MSA 即《相互安全保障法》，目的在于规范对外援助。因此日本所租借的舰艇也是根据 MSA 军事援助条款来执行的，并在此基础上，于 1954 年 5 月签订《日美舰艇租借协定》，再次租借两艘 1600 吨级、两艘 1400 吨级共计 4 艘的驱逐舰，使海上警备队的实力进一步得到加强。

《MSA 援助协定》实质上是日本被占领以来至独立之后美国援

助的继续。为应对美国国内法律的变化，条约在字句上多少有些变化和增减，但内容上与之前的做法几乎没有不同。尽管如此，认为逐步增强警察防卫能力的措施违反宪法的言论开始再次泛起。详细事宜我会另行叙述。下面我想稍微提一下保安厅的改组以及其后的海陆空自卫队的组建过程。

没有军队的国家的军队

如前所述，美国的对外援助统一依据新制定的《相互安全保障法》实施，所以日本海上自卫队的舰艇租借便是按照该法的军事援助条款执行。但是该法规定在接受援助的同时需履行一定的义务。本来美国的《MSA法》是针对拥有军队的国家而制定的法律，不完全适用于没有军队的日本。接受MSA援助的其他国家都拥有军队，只有日本例外。既然需要接受美国的援助，日本就必须在国内法律方面做些调整。

由于上述原因加之当时国内外形势所迫，因此通过修改法律，明确规定以往以维护国内治安为主要任务的保安队、警备队，还需要承担抵抗外国侵略的使命。而前述反对意见主要也是针对这一点。

防卫两法案

实现对相关法律的修改必须有当时在野的保守政党改进党以及日本自由党的合作。所以我在签订与MSA相关的协定之前，于1953年9月，首先拜访改进党总裁重光葵在镰仓的府邸，与其进行诚恳的商谈，达成非常重要的谅解。这一谅解包括两方面内容：一是随着驻留美军的逐渐减少，必须制定与国力相应的逐步增强防卫能力的长期计划；另一个是修改《保安厅法》，使保安队、警备队可以直接对抗外国侵略。

但是关于修改的具体细节始终没能和在野党达成一致意见，包括改进党、日本自由党在内的三党间谈判持续到第二年即1954年，在3月份签订《MSA协定》之后终于达成最终的谅解。在此基础上，拟定《防卫厅设置法案》与《自卫队法案》两部法案，并马上向国会提出。这在当时被称为防卫两法案，在国会审议中一直受到革新政党的质疑，反对的主要焦点集中在是否违反宪法。总之，最终法案在国会上获得通过并于同年6月公布，7月1日开始执行。

队员素质的提高令人欣慰

这样一来，保安厅改为防卫厅，保安队改为陆上自卫队，警备队改为海上自卫队，又新设了航空自卫队。自卫队的主要任务是保卫日本的和平与独立，保卫日本的国家安全，保护日本不受外来的直接或间接的侵略。

同年12月，我因内阁总辞职，不再担任首相。但是从警察预备队创始初期，一直负责组织和建设工作的我，始终牵挂着自卫队的情况。从相关人员的报告中了解到，自卫队的力量逐步得到加强，装备与设施得到充实，而且，队员的素质得到显著提高，训练也在稳步进行，我着实替国家感到高兴。

发展成为令人信赖、敬爱的自卫队

在这里，我想记述一下社会对于自卫队的看法。

从成立之初的警察预备队，到后来的自卫队，一直像违反宪法的私生子一样饱受批判。或许在当时情况下这也是一种无奈，令人感到十分遗憾。而且，旧军人们自认为离开他们不可能建成自卫队，背地里说自卫队是搞砸了的军队。也就是说，自卫队同时遭受到左派和右派的白眼。在这种社会风气下我十分担心青年自卫队员感情上会受到伤害，影响到他们的士气，便决定要采取些措施培养国民对自卫队的敬爱之心。

但是怎么做才能让国民发自内心支持、信赖自卫队呢？我认为首先必须关注驻地民众的利益。比如说，在遇到洪水、暴风、火灾等灾害时，自卫队应该出动。在需要修建道路或紧急修复道路时也应该出动。从而逐渐与当地民众的生活和生产经营活动建立密切联系。我指示自卫队要通过上述努力，成为使民众认可他们是对民众有益的、可靠的部队。

再者就是让自卫队在东京这样的大城市街头列队行进，唤起年轻人的憧憬之情。总之考虑了很多办法。不知道是否是这些办法产生的效果，据说地方上开始自发地对自卫队产生了爱戴拥护之心。

我最为重视的教育设施

最后我想叙述一下针对自卫队干部的教育设施。

我前面也已经说过警察预备队成立之时招募干部的窘迫状况。

众所周知，本来培养部队干部在旧陆海军时代就是十分重要的问题，所以有很多特殊的培养教育机关，但是这些机关在教育方针方面存在着很大的缺陷。因此战后的部队不仅在技术方面，作为民主主义国家的防卫部队在对内对外的常识方面也需具备较好的素养。这些问题一开始就是我当时最为关心的事情，自组建警察预备队起，一直督促、鼓励相关机构逐步扩充各种教育设施，并于1953年4月创立由保安厅直辖管理的最高干部培养机关保安大学校[①]。

关于学校的选址问题，最初曾有人建议定在广岛县江田岛的原海军学校旧址，但我断然拒绝，坚持设在东京附近，并开始物色候选地。首先是因为在边远地区难以招募到优秀的师资力量，再者如今国际国内形势变幻莫测，应该使高级干部们经常接触了解到相关信息，以培养丰富的政治常识。所以我认为必须设在东京附近。故而选在了三浦半岛的久里滨原海军所属学校旧址，后又更名为防卫大学校，并迁移至现在的小原台。听说新校舍建在旧陆军炮台所在地，战后又曾作为美军高尔夫球场使用的一个地方。校长由小泉信三先生推荐的桢智熊先生担任。

建成后的第四年，也就是今年3月下旬，举行了第一届毕业典礼。作为第一代防卫长官，我也受邀参加。陆海空的毕业生总计337人，看到他们健康向上朝气蓬勃的军姿，我不由得百感交集、激动万分。

---

① 日本不根据学校教育法而从事大学程度教育的高等院校，多由行政官厅直接管辖

必要的常识教养

我一直认为，军人只懂军事，或许会擅长作战，但会缺乏政治或国际外交方面的常识，从而使国家和外交遭受损失。大东亚战争便是一个很好的例子。这绝不是我个人的看法，世界各国基本都把防止军人干政当做内政方面的一个重大问题。而军人遵守自己军人的本分不过度参与政治也至关重要，为此需要具备广阔的视野和丰富的政治外交素养。

在英国等国家，贵族与富人阶层的子弟将成为军人拥有军职作为一种名誉，很多人立志从军并非出于谋生或谋职的目的，他们具有很高的个人修养，一心报国奉公。他们深谙国内国际的政治外交常识，而且传统上认为军人参与政治，或把参与政治当做出人头地的手段是不光彩的。一直佩服英国的我以大东亚战争的痛苦经历为鉴，在建立警察预备队的同时，十分重视这支取代旧军队的新式部队的干部培养问题。我认为应将重心特别放在政治外交素养的培养方面并为之付出了努力。我希望当政者今后也不要满足于防卫大学校的现状，不断充实丰富教学内容，坚持不懈地提高自卫队的军事技术和政治外交素养两方面的质量。

第十三章　我对重新武装的看法

一、我为什么反对重新武装

反对理由有三

重新武装是我在任期间，特别是后半期的最大问题之一。虽说是大问题，我自身却从未想过要重新武装，甚至可以说是一直持反对意见。在我任职期间，即使政策上有什么重大问题，重新武装也绝称不上是个问题。但是，作为外交场合谈论的话题，或是作为国会质疑的对象，又或是作为国内政治热点，无疑，重新武装问题始终纠缠着我们。

总而言之，考虑重新武装，这本身就是愚昧至极、不清楚世界形势的痴人说梦。据最近视察美国军队归来的自卫队干部说，美国是挟二战胜利之余威，凭借其拥有的全世界无法比拟的财富，才建立起如此强大的军队。他国若要组建能与其相匹敌的军队，将会成为极其沉重的负担。即使可以承受这个负担，是否只要进行大规模投入，就能够实现像美国今天如此先进的作战能力，仍是个疑问。

更何况，战败后的日本，无论多么努力都不可能望其项背。这是我反对重新武装的第一个理由。

第二，就国民思想现状而言，重新武装的心理基础已完全丧失。第三，对于曾经被迫参与非正义战争的国民来说，战败带来的创伤还没有消失，还有很多需要善后的事情。

共同防御是世界共识

不仅如此，世界上没有任何一个国家可以仅凭一己之力守护国家。即使是美国，也认为共同防御是其国防的核心。《日美安全保障条约》（以下简称"安保条约"）就是根据这种理念制定的。现在的《日美安全保障条约》签订时自不必说，后来的形势发展，也日益证明了其有效性及合理性，而且并未出现视其无用、抵制反对的情况。据传，社会党目前认为存在很多不合道理的情况，诸如事态发生变化啦、不平等啦等等。若真如此，那只不过证明了他们的愚蠢。在社会主义阵营发起攻势的紧要关头，我们已经无暇顾及共同防御体制不平等之类的看法。像这样煞有介事地宣扬不平等条约论、高喊中立外交的人，简直就是井底之蛙。每当听到这种言论，我都不由得为之震惊。广大国民应该冷静地思考日美安全保障体制产生且存在的理由，并且期待可以据此完善国家防卫体制。

首次真正涉及重新武装的话题

首次真正涉及重新武装的话题，是在1950年6月，正好在朝鲜事件发生之前。当时美国政府方面认真考虑对日议和问题，对日和平条约一旦签订，美军为首的同盟国部队按照逻辑来讲应该撤出日本。这样，日本防御就会处于真空状态。从当时国际形势来看，这种情况是决不允许的。有人出于上述考虑，作为和谈独立的必要条件，才想要日本重新武装的吧。这就是当时在日本备受热议的闭关锁国论。

我公开反对重新武装论。理由如前所述。然而，和谈独立后如何进行国土防御，依然是重要问题。当时日美双方经过多轮协商，并在麦克阿瑟元帅的理解和建言下，解决了该问题。最终达成一致意见，美国利用日本尚存的旧海陆军闲置装备，间接帮助日本重新武装。

这样，重新武装论偃旗息鼓。但讽刺的是，不久之后，日本在占领军的命令下，对日本的防御问题采取进一步的举措。不用说，那就是在朝鲜战争爆发之际，建立了一支被称为警察预备队的，独立于当时普通警察之外的治安警察部队。这支警察部队的性质，后来基于周围态势也不断做出改变，以至于发展到公开表示警察预备队在外敌入侵时，应担负起保卫国土的任务的地步。并通过在《日美安全保障条约》的序言中加入"防卫能力渐增"这句书面语，使提升自卫队的防卫能力体现为一种条约上的义务。可以说这两种做法或多或少也顺应了美国的要求。

关于警察预备队是否违宪的争议

警察预备队设立的同时出现的问题有：预备队是重新武装，还是为重新武装做准备？与此相关联的问题自然便涉及到是否违反宪法。这不是单纯的质疑，而是将这些问题作为攻击政府的借口。这种发难，在接到建立警察预备队的指令后不到十天就出现了。

1950年7月8日，我接到麦克阿瑟元帅关于建立警察预备队的函件。当月12日，第八次临时国会召开。在同年春天的通常国会上，对基于肖普建议拟定的《税法修正案》进行审议，其中国税相关法案通过了审议，地方税相关的法案因参众两院意见相左而未完成审议。前文提到的临时国会，是以重新审议地方税法案为目的召集的。当时正处于国内共产党破坏活动日益猖獗的时期。5月末，在皇居广场前举行的、称之为"人民奋起大会"的集会上，发生了对占领军将士实施暴力的事件。受此事影响，共产党中央委员及其机关报《赤旗报》的干部受到开除公职处分。而且，朝鲜战争爆发后，总司令部的对共政策迅速转为强硬，采取了停止发行《赤旗报》以及发布对共产党干部的逮捕命令等措施。同时，全国范围内产业界、新闻界、政界等也一齐进行红色整肃。不言而喻，这种氛围下召开的国会，自然会将警察预备队作为目标攻击重新武装论。

社会上的反政府言论也顺势强调违宪论。联合国军队进入朝鲜，日本作为其后方基地，自然会出现国土被征用的情况。因此，对联合国的支持限度问题，也成为攻击的重要材料。那时日本的和谈问题逐渐成为国内外的焦点，不断出现反对没有苏联参与的议和，即反对单独议和的言论。

"与自由国家阵营站在一起"

根据当前形势，我在临时国会的施政方针演说中，强调如下观点，并明确了政府的立场和方针。"朝鲜事件表明红色侵略者的魔爪已经威胁到日本周边，日本已置身险境，要在力所能及的范围内支持联合国的行动。全面议和、永久中立论，不只是脱离现实的论调，更是会在不知不觉中使我们陷入共产党阴谋的危险思想。日本的安全保障，在清楚表明将与自由国家阵营站在一起为世界和平做出贡献的立场之后才能得以实现。"这是我基于否定重新武装和坚持共同防卫的观点而表明的态度。而且，上述提到的"与自由国家阵营站在一起"的想法，是我自始至终都没有改变的外交政策理念。与自由国家阵营一起前进，归根结底就是要维护与自由国家阵营领袖美国的合作关系。前几年我访问西德时，该国要人曾说："两大强国的对立俨然已成事实。事实总归是事实，如果必须选择站在哪一方的话，我们是不能支持苏联的。只能与美国合作。这样的话，我们就不能采取任何削弱美国、孤立美国的政策。"他决然的态度，令我深有同感，记忆犹新。日本的外交道路，应该遵循这位西德领导人所示的路线，防卫问题以及内外政策方面所采取的措施，都应以这条道路为标准评价利害得失。

二、"不具备作战能力的军队"的由来

作战能力违宪论争的发端

在第八次国会上，围绕着警察预备队所提出的问题，我给出这样的回应："警察预备队仅限于维持治安。完全不是为了满足加入联合国的条件、为加入联合国做准备，或是为了重新武装等目的。"可以说，以此为开端，开始了包含作战能力论争在内的违宪论争。就在这次国会上，对宪法中所说的"作战能力"的质询与预备队问题一起被提出。针对国会的质疑，政府发表的所有正式观点，都是由法制局以及政府其他部门共同研究决定，由我或其他主管大臣据此进行答辩。这次关于"作战能力"的质询，时任法务总裁的大桥武夫回答说："武器装备达到可以发动现代战争的水平时，宪法是禁止的。但是，如果采取不超出上述水平的防卫措施，则不违反宪法第九条第二项。"还有质疑说："如果美国要求日本重新武装怎么办？"我回答说："宪法的条款要坚守到底，就算美国提出重新武装的要求，也绝不能接受。"

也为了避免引起不必要的疑虑

关于重新武装问题，不只是有反对论、违宪论，还有主张修订宪法重新武装、或主张这并不违宪的言论。当时属于民主党的芦田均等，就是主张后者的代表人物。他们解释说，自卫性质的重新武装并不违反宪法，并以此为前提，不断宣扬重新武装论。自卫队成

立的那年年末，芦田向总司令部提交促进自卫性质的重新武装的意见书，并给我一份抄件。从那以后，在国会或其他场合屡次受到关于重新武装的质询，但是，我的想法并未改变。我一直主张：自卫的方式当然必须考虑，但不应该重新武装。翌年即1951年1月，在第十次国会的施政方针演说中，我再次明确了上述主张："国家的安全当然应该由国民自己来保护，但现在将它与重新武装联系在一起，轻率地做出定论，是我不能认同的。我们的重新武装论，已经招致国内外各界不必要的疑虑，而事实上，战败后的我国国力明显无法承受强大的军备。一个国家的安全与独立，不只是军备问题，应该依靠国民对独立和自由的渴望。"针对该演说提出的质疑，我回答说，"不是说永远不重新武装，我只是说目前情况下不应该重新武装。"

恰在此次国会期间，杜勒斯大使第二次访日。我们就议和后的防御体制问题进行了会谈。会谈核心内容是独立后美军的驻扎问题。会谈大体达成共识，我将会谈纪要报告给国会，并向社会进行公布。国会里依旧有人针对重新武装问题提出质疑，对美国是否会强迫日本重新武装的疑虑并未消除。我回应说："我已明确向杜勒斯大使表示日本不可能重新武装。"

保安队的改组和作战能力论争

宪法规定禁止日本保有作战能力，和谈独立后，日本国防依靠具有强大军事实力的美国，是最自然且当然的一步。根据这一构想所建立的日美共同防御体制，至今仍被争论不休，愚蠢至此，令我百思不得其解。

在1951年10月的第十二次国会上，我提交了关于和平条约及安全保障条约议案。这次国会上，甚至连国内驻扎外国军队、与宪法第九条的关系等都成为质疑对象。对此，我这样回答："宪法第九条规定的含义，如条款所示，是不使用武力解决国际争端。然而，安全保障条约是为了日本的安全独立，即自卫权的行使。作为独立国家，自卫权是基本权利。"1952年第十三次国会重新开会后的2月28日，基于《日美安全保障条约》第三条签订行政协议时，关于自卫权和作战能力的争论再次高涨。特别是在这次国会上，保安厅提出关于将警察预备队改组为保安队的法案，使关于作战能力的争论达到白热化的程度。

关于宪法第九条所说的作战能力的含义，如前所述，是经当时法务厅研究后做出的统一解释。"作战能力是指拥有能够有效进行现代战争的各种装备。"因此，无论是警察预备队还是保安队，从规模和实力来看，都不具备"作战能力"。而且，这个解释是"综合判断宪法各条款之后给出的合理解释"。

综合判断

这里所说的综合判断宪法各条款，指的是如下内容：例如，尽管第三章中有保障国民基本人权的条款，但是如果治安混乱、外敌入侵的话，国家想要保障国民基本人权也是无法做到的。特别是第十三条的尊重"生命、自由"以及第二十五条的保障"最低限度的健康且文明的生活"等,只是将它写在宪法中是不够的。实际具备保障这些基本人权的实力,也是国家的基本义务和责任。如此一来,按照宪法规定,治安和国防就应该是绝对必要的国务,警察和军队也是绝对必要的。而且,从保障人权的角度来看,其实力越强越好。但是,第九条中规定"作为解决国际争端的手段"永远放弃战争,而且在第二项中规定不保持"可达到前项目的"的作战能力。所以,受此限制,国家的安保能力、防御能力都不能过于强大。上述综合判断的结果表明,将宪法中所说的"不保持"的"战力",解释为"拥有能够有效进行现代战争的各种装备"的武装部队,是很恰当的。

我们根据法务厅的统一解释进行说明,将保安队改为自卫队之后也一直主张:该部队不具备作战能力,即发动现代战争的能力,因此并不违反宪法。我们还一直强调:若该部队具备作战能力,即使为了自卫,只要没有修订宪法就不被允许。之后是我的第五次组阁。1953年秋,在为应对夏季发生的风灾水害而召开的第十七次国会上,关于将海陆保安部队改为自卫队,由防卫厅统辖,同在野的保守派政党进行了协商。因此,围绕着违宪问题又被追问:如此一来,自卫队将承担抵抗直接侵略的任务,部队的性质就会改变,那么自卫队不就是一支军队吗?

总之是定义问题

以前的研究结果，存在这样的疑问：不被承认交战权的军队，确实可以称为真正的军队吗？但是因为没有必要拘泥于称呼问题，我们决定采取的态度是，根据定义方法，也可以把自卫队称之为军队，而且只要装备及装备种类没有达到有作战能力的规模，就不违反宪法。因此，在国会上针对违宪质疑，我这样回答："自卫队是否是军队，固然由'军队'的定义决定，既然宪法限制交战权，那么从一般意义来看，是否可以称为军队，我们是存有疑虑的。但是无论如何，这只是定义问题，在没有达到作战能力的条件下，称为军队也未尝不可。"

不知从何时起，由国会的上述问答而产生的"不具备作战能力的军队"这一说法广泛流传。我认同这种说法。若想叫做军队便可叫做军队，而且因为缺乏所谓的作战能力，所以也许日本的自卫队确实是没有作战能力的军队。我倒认为这种说法正合我意。社会批判日益严厉，什么政府又有新的动作啦、解释又改变啦、暗地里重新武装啦等等，种种攻击性的批判愈演愈烈。可是，政府的根本态度从未改变，以前的预备队、保安队，也没有特别承担过抵抗直接侵略的职责，所以没有必要做更深入的说明。尽管也有补充说明，但没有改变解释。也有人说我在国会上的回答具有欺骗性质，但这是由法务府法制局根据法律专家的讨论得出的结论，而且学者中也有人支持这种解释。我当时一直坚信无论从哪个方面讲这都是一个完美的解释，直至今日我依然这样认为。

不具备作战能力的军队的先例

后来听说原上海武官府海军中将津田静枝关于"不具备作战能力的军队"，曾称赞我做出了一个聪明的回答，且在谈及当时日本的上海陆战队时说，这支陆战队才是没有作战能力的军队。当时的上海陆战队拥有漂亮的兵营，挟日本海军的威力，不只上海，其威慑力遍及长江一带。而事实上，它只装备有勉强能保护日本侨民的装备，正是一支没有作战能力的军队。当然，上述"不具备作战能力的军队"的表述，绝不是出自我个人的见解。如前所述，那只是由我将法务府专家们的解释在国会上进行陈述而已。

此外，关于宪法第九条的禁止具备作战能力的条款，我想起审议新宪法草案时共产党野坂参三和原东京大学校长南原繁的意见。我注意到这二人当时明确反对放弃军备，而后又成为坚决反对重新武装的斗士。

拓展阅读：

1946年的第九十次帝国议会上，审议关于放弃战争条款时，野坂参三议员与吉田首相在6月28日众议院正式会议上、南原繁议员和吉田首相在8月27日贵族院全体会议上的质询和回答内容如下。

野坂参三：最后第六个问题，是放弃战争条款的问题。

宪法草案上说的是：放弃一般意义的战争。我们认为，战争有两种，一种是非正义战争，日本帝国主义在"九一八事变"后发动的战争，以征服他国为目的，是侵略战争，是不正当的战争。同时，被侵略的国家为维护自由的战争，是正义战争。从这个意义来说，在过去的战争中，中国或英美及其同盟国是自卫战争，也就是正义战争。新宪法草案里，如果不写放弃一般战争，而是改成放弃侵略战争，不是更恰当吗？关于这个问题，我们共产党是这样主张的：日本要与所有爱好和平的国家紧密合作，加入民主主义的国际组织，不支持也不参加任何侵略战争。我认为这样的条款更合适。

首相（吉田茂）：宪法草案中关于放弃战争的条款，你似乎认为行使国家自卫权的战争是正义战争，而我认为承认这一点也是有害的。事实很明显，近年来的战争，很多都是以行使国家自卫权的名义发起的。所以我认为，承认正当防卫权有时会引发战争。而且宪法草案中放弃战争的这一条款的初衷，就是建立国际和平体系。通过国际和平体系的建立，防止任何以侵略为目的的战争。但是，如果承认存在防卫战争，那么这个前提下还必须有另外一个前提，即承认存在以侵略战争为目的的国家。因此，承认因正当防卫、行使国家防卫权而发动战争本身，是偶尔会引发战争的有害想法。不仅如此，如果要建立和平体系、国际体系的话，承认正当防卫权本身也是有害的。所以，您的意见我认为是有害无益的。

（以上内容摘自第九十次帝国议会众议院议事速记记录第八号）

南原繁：第二项是关于所谓放弃战争条款的。这不仅是新生的民主日本对这次非正义战争的赎罪，更表明了日本民族为实现世界永远和平的理想而努力的决心。对此，我们深表赞同。尤其，这本是自古以来全世界的哲学家和宗教家们勾勒出的理想状态，竟然在我国的宪法中得以实现，我们深刻地认识到这在世界人类历史上都具有划时代的意义。正因如此，我们必须考虑到存在的问题。理想越高，就越要认清现实，否则只是空想。本案发表时，美国报纸评论说，这只不过是"乌托邦"，在这一点上我们应该反思。不应存在战争，这诚然是普遍存在的政治道德原则。很遗憾，历史的现实告诉我们，只要人类种族不灭绝就会有战争。因此，我们要正视历史的现实，至少持有国家自卫权和必要的最低限度的兵力，是理所应当的。吉田首相在众议院会议的说明中提到，很多侵略战争都是以行使国家自卫权为名，因此不如放弃自卫权。就算这种说法客观地被认同其合理性，那就意味着要放弃国家的自卫权吗？我认为现在的草案是预想日后加入同盟国而拟定的。同盟国宪章中承认这种意义的国家自卫权，而同盟国的军队没有特别的独立组织，各成员国有提供兵力的义务。我想问您的意思，将来如果日本能够加入同盟国组织，也要放弃这个权利和义务吗？如此一来，日本难道不会身陷于永远要依仗他国善意和信义生存下去的所谓的东方主义吗？为了捍卫人类的自由和正义，挥洒热血，共同建立世界永远和平的这种积极思想失去了意义，这样说着实令人担忧。

不仅如此，如美国某评论家批评的那样，在当今的国际政治秩序下，既然作为一个国家，保护国民、配有装备等都是基本要素。没有在宪法中放弃这些而采取不抵抗主义的道德义务。任何一个国家，为了维持国内秩序，单靠警察力量是不够的。原本拥有兵力的目的之一，就是为了维护国内治安。尤其是在日本，想象一下将来的状况，就必须对国内的动荡局势做好思想准备。为了抵制来自国内外对秩序的破坏活动应该采取最低限度的防卫，在即将召开的和谈会议上，政府连这最低限度的防卫也要放弃吗？这就是我想问的。如果是这样的话，就等同于放弃了国家的自由和独立。同盟国绝没有否定国家的这种独立自主性。为了完善这种独立自主性，联合各国，建立普遍的政治秩序，这才是同盟国的理想。

首相（吉田茂）：关于放弃战争，你问我是否有将来加入同盟国的意图，或者是否已经放弃了自主的、自卫的战争。现在的日本，当务之急是恢复国家主权，恢复国家独立。政府极力考虑的迫在眉睫的问题是国家主权的恢复以及日本的重建。签订和谈条约、整顿国家形势是重中之重，政府正在积极地朝着这个方向努力，这以外的事情我无法回答你。

（以上内容摘自第九十次帝国议会贵族院议事速记记录第二十四号）〔本次收录到中公文库之际，原文的片假名改为平假名，旧假名改为新假名〕

三、日美共同防御体制的必然性

国会的执拗追问

作战能力问题之外，重新武装问题、与此相关的宪法修改问题等屡次成为国会质询的话题。这也许是重光葵的改进党以及鸠山派（鸠山一郎）的自由党公然地或含蓄地表达了支持重新武装的缘故吧。也有可能是因为有人推测我虽然口头上否定了重新武装，实则企图推进重新武装，所以才如此执拗地追问。我在第四次组阁之后的第十五次国会上发表施政方针演说时，再次触及重新武装问题，说道："随着国力的恢复，应该逐渐增强自卫能力，但现在还不是重新武装的时机。"对此提出的质疑，我回答说："重新武装，如果不是在国民的理解、国民力量强大的基础上进行，是达不到预期效果的。"

有害无益的海外派兵争论

这期间，又逐渐开始热议向海外派兵的问题。可能是由于讨论加入联合国这个话题的同时，看到很多国家应联合国的要求向朝鲜战场派兵的缘故吧。或是从美国议会方面听说"亚洲人要保护亚洲人"这种言论的缘故吧。总之国会内外都提出是否应向海外派遣保安队的质询。我回答说："协助联合国的限度，由宪法、条约以及其他法律规定。我们不会被强求超出这个限度，政府没有权利和义务答应这一要求。"

当时我强烈感觉到，向海外派遣保安队这一质询的提出，是为了蛊惑人心，故意给国民这种印象。美国的强制性要求实则是利用日本国民，将其作为美国侵略政策的爪牙——这是所谓的进步人士极力推行的主张。我担心这种说法会让国民误解，亦或是让纯真的保安队青年们心生疑惑。记忆中我也曾通过国会的答辩对此发出警告。

设立宪法调查会的原委

众所周知，关于重新武装的宪法修改问题早已成为热议的对象。提议修改宪法的人，可能并非只是针对重新武装问题，宪法中很多地方他们都认为有问题吧。但是，如前所述（参照第八章第七节），我坚信宪法的修改关乎国家基本法，是不应妄议修订的。

当时，党内外公开发表修订宪法的人不在少数。特别是从自由党分裂出去的鸠山一郎一派，公然将修改宪法作为政策提出。1953年秋，鸠山一派在协商恢复党籍问题时提出要在党内设立宪法调查会的动议，暗含有将其作为恢复党籍的条件的意味。佐藤荣作干事长等党内干部也再三提出设立宪法调查会。我虽然反对仓促修改宪法，但考虑到对宪法的实施情况需要不断地进行调查研究，这是不应阻拦的，所以决定同意设立宪法调查会。

说几句题外话。关于鸠山等人的恢复党籍问题，佐藤等人希望我与鸠山能够面谈。所以，我们在音羽的鸠山家见了面。谈话并没有什么特别的内容，主要谈的是鸠山的健康。我告辞之后，据说有人在报纸上刊登了这样一则内容：二人见面时，我同意在党内设立宪法调查会和外交委员会这一条件，于是鸠山君决定恢复党籍。关于会见内容这不过是谣传，但是在党的高级干部之间也许早已商量过以此作为恢复党籍的条件吧。事实上，鸠山一派恢复党籍的第二年，才成立宪法调查会和外交问题调查会，会长分别由岸信介和芦田均担任。

后来，鸠山派脱离自由党组建民主党，将恢复日苏邦交和修改宪法作为其竞选方针。众所周知，恢复邦交总算是实现了。但是对于修改宪法，不仅执着于此的人越来越少，而且听说在上次参议院选举时，有特意回避此问题的迹象。用这种不坚定、没诚意的态度提出修改宪法这样重要的问题当然是缺乏主见的。但却从另一方面证明修改宪法这件事本身还为时尚早。

迈向共同防御体制

最后，关于否定重新武装，转向建立日美共同防御体制这件事情，我想要记下一笔。所谓的全面和谈论，那是不了解国际关系实际情况的无知妄想，不值一提。相信当时了解一些情况的人会做出一致的判断，即除了签订旧金山条约别无他法。然而，朝鲜战争还没结束，共产主义势力造成的世界紧张局势还在。这种状况下，能够摆脱同盟军的占领而独立固然是好事，但是，作为没有军事力量的日本，独立后如何保护国土安全，评论家们当然可以纸上谈兵，而对于国家领导人来说，却是迫在眉睫的问题。

第二次世界大战即将结束之际，英美及各国政治家们为了让它成为人类最后的战争而殚精竭虑。因此，才建立联合国及其他世界性机构。但遗憾的是，这一崇高的目标仍未实现。麦克阿瑟元帅曾说，日本应该成为东方的瑞士，这令很多日本人产生共鸣。我不知道元帅说这句话想表达什么含义，但是我认为当时的氛围，是很容易让人对那样的理想产生共鸣的。然而，瑞士在全民皆兵制度下，拥有强大的军备。与日本不同，瑞士地理位置相对安全，且全民皆兵，使纳粹军队放弃了入侵的企图。然而，和谈前后日本的地位，别说防止战争，毫不夸张地说来自社会主义国家的武装侵略威胁已经实际出现在朝鲜，蔓延到我国周边。如上所述，日本若要成为东方的瑞士，就必须实施全民皆兵制，强化防御。

日美两国利害的一致性

因此，日本通过和谈获取政治上独立的同时，通过共同防御来确保国土防御的体制也应运而生。正如我在其他场合所述，作为外交文件将这种体制用文字呈现出来，就是《日美安全保障条约》。条约的内容即共同防御体制，但体制本身并不是条约签订时才产生的。那是经历了战败、占领、独立、对独立的威胁这四个阶段的历史产物，而且其产生背景是当时严峻的国际紧张局势。这既不是日本请求的结果，也不是美国强压的结果，而是为共同应对社会主义势力的侵略，作为太平洋防御的战略性一环，日本也加入进来。这种体制是由日美两国利害的一致性决定的。作为没有军事力量的日本，这是除此以外别无他法的国防体制。而且，我相信这对于美国来说也是太平洋防御的最好策略。

回想补余：

重新武装和吉田先生的固执——辰巳荣一（原陆军中将）

二战前，吉田先生任驻英大使期间，我曾任大使馆的武官。因此二人关系一直较为亲近。二战后，关于防御问题，我们多次私下交谈。关于所谓的重新武装问题和吉田先生的关系，我也有很多回忆。

据我所知，日本的重新武装问题真正被提出来，是1950年6月，即朝鲜战争爆发前夕，美国国务卿杜勒斯初次访日时。杜勒斯先生此次访日的工作内容，主要是关于对日和平条约。与吉田首相会谈时，话题涉及到和谈后的防御问题，杜勒斯先生强烈要求日本重新武装，但吉田首相用其一向独特的逻辑反对此事，据说双方争论相当激烈。

后来，随着朝鲜战争的发展，美国方面开始着力关注日本重新武装的问题。1952年1月，日本政府和美军司令部，就日本陆上防御人员数量问题，多次讨论。美国方面主张，近几年内，陆上兵力应该增加至32.5万人（警察预备队建立时7.5万人，1950年8月，陆上兵力增至11万）对此，吉田首相坚定不移地贯彻按照国力逐渐增强兵力的方针，对30万这一庞大数字完全不予理会。

一天，美军总司令部参谋长H中将通过我向吉田首相发出邀请："我想在司令部的作战室，直接向吉田首相介绍远东形势，尤其是军事方面的各种问题，所以请他务必出席。"我告知吉田先生此事，他说："如果是军事上的事，那就你去听听吧。"因此，我受吉田先生派遣，被带进作战室。这个作战室是一个高度保密的房间，就连美军将校也只限定少数人可以进入。

情报参谋首先用极其详尽的图表和资料，介绍了远东军事状况。而后，作战参谋对美军的组建、配备等相当机密的事项进行仔细说明。紧接着，作战部长W少将进行总结并且极力主张：日本为了保卫国土抵御第三国入侵，必须在前线部署十个师作为基本防御力量，日军总兵力应增至32.5万人。听取完长达两个小时的详细说明后，H中将对我说："你原本是军人，应该能明白今天的情况介绍。日本的国土防御，有必要像今天所说，在最小限度内增加陆上兵力。为使美军早日撤离，日本近几年应做好相应的准备。希望你能让吉田首相理解并应允此事。"次日，我将上述意见整理成书面文件提交给吉田首相，并加以说明，做了详细的汇报。吉田先生说："你就明确地回答他们，日本的现状，是不能只因军事上的需要而决定兵员数量的。首要问题是通过经济发展保障国计民生。日本由于战败，国力消耗殆尽，如同瘦马。如果让这匹步履蹒跚的瘦马背负过度的分量，它就会累垮。"于是，尽管总司令部方面再三要求，截至到1953年年末，吉田政府还是极力将兵力控制在11万。美国方面强烈要求，而吉田先生坚持己见对此不予理睬，态度强硬。使我左右为难，其中辛苦不为人知。

那时，一部分舆论说吉田首相向美国一边倒，令他屡遭非议。这是我所知道的、最不合理的批评。我深信没有比吉田先生更坦率、顽强地表达自己信念的人了，以至于连美国方面也对他无可奈何。

事实上，同美军的将军们闲谈时，说到吉田先生，经常会用到"Stubborn and obstinate"。翻译成日语大概就是"顽固的老头儿"的意思。当然，这个短语本来含有可信赖可亲近之义。不过美军将军们当时更像在说："你们国家的首相如此顽固，真令人头疼。"我常想，真应该让不了解实情的日本人看一看将军们说这话时的表情。

第十四章　土地改革及其效果

一、改革之先驱：所谓的第一次改革

战后我国的土地制度改革，无论是作为同盟国的占领政策，还是作为国内问题，都是最重要的问题之一。首先，同盟国一方普遍认为，日本封建的土地制度，扭曲了日本经济，形成了军国主义的坚固基础。地主阶级同军阀、官僚、财阀一样，都是阻碍日本民主化的重要因素，应该消灭。而且，大多数农民及其家庭，既是廉价劳动力又是日本征兵来源，仍处于"奴隶状态"，应该"解放"他们并改善他们的生活。从占领初期开始，不，从进驻日本之前，实现日本民主化、非军事化就是占领改革的重要目的之一。很明显，同盟国就是站在这个立场上处理土地改革问题的。

拓展阅读：

　　总司令部民政局长惠特尼少将的著作《麦克阿瑟传》（第213页）中，富有戏剧性地讲述了1945年8月30日麦克阿瑟元帅在飞往厚木的飞机上，向惠特尼少将口授十一条作为同盟军进驻日本后将要实施的占领政策基本纲领。内容包括：（一）摧毁军事力量。（二）确立议会政治。（三）赋予妇女参政权。（四）释放政治犯。（五）解放农民。（六）自由的工人运动。（七）促进自由经济发展。（八）消除白色恐怖。（九）创办自由且有责任心的报纸。（十）教育自由。（十一）政治权利的分解。

另一方面，我方也并非没有预料到土地改革的必要性。督促政府从根本上修改宪法，命令财阀解体，终止偿还战时国家债务等一系列占领方针政策使我们必须在政治、经济、社会各领域打破原来的组织制度，实施改革。认识到这一点，我们已然不认为土地制度问题可置身事外。而且，作为国内问题，众所周知，我国远在大正年代，已经就土地问题提出了"建立自耕农土地所有制"，众多有识之士呼吁解决土地问题的必要性，历代内阁也或多或少对此事持关心态度。二战期间，为确保军粮供给所采取的各种统筹措施，很自然地形成了尊重自耕农的氛围，并且严格控制"寄生地主"。停战时日本地主与农民的关系，表面如何另当别论，但实际情况和外国人模糊的想象是相距甚远的。当然，这种变化如上所述，是由于战时急需粮食增产而导致的。即使是战后，确保粮食产量的必要性依然有过之而无不及。因此可以说，土地制度或多或少需要顺应时代要求，面临着必须改革的命运。

第一次改革方案

其后实行的所谓土地改革，是我第一次内阁时期，在总司令部的大力推动下立法的。但是我必须记录下来的是，早在这之前，我任外务大臣时期，就出现了所谓先驱性的计划，后来被称作第一次土地改革。这次改革，与其说是根据总司令部的指示进行的，不如说是在我方农林大臣松村谦三的领导下自发筹划的。据说当时筹划改革的主要责任人是时任农政局长、后来担任我第一次内阁农林大臣的和田博雄。其内容主要包括：将"实物租地"改为"现金租地"、地主所有土地控制在 3 町步①，超出部分强制转让给佃农等，在当时这是具有划时代意义的改革方案。也就是说，在基本方针上，与后来实际实施的土地改革是一脉相承的。这次改革并不是基于同盟军总司令部的命令和建议而进行的，但考虑到总司令部内部的风向，借此作为解决我国农村多年存在问题的大好时机。也可以说是日本方面先手提出的改革方案。

我本来对这个问题并不关心，只是在内阁会议上听到报告才有所了解。官员们提出各种反对意见。"现金租地"姑且不论，土地的强行转制事关重大。最强烈的反对意见是：停战后的第一次帝国议会会期只有短短两周，没有必要将这种意味着根本性改革的重要法案仓促提请审议。最后，政府在某种程度上接受了该意见，修改持有土地的上限，由原来的 3 町步扩大至 5 町步，这才在内阁会议

---

① 日本度量衡制的面积单位，1 町步约等于 9920 平方米。

上达成一致意见。正式的改革方案于 11 月 23 日[①]在各大报纸上同时发布。

拓展阅读：

总司令部天然资源局报告第 127 号（该局经济顾问劳伦斯·修斯博士执笔）记载："1945 年 10 月中旬，数位日本农业经济学家和占领军相关人士就日本土地所有权制度和租用耕地事宜进行商议。数周后，将土地所有权制度的详细分析结果作为研究资料分发给总司令部各部门。"报告中还记载："虽然当时的日本政府仍处于以币原喜重郎男爵为代表的保守主义色彩浓厚的内阁之下，但是，其政府内部及学术界的自由主义者认为，提出改革土地所有权制度的时机到来了。"此外，关于第一次改革内容也进行了简单介绍，且评论说"麦克阿瑟元帅将命令日本政府对土地所有权制度进行彻底改革，并为此进行各种准备期间，日本国民自己几乎已将类似的措施拟定成文。"

[①] 11 月 23 日，对于土地改革来说，是非常重要且特别的日子。这天之后的任何关于土地变更问题都不予承认。也就是说，先行一步进行土地改革，其目的是为了保护佃农，以防止地主不正当地强行更改租地合同。

总司令部对改革采取慎重态度

在此，作为现实问题，我想谈一下总司令部及对日理事会对土地制度改革的态度。如本章开篇所述，占领当局从大局出发极其重视土改问题。虽说如此，但仍可以看出其态度是，与修改宪法等问题相比，对待土地改革问题并不急切，且十分慎重地进行准备，不会莽撞行事。土地制度的改革即使有非常明确的方针政策，但历史上任何一个国家在进行改革时都会伴有流血事件。也许占领当局就是考虑到这一点，所以具体措施如何制定、怎样实施等问题，至少最初并没有明确的计划。

于是，基于上述松村构想拟定的所谓第一次土地改革法案便诞生了。松村法案使总司令部关于土地问题的具体构想受到启发。同时，从社会舆论来看，除认为松村法案改革不合适应该予以阻止这样的意见之外，相反，主张改革并不彻底应该进一步加强的意见也非常强烈。这可以看作是推动后述第二次土地改革的依据。

下达"解放农民的命令"推进审议

法案于12月6日送呈至众议院。由于问题依然存在，在当时的气氛下，审议进展不畅。此时，12月9日，总司令部发布"土地改革"的指令，于11日在审议法案的议会委员会上公布。其内容、精神与审议中的法案差异不大，但详细地指出：日本农民"受多年封建压迫已被奴隶化"，生活条件非常艰苦，这种情况要求改革必须进行。应该说这是"解放农民的命令"，语气相当严厉。指令的下达，使议会气氛骤变，法案稍做修改后，便在两院一致通过。

从上述经过可以明确看出，这个指令的作用是非常重要的。指令内容如前所述，强调作为经济民主化基础的土地制度改革的必要性，并要求日本政府在1946年3月15日前提交具体法案。从要求纳入法案的内容来看，其本意姑且不论，字面上是抽象且富有弹性的表达方式（编者注）。总之表明总司令部对于这一问题极为关注。

根据松村法案制定的所谓第一次土地改革的法律于1945年12月颁布，翌年2月生效。然而对作为此次改革的重要目标之一耕地强制转让这一项，总司令部认为改革不够彻底而没能实施，而在后述的第二次改革中得以实现。而改革的另一目标，"现金租地"则得以顺利实施。这样，虽然似乎第一次改革的重要内容被排除在外，但可以说第二次改革的核心内容，在第一次改革时已有体现，与松村构想的最初法案非常接近。因此，土地改革与为数众多的其他改革情况不同，是由日本政府内部自主研究拟定的，值得大书特书。后来，最高法院在审理土地改革违宪诉讼时，判决理由中说"土地改革并不像其他制度那样，没有同盟国的指令就完全不能考虑。"

第一次改革中不完善的两点

上述指令中，总司令部的态度是，要求日本政府在3月15日正式提出改革法案。而在此之前，就已经对农林部非正式提出第一次改革中的不完善之处。在政府提交改革法案期限之前，即3月12日，总司令部的土地改革问题负责人吉尔马丁和拉德津斯基召开新闻记者会，针对第一次土地改革法案，首次公开声明不满之处。其核心内容为，地主持有5町步土地过多，这样会使不在改革范围内的租用耕地非常多；为切实落实土地改革政策、缩短改革时间，不允许地主和佃户直接接触，由政府介入进行收购和出售。

但是，当时已经根据总司令部的指令决定进行大选，内阁主要负责选举事宜。松村也因总司令部的"开除公职处分"而辞去农林大臣的职务。政府无暇重新考虑这个问题，就姑且以第一次土地改革方案作为基本内容，在限定期限内，提交给总司令部。

拓展阅读：

1945年12月9日总司令部下达了要求日本政府提交土地改革方案的指令，指令中提到"应该加入以下四点计划"：（一）将非本地居住的地主的土地所有权转让给耕作农民，（二）以适当的价格收购不从事耕种的土地所有者的土地，（三）土地收购制度要依据耕作农民的收入分期付款，（四）要有保障佃农在拥有土地后不会再次沦为佃农的制度。

对日理事会的意见罕见一致

当然，我们早已预料到总司令部对政府提交的土改法案不会满意。总司令部原本的目标是将佃农制度全面废除。然而并不能轻易得出结论。于是，麦克阿瑟元帅将日渐受到国际瞩目的土改问题，交付于对日理事会进行商议。对日理事会是设在东京的同盟国最高司令官的咨询机构。我认为它不过是作为主要管理国的美国代表和英苏两国代表进行争论的场所。然而，关于土地改革问题，在6月17日向麦克阿瑟元帅进行的汇报中可以看出，此次美、英、苏、中四国的意见罕见一致。这之前，理事会上，苏联代表杰烈维扬科和英联邦代表麦克曼·鲍尔分别提出改革草案，最后一致通过的议案是以英联邦提案的思路为主，综合其他意见形成的共同建议。其内容与原来总司令部和农林部负责人所商议的大致相同，但是其中包含这样一条：出售给佃农的土地面积应限制为平均1町步。我认为这是由于他们对日本土地状况了解不充分。这样做的话，必然会招致农业生产的大混乱，我方很难接受。所以，对总司令部提出强烈反对，对方也充分理解，并未采用这一条。此事值得我们注意。

苏联代表坚持己见，强烈主张租种地全面划归租种者所有以及无偿收回大地主土地，并将此作为共同提议之外的补充提议。苏联代表的主张并未得到认可，讽刺的是，可以说这种过激的主张，反倒缓和了地主对土地改革所持的反对态度。

"建议"代替"指令"

通过和总司令部的协商，关于土地改革的定案大体上达成共识。最后进行汇总整理时，总司令部暗示我方：土改定案并非总司令部的正式指令，而是建议。麦克阿瑟元帅深谋远虑：像土地改革这样，触及社会、经济制度的根本，影响广泛的重要改革，若非日本人主动研究并实施，若非得到日本国民由衷的肯定，不可能成功。因此，在形式上也特意避免发出正式的指令。总之，在这个问题上，总司令部和日本政府的步调一致。

二、第二次土地制度改革

交接给第一次吉田内阁

1946年4月10日进行大选，同月22日币原内阁全体辞职。未来政权走势、迫在眉睫的粮食危机，使得社会形势动荡不已。相继发生了5月1日的"五一劳动节事件"以及5月19日的称为"饭米获得人民大会"的示威集会，一时间呈现出政界即将被吞没于红色浪涛之中的态势。在这样的形势下，我的组阁工作也进展不畅。最后的难关是农林大臣的人选，最终由和田博雄担任，至此于5月22日完成了第一次组阁（编者注）。这天之前即5月20日，麦克阿瑟元帅终于发出"对大量暴民举行示威游行和骚乱进行警告"的声明，试图稳定局势。在如此激流中成立的新内阁，其重要使命之一，就是接手前内阁已经开始着手的土地改革工作，并在此基础上进行更加彻底的改革。

另一方面，与城市的社会动荡相比，农村的状态较为稳定，甚至感觉农村对城市的"红色骚动"有抵触情绪。如果当时的农民和城市的不法分子同时闹事的话，结果将会如何？另一方面，如果当时的保守政党欠缺彻底进行土地改革的勇气，也许农民会产生强烈不满，是否会酿成政局不稳的祸因也未可知。所幸，担任农林大臣的和田博雄作为前内阁松村农林大臣的农政局长，不仅是第一次土地改革立案的当事人，后来还是与总司令部进行联络的负责人，条件非常合适。因此，关于农政问题，我能够完全放心地委托给他。①

完成改革的立法程序

如前所述，1946年6月末，和田农林大臣代替我从总司令部方面接受了以对日理事会的共同建议为基础修订的最终建议。随即，对建议中的详细条款进行商议，并同总司令部进行交涉，进行一定的增补和修改，并于7月26日在内阁会议上确定了"彻底进行土地制度改革的措施纲要"。其核心有三点：（一）不在地主，即不居住在土地所在市町村的地主，要将只用于出租而自身不可能耕种的土地全部出售。（二）限制出租耕地为平均1町步，北海道不超过4町步（地方的限制面积由中央土地委员会决定）。（三）限制耕种租地、自耕种土地面积合计不超过3町步（北海道不超过12町步）。此外，还规定：超出限制的土地由政府强制购买，出售给佃农，收购土地款以国债的形式支付给地主。

法案于9月7日提交给众议院。社会党提出的出租耕地全面收购、建立市町村土地委员会等修正案，因压倒性地向佃农阶级的利益倾斜而被否决。在执政党日本自由党和日本进步党的支持下，10

---

① 关于第一次吉田内阁任用农林大臣的前后经过，请参照后续的回想补余《第一次吉田内阁时期的粮食问题》。

月11日政府原案通过。总而言之，战后，借保守政党之力完成了使农村焕然一新的土地改革立法。①

土地改革的历史性成果

1947年4月大选，社会党成为第一大党，我的第一次内阁宣布下台。第二次内阁组阁是在1948年10月。其间，虽经历片山、芦田两任内阁，土地改革事宜仍未完成。当初设立的目标是截至到1948年年末的两年内完成土地改革。为使新土地制度将来不会失败，应持续保持关注并采取必要的措施。也就是说，必须将土地改革永久法制化，并且这个时期的判断也必须慎重。从这一点看，1950年7月成为新土地制度的转型期。

根据记录，截至到这个时期，经由土地改革法解放的土地约200万町步，出售土地的地主约50万户，接受转让的佃农约400万户之多。此外，还处置了约45万町步的牧场、132万町步的未开垦土地。土地改革的结果是，租用耕地由原来的46%骤减至10%以下；佃农基本消失，大部分农民都成为自耕农；曾经的大地主和不在地主（非本地居住的地主）不复存在。总司令部最初的目标是废除租用耕地制度，事实上可以说也达到较为理想的状态。即便说日本的农村状态因此焕然一新也并非言过其实。因为我多少参与过此

---

① 土地改革方案的法律由两部分组成，统称为土地改革法。但是，正确的说法是，新制定的土地改革法是《以增加自耕农为目的的特别措施的法律》和基于1938年制定的旧法《土地调整法》修订而成的法律。后者在1945年12月即第一次土地改革时进行第一次修改，在第二次土地改革时最终确立。

事，所以每当听到后来的状况时，都会心绪复杂、感慨万分。

和平气氛下完成的划时代的重大变革

总之，如上所述，通过土地改革，我国的土地制度从原来的地主土地所有制转变成为农民土地所有制。可以说，这是具有划时代意义的重大改革。我想特别强调的是，这样的重大改革并未经历流血事件。从整体来看，是在和平气氛下完成的。事实上，在议会进行法案审议时，关于改革的实施我非常担心和惶恐。当然实施时，也并非没有纠纷，但基本上能够顺利推进。在我国当时的社会形势下，未出现法案审议时期我担心会出现的混乱和不稳定事态，这一点着实令人感到吃惊。

地主的牺牲值得感谢

当然，关于土地改革的细节问题，一定会有不周全、不尽如人意的地方。而且，如果让批评者发言的话，应该也会有很多意见。无论如何，土地改革提高了农民整体生活水平这一点，没有任何人可以否定。而且，我们必须认识到，农村生活水平的提高与稳定，在使停战后陷入不安与混乱的国内社会形势趋于缓和与稳定这一方面，起到非常大的作用。同时，我们也不能不看到，为了使这项重大改革顺利实施，旧地主所付出的牺牲。如果当时旧地主们因不平不满而过激地发动社会运动和政治运动，使农村处于不安与混乱状态，那么全国将会陷入多么严峻的事态之中。如此考虑，我不得不对旧地主们由衷地表示感谢和敬意。

推进土地改革的日本人和外国人中，有人认为：日本的地主，尤其是非自耕地主，全都将佃农视为奴隶一样进行剥削、虐待。而在我看来，那些人只是不了解真相的无知之辈。我国大部分的地主和欧洲诸国的地主不同，并不是作为征服者对待农民，而是爱护农民，有时作为农民的伙伴，启发和保护农民。也有很多时候，会为地方或村落的利益做出贡献。出羽的本间家族就是一个很好的例子，在战前就广为人知。此外，全国各地还有很多其他大大小小的、有如本间这样的地主。

获得海外好评

我认为，日本土地改革的坚决实施，获得外国人极大好评也是理所应当的。举例来说，同盟国最高指挥官麦克阿瑟元帅，在土地改革法案成立的那天即1946年10月11日发表特别声明，其结语说道："为了树立健全稳健的民主主义，这是最坚实的根基；为了抵抗过激思想的压力，这是最坚实的防卫。"这表明他非常重视其社会效应和对国家的作用。而且1951年9月4日，在旧金山对日和平条约签订会议的开幕式上，我国土地改革意外地受到杜鲁门总统的赞扬。杜鲁门总统的演说中提到"作为日本民主化的重要指标，日本的土地改革对于全亚洲来讲都是宝贵的先例"。这是对日本土地改革成果的极高评价。在场的我心绪激动不已。

超党派的土地法

土地改革是在总司令部的强烈支持和推进下实施的。因此，有人抱有和平条约生效后应该恢复旧制的主张和可能恢复旧制这样模糊的期待。然而，在我的第三次内阁时期，和平条约生效当年即1952年的第十三次国会上，我提出"将原来的土地改革的各原则作为纯粹的国内政策加以确立，并制定《土地法》，以法律形式使上述方针得以明确"。这一法案，获得包括社会党在内的压倒性多数赞成而通过，并于7月15日公布。细节上，也有社会党不满意的地方。但是，在基本原则上，土地改革的各原则——土地所有面积的限制及其他——作为日本农业重建的基础应长久保持下去。关于这个问题，无论保守党派还是革新党派，都超越党派界限地取得一致的意见，令人深感欣慰。让土地改革倒退，对于保守党派来说无疑等同于自杀。同时，对于改革派来说，从根本上否认土地改革，大骂土地改革是麦克阿瑟的土地改革，这无疑也会伤及自身。共产党就是一个很好的例子。

尽管如此，也不能说土地改革自身就完全解决了日本的农业问题。无论多么彻底的土地改革，也不能仅凭土改自身解决日本当下面临的农村问题。理由很简单，现在的日本，没有充足的耕地能够使庞大的农村人口维持正常的生活水平。土地改革的最终目标是发展农业生产力、提高农民生活水平。即土地改革本身不是目的，而是达成目标的手段，也可以说是第一步。我们必须考虑的是，一切农业政策都必须使土地改革的成果能够发挥持久效用。

第十五章 战后的粮食状况

一、摆脱粮食危机之前

将有百万人饿死?

很多人都还记得,作为战后我国农业政策问题,除前述的土地改革之外,保障粮食供给问题也是最重要的问题之一。事实上,与其说粮食问题是二战结束后的问题,不如说它在战争中就是一个大问题。我国对主粮进行统筹管理的制度,是从1942年开始的。那时的配给标准,仅大米一项就有二合三勺(约345克)。后来逐渐减少,终战前即1945年8月,包括米麦、薯类、杂谷(高粱、玉米等)在内,折合成米是二合一勺(约315克)。从终战前的粮食情况来看,战争无论如何都无法继续下去。

我在担任东久迩稔彦内阁的外务大臣时,粮食问题就是内阁面临的最重要问题。当然,因为政府发放了我国陆海军的储存物资并且顺利征收到1944年产的大米,暂时得以摆脱粮食危机。但是,由于终战后的混乱状态,陆海军贮藏粮食的发放,并未有效地纳入到粮食配给的正轨当中。加之,1945年遭遇前所未有的粮食减产,粮食供应的前景堪忧。那时候,"这样下去,会有1000万人饿死的!"——这种流言蜚语到处传播,好象真的一样。农林当局统计称缺少供应一百万人的粮食。我也非常认真地向麦克阿瑟元帅提出要求"如果不进口多达450万吨(约3000万石)粮食的话,恐怕真的会有人饿死"。幸运的是,那时有70万吨的谷物进口到国内,并未出现有人饿死的情况。后来,麦克阿瑟元帅严厉指责日本政府统计不周全、胡编乱造,令我颇为难堪。

世界粮食状况的恶化

糟糕的是,由于战争的打击以及恶劣天气等影响,使当时世界的粮食状况也持续恶化,欧洲和亚洲各地都出现饥荒。美国方面采取如下对策——1946年2月,杜鲁门总统要求国民节约消费,大力提倡对外进行粮食救济运动;派遣胡佛特使在全世界范围内调查严重的粮食不足问题。并为此于同年5月22日在华盛顿召开国际紧急粮食会议,此次会议决定设立国际紧急粮食理事会,同时,对粮食不足的国家实施国际配给,即分配给粮食、饲料、种子、农机具等。

在世界粮食状况都如此严峻的形势下,作为战败国的日本,就算能够得到国际配给,也必然会排在最后。政府自知,不能对国际配给抱有期待,所以倾全力于国内大米的收购上。但是,1945年大米征收情况非常不理想,只有预计的77.5%。政府持有的大米量极为紧张。在我第一次组阁即1946年五六月份时,原本就不充足的额定配给数量都难以维持，全国各地甚至出现拖欠配给的情况。

发表"粮食非常时期宣言"

粮食问题导致人心惶惶。当时的激进分子就是利用这种心理，引发1946年5月19日的称为"饭米获得人民大会"的野蛮事件。因此，我在第一次组阁后不久，即6月13日，发出"维护社会秩序声明"以及"粮食非常时期宣言"，提出十几项应对危机的政策，用以解决问题。但是，只依靠国内对策无法解决粮食危机问题。因此，我强烈恳求同盟军总司令部为日本进口粮食。最终，在七八月危机最严重时期，发放了360万石（1石约15公斤）英、澳军的大米。9月后继续发放进口粮食，对当年的新米、甘薯也进行配给，总算勉强度过青黄不接的时期。

拓展阅读：

  所谓的"饭米获得人民大会"是第一次吉田内阁时期治安上的重大事件之一，所以在此记录下事件的大体情况。当时，东京都内大米配给延迟，市民吃饭困难。共产党巧妙地利用这一事态扩张其党的势力，在各地向政府请愿、示威以解决粮食危机。1946年5月12日，在世田谷区的"要米区民大会"上，共产党野坂参三、岩田英一等进行演说。岩田率百余人声称要将决议书亲手交给天皇而来到坂下门。与皇宫守卫交涉后，亲手将决议文书交给宫内省。14日，岩田率五十人再次拥至坂下门，要求天皇对 12 日的决议书给予答复，并要求宫内省发放宫内储存物资。争持不下，代表们约定 19 日再来后离去。

5 月 19 日，在皇居前广场，"饭米获得人民大会"由统一劳动战线筹划委员会主办，岛上善五郎主持，听涛克巳为议长，约六万人参加。听涛等十二名作为"饭米获得人民大会"三十万人的代表从坂下门进入宫内省，面见宫内省总务处长。他们提出"让我们见天皇"的请求。一番争论后，将大会决议书交给总务处长，在下午三点离开。同时，世田谷区五位代表与宫内省进行谈判，要求对 14 日的请求给予回答。然而，对方并未回应。他们在下午四点离开。这期间，"饭米获得人民大会"的 200 人游行队伍在坂下门附近，欲闯入坂下门而被阻止，与警察发生冲突。

像这样对皇宫进行示威游行是史无前例的事件，这反映出当时的社会状况。舆论反而对共产党的这种做法给予强烈谴责。

拓展阅读：

1946 年 6 月 7 日，第一次吉田内阁在内阁会议上确定了解决粮食危机的政策纲领。第一，"关于解决粮食危机的国民运动的基本事项"（共二项）；第二，"为解决危机，目前需要采取的政策。"(共十三项);第三,"对同盟军总司令提出请求等事项"(共四项)。第三条当中的第一项是"首相大臣亲自站在处理问题的第一线,政府将竭尽全力促进粮食进口以及进口粮食的交付工作。"

基于内阁会议的决定,6月13日发表"粮食非常时期宣言"。宣言主要是关于征收制度,要点如下:(一)1945年产的大米,超出征收的部分,将解除半价限制,每石支付现金三百日元。(二)新麦和马铃薯支付全额现金。对生产方的对策是:(一)当时只征收到79%的大米,还将继续征收。(二)关于新麦、马铃薯,除自家消费的部分以外,将全部征收。为确保上述两点,将立即发放大量的农用必需品。

丰收大米流入黑市

进入1947年粮食年度后,因为预计1946年的大米会丰收,人们期待着粮食问题能够好转。事实上,尽管是丰收的一年,但官方米价和黑市米价相差悬殊,农民将大米卖到黑市。因此,征收大米并未如期待般顺利。加之,对征收效果怀有不安,粮食生产地政府也迟迟未将大米运送至消费地区。因此,消费地区的配给情况急速恶化。1月末,连一直以来配给比较顺利的东京也发生了延迟5~9天配给的状况。

因此,总司令部一方面就1月以后粮食征收不力监督并鼓励政府，一方面动员全国军政部门积极征收大米。2月15日，访日的美国粮食使节团发出声明，指出"日本在寻求他国援助之前，为解决问题，要依靠自己的力量采取万全之策"。并呼吁农民"不仅要完成计划交售量，还要超额交售粮食。"政府犹豫再三，于3月1日发布一系列促进征收粮食的政策，主要是采取强权手段，还有一些特别奖金制度。但到3月6日，东京的配给仍延误了12~14天。

总司令部发出征收建议

3月7日，总司令部以麦克阿瑟元帅的名义发布"1946年度日本粮食危机报告书"。4月1日，在给身为首相的我的函件中指出"粮食问题的重要性"，同时强调"公正并有效地确保粮食供给是日本政府的责任"。总司令部涉外局表示，日本粮食进口计划的实施前提是，政府征收粮食应超出计划的10%。

这件事情反映出：当时世界的粮食生产状况仍未好转。1946—1947年度的世界粮食状况，与上年相比产量增加10%，但是，增加的主要是用于饲料的玉米和燕麦。用于制作面包的小麦和黑麦的产量虽然也有所增加，但考虑到人口的增加，与上年度相比并未有好转的趋势。因此，总司令部说要在尽全力动员征收国内粮食之后才允许粮食进口也合情合理。

趋于好转的世界粮食状况

1947年5月，我的第一次内阁结束。在1948年10月我的第二次内阁组阁前的一年半里，国内的粮食状况并未有所改善，配给量也并未增加。但是自 1948 年起，由于风调雨顺和化肥生产的恢复，使世界粮食问题明显好转。美国的玉米、棉花、小麦等作物获得大丰收。欧洲各国的小麦种植也摆脱战后连续三年欠收的状况，恢复到战前水平。

世界粮食问题的好转，使美国的对日政策也发生变化。自 1948 年 1 月美国陆军司令在旧金山公开发表声明以后，美国的对日援助转向积极。这一点明确地反映在粮食政策上，应最小限度进口粮食，在国内积极采取粮食问题应对政策的方针也逐渐发生变化。1949 年美国财政年度（1948 年 7 月—1949 年 6 月）的对日粮食等援助费用从 1948 年度的 3 亿 9200 万美元增加至 4 亿 2900 万美元。除 GARIOA 基金[①]之外，新财政年度还增加了 EROA 基金[②]。以往的 GARIOA 基金援助的目的在于防止社会动荡和疾病，主要用于救济民生物资。在救济民生的基础上，美国为进一步加强对日援助，设立了 EROA 基金。此基金设定为 1 亿 276 万美元，其目的是为实现日本的经济复兴以及为扩大出口而进口原材料。

这样，1948 年粮食年度，粮食进口量增加，从上年度的 109 万吨增至 177 万吨。因此，配给不足的问题得以彻底解决，延迟配给也明显改善。即 10 月末粮食配给的不足数量，与上年度同期的 250 万石相比，降低至仅仅 10 万石。

---

① GARIOA 基金，是 Government Appropriation for Relief in Occupied Areas Fund（占领地救济政府资金）的简称。
② EROA 基金，是 Economic Rehabilitation in Occupied Areas Fund（占领地经济复兴基金）的简称。

首先废除薯类管制

进入1949年粮食年度以后——我的第二次内阁于10月15日成立——政府从11月1日开始实施以下政策：将配给标准量增加至二合七勺（约405克）；味增（豆酱）、酱油、砂糖、油脂等合计每人每天配给量增至1440卡路里；扩大特殊配给对象的行业种类，并增加配给量。

为此，只能进一步征收国产粮食。对粮食征收起到推动作用的，正是所谓经济九原则的实施。即1948年12月18日，麦克阿瑟元帅根据美国本土发出的指令，提出设定日元汇率以及日本经济独立复兴的原则。其中一项就是"提高粮食征收的效率"。12月24日麦克阿瑟元帅在给我的函件中提到"主粮的增产以及提高配给比例的法制化"等。

国内不断推进粮食征收。同时，由于粮食生产在全世界范围内呈现过剩趋势，进口粮食与上年度相比增加了70万吨，1949年粮食年度的进口总量达到240万吨。用于进口粮食的资金，除美国的对日援助资金以外，还包括商业资金，占进口粮食资金的40%，呈现出可以摆脱依靠美国援助进口粮食的态势。进入1949年度，粮食的配给工作进行得极为顺利。1949年9月9日，决定废除对薯类的管制。至此，我国摆脱了停战后的极端粮食危机。

二、改变粮食管理制度的契机

错失废除大米管制的机会

进入 1950 年度，粮食状况发生了根本性的变化，粮食保障问题不再成为问题。基于这种变化，自由党主张通过市场经济手段复兴日本经济。3 月，作为振兴农业政策基本方针的一环，宣布废除国家管制主粮的方针。为协调自由党和政府事务当局对此事的意见，于 3 月 27 日在汤河原召开会议。最终决定：1951 年 3 月前继续实施现行制度，以后根据具体状况做出判断。自由党和政府关于粮食问题之所以做出如此考虑，其实是得到了总司令部的暗示。在总司令部内部，基于"砍掉高跷的腿"（指经济发展虚高）的道奇路线，也认真考虑废除政府管制粮食制度，撤销进口补助金等政策。

然而，同年 6 月，随着朝鲜战争的爆发，粮食政策也发生了较为微妙的变化。由于美国粮食市场价格暴涨（从 5 月的 1 升 119 日元，增至 8 月的 145 日元），颁布提高国内粮食自给自足比例的政策成为当务之急。在加强同年春天麦类征收的同时，积极采取促进粮食增产的各种措施。进入秋天，在编列下年度的预算时，削减进口补助金又再次成为问题。总司令部方面暗示日本应废除政府管制，日本政府方面也认真考虑采纳其意见并准备推进此事。但是，令我们吃惊的是，进入 11 月以后，总司令部内部的气氛突变。再次访日的道奇公使发出指示："废除政府管制的种类仅限于麦类，大米要暂时继续维持政府管制。"对此，大多数人理解为，这是由于当时日本经济的基础尚不稳定，主粮的市场化会使价格上涨，进而威胁到民生而采取的深思熟虑的措施。但是，当时正好发生了一个重大事件——中共军队介入朝鲜战争。后来听说，联合国军甚至打算轰炸满洲。因此，我认为美国之所以发出这项指示，是因为担心日本的粮食进口可能会中断。并未发生这种事情实属万幸，但却因此失去了废除大米管制的机会。

虽然国内发生了这样的问题，但是对外，一直未解决的日本加入国际小麦协定的问题却得到解决。6月14日，国际小麦协定理事会通过决议，日本成为国际小麦协定成员国。

仅对麦类实施间接管制

这样，只有麦类废除了管制。以1951年4月开始实施自由买卖为目标提交给国会的法律修正案，遭到农民团体的强烈反对，审议遇到障碍。虽众议院通过审议，但参议院到闭会时尚未完成审议。然而，当时粮食的实际状况已经明显得到改善。特别是小麦，市场价格和官方定价基本没有差别，拒绝配给的情况不断增加，非法的自由买卖泛滥，使政府管制形同虚设。同年秋天，在编列1952年年度预算时，废除粮食管制又成为重要问题。

财政问题也是此次将废除粮食管制作为重要问题提出的理由。即，和约缔结后，我国财政又增加了加强自卫能力、赔偿、治安相关费用等各种负担，而增税、发行赤字国债无望。因此，不得不大幅削减现有经费支出。粮食管制，使政府负担了将近400亿日元的费用，所以才再次考虑废除粮食管制。因此，政府决定，从1952年开始废除粮食管制，由财政大臣池田勇人、农林大臣根本龙太郎、经济安定本部长官周东英雄与总司令部进行协商。然而，总司令部方面认为全面废除主粮管制为时尚早，不予同意，所以政府也改变方针，从1952年开始只对麦类废除政府管制。

废除政府对麦类的管制，就要对粮食管理法进行部分修订。修正法案在1952年4月16日的第十三次国会上提出。此法案虽说是废除管制，但也避免实行完全自由的市场买卖，采取在一定的价格范围内不限制购买的方式，即从直接管制转变为间接管制。因此，和上一年不同，改变粮食管制并未引发风波，在国会上得以顺利通过。1952年6月开始，废除麦类管制并实施。这样，主要粮食中，只有大米仍由政府直接管制。

虽然1952年度大米获得大丰收，但是在1953年度中，由于东北的低温、多次的台风等原因使大米产量只有5500万石，是1945年以来第二低的产量。因此，政府开始大幅度增加粮食进口量。政府一直忙于维持配给量，所以关于粮食的征收、配给制度本身的探讨并未成为争论的对象。

美国对于剩余农产品的处理方针

朝鲜战争结束后，世界的粮食状况再次呈现出过剩的倾向，出口国开始出现过剩滞销的情况。库存量最多的品种是小麦和棉花，无论是数量还是种类，最大的滞销国家无疑就是美国。因此，针对美国 C.C.C. 即商品信贷公司（commodity credit corporation）的涉及约 60 亿美元的剩余农产品滞销处理问题，于 1954 年 3 月在美国国会上提出了处理法案。其处理方针是：出售的剩余农产品以购买国的货币进行结算；结算金额除美国使用于境外的部分，其余部分可作为长期、低息的贷款借给购买国。法案被称为"关于农产品贸易的促进和援助的 1954 年法案"，是对《相互安全保障法》（MSA）第 550 条内容的修改和延伸，于 1954 年 7 月在美国议会上通过。法案内容规定；商品信贷公司可以在截止至 1957 年 6 月的三年内，使用其所持有的相当于 10 亿美元的剩余农产品。

关于收购剩余农产品的谈判

关于收购剩余农产品的谈判，是从 1954 年的夏天开始在日美之间开展的。此前，即 1953 年，根据 MSA 第五百五十条的规定，日美两国间签订了剩余农产品的收购协议。截止至 1954 年 10 月，收购小麦 61 万吨、大麦 11 万吨。相当于 5000 万美元的日元货款中，80% 作为美国的特需资金使用，其余部分赠与日本，用于发展国防产业。因此，这次粮食收购，在内容上与前些年基本相同，只是适用法律发生了变化。

1954 年签订剩余农产品收购协定时，和农作物本身相比，我国更关注的是用于产业开发的日元对应资金。因此，对于我国来说，日元对应资金的金额以及日本方面使用的百分比等是更重要的问题。另一方面，由于外汇收支情况恶化，政府希望通过收购剩余农产品来节约外汇。

为此，1954年10月，我在外访欧美各国时，向美国政府表达了日本的意向。同时，我国相关部门负责人赴美进行协商，最后达成一致意见：剩余农产品价值总额是8500万美金。对应资金的使用，美国妥协到最初方案，即日本可使用其中的70%，用日元结算即306亿日元，其中用于农业开发的是30亿日元，剩余部分大都用于电力开发。收购农作物的明细包括：小麦34万吨、大麦5.5万吨、大米10万吨、棉花17.5万袋、烟草2700吨。其中大米这一项，鉴于日本和东南亚之间的关系，日本本来不想收购大米。但是，在谈判中得知，如果不收购大米的话，日元资金和农业投资的关系无法正常理顺，因此，作为交易手段收购了大米。

我国的粮食问题，在战后的十年间，从最初的极端不足逐渐转向过剩状态。今后，在世界农产品过剩的状况下，如何确保日本的农产品价格、如何确保农业生产的问题，不久便会成为粮食问题的主要课题。

三、我和农业问题

叙述土地改革和农业问题的同时，我想顺便谈一下对于农业问题的个人看法。

明治初期的"殖产兴业"的热潮

明治时期，很多政治家都关心日本的农业问题。因为当时的日本还未摆脱"农业国"地位,"农为国之本"的思想仍根深蒂固。而且,明治时期的内阁也曾致力于"殖产兴业"。例如,大久保利通公爵在芝三田、副岛种臣伯爵在霞关都有自家的畜牧场。特别是副岛伯爵,还有这样一个故事:他从美国进口了数十头牛,鼓足干劲发展畜牧业。结果因为不懂行,不仅赔了很多钱,还将外务省附近的霞关土地卖给宫内省才弥补了损失。

受到牧野伸显伯爵的启发

大久保利通公爵的儿子牧野伸显伯爵本是外交官出身,曾任山本权兵卫第一次内阁的外务大臣。此前(大正末期),在西园寺公望第二次内阁时期,曾担任农商务大臣。牧野伯爵与其父大久保公爵一样,或者说是继承其父亲的思想,对"殖产兴业"也有非常浓厚的兴趣并一直致力于此。后来,他回忆道:"和担任外务大臣相比,农商务大臣更有趣,也更有意义。"我经常听牧野伯爵谈论植树造林或发展畜牧业,所以自然而然受到启发,并引起我的关注。因此,在我的内阁时代,经常要求农林大臣要致力于:为开垦荒地而排水造地、为经营多元化农业而发展乳畜业、推广植树造林事业等。

萨姆斯少将的建议

占领初期的某一天,总司令的公共卫生·福利局长萨姆斯少将因公来访时,对我说:"日本的土地只利用了全国的20%。其余的80%,因为是山地没有被利用而处于闲置状态。像瑞士那样,将这些土地作为牧场、播种牧草、放牧牛羊、经营乳业如何?通过这种方式来改变偏重于米食的日本人的饮食生活，不只有益于健康、还有益于提高身高、增强体魄。"对此，我也深有同感。

聘请丹麦农民家庭

偶然的一次机会听丹麦公使说，战前曾在北海道生活的丹麦五个农民家庭中的一个家庭想要再次回到日本。我便迅速将此事转告农林省，让农林省与其签订雇用合同。于是，丹麦农民家庭在山形县居住的两三年里，将丹麦式的畜牧业、乳业等方面的做法传授给日本农民，取得了不错的成绩。前几年，我去山形旅行时，曾有一天的时间亲自进行实地考察，从而了解到我的想法并不是无益的。之后，我回到故乡土佐，每当看到河畔闲置的空地，便习惯性地发表一番我的畜牧论。

聘请荷兰的詹森博士

我们不仅聘请丹麦的农民，还聘请荷兰的技术人员。政府以增加耕地为目的，打算在东京湾、有明海、八郎潟等地实施排水造地计划。我提议，从荷兰聘请这方面的权威——詹森博士，进行实地考察。据说，詹森博士的调查报告无可挑剔，即使在今天也是非常有价值的参考资料。

其实，聘请詹森博士不只是为排水造地进行实地考察，还有其他目的。这是因为，停战后荷兰和日本之间在外交上的很多遗留问题一直未解决，所以，我想使两国邦交恢复正常。这两件事看似没有关系，但多少还是为实现这个愿望做出了贡献。

关于植树造林，我曾听专家说桉树的生长很快。于是，我提倡种植桉树。一时间还被朋友嘲讽，说我"认死理儿"。

还有一件特别的事——为对外宣传我国的特产生丝和丝绸，我还鼓励在海外大使馆设置房间用来展示丝绸等。这也可以说是鼓励农业的一个办法。

必须大规模引进外资

再多举例便是自夸了，所以就说到这里。最后，谈一下我多年来的夙愿，那就是为养活我国将近一亿的人口，无论如何都必须大规模发展农业。说到底，还是需要资金。现实问题是，除了引进外资别无他法。我在任期间，曾试图使用美国剩余农产品的对应资金。但我更希望能够实现引进更大规模的、真正的农业开发资金。例如，"爱知用水"这种大规模工程，就必须向他国贷款。将詹森博士的排水造地计划报告书扔在农林省的办公桌抽屉里不用实在可惜，我希望能够落实该计划。

最近，每当我和政府要人会面时，都会费尽口舌宣传我的想法。但是，大藏省的官员们并不赞成我的外债论。他们只是从眼前的事务性立场回应说"还款的外汇怎么办""不限定用途的贷款不太好办"等等。我也并不是毫无计划、不计算利害得失地让他们借钱。即使是开发农业，也没必要只局限于纯农业。不只是通过开垦荒地和排水造地增加农业用地，对运输农产品的道路、港口、铁路、通信设施进行升级和改造还有利于发展农业以外的经济领域，国民的就业机会也会随之增加。我认为，如果将这些因素考虑进去，站在更高远、更广阔的立场上制定计划的话，连本带利的偿还外债后有所收益也不是不可能的。想法是否妥当，还望有识之士赐教。

回想补余：

第一次吉田内阁时期的粮食问题——东畑精一（农学博士·东京大学教授）

8月15日日本战败投降时，日本的几乎所有方面都已经精疲力尽。武器匮乏、斗志低迷，而且面临极度困难的粮食问题。官方公布，1945年秋天大米的产量只有3900万石，是平均年产量的60%多，状况凄惨。那一年，气候寒冷、化肥短缺、劳动力不足等恶劣条件同时出现。战败使正常的国家秩序濒临崩溃，不能像原来那样保障大米的产量，政府强制征收粮食的能力被削弱。这样，如何生存就成为最大问题。

吉田先生这种状态下，被迫进行第一次组阁。1946年5月的一天下午，我的旧识、原农林大臣石黑笃和医生武见太郎——后来得知他是吉田先生的远亲——来到我的大学研究室。这二人受吉田先生委托，转告我，明天吉田先生将接受天皇的"首相任命"，希望我担任其内阁的农林大臣。事发突然，完全出乎意料。对于我来说，这意味着我的人生轨迹将要改变。我回答说："让我考虑一个晚上，明天给予答复。"二人便离开了。

那天傍晚，吉田先生捎信儿给我说，想要在银座武见博士的诊所与我面谈。吉田先生极为热情真诚地对我说："明天开始组阁，新内阁有两个亟待解决的问题。一个是新宪法的制定，另一个是粮食问题。解决这两个迫在眉睫的问题是我的使命。接下来这半年的工作，只要粮食能勉强维持到今年秋收，便可告一段落。在这之前，希望你能做出牺牲，担任农林大臣。"

此前，币原内阁末期，农林省内部曾成立粮食对策审议会，由我担任审议会主席。后来，委员会报告基本完成，《首相给国民的寄语》的草稿也完成拟定。但是币原内阁辞职，使这些都无疾而终。因为我担任过审议会主席，所以吉田先生的委托人石黑以及吉田先生本人都希望我加入其内阁。

对我来说，这是一个大问题。上述的委员会报告内容如今已经全部忘记，只模糊地记得一个数字。在1946年粮食年度（同年10月末结束）内，无论如何努力地征收大米，或延迟配给（每月3天、半年18天），还是缺少一百多万吨（700万石）的大米。如何筹集这100万吨的大米？100万吨！那是勉强能够保证配给、维持国民饮食生活的最低限度，在当时那也是最高限度了。政府与饥饿进行斗争的最大且唯一的目标就是这 100 万吨大米。虽有努力加强征收、搜查窝藏大米、请求总司令部进口大米等解决对策，但缺乏实现手段，前景堪忧。

我作为审议会主席，虽鼓动"他人"，但我自身也不知道对策是否可行。我彻夜未眠，因没有信心而苦恼不已。次日清晨，我与石黑、以及当时被监禁3年后再次担任农政局长的和田博雄见面商谈，仍未得出结论。和田甚至鼓励我说，有可能的话，他将出任次官，和我一起解决问题。我虽不胜欢喜，但仍无法应允他的厚意。

当晚，按照约定时间，在当时的外相住所，我拜访了吉田先生。讲明情由后，谢绝就任职务。当时，吉田先生已经被任命为首相，其官邸被记者围住。我去的时候是从后门悄悄进入的，离开时，是以一种如释重负、事不关己的轻松心情从正门走出来的。还不到对内阁大臣进行品评的时候，报纸记者们只是问我是否来向首相说明粮食情况。

第二天早晨的报纸令我大吃一惊——吉田新内阁的内阁大臣候选名单中竟然出现了我的名字。这件事情一旦昭告天下，必然会使我的家人、亲属措手不及。更为吃惊的是，吉田首相等人突然出现在我的家门口，他郑重地希望我能重新考虑一下。在这之后的几天里，从早到晚门庭若市，还有很多起哄的人，报社记者更是不用说了。全家人叫苦连天。

我当然不能辜负他的好意，再一次认真考虑。社会上还有传言说，我和吉田内阁的总体风格不符，应该不会入阁。当时，我对于这种论调并没有很强的意识。对于我来说，问题的重点是筹措那100万吨大米。当然我知道，要试图按照当初计划为筹措大米而增加国内的大米征收量，便与内阁的执政风格也有关系。我曾有这种想法：虽然并非绝对条件，但如果大内兵卫也同时入阁的话，或许能够加强征收的力度。据说吉田先生也曾走访过大内，但是，对大内的邀请并未成功。

那期间，劝我入阁的人也不少。这份厚意和热情令我诚惶诚恐。但是，把大米作为礼物送给我的却只有吉田首相一人。真不愧是吉田首相，这期间传来好消息，他与麦克阿瑟司令部进行谈判，最终确保了部分粮食的进口量。最终美国政府同意在本年度出口大约60万吨粮食给日本。这也是令我放心的一个因素。

吉田先生的热情打动了我，他的执着、以及下定决心便坚持到底的固执令我深铭肺腑。最后一天，应弟弟邀请去他在田园调布（地名）租住的房子，打算休养连日来疲惫的身体。途中我对他说："这点事情就令我如此疲惫，真是没用。我不具备承担国事的素质。平沼骐一郎内阁时，关于是否要缔结三国同盟一事开会百余次也未决定，他留下一段复杂离奇的谈话后，便辞职了。这种固执是很重要的。"说着，便进了门。进屋一看，吉田、石黑等人在访问寒舍后，又先我一步到达这里。

主人腾出来会客室、客厅，我们在那里讨论了大约5个小时。我个人实在觉得过意不去。当然，我并非没有被吉田老人的真诚打动。我们的谈话还提到麦克阿瑟元帅，他曾说，绝不允许一个日本人饿死。对大米问题没有信心的我，对是否要入阁承担国事也多少有些动摇。但是，深思熟虑之后，我最终还是低头表示了歉意。吉田先生应该很不高兴吧。傍晚时，他离开了这里。我边为他穿起外套，边向他致歉。对石田也同样表达了歉意。

回想补余：

詹森博士的聘请与吉田先生——保利 茂（原农林大臣·自民党议员）

我就任第五次吉田内阁的农林大臣。令我颇感意外的是，吉田首相对农业政策问题非常关心，而且相当了解农村情况。后来得知，其岳父牧野伸显伯爵虽然是外交官出身，但后来担任农商务大臣，并致力于"殖产兴业"。吉田首相深受其岳父的影响。

从当时日本的国内状况来看，粮食增产、扩大耕地是第一要务。一天，吉田首相对我说："从荷兰聘请排水造地的技术人员，对我国的改造用地进行实地调查，判断是否具有可行性，如何？这绝不是不信任我国农林省专家的才能和技术,而是因为荷兰在这方面积累了多年的经验。"

因此,我派遣农林省的技术官员古贺去荷兰,进行派遣专家的谈判。派古贺去荷兰,这是出于对荷兰的善意。荷兰为表示欢迎,在他下榻的酒店,还战后首次挂起了日本国旗。对方推荐给我方的是皮特·H·詹森博士。他是代尔夫特国立工科大学的教授,兼任国立技术协会水利技术部部长,是对外技术援助机构的重要成员。博士是该国最高权威人士。

1954年春,詹森博士于百忙之中,与助手霍尔卡博士,一同来到日本。在我方技术人员的陪同下,对东京湾、滨名湖、三河湾、琵琶湖、儿岛湾、不知火海、有明海及八郎潟等改造用地进行了详细的考察,并将考察结果整理成大量文件。这些文件被称为《詹森报告》,直至今天都是非常有价值的资料。我想要补充一句的是,人所共知,詹森博士对我国排水造地工程的进展非常关心,并于1956年春天再次到访日本。

从技术官员古贺受到荷兰的欢迎可以看出,聘请詹森博士一事在荷兰与我国的邦交方面,也带来了良好的反响,这是不争的事实。听说,我国驻荷兰大使冈本季正在给外务大臣的报告中,证实了这一点。当时,荷兰和我国的关系中存在很多问题——东南亚的贸易等经济问题、战犯的释放问题等一直悬而未决。我曾深切地感到:聘请詹森博士一事貌似与这些问题没有关系，但实际上，却对日荷关系产生了非常积极的影响，并为日荷之间解决各种问题做出了贡献。我推测，这正是今日首相经常提到的"外交的感觉"吧。事实上，吉田首相的任何政策，无论何时，都不会脱离国际视野或是国际基础。我认为这是他的特点之一。

第十六章　劳工保护立法及其功过

一、战后劳工界的混乱

残留至今的政策过激之弊

在我国占领时期，劳动保护方面的立法和实施，与财团解体、开除公职处分、土地制度改革等一样，都是具有划时代意义的改革，这是毋庸置疑的。

本书的上卷也曾屡次谈到，同盟国从占领最初，就把"解放工人"和"解放农民"作为日本民主改革最重要的目标。然而，从后来的成果看，战后改革的过激现象，在劳动政策中显得尤为突出。即使在十几年后的今天，也很难说完全铲除了其消极影响。

战争刚刚结束时，我国劳工界所面临的形势是，工人阶级因饥饿与通货膨胀生活困窘，刚被解放的共产势力密谋活动，对此占领军当局的介入，可以说问题错综复杂，事态愈发混乱、困难。尽管政府在法制和习惯做法方面，努力对这个时期产生的各种弊端进行克服，但因其生命力顽强，很难完全消除。

具有革命性的事态

即使从今天来看，也可以说当时的状况具有革命性。早在终战那一年的10月，读卖新闻就打着"经营的民主化"旗号，第一个采取干预企业生产经营的做法，报社被社会主义者指导下的造反团占领。翌年2月，在北海道的美呗煤矿，劳动者对管理者进行了连续几十个小时的、具有人民审判性质的审讯。罢工自不必说，静坐抗议、示威游行、暴力、威胁、监禁等不法行为如同家常便饭。事实上，连我的第一次内阁也是在红旗的包围下组织起来的。

左翼势力在1946年1月举行了"欢迎野坂参三回国的国民大会"。以此为契机，左翼势力建立人民统一战线的气势高涨。同年2月，在共产党的领导下，成立全国行业工会会议（按照不同行业）预备会。以翌年8月成立大会的召开为开端，标志着拥有160万会员的全国行业工会正式成立，它在之后的相当长一段时间里掌控着我国的劳工运动。相继成立的还有以战前的劳工运动领导者为中心的日本工会总同盟，工会成员85万，与全国行业工会相比处于劣势。

另一方面，由于原有的企业领导人相继受到开除公职处分，经营方的对抗态势明显处于劣势。专门负责劳工问题的经营方团体——日本经营者团体联盟（日经联）直到1948年才成立。

否定干涉生产经营做法的声明

在此，我想要记述下来的是：1946年5月20日，正值我奔波于第一次组阁时期，总司令官麦克阿瑟元帅基于上述战后劳工局势，发出警告："禁止不法分子进行集团暴力和威胁。"紧接着，我的第一次内阁成立。6月13日，我在发出摆脱粮食危机声明的同时，还发出《关于维持社会秩序的声明》。尤其是在内阁声明中，对于工会干涉生产经营——当时作为抗议手段屡次被采用——这种特殊的形态，政府明确了意见和态度。这一点也是我想强调的。

拓展阅读：

第一次吉田内阁的"维持社会秩序声明"

1946年6月13日，吉田内阁发表了《维持社会秩序声明》。全文如下：

现在，我国正处于成为民主国家的变革时期。然而，粮食不足、通货膨胀、失业者增加等影响国民生活的种种问题极其严峻。为解决当前面临的困难问题，成就建设民主主义日本的伟大事业，我们需要增加生产以稳定国民生活，需要尊重民主以维持社会秩序，这二者是绝对必要的。而最近，部分国民中存在这种趋势：假借民主主义之名，无视社会秩序、蔑视法令、言行具有煽动性。对于他们这种威胁生产活动和社会秩序、引起社会动荡的行为，政府要清楚地表明态度。希望能够得到国民们，尤其是从事生产工作的各位的理解和配合。

（一）极为遗憾的是，最近的群众运动，动辄脱离本来目的，通过很多人的不法活动施加压力威胁社会秩序。尤其那些强行要求会谈、私闯民宅、意图非法占据以及查抄资产而私自进行的现场检查等行为决不能允许，所以政府决定对这些行为进行必要的取缔。

（二）部分地区对政府征收米麦的出库、运出、运输等采取消极的妨碍行为。从目前严峻的粮食状况来看，这是最让人痛心的。政府希望国民们发挥友爱的精神，尽快停止这种令人愤慨的行为。

（三）现在，我国国民的经济状况是，从事生产的经营者和劳方共同努力朝着增产这一目标前进，共同肩负着为国民提供更多物资的责任。既然背负这种责任，如不幸发生劳动争议时，要尽量秉持相互谦让的精神迅速解决争议，劳资双方都必须极力避免生产停滞。当然，政府深切地希望工会运动能够健全地发展。但是，劳动争议产生时若行使暴力的话，那么无论是经营者还是劳方，都必须受到严肃处理。

（四）其次，政府不承认最近发生的劳方干涉生产经营行为是正常的抗议行为。之前的事实证明，劳方接管生产经营这种形式，的确出现过短暂增产的现象。但是，我必须要说的是，从整个国民经济来看，这会导致无法想象的后果。若放任其发展，必将破坏企业的组织结构、使国民经济发展陷入混乱。而且，如果劳方接管生产经营还伴有暴力、恐吓等粗暴行为的话，必然会严重威胁社会秩序。当然，也有因为经营者消极怠工而引发劳方接管生产经营的情况，所以，经营者也应该认真反省引发劳方接管生产经营的原因。政府方面要自觉意识到责任的重大，为加强生产而采取一切必要措施。目前政府正在为此做出努力。而且，为了重建国民经济，必要时政府会酌情采取发出生产命令、委托合适的第三方经营等措施。为此，政府希望各个企业成立由经营者和工人代表双方构成的经营协议会，其目的是为避免争议而事先采取措施。若不幸发生争议的话，要尽量通过调停或仲裁等方式，尽快解决问题。政府也将整理和加强调停制度，为防止发生争议和妥当解决问题而采取万全之策。

二、劳动三法的制定

停战后，我国新劳动政策的出发点是1945年10月11日《关于要求日本政府进行改革的指示》。这是同盟国最高司令官麦克阿瑟元帅对我国币原首相发出的指令。其中一项指令是："为防止剥削和虐待工人，提高工人的生活水平，应该促进具有说话效力的权威部门——工会的发展"。毋庸置疑，在终战之后前途未卜的混沌时期，不应该进行劳动立法。但是，占领军具有绝对的权力。所以，根据占领初期发出的强硬方针，政府相继制定了所谓的劳动三法。

偏重于保护工人的《工会法》

币原内阁——我曾担任其内阁的外务大臣——在麦克阿瑟元帅发出上述指示后，首先，在内阁会议上决定制定《工会法》(10月1日)。由政府部门、专家学者、企业家、工人、贵众两院（指贵族院和众议院）代表组成劳务法制审议会，听取其意见。以审议会的报告为基础，由政府制定正式的法案，最后通过国会的审议。工会法于翌年3月1日开始实施。

当时，工会运动到底会发展到何种地步不得而知。迫不得已，审议会进行讨论时，其核心资料是以战前工会运动的经验为前提，并考虑占领军当局的意向而立案的。因此，审议会的基本态度是，将工会设想成为健全民主制度的产物。因此，说其所有条款都是偏重于排除政府及雇主的干涉和压制，也并不过分。草案的第2条甚至有这样的规定：决不对工会运动适用刑法。最后，政府修改为：刑法第35条"法令和正当业务引发的行为不受处罚"的规定，如果"工会的集体谈判等行为"不正当，将不适用。但是，很多有识之士都承认后来的过激劳工运动的压力明显歪曲了这个"正当界限"。因此，这项法律在1949年我的第三次内阁时，进行全面修订，即进一步明确了否定暴力的含意。对此，将在后面讲述。

《劳动关系调整法》的制定犹如囫囵吞枣

1946年7月，在我的第一次内阁时期，向国会提交《劳动关系调整法》的议案，并于同年10月13日实施。此法案也征求了劳务法制审议会的意见，并根据审议会的报告拟定法案。对此，总司令部当局始终在背后进行干预和严格的监督。甚至连英日文的法案是否存在分歧这种小事，都加以干预。最后，政府议案不得不囫囵吞枣地采用审议会的报告。对于内阁会议上争论的关于限制学校教师抗议权这一问题，尽管再三交涉，总司令部也未予接受。

因此，说《劳动关系调整法案》只对劳动方有益，毫无压制性质也绝不夸张。事实上，当时身为劳务法制审议会委员的松冈驹吉总同盟会长也对此表示赞同。然而，当共产党控制的产别会议派工会开展反对运动时，总同盟也被卷入其中。因此，松冈会长曾在审议会上解释说，作为公职人员他不得不表明其反对立场。可以说，这件事情意味着，在当时的我国劳工运动界，部分有识之士也在共产势力的影响下屈服。不，恐怕今天也是同样的情况。

达到国际水平的《劳动基准法》

也是在我的第一次内阁时期，《劳动基准法》（以下简称"基准法"）在征求劳动法制审议会的意见之后，于1947年3月在国会上提交议案。在经过相对简单的审议之后通过，于同年9月1日实行。

该法案的第一条规定："劳动条件应该满足维持工人的基本生活需求。"除了家庭佣人、家庭佣工之外，此规定适用一切企业和职业。原则上实行8小时工作制，男女薪酬平等。和以往的工厂法相比，作为劳动相关法规这是相当进步的。不出所料，当时的资本家团体也提出要求："从重建国家这方面来看，无视劳动效率而直接将劳动条件提升至国际水平的话，会破坏企业的发展。所以应该设立具有过渡性质的规定，以缓和对企业造成的影响。"

即使《劳动基准法》具有国际水准，是非常出色的法规，但对于战败后的我国来说，这些法规过于强人所难，甚至连政府都这样认为。当然，这也是总司令部当局干涉、监督的结果。当时，总司令部的负责官员一再更迭，而最后的负责官员斯坦达小姐，她那种女性的事无巨细的干涉态度，经常使我方事务当局感到困惑。

在制定《劳动基准法》时，还有来自苏联的"热心"的参与。1946年7月，在第九次对日理事会上，苏联代表杰列维扬科中将，对基准法的制定内容提出了详细且具体的要求。对此，总司令部发表声明："目前正在拟定的基准法草案中已经充分包含了苏联的提议。因此，这个提议已经毫无意义。"事实上，总司令部当局可能非常自信地认为，日本已经制定出理想的、出色的基准法了吧。

三、为修正三法而努力

总司令部的政策转变

总司令部曾对左翼势力一再宽容、体谅。但是，在禁止"二一罢工"后，总司令部立即转变了对工会政治活动的容忍态度。我也曾屡次同总司令部最高干部进行商谈、提出请求，最后终于得以实现。"二一罢工"事件之后，总司令部劳动处长科恩和劳动关系组长康斯坦丁诺等人接到调职命令，这意味着总司令部转变了劳动政策。

但是，国内劳工运动的实际方向，与总司令部的希望和意图完全相悖。禁止"二一罢工"之后，政府成立了薪资审议会，劳工者代表也参与其中，共同商议新的工资标准。不久，我在大选后离开首相一职，继任的是社会党的片山内阁。因此，新工资标准的商议并未顺利进行。我单纯地以为，社会党执政后会平息劳动争议，但是，工会的内部情况相当复杂。根据后来的经历我得出一个结论：对社会主义者来说，无论是社会党还是我们保守党派，都属于敌对阵营。所以，工会只要在共产党的领导下，无论是社会党执政还是其他党派执政，激烈的劳动争议都不会平息。

因此，我的在野时期——片山、芦田两任内阁时期，以邮电事业从业人员工会为中心的政府机关工会，反复进行了长达十二个月之久的、激烈的、顽固的抗议行动。据说那期间，在法律上被禁止有抗议行为的其他工会，还想出定时下班、一同请假等钻法律空子的手段。而且，当时邮电事业从业人员还计划发起规模并不亚于"二一罢工"的全国总罢工，但因总司令部的命令而中止。

下令修订《国家公务员法》

也许是因为总司令部也无法忍受了吧，1948年7月，劳动抗议刚履行仲裁程序不久，最高司令官麦克阿瑟突然发函件给当时的芦田首相，提出建议：全面修订《国家公务员法》以下简称"公务员法"，限制公务员的抗议行为。我之所以记述此事，是因为虽然这件事发生在我的在野时期，却与我下一次内阁具有重要关系。

麦克阿瑟函件的主旨是，国家公务员身为国民的公仆，不存在一般意义上的私企和工会的对立关系。因此，公务员不应该具有团结权和抗议权。而且，国有铁路等国家专管企业，作为国营部门，即使承认其团结权和团体交涉权，也不应承认其抗议权。听说当时使相关人士很震惊。芦田内阁暂且根据波茨坦政令采取了应急措施，但他因昭电事件辞去首相职务，所以正式的立法措施并未完成。收尾工作交由继任的我的第二次内阁处理。

我们汇总整理了包括上述主旨在内的国家公务员法修订案，提交给临时国会，在国会即将结束时通过。主要内容如下：不允许公务员进行抗议行为自不必说，团体交涉也不予承认。取而代之的是，由新设立的人事院处理其雇佣工资关系。人事院是政府的一个独立部门，设立目的是增进公务员的福利待遇。

国有铁路和垄断销售的从业人员与一般公务员不同，但是，公共企业的劳务人员，也和一般产业工人不同。因此，根据麦克阿瑟元帅函件中的指示，政府制定了特别法律——《公共企业团体劳工关系法》①，在年末的临时国会之后召集的一般国会上通过。其内容特点是：对于国有铁路和垄断销售的从业人员，承认团体交涉权，

---

① 1949年6月，邮电省被废除。分别成立邮政、电气通信两省。于是，邮电工会分成全邮政工会和全电信工会（全电通）。1952年8月开始，电信省被废除，成立了日本电信电话公社。同时，与公共企业团体——日本国有铁路、日本专卖公社并称为"三公社"。"三公社"同"五现业"——邮政省、印刷局、造币局、林野厅、酒精专卖局这五家国营企业的职员一起，由此法律约束其劳动相关问题。法律名称也因此变更为"公共企业团体等劳动关系法"。

禁止其抗议行为。对于纷争和投诉的处理，经特别调停及仲裁程序进行裁定。

抗议权被剥夺

上述两项立法，使政府机关的各工会在性质上区别于一般工会。与国有铁路工会并驾齐驱的两大机关工会之一——邮电事业工会（编者注）退出抗议行列。国有铁路工会的行动也被加以限制。虽然这一修订从道理上讲，理由充分，但从工会的立场来看，剥夺其曾经被赋予的抗议权，必然会难以释怀，也是可以理解的。

但是，最近国有铁路又多次发生非法罢工事件，公然号召夺回抗议权。他们竟然采取违法行为抗议对违法行为的处置，极其野蛮地公开无视法律。虽然这种行为，是受一部分过激分子的唆使，但对于他们无法无天的态度，绝没有同情的余地。

偏离正轨的工会

原《工会法》，原则上相信工人的自觉和良知，期待工会的健康发展。但从后来的结果看，这种期待不仅没成为事实，居然还出现与期待相反的一些情况。为将工会培养成为重建日本经济、促进日本民主化的有益组织，工会的运营必须沿着民主主义的道路进行。同时，必须具有自主性，可以对自己的行为负责到底。因此，工会的运营，要根据工会全体成员的意愿采取民主方式决定才是最重要的。然而，现实情况如何呢？工会屡次被外部潜入分子操控，总是忘记义务，只主张权利。不顾社会整体，只顾及局部利益。这些事情都是他们假借工会之名做出来的。这是不讲道理，还是任意妄为？为了社会整体利益，为了其自身正常的发展，工会必须开辟出一条正确的道路——不被外部势力利用，通过工会成员自身的判断自主地运营工会。

然而，当时很多工会的情况是这样的：在我国残存的封建主义思想和未成熟的民主主义思想的相互影响下，工会任凭少数人独裁和干扰，工会成员的民主意愿遭到践踏。独裁主义、英雄主义支配工会。他们甚至阻碍经济重建，使经济走向崩溃。他们与推进民主化道路背道而驰，破坏民主化的劳动抗议不断发生。为处理这些问题，针对"二一罢工"事件，麦克阿瑟元帅发出禁止命令，以及1948年7月麦克阿瑟元帅向首相发出函件，禁止国家公务员进行抗议行为。这以后，尽管部分工人有自我反省之意，但思想扭曲分子仍顽固地挑起事端，其势头甚至更加残暴猛烈。可以说我国的工会运动完全偏离了正轨。

《工会法》的全面修订

以上是我对工会情况的一些看法。如前所述，币原内阁下台后由我的第二次内阁继续修订公务员法，制定《公共企业团体劳动关系法》。当时，《工会法》的全面修订也是前任内阁未解决的问题。所以，总司令部和我国劳动省当局之间也对此进行了数次探讨。

当时的《工会法》是在停战那年的年末，为应急而临时制定的。此法的制定初衷是为解放工人，立法的重心在于保护和促进工会的发展。然而，根据之后三年的经验可以看出，这时的工会与当初期待的正常的工会相去甚远，甚至还被一部分破坏势力利用，成为政治工具。工会的行为态度也欠缺分寸，好像非法行为正是工人的权利一般肆无忌惮。如前所言，工会误入歧途。

作为总司令部来说，尽管费劲心思对工人进行了解放，其正面效果姑且不论，惊人的反面效果却着实棘手。因此，示意我方应对其进行修订，并对我们进行内部指导。听说，最初修改《工会法》的提议与剥夺公务员罢工权力的指令在芦田内阁时代就已经提出。但因为政局变化，法案的修改由我的内阁接管，从第二次内阁的劳动大臣增田甲子七开始运作，直到第三次内阁的铃木正文时才得以实现。

从赋予权力到限制权力

这次修订，相当于废除旧法另立新法，是全面的修订。其核心内容是：旧法重视赋予权力，新法着力于限制权力的行使。举例来说，旧法对团体交涉等工会成员的行为，原则上不追究刑事责任，也不作为要求进行民事赔偿的对象。对此，新法中附加了例外条款："即使如此，也决不承认行使暴力是工会的正当行为。"此外，雇佣方妨碍组建工会、拒绝团体交涉，将被视为不法劳动行为。在旧法中，将此行为认定为犯罪行为，追究刑事责任。但在新法中，只是修订为由劳动委员会下令禁止或纠正。

在修订《工会法》期间，工会、革新党派等依然顽固地进行了反对示威游行。即使1949年4月末向国会提交议案后，也持续进行激烈的妨碍议事活动。最终，国会在接近会期结束时通过议案，于6月1日实施。

《劳动关系调整法》也需要修订

所谓《劳动关系调整法》，其目的是为了将工会和雇佣者之间的对立关系限定在一定框架内，使劳资双方的争议顺利解决。规定需要履行斡旋、调停、仲裁等程序，可以说与《工会法》互为表里。《劳动关系调整法》的制定比原《工会法》晚很多，是在我第一次组阁之后立即开始的。但鉴于之后实施的经验，也有必要进行修订。我的内阁时代前后进行了两次修订，第一次修订是在上述第三次内阁时期修订劳动《工会法》的同时，进行修订的。

与第一次相比，第二次则进行了非常重大的修订。即国家权力介入对抗关系，就是所谓的紧急协调制度的确立。这是和谈独立后，日本根据自主的判断而进行的修订。关于其前提——对占领法令的重新研究问题，我也想简单说明一下。

我曾屡次对总司令部方面提出请求——占领下颁布的各种法令应该由日本政府自主地进行重新研究。1951年5月1日，在即将迎来新宪法四周年纪念日之际，同盟国最高指挥官李奇微上将发表声明，明确放宽占领管理的方针。同时，赋予日本政府重新研究各法案以及修订各法案的权限。

因此，我国的劳工法制与以往不同，是基于新的观点——顺应日本独立后的态势——确立的。政府成立了由首相直接领导的政令咨询委员会，委员会包括中央劳动委员会会长中山伊知郎在内的各界专家学者等7人，委托其研究占领期间颁布的各种法规。政令咨询委员会于7月9日提交《关于劳动关系法令的修订和废除的意见》。"劳动关系法令是经济民主化的基础，所以，即使今后也必须保障和加强其基本原则。但从过去五年的实施过程来看，对不符合日本经济实情之处，在不低于国际水平的情况下，应该坦率地考虑加以修正。"在这个基本方针下，对总罢工所应采取的措施，也提出修改意见。

赋予首相"紧急协调权"

政府力求谨慎，成立了由工人、雇佣方、公益企业三方共同组成的劳动相关法令审议委员会，进行审议。但是，是否应对"使国民经济、国民生活陷于危险的抗议行为"采取法律措施，以及采取什么措施等核心问题，并未得出结论。

关于上述核心问题，政府决定通过立法确定由自己承担责任。这就是现在实行的《紧急协调制度》。即在认定抗议将给国民经济和国民生活带来严重影响的情况下，首相有权要求其中止，并委托劳动委员会解决纷争。此制度作为《劳动关系调整法》的修正案，与《破坏活动防止法案》同时在1952年5月提交给国会。尽管遭到工会及社会党方面的强烈反对，但政府始终以强硬的态度加以推动。法案于同年7月末通过。

总之，紧急协调的措施就是国家公权力介入劳动纷争，阻止抗议行为。所以，工会的领导人必然会担心这将扼杀其威力。正因如此，才会遭到工会和革新党派的强烈反对。那年秋冬间发生的煤矿抗议到最后阶段，工会竟然停止井下排水作业，以浸水危险威胁经营方。此时，政府便行使"紧急协调权"，并以此事为契机使这次长达两个月的大规模抗议得到解决。也就是说，协调权马上就发挥了作用。此事件促使政府决定进行限制抗议行为的特别立法。那之后，我再未行使过"紧急协调权"。

决定对罢工进行限制性立法

《工会法》承认工会"正当的"抗议行为。但"正当"的界限未必明确。停战以来，对于常识上任何人都认为是超出正当界限的行为，应该进行怎样的限制，是非常重要且深刻的问题。尤其是电力工会以罢工之名频繁采取停电战术，给国民和产业界带来巨大困扰。而且，上述停止保障矿井安全的作业等，不仅使矿井陷入危险，还会给社会和国家造成巨大损失。但是，若对此采取限制措施，必然会引发工会的激烈反抗。所以，行政当局最初对此也有所犹豫，但是，在看到1952年秋冬间煤矿工人举行大罢工前后，电力工会的停电抗议，政府认为，如此放任不管下去的话，不仅会阻碍我国经济复兴，还会给国民生活造成重大损失。所以，政府断然决定采取限制措施。在1953年1月的第十五次特别国会上，我发表施政方针演说。我强调了电力、煤矿两次空前规模的罢工，给普通国民带来相当程度的威胁和损害。我正式表明政府的意见和决心："政府考虑，今后为保护社会整体利益，抵制这种罢工的威胁，对具有公共性质的产业的抗议活动加以适当的限制，并在此次国会上提出。"

不顾顽固的反对

关于政府的方针，我事前与当时的劳动大臣户塚九一郎进行了探讨。实际上，我并没有听取劳动省行政当局的意见。劳动省行政当局对工会的情况和形势一知半解，如果征求他们的意见，他们必然会以为时尚早等各种理由拖延实施进程。但是，既然政府已经表明决心，那么行政当局的各位也就鼓足干劲，全力以赴地着手进行具体法案的立案工作。这样，将限制罢工法案命名为"关于限制电力事业及煤矿业抗议行为的法律议案"，提交给本次国会。

然而，法案虽然在众议院获得通过，却在参议院审议时，遭遇3月14日众议院的解散，最终未完成审议。后来进行总选举，我的第五次内阁成立。我希望能够实现上述法案，于是在新劳动大臣小坂善太郎的推动下，将法案提交给第十六次特别国会。法案进行审议时，遭到社会党及其它方面的强烈反对，甚至差点发生混战。加之，两院的劳动委员长位置都由左派社会党议员占据，他们的顽固拖延策略使审议无法顺利进行。后来，在在野党改进党和分离派自由党的支持下，制定出共同修正案，总算在众议院上得以通过。参议院在委员会审议未结束的情况下，将议案提交给全体议员大会，在改进党和绿风会的支持下付诸表决，终于在 8 月 5 日获得通过。政府当局的良苦用心和努力非同寻常。

占领政策过激的典型事例——《劳动基准法》

《劳动基准法》(以下简称"基准法")有很多条款并不符合我国产业劳工界的实际情况，特别是中小企业的实际情况。我想这是很多人不得不承认的。总司令部不了解日本的特殊情况，至少是无视这种特殊情况，倾向于单纯的理想化。事实上，可以说《劳动基准法》的制定正是总司令部实施"新政"过激的典型事例。在适用《劳动基准法》的几十万家企业中，有 92% 的企业从业人员不满 100 人。还有超过 70% 的企业不满 10 人。1949 年是依据基准法处理告发案件最多的一年，违反案件实际数量多达 120 多万件。而且，也未必能够实现使企业通过被揭发违法进而纠正错误，维持和改善劳动条件。事实上，问题出自中小企业的经营状况本身。一味地进行违反基准法的揭发，不过是欺压中小企业，在保护工人方面并无明显效果。

修订时也考虑国际因素

基准法的修订有问题是理所当然的。但对于这个问题，考虑到国际因素，有必要持慎重态度。我国是对外贸易依赖度极高的国家。我们必须牢记，有很多国家并不希望我国振兴出口。特别需要注意的是，不要被英国以及其他国家指责我们进行海外倾销。从这个角度讲，基准法的修订，很容易给人留下口实。

基于以上考虑，首先要对基准法的适用情况进行调整。1950 年 9 月，我向劳动省当局发出相关指示。于是，在当时举办的全国劳动基准局长会议上，劳动大臣保利茂做出如下指示："劳动基准监督管理的首要任务，不是单纯的警察式的监督，而要具有高度的指导性质。因此，身负重任的监督官员必须理解各个企业千差万别的现实情况，应采取具体的、适当的针对性措施，尽力使相关人员接受并遵守法律，并致力于改善劳动条件。"对行政管理的原则做出重大改变。

当然，如果可以的话，最好是修订《劳动基准法》。因此，我委托政令咨询委员会重新研究基准法。1952 年 7 月，对基准法相当全面的修订，就是以这个委员会的报告为开端的。1949 年 11 月、1952 年 8 月以及 1954 年 6 月，分别对实施规定进行了相当大的修改。

回想补余：

纠察线的界限——小坂善太郎（原劳动大臣）

1953 年 5 月，我就任第五次吉田内阁的劳动大臣。当时吉田首相最担心的事情之一，就是如何设法制定标准合理地解决以往这种围绕着提高工资水平的无休止的劳动纷争。而且，日本企业既然要走向世界，那就必须保持国内产业界的稳定。

因此，我做的第一件事，就是在内阁中设立劳动问题协议会。这个协议会，除了劳资双方的代表之外，还有中立委员，而且人数比劳资双方代表还多。因此，站在第三方有良知的国民的立场上，通过舆论来解决劳动问题，也是协议会的特点之一。协议会持续了一年零八个月，在鸠山内阁时期曾暂时中断。最近，由原来的成员重新组成劳动问题恳谈会继续发挥作用。

根据吉田首相的指示，还对劳动关系进行了统计。我比较了世界各国的实际工资水平以及日本以往的国民收入构成，求得工资在国民收入中所占的比例，并按照业种、规模、性别、年龄进行统计，得出"标准工资"，用作分析现状的资料，意图为劳资谈判提供基础数据。虽然有人称赞这是一次科学的尝试，但总体评价则指责政府想借此将工资水平固定。

吉田首相经常疑惑地问我："纠察线到底是什么？"宪法第二十八条规定，劳动者具有团结权、团体交涉权以及其他团体行动的权力。部分劳动法专家将这劳动三权视为天赋人权，认为如果发生劳动纠纷，做任何事情都合情合理，而且这类情况经常被无视。因此，鉴于1952年年末的电力企业、煤矿企业劳动纠纷的惨痛经历，将因上届国会解散而被搁置的法案——《限制罢工法》重新提出，以协调罢工权和公共利益之间的关系。

纠察线的明确行政解释是：将和平劝说作为界限，把具有肉搏性质的、妨碍集团谈判的行为视为违法行为。

根据《国家公务员法》《公劳法》，采取对违法行为进行严厉处罚的方针。政府职员和学校教师不具有团体交涉权，却要面见大臣、在政府走廊静坐、或听从组织者的指令一同休假，进行事实上的罢工，这是全世界都没有的事情。他们还将国铁视为个人所有，随意停止火车的运行。战后的倾向是将这些行为解释成进步的行为，对其进行处罚被认为是反动的行为。为扭转这种风气，当时没有绝对多数议席支持的内阁不畏辛苦，仍认真致力于修正占领政策。

所谓的劳动三法其实是总司令部负责劳动的官员在实施新政过程中行为过激的典型产物，政府对其也进行了若干重要修订。关于修订的要点，简而言之如下：关于《劳动基准法》，标准不应统一，因为工厂劳动和商店劳动的劳动内容不同，所以应该加以区别；关于《劳动关系调整法》，申请调停期间应该禁止抗议行为；关于《工会法》，要明确不当抗议行为的具体内容。而且，还要进一步研究《解雇限制法》。因为在《解雇限制法》的研究中同时加进对公司制度的重新研究和对《公劳法》的修订而被新闻报道打上"小坂构想"的标签，并给予相对正面的评价："意图挑战一直以来被视为禁忌的劳动问题的主要难关，其宗旨值得表扬。"当然，这些举措都是基于吉田首相的决心——为了日本的将来，需要认真对待劳动问题，并使其走向民主正道。但是，非常遗憾的是，在准备实施的过程中，吉田内阁总辞职，吉田首相的愿望失去了实现的机会。

四、我的劳工运动观

以上内容详细记述了战后的我国劳动立法。最后，我想谈一下劳动立法过程中我的两三点感受。

恢复民生和工会

首先，我想要谈的问题是，在战败后我国举步维艰时期，共产党及其支持者的密谋活动十分嚣张，严重阻碍了我国的重建和复兴。按照他们的话来讲，就是要阻止"资本家的复兴"。然而战败后，在无粮可食、无衣可穿的情况下，无论立场如何，无需多言第一要务就是在国民的一致努力下恢复生产。当然，大多数勤奋的工人是无辜的。如果说有过，便是没能亲自控制住部分激进分子的猖狂行为。即便今天我仍然这样认为。

这件事情姑且不谈，在当时事态下，麦克阿瑟总司令官于1947年1月31日下令禁止举行"二一罢工"，并发表相关声明。他的做法详细且强有力地证明了当时形势之险恶。我认为这个声明和日本后来的工会运动有非常重要的关系，所以将全文摘录如下：

> 作为同盟军总司令官，我要对发动总罢工的工会领导人做出如下通告。即，在如今正处于穷困、衰弱状态下的日本，绝不允许进行这种致命性的破坏行为。因此我下达放弃上述行为的指令。
>
> 非常遗憾，我不得不对此事进行这种程度的干预。我之

所以采取这种措施，无外乎是为了防止公益事业受到致命的攻击。日本今天仍处于战败和占领中，城市荒废、产业停顿、很多国民都徘徊在饥饿线上。罢工会严重破坏运输、通讯事业。而且，还会使粮食、煤炭运输等辛辛苦苦恢复的产业活动停止运作，不可避免地陷入瘫痪状态。这将会使大量日本人处于事实上的饥饿状态，并对各个家庭造成令人恐惧的打击。另一方面，为避免日本国民陷入饥饿状态，美国国民至今仍从为数不多的粮食资源中向日本发放尽可能多的粮食。

我想，参与罢工的一定是日本国民中的极少数人。就在不久之前将日本带向战争破坏之路的也是极少数人。今天，少数人想要将大多数日本国民置于同样的灾难中。此时，我们被迫处于需要做出一个不幸决定的境地：是抛弃日本国民，让日本国民自生自灭？还是即使牺牲我们自己也不多的资源也要向日本各地输送粮食等生活必需品？此时，我无法要求我国人民承受这种额外的重负。

作为应急手段，我采取了此次措施。但是，绝对无意要通过其他手段限制工人一直被赋予的行动自由。

受到社会主义势力侵蚀的工会

如上所述，无法忽视的是社会主义势力的阴谋，阻碍了国家的重建和经济复兴，同时，还扭曲、阻碍了我国工会运动正常的、稳步的发展。如前所述，同盟国对日占领时期的劳动政策发生了转变——当初着眼于保护和促进工会发展，在禁止"二一罢工"后，开始转向控制工会发展势头。当然，事实上也是基于修正总司令部在占领初期所谓新政派们的过激行为，或是要使工会发展符合日本产业、特别是中小企业实际情况之类的理由。不过，如果我国工会从开始就顺应总司令部的保护促进政策，选择稳健的发展道路，总司令部也不会对其施以镇压式的控制。而且政府也没有必要特意修订劳动相关法规，至少会适当放宽修改的尺度。

对于这一点，虽然我们需要批评占领初期总司令部"纵容性劳动政策"的弊端。但是，我们也不能不同时谴责，在背后利用总司令部的工会政策进行策划和煽动的共产分子以及得意忘形、短见薄识的工会领导人们恣意妄为、使工会偏离了正常状态的罪行。

令人困扰的是，即使在停战十多年后的今天，少数激进工会领导人仍有试图改变大多数想法与其并不相同的工会会员的倾向。我并不认为我国的大部分工会领导人都是这种激进分子。不，我甚至认为，从数量上看，激进分子是极其少数的。即使在战前的我国军队中，极端的军国主义者、侵略主义者也并不多。据我所知，优秀的、忧国忧民的军人也绝非少数。只是少数激进军阀动员军队将我国国民带入愚蠢的战争之中。前车之鉴，近在咫尺。

拓展阅读：

1957年6月15日的《赤旗报》以《春季斗争和今后的劳动问题》为题，发表长篇社论。其中，在"工人和工会的政治活动"一项中论述道："与工人阶级为生活和权利而进行的斗争相结合，开展独立、和平、民主主义斗争的决定性问题是，党要在劳动大众中、在经营活动中、在工会等民主组织中，进行系统性的活动。"在结论部分，强调说："工会是社会主义的学校。工人在工会的斗争中，可以认清资本主义的本质，提高阶级觉悟，认识到自己的历史使命——废除剥削制度。因此，我党党员要积极加入工会，积极加入到工会的所有活动，例如教育、宣传、调查、组织等活动中去。为实现工人的要求，斗争在最前列。……必须将积极分子培养成先锋。"文章生硬，很难理解。但足以清楚地认识到，共产党是如何将工会作为发展共产党势力的工具加以利用的。

过去的军部和如今的工会

听说，最近有人将我国强大的工会团体与过去的军部进行比较。我在很早以前就指出过二者的倾向有类似之处。战前的军阀，称军部外的人为"地方人"，他们有一种自以为与"地方人"不同的精英意识。在今天，工会领导人中的某些人极其狭隘守旧。他们认为，只有他们自己是正确的。对于不加入其队伍的人，直接打上"保守反动"的烙印。他们甚至不具备民主主义的重要因素——宽容。

在这些领导人中，更有甚者，将置身于劳工运动视作仕途发展、出人头地的捷径。他们当中越来越多的人不愿在工厂挥洒汗水，从事体力劳动，而是选择在工会大会上大胆地发表煽动演说，站在示威队伍的前列；或者不愿在学校的教室里沾满粉笔灰，一心一意教书育人，而是喜欢参加选举，在国会上进行混战。这种人，应该说是职业煽动者，他们善于平地掀起三层浪，无事生非。这恰如过去的军队，期待发生什么事变而引发战争。二者如出一辙。

听说今天仍有"青年行动队"的身影——抗议时，头缠白巾，佩带臂章，得意洋洋。这让我联想到曾经的"青年将校"。他们天真且单纯，并非没有优点。可惜的是，这难以掩饰他们思想浅薄、知识阅历不丰富的事实。因为他们无法看清他们的行为给国家和社会带来了怎样的麻烦和伤害。不只是青年将校，与以前的士官相像的人也出现在工会领导人中。在煤矿抗议中，他们声称"全家上阵"，将思想单纯、不明所以的妻子、孩子也卷入其中。抗议长期化后，他们对这些家眷因无粮度日处于窘境之中也视若无睹。眼看抗议接近尾声，他们便任其"自生自灭"，一走了之。这些煽动者们的绝情和冷酷难道不会让人联想起当年军队的士官们吗？

被少数人煽动的多数人

如果要列举出这种形似性，还有很多。这样看来，我不得不惊叹，日本人无论是军人，还是工会领导人，他们都踏上了同样的道路。同时，我现在才领悟出一个道理：实现民主主义的事业，在一代人、两代人之内，是非常困难的。

但另一方面，即使是当年的军队，也并非所有军人都是毫无思想的。不，我认为从数量上来看，善良、忠诚的军人反而更多。与此相同，我国劳动阶级中的大部分人都是认真、勤劳的，可以说今天已经闻名于世。即领导人中只有少部分是我所说的"不逞之徒"。如果我们不想再重蹈覆辙，受少数军阀煽动，将国民卷入愚蠢的战争之中，我们就不能允许日本的任何领域存在旧军部似的不负责任的煽动势力。为此，希望我国工人认清工会领导人是真正意义上的优秀领导人，还是无良领导人，尽快具有能够逐渐排除后者的批判能力。我认为，即使在今天的我国劳工运动中，脚踏实地的、善良的领导人也绝非少数。而令人遗憾的是，这些稳健派领导人的发言经常受到轻视，而过激言论反而处于上风。

"群众利益"和"集体利益"

最近，我国劳工界犹如庆祝节日活动一般反复进行抗议，这个问题难道无法解决吗？春季攻势、夏季津贴罢工、年末斗争等，春夏秋冬四季定期发生罢工骚乱，其他国家也如此吗？恕我孤陋寡闻完全不了解。我并不认为日本的资本家、雇佣者比其他国家更加恶劣或是思想落后。而且，如果在全世界的自由国家阵营中，只有日本是劳动纠纷最多的国家的话，那么其原因为何？回答一定会多种多样。简单地说，其主要原因就是对民主主义真正的含义缺乏理论指导和实际体会。只急于强调自己或本阶级的利益与权力，对资本家、雇佣者自不必说，连其他社会群体的利益也极少考虑。

这使我想起占领时期麦克阿瑟总司令官的卓见。如前所述，1948年7月22日，麦克阿瑟元帅向当时的芦田首相发出一封内容很长的函件——《关于修改〈公务员法〉的建议》。其中，关于"国家利益、社会利益高于阶级利益"这一点，有值得我们借鉴的内容。摘录如下：

在所有工业化的国家中，不只有代表工人利益的集团，还有分别代表实业家、金融家、农民及专业技术人员等具有特定行动力的集团。在民主主义社会，这种具有行动力的集团会为了获得权力和势力进行斗争。但是，不应该脱离国家统一的根本理念。"普通群众"不是指某个特定阶级之外的其他阶级，而是由全体国民构成。"普通群众的利益"与大众福祉具有同样的含义。

和西方民主主义国家一样，日本也充分理解这个理念的重要性。日本宪法本身也承认"国家一体化"和"主权所有者全体国民的共同意志"。而且宪法还明确表明了"宪法所保障的国民的自由及权利，要通过国民的不断努力使之得以维护"的原则。

而且，国民不允许"滥用"宪法，一直担负有为谋公共福祉才可使用宪法的责任。宪法本身进一步明确了国会是国家权力的"最高机关",国会"代表全体国民"。

宪法的根本理念是国民的团结和公共利益高于一切。如果要维护这一根本理念,使其不遭到践踏的话,那么政府机能的任何一部分都不能只给予某个集团或阶级,或是被某个集团或阶级夺取。否则,根据《波茨坦宣言》设计、根据宪法建立的日本的负有责任的政府将不能继续存在。因为,将主权让与他人的政府已不是负责任的政府了。

具有民间团体性质的工会本就不具有政府的性质。在任何一个工会发达的国家,自由的工会力量都是脱离政府而独立存在的。并且在追求合法且正当的目的时,这种力量要脱离政府控制,产生于自由的环境中。

为西德工人的境界所感动

前几年外访欧美时,我曾到访过德国。当时向德国的要人们讨教为什么德国的劳动纠纷那么少?他们的回答都非常简单,即,德国工人们的想法是:"战败后的德国第一要务便是重建祖国、恢复经济。没有精力做罢工那么奢侈的事情。"德国的工人们将国家、社会的利益置于个人或阶级利益之上,令我深铭肺腑。

除西德工人之外,顺便提一下被称为"现代劳工问题的祖国"英国的劳工界。我任驻英大使时期常听说英国工人的经济观念非常强。他们知道单纯地提高工资只不过造成物价飞涨的结果，所以不会轻易地发动提高工资的斗争。我深刻体会到英国不愧是盎格鲁－撒克逊人建立的国家，经验主义、功利主义之类的思想都渗透到了工人阶级。而我国的现状是：无论是公司倒闭、还是给社会带来困扰，都不在工会的考虑之列。罢工好像是每年定期举办的节日庆典活动一样，为获得利益不惜一切的事例不胜枚举。与英国相比，日本真是天差地别啊。

劳资双方要找到利益共同点

以上是我对我国劳工运动现状所发表的感想，也许我的批评言论过于严苛。如前所述，我的内阁时代曾致力于制定和修改劳动相关法规。但是，我绝没有否定正当意义上的抗争行为。工人们团结在一起，通过集体谈判，向经营者要求提高生活水平，是理所当然的行为。不仅如此，对于偶尔在所难免地使用罢工权也是能够理解的。必须承认，罢工权的行使为今天提高工人阶级的生活水平做出了贡献。

但是，我认为在发达的民主主义下，一个国家的经济结构即使表面上还是资本主义经济或自由主义经济，事实上，以往的剥削与被剥削的关系已经不再明确。资本、经营、劳动，这三者一定会逐渐发现能够进行利益协调的基础。经过协调找到利益共同点，便会使社会可以顺利地发展。换言之，劳资关系并不像社会主义者们所断定的那样，是永久的、持续始终的敌我双方的斗争关系。我的一贯主张是，在各自所持立场之外，肯定会有从国家、社会角度出发的可进行协商的共同点。

如果我国的工会运动能够真正取得民主主义性质的发展，达到与英国和西德工人阶级相同的水平，那么我执掌内阁时期所制定的法律中大部分内容都会成为多余之物。我迫切希望这一天能够早日到来。

第十七章　对共政策的表里

一、共产党成为阻碍复兴的势力

最初受到鼓励

从我第一次组阁到最后辞去内阁职务期间，对共产党的处理问题，是贯穿始终的问题。如前所述，停战那年的春天，近卫文麿公爵受天皇陛下垂询时回奏的中心内容是：作为战败的结果，最令人惧怕的一点在于共产革命的危险。然而，日本战败后，作为占领措施的一部分，对社会主义者的活动持容忍态度，极端地说甚至是鼓励的态度。应该说这恰恰是近卫公爵所担心的事情，最后发展为如此不可思议的局面。说成鼓励也许有点过分，但是初期的占领政策对社会主义者是宽容的，或者想要利用他们，总之在总司令部中存在着虽不是社会主义者，却至少是容共分子的人。他们独断专行。从结果来看，这种占领政策无疑助长了共产党的过激行为。二战刚刚结束时，苏联成为同盟国中实力强大的一员，人们期待苏联能够与民主国家一起，为战后的复兴与和平共同努力。因此，部分善良的美国政治家们，没能完全看透社会主义者的真正意图，也是可以理解的。

不过，占领军当局及美国的政治家们并未花费很长时间，便彻底地认清了社会主义者就是占领政策的阻挠者这一事实。社会主义者们煽动和利用工人，专门制造战后的不安和混乱，借此来追求建立革命政权的梦想。苏联则在背后进行支援，其阻碍占领管理的意图，或是通过远东委员会，或是利用对日理事会，表露无遗。美苏两国的对立、占领军对共政策的变化，都以此为契机开始凸显出来。

德田球一其人

共产党的问题从我第一次组阁开始就一直困扰着我。然而，对其第一任书记德田球一这个人，不知为何，我并不反感。当然，德田粗野毫不客气，为了阻止我组阁，其党人曾深夜翻过围墙闯入我的官邸，还带着暴徒闯入御膳房，并在"二一大罢工"时顽强抵抗到最后，令警察都无所适从。他虽是一个难缠又古怪的人，但是和其他讨厌的、毒辣的、固执的社会主义者相反，我极少对他生厌，甚至认为他是天真可爱的。我和德田并没有直接打过交道，与其直接接触是在我的在野时期，即片山、芦田内阁时期。当时自由党和共产党都是在野党派，偶尔会有对话。在议院内部，经常能看见他来我党办公处。有一次，我去党的休息室看见德田也在，便对他语带嘲讽地说："你什么时候加入自由党了？"他回答说："今天加入的。"自那以后，我们之间就产生了一种可以谈笑风生的亲密感。

有一件事情，令我特别佩服德田。不记得是什么时候，总之是在野时期，我党干部当中，有人接受了大概一百万日元的捐助，因为这是捐助给党的，所以让我写了一封感谢信。而这封感谢信就出了问题，后来，我被请到国会里的什么委员会接受讯问。社会党的议员任委员会主席，这个社会党的委员吹毛求疵地对我进行质问，甚至连我的个人财产也进行了细致入微的盘问。我本想拒绝出席，可当时身处在野党且涉及此事的钱数也不多，考虑到不去可能会令党内干部担心，所以还是去了。然而有关个人财产的问题我一概不予回答。当时在场的共产党代表德田，却一言不发。他表现出一副"这些问题太无聊了"的样子，倒可以说是在间接帮助我。在议会上的质询中，他屡次发表过激言论，但毫不涉及私事。这一点令我十分钦佩。在登上议会的讲坛时，从我身边经过他都会跟我打招呼说："我可要发威了啊。"返回座位时会开玩笑说："今天认输了吧。"而其他共产党人，对我总是神色骤变、如疯狗一般欲扑咬过来。他却不同，他经常微笑着回头看我，德田是我无论如何也无法憎恶的人。

总司令部最初的反共宣言

最初，占领军之所以将德田等人从狱中释放，并容许其进行活动，是因为占领军认为日本是一个极端践踏人权、压抑自由的国家，他们将社会主义者看作是受到暴政摧残的牺牲者。况且某种程度上，占领军想要通过社会主义者的活动，破坏日本的旧有体制。实际上在总司令部内部就有社会主义倾向者，他们不少人暗中支持抗议活动，特别以经济方面的部门居多。前面提到过，在这一点上，我似乎与总司令部下属部门的官员发生过对立。

另一方面，社会主义者们将占领军称为解放军，主张不通过武装斗争和平地进行革命。这在当时，给人们一种社会主义者在占领军的统治下，稳步前进的印象。那时，日本到处充斥着动荡和贫困，这对共产党来说，是绝好的时机，即使他们自己，也许都认为这是有可能实现和平革命的时机。

但是，共产党想要利用战后的战败挫折感和贫穷促使人心思变，进而建立革命政权。这与追求秩序和稳定的占领军政策，不可能不发生正面冲突。事实上，早在1946年春天，我第一次组阁前后，"五一事件"和以"要吃饭"等名义进行的各种带有暴乱色彩的群众运动反复爆发，从那时起，情况便明了起来。当时，对日理事会的美国代表乔治·艾奇逊返美时，在中途岛附近因飞机失事而身亡。他曾在理事会上发表演说："日本国民的政治活动必须自由，但美国无论在自己的国家，还是在日本，都对社会主义没有好感。"这是总司令部第一次公开发表的反共宣言。麦克阿瑟元帅在5月20日发表特别声明，就共产党的集团暴力问题警告国民："如果部分人不能自制的话，那么总司令部将不得不采取必要的措施。"并追加了一句话，"我特别希望日本保持健康的舆论导向，使总司令部没有必要介入。"

当时混沌不明的社会状况

根据自身的经历,我想把当时混沌不明的社会状况记录下来。如前所述,毫不夸张地说,我的组阁是在受到社会主义势力指导的暴徒强势阻挠下,在红色旗帜的包围下,在革命歌曲的歌声里完成的。而且后来到各地进行竞选活动时,也受到了极端阻挠。夸张一点说,感觉我的人身安全都存在危险。当时,美军第八军司令官是埃克尔伯格中将。在我去关西地区进行演讲的前一天,应中将邀请共进午餐。餐桌上偶尔谈及选举的话题,我说:"马上就要出发了,我是一个不太有人气的首相,有点麻烦。"中将马上很认真地大声说:"没关系,有我呢。"我于是想,这真是一个有趣的人。意外的是,第二天早晨我上火车之后,发现他不仅派了两位便衣警卫随行,还担心我们旅途中食物不充足,在车上准备了大量大份三明治。我记得我把这些三明治带到了富山。便衣警卫在整个旅途中,寸步不离。当时若有干扰行为发生,只靠警力是无法解决的。这时,便衣警卫就联系美军进行支援。虽然我并未做出要求,但却承蒙埃克尔伯格中将的安排,顺利闯过难关。

我从北陆前往大阪,第一站在富山火车站下车。这时,从大阪赶来的共产党行动队包围了我乘坐的汽车不放我走。虽然并未实施暴力,但也使我完全动弹不得,警察对此无能为力。美军闻讯赶来进行阻止后,才总算摆脱他们。在金泽还发生过这样一件事,我们将剧场作为党的演说会场,在大纸上写上宣传内容张贴在舞台上。

这时听众当中冲出一伙共产党员登上舞台，撕下张贴的大纸。后来，大概十名士兵进入场内，才控制住这一伙人。

当时共产党从大阪直至北陆方面一路部署人力，我所到之处都有他们的人出现并对我加以阻挠。在大阪天王寺公园举办露天演说时，我一走进去，入口附近就有数位武装士兵枪弹上膛进行戒备。演说一开始，讲台上我的左右两侧也有士兵站立护卫。环视会场，每隔不到20米距离就有士兵站岗。也就是说，我的演讲是在武装士兵的保护下完成的。会场上鸦雀无声，既没有嘲讽声，也没有掌声。当时的社会状况就是如此。

共产势力渗透进工会

当时混沌不明的社会状况，令我完全无法预测人心的方向会归属于哪里。正如当时人们常说的那样，何止是普通国民处于虚脱状态，就连舆论方向也不明确，官员们的想法都很难判断。特别是报纸上的一些论调，给人的印象好像警察镇压胡作非为者就是做坏事。

在这种气氛下，曾自称为"人民大会""勤劳大众"，在街头肆无忌惮地进行暴乱活动的社会主义者们又将其势力渗透进工会。也许是因为街头暴力受到总司令部的镇压，难以取得进展从而转移目标。另一方面，工会作为占领政策中重要的民主化阵地受到保护和支持，其政治活动也公然得到鼓励。所以，以工会为名采取行动，不论内容性质，经常可以主张其合理性。对此，新闻报道的评论总是首先持庇护和容许的态度。警察如果对过激行为进行取缔的话，就会被斥责为压制自由。

这种通过工会行动而进行的第一次大规模扰乱行动是社会上称之为"二一罢工"的全国政府机关工会的罢工计划。当然，这之前也断断续续发生过一些通信部门、国有铁路工会组织的抗议活动。但全国政府机关、全国国营企业统一行动结成近二百六十万人联合体的罢工计划却是空前绝后的。与其说空前，倒不如说如果真正实现的话，粮食、煤炭等重要物资的运输就会中断，由此引发的混乱，必然会使本来就物资匮乏的国民大众身陷难以救助的困境之中。当时那些领头人宣扬的理想是绝不可信的。这场罢工无非是以扰乱社会秩序为目的的社会主义者有预谋的政治活动。众所周知，因为总司令官下达禁止命令制止了罢工运动，才没能生出事端。然而，我真想知道那些罢工的领导者们今天回顾当时会作何感想。

"二一罢工"暴行

当然，将这种工会的活动完全说成是社会主义者的活动，也许不正确。与此相反，社会上不少人有一种观点，认为任何以工会为名的抗议，即使是不法的暴力行为，也是工人的基本权利，绝对不可侵犯。当时持有这种观点的人与其说是不少，不如说是特别多。即使今天也依然存在。"二一罢工"之前的元旦，我在新年致辞中，严厉斥责了意图引发社会动荡并将其利用在政治方面的部分势力。同时表示，不相信我们的国民中存在很多"这种不逞之徒"。话音刚落，我的这句话便被断章取义成"劳动人民全都是不逞之徒"，甚至出现对我展开新的攻击的新闻社论[1]。政府突然收到十三条要求，其中一条是要求马上取消这个新年致辞，并要求我致歉，这也是"二一罢工"的导火索。这样，当时具有导向性的新闻社论是如何受到部分破坏分子意图的影响，并受其蒙蔽就很清楚了。

被视作政府机关罢工原因的最后通牒式的条件是"立刻实施年满16岁的最低基本工资应为560日元的政策"等十二条内容。但是，他们认为政府对此事的回应没有诚意，发出罢工宣言："我们终于不得不吞下血泪，进行一场建设性的大手术。"同时，工会公开发表声明："我们相信，只有斗争，才能复兴产业，拯救民族的毁灭，解放全体劳动人民。"仅凭这些就很容易看清楚，当时的罢工计划就是在漂亮口号下进行破坏活动。对此，麦克阿瑟元帅在禁止声明中提出如下警告也是自然的："大罢工会导致运输通信的崩溃，会阻碍粮食和煤炭运输，会使产业活动停止。"很清楚，大罢工即便是工会组织的，也很难将其视为行使劳动者基本权利的运动。

---

[1] 1947年1月4日，"东京朝日新闻"的社论中以《首相广播的时代错误》为题进行批评："对我国工人运动的批判应该从多角度考虑，完全归结成不逞之徒，实在是荒谬绝伦。"并断言："如果建立在小资产阶级基础之上的政府苦恼于工会或通货膨胀，是不能使经济复兴的。今年的新年广播越发证明了吉田内阁没有这个资格。"

二、破坏性的政党——共产党

有问题的不是思想而是行为

战后重建的共产党，其干部全都是战前的老党员。这也许是迫不得已。战前的日本共产党是在国际共产主义运动的庇护和指导下成长起来的带有半宗教色彩的秘密结社组织。他们受限于教条主义和意识形态，颂扬暴力革命。即以主张暴力和从属于国际共产主义运动为特征。从这种特征看，重建的日本共产党从一开始就具有阻碍复兴势力的性质也是毫不奇怪的。

虽然共产党主张自己为合法的政党，但却不代表本国国民的自由意志。它只服从外国的控制，不追求和平与稳定，常常制造不安与混乱。所以，共产党毫无疑问是一个绝对不能被接受的政党。何况，它的背后靠山苏联，事实上与管理日本的国家美国势不两立。所以，作为占领政策的扰乱者，当然会与总司令部作对。社会上有很多人把社会主义的问题看作单纯的政治信仰问题，甚至将这归因于思想的自由、结社的自由。还有人指责说，对于共产党的镇压措施恰恰侵犯了人权。这种观点，如果不是刻意回避现实，就是头脑简单，有眼无珠。我们从被占领走向独立，之所以绝对不能容忍社会主义者，不是因为其思想和信仰存在问题，而是行为存在问题。尤其是破坏行为。

后来，从政府及民间各界开始驱除社会主义者，即"红色整肃"。有人马上进行抵制，认为单方面解雇党员及其支持者，与宪法所保障的基本人权，尤其是法律体现的平等原则相悖，违反劳动基本法平等待遇的规定。但是，解雇并不是因为他们党员的身份，也不是因为他们的思想。这只是从日本共产党实际的动向判断，这些破坏分子极具破坏性和危险性，考虑到社会稳定而采取的预防性措施。因此并不违反宪法。

取消公务员的罢工权

我认为，总司令部的对共政策转化为对其采取法律措施，就是由"二一罢工"事件促成的。早在一年前的币原内阁时期，就发布了"波茨坦敕令"。规定："禁止组建反抗占领军的团体和军国主义团体，如已组成须将其解散。并且，政党等政治团体具有申报义务。"当时的主要目标是取缔右翼势力，对共产党并未有所顾忌。这里所说的"波茨坦敕令"是："在日本接受《波茨坦公告》的情况下，为便于日本政府执行总司令部发出的命令而制定的敕令，不必完全依据法律，但具有法律效力。"早在我担任外务大臣的东久迩内阁成立初期，就公布并实施了根据旧宪法制定的紧急敕令，作为制定和发布此类敕令统一的法律依据。基于这个敕令而颁布的敕令俗称"波茨坦敕令"。新宪法颁布施行以后将"敕令"改为"政令"。上述币原内阁时期的政治团体取缔令就是"波茨坦敕令"之一。

"二一罢工"事件是全国行政机关工会联合策划的事件，其组织成员达260万人，牵扯到国有铁路、通信业务等与交通、通信生死攸关的部门。因此，最高司令官认为罢工将严重威胁到国民生活,于是对此发出禁止命令。以此为契机,认为承认公务员拥有罢工权本来就不合适的看法开始占上风。这种看法,最终以法律形式确立,即于1948年7月——当时我处于在野时期——芦田内阁颁布了"波茨坦政令"。这部政令,基于最高司令官的指令,否认一切公务员的抗议行为和团体谈判权。同年秋天,我的第二次内阁时期,将这条政令的主旨修订入国家《公务员法》中,通过立法措施,加强对政治行为的限制和禁止。当然,这并非直接针对共产党,而是间接防止工会受到红色破坏势力的控制,避免国民经济遭到破坏的危险。

先给予再剥夺

从根本上说,无论是政府机关的职员,还是国营企业的从业人员,他们的雇佣方不外乎国家和国民,所以允许其具有罢工权,这已然不合情理。但是,如果工会只是普通的工会,并遵循常理行动的话,也许这个问题也不那么重要。然而,即便今天也一样可以看出,当时的政府工会带有浓厚的政治色彩,社会主义势力的渗透颇深。对于上述禁止抗议的政令,铁道及通信部门的工会迅速开始在工作场所之外进行反抗斗争。这与今天国有铁路工会声称"反对处罚违法罢工者",反复进行非法活动的思想根源是一样的。也就是说,对这些工会的领导者来说,自己的职责、公众的利益和社会秩序都不那么重要。

不过我认为,禁止公务员工会进行罢工的规定将原本给予公务员的罢工权予以剥夺，不能争论其间存在的不合理之处。正如我在别的场合所述，原因在于初期的占领政策针对预想中的日本旧势力的政治反抗，企图利用社会主义者和工会等新势力作为相抗衡的势力，从而导致占领政策出现偏颇之处。

对团体等的限制令

总司令部在1949年2月，我的第三次内阁刚刚成立时发布指令公开将共产党作为取缔对象要求进行立法。指令中要求对币原内阁时代颁布的"波茨坦敕令"加以修改。旧"波茨坦敕令"的目的是要扼制反抗占领军的团体以及军国主义团体等右翼国家主义势力的兴起。新修改的政令，其形式内容和旧敕令大致相同，但其核心是以政治团体——共产党为遏制对象。虽然修改的基本原则并不专门针对共产党，而是"对威胁国民自由和安全、破坏和扰乱社会的政治团体，不限于指导思想如何，不论右翼或左翼，都严格执行此政令。"

政令于同年4月实施，被称为"对团体等的限制令"。其主要内容为：除镇压极端国家主义团体和反民主主义团体之外，对政府和地方公共团体会造成政治影响的团体全部需要申报；机关报的发行必须上报给政府；如有必要，相关人员要接受传唤或提交资料。和谈独立后，政府以其是根据占领军指令制定的暂时性法令为由使其失效，要求重新制定取而代之的正式法律。

事实上，当时我想在国会设立类似美国"非美活动调查委员会"

的组织，由国会调查日本人违反日本人利益的活动。虽经多方研究，却因种种障碍而中止。如果命名的话，也许会是"非日活动调查特别委员会"吧。但是，原本"非美"这种说法当时在美国就受人非议，在日本设立类似的组织，舆论好像也会严厉批评。

法务府特别审查局的活动

当时，内阁成员之一的法务府（法务省的前身）设有"特别审查局"，由这个部门执行"对团体等的限制令"。诸如共产党支部组织的登记等这种麻烦的工作也由审查局负责。其间，出现过若干起因为拒绝登记而被举报的情况。但从当年到1950年，完成了日本共产党大部分组织和党员的登记工作[1]。当时还有一个叫做"在日朝鲜人联盟"的团体，很像共产党，不，比共产党更加粗暴，令日本各界都很头疼。对这个团体，也依照限制令进行了处理，命令其解散的同时，没收全部财产。后来听说发生了罕见的一幕：部分激进分子涌进共产党总部，斥责共产党对联盟的解散见死不救。

众所周知，所谓"二一罢工"即社会主义者们动员政府机关人员计划举行的一次全国性罢工但并未取得成功。当时号称政府机关工会会员达260万。共产党还联合其他普通产业工会，成立了全国工会联络协议会，简称"全工联"，将其作为共产党控制工会的根据地。然而，"全工联"其实直接隶属于受共产国际控制的红色工会世界性组织——"世界劳工联"，形成令日本工人为世界革命做贡

---

[1] 根据1950年3月的记载，日本登记的共产党员总数是18692名。

献的体制的中心。因此，承认它以工会的形式存在，是不合情理的。解散"朝鲜人民联盟"之后，政府又解散了"全工联"。

三、没有实现的共产党非法化

麦克阿瑟声明的暗示

综上所述，除对社会主义者们的破坏活动进行取缔立法之外，随着共产党破坏活动的日益猖獗，开始有看法认为必须将共产党认定为非法组织。特别是总司令部方面，也正式或非正式地暗示过。按道理来说这是合乎情理的，可是实施起来并不简单。政府方面也进行过调查研究，不过最终没有实现。当然后来还是感觉当时应该采取措施将共产党非法化。

建议我将共产党非法化的人中，国内的很多，总司令部方面也不少。当时将共产党非法化的方案有两个：一个是利用占领军超出宪法的权利推进此事。这个办法，也许不费吹灰之力就可以实现。但缺陷是，其效力仅限于占领期间内。而且不过是临时措施。我们的另外一个办法，是通过国内立法将其非法化。但这也绝非易事。

关于非法化问题，总司令部方面最开始暗示以公开的形式发布。即，在1949年7月4日美国独立纪念日时麦克阿瑟元帅发表声明。如前所述，"对团体等的限制令"实施那年即1950年，美国独立纪念日前夕，福岛县平市发生了一起共产党员强占警察局事件；同年还公开了大规模的行政整顿计划，社会主义者们煽动工会做出过激行为的言行也暴露无遗。

麦克阿瑟元帅在声明中指出：社会主义者利用民主主义国家保障自由的观念，走在反自由的道路上。"我怀疑是否还有必要在法律层面上对此加以承认和保护。"这个声明，与其说是提出了应该果断解决共产党非法化的问题，倒不如说是让日本国民对社会主义运动做好充分的思想准备。同时，使"对团体等的限制令"中所体现的占领政策的转向，即通过法律否定社会主义的态度益发明显。

所谓的野坂批判与共产党

独立纪念日的声明发表之后，讽刺的是，又接连发生"下山事件""三鹰事件""松川事件"等不可思议的事件，使人心陷入极度不安之中。其真相并不十分清楚，因此也不能将所有事情都和共产党联系在一起。然而事实上，所有事件都和国有铁路有关，国有铁路在行政整顿中解雇员工数量最多。而且，事件都是在国有铁路工会的极度混乱和反抗的气氛下发生的。这无疑给总司令部当局以这样的印象：这全都是社会主义者惯有的暴力行为。

不仅如此，翌年即1950年年初发生的事件，更加赤裸裸地暴露出日本共产党的破坏性和反美态度。这就是社会上流传的共产党与工人党情报局对野坂进行批判的事件。众所周知，共产党与工人党情报局就是二战中暂时被解散了的共产国际的再现。详细内情并不十分清楚，总之就是苏联指挥控制外国共产党的总部。据说共产党与工人党情报局发出指示，使日本共产党彻底贯彻暴力革命主义。虽然不清楚事情经过，但在苏联的方针政策指导下，共产党猛烈抨击美国对日管理政策，并公然试图加以阻挠。因此，上述的野坂批判，应该和共产党内部情况有关。这姑且不论，可以明确的一点是，日本共产党以此为契机，更加积极地开展破坏活动。

麦克阿瑟元帅再次暗示非法化

在这样的气氛下，1950年5月3日，新宪法生效三周年纪念日时麦克阿瑟元帅发表声明，强调指出共产党的破坏行动。并明确表示，如果一直维持这种状态，那么今后有必要考虑是否承认其政治活动的合法性。这明确暗示政府应该将其非法化。除了这个声明之外，当时还有很多人建议我应该将共产党组织认定为非法组织。我也并不是没有这种打算。但我还是认为，最稳妥的做法是寄希望于国民的良知，所以最终也没有实行。①

当时，社会主义者屡次实施暴力行为，威胁极大。另一方面，也受到普通国民的强烈批评。在同年6月初进行的参议院第一次半数改选时，自由党当选的议员占绝大多数，成为参议院第一大党。相反，共产党的当选议员仅有四人，逐渐走向衰落②。我认为这个情

---

① 日本共产党在1949年1月的众议院选举时，由选举前的四个议席一举增加到三十五个。后来因开除公职处分而失去很多干部。在上述参议院半数改选之后的1952年10月的总选举中，失去众议院解散之前的全部二十二个议席。

② 总司令部民政局长惠特尼少将，关于这个声明在其著作《麦克阿瑟传》中记载道："司令一方面警告共产党，另一方面则强调日本政府应该自发地有所行动。司令强烈认为这个行动应该由日本人自己来负责。然而，海外自由国家并没有此先例，并考虑到国内存在着部分反对人士，日本的领导者们最终没有采取行动。"

况也使我的想法受到很大影响。

西德对共产党违反宪法的裁决

我认为西德和日本，无论是作为战败国、还是作为人口增长国、抑或是作为国民勤奋努力生产力高涨的国家，在很多方面有共通点和相似点。因此，我对西德非常感兴趣，前几年周游欧美时访问了波恩。我也想研究一下德国对共产党的政策。到西德后我才了解到，在对待社会主义的态度方面，西德和日本所处的状况是完全不同的。

如我之前在出国游记中所述，第一，对共产党，德国人的心理和日本人完全不同。在西德，完全没有必要对国民解释社会主义到底是什么。因为成百上千的难民夜以继日从社会主义国家——东德逃亡而来，生动地刻画了东德社会主义统治下的悲惨情况。也就是说，国民通过这种直观教育看清了社会主义的本质。令我吃惊的是，为接待、收留难民，西德政府竟然设立了特别部门。

我还就非法化的问题，咨询了西德的领导人。在西德并没有必要进行这种特别的立法。因为，在德国宪法第二十一条中规定："从其目的或党员的行为来看，只要是扰乱或颠覆自由民主的基本秩序，威胁到德国联邦共和国存在的政党就是违反宪法。"违宪的问题由宪法法院进行裁决。因此，西德政府早在我此次访问的数年前，即1951年11月，以左翼共产党和右翼旧纳粹残余集团社会主义国家党为对象，向宪法法院提出违宪诉讼。第二年，法院判决国家党为非法党派。起诉当时，西德国内外的形势是：前一年爆发的朝鲜战争尚未结束，社会主义侵略的不安笼罩着世界；西欧列国关于防共也屡次进行协调。原纳粹党员就是在这种情况下，适时地利用反共带来的契机组建了社会主义国家党。

"根据历史经验……"

我在西德访问时听说，宪法法院还没有做出对共产党的判决，但也即将做出决定。后来听说，最终判决是在1956年8月下达的。判决宣布共产党是违反宪法的政治团体，命令其解散的同时，禁止组成后继团体，国家没收共产党的财产用于公益事业。判决理由是："共产党宣称要通过无产阶级革命和无产阶级专政，实现社会主义社会秩序。根据历史经验，通常情况下为达此目的就必须对市民社会行使暴力手段，武装起义依然是所谓劳动阶级夺取权力的主要手段。因此，这一目的与西德自由的基本秩序相悖。"非常简单明了。西德政府一俟判决下达，便断然对共产党机关进行查抄和没收财产。①

上述判决理由，可以完全照搬到日本共产党身上。但是，日本宪法中并没有像西德那样的明文规定。在西德，就算没有具体的反叛行为或反叛准备，只要具有反对自由民主秩序的目的，就会被视为违宪，命令党派解散。在日本，却是无条件地承认结社自由，对

---

① 据说关于起诉共产党的口头辩论从1954年12月到1955年7月共进行51次，提交资料多达4500页，录音磁带长达8700米。当时下议院有16名议员是西德共产党员。

社会主义只是作为单纯的信仰问题处理。社会上普遍存在着颂扬社会主义的倾向，只要声称反对垄断资本或是反对帝国主义，即便行为粗鲁野蛮也值得原谅。而且，特别那些被认为考虑问题深入细致有独到见解的知识分子和学者，一味地为社会主义国家进行辩护，对其进行美化和理想化的观点甚嚣尘上。

分析其原因，我数年来百思不得其解。有人说这样会得到强有力的劳动者群体、学生层的赞许，我才多少有些理解。我将此称之为另一种意义上的曲学阿世就是这个原因。以前的曲学阿世谄媚于权力，如今的曲学阿世伪装成走在时代前端的样子，谄媚于潮流，实则对国家社会害处更大。总之，在这样的形势下，我国通过立法将共产党非法化，存在很多困难。倒不如激发心智健全的国民的良知更为明智。无论用多长时间，寄希望于国民的觉悟才是稳妥之道。当时的总司令部内部，虽然提出非法化的建议，却没有强令执行，或许也有这个原因。因此，用法律明确共产党的非法化，结果直至今日也没有实现。

四、从《赤旗报》停刊到红色整肃——代替非法化的法制举措

预先发出严厉警告

从野坂批判到共产党公然采取反美破坏活动的这一年，即1950

年，由于朝鲜战争的爆发，是值得记载下来的特殊一年。5月30日，在皇居前广场，发生了社会主义者挑起的事件。自称"人民总崛起大会"的集会结束，散会前后，恰巧有美军将校观光拍照，部分群众对其施以暴行。共产党没有停留在表面化的暴力手段，还通过机关报《赤旗报》等报纸，不断对占领军进行恶意诽谤，煽动群众实施暴力行为。

总司令部早在2月末就对共产党领导发出预先警告，"党员的行为和态度，如果超过言论自由的限度，或是威胁到自由社会的合法政治目的，也许就要停止机关报的发行以及法律提供的保护。"但是，这之后，社会主义者们的态度丝毫没有改变。6月初，在麦克阿瑟给我的函件中，下令对共产党中央委员德田球一等24人和《赤旗报》编辑人员听涛克巳等17人给以开除公职处分。法律根据是"对团体等的限制令"以及开除公职令制定基础的最高司令官令。然而，并未触及到解散日本共产党的问题。

而且，刻意避免停止发行《赤旗报》。对此，麦克阿瑟元帅曾特别说明："停止发行或者事先审阅，违反一直指导日本使其具有新闻报道自由的这一宽容性原则，因此，除非其他措施无效，否则不能采用此办法。"解散政党、停办报纸，这些都是一般民主主义社会不会采取的措施。所以，通过这件事情，可以充分理解麦克阿瑟元帅极力避免解散日本共产党和停办《赤旗报》的原因。

开除公职的共产党干部潜入地下

共产党对总司令部的警告充耳不闻，依然接连不断在《赤旗报》上进行反美宣传。1950年6月25日，朝鲜战争爆发。《赤旗报》马上刊登了北朝鲜首相金日成的照片，开始宣传支持金日成。因此，《赤旗报》受到即日起停刊30天的处分。但是共产党仍然通过散布传单，或利用基层组织的机关报，代替《赤旗报》进行反美宣传。因此，7月18日，总司令部下令包括《赤旗报》在内及其后续报纸以及同类报纸无限期停刊。

共产党通过地下组织秘密发行《赤旗报》的后续报纸和同类报纸，这让法务府特别审查局等警察机关疲于奔命[1]。在这些秘密报纸中，他们宣传以武装革命为目标的军事方针。而且，在搜查时，还发现具有破坏性的指示通知。总之，当时日本共产党的目的是，企图尽全力扰乱国内形势，借此使美占领军困在日本，间接支持北朝鲜军。

这期间，特别审查局侦察得知，部分共产党员计划组建以实现武装革命为目标的组织。为调查此事，审查局根据"对团体等的限制令"传唤主要党员。但德田球一等9名党员不予回应，潜入所谓地下。警方后来严厉追查其行踪，之所以如此是因其不接受传唤，

---

[1] 截止到1951年年末被停刊的有：认定为后续报纸的11种、认定为同类报刊的地方、府县、地区的各委员会及基层的机关报共1454种，合计达1465种。作为停刊措施，对发行报刊的相关人员以违反指令的理由给予刑事处分。因此，警方和检察当局逮捕共产党党员和支持者共2306人。同时，以有反美和破坏性言行为由受到检举的党员和支持者共2085人。合计4341人。

136

违反限制令而受到控告。然而，德田仍未露面，后有消息说其死于北京。至于他们为什么潜入地下，我至今也无法理解。

所谓的"红色整肃"

共产党非法化虽未得以实现，但作为取而代之的措施，除上述的开除共产党干部和机关报编辑人员公职以外，还有所谓的"红色整肃"。这是为防止政府、地方公共团体、民间报道机关以及一般产业界的业务运营受到社会主义者的破坏，而采取的解雇这些机构的共产党员及其支持者等一系列措施。表面上，红色整肃，既不是总司令部的直接管理行为，也不是遵照总司令部指令采取行动的日本政府的行为，而是我方行政机关、民间经营者在自己的责权范围内实施的举措。但真相是，整体上的确是在总司令部的强烈暗示和支持下推进的。所以，从广义上讲，说成占领军的行为也未尝不可。而且事实上，正是因为有占领军的支持才能得以实施。

虽说是对共产分子的整肃，但辨别共产分子也是非常困难的。从工会发表的运动方针、用于呼喊的标语、采取的战术来看，即使能够推测这是共产分子领导的，但因存在程度问题，很难具体把握。况且，几乎没有人会公然承认自己的共产党员身份。他们最重要的战术就是巧妙地隐藏起共产党身份或来自共产党的指示。所以，辨别共产党员是最困难的工作。总之，只能通过平时的言行逐一判断。而这种做法又会增加整肃的意味。原因在于整肃的本意，不是因为具有共产党员身份遭到解雇，目的在于保护业务活动不受到破坏。

通过行政清理清除破坏分子

行政清理是在所谓的红色整肃之外采取的措施，即有意识地从政府部门职员中清除破坏分子。这里记述一下这件事的原委。那是在红色整肃前一年进行的大规模行政清理，合计16.5万名人员被解雇，其中也包含红色分子。

我在其他场合也详述过此事，即1949年春天，在道奇公使的指导下，对行政机构全面进行清理。尤其还为人员清理制定特别法《行政机关职员定员法》，采取超出特别法定额的职员将被解雇的方针。也就是说根据法律进行公务员清理，做法相当严厉。一般情况下，违反当事人意愿对其进行损害其利益的处分时，当事人可以进行申诉。但特别法中同时规定，这种情况不适用公务员法的相关条文。

解雇时，当然采取给予特别津贴、号召自愿辞职等办法。同时，根据总司令部方面的意见，制定了将有可能危害机关业务正常运行的红色分子一并解雇的方针。督促政府各个部门，调查所有符合条件的红色分子，于同年7月至9月间，与其他一般被清理对象一起受到清理。接下来，进一步鼓励地方都道府县仿照中央政府采取同样措施。于是这些地方团体也分别制定有关职员定员的条例，在进行一般人员清理的同时，解雇红色分子。

政府机关的红色整肃

虽然通过这种做法对政府机关里的红色分子进行了清理，但不可能清理彻底。之后随着时间的推移，还会新增很多红色分子。因此，从第二年即1950年7月开始，政府机关与民间步调一致，进一步开展所谓红色整肃活动，反复清理破坏势力[①]。当时，应该予以清理的社会主义者及其支持者被认定为扰乱秩序，例如泄露业务机密或妨碍业务正常运行等，或存在扰乱隐患。以《国家公务员法》中规定的缺乏适应性作为开除红色分子的法律依据。对地方公务员和公立学校的教职人员以此为基准采取措施。当然，清理红色分子不是为制裁而采取措施，而是专门防止破坏和混乱。所以，原则上，明确表示将要反省的红色分子政府会给予反省的机会。

民间整肃从媒体开始

民间的红色整肃，从媒体部门开始，逐渐转向一般产业界。1950年7月中旬，大阪广播电台解雇红色分子，禁止其进入工作岗位。事件本身并未发酵，但以此为开端，推动了新闻报道、通信、广播业的红色整肃，直至波及到全国。随后，以电力产业等公益事业为首，一般产业界也开始进行整肃。经营者们团结一致地、统一地进行整肃。各地也发生了针对整肃的抗拒性暴力行为，但整体上局面比较平稳。这可能是因为得到社会舆论的强烈呼应和支持的缘故吧。受到整肃人员的数量，媒体部门达600多人，一般产业界达

---

① 通过1949年的人员清理和1950年的红色整肃，国家及地方公务员、公共企业职员中，清除出的社会主义者及其支持者总数达10793人。其中人数最多的是国有铁道2591人，此外，邮政部1664人、电信部1770人、公立学校教职人员1583人。国家警察及自治体警察共266人，法院16人、会计检查院8人。

1万多人。

红色整肃，包括广义上的整肃在内，前后历经一年零六个月，政府以及地方公共团体、民营的媒体公司、一般产业界清理日本共产党员及支持者总计2.2万人。如前所述，这是代替共产党非法化而实施的举措。不可否认，通过红色整肃，政府机关和民间各企业，在消除破坏分子的压力这一点上成效显著。但遗憾的是，随着时间的推移，又逐渐回复到最初的状态。

红色整肃是否触犯法律

关于民间的红色整肃，解雇共产党员及支持者是否侵犯宪法所保障的基本人权，尤其是否侵犯法治下的平等原则等法律问题也随之而来。在红色整肃之后这个问题也依然存在[1]。

当时我们根据以下观点，主张并没有触犯法律。如前所述，红色整肃并不是因为共产党党员的身份，或是因为怀有共产主义思想，解雇某些特定的人物。而是从当时日本共产党的实际言行来看，既然是党员或是支持者，难以预测他们在什么时间什么情况下会进行破坏活动，因此，才将其驱逐于工作场所之外。总而言之，这是为保护正常工作秩序所采取的针对危险有害分子的解雇举措。不是单纯的政治信仰问题，也不是政治面貌问题。因此，我们做了如下

[1] 近两三年来，全国性的"反对红色整肃的复职斗争"活动在各地活跃起来，日本共产党与总评（日本工会总评议会）等的合作也在顺利推进。不仅如此，特别是还有两个部门被提起解雇无效的诉讼，最终判决有利于原告。受上述事例影响，总评还在1957年5月召开了"反对不当解雇的全国联络会议"。

解释：这既没有触及《劳动基本法》和《工会法》，也没有违反宪法。

在总司令部发布的最初指令——即将德田球一等多名中央委员开除公职时，当时的民政局长向共产党代表传达了完全不会阻碍共产党选任其他人员补任中央委员这一宗旨。从这件事情上可以看出，红色整肃原本并不是禁止和压制社会主义或共产党本身。出于同样目的，作为替代共产党非法化的措施，制定《破坏活动防止法》。这一问题将在下一节讲述。

五、《破坏活动防止法》的制定

面临国家独立，治安立法迫在眉睫

1951年9月，《旧金山对日和平条约》签署生效，与苏联以外的国家关于和谈独立达成共识。同时，美军驻日的防卫体制得以确立。这样，应对共产党破坏活动的治安政策，再次成为重要的政治课题。无论如何，在占领期间，防卫和治安都依仗占领军的力量而受到保障，给人以安心感。而且，政府还保有余地——有必要的话，任何时候都可以依据占领军的命令采取法律措施。但和谈后国家独立，日本政府必须依靠自己的力量承担责任，采取措施。

日本政府依靠自己的力量维护治安所面临的最严峻的问题就是，社会主义者进行破坏活动时，欠缺对其进行处理的相关法律依据。作为"波茨坦政令"所制定的"对团体等的限制令"，的确以处理社会主义者的破坏活动为目的。但是，"波茨坦政令"属于占领立法，具有占领结束的同时政令便会失效的性质。因此，制定替代法律，即将"对团体等的限制令"转换为正式法律，在和平条约签署的同时，成为最重要的问题。

然而，正如之前所言，不能禁止和压制共产主义这一政治信仰。将共产党这一组织本身作为取缔对象，也会使政府陷入违反宪法的漩涡中。因此，在立法上，必须将作为达成政治目的的手段而采取的非法破坏行为确定为取缔对象。而且，把破坏行为作为达成政治目的手段的人，并非仅限于社会主义者。因此，结论便是与"对团体等的限制令"相同，必须将左右两派的政治暴力行为都视为取缔对象。

不变的"滥用"论

关于上述道理并没有过多的反对意见，因此就决定开始起草法案。但是，法律具体条文的制定却非易事。法案的名称，到底定为"公安保障法案"，还是"特别保安法案"，还是团体等规制法案等，有过诸多尝试。最终，为直观地表现出取缔的对象，决定命名为"破坏活动防止法案"。具体条文方面，作为政治手段实施明显的破坏行为属于犯罪——对于这一纲领性观点，任何人都没有异议。然而涉及到细节，便开始出现什么压制言论自由、政府公权力介入个人生活等反对意见。实际上，从1951年开始，直至完成立法的1952年7月之间，反复进行的反对运动涉及到的主要问题就是公权力的不当介入。换言之，其反对理由就是可能会发生对法律的恶意使用和滥用。

设立公安调查厅作为专门执行该法律的特别部门,给予其进行各种调查活动的权限。对于这一点,有舆论认为这意味着原来的警保局、特高警察等的复活,因此成为众矢之的。也被指责为公权力的滥用和过度使用。不仅限于"破坏活动防止法案",或多或少以取缔和限制为目的的战后立法受到攻击时,无一例外都会采用相同的论调。

我经常考虑,不只是"破坏活动防止法案",带有治安性质的行政管理类的法律规定,理所当然都会或多或少包含有约束国民自由的内容。所以,如果因为存在滥用的风险而予以否定的话,《刑法》等一切以犯罪为对象的立法,都很难成立。而且,我最想呼吁世人关注的是:事实上,当时受到谴责和攻击的很多此类立法,后来都没有引发什么特殊问题而得以平稳实施,并为维护治安做出贡献。立法时进行谴责的知识分子们,恐怕今天连自己曾经进行过谴责这件事都忘记了吧。

回想补余:

回忆"二一罢工"事件——吉武惠市(时任劳动大臣兼厚生大臣)

1947年1月31日清晨,美军当局进入驻日以来的第一次战斗状态。目的是阻止"二一罢工",哪怕诉诸武力。

31日下午4点10分,总司令部当局严令共同斗争议长伊井弥四郎及各产业工会委员首先播放停止罢工的广播："如不广播即刻逮捕你们。"

对于"不是共产党员的人就不是敌人"的说法，现在的人们也许会很惊讶，但是 1947 年正是这样的一个时代。那时的社会形势是：也许明天就会发生革命，人民政府马上将要诞生。

从结果来看，我认为，之所以发展成如此千钧一发的危险事态，是由于盟军总司令部的处理不当造成的。当时总司令部看到前一年 5 月"米饭获得人民大会"中日本共产党的暴力主义行为，宣称"不欢迎共产党"。实际上，总司令部却给予其很高的评价，认为日本共产党正是日本民主化的核心。

因此，从 1946 年 10 月前后开始，无论我们如何控诉"日本共产党操纵的工会将借新春之际企图罢工，这将是一场流血的革命"，总司令部一概不予理会，反倒警告我们说："你们难道想要摘除民主主义的萌芽吗？"

在这样的背景下，趁着通货膨胀的势头，国有铁路、全国邮政工会和日本教职员工会等政府机关工会率先组织"提高工资大罢工"。毋庸置疑，其幕后指挥者就是日本共产党。

总司令部劳动问题负责人是劳动课长科恩。他虽然是哈佛大学的高材生，但性情乖戾，总是一副仗势欺人的命令口吻。无论我们几次三番提出建议，说明日本的特殊情况，他都以冰冷的表情回答。

第二年即 1947 年元旦刚过，我们将首相官邸作为总部绞尽脑汁商议避免罢工的方案。毋庸置疑，罢工的核心势力是以国有铁路、全国邮政工会为主体的政府机关职员、工人。他们成立"全国政府机关工会共斗委员会"，本部设在国铁。他们虽然表面上提出要提高工资水平，主张"以往的工资体系不能满足工人们的生活，必须提高工资"，但我们已经感觉到其实他们别有用心。

1月6日的日本共产党声明中清楚地证明了这一点。"我党支持拥有260万成员的全国政府机关工会组织的罢工，而且我们呼吁全体民众，为建立民主人民政府而斗争。同时我党将竭尽全力，率先奋战。"

面对这种势不可挡的局面，政府也显得有些焦急，便委托中央劳动委员会进行斡旋，全力避免罢工运动。同时，我们每天都到总司令部报到，汇报情况。但是，科恩课长依然一副"胡说什么"的态度。向这种课长级别的官员汇报是无法解决问题的，因此，外务省方面向司令部高级官员提出此事，但得到的回答也是非常冷淡："劳动问题有负责的部门，应该和该部门负责人商议。"我认为，总司令部干部的这种态度将使大罢工的举行成为必然。

这期间，"二一罢工"的相关准备顺利推进。11日召开罢工组织机构确立大会，15日召开罢工宣言共斗委员会扩大会议，发表2月1日开始无限期罢工的宣言。20日，向日本共产党和社会党提出正式参加罢工运动的要求。共产党答应参加，但社会党提出应绝对避免罢工,并提出"要求政府总辞职"的方针。这样,事态即将陷入不可挽回的局面。

我认为,总司令部意识到问题的严重性是从20日左右开始的。听说向总司令部高层提出意见的部门不是负责的劳动课,而是与之无关的经济关系课。他们认为"罢工运动一旦开始,事态将十分严峻"。

22日,经济科学局长马库特少将提出,因为"罢工违反占领政策",在25日之前共斗委员会必须做出"不罢工"的回复。但是,共斗委员会方面拒绝这一要求并回答说"要将罢工进行到底"。对于工会方面令人意外的强硬态度,似乎总司令部也非常意外。甚至一直以来蔑视我们,将我们看作帝国主义爪牙的科恩,也紧张地问道:"他们的目的到底是什么?他们是认真地在考虑罢工吗?"

我们听说,在拒绝22日发出的"马库特劝告"之后,共产党乘胜追击,竟然拟定了人民政府官员名单。《赤旗报》上,德田球一在《如何建立民主政权》的谈话中提到:"人民政府由各民主团体代表组成,特别是希望从工会推选出大臣、政务官及其他高级官员。运输大臣从国有铁路选出,海运方面的高级官员由全国邮政工会选出……"俨然一副已经将政权收于囊中的口吻。

终于,在决意进行罢工的前一天晚上,全国政府机关工会代表约30人,声称进行团体谈判,冲进首相官邸,要求和首相及相关大臣进行直接谈判。官邸外，媒体的闪光灯亮个不停，杀气腾腾。然而，吉田首相泰然自若，说没有必要见这帮家伙，迅速撤离官邸。其他官员经过长时间研究对策后，决定与之会面。当然，无果而终。终于罢工的举行迫在眉睫。

但是，31日深夜，司令部终于出面，传唤共斗委员会代表，马库特少将只说了一句话："22日的劝告是麦克阿瑟总司令官命令发出的，必须停止2月1日的罢工。"这样，"二一罢工"最终并未实行，避免了日本崩溃的危机。

第十八章　旧金山会议前后

一、和谈方式中体现出的美苏对立

应该感谢的两位恩人

1951年9月8日在旧金山缔结的《对日和平条约》是否如当时国内外评论的那样是宽容的公正的条约，只能由后世历史学家们来评判了。为了使和平条约内容利于日本，我们已竭尽全力。我们努力的目标无外乎两点：（一）通过和平条约的签订，使我国尽快恢复国家独立；（二）尽力争取有利于我国的条约内容。

回顾签订和平条约的历程，有两个人物不得不提。那就是同盟国最高司令官麦克阿瑟元帅和当时的美国国务卿顾问约翰·福斯特·杜勒斯（John Foster Dulles）。这二人应该说是日本能够顺利签署和平条约的恩人。麦克阿瑟元帅主要是促进了和平条约的签订。杜勒斯先生使条约的内容有利于日本，并使和谈建立在和解和信赖的基础之上。他们是值得我们感谢的人。

部分人提出长期占领论

事实上，在占领初期，我无法判断和平条约签订的日期会在何时。《波茨坦宣言》的第十二项中说明："在上述各目标均达成，并遵循国民的自由意志，建立了倾向于和平、负责的政府之后，同盟国占领军应该撤离日本。"然而，《波茨坦宣言》的各个目标是否达成、日本是否建立了具有和平倾向的、负责的政府，都要由同盟国来决定。因此我认为，只要同盟国愿意，那么很有可能几乎无限期地占领日本。

事实上，在美国国内或在日美国人当中，有人提出无限期占领日本的意见。而且在打倒强敌日本并军事占领日本之后，出人意料的是，日本人并没有对美军抱有敌意和憎恶，也没有人想要加害走在大街小巷的美军官兵。随着时间的推移，开始相互了解，甚至产生了亲密感。接触美军官兵的日本人，完全像是在招待远方来客一般。而且，日本景色宜人，人民善良。因此，美国方面，尤其是军队方面出现"久居日本论"也不无道理。

麦克阿瑟元帅的尽早撤出论

这期间，麦克阿瑟元帅始终反对长期占领。元帅认为占领无论如何也应该在三年左右终止，历史上没有超过五年以上军事占领成功的案例。作为军人，他认为，占领时间一旦拖长，会涣散占领军的士气和纪律，滋生腐败，最终得到的只是被占领国国民永远的怨恨。也许他最担心的就是他的军队会在日本发生这样的事情。他经常对我谈及此事，而且在公开声明中也提到过。

如上所述，在当时，每当听到麦克阿瑟元帅的尽快结束占领论，我就会想起二战前我国军方强烈反对从中国大陆撤兵这件事。他们肆无忌惮地对中国大陆进行一次次侵略。与此同时，国内一旦掀起关于撤兵的争论，他们就宣扬"忠勇的将士将尊贵的鲜血流淌于这片土地，轻易撤兵是对英灵的亵渎"，以此作为长期驻兵的借口。如果在太平洋战争之前日美谈判之际，我军方接受从中国大陆撤兵的条件，那么美国方面就不会强行发动对日战争，而且一定可以避免国民在不知情的情况下被卷入愚蠢的战争之中。考虑到这些，我便更加清楚地理解麦克阿瑟元帅的尽快撤兵论是多么聪明的见地。

多数表决还是四国表决

麦克阿瑟元帅的这种想法，给当时的我们以勇气。作为被占领国的政府执政者，最难以忍受的就是无论何时都要和占领军当局日复一日地进行烦杂的谈判。中央还好，在地方，经常会与占领军因为一些不必要的问题而产生纠纷。我们更看重的是，长期占领会给日本国民独立自主的根本精神带来消极影响。理由虽不相同，但我们和麦克阿瑟元帅对于占领长期化的担忧是一致的。

麦克阿瑟将军在占领之后的一年半，即1947年3月发表声明："对日和谈的时机已经来临，和谈成功的同时应该终止占领。"[①] 但就

---

① 1947年3月19日，麦克阿瑟元帅召开外国记者招待会时说道："应该尽快结束对日本的军事占领，签署正式的《对日和平条约》，取消总司令部。"（摘自总司令部民政局的报告《日本的政治重建》765页）

我方而言，对何时和谈能够成功并不乐观。当时，对意大利的和平条约在敌对行为终止三年半后仍未生效，而对先于日本投降的德国的和平条约何时能够签署也无法估计。而且，战后持续激化的美苏阵营的对立，必然会使双方在对日和谈问题方面出现不同看法，所以前景暗淡。果然，同年7月，美国政府提出主张：由远东委员会11个成员国召开对日和谈预备会议。苏联对此马上提出主张：由美、英、苏、中四大国进行商议。这样，对日和谈首先受阻于程序问题，后来又因会议方式的争论，浪费了数年时间。

拓展阅读：

  1947年7月11日，关于对日和谈条约预备会议的召开，美国政府对远东委员会成员国提出以下议案：（一）为商讨对日和谈条约，美国政府希望尽快召开与远东委员会相区别的、由委员会各成员国代表组成的会议。（二）上述成员国以外与日本战时有关的各国，在起草条约时可给予陈述意见的机会。若起草顺利的话，将召开对日战争参加国全体会议进行审议。（三）鉴于各国外交部长政务繁忙、责任重大，从实际出发，不召开外长级别的会议，首先召开外长代表或专家级别的会议。（四）会议召开日期暂定为8月19日。美国希望相关各国同意将美国定为会议主办国。美国的提案，与四大国外长会议方式不同，采取三分之二多数表决的方式，这大大削弱了一国否决的威力。因此，尽管其他九国同意，但唯独苏联仍提出质疑说："美国不应该单方面提出邀请召开对日和谈预备会议，而且美国率先倡导并创立的外长会议机制应该用于对日议和条约的准备当中。"

被推迟的和谈日期

这期间，美国政府也对是否促进对日和谈态度暧昧。洛维特副国务卿曾明确表示暂时延期召开议和会议；陆军司令罗亚尔发表演说时曾表示，对抗衡远东集权主义的威胁，日本将起到防护壁垒的作用。于是，舆论普遍认为美军要长期驻扎日本。总而言之，上述的美苏对立使和谈时间拖延是确凿的事实。但是，一贯主张尽快和谈的麦克阿瑟元帅，在停战三周年时发表声明说，日本国民在过去的三年里已经完成了他们的任务，并强调日本已经具备和谈的资格。我完全理解元帅的想法，因此，在召开记者招待会时，我也曾特意强调元帅尽快召开和谈会议的意愿。希望能够防止国民因为和谈延迟而情绪消沉。

二、针对和谈日方的准备

延迟和谈有利于日本

和谈延迟对于日本来说未必不利。作为战败国，和谈来临之际最关心的事情，毋庸置疑，就是希望避免因和谈而被课以苛刻的条件，特别是未来会长期制约国家的独立与自由的不利条件。如果在终战后即刻签订和平条约，因战争气氛尚未完全消散，同盟国自然就会对日本强硬地提出苛刻的条件。和谈延迟可以渐渐削弱同盟国对日本的敌意和憎恶感。另一方面，由于同盟国对日本的了解已经十分深入，和谈延迟使日本有时间采取便于双方获得互利结果的政策。从这个意义上讲，和谈延迟反倒有利于日本。

每天的接触就是关于和谈的交涉

对于和谈，我们的基本思路如下。

第一，对日和谈会议绝不会像以往的朴茨茅斯会议、凡尔赛会议那样，战胜国与战败国相对而坐，商讨议和条件。这是罗斯福总统提倡的无条件投降方式以及据此提出的《波茨坦宣言》的必然结果。同盟国想在和平条约中规定的内容，已经在占领期间完成，即已成为既定事实。因此，与其说是在和平条约中提出新的内容，不如说是对既定事实进行确认。如果属实的话，可以视作条约的内容在占领期间已经逐渐落实。我们每天与同盟军司令部的接触，同时具有为和谈进行交涉的意味。

这样想来，我们一直将重心放在和同盟国的接触方面，除单纯进行日常事务的交涉之外，频繁地与首脑层进行全局性事务的商议，争取获得对方的理解。而且，每逢美国政府领导人、民间重要人士以及美国以外的同盟国首脑访日时，我都会尽力寻求与他们接触的机会，努力使他们能够了解日本的实情。我认为这种方针收效颇丰。

期待美国为日本代言

接下来我们所考虑的是，经过同盟国之间的交涉，条约内容已经基本拟定，和谈会议很有可能成为在形式上通过并签订条约的会议。如此一来，和谈会议前同盟国之间进行协商时，必须要让某个国家成为日本的代言人来维护我国的利益。而这个国家非美国莫属。因为既然占领日本的主要责任国是美国，那么和平条约方案起草的主要责任者也理所应当是美国。

同盟国当中，存在着永远不会信任日本或对日本无法摆脱憎恶之心的国家。美国负有占领的主要责任，比其他国家更了解日本的实情，在各种问题上，都能够体谅日本的主张和希望。一方面，战败后日方表现出的良好合作态度，使回国后的美军将士对日本及日本人能够从好的方面进行报告，我认为这一点对改变日本人形象做出了很大贡献。另一方面，美国人非同一般的宽容和善意发挥的作用也不能忽视。无需多言，当时除了让如此理解日本、体谅日本的美国成为日本强有力的代言人从而使和谈朝对日本有利的方向发展之外，没有其他办法。

数十册、数十万字的说明资料

但是，要使美国成为日本利益的代言人，就必须向美方提供充足的资料。而且，这些资料的阅读者，其实不是驻屯在当地对日有所了解的总司令部，而是对日本实情较为陌生的美国政府。因此，我们在终战的第二年，即1946年秋天起，就开始准备一系列的英文资料。首先准备可以使对方了解日本实情的资料《日本的现状》。在《日本的现状（经济篇）》中陈述的内容有：日本因战败丧失掉45%的领土，人口反而增加500万，资源匮乏的国土上所残留的工业设施几乎全部在战争中遭到破坏，没遭到破坏的设备也已陈旧不堪，这样的日本如果重建将面临重重困难；在《日本的现状（政治篇）》中，介绍了日本无论如何都要擦去过去的军国主义色彩，正在建立真正民主主义体制的道路上前进的政治形势。随着时间的推移，我们又对这些资料进一步增添、修改。

领土问题的资料，是我们倾尽全力准备的资料之一。关于冲绳、小笠原、库页、千岛、齿舞、色丹等岛屿，我们从历史、地理、民族、经济等所有角度，详述了这些岛屿都是日本不可分割的领土。特别关于千岛、齿舞、色丹，我们详细介绍了这些岛屿是日本传统的固有领土的理由。仅领土问题的相关资料就有七册。

最初，我们对美国能否接受这些资料多少有些担心。出于总司令部外交局的好意，从1948年开始，便以非正式的形式由外务省将资料提交给外交局，由外交局呈送至华盛顿。华盛顿方面评价说这是一份非常有价值的参考资料，于是我们借此东风再接再厉，以外务省为中心并与其他相关部门配合，编制出关于日本的人口问题、战争损害、生活水平、赔偿、海运、渔业问题等多达数十册、数十万字的资料。从1948年到1950年的两年间里，我们完成提交几乎涵盖所有可能与和平条约有关的资料。因此，在1950年美国着手起草和平条约草案时，美国政府当局的手里已经拿到了日本提交的非常充分的资料。

三、与美国开始进行和谈前的协商

杜勒斯和谈大使的出场

1950年初春，美国政府突然认真着手准备对日和谈条约问题。同年4月，共和党的杜勒斯被任命为国务卿艾奇逊的顾问，负责起草和平条约草案。民主党的杜鲁门政府委托反对党的实力派进行和谈协商，毋庸置疑，其用意在于希望以超出党派的方式解决这个问题。这样，对日和谈问题的解决又迈出新的一步。

旧金山和谈会议召开之前，杜勒斯顾问先后三次访日。第一次是在1950年6月，朝鲜战争爆发之前。看起来他是在总体构思和平条约之前，前来日本进行实地考察和听取总司令部及日本政府首脑的意见。因此，关于条约内容并未详谈，只进行了普通的会谈。当时，关于和谈后的日本安全保障形式，似乎美国还没有达成一致意见。那时，杜勒斯先生谈及日本重新武装的必要性。

拓展阅读：

　　　　杜勒斯特使和日美有关方面交换意见之后，6月23日举行记者招待会，明确表示："（一）我们一直认为对日和谈条约应早日签署，受阻原因主要是苏联主张用一票否决的四国外长会议的方式。（二）无论苏联态度如何，如果决定促进对日和谈，应该在直接参与对日战争的所有国家出席的会议上商讨问题。签署和谈条约时，也应考虑日本的意愿。（三）关于所谓的军事基地问题，不应从美军的军事基地这一观点出发，而应从日本完全放弃武力后的安全保障这一立场进行探讨。（四）关于维护世界和平和安全问题，我们期待依据联合国宪章处理，但由于苏联在安理会的抵制，必须重新探讨这个问题。对于日本这样完全放弃武力的国家，重新探讨具有非常重要的意义。"

杜勒斯先生访日之后的 1950 年 6 月 25 日，众所周知的朝鲜战争爆发。因此，华盛顿方面有消息说，美国政府认为对日和谈条约的尽早缔结也许会十分困难，一时间我方也十分悲观。不过到同年秋天又传来消息说，杜勒斯先生终于获得和谈预备谈判的权限，开始与英、苏、澳、菲、中国、印度等国家代表进行谈判。

征求日本朝野的意见

杜勒斯先生第二次访日是在 1951 年 1 月下旬。这次他的身份是总统特使，我同他进行了数次会谈。这次在日期间他会见了我国政界、商界、劳工界等各个领域的主要人物，表示出要充分听取日方意见的态度。我对杜勒斯先生表示，希望能够制定出使日本国民能够在不伤及自尊心的情况下接受的和平条约；希望通过和平条约使日本恢复国家独立、走向民主化、经济得到振兴；希望和平条约签署后日本能够为自由世界的稳定做出贡献，日美之间能够建立起牢固的友好关系。我还向他表明：同盟国军在占领期间进行的各种改革中，有很多不符合日本实情的内容，不能等到和谈时再说。因此打算向麦克阿瑟元帅提出请求，尽量在日本恢复国家独立之前加以修改或废除。

杜勒斯先生说："如果在三年前制定出条约的话，和今天不同，对日本来说可能会有相当苛刻的条件。今天我们已经不是在制定战胜者和战败者之间的和平条约，而是在考虑如何制定作为友好国家的条约。"杜勒斯先生最为关注的问题，似乎是没有武装的日本在恢复国家独立后如何对自由世界做出贡献。关于这一点我会在后面的《安全保障条约》中详细记载。在此我只强调一点，实现日本经济的振兴才是重中之重，对自由世界的贡献那是以后的事情。

出乎意料宽大的"和谈七原则"

而且，在这次会谈中，杜勒斯先生向我出示了根据美国和谈七原则拟定的有关条约总体构想的文件。其内容比我们预想的更宽大，这给了我们极大的鼓舞。我将上述文件交予外务省当局进行详细研究，并要求外务省与阿利森公使等对方随员进一步交涉。这样，美方首先同和谈对象国日本进行充分的事前磋商，取得满意结果之后方才离开日本。返美时，杜勒斯表明将根据此原则在三四个月内制定出和平条约草案,并透露说,感觉要说服菲律宾和英联邦的部分国家有很大难度。

拓展阅读:

在1950年9月14日杜鲁门总统发表促进对日和谈声明后,由国务卿顾问杜勒斯先生负责,与远东委员会成员国开始进行预备谈判。作为谈判的基本方针,美方提出所谓的"关于对日和谈七项原则"。在之后的谈判过程中有过一定修改,但重要内容纳入旧金山体制,成为其基础。内容如下。(一)当事国为与日本进行过交战的所有或部分国家,并愿意在具有可提出并同意事项的基础之上进行和谈的国家。(二)考虑日本加入联合国。(三)关于领土问题,日本:(1)承认朝鲜独立;(2)同意由联合国托管琉球和小笠原群岛,由美国作为其管理当局;(3)接受大不列颠联合王国、苏联、中国及美国将来所作关于台湾、澎湖群岛、南库页岛(即萨哈林岛)与千岛群岛的地位的决定。如果在条约生效后一年以内不能决定时,则由联合国大会决定。在中国的特殊权益将予以废除。(四)关于安全保障问题,条约应考虑,在达成另外的、诸如由联合国担负有效责任等满意的安全保障决定之前,日本的相关机构与美国的或其他军队之间有继续合作以维持日本地区的国际和平与安全的责任。(五)关于政治和贸易方面的协定，日本同意加入关于毒品、渔业等的多边条约。在双方同意的基础上，可以恢复战前的双边协定。在签署新的贸易条约之前，以遵循一般例外原则为条件，给予日本最惠国待遇。（六）关于赔偿请求权，所有当事国将放弃1945年9月2日前因战争行为而产生的赔偿请求权。但是下列情况除外：（1）同盟国国内存在日本人财产时；（2）日本返还同盟国民众财产，若不能以原状返还，由双方商议依据其损耗价值比例以日元赔偿。（七）关于纠纷，赔偿请求权引起的纠纷由国际法院设立的特别中立法院解决，其他纠纷交由外交部门解决或国际法院解决。

上述的议和七原则，在之后的交涉过程中也有若干更改，重要之处在"旧金山体制"中得以延续，并成为其基础。和谈独立后的日本安全保障问题虽然与和谈本身没有直接关系，却是附属于和谈的重要内容。这在和谈七原则中也有着重提议。根据这一思路，国土防御问题在当时便达成了原则性协议。详情下章阐述，总之这就是后来的"日美共同防御体制"的开端。

杜勒斯特使在2月21日离开日本之际，发表了访日取得满意成果的声明。因此，政府也以我的名义回应：此次特使来访在相互谅解的基础上取得了令人非常满意的结果，对杜勒斯尊重日本国民感情、征求各界意见的做法表示由衷的感谢。上述关于美军驻扎协定的谈判，我方表示："鉴于朝鲜战争的现实，特使表示可以签订特殊协议，派美军驻扎在日本本土及周边，以保护没有武装的日本。对此，日本政府及国民由衷地表示欢迎。日本恢复国家独立，作为平等的一员加入自由世界时，根据我国经济及产业的恢复情况，再决定我国届时应发挥作用的内容和范围。"这一声明唤起了国民的关注。

拓展阅读：

总统特使国务卿顾问杜勒斯先生2月11日离开日本时，发表如下声明。

（一）在东京，我们探讨了到目前为止与同盟国各国商议的对日和谈条约的各项原则。如在与同盟国的预备会谈中所明确的那样，我们考虑为实现以下目标制定媾和条约：以简单的条件正式结束战争；使日本完全恢复主权；确定日本主权下的领土；同意日本加入联合国；承认日本固有的单独以及集体自卫权；在签署永久贸易协定之前，日本和同盟国之间建立暂时的贸易关系；针对各种要求谋求解决之道。日本也许可以在条约序言中表明这样的决心，即日本将遵守为日本的战后立法及发展带来活力的国内及国际行为的崇高原则。

（二）关于日本的安全保障问题，2月2日我作为美国政府的全权代表发言："如果日本希望的话，美国政府出于同情，会考虑在日本国内及周边派出美国军队。"日本政府对此提议表示欢迎。根据双方在东京的会谈以及特使团收集到的意见，我们可以确信："为避免在和平条约生效后，日本因放弃武力而无法自卫，处于军事真空状态，日本国民强烈希望接受上述提议。"因此，我们关于日美两国间的暂时性安全保障协定进行了探讨。

（三）我们得出结论：关于挡在日本前进道路上的经济问题，如果日本没有因和平条约背负上沉重的经济或者财政负担、主要贸易实力没有遭受大幅度弱化，日本一定可以通过自己的努力、国民的聪明才智和勤奋，保持并提高生活水平。为此，我们今后也将继续同日本合作。

（四）关于发展日美间文化方面的合作，通过日美两国人民相互吸收对方的知识、文学、艺术的结晶，相互分享可以创造出如此发达的文明并可以保持其自身文明高度的根源所在，从而在和谈中寻求建立能够丰富两国国民精神世界的共同体。

（五）我们带着在上述所有方面已经做到极致的满足感而离开日本。我们在东京收集到的信息，能够进一步推进与同盟国之间的协商。为完成和平使命，我们将满怀希望地前进。

杜勒斯特使第三次访日

这样，和平条约的框架在杜勒斯特使第二次访日时已基本完成。而且在上次协商时，对日方关切的，如：不能将占领时的改革措施在和平条约中固定下来；赔偿方面，不对日本课以外汇负担，而以劳务赔偿为原则；对战犯不再追诉，并且赦免已经判决的战犯或减少其刑期等重要事项基本了解。

三个月后的 4 月 16 日，杜勒斯第三次访日。这一天也是麦克阿瑟元帅被杜鲁门总统解职离开日本的日子。第三天即 18 日，杜勒斯先生同我会面时提到，美国政府的对日和谈方针不会因为元帅的解职发生任何变化。我也表示，日方的情况不会发生改变，如果真有变化，那就是不现实的全面和谈的论调被淡化，而尽快与大多数国家签署和约的意愿，渐渐在国民心中变得强烈。

杜勒斯先生向我讲述了他上一次即第二次访问日本后，相继访问菲律宾、澳大利亚、新西兰等国家商讨关于对日和谈事宜的经过。他说，说服要求赔偿的国家以及主张限制日本军备的国家也是颇费口舌的。回到华盛顿后，他综合各方面意见完成和平条约草案，并将草案交给相关的 15 国，目前正在征求意见。15 国之一的苏联大使马利克声明，终止一切关于对日和谈的协商。据说，从《消息报》的社论来看，苏联似乎仍然执着于四大国方式。杜勒斯先生还说，英国也另外提出了自己单独的方案。

拓展阅读：

1951 年 3 月杜勒斯先生拟定出条约草案，分发给同盟国进行探讨。这份草案通称为"三月草案",在之后的和谈会议上,为方便与最终草案进行对比,美国国务院还将其作为参考资料,分发给各国代表。

最终草案于同年7月中旬,在各国间传阅。到8月中旬前有机会对该草案进行更改。三月草案与最终草案的主要区别是关于战争赔偿的问题,但在领土的规定方面,关于南库页岛及千岛群岛的内容也大相径庭。

向新司令官李奇微提交意见书

我与杜勒斯先生会面时,新任总司令官李奇微上将也在场。我对新司令官说:"日本虽然无条件投降,但却是有尊严的投降。我们绝不会做两面三刀的事情。我认为前任司令官麦克阿瑟是相信我们的。"我还表示:"以前对麦克阿瑟元帅偶尔也会提出令人不愉快的意见,今后对新司令官也许还会提出同样的意见。"杜勒斯先生和李奇微上将相视而笑。事实上,在很早以前,我就多次对麦克阿瑟元帅强调,有必要修正占领期间的不符合日本实情和风俗习惯的各种改革,并得到麦克阿瑟元帅原则上的认可。正当我们拟定好意见书准备提交时,杜鲁门总解除了麦克阿瑟元帅的职务。因此,我们在杜勒斯先生面前将意见书呈交给新司令官。

杜勒斯先生离开日本时相当有决心和信心地说:"关于和平条约,迄今为止遇到的诸多困难都已经克服,相信剩下的困难也一定能够克服。美国政府和国民会为建立真正的和平而不懈努力的。"

对日本很严苛的英国方案

杜勒斯离开日本回到华盛顿，于1951年6月上旬前往英国，与英国政府首脑进行谈判。英国和美国不同，他们不只不相信日本，而且还担心在贸易、海运等方面与日本的竞争。因此，他们希望在和平条约中关于这些事项设有一定程度的限制。而且，英联邦各国即澳大利亚、新西兰、加拿大等国，或是要求限制日本军备，或是主张限制日本人发展渔业。因此，我认为，英国提出的和平条约草案，势必会对日本不利。

对于英国的方案，日本政府的意见已经完全传达给杜勒斯先生。我们收到消息说：杜勒斯先生在伦敦逗留期间极力游说英国政府首脑，中途又赶赴巴黎与法国政府首脑进行交涉后，再返回伦敦。6月14日美英之间关于对日条约草案终于达成完全一致的意见。

为将美英会谈结果传达给日本政府,6月末，艾奇逊公使代表杜勒斯先生访日。公使表示："美英会谈，以美国方案为基础进行协商，多少加入一些英国方案的内容。所以，和当初美国方案相比有少许不利于日本的内容，但从整体上来看也决非苛刻的和平条约。"

如何解决中国代表问题

艾奇逊公使在谈话中提到，美英交涉时，最重要的话题就是中国是否出席和谈会议。对此，美国坚持，绝对不能与在朝鲜与之为敌的中共一同签署和约。英国则主张，由中国的两个政权中得到远东委员会超过三分之二多数的成员国承认的政府签署条约。但最终达成妥协意见：未来可由日本选择一方中国政府另行签署和平条约，本次条约的签署不让中国参与。

关于和平条约的内容，我方已经充分地表达了意见。而且在艾奇逊公使访日之际，向他传达：日方希望依然将冲绳居民视作日本人来对待，冲绳和日本间继续保持一直以来的经济等各种关系。同时还提出请求，希望尽快解决他国未释放日本人的回国问题，以及和谈后尽快将占领军使用过的设施归还日本。关于条约草案中琐碎的修辞等，由我方事务当局提出意见。这样，美国终于开始着手起草和平条约的最终方案。

四、旧金山和平会议

感谢杜勒斯先生的辛劳

1951年7月12日，美国政府发表《对日和平条约（草案）》。日本政府在发表的前五天，通过西博尔德大使拿到了这份条约草案。过去的一年里，杜勒斯先生三次访日，详细研究日本的实际情况，征求我国朝野领导人的意见，并遍访世界各国进行说服工作，克服重重困难后才完成这份条约草案的拟定。这可以说是杜勒斯先生良苦用心的结晶。从以往的历史事实来看，和平条约不过是尽管战败国代表在和谈会议上与战胜国艰难谈判，但其意见几乎都被战胜国忽视，最后由战胜国强加给战败国而已。然而这一次，却由杜勒斯先生承担了如此艰难的谈判任务，并使日本从其他同盟国方获得如果由日本人自己去争取根本不可能实现的许多重要让步。

当得知和平条约草案已经完成，我禁不住立即写信给杜勒斯先生，对他一直以来的努力和辛劳表达我深深的敬意和感谢。杜勒斯先生在7月9日的复信中，回礼的同时，希望我考虑亲自出席会议。事实上，在杜勒斯先生最后一次访日的时候，就提及日方由谁参加和谈会议一事，当时我有意避免做出明确的答复。

在具有历史意义的建筑里召开历史性的会议

美国政府于1951年7月20日，将旧金山会议的正式邀请函放送给有关各国。日本政府于7月24日做出接受邀请的答复。我决定亲自出席。关于全权代表团成员的构成，考虑到要尽量塑造举国一致的态势为宜，因此除大藏大臣池田勇人之外，还请出自由党的星岛二郎、改进党的苫米地义三、绿风会的德川宗敬三人，以及日本银行总裁一万田尚登共同组成全权代表团参加会议。全权代表团9月2日赶赴旧金山。

将翻开日本重获独立历史新一页的和平条约签署会议，从9月4日到8日，在旧金山歌剧院召开。这所建筑曾是联合国宪章诞生之地。关于会议情况，虽然当时已有详细的报道，但我也有很多回忆，想要简明扼要地记录下来。

"既无胜者也无败者"

参加国共有52个国家，由美国国务卿艾奇逊先生担任议长。

杜鲁门总统在会议第一天的开幕致辞结束语中说道："我们要摒除恶意，远离仇恨。我们之间既没有胜者，也没有败者，只有为和平而携起手来的平等的人。"

事实上，会议的进行状况正如杜鲁门总统所希望的那样，没有对日本表现出丝毫的敌对态度，甚至可以说一般情况下都洋溢着友好的气氛。最终，会议上以英美两国共同提案的形式提出会前拟定好的《和平条约（草案）》，并当场直接获得通过。虽然苏联、波兰、捷克等社会主义国家，因议事规则以及邀请中共问题，试图拖延议会，并进一步提出条约修正案，但是自由国家阵营以压倒性多数将其否决。议长国务卿艾奇逊先生的会场掌控力，确实超群脱俗，非同一般。

美国代表杜勒斯和英国代表扬格在关于条约方案进行说明时明确表示，应日方要求，日本仍对琉球诸岛保有主权，令我方欣喜万分。之后，与会各国首席代表依序发表演说。除有两三位代表对赔偿的规定等表示不满以外，没有出现明显对日本表示出反感的演说者。锡兰（斯里兰卡）、萨尔瓦多的代表发表了极为友好的演说，使我们信心倍增。

时间刚好是11点44分

最后，即1951年9月7日下午8点17分，各国全权代表演说全部结束后，晚间会议的第一项，就是由我进行承诺演说。我演说的重点是领土问题。我接受承认日本对琉球诸岛保有潜在主权的美英代表的发言，同时提出，希望在不远的将来琉球诸岛能够返还给日本。对苏联代表"日本通过侵略夺取的千岛和南库页岛"的发言予以驳斥，明确表示南千岛是从未与沙俄争夺过的日本固有领土，并提醒在场各位注意，苏联军队非法占据着北海道的齿舞、色丹。当然，这些都是考虑到将来的战略部署而提出的。

签署仪式终于在第二天即9月8日举行。同盟国代表按照拉丁字母顺序逐一署名，最后一位署名的是委内瑞拉全权代表。48个国家的80多位代表全部署名之后，科尔秋娜秘书长高声喊道"JAPAN（日本）"，便由我、池田、苫米地、星岛、德川、一万田等日本全权代表署名。之后，艾奇逊议长用沉稳和缓的语气发表闭幕致辞，讲话中他提到的"Our Friend Japan（我们的朋友日本）"令我印象深刻。致辞结束我一看时间，正好是上午11点44分。同一天的傍晚5点，签署了《日美安全保障条约》。

拓展阅读：

除日本以外，《旧金山和平条约》签订的48国为：

阿根廷、澳大利亚、比利时、玻利维亚、巴西、柬埔寨、加拿大、斯里兰卡、智利、哥伦比亚、哥斯达黎加、古巴、多米尼加共和国、厄瓜多尔、埃及、萨尔瓦多、埃塞俄比亚、法国、希腊、危地马拉、海地、洪都拉斯、印度尼西亚、伊朗、伊拉克、老挝、黎巴嫩、利比里亚、卢森堡、墨西哥、荷兰、新西兰、尼加拉瓜、挪威、巴基斯坦、巴拿马、巴拉圭、秘鲁、菲律宾、沙特阿拉伯、叙利亚、土耳其、南非联邦、英国、美国、乌拉圭、委内瑞拉、越南。

出席会议但拒绝在条约上签字的国家是苏联、波兰、捷克斯洛伐克三个国家。中华民国国民政府未受到邀请，印度及缅甸收到邀请但拒绝参加。

签署之后感慨万千

回想起来，从1945年9月我国在投降书上签字，到签订和平条约，整整六年。这六年的岁月，说长也很长，说短也很短。我政府当局与占领军当局朝夕相对进行谈判的日子是一段艰苦而漫长的岁月。但是，令日本国民痛心疾首、担心至极的问题——战争结束，占领军相继进驻日本后，对日本的占领会持续到何时？想到这里，感到这六年的岁月也未必很长。若要直言我的切身感受，夜以继日地忙于各种政务、事务，倏忽之间，时光已逝。抚今追思以往，记忆中诸事却已依稀，仿佛遥远之过去，很多情形听人提到也只能回忆起少许。但是，公平地考虑，六年时间能够达成合约、获得国家独立，速度已经很快了。

如上所述，事情发展至此，很大程度上是因为由美国掌握对日占领管理的主导权。但归根结底，不可否认的事实是，在这六年里，全体日本人吃苦耐劳，在废墟上重建国家，诚实履行《波茨坦宣言》

的宗旨，这些都得到美国及各国政府的认可。在签署条约之后，我重新认识到这一点。

有助于重建新日本的原因

毋庸置疑，《和平条约》是日本恢复独立的基础。为了恢复国际信用、发展和充实国力，必须先从诚实地履行条约开始。抱着这样的决心，全权代表团于 9 月 14 日回到故土。抵达羽田机场，便立即以我的名义发表如下声明：

《和平条约》及《日美安全保障条约》的成功签署是值得举国同庆的大喜事。在旧金山时各个国家对日本的态度比国民们想象的更友好，令我深切感受到他们对我国的期望。和平会议上，各国全权代表进行的绝大多数演说，其主题思想与其说是谴责过去，倒不如说是对我国将来发挥的作用提出希望。特别是美国国务卿艾奇逊在闭幕致辞中提到："只有日本国民才能够通过和平条约扫除通往世界平等和友好大路上的障碍。希望日本人民能够报以理解、宽容和诚意，同其他各国共同付出行动。"我认为艾奇逊的发言正是出于对日本人民的信赖与和解的理念。

此时，我对国民提出特别的希望，我们一定要认识到，各国的期望越高我们的责任就越重大。即国民要团结一致履行和平条约自不必说，我们还要不断贯彻民主自由主义，加强同各国的相互理解，不辜负各国的期待，为世界和平、文化昌盛、经济繁荣而努力。相信只有这样才有助于重建新日本。

五、会场内外

美方无微不至的关怀

旧金山和平会议召开之前，美国的努力、斡旋在前面已有详述。我抵达旧金山的第二天傍晚，在皇宫酒店拜访美国代表团，正式拜会预定担任此次会议议长的美国国务卿艾奇逊以及杜勒斯顾问，会谈时间约一个小时。

当时，国务卿艾奇逊表示，此次会议，不论苏联作何态度，美国都会坚持为日本创造成为一个和平国家的机会。因此，关于条约方案，在过去的一年已经同有关各国进行了充分的探讨。所以即使有人拿出修正方案，也不会接受。这一点在议事规则中已经清楚地说明，并且各国代表的发言时间会限制在一小时以内。

如艾奇逊先生所言："会议参加国中，苏联及其卫星国除外，巴基斯坦、斯里兰卡、印度尼西亚、菲律宾四国好像对第14条的赔偿规定不满，这四国中有可能会出现不签订条约的国家。在这种形势下，如果日本自身不认可第14条的话，那么此次条约根本无法顺利签订。所以，日本或许也有什么不满，但要在会议开始前积极表现出'愿意带有诚意地进行赔偿谈判'的态度。当然，在此次会议中，没有必要具体约定赔偿的方法或时间。"随后，关于第14条的赔偿问题，杜勒斯顾问也做了详细说明。

如上所述，艾奇逊和杜勒斯两位先生的考虑可以说非常周全。而且他们的每一句话我都心领神会。事实上，和平会议一开始，所有事情都如两位先生所说的那样进行，社会主义国家方面一旦提出抗议或修正意见，艾奇逊议长就会严肃且巧妙地应对。旧金山会议上美国作为日本的代言人，其举措和行为极为老到。感谢的同时不禁对艾奇逊议长的才干佩服不已。

致力于会场外的外交

如上所述，美国政府认为菲律宾、印度尼西亚、巴基斯坦、斯里兰卡等亚洲国家参加签署和平条约是具有重要意义的。但是，我认为，直到会议开始前，菲律宾、印度尼西亚的态度也非常不明确。因此，我接受国务卿艾奇逊和杜勒斯顾问的上述忠告，在会议开始前，分别拜访这三四个国家代表的住处，恳请他们能够签署条约。我不能判断是否与这有关，但这些国家全部签署了条约。不只是签名，斯里兰卡代表还发表了令人深铭肺腑的演说。我不禁觉得："日本的知己，就在这里。"

此外，也有其他国家主动接触日本，对日本提出两三个特殊问题。荷兰代表通过美国代表，提出赔偿问题，即对战时扣留在印度尼西亚的众多荷兰人的赔偿问题。这个问题恐怕涉及到其他国家，所以我方对此采取慎重的态度。最终，通过美国善意的斡旋，与荷兰代表斯蒂克尔外相进行协商，在保留日荷双方原有立场的情况下，双方决定以交换写明"将来日本应该采取主动措施"的文件的形式解决此问题。

此外，印度尼西亚、澳大利亚代表在渔业问题方面，挪威代表在捕鲸问题方面，要求日本保持克制。对此，我们预想到这几个国家签订和平条约的目的就在于签订渔业协定，决定与和平条约区分开，通过将来的协商加以解决。

有件事情与和平条约虽无直接关系，我还是想要谈一下。旧金山和平会议的法国首席全权代表是外交部长舒曼，我与他会谈时提及松方收藏，希望能将其归还日本。这件事情的原委，我曾在"关于文化教育改革"中做过详细说明，此处不再赘述。舒曼部长答应尽快促成此事。后来日法间进行了具体事务方面的商议。最后，法国以对我国最宽容、最通情达理的条件，将松方收藏归还给日本。在不远的将来，我们日本国民就可以欣赏到松方幸次郎先生苦心收集的雕刻、绘画等法国及欧洲的珍品。我们日本国民应该永远记住法国的善意以及舒曼先生的努力。

从会场看"红色"国家

如上所述，旧金山和平会议由于美国的斡旋，处于极为友好的气氛之中。但是，在前面也提到，苏联、波兰、捷克（斯洛伐克）三个社会主义国家拖延会议进程并提出修正方案。当然，这属于意料之中的事情。苏联即使出席会议，大概也是打算阻挠或惹事的。在会议进行的第二天，苏联代表葛罗米柯（时任外交部副部长）发表长篇演说："这份英美议案，不是和平的条约，其目的是为了在远东发动新的战争。条约中不仅没有防止日本军国主义重建的保障，反倒附加使日本恢复成为侵略国家的条件。"葛罗米柯在最后签署仪式当天，自然没有出席会议。那天，他们在会场皇宫酒店旁的退伍军人会馆摆开架势，召开记者招待会，不断辱骂各国代表正在依次进行签字的条约，"那是为了发动新的战争而签订的条约"。

苏联代表的行径如上所述，对于旧金山会议上共产党的态度我也顺便发表一下感想，即关于苏联的卫星国——波兰及捷克两国代表的举动和行为。如果说他们任何事情都要与苏联代表的态度、行动保持同步是理所当然的，倒也可以理解。即使如此，他们俨然一副俗语常说的"托儿"的模样，展现出绝不违背"我心中的祖国"——苏联的一举一动的态势，一心只拥护苏联，完全丧失自我。此情此景，让人不由心生怜悯。不仅这次会议，在其他国际会议上，苏联卫星国的态度亦是如此。如果日本加入社会主义阵营，那么日本代表也不得不表现出犹如今天苏联卫星国代表的态度。我国大部分国民能否甘心接受这种状况？自称改革派、进步派的人们善用的"半独立国""半殖民帝国"这种说法，最适合解释这种态度。

没有意义的日语演说

我在议和会议上的演说，最初打算用英语。但是艾奇逊议长说："苏联用俄语演讲，你用日语演讲怎么样？"我说："这是国家至上主义，很好。"便随即答应。但是，登上讲坛，我一边宣读演讲稿一边想：会议上，除了近百人的各国代表团，还包括随员、媒体以及其他普通旁听者等听众超过三千人。在这些听众当中，到底有几个人能听懂日语？想到这里，感觉好像对牛弹琴一般，毫无意义。宣读演讲稿用时二十多分钟。演讲中，我甚至想要跳行宣读，但最终，还是勉强忍耐读到最后。

后来得知，日本电台也通过实况转播，向国内播放了我的日语演说。不仅如此，会场内，作为"幕后的声音"，我的日语演说被同步翻译成英、法等外语，并向会场内外以及世界各国播放。我如果在演讲途中胡乱跳行宣读，那么讲坛下进行英语同传的"幕后的声音"嶋内敏郎一定会惊慌失措吧。现在想来，幸好当时没有跳行。

手拿日语演讲稿进行演说的话，用钢笔在格纸上横向书写成的小字读起来很困难。所以，我要求用毛笔在纯日本式的卷纸上书写演讲稿。这样一来，卷好的演说稿其直径竟有三寸。第二天美国的报纸上竟然登出"日本代表吉田宣读的演讲稿好像厕所用卷纸一样"，真是令我哭笑不得。

回想补余：

戒掉雪茄的吉田先生——福永健司（原内阁官房长官）

由12名我国众参两院议员组成的国会代表出席旧金山会议，我也是其中一员。

吉田担任首相一职前后六年有余。这六年间，最辛苦的时期就是和平会议与最后的总辞职吧。

在报纸、杂志的漫画中经常以叼着雪茄的形象出现的吉田先生决定亲自参加旧金山和平会议之后，马上停下他喜欢抽的香烟，酒也一口不沾，显示出全力以赴的认真态度。和平条约签署仪式圆满结束后，乘车回住处时，吉田先生的女婿麻生太贺吉拿出事先准备好的雪茄，对他说："现在可以吸烟了吧？"吉田首相当时的表情直到现在我都不能忘记。

回到住处，桌子上放着一盒上等的雪茄和一封信。信的内容是："听说您几十天都没有吸最爱的雪茄。条约已经顺利签署，现在就痛快地吸一口吧！"送这盒烟的人就是和平会议的议长艾奇逊先生。对这样无微不至的关怀，就连吉田也流露出不胜感动的神色。

住处也备有香槟酒。50多天没沾酒精的吉田先生心平气和地说："任务完成了，以后若能轻松一些，那该多好啊。"这是怎样的一种心情啊。是感觉到和谈的重任完成了，如释重负？还是认为和谈后的日本能否真正成为一个合格的独立国家，接下来的任务才最艰巨？我不得而知。硬要猜测的话，恐怕是后者吧。

尽管如此，和平会议期间，我们也尽自己所能做了很多工作。会议前半程风波不断。进入后半程，各国依次表明意见的环节，比我们预想的还要迅速和顺利，反倒使会议进程发生变化。苏联等社会主义国家离席之后，还有几个长篇大论的国家，但更多国家极为简单地表示赞同。结果，日程提前将近一天。日本由于所处立场的关系，在各国发言结束后，最后发言。

最初的计划是吉田首相全权代表用英语进行演说。但是，在艾奇逊议长等人的协调下，说是可以用日语进行演说。吉田首相也认为这样会比较轻松，遂决定重新用日语改写演讲稿。改写的话，首先要备齐卷纸、笔墨，经过动员各路人马，总算在唐人街找到了。

接下来就是用毛笔书写演讲稿，看看表，时间已经所剩无几。如前所述，各国代表的演讲比预计顺利得多，这样很快就会轮到吉田先生发言。所以，我们决定在场的人不分彼此，分头书写演讲稿。事情十万火急，就连平时只拿钢笔的人也被迫拿起毛笔。将演讲稿拼接整理后再一看，有楷书、有行书、有草书，还有七扭八歪的。好坏姑且不论，大小粗细各不相同，卷纸接缝处的字特别不清楚。演说结束之后，吉田先生发出"如此难读的演讲稿还是第一次见"的感慨也就顺理成章了。不管怎么说这件事"转危为安"，但在此之前还另有内情。

因为最初计划吉田先生用英语进行演说，所以演讲稿从开始就是用英文书写的，而且并没有准备日文译本。但是如前所述，计划突然有变，吉田先生的演说决定用日语进行，所以就要制作一份日语演讲稿。我们全权代表团只有一万田一人留在会议现场，吉田及其他全权代表暂时离场，就撰写日文演讲稿进行商议。而另一方面，会场上各个全权代表的演说比预计还要快，所以艾奇逊议长也很担心，为慎重起见，提醒我们说："好像没有看见吉田代表，眼看就要轮到日本了……"了解实情的我们当然十分焦急。既不能因为演讲稿没有写好而拒绝演讲，又不能因为没人懂日语，在如此重大的国际会议上，模仿《劝进账》念一张白纸。各人绞尽脑汁，最后决定，我们中两三人去会场，抓住美国全权代表团成员西博尔德先生对他说："今天下午的会议，会场上已经有人面露倦色，而我们希望大家能够认真地听取日本的立场。"因为西博尔德先生是亲日派，所以他对我们的立场表示非常理解，马上做出安排——在会议轮到日本发言之前，宣布休息。

我们飞奔回全权代表事务所一看，大家尽管汗流浃背，衬衫都湿透了，仍然奋笔疾书。当我们报告说："会议即将暂时休会，日本全权代表的演说是晚间会议的第一个。"大家顿时欢呼雀跃。虽说这欢呼声略显奇怪，但总算赢得几个小时的时间，终于勉强在演说前赶写完讲稿。那真是勉强赶写完的，以至于吉田都没有时间预先阅读一下这拼接成一捆的卷纸演讲稿，就不得不直接登上讲坛。非常难得的是，吉田先生的演说在国内也进行了转播，博得国内外各界的一致好评。

六、如何看待和平体制

《旧金山和平条约》的签订过程如上所述，那么条约的特点是什么呢？如本章开头所言，这个条约只能由未来的历史学家进行评判。我们这些作为直接参与条约制定、签署的相关人员，看法当然会很主观。但是阐明这些看法也并非无益。不，从某种意义上讲，这也许是我们的义务。

和解与信任的和谈

这个条约的第一个特点，如开头所述，就是"和解与信任的和谈"。条约原方案的实际撰稿人是美国代表杜勒斯。他在和平会议第二天的演说中提到，这个条约不是"复仇的条约"，而是"和解的条约"，更是"非惩罚性、无歧视性的条约"，这意味着要使日本在国际社会中恢复有尊严的地位。而且，9月7日我答应进行演说之后，苏联代表试图发言，执拗地提出修正方案。对此，杜勒斯先生以严厉的口吻回应："我们将条约最终方案发给各国并发出会议邀请时，这个草案已经在过去的11个月里，充分听取了各国的意见。我们已经明确说过，这次会议，不是继续进行讨论或修改的会议，而是通过在历经辛苦达成的最终草案上签字，实现和平的会议。对此苏联代表和波兰代表应该早就知道。这些代表们如果不想签字，那也没有必要来美国。"公平地说，我可以毫不犹豫地断言，这是和解与信任的和谈。

拓展阅读：

会议第三天即9月6日斯里兰卡代表J·R·贾亚瓦德纳（斯里兰卡财政大臣）在和平会议上发表对日和平条约的同意演说。内容如下（摘自外务省编·旧金山会议进程记录）："我认为和平条约是各国在祥和的气氛下探讨与日本媾和，并最大限度地达成一致意见的条约。……亚洲各国人民关注日本必须获得自由的原因何在？那是因为日本和我们之间的多年的关系，而且，在亚洲各国国民中只有日本足够强大且自由，日本曾经作为保护者、盟友被敬重的时候，亚洲受奴役人民都对日本报以崇高的敬意。我仍记得第二次世界大战爆发时发生的事情——亚洲共荣的口号对受奴役人民有很大的吸引力。而且，缅甸、印度尼西亚等领导人中，也有人希望借此机会能够解放他们深爱的国家。因此跟随日本采取了同样的行动。……苏联主张为确保日本国民的言行、新闻报道、出版及宗教礼拜的自由，应该修改条约议案，而这正是苏联人民自身也热切希望的，真是意味深长。"

其次，条约中对日本的战争责任只字未提，这恰恰说明和谈是以和解为目的的。如杜勒斯所言，完全是非惩罚性的条约。其他的第二次世界大战后的和谈条约，例如意大利、罗马尼亚的和谈条约，都明确了战争责任。很明显，日本的条约中，之所以没有提及战争的责任，是因为条约贯彻了和解的精神。

此外，对日和平条约中，在军备方面也没有附加任何限制。在赔偿方式上，和以前的和谈条约也完全不同。这些都可看作是和平条约的特点。

拓展阅读：

国际法学会编写的《和平条约的综合研究》上卷中，第二章执笔人东京大学教授横田喜三郎博士总结和平条约的特点为：（一）和解和信任的媾和；（二）战争的责任；（三）军备的自由；（四）人权的保障；（五）赔偿的方式；（六）生效的条件等。之后，在"特点的评价"章节中做出如下结论（该书第61页）："日本的和平条约是否是'和解和信任的媾和'，必须考虑以下几点，做出公平的评价。如果这样做的话，无疑必须承认这是'和解和信任的媾和'。第一点，即使只同第二次世界大战其他和平条约相比较，日本的和平条约中很多方面也都是对日本非常有利和宽大，的确必须承认这是基于和解和信任的产物。第二点，日本进行的战争完全是侵略战争；第三点，日本完全战败并且不得不无条件投降。因此，必须说这是史无前例的宽大的和谈，也是史无前例的'和解与信赖的媾和'。"

拒绝不负责任的批评

虽说对《旧金山和平条约》的真正评价要由后世来进行，但条约生效（1952年4月28日）至今已五年有余，回想当时各界的批评，不由感慨万千。我常想，对重大国际问题发表意见或批评时，应该特别注意自己的言辞。随随便便不负责任地信口开河，如果是影响较小的国内问题也就罢了，在国际关系问题方面，无论从国际政治伦理出发，还是从维护自己国家的名誉出发，都应该非常慎重。苏联代表葛罗米柯说旧金山和谈是"为了发动下一次战争"，就算这只是故意惹人厌的说法，但那之后的历史事实也已经毫无疑义地证明其说法是多么荒诞无稽。当时，我国的所谓改革派、进步派中，居然有人趾高气扬，好像呼应社会主义国家的说辞一般，趋炎附势地信口开河道："和谈会使日本今后成为亚洲的孤儿！"事实上，现在亚洲的新兴各国国民们看到日本的重建、复兴的气势，自己也受到鼓舞。甚至社会主义各国也非常希望与日本建交、恢复通商。曾经的"孤儿论"者会如何看待今天的日本呢？这些例子恰恰证明他们的言行是不负责任且没有根据的。

没有解散议会的理由

接下来，与旧金山会议本身没有直接关系，而是国内问题。我们结束和平会议回国之后，党内一部分人提出要解散众议院。他们主张：和平条约成立，日本完成独立，国内舆论对我党有利。所以，在此时断然解散议会，那么在总选举中一定会获得压倒性的多数票，然后倾尽全力于独立体制的建立。的确，站在一个政党的立场上，在人气高涨的时候抓住选举的机会也许是贤明之举，但是我并没有采纳这种解散论。因为，首要任务是必须完成批准和平条约和安保条约。当时，议员共 437 名，自由党在众议院拥有 285 个议席，已经绝对超过半数。所以，现状不会对批准造成阻碍。而且，既然和平条约已经成立，那么必须加快日本重建复兴的速度，不只政治上要独立，同时也必须圆满完成经济上的独立。所以我认为，没有闲暇进行政治斗争，也不应该有那样的闲暇。

向国民表示感谢

最后，每当想起宽大的、公平的和谈，以及看到今天日本的成长，我长久以来的愿望，就是想在即将到来的和谈十周年（1961年）之际，对全世界表达日本国民的感谢之情。表示感谢的一个办法，就是邀请麦克阿瑟元帅、艾奇逊、杜勒斯两位国务卿，道奇先生、西博尔德大使，以及历届驻日司令官、艾克尔伯格、威洛比、德克尔、贝克等将军，让他们亲眼见证日本的复兴。我在这里提议，至少也要向为我国独立、重建做出贡献的各国人士赠与勋章，永远记住他们的功绩。

七、完成和平条约的批准

在野党的复杂内情

旧金山和平会议结束后,内阁迅速召开国会,将完成国内手续以及完善独立国家的国内体制等确定为国策中心。因此,在1951年10月10日召集第二次临时国会。为使条约方案获得批准,政府在召集国会开会当天将《和平条约》及《日美安全保障条约》两案提交给众议院。

国会前夕,我们自由党在召集日(即10日)召开全体议员会议,发布"和平条约签署后的新政策",确立全面配合政府的方针。所谓新政策就是:(一)尊重国际条约,与自由国家阵营合作,为世界的和平、繁荣、安全做贡献;(二)勤奋努力地提升我国国力,以稳定民生和逐渐增强自卫能力为目标;(三)为实现经济独立要全力开发国土、扩大生产、振兴贸易。以上三点是新政策的基本原则。

关于其他党派的形势:民主党决定派遣苫米地作为全权代表之一参加和平会议时,也引起党内激烈的争执。或许因为这个原因,听说在无条件赞成两项条约的问题上,有反对的声音,不过总体形势是大部分人表示赞成;社会党意见不一致,在党内分成左右两派,争执日益明显。对于两项条约,右派和中间派只赞成《和平条约》,理由是应该获得独立;反对《安全保障条约》,理由是条约的不平等和殖民地化。其立场和部分民主党的想法类似,即两项条约可分割。与此相反,左派则强调两项条约是不可分割的，反对右派和中间派。左右两派坚持己见互不相让，这也是导致党内分裂的原因。

拓展阅读：

  当时社会党对《和平条约》和《日美安全保障条约》的态度基于1950年1月召开的第五次社会党大会上决定的、所谓的和平三原则——全面议和、坚持中立、反对军事基地。之后6月朝鲜战争爆发，全面和谈论的前景面临巨大困难，主张多数国和谈的右派、中间派的攻势迅速猛烈起来，党内蕴藏着左右势力严重的内部分裂危机。在这样的形势下迎来第十二次临时国会。即左派（和田博雄、胜间田清一等）认为条约规定的领土、赔偿条款极为苛刻，外国军队的驻扎会限制独立，因此反对两项条约。右派（波多野鼎、西村荣一）赞成两项条约，中间派（浅沼稻次郎、水谷长三郎等）则考虑到党内团结赞成《和平条约》反对《安保条约》，如此呈现出"三派三样"的状态。之后右派与中间派联合，终于在10月23日的临时党内大会上发生混战不欢而散。左右两派当天分别召开会议，重新确定各自方针。自二战结束后的1945年11月2日建党，到七年后的10月24日清晨，社会党完全分裂。于是，26日在众议院进行投票表决时，左右两派依据各自党内决议——左派反对两项条约，右派赞成《和平条约》，反对《安全保障条约》，进行投票。27 日两派代表铃木委员长和浅沼书记会面，确认党内分裂的事实，并马上办理院内谈判团体的手续。结果形成两个政党，即众议院社会党右派 30 名，左派 16 人，参议院社会党右派 30 人，左派 31 人。

与安全保障条约同时在国会上通过

10 月 10 日的国会就是在这样的气氛下召集的。12 日我发表施政方针演说，汇报了旧金山和平会议，并对两项条约加以说明。演说中，我特别强调《和平条约》与《日美安全保障条约》是不可分割的整体。关于在国会上进行审议的情况，只是一些例行的质疑答辩，不存在什么争议。而对于安全保障条约，在野党虽一再追问，但最终也并未成为难题，仅仅是众议院条约特别委员会成员民主党的芦田均同我的争辩（后记）被报道并引起一番热议。

这样，众议院于 26 日进行投票表决，其结果：《和平条约》307 票赞成，47 票反对；《安全保障条约》289 票赞成，71 票反对。

拓展阅读：

各党派就和平、安保两项条约众议院在会议上（26 日）进行投票表决的详细情况如下。

		自由党	民主党	社会党（右）	社会党（左）	共产党	劳农党	农协党	社民党	其他	合计
《和平条约》	赞成	221	49	24	0	0	0	7	3	3	307
	反对	0	3	0	16	22	4	0	0	2	47
《安全保障条约》		自由党	民主党	社会党（右）	社会党（左）	共产党	劳农党	农协党	社民党	其他	合计
	赞成	234	44	0	0	0	0	7	2	2	289
	反对	0	4	23	16	22	4	0	0	2	71

另一方面，关于参议院的审议情况：在解释"条约和宪法的关系""基地"等问题时，争论相当激烈。如政府所料，审议并未顺利完成。如果11月18日国会闭会之日前不能完成审议的话，就会对国外造成负面影响，条约签署国的批准也会延迟。政府当局对此十分担心，一时间焦虑不安。在国会闭会之日即18日，不得已进行投票表决，其结果：《和平条约》174票赞成,45票反对；《安全保障条约》147票赞成,76票反对。最终获得认可，完成两项条约的国会批准手续。

政府随即请求天皇给予承认。陛下在两项条约的批准文书上签名之后，便完成了日方所有的程序。政府于20日发表声明：

和平条约及日美安全保障条约在众参两院获得压倒性的多数票认可，这反映出八千万国民对两项条约的强烈支持。因此，政府立即履行两项条约的批准手续，于昨日即19日5点完成。两项条约先于其他各国，得到我国国会的认可，并获得批准。以此报答美英等同盟国一直以来的善意。同时表明，两项条约生效后我国国民将忠实履行条约的决心。

八、领土问题的原委

七册之多的说明资料

如前所述，为即将到来的和谈做准备，政府将我国政治、经济等详细情况制成说明材料，提交给管理日本的主导者，也是和谈的提倡者、斡旋者——美国。特别对与《和平条约》最密切相关的一些领土问题，投入很大精力。

众所周知，《波茨坦宣言》中规定，战败的日本的领土包括本州、北海道、九州、四国以及周边群岛。因此，日本只能毫不犹豫地接受同盟国所指的范围。但是，领土问题当然应该由《和平条约》来决定。我认为，在条约制定时，有必要竭尽全力积极开展利于我方的工作。尤其是努力避免对《波茨坦宣言》中所说的"日本通过侵略所占领的领土"的适用范围不恰当地扩大解释非常重要。

说明资料中仅领土问题就占了七册资料中的大部分篇幅。冲绳、小笠原自不必说，资料中还强调库页岛、千岛从历史、民族、地理、经济等方面来看，也与日本有着不可分割的关系。并且着力阐述南千岛、齿舞和色丹等岛屿作为日本传统的、固有领土的原因。

特别是关于南千岛

和谈的预备谈判开始以后，我们认真将领土问题纳入考虑范围，尽全力向和谈斡旋者——美国说明日本的各方面情况，并提出希望。特别在1951年春，即《和平条约》草案基本确定的时期，美国总统特使杜勒斯先生在游说相关同盟国同意"三月草案"之后第三次访日时，我们提出请求，希望清楚地注明草案中所说的千岛群岛不包含南千岛。

然而，杜勒斯先生说，他虽然十分了解日本的说明和情况，但如果条文上重新明确这一点的话，并不会得到相关各国的理解，而且这样也会大大拖延条约的签署日期，因此希望我们接受原来的草案。并提醒我们，虽不能算交换条件，但在和平会议期间，日本代表可以关于这一点表明自己的观点。如我多次所言，日本方面也希望早日实现和谈独立，所以接受了这个建议。我之所以在旧金山会议的演说中，在明确表示接受条约方案的同时，又特别强调领土处理问题，背后也有这个原因。

"三月草案"与"最终草案"的差异

关于北方领土，所谓的"三月草案"与"最终草案"存在的最大差异，就是"三月草案"中的"日本应该将库页岛及附属岛屿归还（return）苏联，并将千岛群岛移交（hand over）给苏联。"然而，我方对此强烈反对。结果，在"最终草案"中，针对整个同盟国只简单改写成"放弃"。上述修订暗含我方关于领土问题的主张，为将来的谈判做准备。

但是，旧金山会议上，苏联代表葛罗米柯在演说一开始就对"侵略主义日本"进行强烈谴责和攻击。只是这样也可以，他还以"库页岛和千岛列岛都遭到日本的侵略"的口吻说："苏联拥有这些领土的主权，没有争论的余地。"并要求修改条约。

驳斥苏联代表的发言

我本来打算讲述与"和解和信任的媾和"相关的事情。但是，一听到上述苏联代表荒谬的主张，便十分气愤。不过与个人情感相比，应该考虑到对我国极为不利。所以，我在接受条约演说中，首先表示欣然接受条约的态度，并以喜悦之情表示接受美英两国关于奄美大岛、琉球群岛、小笠原群岛等的主权属于日本的发言。然后，对苏联全权代表的演说，明确表示以下观点：苏联全权代表说日本强取豪夺千岛群岛及南库页地区，这种主张令人难以信服。尤其在日本开国时，择捉和国后两岛就是日本领土，对此，沙俄也并无异议。而且，1875年日俄两国政府通过和平的外交谈判，最终达成共识：当时日俄两国国民的混居地区库页岛由俄管理，同样为混居地区的得抚岛以北的千岛群岛由日本管理。然而，作为北海道一部分的色丹岛及齿舞群岛在停战时被苏联军占领至今。而且，在后来我国国会审议条约时，我也反复强调这些主张。

拓展阅读：

关于这一点，1951年10月19日，在众议院《和平条约》及《日美安全保障条约》特别委员会会议上，外务省西村熊雄条约局长，对农民协同党委员高仓定助提出的"千岛群岛指的是哪里？"这一问题，做出如下回答。

"条约中关于千岛群岛的范围，我认为包含北千岛和南千岛两部分。但是，正如全权代表在旧金山会议演说中明确说明的那样，南千岛和北千岛，从历史来看，其立场完全不同。首相已经在国会上多次做出答复——日本政府今后也会一直坚持这一主张。"

库页、千岛与琉球、小笠原的比较

最终，在《旧金山条约》中，并没有承认库页、千岛群岛为苏联所有。因此我认为，将这些地区理解为苏联战时占领的持续是合理的。色丹、齿舞两岛明确属于北海道的一部分自不必说，对于从古代就被公认为日本固有领土的南千岛，日本应该要求苏联占领部队撤出，而不属于应该要求"返还"性质的领土。总之，以后如果有机会，北方领土问题应该通过国际会议裁定，这当然与旧金山和平会议精神一脉相承。我国政府和民众今后也应该牢记这一点。

《和平条约》第二条中，日本放弃库页、千岛、台湾的所有权利、权力主张和请求权。与此相比，第三条所规定的对于包括琉球及大东各岛在内的西南各岛，以及包括小笠原群岛、西之岛及火山群岛在内的南方各岛的权利，并没有附加特别限制，即，与所有领土权的放弃不同。这是因为事先同意了由美国进行托管的提案，美国托管在条约实施后几乎是必然的。换言之，这意味着第三条带有特别的灵活性，根据国际形势的变化，将来关于与本土的交通、居民的地位等，留有按照各岛居民的希望采取现实性措施的余地。

潜在主权

日本对琉球、小笠原地区仍保有潜在的主权。对于这一点，正如我在和平会议演说中所讲，美国全权代表杜勒斯及英国全权代表扬格都对此表示认同。《和平条约》草案谈判时，已经含有承认这些地区的居民都为日本国籍的意思在内。在"最终草案"确定时，我方也再次向美国提出请求：希望至少在实际待遇方面将其作为日本人对待，同时和以前相同继续保持与日本的经济等关系。但是，条约签署后的实际情况未必能够满足这些要求和期待，我不禁感到非常遗憾。但是很明显，美国对这些地区并没有占领野心，其管理也只是基于远东防御战略上的需要。所以我相信，随着国际紧张局势的改善，日本国民以及众多冲绳居民的愿望并不是绝对不能实现的。

拓展阅读：

和平会议第二天，美、英两国代表关于领土问题的演说内容如下。（摘自外务省编·旧金山会议进程记录）

约翰·福斯特·杜勒斯（美国代表）："……第二条（c）中关于千岛群岛这一地理名称是否包含齿舞各岛，存在几个问题。美国认为不包含齿舞。但是，关于这一点若有纷争的话，将根据第二十二条，委托国际法院进行裁定。一些同盟国提出，第二条不应该只根据《波茨坦公告》规定日本主权的分界，还应该逐一明确地规定日本领土的最终处理办法。

……我们是基于波茨坦投降条件同日本和谈？还是考虑应该如何处理日本想要放弃或被要求放弃的岛屿？同盟国若因此争执不休，当初就应该拒绝与日本和谈。明智之举是，所有日本问题，若存在条约以外的疑点问题应该留待将来，通过国际争端解决方式来解决。显然，现在应该推进和谈。

第三条是关于琉球群岛、日本南部以及东南各岛的处理问题。各岛自日本投降以来由美国单独行使行政权。一些同盟国提议，在本条约中应该规定为美国的主权，日本要放弃这些岛屿的主权。还有一些国家提议这些岛屿应该完全归还于日本。尽管同盟国持有不同意见，但美国认为最妥善的方式是，在联合国托管制度下，美国作为管理当局安置这些岛屿，允许日本仍保有主权。

诸位应该还记得，联合国宪章试图将托管制度扩大适用于"第二次世界大战之后敌国被分割的领土"一事吧。将来的托管协定无疑会将联合国宪章第八十四条规定的实施可能性委托给管理当局。另一方面，在与日本的关系上，托管协定也将决定居民们将来的所属国籍。宪章第八十四条规定："管理当局的义务是为维护托管地区的国际和平及安全发挥作用。"

肯尼斯·杨格（英国代表）："……条约中并没有将琉球及小笠原群岛等岛屿置于日本主权之外。条约中规定，琉球群岛继续由美国政府管理，即琉球群岛中距离日本最近的部分仍由日本保有主权。不仅如此，日本还具有行政权。而今在苏联占领下的、与日本本土紧邻的千岛群岛等岛屿，日本将要完全放弃其主权。二者形成鲜明对比。我们同意日本放弃千岛群岛的主权，但是指责南部琉球群岛及小笠原群岛相关规定的人士应该留心对比其不同。"

关于奄美大岛的返还

条约中规定日本暂时不保有奄美大岛的行政权，但不久将会予以返还。这也算是满足了前述的日本的希望之一。原来，在美军占领期间，包括西南及南方各岛在内的日本全部领土都是占领对象，所以美军的对日援助也应该遍及这些地区。可能因为我太粗心，这些地区居民们的实际情况与我的最初所想稍有不同。事实上，我曾想象，琉球及其他一带岛屿，承蒙美军驻扎带来的恩惠，与内地日本人相比，物质上更优越一些。当然，在琉球群岛，美国投入大量精力。虽然不一定是全部，但居民中相当一部分人，因地价上涨、有工作，受益良多。然而，对于奄美大岛，没有美国人去，因此也没有获得保护、受到恩惠，谈不上有什么好处。我不久之后知道此事，十分诧异。

询问后得知，日本对奄美大岛既没有做过任何事情，也没有参与过任何事情。例如，有养老金和存款的人，也拿不到手；本国政府应付的补助金等资金也不再支付；没有交通，所以与内地之间的贸易也处于停滞状态。也就是说，奄美大岛好像孤儿一般，既没有得到美国的关照，也没有得到日本的帮助。

这种状态不能一直持续下去。于是，我们开始积极对美国方面做工作。和谈独立后也进一步推进此事，认真进行申诉。早在占领初期，我们就以书面的形式向麦克阿瑟元帅陈情：日本可以支付存款和养老金；可让当地学校的教师来内地接受培训；上下水工程等卫生设施的修建，可派遣鹿儿岛县的人前去支援；让有升学愿望的孩子来本土继续深造等等。罗斯福夫人访日时，当地的相关人士也陈情过此事。

杜勒斯先生的圣诞礼物

那是在 1953 年 8 月，美国国务卿杜勒斯先生访日时的事情。我去美国大使馆的时候，杜勒斯先生同艾奇逊大使以及其他四五位美国官员在书房内。杜勒斯先生一看见我便说："我给你带了圣诞礼物。"说着，就在口袋里翻找起来，然后做出一个口袋里什么都没有的表情后，说道"也许是放在二楼"，匆匆地走了出去。不一会儿回来说二楼也没有，愣在那里。于是，艾奇逊大使插了一句："你找的是不是这个？"并递给他一张纸条。

杜勒斯先生立刻高兴起来："就是这个，就是这个，这才是礼物。"于是，纸条递到我手中。我读了一下，是奄美大岛返还给日本的声明。

我说："这的确是一份难得的圣诞礼物。但是，这作为去年的圣诞礼物这来得太迟，而作为今年的又太早。我就将这作为去年的礼物收下，希望在今年的圣诞节能收到其他礼物。"说罢，众人捧腹大笑。

美国发表了将奄美群岛返还给日本的声明。相关的日美协定的正式签署是在同年的 12 月 24 日，即圣诞夜进行的。这也可以说是美方主动示好，以满足我方的要求。我虽然屡次陈情希望返还奄美群岛，但其实并非在我的推动下完成的。那之后不久我去鹿儿岛时，当地民众对我表示热烈的欢迎，说托我的福，奄美群岛才能回归。这就是所谓的"不当得利"吧。

小笠原岛居民的归岛问题

关于领土问题，还有多年未解决的小笠原岛和里南洋（日本二战前托管的太平洋上的岛屿）居民的归岛问题。我在任期间始终没有解决，至今也完全预计不了何时能够解决。

这完全是美国战略上和防御上的问题。原本在和谈独立后，《日美安全保障条约》中认可美国军队驻留日本。但是，行政权交还给日本政府后，美国与日本国民的关系，就要与占领时期完全不同，变得十分麻烦。虽说如此，美国自身对于世界形势何时能有利于美军从日本等远东军事重地撤出也无法过早做出判断。因此，暂且避开麻烦的日本内地，确保冲绳及其他可以直接进行行政管理的地区，以此为中心来维护远东地区的和平。我想这应该是美军方面的实际情况。居民归岛问题，好像大部分都和军事问题有关。

实际上，关于小笠原群岛和马绍尔群岛方面的国人归岛问题，美国国务院方面对于我们的陈情虽表现出十分友好的态度，但由于国防部方面的态度坚决最终未能实现。对此，我记得在返还奄美大岛之前，美国参谋长联席会议主席雷德福大将途经日本时，曾谈到过这个问题。

雷德福大将说，我特别理解战前的居民们想要回到南方各岛的想法。但这些岛屿在远东防御方面都具有特别重要的意义。如果大部分居民归岛的话，从保守军事机密的角度来看是非常令人担心的，军事当局很难马上同意，希望这个问题能够暂时搁置。听到这些，我认为很有道理，便坦率地表示接受他的看法。

九、与中华民国及印度恢复邦交

微妙的国民政府的立场

如前所述，《旧金山和平条约》成立，国会批准程序业已完成。对于日本来说，和最初的交战国——中华民国恢复邦交是国会批准条约后需要解决的重要遗留课题之一。作为日本发动太平洋战争的交战国，必须说，中华民国理当参加对太平洋战争进行善后处理的和平会议。然而，显然有妨碍中华民国与会的内在原因。最终的结果是在和平会议之外另行处理邦交关系。

从所谓的"日支事变"（卢沟桥事变）到太平洋战争，日本始终以蒋介石总统领导的政府——中华民国——作为交战国。停战时，由于蒋总统宽大的胸怀，使我国军队及侨民能够安全撤退。这数年间，中国大陆的政治形势发生天翻地覆的变化，在美国和相关各国协商对日《和平条约》时，国民政府已经迁移至台湾。国民政府的统治范围只限于狭小的台湾，在北京的社会主义政权取而代之，控制中国本土。但是，国民政府依然保有加入联合国的资格以及安理会常务理事国的地位，而且自我主张拥有中国大陆的宗主权。而现实问题是，英国率先承认共产党政权，且印度、缅甸等亚洲各国也效仿英国承认了共产党政权。这些国家，对美国希望国民政府代表中国参加和平会议都表示强烈反对。因此，和平会议并没有向国民政府发出邀请。日本只能在独立之后选择中共或是国民政府作为恢复邦交的对象。这样，才终于迎来对日和平会议的举行。

北京政权还是台北政府

当时中国共产党军队介入朝鲜战争，战况十分激烈，美国国民对北京政权反感。因此，和谈独立后的日本选择北京还是台湾，是美国特别关注的事情。万一日本因为贸易等经济利益而动心，与北京政权之间开始恢复邦交关系的话，必将动摇美国对社会主义国家的政策。所以，日本决定，在美国参议院批准《和平条约》及其他事项之前，首先明确表示只与国民政府恢复邦交的意愿。这就是1951年年末我给杜勒斯特使写信的原因。具体来说，关于《和平条约》的批准一事，美国认为日本应该在美国批准条约之前与国民政府进行和谈。如上所述，这是因为美国担心独立后的日本可能会亲近北京政府。也就是说，只要日本不明确保证选择国民政府，那么美国参议院很难批准《和平条约》。

我原本就希望能够与台湾修好并促进经济关系，但我也想避免因为加深与台湾的关系，而站在否认北京政府的立场上。这是因为，我认为虽然中共政权直到现在看起来仍与苏联保持着非常密切的关系，然而中华民族从本质上说拥有与苏联人互不相容的异质文明、不同的国民性，政治情况也不同。中苏两国终究还是会发展到势不两立的程度。因此，我并不希望彻底恶化与中共政权的关系。

美国参议院的严峻气氛

虽然台湾国民政府的实际统治范围狭小，但如上所述，作为卢沟桥事变以来的我国交战政府，国民政府在同盟国中的位置举足轻重。而且，停战时使我国军民安全地从中国撤退。想到这种情谊，根本不能完全无视这样的和谈对象。当时，我刻意回避马上做出选择，也是为了尽量拖延时间以观察形势变化。

然而，美国参议院强烈要求日本明确态度。从形势上看，条约的批准是否受阻，取决于日本的态度。日本对中国的立场向来是微妙的，但《和平条约》若一再拖延将会成为更大的问题。而且，根据联合国决议，中共政府被打上侵略国家的烙印。可以说联合国与北京政府之间处于交战状态。而且，中国与苏联的同盟条约中，将日本作为共同的假想敌国。只要北京政府不改变这种态度，那么恢复邦交就是不可能的。因此，既然必须尽快表明态度，当时除了和国民政府缔结《和平条约》之外，并没有其他办法。

向杜勒斯先生表明观点

关于这个问题，很早以前就已经从最高司令官李奇微处得知美国国内的气氛。而且，日本条约批准程序完成以后，国务卿顾问杜勒斯先生于1953年12月第四次访日，就此事也听取了他的详细解释，了解到美国参议院对于批准《和平条约》的态度。当时的主要问题是怎样做才能促进条约的批准。尽管我向杜勒斯先生表达了我个人的想法，但还是就日本针对国民政府将采取的友好方针，着重进行说明。杜勒斯顾问回国后，我还将上述说明的主旨以书面形式邮寄到他在华盛顿的住所。我考虑在促进美国参议院审议条约方面多少起到些作用也好。这封函件后来被称为吉田函件，引起一些争议。其实不过如实记录了我当时的想法而已。内容如下：

前不久，国会两院对《和平条约》及《日美安全保障条约》进行审议时，关于日本将来对中国的政策存在很多疑问，我因此做出过明确的答复。我的答复被断章取义地加以引用，以致产生误解，所以我想解释一下。

日本政府终究还是希望能够与日本的邻邦——中国之间，建立全面的政治性和平以及通商关系。中华民国政府在联合国拥有议席、发言权以及投票权，对部分领域实际行使政治权力，而且和大部分联合国成员国都保持着外交关系。所以说，日本现在可以和中华民国政府发展友好关系。因此，我国政府于 1951 年 11 月 17 日，得到中华民国国民政府的同意，在台湾设置日本政府驻台办事处。这是与众多国家间的《和平条约》生效前，目前日本所能采取的外交关系中的最高形式。在日本政府驻台办事处安排重要人员也反映出我国政府重视与中华民国国民政府的关系。我们准备，一旦我国政府在法律上可以实现，且中华民国国民政府希望的话，两国政府之间，可以遵循多国《和平条约》所列的各项原则，签订恢复邦交的条约。这个双边条约中的条款，适用于现在中华民国国民政府统治下的地区，也适用于将来其控制的所有地区。我们将尽快同国民政府研究这个问题。

我们打算在与众多国家的《和平条约》生效后，根据第五条A—3的规定，继续保持现状。根据这项规定，日本决定："将向联合国根据联合国宪章采取的各种行动提供各种援助。对联合国采取预防或强制行动的国家，应谨慎对其提供援助。

1950年在莫斯科签订的中苏友好同盟互助条约实际上是针对日本的军事同盟条约。有很多理由让我相信，事实上，中国的共产党政权一直支持日本共产党暴力推翻日本的宪法制度以及现行政府。出于以上考虑，我明确表示日本政府没有和中国的共产党政权签订双边条约的意图。"

在独立日与国民政府签属《和平条约》

我的这封函件，于1952年1月16日公开发表。这封函件一方面促使国民政府针对和谈开始采取行动，另一方面加快了美国参议院对《和平条约》的审议。美国参议院从1月21日开始审议，直至3月20日方才通过批准议案。在函件发表之后条约批准之前，国民政府也公开声明，要与日本进行《和平条约》谈判。2月初，我方确定了全权代表团成员，由原大藏大臣河田烈担任团长。

谈判自2月19日至4月中旬在台北进行。于4月28日，恰巧与《旧金山条约》生效日同一天，完成了协议的签署。谈判中最重要的争议是关于条约的根本原则。对方的出发点是，要作为包含中国大陆在内的全中国的代表政府与日本签订《和平条约》。而我方谈判的态度是，承认国民政府对部分地区的统治权，在此基础上与其恢复邦交。从一开始，双方在这个问题上便分歧严重。为解决这个分歧足足耗费两个多月的时间。此期间，《和平条约》在美国参议院获得批准，这也成为加快谈判进度的契机。

最后签署的中日《和平条约》，除十四条正文之外，还采用议定书、交换文书等复杂形式。总之，这个条约是与目前统治台湾及澎湖列岛的国民政府之间的条约。虽然我们也想在将来缔结全面条约，但此次签署的条约并不承认国民政府就是全中国的代表政权。关于这些问题，一有机会我便对进行条约审议的众参两院明确强调此事。条约于7月5日在参议院获得通过，从而完成批准程序。8月5日在台北举行了两国批准书的交换仪式。

与东南亚各国的恢复邦交问题

如上，以完全脱离《旧金山条约》的形式解决了与最大交战国之一的中华民国政府恢复和平的问题。此外，与东南亚主要交战国恢复邦交的问题，也不得不以各种形式，或多或少地、通过独立于《旧金山条约》之外的形式实现。如前所述，国民政府未被邀请参加旧金山会议。此外，印度和缅甸被邀请却未参加会议。菲律宾和印度尼西亚等国虽签署了和约，却以赔偿问题未解决为由保留对条约的批准。这反映出各国不同的国情，只好分别加以解决。上述国家中，只有缅甸一国，在我任职期间解决了赔偿问题并恢复邦交。对菲律宾的赔偿以及恢复邦交问题，在我任职期间最终未能解决。与印度尼西亚的恢复邦交关系问题，至今仍未解决。

印度的结束战争宣言

印度因对杜勒斯方案，正确地说是对旧金山和平体制不满，而没有出席和平会议。其理由，从大的方面说，是坚持中立主义立场。但是，从1951年8月23日公开发表的印度拒绝参加和平会议的对美回复来看，印度有三点不满：第一，与维护远东地区和平有直接关系的各国必须都可以参与对日《和平条约》签订，但这种可能性已被封杀；第二，很难认同对日本西南及南方各岛的处理以及美军驻留原则；第三，台湾、千岛、库页岛等领土归属不明确。

但是，印度在表达上述不满的同时，也毫不犹豫地表明要结束与日本之间的战争状态，建立全面外交关系。而且在《和平条约》签订日当天，即9月8日向我政府递交信函，通告日本政府，《和平条约》生效同时印度宣布结束战争状态，并且依照《和平条约》的内容，准备签订双边《和平条约》。

日印恢复邦交也在4月28日

1951年12月，印度方面正式提议进行恢复邦交的谈判，我方外交当局同印度代表间开始进行协商。最终，在1952年4月28日，《旧金山条约》生效同一天，印度政府宣告日印两国终止战争状态。当天通过我国外务大臣和印度大使之间的往来书信，表明两国已恢复外交关系。同时，新德里的日本驻印办事处改为大使馆，加尔各答及孟买的驻印办事处改为总领事馆。

日印和平协定的特点

关于《和平条约》的签署，以先前双方的协商结果为基础，由日本的外务次官涩泽与印度的切特乌尔大使进行正式谈判。6月9日，外务大臣冈崎与切特乌尔大使在条约及换文上签字。条约批准文书的交换仪式定在新德里举行。恰巧此时正在召开第十三次国会，批准文书便立即提交给国会。众议院于6月14日、参议院于7月5日，分别通过条约批准议案。8月27日，两国交换批准文书，条约生效。

《日印和平条约》全文共十一条，十分简洁。大体是依照《旧金山条约》的思路制定的。虽然在战争中日本对印度造成的损害相对较少，但印度还是出于好意，放弃赔偿请求权及占领费请求权。同《旧金山条约》一样，约定在两国间签订友好通商条约之前为填补四年间的过渡期空白，两国将相互给予对方最惠国待遇以及国民待遇。

和《旧金山条约》的不同之处在于：完全没有对虐待战俘的补偿规定；尽管两国之间曾处于战争状态，但不会对战前协议的效力产生任何影响。而且，在附属的换文中规定，与英联邦各国及邻国间的特惠或利益，不应该排除在上述最惠国待遇条款之外，这也可以看作是日印条约的特点。

十、旧金山《和平条约》的相关资料

为利于读者参考，我不厌繁琐，准备出以下四份资料。（一）1951年9月4日旧金山和谈会议开幕式上美国总统杜鲁门的演说。（二）在9月7日的旧金山会议上，我作为首席全权代表发表的接受条约演说。（三）1951年8月16日，在第十一次国会的众议院全体会议上，我作为首相发表的有关和谈问题的演说。（四）1951年10月12日，在第十二次国会的众议院全体会议上的施政方针演说中提到的，关于和平会议以及和平、安全保障两项条约的部分内容。

杜鲁门总统在和平会议开幕式上发表的演说（9月4日）

首先，各位远道而来参加与日本签署《和平条约》的会议，我由衷地感到欣慰。美国国民能够成为会议的东道主也是荣幸之至。六年前，出席此次会议的各国，曾参与了一场十分惨烈、代价高昂的战争。但是，这些国家和其他各国同心协力，就在这同一个会议厅，向稳固永久的和平迈出最重要的一步——创立联合国。今天，我们为向和平之路继续迈进，再次相聚于此。这次我们的目标是在1945年的交战国之间签订《和平条约》。我们之所以在这里相聚，是让曾经的敌国重新回到和平国家的大家庭里来。

我们在这里即将签署的条约，并不是基于报复心理制定的。这个条约真实地反映出我们开始战争时的理念。我们为之不惜发动战争的这个理念，在日本攻击珍珠港之后，由已故罗斯福总统清楚地表明。1941年12月9日已故罗斯福总统对美国人民发表如下演说：

"现在我们必须诉诸于武力。但是,我们决定使用武力,目的不仅在于用武力挫败迫在眉睫的'恶',而是为了实现最终的'善'。我们现在正处于战争之中。但是,这场战争既不是为了征服,也不是为了报复。而是为子孙后代建立一个世界,即美国国民以及美国国民所代表的所有人都不再受到威胁的世界。"

我们今天聚集在这里签订和谈条约的目的与此相同。我们现在正努力建设一个让所有国家的下一代国民都能生活在和平环境里的世界。我们现在正在接近已故罗斯福总统所说的最终的"善"。

但不幸的是,今天的世界正在面临一个新的侵略威胁。出席此次会议的国家中,有不少国家为了支持联合国,加入到激烈的战斗中。但是,我们没有忘记我们的目标是和平。我们决不能允许现在的战争妨碍我们为和平而能采取的一切措施。1945年当时,战争的存在没能阻止我们建立联合国的努力。今天我们也决不允许战争阻碍我们实现和平的努力。所有国家的国民,今天渴望它超过一切,并且具有获得它的坚定信念,那就是"和平的世界"。对所有国家、所有人民都适用的正义和自由的世界。各位前来参加会议的代表们,你们国家的国民都希望我们能够竭尽全力以达成这一目标。

聚集此地与日本签署《和平条约》的我们坚信一定能够实现和平,相信可以实现基于自由和国际正义的和平。我们知道自由独立的国民,与受他国统治的国民相比,拥有更强的活力和耐力,对确保和平,能够产生更大的助力。我相信,如果日本恢复独立的地位,将相互间的友情与责任感作为纽带,与其他自由各国紧密联系在一起的话，会为我们争取和平的伟大努力增添更大力量。1945年战争结束以来，日本由同盟国占领。占领是为防止将来日本再次成为侵略国家，同时也是出于将日本塑造成为和平民主国家的目的，从而为日本回归国际社会做好准备。美国作为主要占领责任国，承担着实现这些目的的特殊责任。我们认为这些目的已经达成。

我要借此机会表达，美国国民以及我对同盟国占领日本的成就感到的无比自豪。占领的成功，完全得益于道格拉斯·麦克阿瑟元帅及后任马修·李奇微上将的优秀领导，以及数以万计的人们舍身忘我的努力。对于这期间日本国民付出的让人感动的积极努力，我也要表达敬佩之意。他们彻底地落实投降条件，为实现占领目标而全力配合。最终，日本迎来了史上空前的、惊人的进步时期。今天的日本和六年前的日本完全不同。

曾经的军国主义一扫而尽。这不单单是占领军通过布告的形式改变的，更是基于绝大多数日本国民自身的意愿。旧日本政府利用秘密警察以及警察治理国家的方式遭到废弃。新日本宪法确保所有国民的人权，建立起真正代表国民意愿的政府。日本国民现在拥有一般选举权，对本国的政治正在发挥强有力的作用。在最近举行的地方选举中，90%以上具有选举权的人参与投票，这是美国都无法匹敌的优异成绩。日本妇女拥有选举权，可以参与政治，另一方面首次享有全面的民主的各项权利。

自由、独立的工会得到成立，农业合作社也阔步发展。过去完全束缚住日本经济的垄断企业几乎全部瓦解，土地改革也取得显著的进展。从旧地主手中征购超过500万英亩的土地，让渡给自耕农民。1945年自耕农民所拥有的土地还不到全部耕地的50%，而今已达到90%左右。这实在是伟大的成果，对全亚洲来说也具有非常重要的意义。

通过以上改革以及其他各项改革，日本国民建立了稳定的经济与民主的社会。虽然前路漫长，但日本国民已经在实现和平和建设为国民谋福利的新日本的征程上迈出坚实的步伐。这些成果，如今使日本国民完全恢复主权成为可能。

但是，这并不意味着过去的一切已经了结。美国绝不会忘记珍珠港和巴丹半岛的经历。而且，派遣代表来参加会议的其他国家也有无法轻易抹去的记忆。新生日本应该也知道，世界各国并不是全部都对日本表示友好，给予信任的。日本为获得各国国民的友好和信任，自己今后必须更加努力。但是，未来的和平根基已经打好。现在，为实现日本和世界各国间恢复正常邦交关系而向前迈进的时刻到了。此次会议正是向这个目标共同努力长达一年的成果。去年9月，杜勒斯按照我的要求，开始与各国政府关于对日《和平条约》进行协商。杜勒斯身为政治家，展现出最高的政治手腕和远见卓识，忠诚并出色地完成了工作。当然，相关各国对于这个条约中的诸多条款存在不同的见解。现在，我们面前的这个条约就是为调和这些不同意见，多国之间经过长期的、坚持不懈的谈判的产物。

我认为这个条约可以说是非常完善的条约。这个条约考虑到所有参加国的主要希望和最终利害，无论是对于战胜国还是战败国都是公正的、可行的条约。完全不包含将来会再次引发战争的因素。而且，这个条约不是面向过去、而是面向未来的和解的条约。这个条约给予日本独立主权国家的地位。规定日本与他国可恢复贸易，对日本获得原料也没有加以限制。这个条约，虽然认可日本应该对被侵略国家进行赔偿的原则，但并不会让日本国民背负无望的赔偿重荷而毁灭日本的经济。条约从以上几方面考虑到日本国民在这数年间取得的和平方面的进步，并以进一步实现这些进步为目的。

但是，我们所有人不得不承认一个事实。那就是，如果不能保障日本国民及其太平洋邻邦抵御侵略的威胁，就不会有任何进步。现在，明目张胆的侵略和将来武力攻击的威胁使太平洋地区受到严重影响。因此，在与日本和谈时最关注的就是，保障日本不受侵略的同时，不能让日本采取危及其他国家安全的行动。为此，让日本遵守联合国各项原则，并使日本处于联合国各成员国之间的相互义务的保护之中是十分重要的。

条约中表明日本想要加入联合国的意向。我希望签署条约的各国能够为日本的加入而努力。但是日本加入联合国这件事也许不会一蹴而就。因此，日本国民应该按照条约规定自觉遵守联合国成员国的各项基本义务，包括不进行侵略、和平解决纷争以及承担支持联合国在维护和平方面的努力的义务。同时，签署条约各国决定特别给予日本受联合国宪章保护的资格。这些条款也可以说是条约的核心。日本通过遵循这些条款，便可以成为誓言支持以侵略为非法，坚持正义的世界秩序的国家中的一员。《和平条约》与联合国宪章相结合，是向构建太平洋地区的安全保障迈出的一大步。但是，还不能止步于此。

在目前的世界形势下，为加强联合国宪章的约束力，我们必须想办法进行地区性的相互防御以抵抗侵略。美国承认这一事实。美国国民也曾在太平洋地区饱受战争侵略，所以我们下定决心要为太平洋地区的和平竭尽全力。

最近，我们同其他太平洋地区国家签署了重要的共同防御条约。8月30日，美国和菲律宾签署共同防御条约。该条约规定：美、菲两国无论哪一方在太平洋地区受到武力攻击，都可以视为对另一国的和平和安全造成威胁，两国将采取行动对抗共同威胁。9月1日，澳大利亚、新西兰和美国之间也签署了相同的共同防御条约。这些条约是确立太平洋和平的第一阶段。为保护太平洋的和平，绝对有必要早日同日本签署共同防御条约。这在保护日本自身，以及保护其他各国方面都十分必要。因此，《和平条约》承认：日本作为独立国家拥有自卫权；根据联合国宪章，拥有与其他各国签署防御条约的权利。

太平洋的地区性防御组织如果进一步发展壮大，有朝一日日本建立防御军队后，日本军队将与太平洋其他各国军队形成有机的整体。换言之，将来日本的安全保障不应该只是日本军队的使命，还要借助于与相关各国签署的《安全保障条约》。日本对此所做的贡献决不会构成攻击的威胁。反之，包含日本在内的太平洋各国的独立若受到威胁，日本军队和其他各国军队将共同成为防御力量的一部分。

当然，现在的日本完全不具备武装力量。但是，日本有鉴于在其周边发生的公然侵略，迫切希望与美国签订双边条约，以保障眼下日本的安全。该条约规定，美国在维护世界和平方面做出贡献的同时，为保护日本不受攻击，暂时在日本驻军。现在，世界正处于危险之中，因此，《安全保障条约》是不可或缺的。和世界上其他地区一样，太平洋只要没有抵挡可怕威胁的盾牌，就不能奢望社会的、经济的进步。我们的大目标不只是建造更大更强的盾牌，我们希望能够尽快推动人类进步这一伟大的建设性任务。

我们美国人支持并尊敬太平洋地区以及亚洲大多数新兴的自由独立国家。这些国家作为东西方独立国家社会的平等成员，我们希望他们能够繁荣昌盛。我们希望同这些国家共同努力，帮助这些国家发展农业和工业。我们希望这些国家在维护尊严和自由的同时，提高国民的生活水平。因为这才是通往世界和平的道路。

这些亚洲国家都拥有丰富的、悠久的历史和文化传统。今天，这些国家的国民正经历着经济的、社会的大变革，他们对进步和独立充满热情。我们已经在消灭疟疾、建设学校、培养教师、增产粮食、建设新工业等诸多方面取得了进步。如果这些国家今后能够摆脱对侵略的恐怖，在和平的国际社会中追寻各自的命运的话，前途将非常光明。我们相信，日本签订《和平条约》后能够真正加入到和平的国际社会当中。

我们期待，新日本基于丰富的文化与为和平献身的精神，对国际社会的贡献能够长期持续下去。《和平条约》的签署不过是构建和平过程中的一小部分。当侵略与战争切断国家间的关系时，一个国家同其他国家相连结的各种纽带也将被斩断。构建和平正如修缮大陆之间的海底电缆一般，将一个个断裂处重新连结起来，这是一个需要强大耐力的工作。但是，一旦成功，各地间的通信将再次活跃。如果不经历缓慢的、需要耐力的过程，是无法建立永久和平的。这个过程，和海底电缆一样，是一步步恢复和加强各国间相互理解的过程。

旧金山会议给予我们迈向永久和平决定性一步的机会。会议中我们需要承担的特殊任务便是与日本签署《和平条约》。这可以说是迈向太平洋全面和平的第一步。

我们应该采取的举措还不只如此。最重要的是恢复朝鲜的和平与安全。如果日本在国际社会恢复一席之地、朝鲜人民的安全和自由得到保障、达成统一的话，那么现在威胁太平洋和平的其他问题很有可能迎刃而解。美国曾在各种场合表明，希望在适当时机、适当地点与其他国家政府共同商讨如何解决这些问题。如果有关人士都能纯粹地追求和平，那么探讨接下来应采取什么手段的方案也是很多的。但是，这不是此次会议上应探讨的问题。我们是为采取一个重要且唯一的措施，才聚集到这里。

我们面前的这份和谈条约草案不只在讲述和平，还有更重要的东西。即要求为了和平而采取行动。因此，随着此次会议的进行，谁寻求和平、谁阻挠和平，谁想要终止战争、谁想要继续战争，这些问题将一目了然。我们相信，该条约会得到从心底希望缓和现在世界紧张状态的国家的支持。我强烈祈盼，我们共同踏上有利于促进和谐和理解的这一台阶。我们今天坐在和谈的议席上，为消除我们之间今后胜者与败者的一切不同，成为追求和平的伙伴，难道不应该摒弃所有的恶意和仇恨吗？

吉田全权代表的接受条约演说（9月7日）

《和平条约》不包含惩罚或报复的条款，没有对我国国民长期的限制。《和平条约》，使日本恢复完全的主权、和平和自由，将日本作为自由、平等的一员纳入到国际社会中。《和平条约》不是复仇的条约，而是"和解与信任"的文件。日本全权代表欣然接受这个公平宽容的《和平条约》。在过去的几天里，议席上个别国家表明了对这个条约的反对态度和不满情绪。众多国家以和平方式解决问题时，不可能完全满足所有国家的意愿。就连我们日本人自己，虽然欣然接受《和平条约》，但也不能否认对一些问题感到头疼和忧虑。这个条约是公正的，甚至可以说是史无前例的宽容的条约。因此，虽然我们充分了解日本所处的地位，但有些方面，不得不提醒各位全权代表注意。因为这是我对日本国民应尽的责任。

（一）领土的处理问题。美、英两国全权代表在发言中提到，根据《和平条约》第三条，奄美大岛、琉球各岛、小笠原群岛等北纬二十九度以南的各岛遵循联合国托管制度，而主权仍归日本所有。我以日本国民的名义对英美全权代表的发言感到莫大的喜悦。我期待世界、特别是亚洲的和平与安定能够迅速确立，这些岛屿能够早日回归日本管理。苏联主张千岛群岛及库页岛等地是日本在侵略中夺取的岛屿，对此我们很难认同。日本开国时，千岛南部的择捉、国后两岛就是日本的领土。对于这一点，连沙俄也未曾有过任何异议。只有得抚岛以北的北千岛各岛和库页南部为当时日俄两国人混居地。1875年5月7日，日俄两国政府通过和平的外交谈判，达成一致意见：库页南部为俄国领土，作为补偿，千岛各岛为日本领土。名为补偿，实则做出妥协，让出库页南部。后来，1905年9月5日在美国总统罗斯福的斡旋下，签订了《朴茨茅斯条约》，承认库页南部为日本领土。1945年9月20日日本投降后，苏联单方面将千岛群岛及库页南部岛屿归为苏联领土。而且，日本本土北海道的组成部分——色丹及齿舞各岛也在停战当时，因为岛上碰巧有日本兵驻守，便被苏联军队占领并一直持续到现在。

（二）关于经济问题。这个条约会使日本丧失45%的领土及其资源。8400万的日本人口将被封闭在残存的地区。而且这些地区因战争而荒废，主要城市也被烧毁。这个《和平条约》会夺取日本巨大的国外资产。条约第十四条规定，并未因战争而受损的国家也拥有没收日本人个人财产的权利。这样的话，我很怀疑，在不为其他同盟国增添负担的情况下，日本是否有能力为指定的同盟国支付赔偿。但是，既然日本已经接受和谈，就必须下定决心竭尽诚意履行义务。日本一定会为能够圆满地解决问题而付出努力。如今，日本的条件如此困难，我恳请有关各国给予理解和支持。和平会带来繁荣，但是没有繁荣就不会得到和平。从根本上遭到破坏的日本领土得到美国极大的帮助，走上恢复之路。日本将进一步遵守国际通商惯例，为世界经济的繁荣做出贡献。日本已经开始建立国内法制，今后会努力将其完善。加速签订种种相关国际条约，为健全的国际贸易发展做出贡献。《和平条约》在国际经济方面也为实现日本国民的愿望开辟了道路。但是，同盟国方也很有可能单方面关闭这条道路。这也许是《和平条约》本质上无法避免的，但我们日本国民恳切地希望，所有同盟国能够最大限度地开放这条道路。我在准备完演说之后，听说今天上午的会议中，印度尼西亚代表对我提出了三个问题。对此，我的想法是"是的"。因为我认为这的确是基于《和平条约》第十四条及第九条的解释。我认为通过这个回答，能够清楚地解释印度尼西亚代表以及提出类似问题的其他各国代表的疑问。

（三）是关于未归国日本人的问题。《和平条约》的签署令日本人对34万未归国日本人的命运平添新忧。我恳请各同盟国出于人道主义精神尽全力配合，通过联合国、或是其他方式，使被扣押的日本人早日归国。归国的有关规定在最后阶段能够被纳入到《和平条约》中，将极大满足日本国民的心愿。

尽管有上述种种令人担忧的事情，不，正因如此，日本才希望能够签署《和平条约》。日本国民希望日本作为主权国家，能够有比现在更多的机会以消除上述疑虑、化解各国的不满和质疑。我希望有更多的出席会议的国家能够在《和平条约》上签字。日本下定决心同这些国家建立相互信赖和理解的关系，共同推动全世界的民主主义以及世界和平。日本代表团获悉印度和缅甸并未出席会议，这着实令人遗憾。日本作为亚洲一员，热切盼望能够与亚洲各国建立紧密的友好合作关系。那些国家与日本的传统、文化、思想及理想是相通的。我们日本国民下定决心，作为睦邻首先为亚洲的繁荣和发展做出贡献，进而成为优秀的国际社会的一员。

关于中国，我们为中国因不统一而没能派代表出席此次会议而深表遗憾。日本同中国的贸易在日本经济中的地位固然重要，但其重要性常常被渲染夸大，违背事实。不幸的是，近来，如大家有目共睹的那样，带有社会主义性质压迫和专制的势力在远东地区扩大不安和混乱，并且在各地公然进行侵略。日本也受到威胁。但是我们日本国民没有任何武装力量。对于集团性的侵略，日本国民只能寻求其他自由国家的集团保护。这正是我们与美国签署《安全保障条约》的目的。

本来，我们决心通过自身的力量来保卫国家的独立。但是作为战败国的日本，在拥有这种国力之前，或者在联合国的措施或其他集团安全保障制度下能够确保日本地区的国际和平和安全之前，不得不要求美军驻留。日本曾因从北方逼近沙俄，使千岛群岛和北海道陷入遭受直接侵略的危险之中。今天，我国又再次受到来自同一方向的社会主义的威胁。《和平条约》成立、占领结束的同时，我国军事力量将处于真空状态，为此采取安全保障措施是理所当然的。不仅如此，这也是亚洲和平和稳定的基本条件。而且，在阻止新的战争危险、实现联合国的理想方面也是不可或缺的。日本国民在此再次宣誓，要与爱好和平的国家互相帮助，为国际和平和稳定做出贡献。尽管说日本采取了上述安全保障措施，但没有必要马上产生日本会进行侵略的恐怖。日本因战败失去多年的积累，国外领土和资源也被剥夺。完全不具备能够对邻国构成军事威胁的现代武装力量。此次会议开幕式上，杜鲁门总统这样说道：过去的六年间，日本在同盟军总司令官麦克阿瑟元帅和后任李奇微上将的广泛支持和善意指导下完成了精神上的再生所需要的彻底的政治和社会改革，以及物质上的复兴。今天的日本已经不再是昔日的日本。我们决心绝不辜负各位对新日本国民应为和平、民主主义和自由做出贡献的期待。

最后我想要追忆过去、展望未来。日本，1854年同美国签订友好条约，进入国际社会。历经一个世纪，发生两次世界大战，远东格局发生重大变化。基于六年前在旧金山诞生的联合国宪章，亚洲的许多新兴国家为相互依存、共享和平与繁荣而努力。我和国民们都强烈感受到对日《和平条约》的成立就是这努力的果实之一。我和国民们衷心祈盼日本能够早日克服各种困难，作为光荣的联合国的一员受到各国的欢迎。之所以这样，是因为我们发现联合国宪章中的字句正体现着新日本的理想和决心。世界上任何一个国家都没有比日本为避免子孙后代遭受战争涂炭而竭尽全力的更大决心。各国全权代表的演说中，回顾了在过去的太平洋战争中人类饱尝的极大痛苦和巨大的物质损失。我们怀着悲痛的心情来回顾在这场人类浩劫中旧日本所扮演的角色。我之所以说旧日本，是因为在旧日本的残骸中诞生了新日本。我国也因为之前的战败遭受到极大的破坏和毁灭性打击。这种痛苦洗去所有的野心和所谓的征服欲。我国国民热切希望能够同远东以及全世界友好国家身处和平之中，并通过改造社会结构使所有人获得更好的生活。日本翻开了历史新篇章。我们期待着进入国际社会的新时代，我们期待着联合国宪章前言所倡导的和平与合作的时代。我们誓言，将加入到向和平、正义、进步、自由前进的国家之列，并为此付出全部力量。我们祈愿不仅仅是日本，全人类都能共享合作与进步的恩惠。

吉田首相在第十一次国会上进行的事前报告演说（8月16日）

很高兴能在今天就和谈问题进行报告。

去年秋天的9月14日，美国政府正式声明推进对日和谈事宜，至今已有一年时间。在美国政府的善意和杜勒斯特使的努力下，将于今年的9月4日在旧金山举行对日和平会议的《和平条约》签署仪式。

处于指导地位的美国政府，在去年秋天发出声明后，就将对日和平的基本原则通报给相关各国政府征求意见，并于11月下旬正式公开，此即广为人知的"对日和平七原则"。这不是基于惩罚性的、监视性的、针对战败国的《和平条约》的观念，而且不包含有对将来的限制，只是一些对战争进行善后处理所需最小限度的规定。同时，整体来看制定一份具有和平友好合作关系性质的《和平条约》的思想贯穿始终。美国政府斟酌有关各国对七原则的意见后，持续进行外交谈判以将其制定成为条约。在此期间，杜勒斯特使两次访日，给予日本政府和朝野各界代表发表意见的机会。确切地说，日本并不是和平问题谈判的对象，谈判是在同盟国间展开的。美国政府作为谈判东道主，给予日本发表意见的机会。美方在允许的范围内，给予日本自由发表意见和提出要求的机会，虚心坦怀地听取我们的意见，尽量采纳我们的意见的态度始终如一。最后，正如杜勒斯特使的声明、日本政府的声明、我的国会报告演说中所言明的那样，美国政府和日本政府间，关于《和平条约》的构想，以及《和平条约》成立后日本的安全保障的构想，取得了广泛的理解和一致的意见。即使在杜勒斯使节团回国后，对于美国政府在拟定条约方案的过程中发生的各种问题，也随时与日本政府之间交换意见。这样，条约方案拟定完成后，于3月下旬通报给相关各国政府，27日日本政府也收到此方案。至此，对日和谈问题拟定成最初的《和平条约》草案。这个条约草案，与我从杜勒斯特使处直接听取的构想十分接近。对方允许我们在不拖延进度的情况下发表意见，政府遂立即着手研究草案。

4月16日杜勒斯特使再次访日，明确表示：4月同盟军最高司令官更迭，但美国政府推动对日和平的根本方针没有丝毫改变。同时，敦促日本政府研究关于《和平条约》应给予答复的各项问题。当时杜勒斯特使透露说，英国政府也拟定了条约方案，如有必要，他会亲赴英国进行协商。

美英会谈于6月4日至14日在伦敦举行。会后，美国艾奇逊公使途径巴基斯坦、印度、菲律宾,于6月24日抵达东京。艾奇逊公使向我们介绍了在伦敦制定的美英共同方案的大纲。他表示,共同方案是在美国方案中加入英国方案,虽然稍长一些,但在技术上更加准确。整体来看,英国政府关注的主要是经济问题。在中国代表的问题上,为协调美英两国方案也煞费苦心。因此我们非常理解,对日条约草案的成型,是在美英两国政府领导人颇费心思和努力的情况下完成的。

很明显,英国政府非常关心渔业问题。因此决定将我在同年2月给杜勒斯先生的信函内容由日本政府再次发表声明,商定在《和平条约》中不设特殊限制,并在日本政府7月13日内阁会议讨论后,发表政府声明。

7月13日美英共同方案公开发布。这之前,政府已经收到条约案,并将政府对条约的看法通告给对方。

7月20日收到旧金山会议的正式邀请函。邀请函也附有条约草案。该草案在7月13日发表的草案基础上,有18处形式上的修订。邀请函上注有:考虑到各国政府会对此方案提出意见,定于8月13日将最终方案交给日本。原以为,对相关各国提出的意见进行协调也要假以时日,会议可能会推迟,但昨晚政府就收到了最终方案。最终方案于今晨7点公布。

最终方案与7月20日的草案相比,大约有18处修改和补充。但是,这些修正和补充大都是形式上的,并未触及条约本质性的内容。

修改和补充的主要内容有：第一条中加入同盟国承认日本拥有完全的主权这一项。这原是美国方案中的条款，属于理所当然的内容。我想这是为了让人没有提出质疑的余地才追加的。

第六条中加入了这样的条款：《波茨坦宣言》第九条中关于返还日本军队问题，若仍未完全实行，则必须继续实行。这一处修改顺应了日本国民热切的希望和日本政府的请求，使我们倍感欣慰。

关于赔偿问题，在第十四条中也有几处修订。我相信这并不意味着实质性的变更。

接下来是第十五条的修订。7月20日的条约草案第十五条，决定引用日本制定的法律。原来补偿法案作为条约的附属文件，但是，条约拟定过程中为求条约方案的简洁化，从条约中移除，并采取较为便捷的方式——由日本自行制定法律。不过，条约草案不确定，从而使第十五条也不确定，因此在此之前日本不可能制定法律。所以，对法案内容进行商讨之后，于7月13日在内阁会议上通过。此法案涉及同盟国人员的财产，必须考虑相关同盟国的意愿。因此，条约最终方案决定引用7月13日日本内阁会议通过的法案。

最后，在关于阵亡者墓葬问题的宣言中应我方要求补充了一项：同盟国方应该以尊重日本人的墓葬为原则，与日本进行协商。鉴于问题所具有的人道主义性质，这条补充是十分得当的。

条约草案以和解的精神为基调，非常简洁。然而正如杜勒斯特使所言，把将来的日本与其他独立国家置于不同地位，或者限制日本主权的条约草案不是真正意义上的和解条约。历史上没有任何一个战争的胜利者遵循过这个原则。既没有触及日本的战争责任和无条件投降的事实，也没有设置监视性质的规定。日本的批准也成为条约生效的条件，并将日本置于平等的地位对待，没有限制日本将来的行为，对日本给予信任。

当然，尽管和解和信任是条约的基本思想，但《和平条约》也不能消除日本是战败国这一事实。领土条款和经济条款的存在，不免会令人感到负担沉重或痛苦。然而，我可以毫不客气地断言，草案中的内容与过去的、普通的《和平条约》相比，是无比公正、宽大的。

条约中的语句非常简洁。当中补充了和相关各国谈判的结果，因此，与最初的美国方案相比要长一些。条约由前文和仅仅27条的正文构成，此外还有一份议定书，两条宣言。原则上，所有与日本有战争关系的同盟国都要签署条约。如果有不签署的同盟国，可以考虑将来签署同样内容的双边《和平条约》。议定书中确定了一个标准，用以协调战争造成的影响，对此提出要求的同盟国可与日本签署议定书。宣言之一，承认战前日本加入的各项国际条约的效力。这表明，《和平条约》实施后，日本有意愿加入某种国际条约或加盟国际组织。宣言的另一条是关于在日同盟国阵亡者坟墓一事。二者都是日本政府主动地发表宣言，避开以条约的形式解决问题，而以日本主动采取措施的方式解决问题。

现在，我要说一下国民们一直以来最关心的南方各岛的归属问题。条约草案的第二章是关于领土处理的规定。首先我们必须牢记，日本无条件投降的条件是承认主权包括四个主要岛屿以及同盟国规定的各个小岛。因此，我国并没有要求变更这些条件的余地。但是，与第二条中所规定的日本要放弃库页、千岛、台湾等地的所有权利、权利主张以及请求权相反，第三条中对西南各岛及其他南方各岛的处理并没有上述特别规定。第三条只规定，日本需同意美国向联合国提请的将岛屿置于托管制度之下的所有提案。第三条具有一定的通融性质，以为保障国际和平及安全上的利益，美国所进行的战略性管理作为条件，日本有提出要求的余地，可以在往来交通、居民的国籍问题等事项方面，根据各岛居民的希望采取实际措施。即关于琉球及其他各岛的问题。

《和平条约》签订后，日美间要签署《安全保障条约》。对此，在今年2月与杜勒斯特使的会谈中，双方关于这个构想达成一致意见。我再次说明，日本不持有军备，即使有自卫权，也没有行使自卫权的有效手段。世界上直到今天，不负责任的军国主义依然没有绝迹。在这种形势下，如果《和平条约》成立，占领军撤走后，日本处于军事真空之中的话，会非常危险。面对这种危险，作为防御手段，日本希望美国军队驻扎在日本以抵挡外部攻击。应日本要求，美国提出为维护本地区的和平和安全派遣军队驻扎在日本及日本周边的构想。这个构想，最近已整理成为条约方案，但还未全部完成。关于《安全保障条约》的实施，必须对各种技术细节达成一致意见。但是，自今年春天交换意见以来，忙于《和平条约》草案的拟定，以至于现在仍未完成。

停战后六年的岁月不短，也未能轻易抹灭对世界大战的记忆，以及因战争带来的憎恶、仇恨、猜忌等国际间的负面感情。这种负面感情，形成深刻复杂的国际关系，阻碍着世界和平的建立。美国政府及国民对日本的善意另当别论，很多国家因战时受到日本的侵略和威胁至今仍未释怀，也是理所当然的。显然，在这种国际状况下，推动对日议和实属不易。德、奥等东欧各国屡次欲签署《和平条约》却始终未能如愿。如果想要给前敌国日本强加苛刻的议和条件另当别论，而为促成这样公正的、宽大的、基于和解与信赖的《和平条约》草案，协调相关各国之间的意见是多么困难，我们了然于心。杜勒斯特使、美国政府，甘愿承受如此重负，终促成现在的条约草案，并包容地听取我方的意愿、希望。这份苦心，这份善意，我国国民应永世不忘。

反过来看，我始终坚信，之所以能够获得美国政府的善意、同盟国的配合，归根结底还是因为日本国民在过去的六年间，忍耐、刻苦地重建战败日本的国民的诚意以及勤恳努力的事迹，得到美国以及各外国政府的认可。我确信这是我们扫去曾经导致亡国的军国主义、超国家主义，向着建立自由民主主义前进，并进一步依靠日本自身进行财政经济调整的国民不懈努力切实显现出的成果得到承认的结果。当然，国民的诚意、努力绝非易事。但是，让我国国民从绝望中苏醒，对未来充满希望，让我们鼓起勇气勤勤恳恳地重建家园的人，正是麦克阿瑟元帅。以日本重建复兴为事实依据，促进日本回归国际社会、切实推动《和平条约》签署的正是麦克阿瑟元帅和李奇微上将前后两任总司令官。在此，我代表国民，对两位总司令官表达最诚挚的感谢。很高兴，《和平条约》签署后，日本重归国际社会指日可待。但此时，我们更要下定决心，坚定诚意和决心，在建设和平民主之日本的同时，为世界和平繁荣做出贡献。

我国即将实现政治上的独立，必须进一步思考并努力实现经济上的独立。我认为，首先要进一步具体地促进日美经济合作，同时尽可能地与世界各国建立友好关系。通过互通有无的办法发展我国经济，并为世界繁荣贡献力量。今后，政府将在必要时阐明具体方针。但是不得不承认，在国际上，仍有些国家对我国的过去无法释怀，说日本会对和平再次构成威胁，或担心将来的经济竞争。但是，我国已经失去海外领土及其资源，明治维新以来的积累也已因为战争消耗殆尽；从军事力量的现状来看，日本已经完全丧失对世界和平再次构成威胁的条件；国民们渴望获得自由、和平和繁荣。我相信，如果能够留意并理解这些，就应该明白，无论是政治上、军事上还是经济上，各国对我们抱有畏惧之心是完全没有必要的。

众所周知，条约在旧金山会议上签署之后，获得批准需要得到国会的认可。届时，我期待能够得到国会的大力支持。

公平且宽大的《和平条约》让日本回归国际社会。为了回应对此付出努力的各国的好意，为了向国内外表明日本大多数国民接受并遵守《和平条约》，我希望国会能够派遣最强全权代表团。若能够得到各位议员的赞同将不胜荣幸。

第十二次国会上吉田首相的议和报告演说（10月15日）

前几日，除三个社会主义国家以外的参加国举行了《和平条约》的签署仪式，可喜可贺。

条约前言中表明日本加入联合国、遵守联合国宪章的原则，尊重人权、尊重公正的国际商业惯例的意愿，以及同盟国对此明确表示欢迎的态度。采取在前言中记载这条日本国民自发的宣言和对此表示欢迎的态度的形式，正是同盟国尊重日本国民的意愿，对此表示信任的佐证，是《和平条约》得以确立的精神所在。

条约第一章明确，战争状态结束，承认日本国民对日本的完全主权。

第二章规定，遵照投降书第八条的原则对领土进行处理，即日本的主权包括四大岛屿及同盟国决定的其他各小岛屿。日本承认朝鲜的独立，放弃其他特定地区的权利、权利主张。由于现在同盟国之间的意见尚未统一，因此这些地区的归属还未决定。关于第三条规定的北纬二十九度以南的西南各岛，将其置于基于托管制度的美国管理之下，这与第二条一样，并没有讲明日本需放弃权利、权利主张。旧金山和会上美英代表的发言表明日本仍保有这些岛屿的主权。

第三章是关于安全保障的规定。日本要遵守联合国宪章第二条的原则。同时，同盟国与日本之间也要遵守同样的原则。日本若能立即成为联合国成员的话，便没有必要做此项规定。因为大国具有否决权，可能会阻碍有资格的国家加入联合国，考虑到这一点，有必要明确记载日本在安全保障方面要与同盟国建立这样的关系。日本作为主权国，拥有联合国宪章第五条所说的单独或集体自卫权并可以自主地签署集体《安全保障条约》。条约中还进一步明确记载了《波茨坦宣言》第九项规定的未归国日本军队撤回国内的实施办法。

第四章关于贸易及通商的规定中去除长期性的歧视待遇，日本经济不受任何限制。在通商航海条约签署之前的四年期间，同盟国国民在互惠的基础上，关税上享有最惠国待遇，经济活动方面享有国民待遇。

在第五章赔偿及财产的相关规定中，日本承认向同盟国支付战争赔偿的原则。同时，根据日本现有资源，在能够维持国内经济的范围之内负担赔偿，即规定了赔偿的限度。对因日本军队的占领而受到损害的同盟国，将通过提供日本人劳务的形式进行赔偿为原则。杜勒斯代表说，这项规定给予正当的请求权以精神满足，并给予太平洋地区建立健全的政治及经济以最大限度的物质满足。他还说，日本现在有闲置的劳动力和闲置的生产力，因原料不足而无法投入工作。因此，如果在战争中荒废的国家能够将其丰富资源提供给日本，日本人为原料供给国进行加工，进而提供劳务的话，那么就等于支付了相应的战争赔款。协定中不只包括消费资料，还包含机械及生产资料。通过这种方式，不发达国家可以加速工业化，并减轻倚赖外国工业的程度。

第六章是关于解决纷争的规定。

第七章是批准、生效等的规定。其中第二十六条，《和平条约》

上未署名的国家同日本可签署双边《和平条约》。关于中国，较为困难的是同盟国之间对其代表政府无法达成一致。但是，将议和日期延后直至同盟国间达成一致意见也是不可行的。因此，将来可另辟蹊径同中国签署与《和平条约》同样的条约。

杜鲁门总统在致欢迎辞中提到，《和平条约》不是回顾过去，而是展望未来。他说："我们期待新日本将丰富的文化与对和平的热情带到国际社会来，为国际社会做贡献，这个贡献将与日俱增。"杜勒斯代表说，"这个条约要斩断历史上反反复复的恶性循环——从战争到胜利、从胜利到和平、从和平到战争的恶性循环。这不是复仇的和平，而是正义的和平。"英国代表杨格说："英国与日本在传统上就有共通的利害关系。很不幸，英日之间的友情这一传统因过去的二十年发生的事情而遭到破坏。但我相信，现在一定能够与日本恢复曾经的友好关系。英联邦国家虽不会忘记日本军队的残忍暴行，但通过这个条约，同盟国将这从未给予任何敌国的宽大的条约给予日本，帮助日本回归到爱好自由与和平的国际社会当中，并恢复其正当的地位。我祝福日本。"我认为这些言论，表明旧金山会议上各国对日本的友好，特此向各位报告。

一些亚洲国家，要求日本对战争时期的残暴行为、战争灾害所造成的损失进行赔偿。因为日本的渔船曾进行过滥捕乱杀等行为，所以美国、加拿大、澳大利亚等国希望尽快签署保护鱼类的渔业协定。甚至还有一些国家表示，非常担心日本将来是否会再次侵略、是否会复活军国主义、是否存在贸易方面的不正当竞争等。

各国代表陈述意见之后，也给予我发表意见的机会。我明确表示日本欣然接受《和平条约》，并且坦率地讲明日本国民对领土、经济、未归国日本人、《和平条约》等方面的态度。同时我强调，今天的日本不是昨天的日本，我们在尊重联合国宪章的精神、尊重人权的基础上，为世界的和平与繁荣同各国共同协力，共享惠泽。我相信这是所有国民的意见，所以我讲明了这些。

虽然履行赔偿战争损失的义务是理所应当的。但显然，现代战争中的战败国没有能力完全履行这样的义务。因此，日本也欣然接受杜勒斯代表的主张，即采取一种方式，在利于相关国家的经济结构中，基于正义的理念奉献自己的力量。既然如此，日本就要带着诚意履行义务。我在承诺演说中也表明此意。不可否认，这样会加重国民们的负担，但我相信，凭借我国国民的爱国之心和坚守信义的国民性格，不会对承担条约义务心存异议。渔业问题也是一样。

最令我感到意外并且难以理解的是，一部分代表竟然担心恢复和平后，与日本的贸易竞争问题。如我在承诺演说中讲述的那样，领土丧失、资源不足、因战争使国土荒废、船只丧失、机械设备损耗，还要诚心诚意地担负起战争赔偿，这些条件都不利于发展经济。对这样的日本，一些国家竟然会感到经济威胁，实在令我匪夷所思。还有劳动条件，正如杜鲁门总统和杜勒斯在演说中强调的那样，占领时期断然实行的改革，使日本具备了世界最高水平的劳动法制。我认为，这鲜有先例的高级别劳动标准，过于理想化并不符合我国国情。而且，在《和平条约》中，日本誓言要遵奉公正的国际商业惯例。还有，担心我国贸易进出口、想要限制我国自由活动的想法也是我无法理解的。

苏联代表葛罗米柯批评说，防止日本军国主义的复活必须是签署《和平条约》的主要工作，但这个条约完全不包含任何保障。他还提出十三项修正方案。对此，杜勒斯反驳道："苏联代表说不应该阻碍日本的民主倾向，苏联所主张的民主倾向是共产党，也就是说不能阻碍日本共产党的破坏活动，即从内部将日本置于不设防状态。苏联代表允许日本持有军备，那不过是名义上的认可，实际上是不接受集体安全保障带来的利益。环绕日本的四大海峡允许面朝日本海的国家海军通航，但实际上，只允许苏联海军通航。苏联的意图暴露无遗——无论对内对外都要使日本处于不设防状态，要使日本成为附近强权的牺牲品。"条约中，对我国主权没有任何约束。因此，日本持有自己的军备之路并未被《和平条约》封锁。事实上，日本欠缺现代军备所必须的基础资源，而重新武装就要增税，这是国民们无法容忍的。而且，今天的日本战争重创未愈，对军国主义、国家主义的重现没有放松警惕。在这样的事实面前，苏维埃全权代表说我国的军国主义会复活，实在是毫无根据的宣传。

《日美安全保障条约》与《和平条约》同日签署。由此，恢复独立后的日本的安全暂时得到保障。当然，国内的治安需依靠自己的力量，而对于外部侵略采取集体防卫的手段，则是今天国际间的共同理念。在随意的侵略主义飞扬跋扈的国际形势下，没有军备的日本在恢复独立和自由以后，当然只能与其他自由国家共同采取集体保护防御的方式。确保日本处于侵略主义之外，是远东的和平乃至世界的和平和繁荣的一个前提。这就是签署《日美安全保障条约》的理由。

今天有人提倡以中立条约保障独立。但是，在日本所处的国际形势下，我并不认为日本中立这件事能够与相关国家达成一致意见。而且，就算达成中立协定，也绝不能忘记有的国家不会相信这种协定。另外，也有人提倡通过联合国的一般保障寻求出路。联合国是世界最大、最高的安全保障机构。但是，即使是欧美各国，除了联合国的保障之外，还不断完善补充性质的安全保障体制。我认为，《和平条约》签订后的日本安全保障之路，只能与爱好和平的国家共同建立集体安全保障，即除了通过日美条约保障日本安全以外别无他法。

为了实施《安全保障条约》，一些必要的细则将在今后日美两国政府间通过谈判、协商制定。谈判达成协议后，在需要审议预算或审议法案时，将向国会说明具体内容。

条约中的安全保障，如条约自身所规定的那样，是暂时的举措。日本的永久性安全保障将怎样建立，关于这个问题，要在恢复独立后，政府及国民站在各自的立场上慎重考虑后做出决定。

关于西南各岛的处理问题，我也听到部分国民的不满。但是日本在 1945 年 8 月 14 日无条件投降，领土的处理全权委托给同盟国。当然，同盟国最后的决定是通过尊重我国国民感情这种友好的努力而达成的结果。对于一部分国民仍无法释然的言行我可以体谅。但是，对外，这不是回馈同盟国好意和理解的理由；对内，与我国国民在毅然接受《波茨坦公告》时的态度相比较，我想这关乎我国的威信。而且，我认为这是由于为了阻挠日美两国的亲善关系而进行的恶意煽动。我希望，国民们能够冷静地看待问题，相信美国政府的善意，静待日美两国间关于这些岛屿地位的协商的结果。

关于《和平条约》的内容，作为日本国民虽有种种希望，但之所以能够获得史无前例的公正的《和平条约》，是在过去的六年间，日本国民坚定地履行投降条约并获得信任与期待的结果。我热切地希望，今后，日本国民能够尽最大的努力完全遵守和履行条约中言明的日本的意愿和义务，为了重建祖国而前进。艾奇逊议长在闭幕致辞中说："作为日本的朋友，对横亘在通向世界的平等、荣誉、友好的大路上的障碍，能够借政府之手消除的已经全部消除，剩下的障碍，只能由各位来消除。如果各位以理解、宽容和真情与其他国家共同行动的话，那将成为可能。这些本质，存在于日本国民的本性之中。"只要日本在世界平等、荣誉、友好的大路上迈进，国民们就会立刻觉醒和振奋。

为了使相关各国顺利批准《和平条约》《日美安全保障条约》，为了早日实现日本的完全独立，我希望，我国国会能够迅速审议并通过这两项条约。

第十九章　日美共同防御体制的由来

一、无武装之国的安全保障

上一章所述的《旧金山对日和平条约》于1951年9月8日上午正式签订。当天傍晚（下午5点），日美两国代表在旧金山的美国陆军第六军司令部签订了《日美安全保障条约》。条约签订只有日美两国，所以仪式颇为简单。首先美方代表美国国务卿艾奇逊起立发言："这个条约迈出了太平洋安全保障的第一步。"紧接着，我致词说："这个条约是用来保障非武装、无防备的日本的安全的。"然后，美方全权代表，即在签订《对日和平条约》时列席的四人署名。随后，在我方的池田、星岛、一万田、吉武惠市、大野木秀次郎等全权代表列席见证下，由我一人代表署名。作为全权代表成员赴美的民主党代表、该党最高委员长苫米地义三先生在《对日和平条约》上署名，但却不肯在《日美安全保障条约》上署名，这反映了民主党内部复杂的氛围。

与议和密不可分的安全保障

我经常在国会上言明："从形式上来看，《和平条约》和《安全保障条约》，前者是同48国签订，后者则只与美国签订。但实际上，这两个条约是完全密不可分的关系。"将国家独立与维护国家独立的安全保障分开考虑是不正常的。即两个条约共筑了一个构想、一个体制。但往往是赞成所谓议和论的人，认为两个条约可分割，可以认同《和平条约》却很难赞成《安全保障条约》。我们可以理解当时左倾社会党一贯主张包括共产主义国家在内的全面议和，而反对《安全保障条约》，然而，无论如何都无法理解一部分民主党和几乎所有的右倾社会党，在国会上表决时，对《和平条约》投了赞成票，对《安全保障条约》却持反对态度。

在国会之外，所谓的知识分子阶级或进步的有识之士当中，很多人对于《安全保障条约》以及相应的行政协定持反对意见。对于我来说，两项条约自签订之日至将满六年的今天，我不仅没有改变当初的看法和信念，甚至可以说，随着时间的推移，我更加确信那不是一个错误的决定。为了阐明其原因，下面讲述一下《安全保障条约》签订的背景和经过。

所谓"东方的瑞士"

终战后，日本重新独立的那一天终究会到来，因此独立后，应该如何保卫没有武装的国家的安全，这是绝不亚于《和平条约》本身的、最基本的重要问题，也是有心人士非常关心的问题。然而在停战后的一段时期内，我方也不知所措，无法参透同盟国的意图。

无论如何，在《波茨坦宣言》的推进下，日本完全解除武装；在占领军的监督鼓励下，制定了日本新宪法。宪法核心是：放弃战争、军备以及否认交战权。因此，有充分的理由认为，在将来的《和平条约》中，很有可能再次将这一核心规定在内。当时，外务省关于这一问题进行研究并得出一条结论：若真如此规定的话，就必须向联合国提议在国际法中承认日本永久中立。并且，有必要向远东委员会成员国即美、英、苏、中等十一国提出设立集团安全保障机构。但是，这样的主张能否实现、能否在一定程度上保障日本的安全都是问题。

占领军进驻后，麦克阿瑟总司令官说："将来的日本应该像瑞士一样。"这在日本国内也引起许多共鸣。司令的本意如何不得而知，但瑞士之所以能够维持永久中立，与其所在的地理及地形位置有着密切关系。只要一个国家的地理位置在战略上具有很高的价值，就很难维持永久中立——比利时在两次世界大战中的命运就验证了这一点。而且在第二次世界大战末期，我国某些高层官员曾如友邦一样信赖的苏联，破坏日苏中立条约，突然派兵进攻满洲，还将我国官兵甚至非战斗人员作为俘虏强行拘押，这哪里还是什么友邦。这些事实，真实地告诉我们，一纸中立条约多么不可靠。

"依靠联合国"的想法

国际关系中，美苏两国的对峙，使得关乎日本的国际形势发生了根本性的变化。也许因为这个原因，一进入 1947 年，同盟国对日本的态度也明显发生变化。杜鲁门总统年初咨文中提到："不能让日本以及德国对自己的将来永远心存疑虑和恐惧。"如前所述，同年 3 月 17 日，麦克阿瑟元帅在新闻记者会上说："对日议和的时期已经到来了。"5 月，艾奇逊美国副国务卿（后为国务卿）和前总统胡佛相继提出应立即同日本单独议和。

这样的形势变化，有益于日美之间关于《和平条约》及日本安全保障问题进行非正式的、私下的意见交换。美方开始听取日方的意见，而日方也开始了解美国人的想法。但是，当时美国政府对于议和后日本的安全保障问题并没有明确的构想。例如，对日理事会美国代表艾奇逊（George Atcheson）曾与我外务当局私下表示："日本的安全保障虽然还未成为现实问题，但是美国可能认为，让日本向联合国寻求安全保障更适合。"对此，外务省表达了如下见解："联合国的机构如果是完备的，则另当别论，但如果不完备的话，日本对于来自其他国家的明目张胆的侵略，必须依靠与第三国的紧密联系来保证国家的独立完整，除此以外别无他法。"并将密谈内容报告给我。

作为国际安全保障的一环

1947 年 6 月，社会党和民主党联合，成立片山内阁。其后，沿着上述路线，为了实现我方的迫切期待，以外务省为中心，持续开展此项工作。7 月 28 日，片山内阁的芦田外务大臣在同片山首相商议之后，向艾奇逊大使及民政局长惠特尼少将提交了报告，其主要内容是关于《和平条约》、特别是关于安全保障的日方的希望。惠特尼少将次日拒绝接收文件，声称在形式上"目前时局尚且微妙，总司令部不适合接收此文件"。听说不久之后，艾奇逊大使在回国的途中，飞机失事遇难身亡，因此上述提交的文件也随之遗失。之后又向7月抵日的澳大利亚外长伊瓦特提交了同样的希望书。总之我方以各种形式、利用各种机会向同盟国、特别是向美国提出我方的意见和希望。

当初，外务省很多人士推测："如果议和后同盟国军仍驻扎在日本的话，那么就会像凡尔赛条约后德国被占领一样，出现为确保《和平条约》的实施而占领日本的情况。"但是，美苏关系愈发紧张，日本的安保问题无法忽略，因此美国的想法也逐渐向"作为国际安全的一环日本的安全保障"的方向转移，我方也察觉到这一点。而且，日方的想法也倾向于"与其依靠当时并不完全可靠的联合国，不如直接依靠美国，保障议和后短期内的国防"。

例如，1947年9月3日，在参议院议长的官邸，币原喜重郎、松平恒雄、佐藤尚武同我共四人，关于这个问题交换了意见。我仍然记得那时币原发表的意见："我个人并不赞成对加入联合国一事抱有过多的希望。如果日本受外国侵略的话，任何一个国家都不会希望牺牲自己的将士来保卫日本。美国也许会来援助日本，但那一定是基于美国自身的利益，而并非因为联合国的存在而进行援助。"后来得知，很偶然地就在同一天，美国政府当局明确表示：美国愿意单独承担日美的安全保障，并且考虑如果在日本设立军事基地的话，要签订日美共同防御协议、或在议和条约中明确规定这一项等。

片山内阁时代的设想

总之，如上所述，在片山内阁成立初期，就试图将日方对《和平条约》的想法传达给华盛顿政府，却未得以实现。同年 9 月 30 日，美国第八军司令官埃克尔伯格中将返美，独立后的安全保障的日方意见由该中将转送至美国政府。这得到片山内阁的芦田外务大臣和西尾官房长官的认可，并商议"由国内的外务大臣负责提出"。寄信人的名字是当时的停战联络事务局局长铃木九万。其内容，先是说明日本可以依靠自己的力量平息国内动荡，之后表明："目前，国际局势不稳定，保障日本独立的最好办法是，一方面与美国签订特别协议，以防止第三国的侵略；另一方面，加强国内海陆的警察力量。至少，在联合国依据宪章规定实际发挥其机能之前，我们希望由美国来保障日本的国家安全。"文件还设想，美国在日本周边维持兵力，日本一旦出事，应当提供国内基地供美军使用。虽说当时并不十分希望美军驻扎日本，但在大方向上，可以说这与之后的日美安全保障体制的基本想法是完全一致的。

1948 年 10 月，我的第二次内阁成立，上述片山内阁时代的意向，与我的方针基本一致。所以，我并不认为内阁变化，就有必要变化上述方针。直到 1951 年 1 月杜勒斯特使访日之前，关于这个问题有过一定商讨，但并未实质性地展开运作。

二、《日美安全保障条约》的构想

美国国务卿顾问杜勒斯于 1950 年 6 月初次访日。但只是就安全保障问题的基本想法与我方交换了一般性意见。也是这次访问，杜勒斯先生暗示日本应重新武装，对此我强烈反对（参照第十三章第一节）。然而，半年后即 1951 年 1 月，杜勒斯先生作为杜鲁门总统特使再次访日时，正处于中国共产党军队大举进入朝鲜战场、日本国内成立"警察预备队"这支新的保安部队等急剧变化的内外形势下。此时，杜勒斯先生不再重提军备问题，而是更进一步抱有了后来发展成为相互安全保障体制的具体设想。可以说，在他此次访日会谈中，不仅对议和问题，也对安全保障问题达成一致意见。

日美两国利害一致

与杜勒斯先生的会谈，彼此意见一致的是，《和平条约》与《安全保障条约》应该分别起草和签订。同时，对于二者又是密不可分的整体这一点，双方也达成共识。具体而言，双方一致的立场是，如果没有安全保障体制，就不能考虑议和独立。日本的议和独立，如前章多次所述，不仅对于日本国民来说是迫切的希望，对于美国来说也是必须尽快解决的重要问题。两国的利害一致，在这一背景下，我与杜勒斯先生进行的上述会谈。将共识以条约的形式具体化，就是《对日和平条约》与《安全保障条约》。

对于日本的安全保障问题，以下内容就是我的基本思路。即，纵使日本可以依靠自己的力量确保国内安全，却很难依靠自身力量保障对外安全。因此，只能适当地依靠外在力量。国内普遍认为，通过联合国实现安全保障才是正确的。然而现实是，究竟能够得到联合国的多少支持并不明确。若真如此，那么只能通过与特定的某一国家签订防御协议，来保障国家安全。说到特定的某一国家，只能是停战以来始终处于占领管理日本的中心势力——美国。之所以采纳日美共同防御的设想，就是因为有上述考虑。也可以说，当时情况下，那是历史发展的必然结果。

站在两国对等的立场上

关于安全保障，一直萦绕在我心头的问题是，日美双方应作为对等的合作者，共同建立日美共同防御体制。因此，我希望在条约中明文确保这一原则，即形式上规定日美互相保障对方的安全。在和杜勒斯特使进行上述会谈时，我反复强调这一点。当然，虽说是对等，但拥有强大武力的美国和被剥夺军备的日本，不可能保持对等。可以说，日本只能寻求保障，而全无保障美国安全的能力。但是，有部分社会舆论恶意诋毁，称这种关系是不平等关系，其实是因为他们并没有正确理解日美关系。

美国利用军事力量和经济力量、日本在允许范围内尽一切努力，两国相互配合，为国际安全保障的重要一环——日本安全保障做出贡献。这符合两国的利益，进而顺应自由世界的利益。在这种合作关系下，日美两国作为独立国应站在对等的立场上。我之所以要在《安全保障条约》中确保日美对等的立场，原因就在此。同时，因为日本宪法放弃战争，所以我要求宪法条款中已规定的内容不得包含在该协议中。

关于日美对等，我方希望美国做到的各事项中，最重要的是，在协议中明确日本安全保障是美国方面的责任。也就是说，我曾要求条约中明确，日方有接受美军驻扎的义务，同时美方也有保卫日本国土安全的义务。但是，对此美国的态度是："不能对日本所要求的安全保障的义务进行约束。现在的日本没有自卫的能力。不可能同没有自卫能力的国家达成相互安全保障的协定。"我认为对方的说法是合理的。而且事实上，如果美军驻日后日本受到侵略，美国怎么也不会坐视不理的，从这一点来看也是合情合理的。

所谓的防御能力逐渐增强

美国最关心的是，独立后的日本自身也能够具备国土防御的能力。杜勒斯先生第一次来访时，暗示日本需要重新武装在前面已经进行过说明。第二次访日时的会谈，日本自身增强防御能力的问题理所当然也成为核心。杜勒斯先生表明其立场："虽然美国可以进行援助，但并非长久之计。随着日本防御能力的增强，援助力度就必须减小。我知道日本重新武装是非常困难的，但是对于自由世界的防御，日本必须配合。从这个意义上讲，防御能力应该增强。"

当时，前面也提到过，已经建立的警察预备队是与原来的警察完全不同的强力部队。对此，有人攻击说这是一支"阴影下的军队"，还有人主张应该修改宪法重新武装。正如我反复强调的那样，我既反对通过重新武装从而拥有真正的军队，也不赞成修改宪法。因此，国土防御所需的军备，必须签订《安全保障条约》由美军驻留取而代之。作为日本，在宪法允许的范围内，建立警察预备队——一支保安部队来配合国土防御。这种体制应该才是最理想的形式。

事实上，当时警察预备队的装备极不充分，国内也早有必须增强其实力的主张。从以往的协商情况来看，如果不对杜勒斯特使表达日本会为国土防御而努力的意愿，而只是一厢情愿地谈日美协议的话，我认为是不会有结果的。美国强烈希望日本在签订《和平条约》后，作为致力于防御的第一阶段，哪怕只是腹案，也要计划建立陆军部队。因此，多番考虑之后，我提出充实和加强警察预备队和海上保安队的力量，由治安省对其进行管辖的方案。成立治安省，是以前就有的构想。这一构想在某种程度上令杜勒斯特使感到满意。最终，如条约序言所说的那样，美利坚合众国用这句话表达了希望："期待日本为本国的防御担负起自己的责任。"

受人瞩目的杜勒斯声明

和杜勒斯特使的会谈，于2月7日基本告一段落。在确定日美间已经达成共识后，我再次强调："《和平条约》以及其他文件中不得提及日本应该重新武装。"对此，杜勒斯特使明确表示："美国没有强制日本重新武装的想法。"

因此，作为《和平条约》谈判进展的一个阶段，2月9日，由井口外务次官和艾奇逊大使在约定上署名。此约定只是将迄今为止商议的内容整理成文,对日美两国政府均不具有约束力。与此同时,草签了另一个约定——即使《和平条约》生效后,日本也应继续配合因朝鲜战争而驻日的同盟军。

杜勒斯特使访日的半个月中,为征求多方意见,同我们会谈之外,也同朝野各个方面的代表人物进行会谈,征询他们的意见。他于2月11日离开日本。当时发表的声明书我在前一章(第三节)已经提过。声明书中关于安全保障的事项,在这里再次引述:

"我代表美国政府曾说'如果日本希望的话,美国政府出于同情,会考虑在日本国内及周边派出美国军队'。日本政府对此提案表示欢迎。根据我们在东京的会谈以及特使团收集的意见,可以确信的是:'为了在议和条约生效后,避免因放弃武力而无法自卫,使军事处于真空状态,日本国民强烈希望接受上述提案。'最后,我们就日美两国间暂时的安全保障协定进行了商议。"

对于杜勒斯声明,我同时发表讲话以示赞成。主要内容如下:

"……为了保护放弃军备的日本,让美军驻扎在日本本土及周边,大使提议,日本与美国之间应签订关于安全保障的协议。对此,政府及大多数国民,由衷地表示欢迎。我们也充分认识到,为了保护自己,为了保护国土,我们有义务尽一切努力。……"

最终完成条约初稿

两个月之后的4月份,杜勒斯大使第三次访日。此时的报纸将安全保障作为会谈目标连日进行报道。其实，关于安全保障的话题，整体思路已经确定，日美安全保障问题并没有成为主要话题。但考虑到社会影响，不能公开这么说。当然，为明确协议内容，也做了更细致的字句修改。我认为，在双方商议的过程中，逐渐了解对方的想法，取得很大进展。同年6月艾奇逊大使携安全保障协定的新稿访日。其中虽加入部分同盟国的意见，但修改的部分都十分妥当。我方要求加入的批准条款，也被采纳。此后，双方多次交换修改意见，草案也相应做出小幅改动。我们于8月14日收到最终方案。

总之，安全保障问题也和《和平条约》一样，都是首先认真考虑日本的意见，再展开讨论。回顾谈判过程，美国竟能如此接受日本的要求，时至今日，我仍然表示感谢。

《安全保障条约》和国民的远见卓识

后来，社会上提出这样的疑问：议和后美军驻留在日本，到底是日美两方谁先提出的。根据上述说明大体上可以做出判断。事实上，双方完全极其偶然地意见一致。不，与其说意见一致，不如说，在议和独立的背后，已经自然而然地诞生了日美共同防御体制。双方对于这种既成事实，意见一致，进而形成条约。既不是美国强烈要求在日驻兵，也并非日本强行要求。而是相互地、站在保护日本、保护自由世界的立场，充分认识到客观形势而达成的一致意见。议和后占领军撤退，为填补日本的防御空白，没有比这更好的办法了。

上述的关于日美意见一致这一点，日本方面不只是我的内阁，片山内阁、芦田内阁时代的方针如前所述也完全一样。而且，杜勒斯特使三次访日，会见我国朝野各界代表人物，以征求关于《和平条约》和《安全保障条约》的意见和希望。当时我就知道，大多数人的意见、希望和我们基本一致。不曾想到，当时的我国国民，深有远见，认识到现行的《安全保障条约》的必要性。

《安全保障条约》与《和平条约》同时被拿到议会上讨论。当时，我针对各种疑问，特别强调以下几点。

（一）上述的美军驻兵，是日美两国协商的结果，是行使主权，而不是受到限制。

（二）《安全保障条约》本身明确规定，这只是暂时的措施。如果随着日本的自卫能力增强或国际形势明显缓和，有必要取消条约的话，任何时候都可以中止。

（三）《和平条约》和《安全保障条约》是密不可分的整体。即日本通过《和平条约》获得独立，通过《安全保障条约》保证独立的实现。因此，两个条约是密不可分的关系。

（四）《安全保障条约》是基于自卫权制定的，二者关系密切。因此，并不违反宪法第九条规定的放弃具有侵略性质的武力。

在众议院的两条约特别委员会会议上，前任首相芦田委员和我进行了一问一答的对话。当时报纸等媒体大肆报道此事，引起社会的注意。芦田对《安全保障条约》的第一条"为了平定日本国内大规模的内乱及骚乱，可以使用美国驻留军队"提出质疑。芦田一向宣扬"正大光明地重新武装"，他说："依靠外国军队维护国内的治安,这在世界上史无前例,恐怕有失国民自主性。难道我们不应该具备依靠自身力量平定内乱的实力吗?"对此,政府委员西村熊雄外务省条约局长回答道:"历史上已有条约方面的先例——《北大西洋公约》第五条提出,为维持国内治安可以借助于外国力量。"然后,我回答道:"我认为日本的现状是,可以由警察维持国内治安,但也有可能像朝鲜那样,由外国引发国内动乱。为防备这样的状况出现,在《安全保障条约》中做出此项规定。"同时,我还强调:"《安全保障条约》中,我国并没有被强制重新武装。而且,以日本目前的状况也不应该重新武装。"

第二十章　难产的行政协定

一、协定的主要问题

《安全保障条约》的细则

所谓"行政协定",简而言之,就是上述《日美安全保障条约》的细则。《安全保障条约》非常简单,全文共由五条构成,都是一些原则性的规定。该条约第三条只有一句:"美利坚合众国军队在日本国内及周边岛屿驻军要根据两国政府的行政协定来决定。"

1951年1月,在杜勒斯特使访日讨论议和问题时,日方关于安全保障问题提出相关意见。对此,美方也提出涉及广泛的纲领——《安全保障条约》与行政协定相结合,规定美国军队的日本驻留问题。纲领中包含的事项,基本上都体现在行政协定中,但内容上也有与我方想法大不相同的地方。当然,大部分为极其技术性的规定,而这些技术性的规定如果逐一详细探讨的话必然耗费大量时间。然而,议和是迫在眉睫的问题。如果因为反复进行技术性的探讨和争论而错过一气呵成签署条约的大好时机,从全局来看绝非好事。

签署《安全保障条约》的最根本问题，即是否承认美军在日驻留的问题。条约中规定美军驻留日本本土，历史上也有很多外国军队驻扎在某国国内的先例。而且从上述的纲领内容及态度也可以看出，美国并不会提出无理要求。考虑到这些，我决定在《安全保障条约》中加入广泛性的授权规定，基于早日完成议和的方针，行政协定当中的细则完全由政府拟定完成。

关于行政协定的内容，在进行《和平条约》及《安全保障条约》的谈判时，与美国有过两三次交换意见的机会，但是没有明显进展。问题留待两项条约签订后解决。

另一个考虑

如前所述，基本的大原则以《安全保障条约》的形式拟定出来，其他细则随后在行政协定中探讨。之所以分成两部分，是有另外的考虑的。当时正处于美国和西欧各国秘密进行交涉的时期，其核心内容是，根据1949年4月签订的《北大西洋公约》，必须确定美欧各国间军队的相互驻留以及驻留的基本形式。因此，日本与其独自匆忙与美国进行协商，不如根据美国与西欧诸国签署的协定再行定夺，对双方都有好处，尤其对我方来说更为有利。美欧之间的协定命名为"北大西洋条约签署国之间关于军队地位的协定"，1951年6月19日于伦敦签订并公布。然而如后面所述的那样，美国的批准较晚。但是，旧金山和平会议之后，在《和平条约》与《安全保障条约》的国会讨论结束之时，大家深感必须尽快拟定行政协定。因为，从那时各国的议会情况可以判断，1952年4月左右，各国的对日《和平条约》相继获批，条约随即生效。这样，对日本的占领即将解除，占领军的任务也将结束，同时《日美安全保障条约》生效。在此之前，必须完成行政协定的拟定。

站在平等的立场上协商

那时，我还兼任外务大臣一职。1951年年末，内阁进行部分调整时，任命曾经担任官房长官的冈崎胜男为无任所大臣[1]，专门负责与美国之间的关于行政协定的谈判。第二年即1952年元旦，美国方面任命副国务卿迪安·腊斯克为美国总统特别代表，派遣至东京，助理国防部长约翰逊及众多专家随行。就这样，行政协定的日美协商自1952年1月28日开始，历时整整一个月，于2月28日结束。

谈判之前，冈崎得到我的同意，制定出如下方针：第一，日本独立的同时，占领军撤出。根据新的《安全保障条约》，美军将驻留于日本国内。如果占领军以驻留军的名义继续留在日本的话，那么就会给日本人以被继续占领的印象，恐怕也会使美军产生同样的感觉。所以，必须将这种"转换"明确地表述出来。第二，外国军队驻屯他国领土的先例很多，比如战前的日本也经常在海外驻军，其中最典型的例子就是上述的"北大西洋公约当事国间的协定"。因此，行政协定也将尽量仿照北大西洋公约的协定。第三，行政协定本来应该在日本独立时制定，但出于权宜考虑，在占领时期就已

---

[1] 日本对不分担具体工作、不担当各行政部门领导的首相的通称。

经开始制定。因此，双方要站在完全平等的立场上进行协商。

期限为九十天之内

这样，会谈终于开始，总体在友好的气氛中顺利推进。当然，问题归问题，既存在关乎国家颜面的问题，又存在很多将给国民生活带来影响的问题。与国情完全不同的美国进行谈判，不言而喻，冈崎及所在部门必然费尽心思。直至达成协议的一个月里，共经历非正式会谈十六次、专家会议十七次、正式会议十次。可想而知，这些参与者殚精竭虑、辛苦异常。以下是会议中的若干问题。

首先，根据《和平条约》第六条的规定，《和平条约》生效后，外国军队无论如何都应尽快在九十天内撤出日本。这是依据国际惯例制定的。占领军中，基于《安全保障条约》规定驻留在日本的部队，可以不受上述九十天的限制。但即便如此，也要避开城市中心，转移期限仍在九十天内。而且需根据日本政府提供的设施，向地方分散。

我方提出要求，希望美方在日本独立之后，能够将象征占领军总司令部的根据地——皇居前护城河第一相互大厦归还给我方。对方爽快地答应。紧接着，我方提出将丸之内一带、大阪、横滨、名古屋等大城市的美国驻军占领的大厦，归还给日本。对此，美方也原则上表示同意。只是空军和海军司令部搬迁所需的合适场所，由于日方的预算问题，并未按计划进行。但不久之后便得以解决。

棘手的审判归属权

接下来，较难处理的是裁定管辖权的问题。任何一个国家的军队，都有可能发生各种刑事案件。这时，审判归属权通常就会成为难以处理的国际问题。在西欧，美军基于《北大西洋公约》驻兵各地。二战时在欧洲，美国被视为救世主，西欧诸国都将裁定权交与美国。但是，和平时期，形势发生变化。现在，对于驻留的美军，各国都希望行使本国的裁定权也是理所当然的。幸好美国和西欧各国，无论在裁定制度还是刑法方面，都大体相似。所以，这个问题能够比较顺利地解决，即根据如下原则——美军官兵在执行公务时犯罪由美国军事法庭裁定，公务以外的犯罪则由驻留国法庭进行裁定——拟定了方案。然而，美国参议院对此强烈反对："美军驻兵本是因为西欧诸国的请求。所以，西欧应该给予美军特殊待遇，作为理所当然应尽之礼仪，诸如刑事审判权等事宜，应该全部交于美军。而且，由外国法庭来审判美国军人，会影响美军的士气。"因此，西欧诸国虽批准这项协定，但关键的美国并未同意，所以协定未能成立，止于草案。

如前所述，我方也非常关注此协定草案，决定在行政协定中加入这项内容。但是，美方强硬主张不能按日方的要求执行美国参议院反对的议案。考虑到美国政界参议院的势力，美方的说法也理所当然。无奈之下，行政协定第十七条，增加了"北大西洋公约当事国间的协定，将来若获得美国批准，日本也将与美国签署同样的协定"这项规定。

然而不幸的是，行政协定刚出台不久，在神户就发生了英国海军的暴力事件，其后又相继发生类似的事件。每当此时，社会舆论就会严厉指责说，这是因为日本签订了屈辱的行政协定。但是，正如我前文所述，当时西欧诸国给予美军的待遇同日本一样。并非只是日本给予其特殊待遇。

后来，美国参议院经过长期论战之后，直到1953年，终于承认基于《北大西洋公约》的此项协定。很快日本也对行政协定进行修改。指责行政协定是屈辱的协定这种声音也终于消失。但是，在这个问题上，社会党所进行的非理性的、煽动性的攻击一直困扰着政府。

分担防御经费的问题

美军的驻留经费问题，也存在很大争论。美方认为，美军为保护日本的安全而驻军，这个经费自然应该由日本承担。但是日本当时财政困难，而且保护日本的安全即是保护美国自身的安全。所以，我方提出这个经费可以由日美各承担一半。商议的结果，美国并没有太过介意金额，由日本承担总经费的一半即1亿500万美元，相当于550亿日元。当然除此以外，日本还要提供设施和土地，所以实际上担负得更多。不过，美国在最初的前两年，预算超出1倍，由美国自己承担。因此，在承担费用方面，双方大致各付一半。这个问题造成我国每年决定预算案时必然争讨分担防御经费问题。

由这个问题，我联想到西德。西德自1956年5月起，在所谓的《巴黎条约》生效后恢复主权，成为独立国。但是，《巴黎条约》附属协定中，西德承认支付美英法驻留军队的费用是32亿马克（约7.5亿美元）。而最近，随着西德重新武装的顺利推进，关于分担费用就出现了问题。

二、第二十四条的由来

日美联军司令官的问题

以上探讨的重要问题，冈崎、腊斯克日美双方代表在非正式会谈上基本已经协商解决。而在非正式会谈中，最难解决的问题是行政协定第二十四条。即万一日本面临被侵略的危险，该如何应对的问题。欧洲诸国原本就是将美军的驻留作为条件拟定的《北大西洋公约》。所以在这个问题上，最初便有明确的想法。因此，英、法、比等国的军队放弃统帅权，并且组成大型军团北大西洋军，其最高司令官由美国将军担任，也算无可厚非。众所周知，事实上，艾森豪威尔出任美国总统之前，曾担任过北大西洋军总司令。

那么，日本的情况怎样呢？美军方面希望制定同《北大西洋条约》一样的规定。即一旦出事，美军和警察预备队必须共同合作抵抗侵略。按道理来说，可以理解。保卫日本的部队分为美国部队和日本部队，且分头行动，这是没有意义的。因此，理所当然会考虑把双方部队合二为一，成立联军司令部。然而，这样的话，由谁来指挥就成了问题。如果日美两国部队由一方统一指挥，那么双方军队无论从实力对比，还是从现代战争的经验来看，我方无人能够匹敌占领军总司令官李奇微大将。而且，总司令官人选问题姑且不论，仅仅在制定建立总司令部的规定这一点上，从当时我国国内形势来看，就会有人认为，警察预备队服从于美军，听命于美军司令官的指挥。事实上，政府经常遭到国会质疑：政府是否已经和美方签署过什么秘密条约。

鼓励冈崎

尽管如此，如果日本遭遇被侵略的危险，重要的是抵御侵略，而不是面子问题。如果因为什么联军司令部是屈辱的、应该由哪方的司令官指挥所有部队等问题争论不休，日本受到侵略时，将得不偿失。何况，如果我们自卫队实力增强的话，当然也有可能指挥美军。但是，当时的日本被占领七年有余，这个道理显然说不通。而且美方认为，连这种程度的规定都不能接受的话，日美合作的前景令人担心，美国很难承担保护日本的责任。当时关于谈判的详细内容冈崎都会逐一向我汇报。在我看来，我能够理解美方的态度，可是因为我国内政上存在很大困难，因此，我鼓励冈崎甚至可以说督促他，一定坚持要让对方重新考虑这一点。

在这个问题上，日美谈判几度遇到障碍。然而，腊斯克大使非常理解我方的处境，也极力说服美国政府及军方。于是美国政府2月23日表示能够理解日本的立场，并无意为难日本政府，并提出现行的行政协定第二十四条的议案。即"如果在日本境内发生敌对行为或受到紧迫威胁，日本政府和美利坚合众国政府应采取必要的共同措施以保护日本的防卫安全。同时，为履行《安全保障条约》第一条的规定，必须立即进行协商。"虽然这种说法有些笼统，却也理所应当。日方没有异议，问题顺利解决。以上便是事情的原委，也可以说是通过腊斯克的努力而解决的。因此，说第二十四条背后有什么秘密协议，完全属于毫无根据的臆测。

2月28日，冈崎、腊斯克两位代表签署由前言和二十九条正文构成的《行政协定》。4月28日，《对日和平条约》《安全保障条约》同时生效。

国际服务和自卫之路

我在以上三章中，大略讲述了对日《和平条约》《安全保障条约》及《行政协定》的出台前后经纬。

《旧金山和平条约》使日本恢复独立。独立，由《安全保障条约》和《行政协定》来保障。这样的体制被称为"旧金山体制"。名称姑且不论，关于这个体制，想要在这里重申我的想法。

日本被占领六年有余，必须早日获得独立的这一想法愈发强烈。全面议和也许最为理想，但就当时的国际形势，尤其从美苏冷战的形势来看，不过是一场梦。现实是，如果等待国际形势缓和，日本何时才能恢复独立难以预料。占领时间过久，恐怕国民终将失去其自主性和独立意识。

我坚信，将来日本要走的道路，应该是与众多自由国家并肩同行。我未必会永远反对与社会主义国家修好。但是，基于现实要求以及自由主义的信念，借此良机接受了旧金山议和。

《和平条约》使日本获得独立。但是，这种所谓"恢复主权"的独立是政治上的独立，要实现经济上的独立仍任重道远。经济上的自立是仅次于政治独立的最高要求。而且，为专心致力于经济上的自立，就必须保障国内外的安全。即使可以依靠增强警察预备队来维持国内治安，但对外的安全保障，如前所述，令人难以放心。从而将引发重新武装的争论。然而，我国当时的经济情况，根本无法承受重新武装的负担。而且，交战国中，因战争而产生的对日憎恶感和复仇心理根深蒂固，此时重新武装绝非良策，更何况日本的新宪法严禁重新武装。

但是，我们必须坚决维护国家的独立。幸运的是，美国对苏的战略需要，与必须保卫日本和强化日本经济相一致。显而易见，现在的世界已经进入集体防御的时代。依据联合国宪章的明文规定而产生的日美共同防御体制应该属于顺应自然的事物。

旧金山体制的意义

以上，我大致说明了旧金山体制。关于这个问题的细节，在本书各处都有所涉及，不再赘述。不过，对我们的方针政策提出的反对意见，大部分是基于对共产党认识的不同。显而易见，现在的共产党，第一，他们认为打破现有秩序的方法说到底还是使用暴力手段。第二，其传播的意图具有国际主义色彩。苏联自己很少使用武力，但援助和教唆他国共产党时，就会谋划武装起义。这是苏联的惯用手段。而且，一旦成功将某个国家转化为卫星国，之后便会用冷峻的铁律将其束缚，稍有反抗立即使用武力镇压，比如波兰、匈牙利。特别对匈牙利更为明显。

近年来苏联对我国的态度也是如此。违背国际法及国际惯例，不正当地长期扣押我国战俘，好像封建时代的"人质战术"一般，还将其用于外交谈判中。而且，频频通过限制在北太平洋海域打捞鲑鱼鳟鱼等，威胁我国国民生活。鸠山内阁时期，终于忍辱负重恢复邦交。但不久之后，也就是最近，苏联肆无忌惮地单方面宣布封锁大彼得湾。既然日本附近有如此依仗自身国力无视国际法和国际信义的邻国，那么我们必须未雨绸缪做好应对准备。这很不幸，却又不得不做。所谓的日内瓦"解冻"、微笑外交、和平共存等都是花言巧语、是暂时性的、表面性的蒙骗。硬要相信这些的人，要么不了解国际共产党的本质，要么故意无视我国国民永远不会忘记的悲惨牺牲。

正直且坚强地生存下去

这种状况下，日本正直地、坚强不动摇地、严肃地在远东占有一席之地，对维护远东及世界和平不可或缺。遗憾的是，目前的经济现状及其它情况，使日本没有能力保护自己。而且，现在属于集体防御的时代。现代军事力量的强大，使得任何一个国家都不能独立保卫自己的国家。因此,我们欢迎并优待驻留在我国的美军,无论从国际礼仪还是从日本自身的利益考虑,都是理所当然的。另一方面,我们要在恢复经济的同时,为增强国防能力而努力。要遵守《和平条约》《安全保障条约》的精神和条款;要忠实地遵奉和履行所规定的义务;为维护国际和平做贡献、为国际社会服务。作为日本国民应该知道,有此觉悟才能保护自己。

回想补余:

"基地"——冈崎胜男(原外务大臣)

1951年年末,吉田内阁重组。我从内阁官房长官调任为无任所首相。本以为我终于可以从一年零八个月的官房长官的繁重工作中解放出来,可以轻松一下。然而,当时兼任外务大臣的吉田首相内外政务繁多,他对我说:"马上要进行关于行政协定的谈判,就由你来负责吧!"于是,稍作休息的期待化为泡影。

进入新的一年,即1952年的元旦,"美国国务院干将"、副国务卿迪安·腊斯克以"总统特别代表"的身份被任命为大使,由助理国务卿约翰逊等人随同访日,自此揭开行政协定谈判的序幕。腊斯克这个人,四十出头就被委以重任,被评价为国务院首屈一指的人才。因此,与他见面之前,我曾想象他是不会认真听取他人意见、只会毫无顾忌地强压他人的、美国式的强硬派。然而见面后却发现,他有着与年龄不符的沉稳气质,遇事着眼于大局,是真正的人才。后来,他辞去国务院的工作,现在担任与日本关系密切的洛克菲勒财团的总裁。但我认为,这个人将来会成为美国的重要人物。

腊斯克的助手,助理国务卿约翰逊是典型的美国人,心直口快,做事干脆利落,不拘小节,性格开朗。

这两个人,我至今仍然保持联系。有这样的谈判对象,实在幸运。行政协定这类谈判,本应该会有非常不愉快的争论。而事实上,可以说在谈笑声中就完成了谈判。虽说如此,也并非没有争论。双方有时会唇枪舌剑,却从未有过不堪回首的记忆。

谈判由正式会议、非正式会谈和专家会议三部分构成,此外还有起草委员会。其中最重要的是非正式会谈。谈判顺序是,日美双方各自拿出提案后,首先由专家会议探讨技术可行性,然后在非正式会谈上解决不一致的意见。之后再召开正式会议,进行商议决定。决定之后,由起草委员会起草协定。

非正式会谈,主要由我和腊斯克出席进行商议。对方有约翰逊和西博尔德大使(当时盟军总司令部的外交局长)列席,会谈主要在我和腊斯克之间展开。腊斯克真正发挥其价值正在此时。说他圆滑、收放自如也好,足智多谋也罢,总之,谈话几次陷入僵局即将破裂之时,都是他千方百计打开局面的。协定终于拟定好，在签署时，腊斯克致辞道："协定之所以能够顺利进行，完全仰仗于冈崎先生的政治才能。"这不过是礼节性的措辞。事实上，我方只是竭尽全力地争取，双方并未相互退让。因此，协定谈判中真正展现出政治才能的是腊斯克自己。

  会议的场所，主要是外交局（三井本馆内）的房间。这里原本应该叫做美国大使馆，占领后作为同盟军总司令部的一个部门，称作外交局。当然，只在美方办公室举行会议，有悖于平等精神。虽然外务省的会议室条件不完善，但后来还是勉强在这里进行过几次会议，现在想来颇觉滑稽。

  关于外交局的会议室，还有一个有趣的小插曲。之前杜勒斯先生作为国务院顾问访日，与吉田首相就《和平条约》问题进行会谈时，日本某报社的摄影组，用长焦镜头从远处的大楼拍摄到会谈时的场景。美国方面，为日本报社的机敏感到震惊。因此，这次会议，又是拉百叶窗，又是拉窗帘，防范意识很强。

  整个会谈期间最大的难点，在于《行政协定》第二十四条的问题。腊斯克和我之间，反复磋商，谈判遇到障碍，陷入僵局。吉田首相的意见和以往一样，坚决不让半步，努力到底。另一方面，《和平条约》生效日期将近，刻不容缓。其他问题都大致解决，若因此使谈判破裂，对日美双方都有害无益。因此，我也尽心尽力。我详细讲述腊斯克了然于胸的日本国民的感情，强调日美关系大局。并力陈：日本在战争中也有过痛苦的体验，美国政府如果受军队的意见压制，为其代言的话，日美关系的将来堪忧。这种情形下，应该站在大局的立场上，同意日本的主张。腊斯克站在其立场上，对此进行各种反驳，但我认为他其实赞同我的想法。据说他对美国政府提出强有力的意见。终于，2月23日美国政府表态，称理解日本的立场，无意为难日本政府，提出现行的《行政协定》第二十四条的议案，问题顺利解决。行政协定走到这一步，我认为是腊斯克对本国政府的说服发挥了非常重要的作用。即使今天，我依然感激他付出的努力。

和《行政协定》相关的一件事现在想起来仍不禁苦笑。后来这件事被称做"基地问题"，屡次引起严重的社会动荡。"基地"二字，在《行政协定》中并没有使用。我们认为，"基地"会让人联想到驻留军管辖的具有治外法权的区域，这可不好。因此，谈判时我们主张，协定中全部使用"设施及区域"字样。即驻留军进驻的建筑是设施，进行演习的场所叫做区域。但令人困扰的是，将其翻译成英语，并没有非常恰当的词汇。对方说"base"一词，没有那么深的含义，是在任何场合都可以使用的普通词汇，并没有什么不好。虽然合乎道理，但作为日本，因为经历过"占领"这一特殊情况，延用占领军曾使用过的"基地"一词，实属不妥。经过努力，最后终于令美方理解到这一点。然而，有趣的是，没有人愿意使用我们牵强附会造出来的表述形式。众所周知，费尽周折造出的"设施及区域"最后遭到无视，无论报纸还是广播，仍旧坚持使用"基地"一词。最初，在国会上受到质询时，我也会一一更正成"这不是基地。是设施、区域"，然而"基地"一词仍然被不断使用，后来我决定不再做任何说明。

回想补余：

内滩村事件——田中不破三（原内阁官房副长官）

　　《和平条约》生效以来，全国各地发生的针对美军军事基地的反对运动，是当时政府最棘手的问题之一。但是，所谓的基地问题发展成为重大政治问题并引起全国关注的契机是"内滩村事件"。

　　议和独立后的1952年11月，美军向日本政府提出借用石川县内滩村海岸作为试射场。经过多方交涉，最终定为可以在1953年4月末之前暂时使用。政府为将来仍能使用内滩村海岸，以斥资三亿数千万为村里建造各种福利设施为条件，和村当局进行协商。出身于内滩村的益谷秀次、林屋龟次郎等人也为打开局面而奔走，但进展艰难。

　　从此后发生的妙义山、砂川事件可以看出，除当地居民的生活问题、利弊问题之外，还有外部势力介入。他们把这看作是反美反政府的大好时机,故意阻挠事件的解决。内滩事件,是第一次因基地使用而引发的事件。

美军中止实弹试射后,一直等待日本政府和村当局的商议结果。但协商未果,美军表示事情已经到了不能再拖延下去的地步。

因此,为做最后的努力,作为政府代表,我和外务省国际合作局长伊关佑二、农林省农地局长平川守去内滩村进行劝导。我们乘坐夜行列车从上野站出发,第二天清晨经过北陆海岸时,内滩方面提醒我们:"金泽站已经被包围,聚集了许多反对派群众。在金泽下车的话,有可能发生混乱。"因此,我们当即下车,乘坐汽车穿过俱利伽罗山岭,顺利抵达金泽市内。

那天的会谈场所设在石川县政府,从大门到玄关到处都是拿着草帘旗、长条旗、包着头巾的群众。在警察的保护下我们乘坐的汽车即将驶入,可是人群混杂,时进时退,无法靠近玄关。后来听说,此时当地的居民都站在后面,冲在最前面顽强抵抗的人是从其他地方赶来的支持者和左翼分子。

数次尝试闯进去,却始终打不开道路。不得已只好后退,最后从县政府的后门才进去。当地代表中既有强硬派也有稳健派。好像他们在当天的会谈之前已经激烈地讨论过对策,比预定时间晚了几个小时才出现在会议室。我饱含诚意地传达政府的意向:"试射开始日期已经临近,政府愿竭尽全力实现当地提出的条件（河北潟的排水造地工程、改善耕地、修建诊所、建造渔港等）。"可是我的讲话刚一结束，所有人立刻离席，令我们完全束手无策，谈判随即破裂。

不过，稳健派认同政府的想法，因此我们寄希望于稳健派能够斡旋奔走，就在当地多停留了一日。然而希望落空，我们只好离开内滩村。吉田首相长期以来晓之以理、动之以情全力进行说服，却遭到反对分子的阻挠。他担心这件事影响日美合作，使日本的对外信用受损。因此，在内阁会议上吉田首相决定同意美军进行实弹试射，今后继续努力寻求达成与内滩村的妥协。

试射于6月15日开始，其后政府和当地交换了谅解备忘录，但有一段时间仍有部分村民在射击弹道下静坐示威。从那以后，政府开始逐步推进对内滩村的福利计划。今年（1957年）试射停止，驻留美军在当地悲喜交加极其复杂的气氛下，撤离内滩村。

回想补余：

被误解的吉田首相——池田勇人（原大藏大臣）

战后的12年间，日本经济之所以突飞猛进，有各种原因。从财政经济来看，重要原因之一就是没有将财力用于军备上。

制作炮弹所需的金钱、人力和物力完全是非生产性的，并不利于再生产。从这个意义上说，相当于金钱、人力和物力扔进废水沟里。

时至今日仍有很多人认为，吉田任首相时期，尤其在1950年的朝鲜战争之后，钻宪法的空子，强行推动我国重新武装。也许不是很多人，而是几乎所有人都这样认为。

然而，这和事实完全相反。美国不断催促日本重新武装，对此，吉田首相不下几十遍地反复回答："要等到国民生活稳定，自然地产生这种心情之后。"有时也会引用宪法第九条难住对方。

最感到困扰的是美国国务卿杜勒斯先生。1953年夏天访日，他将美国议会的强烈指责传达给吉田首相，想要迫使他下定决心重新武装。即便此时，吉田首相仍然一如既往地给出同样的回答。我记得，那是杜勒斯先生在访问朝鲜的归途中访问日本的，当时纽约时报的资深记者詹姆斯·莱斯顿正好也在日本。杜勒斯先生向詹姆斯·莱斯顿抱怨道："关于军备问题，李承晚比吉田要识趣得多。"

在国会上，有人问及修改宪法的问题，我总是回答说："暂时没有那个计划。"可以说，最清楚宪法第九条可贵之处的大概就是吉田先生了吧。"现在谈修宪简直愚蠢透顶。"这是吉田先生的一贯观点。

吉田首相认为："国民真正具备实力，并真心希望重新武装之前，国家的防御只能依靠美国。当然，既然由对方承担我国防御，那么我方就要表现出已经竭尽所能地在配合美国的态度。"话虽如此，当时身为首相，他无法讲明内心想法，只好紧咬牙关，坚持到底。

1953年我践行吉田首相的方针，远赴华盛顿，与副国务卿罗伯逊进行会谈，会谈中发生激烈争执。自那以后，美国便对重新武装的问题不再坚持。可能因为吉田首相的坚韧意志以及理解了日本的实际情况，或是已经绝望。也是从这时起，我才真正了解吉田首相的想法。

后来，华盛顿政府寄希望于积极主张重新武装的鸠山和重光等人也是同样的理由吧。

相反，国内斥责吉田是"违反宪法的头目、重新武装的元凶"，而国外杜勒斯等人却在背地里说他是"懒于重新武装的老狐狸"。在骂声中，吉田先生结束了任期漫长的首相时代。

因此，从结果来看，在重新武装和修改宪法这两个问题上，吉田的想法以及表现出来的韧劲，和二战后的年轻人的想法非常接近。怎么会产生这种时代感，我也觉得不可思议。吉田先生能够现实地考虑利害得失，不被感情所左右，所以我认为，他是可以委以国之重任的人物。

回想十年

[日]吉田茂 著
徐英东 田葳 译

上

北方文艺出版社

序

　　一直以来，每当有人劝我撰写自传、回忆录，我总是想，所谓自传、回忆录大抵不过是自卖自夸、自我宣传或者是一种申辩。我不认为我的自传、回忆录会有益于世，也不具备成为后世史家修史资料的价值，因此我不想写自传、回忆录这类东西的态度很坚决，也一直这样回复劝我的人。

　　而且我驻外期间从来不写日记。也许会意外被盗，也许会遗失到哪里。绝不可以因日记引发问题，累及到他人甚至国家。这种事情并非没有前例。当然，如此说法既是我的真实想法，同时也是一种借口。说到底还是我疏懒成性。

　　对写自传、回忆录顽固抗拒的我，前年夏天却不得已自毁前言。因为在战后十年即将到来之际，有人对我说，应该谈谈感想，以供他人参考、世人评说，这让我无法回绝。加之我的谈话经国内各报社、广播电台发布，均毫不客气地被打上"回忆录""回忆"的标签，终于让我多年坚持的想法土崩瓦解。

　　自此，劝我写回忆录的人更加多起来。报纸登载时内容多有节略，有人要求我正式地写些东西。而且日本国内报纸登载的文章，部分内容会被翻译为外文向海外媒体发布。甚至有两三家国外报纸、杂志社托人向我求稿。

由此，我的老友——其中大部分是我的内阁同仁，组成了回忆录编写委员会和出版发行委员会，多方面收集整理资料，并有在报社多年历练精于此道的练达之士加入。在这一年多的时间内每周聚首，他们宛如召开审讯会般对我进行盘诘。

开始时，我依然心有抵触，经常以"那些事我忘记了""没有记忆"之类的回答敷衍了事。但渐渐为上述各位的热情和耐心所感动，后来我内心也涌起倾诉的冲动。我的陈述与各方面收集来的资料相对照后形成文章的草稿送至我的手中，我也只得以其为参考资料，认真执笔撰写。真可谓无心插柳柳成荫。

不过开始着手之后，我深切感到人的记忆力是多么无法依靠。本以为有相当大把握的事情，为保险起见与当时的官方记录进行核对，结果发现自己完全记错了，这种情况不止两三起。

如今已经完稿。然而依然有很多不满意之处。特别感到滑稽的是，有些地方，对别人大加贬损，对自己却赞誉有加。事到如今我也痛悔自己怎么会写出这样的内容，但是基于战后八年多来执掌国政的责任，且大部分时间处于"占领下"这一日本特殊历史时期的关系，我认为本书多少会为世人了解这段历史有所裨益，遂决定出版发行。

在参与本书编写的人士建议下，正文中随处插入"回想补余"，以弥补我意犹未尽之处或对我所述当时情形加以旁证。"回想补余"的执笔者无一不是当局者、权威人士，所以我认为这些"回想补余"和正文相比反而更有益于读者。

容我赘言，本书能够面世，多方仰仗同仁、友人等各界人士的支持和帮助。在此不逐一列名，一并表示深深的感谢。

1957 年春

目录
CONTENTS

第一章　日本外交走过的道路..........001
第二章　战前、战时的和平工作..........016
第三章　占领政治..........039
第四章　总司令部的各位..........063
第五章　我的政治生活..........088
第六章　我的外访日记..........143
第七章　从我的政治经验来看..........197
第八章　新宪法诞生以前..........220
第九章　开除公职及其解除..........260
第十章　围绕文教改革..........284

第一章　日本外交走过的道路

一、豪斯上校的忠告

从1932年到1933年，我受外务省指派去巡视日本驻欧美使领馆。当时的外务大臣是内田康哉①，次长是重光葵②。我想大概是由于重光次长的好意才会让待命中的我去欧美进行巡视。在纽约时，岳父牧野伸显③伯爵介绍我认识了豪斯上校。

---

① 内田康哉（1865—1936）：东京帝国大学法学科毕业。日本明治、大正、昭和初期外交官和政治家，伯爵。五次出任外长，曾短暂代理过日本首相职务。推行承认伪满洲国和退出国际联盟的"焦土外交"。
② 重光葵（1887—1957）：日本大正、昭和时期的外交官，甲级战犯之一。1911年从东京帝国大学毕业后任职于日本外务省，1929年起历任日本驻上海总领事、日本驻中国大使。1945年9月2日代表日本政府与梅津美治郎一起签署日本投降书。战后被定为甲级战犯，但很快于1950年假释，且再次任职为外务大臣。是28个甲级战犯中唯一一个战后重新当上大臣的。重光葵活跃于第一和第二次世界大战及战后，幕后参与甚至主导了诸多日本侵略各国的统治政策及外交政策制订。
③ 牧野伸显（1861—1949）：日本政治家，大正、昭和两朝重臣，明治维新功臣大久保利通次子。曾代表日本参加巴黎和会。历任外务大臣、内大臣、枢密顾问官等要职，是天皇的重臣，也是二战前日本政界"亲英美"派首领。长女吉田雪子为吉田茂之妻。牧野对吉田茂日后的政治倾向有决定性的影响。

豪斯上校

爱德华·豪斯上校（1858—1938）在第一次世界大战前后作为美国总统伍德罗·威尔逊的顾问，活跃于国际外交舞台上，当时在日本也为人所知。巴黎和会期间日本的全权代表牧野伯爵与其过从甚密。豪斯上校刚见到我便开口强调说："没有外交意识的国家，必定会没落。""外交意识"直译的话大概可以译为"外交上的感觉"，或许也可以译为"国际意识"。总而言之，豪斯上校讲了如下的话：

欧战爆发前，我受威尔逊总统之命前往欧洲，其间去拜访德国皇帝威廉二世[①]。当时皇帝正在检阅北海舰队，于是我们便在皇帝乘坐的游艇上进行会谈。德国倾向主战，我极力主张和平。我说，德国若不发动愚蠢的战争，今后将会成为世界一流强国，永葆繁荣。反之如果发动战争，德法间的争斗将无休无止，直至发展为世界战争。这样一来，德国便会受到英、法等国联军的围攻，苦心经营的国家崛起大业或许会被彻底颠覆。但是德国皇帝和德国的政治家们并没有听进我的忠告，后来发动了战争，结果正如我的预言。

---

① 威廉二世（1859—1941）：弗里德里希·威廉·维克托·艾伯特·冯·霍亨索伦，史称威廉二世，末代德意志皇帝和普鲁士国王以及霍亨索伦家族首领，1941年在荷兰多伦病逝，葬于多伦庄园。

第一次世界大战前的德国是蓬勃发展的新兴国家，无论是经济还是军备都大有凌驾英国之上的势头。我见上校时，日本可以说是第二个德国。上校继续着他的肺腑之言："对今天的日本，我也想奉上当年对德国说过的同样的忠告。如果日本执意发动战争，近代日本迅猛的发展态势将一朝失去，反之如果此时日本慎重行事，坚持和平道路，冷静地专注于国家发展，日本的前途将不可限量。德意志帝国，殷鉴不远。这些是我这个老头子从过去的经历中总结出来的结论，所以希望今天的日本国民能够深刻地体会我的话。"

上校徒劳的忠告

回国后，我大力宣传上校的话。不久之后，近卫文麿[①]先生访美与豪斯上校会面时，据说上校热心地再次重复了这番对日本的忠告。近卫公大抵和我一样尽力向朝野上下转告了上校的话。

然而不幸的是，与德国一样，豪斯上校的忠告对日本也丝毫不起作用，日本一改明治时代（1868—1912）以来外交上的传统，莽撞发动战争，从根本上破坏了振兴国家的大业。

---

① 近卫文麿(1891—1945)，日本第34、38、39任首相，日本侵华祸首之一，法西斯主义的首要推行者。近卫文麿出生在门庭仅次于天皇家的日本豪族家庭。1917年毕业于京都大学。任内发起建立直接辅助天皇的政治组织大政翼赞会，实行严密的法西斯主义统治。对外发动全面侵华战争，并在4年里积极扩大侵华战争，曾向蒋介石提出向日本投降的苛刻条件，发表臭名昭著的"近卫声明"。同时与德、意签订《三国轴心协定》，并扩大日本军国主义对亚洲各国的侵略。

二、日本打开国门以来的外交道路

前辈政治家们的苦心经营

谈起日本的外交,首先不得不回顾历史上与英、美两国的关系。众所周知,日本是在美国要求下打开国门的。但是,日本与英国的关系一直十分紧密。明治年间自不必说,即使进入大正时代(1912—1926)后,亦是如此。这是由于当时美国忙于国内发展,无暇顾及海外,而另一方面英国则稳步扩大势力甚至延伸到远东地区,因此与日本的关系自然深入。

经历两次世界大战后,美国国力大增。特别是在第二次世界大战中,西太平洋战线以美国为主力,因此对于日本来说美英的地位发生了逆转。尽管如此,两国关系对国际时局,特别是对自由世界诸国的外交影响依然重大。

明治维新时期的前辈政治家们在国家步履维艰之际致力国政,终于成就振兴大业。其苦心经营之历程今天回顾起来依然清晰可见。先辈们在打开国门之初,精心确立的日本外交基本方针说到底在于与英国的合作。尤其是日本这样一个小国奇迹般赢得1894—1895年的日清战争(中日甲午战争)的胜利,在远东具有重大利益的英国无论如何都必须承认日本的实力,自然而然会采取亲日政策。

日英接近和日英同盟

基于以上关系，日清战争（中日甲午战争）之后"三国干涉"时，英国也避开参与俄、德、法的共同行动。而且，"三国干涉"后不久，俄国强行向清政府租借迫使日本返还的辽东半岛，并欲将旅顺、大连作为军事基地。英国为与其对抗，向清政府租借了渤海湾对岸的威海卫。不过考虑到日本的感情和利益，事先郑重地向日本政府寻求了谅解和同意。

英国的亲日政策随着俄罗斯帝国不断东进，最终上升到提议成立日英同盟的地步。与此同时，日本也凭借英国基于同盟之谊的合作以及美国的善意援助，不仅摆脱了日俄战争带来的危机，而且迎来其后的国运昌盛。这期间负责的政府领导层所付出的外交方面的苦心是国民应该牢记的。当然，当时并不是没有反对声音，然而完全不像后来在日本国内发生的所谓"消灭亲英美派"的那种强烈政治性对立。

前人没有过的自卑感

关于这一点，我希望今天的日本国民再三思考的是前文所述的明治时期日本国民的对外态度。日英同盟成立时的英国处于大英帝国的最盛期，称霸七大海洋，领土辽阔，号称"日不落帝国"。日本不过是刚刚登上世界舞台不长时间、位于远东地区的一个小岛国而已。也就是说，当时的大英帝国与日本的国力差距，根本不像今天美国与日本的相差程度，而是更加悬殊。尽管如此，日英同盟成立之时，如前所述，日本朝野上下非常愉快地对此表示欢迎，完全听不到诸如"哦？这样日本不成了英帝国主义的喽啰吗""日本不会被英国殖民地化吗"之类怀疑悲观的论调，反而以"东方的英国"自傲，丝毫没有自卑感。

近年来所谓进步文化人士、左翼改革思想派那些人，只要日美关系一出什么问题，就极其简单地炒作什么"日本在变成美国殖民地""日本在成为亚洲孤儿"等不要说美国，在世界任何国家都难以想象的自卑言辞。听到如此言论，我便不由得产生一种异样的感觉：这是日英缔结同盟仅仅过去不到半个世纪的日本人吗？不过，我想大部分日本民众，即使在今天也和五十年前的日本人一样，一定是立场坚定且力量强大的国民。同时，我深切希望他们不会被如前所述的打着进步主义幌子的幼稚、卑躬屈膝的言行所迷惑。当然，日英同盟那个时代还不流行帝国主义、殖民地这样的说法。我们必须清楚，事实证明，日本没有因为成为英国盟国而从属于英国。

三、日本外交的倒退和复归

与英美关系的变化

上述的日英关系从第一次世界大战时期开始出现微妙的变化。日俄战争后日本国力的逐步上升，好像已经令英国等国家产生了"日本正在一步步成为难以对付的国家"的看法。尤其是在第一次世界大战中日本提出震惊一时的"对华二十一条"的要求，十分露骨地显示出日本打算从政治上控制中国的意图。不仅如此，尽管说是出于日英同盟的义务，日本却在英国不一定同意的时间，采取英国不一定赞成的方式对德宣战，夺取了德国在中国青岛以及山东半岛一带的势力范围。我想，这些事情给人以日本趁英国等列强忙于欧洲战事之机，趁火打劫之类的印象。

这种情况下，通过第一次世界大战实力迅猛上升的美国，战后快速登上世界领导地位，因其早就怀疑日本的对华态度，遂利用召开华盛顿会议的机会，大肆宣扬对华机会均等、门户开放的原则，开始出手制衡日本。毫无疑问，裁减海军的条约对当时陷入白热化状态的世界性造舰竞争起到刹车或者降温的作用，是一种有效恰当的措施。而且尽管对华九国条约并不特别以日本为对象，不过从结果来看，明显制约了日本的行为。美国又说服英国废除存在多年的日英同盟，其遏制日本的意图昭然若揭。

在第一次世界大战开始时，日本国内已经出现应该与德国联合抗衡英国的主张。当时还不是占据支配性地位的意见，仅是日本内部，尤其是陆军部分人的看法。前面所提到的"对华二十一条"中，特别受到指责的第五款[①]主要也是基于军部的要求提出的。因

[①] 所谓对华二十一条第五项包括：1. 中国政府须聘用日本人作为政治、军事顾问；2. 承认日本医院、学校等的土地所有权；3. 在有必要的地方日中合办警察署，或聘用日本人；4. 中国须向日本购买特定武器，或在中国设立日中合办兵工厂等共七款。该项内容被隐匿，没有事先告知英国，从而招致英国不满。

此，日本军部的将帅们在接连遭到从华盛顿条约到废除日英同盟的打击后，认为英美两国采取的是对日封杀政策，进而将他们视作日本向大陆发展的障碍制造者也是顺理成章的事情。而且，其后席卷世界的经济危机使各国间的国际贸易竞争白热化，事态发展到日本商品的出口空间在全世界受到挤压，导致日本逐渐采取在邻近大陆扩大势力范围的扩张政策。由此，日本和当时已经与英、美对立的德、意两国靠近，在满洲等中国大陆地区挑起事端。结果正如大家所知，日、德、意三国从签订防共协议发展到结成三国同盟，再到对抗英美，最终发动大东亚战争。

内心深处坚定亲英美

但是，从大的历史走向来看可以得知，前述的"满洲事变"（九一八事变）直至太平洋战争期间对英美关系的异常变化并不是日本的本来状态，不过是一时的政策调整。不但站在战败后的今天回顾过去非常清楚，即使说战前乃至战争期间，元老、重臣毋庸论及，普通国民的内心深处是否认可与英、美为敌，与德、意结盟也是极大的疑问。

追溯到第一次世界大战期间——前面也有所提及——主张利用日本远离战火的契机，公开对中国大陆地区的政治野心，趁机与德国结盟的人不是没有，可我相信主流民意对英、美基本上抱有亲近感。

而且政治领导层忠实地坚守同盟义务也是清楚的事实。尤其是日本海军，不仅保护远东地区盟友英国的利益，使英国没有后顾之忧，甚至远涉印度洋、地中海，致力于护送协约国的运输船队。这都是应该在第一次世界大战史中大书特书的日本的贡献。

爱德华·格雷先生对日本的赞誉

关于日本的贡献，当时的英国外务大臣格雷先生在回忆录《二十五年》中这样写道："日本长期以来是英国公正、有尊严、诚实的盟国。而且由于日本政府的自律，大战期间，涉及太平洋地区各种问题时，与英美两国没有发生任何重大摩擦。"格雷先生承认当时日本利用欧洲列强忙于战争的机会努力加强对中国的控制这一事实，同时他也说："但是西欧任何一个国家，假设它们处于与日本相同的立场，能比日本更好，哪怕与日本同样地保持自律吗？"由此可以再一次了解到，我们的前辈们重视国家信义这一事实，并且这一事实受到外国知名政治家如此认可称赞，即使今天的我们亦倍感喜悦和骄傲。

总之，据此我们可以知道日本外交的未来发展方向为什么应该延续明治以来坚持的亲英美道路，过去这些宝贵的经验日本国民应该特别铭记在心。

国际信用和国际正义

说到底，一个国家的外交首先必须以国际信用为基础。曾经有人说过："外交和金融性质相同，都要以信用为基础。"这确实是至理名言。如前所述，日本以日英同盟和亲美为基准，迎来从明治到大正的国运昌隆。然而突然改变方向，敌视关系紧密的英美的同时，甚至与关系一般的德意结成同盟。这种变化不仅战略上十分拙劣，而且从丧失日本外交信用这一角度来说，非常遗憾。为了重塑日本的外交信用，今后必须进行长期努力。毫无疑问这是一个需要忍受和耐心的艰苦工作。但是我们不能漠视明治以来前辈政治家们历尽艰辛，苦心经营打下的外交根基就这样土崩瓦解下去。

国际信用重要的是基于正义进行外交。外交以本国利益为上无须赘言，但即使是本国利益，也分眼前利益和长远利益。基于国际正义的外交也有被恶势力所战胜的情况。就长期来看，正义外交一定会符合本国利益。一味在意眼下国际形势的变幻，拘泥于外交小利是十分愚蠢的。正义凛然的大丈夫态度正是外交人士所应坚持的态度。

外交方针依然是亲美

自第二次世界大战战败后开始整个占领时期，日本的内外政策受到对美关系的左右既是事实也是一种必然。不能否认在惯性影响下，占领结束独立后的今天，依然有人认为日本政策应始终保持对美依赖。不过如果是那种意义的对美依赖，随着日本经济发展为世界性规模的经济体，实力逐步提升，自然会发生变化。实际上，这种变化已经发生在各个方面。

但是，日本外交的根基置于亲美这一大原则今后不会发生变化，也不应该加以改变。这不单纯是战后占领状态带来的惯性使然，客观上也是需要坚守的明治以来的日本外交道路。另一方面的对英关系，如今也许不比对美关系重要，然而，考虑到美英两国超常紧密的关系和英国在世界外交中的地位，对美关系的重要性有时意味着对英关系的重要性。而且，在贸易等经济关系方面，英国本国以及英镑圈的重要性依然没有变化。从这个意义上说，对英关系亦是日本外交领域绝不能忽视的部分。

日本是一个海洋国家，毫无疑问必须通过海外贸易养活九千万国民。既然如此，自然难免会将重心放到经济上最为富裕、技术上最为先进且历史上关系最为密切的英美两国。这未必是主义、思想的问题，也不是经常有人说的"从属"之类的关系。只因为这么做，最为简便，同时最为有效。总之，不外乎是有利于日本国民的便宜之路而已。

空泛的中立主义

无须再次赘述，与国家防卫相关的所谓中立主义，无论怎样进行概念上的包装，其内容都是空泛的。从最近东欧的苏联卫星国发生的事件可以充分看出，在强大的武力面前，一国的独立自主没有意义。如果拥有足以保守中立的武力且处于有利的地理位置，自然另当别论。可是，日本并不是这样。以日美安保条约为主的集体防卫体制是保卫日本的唯一道路。

因此，我认为日本应该以亲英美为核心，广泛推进与自由世界各国特别是地理和经济方面均接近日本的东南亚各国的关系。当然，虽然这样说，却绝不意味着完全忽视与共产圈各国的关系。不过，日本国内存在一种言论，过于强调与共产圈各国以及东南亚各国的关系，贬损对美英关系特别是亲美的外交方针。有鉴于此，特意着笔写下上述内容，明确日本外交应该坚持的道路。

利用排外心理的势力

但是，进入大正时期，有些人开始赤裸裸地反对明治以来坚持的亲英美的外交政策。仔细研究就会发现，他们的反英美情绪并不见得相同。有单纯嫉妒英美强大富裕的人；有憎恨英美在国际外交方面骄横的人；有基于各种主张和理由反对英美的人物，等等。其中，据我所见，对国家最为不利的是一些鼓动这种排外情绪用于扩大个人政治势力的。

最近的一个事例便是"满洲事变"（九一八事变）后日本军部的行为。当时日本军部，特别是陆军的反英美态度如前所述肯定有各种各样的原因。其中最大的一个原因是，他们对元老、重臣等领导阶层坚守明治以来的亲英美道路的反感，图谋与之对抗，从而扩张自己的势力。这是不能视而不见的一个事实。而且他们将反英美的主张用"打破现状、建立新秩序"等革命性口号进行包装。但他们所犯的一个最大过失是反英美达到极致，竟与德意结成同盟关系。最后导致日本被拖入第二次世界大战，使我国国民陷入战争失败的痛苦境地。这些都是我国国民切身感受到的事情。

对照历史来看，将排外情绪利用在政治运动方面的行为体现的是政治落后性，发达国家完全不会出现这种情况。朝鲜东学党之乱，中国义和团事件无不如此。再比如去年以来，埃及纳赛尔总统的做法也可以充分显示出这种心理。他采取激进和过激手段故意向英法势力进行挑衅，口头呼吁和平，结果却是损害和平。其实不外乎意图通过对外强硬的态度煽动国民的排外心理，从而确立自己的政治地位。事态发展到极点，竟然表示出与国际上英法的对抗势力苏联结成联盟的姿态，甚至更进一步达到接受苏联援助的程度。从上可以看出，埃及的纳赛尔总统踏上了和日本军部当年完全相同的道路。

深刻反思这些国内外事例的发展轨迹，令我隐隐担忧的是，即使今天，依然可以看到日本国内部分革新分子逐渐显现出利用反美运动作为扩大自己政治势力的工具的倾向。他们以打破对美一边倒、实现独立、坚持中立主义等名义，向国民渗透反美情感，意图扩大自己的势力和实现个人野心。这种潮流如果止于今天的程度，也许不足以令人忧虑。但是没有人能够担保这些革新分子不会重蹈日本军部的覆辙，在反美运动达到高峰的时候，脱离自由主义国家阵营，渐渐倒向共产主义国家阵营。这一点我迫切希望日本国民做出慎重且智慧的评判。

四、与亚洲、非洲的关系

在此我想结合最近的中立主义和第三势力简单谈一下和亚非各国的关系。

亚洲、非洲与日本

亚非各民族国家基本上是在第二次世界大战后赢得了独立自主的国家，现今在这些国家激荡着民族主义、国家主义的情绪。作为日本人，基于明治初期的经历，不仅能够充分理解，同时也对他们抱有满腔的同情和共鸣。然而，我想我们决不能忘记这些国家与日本的国情以及国际地位的不同。

一些人，特别是前面提到的被称为进步文化人士的一群人，因为日本也是经历过战后数年占领才实现独立，与新兴的亚非各国有共同点，因此倾向于提议日本应该和这些国家携手，反抗曾经的殖民主义大国，尤其是英美法。我认为这是完全缺乏对现实认识的愚蠢论调。日本除去被占领期间，自古以来就是独立国家。独立是日本的本来姿态，是常态。这一点与前述国家明显不同。

事实上，今天的日本在国内政治、经济、工业、社会发展水平等各个方面与其说是亚洲国家，倒不如说更接近西欧国家。至少达到了西欧国家的水平。但是，亚非各国民众开化程度还很低，工业、经济能力尚未获得开发，还没有走出所谓不发达国家的范围。因此与外国经济的有机依存关系非常弱。所以在现阶段，这些地区的领导人更加致力于从政治方面和社会方面摆脱外国的殖民地影响、宗主国影响而非努力开展与外国的经济联系。总之，他们远离倒向两个世界中的某一方这样的问题，专心于如何集中全体国民的力量建设自己祖国的工作。我想这可以说是一种消极的中立主义。虽然他们对外积极地标榜要为世界和平、两大集团的融合等贡献力量，但这并非是基于经济上、军事上的实力才主张的中立主义。因此，既有必要对他们的立场表示理解和同情，又要看清楚其实质，不能给予过高评价。

我们能够做出贡献的方面

我在前面说过，日本在各个方面更接近西欧国家。当然，从地理划分方面来看，日本位于亚洲。与西欧各国相比，日本理所应当要比西欧各国更加了解亚洲。从人种方面来说，一般情况下，与西欧人相比，我认为日本人对亚洲人、非洲人更具有亲近感。基于地理方面、人种方面的原因，考虑到日本的经济实力，日本今后的国际作用应该不言自明。例如，将西欧的，特别是美国的资金与日本的技术良好地结合起来，对东南亚进行开发就是很好的想法。这些在很长时间里受到西欧各国殖民压迫的不发达国家，对引进外国资本难免抱有相当大的戒心。日本在两者之间发挥中介、说服之类的作用，我想对树立日本形象大有好处。

毫无疑问，这种想法在实际操作时，会有相当大的困难，需要极大的忍耐和努力。但是，对亚非的民众来说，通过援助他们的经济开发，从而让他们明白正是自由主义才能给他们国家带来繁荣和人民生活水平的提高恰是我们国家能够做出的贡献，而这种贡献也正是我的夙愿。

第二章 战前、战时的和平工作

一、反对日德反共协定

自由主义者的标签

战前我因为是自由主义者、亲英美派而受到军部的敌视。在众所周知的 1936 年"二二六事件"[①]发生后广田内阁组阁之时,我本来不喜欢政治,也没有参与过其中,但是受当时贵族院议长近卫文麿公所托,代表他出面请出广田弘毅[②]作为继任首相候选人。由于我出面劝说广田出马的关系,便进入组阁总部参与商议阁员的遴

[①] 二二六事件:又名"帝都不祥事件"或"不祥事件",是指 1936 年 2 月 26 日发生于日本东京的一次失败政变,日本陆军的部分"皇道派"青年军官率领数名士兵对政府及军方高级成员中的"统制派"意识形态对手与反对者进行刺杀,最终政变遭到扑灭,直接参与者多判死刑,间接相关人物亦非贬即谪,皇道派因此在军中影响力削减,而同时增加了日军主流派领导人对日本政府的政治影响力。"二二六事件"也是日本近代史上最大的一次叛乱行动,也是 1930 年代日本法西斯主义发展的重要事件。

[②] 广田弘毅:(1878—1948),原名广田丈太郎,日本外交官、政治人物。1936 年 3 月 9 日至 1937 年 2 月 2 日任日本首相(第 32 任)。曾任外务大臣(第 49、50、51、55 任)、贵族院议员等职位。日本战败后,广田被远东国际军事法庭定为甲级战犯,判处死刑,是甲级战犯中唯一被判死刑的文官。

选。因此我也受到举荐担任外务大臣。

阁员的人选总算挑选出来。第二天,陆军大臣候选人、军部推荐的寺内寿一①大将率领山下奉文少将(后来升为大将)等陆军省军官数人闯入设置于当时外相官邸的组阁总部,宣称:"在报纸上登出的阁员人选名单中出现了对当下时局不利的人物的名字。陆军坚决反对这种人物入阁!"很清楚,我就是军队反对的人物之一,所以马上从协助组阁的工作中撤了出去。事后我得知,司法大臣候选人小原直、文部大臣候选人下村宏以及我共三人因为是自由主义者、亲英美派而被军部排除在内阁之外。

乔治·佩恩笔下的印第安人

我记得也是那段时期的事情。广田弘毅邀请我参加过一次后来作为战犯被处死的松井石根②陆军大将等人发起的名为东亚同盟的论坛。会上,预备役将军、大学教师猛烈抨击英美,火药味十足。广田让我也说两句,我无法推辞便说道:"听了各位的话,让我不由得想起儿时读过的乔治·佩恩写的美国史中提到的印第安人。有

---

① 寺内寿一(1879—1946),旧日本帝国元帅陆军大将、伯爵(继承父位)。首相寺内正毅长子,"二二六事件"后以铁腕整肃陆军,"卢沟桥事件"后任日军华北派遣军司令,一再突破大本营的限制,占领华北全境,1941年任南方军总司令,统率25万日军5个月占领了东南亚全境,晋封元帅。1944年以后其西线缅甸被英军占领,东线菲律宾被美军突破,1946年作为甲级战犯嫌疑人,从新加坡监狱押往远东国际军事法庭受审前病死。
② 松井石根(1878—1948),日本帝国陆军大将,南京大屠杀主要责任人之一,被远东国际军事法庭裁定为乙级战犯(甲级战犯嫌疑部分被判无罪),战后被处以绞刑。

一段描述的是印第安人聚集起来商议如何能够将白人赶走的场景。"顿时在座的人都面露不愉之色。从此广田再也没有邀请过我参加这类聚会。好像就是因为这种小事，从那时起我便受到军部和右翼的厌恶。

前往伦敦担任驻英大使

或许是对我没能进入广田内阁的一种安抚吧，广田首相推荐我担任驻英大使，于同年4月前往伦敦赴任。当时的世界形势是：德国希特勒领导的纳粹势力越来越大，欧洲的势力划分也逐渐呈现出德意轴心方与英法方对立的浓厚味道。而日本国内形势是：陆军在"二二六事件"后，马上以整肃军队为名，实际上却是趁社会处于不安状态、国民抱有恐怖心理之时，利用极端国家主义者和对外扩张主义者，在国际上加入轴心方，从而使日本进入反英法进而反美的色彩越发鲜明的时期。

前来说服的驻在武官

当时日本国内关于能否与德意签订反共协定存在争论，政府受到陆军的强大压力，好像已经决定签订协定，不过要事先征求一下驻外大使和公使的意见，因此向我问询是否同意。我的回复是反对签订反共协定。之后，驻英的辰巳荣一、驻德的大岛浩两位武官来到我处进行说服。不过，我实在无意改变自己的看法。

我之所以反对签订反共协定是因为：我强烈感到虽然军部辩解

说这不过是单纯的反共即意识形态问题，然而却完全是表面文章，内里毫无疑问暗含着与德意结盟对抗英法，进一步对抗美国的图谋。加入轴心方后肯定不久便会发展为政治、军事上的结盟。如此下去，日本的未来发展前景实在令人担忧。

但无人顾及我的担心和反对，与德国签订《反共协定》[①]后，意大利也加入进来，协定得到强化，最终发展为军事同盟，这都是众所周知的事情。这些姑且不论，因为我顽固反对反共协定，终于使军部给我打上了反战思想人物的标签。

"大日本帝国政府及德国政府认定苏维埃社会主义共和国联邦政府努力实现共产国际之目标，并欲为此动用军事力量，确信此种行为不仅对缔约国的国家安全甚至对整个世界的和平产生威胁，为维护共同利益，特签订如下协定：

第一条 当缔约国一方遭到苏联主动进攻或进攻威胁时，另一方不得采取任何有利于苏维埃社会主义共和国联邦的行动，并立即商讨为保护共同利益应该采取的措施。

第二条 缔约国在本协定生效期间，未经双方同意，不得与苏维埃社会主义共和国联邦缔结违背本协定精神的任何政治条约。"

意大利加入日德反共协定是1937年11月6日，德意日三国同

[①] 《日德反共协定》于1936年11月25日在柏林签订。其主要着眼点表面上在于第一条里面的规定："缔约国关于共产国际的活动应相互通报，关于必要的防卫措施应进行协商，并通过紧密合作保证上述措施得以实现。"第二条规定积极邀请第三国加入本协定。然而该协定附有秘密协定。据此可以明确其反共协定的真实目的。

盟条约签订于 1940 年 9 月 27 日。

回想补余：

《反共协定》与吉田——辰巳荣一（原陆军中将）

  1936 年 9 月，吉田担任驻英大使期间，我作为大使馆副武官到伦敦履职。当时，《日德反共协定》被视作外交方面的问题正在被讨论。日本政府的方针是决定签署该协定，但因其外交问题性质，中央的意思想在正式协定签署前争取得到驻外大使、公使们的同意。

  当时主要的大使、公使们都对签署该协定表示赞同，只有驻英大使吉田一个人持强烈反对态度。因此，刚刚到任的我便接到陆军中央部"向吉田大使解释签署反共协定的目的，争取得到他的同意"的命令。

  我按照命令，向吉田大使劝说道，该协定以防共为目的，不含有任何政治、军事意义，希望他给予同意。但是，吉田大使一副"竖子不与之谋"的态度，根本不听。他这样解释道：

  "日本军部总体上过高评价了纳粹德国的实力。世界大战（第一次）中受到协约国残酷打击，而且海外领土悉数失去，再怎么说德意志民族伟大，在 20 年不到的时间里，也不可能恢复到能够抗衡英法甚至美国的程度。英美拥有横跨整个世界的领土和丰富的资源，而且其长年形成的政治、经济潜力实在不可轻视。

"军部声称与轴心国的协定不过出于单纯防共的目的，是意识形态问题而已。可是，缔结这种协定，明显意味着日本将与轴心国为伍，将来必定进一步发展为政治、军事性质的同盟。如此一来，高喊打破现状并付之行动的轴心国一旦发动战争，大势所趋，日本便会陷入站到英美对立面、与其进行战争的境地。

"尽管现在世界列强基本分为两个阵营，但日本决没有到主动跟随轴心国的时候。从国际形势的现状来看，我认为日本在外交方面具有弹性才是聪明的做法。即使需要站队，与其选择德意倒不如选择英美。我确信这是对日本将来有利的道路。"

吉田的上述言论，观点清晰、条理分明，结果我不仅没能说服他，反而接受了他的观点，便直接向中央发电说："无力说服。"

那之后过了几天，具体参与该协定签署工作的驻德武官大岛浩（后来升为中将，驻德大使）乘飞机从柏林来到伦敦。不用说，他是替代人微言轻的我来劝说吉田大使的。吉田和大岛武官的会谈，从当日下午5点左右一直持续到8点多。原本预定会谈结束后，7点左右开始大家共进晚餐。然而，主客二人迟迟没有从会谈室里出来，以致大厨抱怨特意制作的菜肴都凉了。

好容易会谈结束，一起坐到饭桌前。吉田还是像往常一样脸上挂满笑容，妙语连珠地发挥起他拿手的侃大山功夫，完全看不到刚刚进行过一场重大论战的迹象。而大岛武官心情非常沉重，第二天早晨便乘机离开了伦敦。大岛武官的努力，在信念坚定的吉田面前也以碰壁告终。

上面做出了决定，当年11月，《日德反共协定》签署生效。道不同不相为谋，吉田后来离开英国归隐园林。不幸的是，吉田的预言成为现实。1939年第二次世界大战爆发，第二年日、德、意三国结为同盟。我在签订反共协定时，还怀疑吉田的话，没想到日本真的卷入到与英、美为敌的大战漩涡当中。

以顽固著称的吉田其信念之坚定令人惊叹。他在商讨反共协定时，竟然已经敏锐地预见到第二次世界大战的发生，甚至预见到日本的参战，对此我佩服得五体投地。

二、避免开战的努力落空——与美、英两国大使的交涉

我从1939年3月结束驻英大使工作离开外务省，到战后进入东久迩（稔彦）① 内阁担任外务大臣。在这大约六年半时间里完全无官一身轻，旁人看来处于所谓悠闲自在的状态。但事实却是，随着

---

① 东久迩稔彦，日本皇族，陆军大将，唯一的皇族首相。久迩宫朝彦亲王第九子，昭和天皇的叔叔。作为第二军司令官参加了徐州会战和武汉会战。后来成为日本本土防卫军总司令。1945年8月15日天皇广播投降诏书后，由于他的皇族地位加上他的陆军大将衔，能够控制住当时日本的局势，因此东久迩宫便成了日本第一位皇族首相。他在54天的任期内迅速平稳地解除了700万日本海陆军的武装，也算创造了一个纪录。

国际形势日益险峻，国内形势又随之变得越发复杂，我接触各种情报的机会也多起来。因此，在并没有谁要求的情况下，我自己担心时势，根本没有当寓公的心情。

战争阴云密布

我辞官那年，也就是1939年9月——第二次欧洲战争爆发。第二年5月英国丘吉尔取代张伯伦上台组阁。战争激烈程度不断上升，英国促使美国对德宣战的气氛越发浓厚。美国罗斯福总统认为对德战争不可避免的态度也日益坚定，逐渐加大对英援助。

另一方面，日本如前所述，特别在"满洲事变"（九一八事变）以来，主要被陆军部分极端强硬分子牵着鼻子走，靠近德意轴心，扩大侵华战争，海军部分人甚至主张南进，对美英关系终于迈向日渐危险的方向。

近卫首相等人打算设法化解这种危险形势，于1941年4月开始与美国谈判。然而，另一方面，日本军队却占领法属印度支那。对此美英两国以冻结日本海外资产，美国采取了禁止向日本出口石油等举措制裁日本。因此，谈判根本无法取得进展。内阁从第二次近卫内阁更迭为第三次近卫内阁，10月中旬左右更迭为东条（英机）内阁。

与英国大使克雷吉的接触

东乡茂德就任外务大臣，负责日美交涉。外务省老前辈币原喜重郎和我们这些人打算对东乡外务大臣进行鼓励和帮助。币原对英美交涉的内容主要是中国问题，因为英国在华有重大利害关系，需要充分沟通和协商。我对此没有异议，与有过深交的美、英两国大使格鲁、克雷吉反复进行商谈，努力避免我国被卷入战争。尤其是英国政府感到日本有与德国结盟的危险，特意从华盛顿召回克雷吉，任命其为驻东京大使。因此，克雷吉大使上任伊始便秉承当时的英国首相张伯伦的意旨，努力开展加深日英友好关系的活动。

10月末以来我与大使面谈过两三次。11月下旬，忧虑时局变化的我，去位于逗子①的别墅拜访克雷吉大使。大使表情沉痛地说："前几天丘吉尔首相在演说中对日本发出警告，您清楚我国政府已经做出决定。在说服贵国政府方面我已经没有发挥作用的余地。"

丘吉尔首相的演说是11月10日于伦敦的官邸发表的，内容是："如果日美之间爆发战争，英国将在一小时内站到美国一方对日宣战。"

我从当时丘吉尔的演说中感受到了英国处境尴尬。为了尽早打败德国，结束战争，只好千方百计地促使美国参战。

---

① 逗子市，位于日本关东地方，是东京住宅区和高级住宅街。

赫尔备忘录[1]

这样英国大使克雷吉已经处于放弃状态，其后只有格鲁大使一个人进行活动。

我记得应该是11月27日的事情。时任外务省顾问、现参议员佐藤尚武代替东乡茂德外务大臣到访我位于麹町平河町的家。佐藤带来一份英文文件，希望我交给我的岳父牧野伸显伯爵过目。文件只是美国提出的所谓《赫尔备忘录》，还附有日方11月20日做出的回答。毕竟已经过去十六年了，现在记得不是特别清楚。总之我将文件直接交给当时住在涩谷的牧野伯爵。

伯爵尽管面露不悦，还是看了文件，但什么也没有说。我说道："外务大臣既然想请您过目，应该希望听到您的意见吧？"于是伯爵叹息道："措辞真是强硬啊。"顿了一下继续说道，"做出和还是战的决定最需要慎重。当此关键之时，作为外务大臣，我特别希望他的举措、进退不要出错。明治维新的大业原本是在西乡隆盛、大久保利通[2]等萨摩藩的前辈们历尽艰辛辅佐天皇成就的。今天，

---

[1] 赫尔备忘录：1941年11月下旬，日本已完成偷袭美国珍珠港作战准备，危机日益迫近，日美谈判处于破裂边缘。经总统富兰克林·罗斯福批准，国务卿科德尔·赫尔交给野村吉三郎和来栖三郎一份措词强硬的备忘录，即《赫尔备忘录》。其主要内容是：日本从中国和印度支那撤军；美日两国只承认重庆的国民政府，不得以任何方式支持其他政权；美、英、日、中、苏、荷、泰等国缔结一项多边互不侵犯条约，以重新确立《九国公约》精神，取代《三国同盟条约》。野村和来栖当即表示："这完全是一个难以接受的提案。"东条英机声称，备忘录显然是美国对日本的最后通牒。至此，日美外交谈判彻底破裂。

[2] 牧野伯爵为大久保利通的儿子，东乡也是萨摩出身。

如果对美开战，导致明治以来建立的基业一朝倾覆，作为直接责任人之一的外务大臣，不仅愧对陛下以及国民，也无颜面对乡党的老前辈们。以上，是我以一个同乡的身份特别赠言吧。"

牧野伯爵的意见毫无疑问是不应该与美国开战。我将他的话原封不动地传达给佐藤，佐藤好像相当感激。我也请币原喜重郎读过文件。

《赫尔备忘录》中明确标明"Tentative and without commitment"，"Outline of proposed basis for agreement between the United States and Japan"。（"暂时性的不承担义务"，"这只是一份关于美日协议基础的草案"）即《赫尔备忘录》是草案，是日美进行谈判时使用的底本。

实际上美国什么打算暂且不提，总之从这份外交文件表面来看绝不应该是"ultimatum"（最后通牒）。我亲自拜访东乡外务大臣，传达牧野伯爵的意见，同时固执地陈述我对文件的看法，引起了他的注意。当时我言语有点过分，甚至对东乡说："你如果不听我的意见，就应该辞去外务大臣职务。你辞职后不仅内阁会议会暂时中止，蛮干的军部也会多少进行反省吧？即使为此丢掉性命，也是死得其所！"

与美国格鲁大使的最后一次会面

记得是11月29日，我去虎之门的东京俱乐部，格鲁大使竟等在那里。他将我带到二楼的一个房间，突然问我，看过《赫尔备忘录》了吗？我当然不能说看过，便回答内容听说过。大使解释说：

"《赫尔备忘录》决不是最后通牒,只是明确我们认可这个文件可以作为日美两国政府进行协商的基础。特别希望当面向东乡外务大臣进行说明,请你帮助我联系一下。"

我本来就赞成大使的想法,因此马上向东乡转告大使的请求。然而,东乡因为政府已经决定开战,没有接受大使的会面请求。于是,大使又通过井上匡四郎子爵等两三个朋友帮助联系东乡。由于东乡心意已决,到底没有会见大使。这一点必须好好思考。英国外交大臣爱德华·格雷的回忆录《二十五年》中说,直到第一次世界大战爆发前,格雷外交大臣还应即将成为敌国的德国、意大利大使的请求,与他们进行会谈,而且态度相当严肃认真。格雷大臣的做法,外交战线上的人士应该学习,并时刻放在心中。

果真是最后通牒吗?

对美国大使格雷先生一直到最后一瞬间,使出浑身解数来维护日美邦交大局,我表示深深的敬意。我认为驻外使臣必须以这种心态保持执行使命的热情。

据说当时日本联合舰队自11月22日以来在千岛群岛海面待命。经过29日的内阁大臣会议,在12月1日的御前会议上,正式完成对美宣战的一切手续。我十分大意对此并不知晓。我记得我是2日到美国大使馆见的格雷大使。向大使转告东乡的意思时,大使脸上露出非常沉痛的神情。不管怎么说,直到12月8日战争爆发大使被软禁在美国大使馆内,仍然坚持努力设法打开局面。

我记忆里，政府对《赫尔备忘录》的译本动了一点手脚，使其带有刺激国民感情的语气，然后才送抵枢密院。我对这件事有非常强烈的印象，不过现在找不到能够清楚加以佐证的材料。忘了是谁做的笔记，记录着《赫尔备忘录》的内容，但却没有上述的"Tentative and without commitment"（"暂时性的，不承担义务"）这句话。不管怎么说，这种强烈的印象证明我对当时一些军阀的愚蠢行径非常愤慨。

东乡不用再说，当时我接触到的包括内阁大臣在内的高层政治人物没有人赞成这场战争。大部分国民应该也没有走向战争的想法。然而，尽管位高权重的大臣们内心反对战争，却并不会将自己的主张清楚地表达出来。这种时候正体现出日本的国民性来。很多人平时表现得成熟知性，该说话的时候却不说，在事后，却要多方为自己辩解，说什么我当时不赞成，我其实另有想法之类的话。

此种场合，英国人就不会这样。前面说到的武力介入苏伊士运河问题，英国保守党政府内的反对者面对政府的主流意见，堂堂正正阐述自己的主张，得不到信任投票，便表明去意，立场鲜明，进退有节。这才是民主主义政治的正道，我们应该多加学习。

真正的日本之友

在此顺便谈一下格鲁大使。大使的著作《在日十年》在日本拥有相当大的读者群，因此应该有很多人知道大使是真正意义上的知日派。尽管他是怀着对日本军部的强烈憎恶离开日本的，但即使在日美开战后，他依然清楚地认识到军部和日本国民想法上的差异。

战后，美军作为盟军主力对日本实行占领。有很多理由让我相信美军拟就占领期间的施政纲领时很大程度上参考过大使等人的意见。最好的一个例子是关于保留日本天皇制的问题。美方虽然标榜自己总体上将根据日本国民的意愿做出决定，实际上美方早就看出日本国民的大多数人支持天皇制，因此决定采取尊重日本国民意愿的方针。我坚信美方之所以如此，大使的意见和建议发挥了巨大作用。总之，大使这样的人可以说是"真正的日本之友"。

东乡前外务大臣

我还想谈一下前面提到的日美开战前后的外务大臣东乡。牧野伯爵的意见当时肯定给他很深印象，后来他再次担任终战内阁的外务大臣，帮助铃木贯太郎①首相收拾事态结束战争，并为此付出巨大努力。我相信这是因为东乡感到自己对日美开战负有责任，在结束战争收拾残局方面竭尽全力。

关于是否接受《波茨坦公告》，除铃木首相之外，米内（光政）海军大臣以及东乡主张接受，阿南（惟几）陆军大臣等人不惜进行本土决战，主张拒绝。由于内阁会议得不出一致意见，最后一次内阁会议在御前召开，铃木首相以内阁意见不一致为理由，恭请圣裁，战争至此终于要结束了。

---

① 铃木贯太郎（1868—1948），日本海军大将，政治家。历任联合舰队司令长官，海军军令部长等。战争结束的时候任第42任首相。作为和平派的军人，压制强硬派结束战争而获得好评。

在会议上，东乡少语、没有表情、冷淡。参加最后一次内阁会议时的东乡之风骨至今令人心疼。在促使战争结束，从而防止战祸扩大方面，铃木首相的功绩无需赘言，东乡和米内的辅佐之功决不能忘记。

三、无果的早期和平努力

直到偷袭珍珠港为止，我所做的避免日美战争的努力皆归于徒劳。不仅如此，我和近卫公一起，最终被军部打上"需注意人物"的标记。尽管如此，我的个人生活没有受到过威胁，还是随意飘来荡去，但并没有完全放弃暗中推进和平的工作。

深切感受到尽早推进和平工作的重要性

日美开战的第二年，即1942年2月，纪元节[①]过后，已经可以预见攻占新加坡不过时间问题。那段时间，我听说木户（幸一）内大臣（负责辅佐天皇）拜谒天皇陛下，表达了"战况虽对我方有利，然而前途多艰"的意思。我记得木户上奏的内容主要有，敌方丝毫没有丧失斗志，所以战争大概不会轻易结束，将发展为全面大战，因此应该尽早抓住机会想办法实现和平。

我认为如果要推进和平工作，攻占新加坡是不能放过的好机会。新加坡是盟军，特别是英国在远东的生命线，扼此要地可以使今后的局势向有利方向发展，也是一个重大转机，此时利用这个机

[①] 纪元节，日本战前纪念神武天皇即位的节日，战后废除。

会进行和平谈判，有可能使战争尽早结束。具体如何落实，却让我左思右想颇费脑筋。

我后来从当时内大臣府秘书长松平康昌那里知道，木户内大臣也认为攻占新加坡是进行和平谈判的好机会。

劝说近卫公爵赴欧

在那之前我自己私下琢磨，应该让近卫公前往瑞士，尝试推进和平工作。听闻木户侯爵的想法，我多少有些自信地想自己的考虑也不一定没有现实性。1942年6月上旬，传来中途岛海战失利的消息，我非常担心错过这次推进和平的好机会，马上向近卫公阐明了自己的看法。

近卫公好像很吃惊，但我劝说他道："与皇室最为接近的您前往瑞士，即使简单地停留在那里，也会引起欧洲各国的注意。英国战况不利，会有人接近您，德国陷入苦战还是会有人尝试接近您。目前乘船和飞机相当危险，如果从朝鲜、满洲利用西伯利亚铁路，即使有一定困难，也是可以到达瑞士的。"近卫公问我："能有作用吗？"我回答道："有没有作用，不试一试怎么知道。我想，至少在显示日本对和平的诚意方面会有效果。"近卫公让我和木户内大臣谈谈，表露出他有些心动。

于是我接着又对内大臣进行劝说，但内大臣却没有马上表示同意与否。我因为听到传闻说，东条首相反复提醒内大臣有必要控制近卫公的言行，所以感觉到当时内大臣有所犹豫。结果，我的建议到内大臣这里便结束了，之后再没有任何音信。其实并不是说这种谋求和平的举动有很大成功把握，不过如果能够实现，多少会带来某种转机。对此，我内心之中不可能没有一丝遗憾。

关于这点，我想到的是，日中、日俄两场战争中，当时的日本政府和大臣们在进行战争的同时，时刻关注如何抓住和平的契机。满洲军总参谋长儿玉源太郎大将于奉天（沈阳）会战后马上从战场返回日本，向当时的政府建议道："这场战争应该以奉天会战为截止点。"日俄开战后，元老伊藤博文公派遣金子坚太郎子爵前往美国，命其为以后的朴次茅斯和谈做铺垫。正是因为执政者有周到严密的安排，日本才能作为远东一个岛屿帝国在50年时间里完成进入世界五大国之列的伟业。

秋月老先生的奇谋

谋求和平的工作，我有时是在别人的推动下进行的。外务省的老前辈秋月左都夫，因为娶了牧野伯爵的妻妹，和我也有一点亲属关系。1945年4月的一天，老人家给我打来电话说有事相商让我过去一趟，我便去他在世田谷豪德寺的家拜访。老人家尽管卧病在床，还是挣扎着对我说："现在海军部计划通过英国求和，能担当此任者除你之外没有别人。这件事宜早不宜迟，你没问题吧？"

老人家经常异想天开。我问他，日本四面被包围，我用什么办法出国？他回答用潜艇。我继续问他，用潜艇没问题，不过在什么地方补给油料呢？他说："所有的事情军令部的小泽（治三郎）清楚，具体情况你去问他。为了国家即使死在途中又有什么关系！"言辞相当无礼。

我立刻前往大本营拜访小泽军令部副部长，向他核实秋月老人所说的话，小泽非常冷淡地回复道，没有那种计划。我没有想到秋月老人竟然骗我。考虑到小泽语气中显现出来的戒心，我便说："这样的话我直接回大矶自己的家了，请转告秋月老人没有他所说的计划。"然后匆匆离开大本营。我第二天便被宪兵队带走了。

近卫公奏请天皇议和

叙事顺序虽然有所颠倒，但我记得很清楚，1945年2月13日夜里，近卫公到访我在平河町的家。当时美军在菲律宾战场毅然从吕宋岛的林加延湾登陆，日军逐渐向山岳地带退却。这种时候给人以战争已经进入最后阶段的印象。

开战以来一次也没有召见过重臣，除木户内大臣、东条、小矶（国昭）两位首相以及大本营的海陆军负责人之外没有见过任何人的天皇陛下马上召集各位重臣前来。近卫公到访我家是在他应召前往谒见天皇的前一天。我事后听说，近卫公和牧野伯爵觐见时，不是按惯例由藤田尚德侍从长陪同，而是由木户内大臣侍立在旁。天皇陛下如何重视两位重臣的意见可见一斑。

战争必败的前提下

闲话暂且不提，近卫公到我家来的那天夜里，将他打算在第二天谒见天皇陛下时呈上的奏章拿给我看。起笔便是："虽然很遗憾但臣认为战争失败之日已经不可阻挡地到来。下文均以此为前提进行陈述。"然后，开始详述理由，并如下进一步论及社会主义革命：

"战败对日本国体而言无疑是一种瑕疵，然而观察英美的舆情，到目前为止尚无改变日本国体的倾向。因此如仅仅是战败，没有必要担忧国体的存废问题。相较于维系国体，最应担心的是伴随战败有可能会引发的社会主义革命。

"军部内部那些人高谈改革论调，其目的不一定在于引发社会主义革命，但参与其中的一部分官僚以及民间有心人却包藏祸心，企图有意识地将军部的改革引向社会主义革命，而头脑简单的军人们受其鼓动跃跃欲试……"

谈到夜深

我完全赞成近卫公的意见。我们两个人开始对奏章进行补充校对，同时我将奏章抄写下来，并一直商量到深夜。我之所以抄写下来，是遵从近卫公的想法，他希望让牧野伯爵过过目，做梦也没有想到这竟然成为宪兵队抓捕我的证据之一。

近卫公第二天（即 14 日）按照约定参见天皇陛下。因为他说回来时顺便到我家，我便一直在家等候。下午 4 点前后，近卫公兴冲冲地来到我家，详细地向我叙述了参见时的情形。"今天木户内大臣陪同陛下接见我，使我得以将自己的想法全部说了出来。在一个小时左右的时间里，陛下也向我详细询问了很多事情。"

据近卫公的话说，陛下垂询的中心内容是："梅津美治郎参谋总长认为：美国打算破坏日本的国体，不把日本变作焦土不会善罢甘休，因此应该在苏联的善意支持下对美进行彻底的抵抗，这和近卫你的意见完全相左，不知道你如何解释。"于是近卫公解释道："我认为只有与美国议和一条道路。我确信，即使日本无条件投降，美国也不会改变日本国体，取消皇室。"陛下听后亦表示同意。

近卫公甚至说："无论如何，必须遏止陆军的亢奋状态。需要陛下圣断。"

四、被宪兵队监禁四十天

追究近卫奏章的内容

记得我被宪兵队带走应该是 4 月中旬左右的事情。从大矶的家前往宪兵队途中，我在汽车里猜测，被传讯的原因大概和前述秋月老先生提的乘潜水艇去讲和一事有关。然而，在九段的宪兵队我接受盘问时，对方根本没有提到秋月老先生，而是问："2 月份近卫公呈上的奏章内容阁下全部知晓，说一下吧！"这有点出乎我的意料。但是我已经想好，在宪兵队什么都不说。因为就算按照旧宪法，政府首脑的亲笔信涉及秘密都会受到保障，更何况奏章的内容，完全没有必要说。用现在的说法，我行使了沉默权。

不过，我那份之后给牧野伯爵过目的奏章抄本在抄家时落到宪兵队手里，因此奏章内容他们应该已经非常清楚。宪兵队最想知道的好像是近卫公谒见陛下时针对陛下的垂询是如何回答的,以及近卫公和我谈到深夜都谈什么了,有什么图谋。

后来我听说,宪兵队对近卫公的奏章下了相当大的力气,除我之外,原田熊雄男爵、桦山爱辅伯爵等也受到调查。

有证据证明我意图与敌国大使密会

宪兵队还就我与英国克雷格大使、美国格鲁大使的友好关系进行讯问。我和格鲁大使私交甚厚,开战后他被软禁在美国大使馆里,我有时找机会给他送些食品。

宪兵队的调查涉及我和格鲁大使的关系,审问人员问我,你一定已经和格鲁大使约好私下见面,你们到底打算在哪里见面,有什么目的。我感到有些莫名其妙,回答说,没有见面的约定啊。对方说,我们有证据,我便要求他们出示,他们拿出我寄给格鲁大使的信件抄本。我一看,原来是格鲁大使即将乘坐撤回外交人员的"交换船"回国前,我给他寄的一封信。看来信件受到开封检查,便解释说这是给格鲁大使的临别问候,对方根本不相信。对方用手指着一处问我,这是什么?我仔细看去,写着"Some better days"。我解释说:"这句的意思是何时有机会再见。"对方于是说:"那也就是说你们打算私下见面!"完全不听我的解释。真滑稽,但我耐心地继续解释说:"英语就是那样表达,翻译成日语和再见意思一样,怎么会是密会那么夸张?"这件事后来不了了之。我想不是宪兵队不懂而是不想懂。

战火中连续转移四所监狱

我当时与铃木贯太郎首相以及阿南陆军大臣关系不错,因此乐观地估计不至于判我死刑。阿南担任陆军副部长时期,他的任所在平河町,和我相邻。早晨散步时经常遇到,互相亲热地打招呼,对我应该颇有好感。九段宪兵队的审问虽然严厉,态度还是非常客气的。这与阿南不无关系。

听说我的亲生父亲竹内纲年轻时因为加入西南战争的叛军一方,被关进越后的监狱。现在我也在品味监狱生活,也许是人生一趣事,精神上很放松,所以单独一室的生活最初并没有让我感到如何痛苦。平时除了家人之外没有其他人来看望我,只有宪兵队的审问每天进行,我也比较适应。然而说老实话,也就过去了四五天,便开始有些腻烦。这段时间里,我深刻地感受到自由的珍贵。

在九段宪兵队关押两周后,我和盗窃犯们一起被转移到代代木陆军卫戍监狱。我的相邻监室关的是后来担任我内阁法务总裁的殖田俊吉。空袭益发猛烈,代代木原两侧涉谷一带一片火海,卫戍监狱也被燃烧弹命中。空袭警报一响,我就在宪兵的带领下躲到地下蔬菜储藏室。但里面闷热无比,难以忍受。于是宪兵带我们到明治神宫外苑躲避。后来的事情我已经记不太清楚了。总之,又被转移到位于目黑的监狱,结果那里也遭到空袭,第四次是转移到目黑小学。在目黑小学仅过了四五天后,便被告知可以走了,假释。从关进九段的监狱到出狱前后四十天。

从谋反者变为阁下

在大矶静养了一周后,目黑小学来人让我过去。真麻烦!尽管心中不快,还是按照要求来到目黑小学。接待我的人告诉我,岛田(朋三郎)法务中将在房间里等我,不禁感觉有些怪异。进到指定的房间里后,岛田中将不断称呼我"阁下、阁下",还补充道:"阁下您是少见的爱国者。"昨天还是谋反者,今天竟变为阁下、爱国者,内心苦笑不已。我感觉好像可以被无罪释放了,便称谢道:"非常感谢!"没想到岛田中将竟然说:"请听我说完。"难道还有什么补充说明?果然他接着说:"实际上陆军内部关于是否起诉阁下相当有争议,我主张不起诉,可是主张起诉的人很多,最后阿南阁下裁定不起诉。"说完,面露得意之色,似乎在告诉我现在你可以道谢了。

不管怎么说,不起诉总是好事。可调查我,宪兵队到底能得到什么呢?说实话宪兵队的做法真够奇怪的。

被宪兵队关押出狱后,没有谁来拜访我。一天,突然一个头戴军帽、身穿军服的人物出现在我的家里。家里人大惊以为又是宪兵队的人来了,仔细一看,原来是近卫公。而且近卫公说的第一句话很幽默:"喂,没有宪兵吧?"我心里想,到底是摄政大臣。

第三章　占领政治

一、对日管理机构的主要构成

怒发毒疮

8月15日战争结束前后，也许前述的宪兵队囚禁生活造成的营养不良作祟，我身上开始生疮，在大矶静卧养病。我不是范增却"怒而背上生毒疮"。因此我15日是在大矶聆听的天皇终战讲话。之后通过报纸得知9月2日日本政府代表在美国军舰密苏里号上签署了投降书。

如大家所知，日本按照投降条件，从投降书签署之日起的六年零八个月内，处于联合国的占领管理之下。而且不久之后我竟意外地立于肩负政治使命的位置，在美军占领管理期间长期劳神费力。为了今后可考，我根据外务省的资料将管理机构的主要构成记录如下：

远东委员会・总司令部・对日理事会

占领管理机构大致分为三部分。首先，在华盛顿设置有最高政策制定机关远东委员会（FAR EASTERN COMMISSION），成员包括美国、英国、苏联、中国、法国、荷兰、加拿大、澳大利亚、新西兰、印度、菲律宾等11个国家。其下有制定、发布指令的美国政府、以及负责执行任务的联合国最高司令官。另外在东京设置有最高司令官的咨询部门——对日理事会（ALLIED COUNCIL FOR JAPAN）。对日理事会的组成国家为美国、苏联、中国和英联邦（英国、澳大利亚、新西兰、印度）四方。

联合国总司令部的组成已经由美国政府在战争结束前的8月13日确定，并于第二天即14日将麦克阿瑟元帅担任最高司令官的消息通告日方。不过，前面提到的远东委员会和对日理事会则是在此之后，麦克阿瑟司令官对日本治理过一段时间后才设立的。即战争结束那年的12月，我已经成为外务大臣以后，在莫斯科召开的美、英、苏三国外交部长会议上决定的。可以说是对之前的行政管理以事后承认的形式开始正式运转。这种情况下，自然而然地，实际的政策制定者为美国，具体为最高司令官。

对日本进行管理的实际执行者如上所述是联合国最高司令官（SUPREME COMMANDER FOR THE ALLIED POWERS），总司令部（GENERAL HEAD QUARTERS）——一般简称为G·H·Q——开始设立于横滨，后来暂时迁移到东京的美国大使馆，并于当年10月2日在日比谷的第一相互大楼开始运行。

参谋部门和民政部门

关于总司令部的组成需要注意的是其下属机关有参谋部门和一般民政部门两个系统。

前者分为参谋第一部到第四部,本来直属于麦克阿瑟元帅管理,人员都是总司令官的美国远东军。在管理日本方面,均承担一定程度的任务。参谋第一部的任务为占领军人事以及内部行政工作(占领军高级人员的出入境、日本人出境、国际红十字、撤侨);参谋第二部的工作是为日方记录的翻译及整理、复员关系记录、谍报、非外交关系的外国使团来访通报以及与日本政府各个机关的联系;参谋第三部的工作是为占领军的作战、降书及给日本政府指令的强制执行、日本人的集体撤侨、战机及舰艇出入的管制;参谋第四部负责补给、民用航空、占领费用及占领造成的影响、支撑日本经济的石油进口以及配给、日本军队的装备补给物质以及设施的处理。

相对于参谋部门,还有与作战无关,专门负责一般民政管理事务的其他部门。总务部负责内部行政、公众卫生、福利、新闻报道、劳动、教育、宗教、财政管理、赔偿等;经济产业部在副参谋长监督下对农业、商业、渔业、工业、进出口、自然资源、科学技术进行调配管理。在众多部门当中,特别为我们日本人所熟悉的是民政局和经济科学局。

民政局也称为政治局,简称 G·S,掌管日本政府的内部结构和地位以及相关政策,开除公职、修订新宪法等由该局负责。即该局在战后日本的基本政治结构改革方面扮演着重要角色，因此对于我们日本人来说关系最深，接触最为频繁。在后面将要提到的统治政策变化的第二个阶段结束之后，该局规模大幅度缩小。经济科学局如名所示，不需要特别说明。不仅对我们政府当局，对民间人士来说也是接触最多的部门之一。

地方管理机构和民事局

关于占领军的地方管理机构我还要补充一句。海军基地的横须贺军政府姑且不提，地方管理机构到 1949 年年末在美远东军第八军指挥系统之下接受指挥。以占领监视和情况报告为主要任务，第八军下属部队的驻扎地均设有地方民事部，负责上述业务。

初期，在全国各府县几乎都设有这些地方民事部。后来，集中进行设置，北海道地区民事部在札幌，东北地区在仙台，关东地区在板桥，东海北陆地区在名古屋，近畿地区在大阪，中国地区在吴，四国地区在高松，九州地区在福冈。

但是到了 1950 年，第八军司令官不再负责民政关系事务，地方民事部改为直属最高司令官，成为总司令部内的小型民事局，一直到占领结束。

终战联络事务局

为与总司令部的机构进行对接，日方设置了以与占领军进行交涉为主要任务的部门。那是我就任外务大臣前的事。据说与战争结束前后，直接通知日本将要设立联合国最高司令部相同，美国毫不客气地要求日方特别设立能够直接进行交涉的机构。于是，日本政府抢在8月末联合国军进驻之前，在外务省一个角落设立了终战联络事务局。

但当我出任东久迩内阁的外务大臣后，有人提议应该把终战联络事务局扩大为更大的机构，因此经过职级改革，将之前的部门长官改为总裁，下设两个副总裁。人们认为需要比外务大臣地位高的大人物来担任总裁，便请当时担任枢密顾问官的原大藏大臣[①]池田成彬出任该职，并得到他的非正式同意。可是，因为池田是战犯等问题，总司令部对此有不同意见。于是在池田的推荐下，请战时担任中支那振兴股份有限公司总裁的儿玉谦次出任总裁。这以后，进行管辖权变更，由外务大臣自然兼任。第二年3月1日起，我接任总裁一职。

这个终战联络中央事务局，从创建之初，人们便一直争论是作为首相直接管辖的部门好，还是作为外务省的一个部门好。1948年1月，我处于在野状态时，听说作为外务省一个下属局的终战联络事务局被废除，改为首相直辖的联络调整事务局。在我第三次组阁时期，又成为外务省的一个局。后来在和平条约签署前，改为国际合作局，主要负责联络协调与美国相关的事务一直到今天。

---

① 大藏大臣：大藏省的负责人。大藏省是日本自明治维新后直到2000年期间存在的中央政府财政机关，主管日本财政、金融、税收。2001年，日本中央省厅重新编制，大藏省改制为财务省和金融省。

在设立上述终战联络中央事务局后，在札幌、仙台、横滨、横须贺、千叶、名古屋、大阪、京都、吴、高松、神户、福冈、熊本、佐世保等地设立终战联络地方事务局，还在一些地方设立了派出机构。像今天很多人所知道的那样，他们负责与分布在各地的联合国驻军和地方民事部进行联系和交涉。

二、对日管理政策的转变（一）——进驻前与进驻后

出现了两个重大转变

由联合国实施的对日占领管理以上述行政组织方式持续到1952年4月。现在回顾一下当时情况可以发现，其根本方针经历过两个重大转变。如大家所看到的那样，一个是，从占领初期的态度严苛到随着时间变化渐渐和缓，最后甚至转向援助培训的方向。这个转变从时间上看，我认为大致可以分为三个阶段，但现在暂且不提，容后再叙。我想先说一下刚才提到的两个转变中的另一个转变。

另一个重大转变是，美军进驻日本前，在国内制定了占领管理的基本构想，但存在着开始占领同时就进行了大幅调整的迹象。现在如果说得具体一些，就是在距离战争结束很久之前，华盛顿政府就提出了日本投降后对日管理的构想，并预先计划了与管理构想配套的众多管理措施。当然这么做没有问题，只不过，投降之后的日本国内形势与事前设想有很大不同，可能基于这个关系，不得不对管理计划的重要部分进行调整。

虽然管理计划中的重要部分做出调整，与最初构想配套的众多管理措施却没有完全随着调整而中止或调整，其中一些措施按照原计划推进。我认为这就是在初期占领管理过程中招致出现一些所谓过头行为的原因吧。

中止军管的原因

用具体的一个例子进行说明。事情是这样的，占领前就准备好的对日军管或类似军管的直接管理的构想，在开始占领时便遭到放弃，之后转化为实际执行的管理方式，即对日本政府进行改革，让日本政府进行行政管理的方式。

像大多数人已经知道的那样，本来占领军当初准备废止日本一直使用的货币转而发行军票，并且中止日本的审判权，所有的审判由美军军事法庭进行，却应日本当局的请求而没有真正执行。这件事发生在我就任外务大臣之前，不是我直接经历过的事情。但导致上述计划中止的内情令人怀疑，果真仅仅是日方请求的结果吗？有理由推测大概美方内部已经就中止计划多次讨论过。不管怎么说，占领军当局有过军管计划，而且该计划以日方请求中止为契机被废止都是事实。

美国对日本过高评价

前述情况的出现是因为什么呢？我认为与联合国，特别是美国过高评价日本国民的抵抗意志有很大关系。美国政治评论家沃尔特·李普曼关于美国的占领政策这样说过："世界大战中，美国犯过两个重大失误。开战时极度轻视日本，战争末期又过高评价日本。"这不仅仅针对日本的军事能力，也适用于其他意义的抵抗能力或者日本国内情况。

说到底还是因为在瓜达卡纳尔岛、塞班岛、硫磺岛、冲绳等所谓南方作战的战场，美国引以自豪的高度机械化，意外遭受到日军的顽强抵抗，使其痛苦地感受到日本人战斗力或者说精神力量的强大。

关于这一点，后来，总司令部的将军们总是对我称赞日本战士世界第一强悍。据这些将军们说，他们估计在战争最终阶段的本土登陆作战中，联军至少将付出 50 万人的牺牲。美国人如何过高地看待日本的抵抗意志，如何对此充满恐惧，仅从他们的话语中就可以充分感受到。

不只是美军，像英联邦军，战争较早阶段，在马来半岛和新加坡等地的作战中遭受到日军的惨痛打击，对日本人抱有相当大的恐怖和憎恶。

正因为过高评价或者说过高预估日本的军事抵抗能力，在雅尔塔协议中，为请求苏联对日参战付出了高昂代价。如前所述，即使在战争的最终阶段，都没能想象到日本会那么干脆地投降，没有出现预计中将要进行的大规模登陆作战。

而且，像前面所说的那样，对日本抵抗能力的过高评价，不仅限于军事方面，可以说也存在于结束对日登陆作战后的国内统治方面。也就是说，不难猜测美军当时想象，即使联军成功登陆，日本军的一部分仍会扛着抵抗大旗跑到大山深处继续负隅顽抗，就算到不了那种程度，大部分日本国民对占领管理依然会有组织地抵抗。

这种情况下，日本投降以前，在美国本土制定的占领管理构想，现在想来，当然是非常严厉和残酷的。

然而当他们登陆日本后发现……

也就是说美国最初一定是抱着进入敌占区的心态制定的占领计划。因此，如果在占领军进驻后，出现受到日本人有组织地抵抗的局面时，即使通过日本政府进行行政管理，也难保顺利无虞，届时就算到不了军管程度，无论如何也有必要采取准军管的政治手段。基于这种考虑，美方在最先制定的管理计划中，如前所述，准备最低限度也要使用军票和设立军事法庭。但是没有想到日本政府的中枢机关意外地迅速组织投降，而且投降后日本的国内形势并没有发生令人担心的不稳定情况，美方于是判断没有必要采取极端的军管措施。9月2日签订投降书时，美国国内已经决定采取中止发行军票等计划的方针。之所以这个方针得以实施，可以想象，不能缺少日本当局、当时的重光葵外务大臣和冈崎胜男终战联络事务局长官等的努力。

另一个过高评价

美国除了这个偏差之外，还有一个对日本的过高评价。恐怕就是基于战前、战时的经验先入为主地认为日本是彻底的军国主义、极端的国家主义国家，因此军国主义、国家主义思想深入大部分日本人的内心。因此他们自然认为占领同时应该尽早做的事情便在于从根本上破除所有军国主义思想，用自由主义、民主主义将日本国民解放出来——这是占领军们多次提过的说法。

按照以上思路考虑，从初期对共产主义者的宽大处理、对工会的保护培育到劳动基本法的制定等一系列政策，当然都是民主化政策无疑，但同时另一方面，可以推测占领军在治理日本之际，抱有团结工人阶层等激进分子的想法。正因为如此，即使是对地主极其严苛的农地改革，如果解释为是从政治上团结农民大众的一个策略，也是无法否认的。

不仅看起来对共产主义者的处理比较宽大，在工会的成长方面也有允许工会自由进行政治活动的迹象。因为其程度超出经济领域，让人反而感到没有必要。到后来，屡次发生的过激政治争斗让总司令部自己烦恼不已，竟然将自己亲手解放的德田球一[①]总书记等共产党干部们驱赶出镜，让人产生巨大且具有讽刺性的矛盾感。上述情况如果单纯从民主化角度来看，必须说是难以理解的行为。即使从占领政策的制定背景、国际形势的变化来看，也难以进行说

---

① 德田球一：日本共产党创始人和领导人之一。1920年加入社会主义同盟。1922年参与创立日本共产党，并当选中央委员。1924年后进行党的重建工作。1928年被捕。日本投降后被美军释放出狱，并当选日共总书记。后连续三次当选众议员。1950年朝鲜战争爆发后被美国占领当局宣布"整肃"，被迫转入地下。流亡北京期间病逝。

明。不难想象这期间出现了其他重大变化,即上述的日本投降前的占领统治构想与占领进驻后的实际情况出现较大偏差。

回想补余:

发生了猝不及防的事情——冈崎胜男(前外务大臣)

那是1945年9月2日的事情。那天我们天不亮便起床前往停在横滨海面的密苏里号参加投降仪式。顺利结束投降书的签署,松了一口气的我们回到东京大概是下午3点。然而,下午6点多,横滨终战联络事务局突然派人到我这里。来人说,联军当局准备明天(即9月3日)的早晨在日本全国各地发布《告日本国民书》,他是来送抄本的。

一共三张布告,第一张的大意为天皇将置于联军最高司令官的指挥之下;第二张为今后将禁止使用日本纸币,日本国民须使用美军军票;第三张为关闭日本的法院,由美军军事法庭进行审判。

我当时担任名字很长的终战联络中央事务局长官一职,所以首先收到通知。感到事态紧急,马上向重光外相报告。听说在随后召开的临时内阁会议上,东久迩宫首相为首的阁僚们反复斟酌应对之策。即将10点时,我被召到首相官邸,东久迩宫、近卫、重光等阁僚都在座。绪方竹虎办公厅主任对我说,"这种布告如果对外公布,日本政府一天也干不下去。你辛苦一下，马上去横滨，和他们交涉下不要发布了。"

但是，时间已经到了夜里10点。即使马上出发，也很难找到美方负责人，何况还要进行交涉，我不认为能够让美方将已经准备好的布告突然中止发布。我极力推辞说，又不是我的职责，应该由外务大臣出面。但是外相不去，我不幸以终战联络长官的身份被强迫去进行交涉。

无奈之下，驱车前往横滨。午夜时分到达，司令部里只有值班人员。然后又赶往参谋长们住宿的新格兰酒店。新格兰酒店把守严密，穿越步哨拦阻费了不少力气。我装作富二代的样子混了进去，在前台打听清楚，爬楼梯来到参谋长的房间。因为是夏天，房门半开着。向内一看，眼前是客厅，里面有卧室，借着月光可以看到白色蚊帐中睡着人。于是鼓起勇气走进房间，打开灯，叫醒了蚊帐中的人。对方睡眼惺忪，嘴里嘟嘟囔囔地说跟他去客厅。我说完来意后，仔细打量对方，是一位和参谋长有点像又不太像的男士。

开始对方非常愤怒，我无言以对。反复道歉后，向他说明了情况。到底是美国人，很快释然，回答我说，那可不得了，我给你找找参谋长，然后全然忘记刚才的愤怒，开始到处打电话。结果没有找到参谋长，找到了副参谋长马歇尔少将。

很快同样睡眼惺忪的马歇尔少将出现在我面前，借用他的客厅，我向他陈述日本政府的苦衷，打起精神进行我一生中最重要的一次交谈。不知道对方是否听进去我的话，但因为我夜深人静之际跑来，所以应该还是感到了事情的重要性吧。

"好吧。我尽量先中止明天发布公告。不过，明天麦克阿瑟元帅和参谋长说什么我可不知道，以后的事无法保证。"对方这样说道。他马上喊来通信官，命令他通过无线电通知日本各地联军改变原定计划。这样总算避免了早晨发布公告，我也暂时完成了使命，在夏日黎明的晨光中返回东京。

到达东京后我马上叫醒重光外相，向他进行了汇报。重光很高兴，不过他担心仅是这样还不够，我们二人决定尽快动身去横滨面见麦克阿瑟元帅。简单吃过早饭，又驱车飞驰在路上。当然事先预约见面有可能被拒绝，我们便直接去司令部，等麦克阿瑟元帅来后请求面谈。这天麦克阿瑟元帅对我们态度非常好，马上将重光请到房间里说话。日本内阁官员会见麦克阿瑟元帅这是第一次。最后，麦克阿瑟元帅也同意中止发布那三个布告。

这件事当时没有公开。如果我们在国内不得不使用军票，不得不由美国军事法庭进行审判，会出现什么样的后果难以预料。想起来非常后怕。倒是我，因为这件事，不仅前一天参加在"密苏里号"举行的投降仪式没有睡觉，当天也完全没有时间睡觉，困得要命。

三、对日管理政策的转变（二）——从严苛到宽大的演变

随着冷战的展开

除去上述占领出发点方面的偏差，随着占领统治的推进，世界形势的迅速变化也使美方的管理政策踏上大幅度转换之路。我认为大体可以分为三个阶段。

很难清楚划分出时间点，总之第一阶段是彻底推动日本非军事化和民主化时期。以最为明白的形式体现出上述内容的是强调主权在民和放弃战争的新宪法。

关于非军事化，根据总司令部的命令，接连落实了如下几项：彻底解除日本军队的武装，废除所有的军事机构，惩办战犯，解散极端国家主义团体，禁止教育宣传军国主义。稍微有些意外的命令是，国家与神道分离。而且为了从经济方面去除日本发动战争的能力，强令拆除军需生产设施。

民主化方面，从将不受待见的人物开除公职开始，废除思想警察和政治警察、降低选举年龄、允许妇女参政，实施了一系列新政。然后又以民主化的名义，进行农地改革，解散财阀，设法避免经济力量集中，其理由并不能让人信服。恐怕是那种与不流血革命紧密相随的激进理想主义的产物，可以认为其中含有如前所述的特殊含义。

作为民主化的主要内容之一，给后来的日本社会带来巨大影响的是起始于释放战前政治犯的、占领初期对共产主义采取的绥靖政

策和对工会进行保护扶持以及制定劳动基本法的过程中存在的过头行为。当然从大的方向来看，必须承认没有什么不妥，但颇具有讽刺意味的是，趁战争结束后暂时的生活不稳定有所企图的破坏性势力对此加以利用，大部分情况下，发展为带有政治性色彩的示威运动和劳动纠纷，造成了社会混乱。这样，总司令部的初期政策发生转变，一般认为既与国际形势的变化有很大关系，也与上述的日本国内局势有相当大的关系。

管理政策进入第二阶段

从管理政策的变化这一角度判断，占领政治的第二阶段应该开始于政策重点向日本经济自主化方面进行转换的时期。特别是美苏两大阵营对立的激化使美方决定重新研判初期的管理方针。通过政策改变，力图在经济层面重振日本，可以认为美方向防止共产主义势力渗透的方向进行了转换。正式表明美方政策转变的标志是1948年1月，美国陆军部长罗伊尔在旧金山的演说以及远东委员会美方代表麦考伊的发言，当时我在野。

拓展阅读：

1948年1月6日美国科内斯·罗伊尔陆军部长的演说主要内容如下：

"对日占领政策的目标不仅在于使日本自立，还在于在日本构建有力且稳定的民主政体,以针对今后也许会发生在远东地区的新兴集权主义战争的威胁,发挥壁垒的作用。"

1948年1月18日美国弗兰克·麦考伊代表发言内容如下:

"美国正在提出为尽快使日本自立而需采取的措施的议案,陆军于7月以后的一年间,在保障日本人最低生活水平的同时,将向议会请求拨付用于供给加强和平产业的原材料、零件等的资金。

美国政府考虑到远东委员会各成员国的协作对促进日本经济自立计划的成功实施绝对有必要,因此请求远东委员会善意地研讨近期将要提出的以此为目的的政策。美国国民不可能长期向日本经济提供援助,作为替代之法,只有使日本自立。目前美国花费在日本经济方面的经费每年高达3.5亿美元。美国国民的牺牲总算防止了日本经济的混乱,美国还支付费用帮助日本进口粮食和其他防止疾病和不安扩大所必须的物质。而且美国认为实现占领的基本目的是使日本成为具有可对世界经济的复兴贡献相应力量的能力,作为国际社会一员拥有相当程度的生活水平,成为能够自立的国家,为此必须付出更大的努力。"

政策转变体现在从当年到第二年,为促进贸易增长给予资金援助、根据对外援助法提供物质、停止中间赔偿(用工业设备赔偿)。而且允许放宽一开始作为占领指令实施的《经济力过度集中排除法》和《禁止垄断法》的实施，缓和了对日本经济的巨大束缚。

在占领开始时，美国政府给麦克阿瑟总司令官的命令[①]中，非常冷酷地说道："日本经济的复兴和提振，总司令官阁下不负有任何责任。"想起上述事实，就能够清楚地意识到这种政策转变的重大意义。

当然日本经济这期间并不单纯依靠美方的援助和支持。积极开始对日援助有一半体现在要求日本自己进行努力的方面。我记得那是1948年12月，我刚开始第二次组阁。当时美方推出为社会所知晓的十分严厉的《经济九原则》让日方落实。接下来的情况很多人都知道，第二年，约瑟夫·道奇公使作为总司令部经济顾问上任，强行要求日本实施所谓"道奇计划"的财政金融紧缩方针，执行抑制通货膨胀的各项政策。

拓展阅读：

《经济九原则》是关于稳定经济的原则。由总司令部于1948年12月18日特别公布，并由经济科学局局长马库特少将向吉田首相发出函件。即：

（1）全力降低经费的使用，而且最大限度地采用必要和恰当的手段，真正实现总预算的平衡；（2）推进和加强征税计划，对于逃税者要通过刑事诉讼迅速、彻底且强势地进行追讨；（3）保证严格控制信用的扩大，只针对有利于日本经

[①] 1945年11月3日，美国政府向麦克阿瑟元帅发出"关于日本投降后对日本本土进行军事占领的基本命令"。

济复兴的计划；（4）制定可有效稳定工资水平的计划；（5）加强现在对物价的控制，必要时可扩大范围；（6）改善对外贸易管理事务，加强对现在的外汇进行管理，并设法使上述事务的处理职能顺利移交给日本的职能部门；（7）特别是基于尽可能增加出口的考虑，要更加有效地落实现在的资金和生产资料的分配制度；（8）努力增加所有重要国产原料以及产品的产量；（9）更加有效地落实粮食收购计划。

从提振经济转向重视安保

占领政策的第三阶段从朝鲜战争的爆发到《旧金山和约》的签订，可以说带有最后阶段的特征。如果说前述的第二阶段是经济重振期，第三阶段可以视作提升安保期。

最重大的变化是朝鲜战争爆发后，按照总司令官要求，在现有警察力量之外，新设立7.5万人的强力部队即警察预备队，这样便诞生了由首相直接管辖的治安警察专门部队。与此同时，对已有的海上保安厅的建制进行调整，保安队员新增8000人。这是因为占领军作为联合国军前往朝鲜前线后，需要填补治安方面的空白。不久，进一步发生转变，并发展到今天的陆海空自卫队，可以说这使第三阶段的政策调整具有了更加明确的时代特征。

重视安保的同时，充分利用日本潜在的军需生产能力。在占领初期，解散裁撤或者用来进行战争赔偿的军需生产工厂随着时间的推移，再次受到瞩目。

追循上述占领管理政策的变迁，直至1952年4月28日《旧金山和平条约》生效，联合国总司令部被废除，总司令部对日本的管理历经六年八个月结束。

四、总司令部里的两个派别——理想与现实的对立

如果要记述总司令部当局的行政管理事务，就不能忽视其构成成员中存在两个派别的事实。这是因为，两个派别在对日关系方面，有时会发生微妙的对立。

本土派和前线派

总司令部的这些构成人员，大体上可以分为，为应对管理日本事务很早之前就在美国本土召集起来的人员和自战争开始时起便追随麦克阿瑟元帅进行作战最终来到日本的人员。两者从各个角度显现出颇有意味的不同。属于后者的人员可以说是纯粹的军人，属于前者的人员特别是干部级人员即使是军人，原来都是民间人士，他们中有律师也有百货商店的售货员，甚至还有地方报纸的编辑。

关于这两个派别，最令人印象深刻的特点是，前者即在美国本土组织起来的人员大部分极为忠实、积极且按部就班地推进使日本民主化的任务。与此相比，后者即属于麦克阿瑟元帅幕僚的人员，看起来最为关心占领管理如何成功。前者可以说倾向理想主义，而后者更倾向于现实主义。

上一节已经详细叙述过，对日本的改造，根据日本投降前原来制定的计划判断，可以理解为是在延续构成该计划背景的特殊理念下推动的。因此，属于上述理想主义派的总司令部成员要求日本政府忠实于该计划和理念，并以之为第一要义，至于是否符合日本实情，或者从结果来看是否合适，好像并不太关心。不仅如此，日本政府的有关人员，尝试针对改造措施提出各种建议和意见，即使这些建议和意见可以更顺利更有效地推进计划实施，也屡屡被认为是对占领政策的抵触，有时竟然被认为是一种妨碍。

警察制度的改革

在占领政策的实施方面，作为两个派别明确对立的代表性事例，可以举出战后日本警察制度的改革经过。说起来日本的警察制度，后文还要详细叙述，通过改革和调整，发生了巨大改观。然而警察制度的改革也成为因改革的过激，在制度的实际效果方面显露出矛盾的明显事例。而且可以说是前文提到过的所谓民主化理想与维持治安的实际需要之间冲突最为激烈的事例。

在发生改观的过程中，一直坚持民主化理想的是总司令部民政局，而基于维持治安的实际需要考虑，支持进行政策调整的是参谋二部下属公安课当局。民政局负有对日本政府进行内部指导的任务，在改造日本方面发挥着重大作用。因此内政指导往往不得已变得按照计划、理念推行。另一方面，参谋部当局为了顺利实行对日本的占领管理，认为确保治安是重中之重。出于这种职责方面的需要，参谋部和民政局之间自然会产生对立。

尽管两个部门存在对立，但由于日本政府的直接管理部门是民政局，日方当然以与民政局的关系为主，日常联系也最多。不过如前所述，参谋部一直站在有效维持治安的立场支持日方。参谋二部不仅在警察制度方面，在开除公职等问题上，也站在了放宽民政局的严厉态度和要求的立场。

顺便提一下，在所谓民主警察之外设立的后来改称为警察预备队的特殊警察，恐怕就是因为治安关系，其主管部门为参谋二部的公安课。"共产党的不合法化"虽然最后没有实现，当时这种观点却相当有市场，参谋二部部长威洛比少将就是最坚定的不合法化支持者，屡次对我等进行劝说。

五、对过激占领政策的调整——政令咨询委员会

如前所述，总司令部的占领政策随着时间流逝逐渐开始放宽。其间，尽管处于占领时期，但日本政府依然一有机会便与对方交涉，不断努力请对方修正占领政策的过激之处以及与实际情况不符之处。在1949年第五次国会上通过的放宽《禁止垄断法》的议案，我认为就是努力结出果实的典型案例。而且关于解除开除公职处分，始终与总司令部进行协商，并稳步取得成果。在此过程中，1950年10月末，有大量人员被解除开除公职处分，这其中第一次有前军人被解除开除公职处分。此外，对《警察法》也进行了修改，

例如密切了国家警察和地方自治体警察的联系，由国家警察接管难以为继的地方自治体警察，并在1951年第十次国会上通过。经济方面的各种管制，从1949年到1950年，在总司令部的指示和认可下逐步撤销的例子很多。

对李奇微新司令官的期望

在各种因素作用下，1951年4月11日，麦克阿瑟元帅突然被杜鲁门总统解除了总司令官的职务。16日，麦克阿瑟元帅匆忙离开日本。当天，当时还是国务院顾问的杜勒斯先生抵达日本。18日，我和杜勒斯先生一起到总司令部拜访新司令官李奇微上将，三个人进行了会谈。我记得那次和上将说了如下内容的话："日本虽然是无条件投降，但我认为日本投降时的做法像一个真正的男人一样。虽然荣光不再，却不会做那种心口不一的事情，今后也不会做。这一点，以前的麦克阿瑟元帅给予我们足够的信任。不过，有时我们会向麦克阿瑟元帅提出一些令他不快的请求，今后或许也会向您提出同样的请求，届时请多多谅解。"听到这里，杜勒斯先生和李奇微上将相视一笑。

实际上我从以前就开始对麦克阿瑟元帅屡次进行说服工作，希望他理解在占领过程中实施的各种改革有必要纠正不符合日本实情以及风俗习惯的部分。后来因为麦克阿瑟元帅原则上赞成我的看法，于是我将与他谈的内容归纳成一份意见书，准备提交给他，没有想到他突然接到解职命令。因此我在这次见面时身上带着上述意见书，当着杜勒斯先生的面交给了新司令官。

5月1日，在即将迎来新宪法发布四周年前，新司令官明确宣布放松占领管理的方针以因应日本独立，同时声明，给予日本政府对《波茨坦公告》①进行修改和重新研究的权限。日本政府以此为契机决定，正式开始对占领以来的各种法令进行重新审视，并为此从首相最高咨询机关的角度，设立非正式委员会。

成员有木村笃太郎（前法务相）、中山伊知郎（一桥大学校长）、前田多门（前文相）、小汀利得（日本经济新闻顾问）、石坂泰三（东芝社长）、板仓卓造（时事新报会长）、原安三郎（日本化药社长）等人，后来又有田中二郎（东大教授）和石桥湛三两位加入。

该委员会的各位委员在完全自由的状态下，以座谈形式研究各项法令，并没有特别的名称。但报纸称呼其为政令咨询委员会，好像也就约定俗成了。根据当时记录，自5月14日召开第一次委员会后，多次积极召开会议，一直持续到第二年即1952年。

政令咨询委员会的成果

委员会讨论的主要问题，最开始是当时争议颇大的解除开除公职处分。政府在委员会讨论的同时，推进与司令部的交涉，当年六月即有数万人被解除开除公职处分。政府设立了公职资格审查委员

---

① 《波茨坦公告》发表于1945年7月26日，全称《中美英三国促令日本投降之波茨坦公告》，简称《波茨坦公告》或《波茨坦宣言》。这篇公告的主要内容是声明三国在战胜纳粹德国后一起致力于战胜日本以及履行开罗宣言等对战后日本的处理方式的决定。

会后，政令咨询委员会便将解除开除公职问题转给审查委员会处理。

在与经济相关的各项法令方面，由原安三郎负责，对如何修改《禁止垄断法》《企业集团法》及与财阀解体有关的各项法令进行研究并提交报告。

在劳动关系法规方面，由中山伊知郎教授负责制定草案，并据此对如何推动《工会法》《劳动关系调整法》以及劳动基本关系等各项法令提交报告。

这之后，着手处理长期无法解决的行政机构改革问题，由田中二郎教授担任主任进行研究，政府方和自由党方也先后进行调查。政令咨询委员会根据田中制定的草案于8月份提交了报告。

教育制度问题依然由田中教授担任主任，对"六三制"等所有教育相关问题进行研究，于11月份提交了报告。而且该委员会还研究了农地问题、治安立法问题，一直审议到1951年底。

我经常出席委员会的会议。委员会各位委员非常积极主动，尽管平时个人的工作十分繁忙，但仍亲自执笔撰写负责项目的报告草稿，这应该是在其他委员会很难见到的情形。他们提出的报告对各部委制定具体细则具有重大参考价值。与财阀相关的各项法令很快得到修改，在第十三次国会（1952年）上通过的行政机构改革案采用了报告中的很多内容。其他报告在和平条约生效之前的各项立法条文制定过程中也发挥了很大作用。

第四章　总司令部的各位

一、麦克阿瑟其人

联合国最高司令长官麦克阿瑟元帅的大名在现今日本几乎无人不知。关于他的传记类文章，日本内外多有发表，因此本书主要介绍我所接触到的元帅，特别是作为占领管理最高责任人的元帅。

与日本四十年的渊源

我实际接触后首先明白的一点是，元帅原来很早之前就对日本相当熟悉，对日本人也相当了解。元帅经常对人说："我和日本有四十年的渊源。"他自己说，其父阿瑟·麦克阿瑟中将担任菲律宾驻军司令官时曾考察过日俄战争时的旅顺、大连。当时，任少尉或者中尉的元帅作为父亲的副官随行，面见过东乡平八郎大将、乃木希典大将，他不仅对日本将军们的勇武深为敬佩，对他们的高尚品格也有非常好的印象。从此，元帅对日本人评价甚高，在我看来，甚至有些过高。有一次，我对他说："您对日本人的看法，好像很多时候都是基于当年见到东乡、乃木等将军时留下的印象。他们那样的人物属于在几千、几万个日本人当中才会出现一个的特殊情况。以他们为基准评价现在的日本人肯定不符合实情。"但是元帅完全不理会我的观点，他说："你自己是日本人，却小看日本人，不合常理！老爷爷、老奶奶、甚至小女孩都每天从早到晚在田间劳作，这样勤劳的人民世界上哪个国家有？即使从日本人的发明创造来看，也绝不输给任何民族。"

"日本人12岁"的真正含义

元帅对日本人的评价始终没有发生过变化，我记得后来我们两人之间发生过多次可以说友好的争论。不管怎么说，元帅在美国人当中属于知日派人物是无可辩驳的事实。

顺便提一下，元帅被解除职务返回美国后，在美国国会的听证会上发表演说时，说过"日本人才12岁"这样的话。传到日本时，有人误解为元帅非常轻视日本人的智力水平，甚至因此自嘲自怨。这是报道过于简单不完整导致的误解。如果看看演说的详细内容，可以发现他的意思是"在自由主义和民主主义政治方面，日本人还很年轻"，同时他强调"日本人有着古老独特的文化和优秀的品质，因此在吸收融合西方文化成果和制度的基础上，将来的发展潜力非常巨大"，这时他依然不改对日本人的极高评价和期待。这才是他演说的真正含义。

明事理的元帅

令我佩服的不仅是元帅了解日本程度很深,还有他的明事理。占领后,我担任东久迩内阁的外务大臣,不久便第一次见到他。开始因为不熟悉,总感觉他严厉,甚至有些傲慢。随着见面次数的增多,我感到他实在是一位深明事理之人。前文提到过,总司令部的大员中存在理想主义和现实主义两个派别对立的情况。元帅作为军队优秀统帅,见识高远,在占领政策的实施方面,如果划分派别,可以说他属于现实派。例如,占领当初,本应进行军管,却突然改变策略,说到底毫无疑问是由元帅进行了裁断。元帅做此裁断的根据,肯定是很快发现投降后的日本现实情况没有达到实施严厉军管的程度。这可以认为是元帅根据他的现实主义和一种直觉做出的决定。

天皇陛下与麦克阿瑟元帅

可以说元帅对日本皇室的态度也相同。他在进驻日本之前,就相信要实现受降顺利进行,需要依靠天皇的力量,并为此做过很多工作。我想元帅认为既然停战是在天皇发布停战诏书后实现的,天皇是日本人民尊崇的对象,那么不依靠天皇的理解和支持,只会反复重复没有意义的血腥战斗。元帅自豪地宣称:"不杀一卒,不响一枪,就实现了受降,这样的事在世界哪次战争中看到过?"我相信他的话发自内心。

天皇陛下第一次会见麦克阿瑟元帅是在占领后不久的9月27

日。当时我刚刚担任东久迩内阁的外务大臣。我收到天皇陛下想要会见元帅的消息，相当犹豫，反复思考后，认为还是见面为好，便将消息传达给元帅。元帅非常赞成见面，说："只是我不能去宫中拜见陛下，如果陛下能够移步出宫，我什么时候都可以愉快地与陛下会见。"第一次会见结束后，再次见到元帅时，他非常高兴地对我说："像陛下这样发自内心的纯粹而且善良的人我从来没有见过，人品非常优秀。"这以后，陛下又会见过元帅数次，他也十分欣赏元帅，和元帅谈话推心置腹。个头很高的元帅在美国大使馆门口拥抱陛下，而且每次都迎送陛下。

战犯审判与麦克阿瑟元帅

作为审判战犯的远东国际军事法庭设立后不久，伪满洲国"皇帝"溥仪便作为证人被传唤了。随即对日理事会的苏联代表提出"日本天皇也应该作为证人接受传唤"的论调，震惊世人。然而，对此直接加以反对，称"没有必要"的是元帅和基南检察官。元帅作为总司令官有义务尊重对日理事会的意见，但做出决定属于总司令官的权限范围，只要没有元帅的同意，就没有办法落实。

元帅由于多次与天皇陛下会见，对陛下的人品十分敬佩，甚至对我说："尽管日本输掉了战争，但是皇室的存在依然坚如磐石。如果不团结在皇室周围，难图日本的重建。"我想，正是元帅的这种考虑才使他不能接受"作为证人传唤天皇陛下"。元帅的这种态度成为他在美国本土受到猛烈抨击的一个原因，但日本人不能无视他始终受到美国共产党人的攻击。

总之，我确信，元帅对我国皇室表示出相当的理解和敬意，使日本天皇和战犯问题脱钩让大多数日本国民不再惊惶无措，而且在缓和日本人对占领军的恐惧和反感方面起到了难以估量的作用。换言之，我认为占领改革整体上取得历史性成功的最大原因正在于元帅对我国皇室采取的态度和方针。

财阀商号与武德会

元帅如何深明事理，可以举出几个事例加以证明。如前面提过的财阀解体相关的问题，还有禁止旧财阀系统中的各个公司使用原有商号，即禁止三井、三菱、住友等名称在商号中继续使用。有人计算，如此一来，这些公司因为变更商号将要花费高达150亿日元的费用。而且更改多年来为海外所熟悉的商号使用新商号，将使出口贸易在新商号重新为海外广泛接受之前遭受的损失远远超过变更商号的费用。这一期间，还有禁止、解散武德会的问题。

于是我面见元帅进行陈情。向元帅列举禁止使用财阀相关的商号将给日本带来多大的经济损失，同时关于武德会，我解释说，实际上不过是一个青少年俱乐部。我直率地指出，我们最近必须举行总选举，可如果我们采取打压经济界以及青少年阶层的政策，在总选举中自由党肯定将遭受重大失败。可以说，结果相当于总司令部被动干涉选举。

元帅听后，沉默片刻，好像在思考我的话。不久他说道："既然武德会的武字意味着争强好斗，不加以禁止是不行的。不过，禁止使用原有商号问题可以延期一年实施。"他向我做出让步。众所周知，禁止使用原有商号问题，一年以后不了了之了。元帅能够很快理解这类问题的实质，对我们来说非常有利。

尽快结束占领与麦克阿瑟元帅

我们还不能忘记麦克阿瑟元帅主张尽量缩短占领日本的时间。他的意见是，军队应该努力避免以占领军这种形式长期驻留海外。长期驻留海外，难免会发生一些弊端。

一次，驻军的士兵做了什么坏事，给日本人造成损失，我向元帅诉苦，他语气沉重地对我说："占领初期，驻军大多为经历过战争的士兵，但是反而这些有战争经历的士兵比较遵守纪律。相反，最近从国内直接过来的士兵，半是工作半是游山玩水的心情，遵守军纪方面做得不好。不管怎么说，最好尽早撤出占领军为好。"

我相信，元帅的必须尽早撤出占领军的想法，自然会发展为尽早议和，对加快和平条约的签订具有重大影响。

拒绝苏联进驻北海道

元帅比较现实，深明事理的同时，善断而且强势。善断标志着他的判断能力很强。我曾亲自听元帅说过，占领开始不久，苏联加紧收获最大的战胜利益，他们向总司令官要求以提供苏联兵力给占领部队的形式，进驻北海道。元帅直接严词拒绝了苏联的要求。这件事是我前几年外访,在纽约会见元帅时直接听到的。占领当时,我也听说过类似传闻。元帅担心如果同意苏联的要求,以后会非常麻烦。①

捷克、波兰等原来不是共产国家,为什么会成为共产国家呢?苏联首先派军队进入这些国家,以军队为撬棍发动政变。发动政变,仅依靠共产党员是不够的。最重要的是派驻军队。如果按照苏联的希望让苏联军队进入北海道,今天的北海道毫无疑问会变成东德、北朝鲜。如果那样的话,日本将被分断为两个国家,将遭受到不止丧失千岛群岛程度的损失。仅从这一件事,作为日本国民,就应该向元帅当时的"直觉"和"善断"表达满腔的谢意。

回想补余:

麦克阿瑟之问——和辻哲郎(文学博士 东大名誉教授)

文教审议会上讨论了什么事情我记得不是很清楚,但在第一次会议中,吉田话里提到的麦克阿瑟提问令我印象非常深刻,今天还不时想起来。提问的内容如下:

"我在日俄战争时期便来到日本见过很多将军。他们都有各自的风格让人感觉非常好。然而这次,时隔三四十年再

---

① 在曾经担任总司令部民政局长的惠特尼少将所著的《麦克阿瑟传》中,关于这一点写道:苏联提出作为占领军的一部分提供军队,意图占领邻近苏联领土且占日本五分之一面积的北海道,但被麦克阿瑟元帅拒绝,自此苏联马上变得不合作,从每件事上妨碍占领政治的实施。"麦克阿瑟这样很早就遭受到苏联的敌视,然而却为防止在日本出现'东德'抢得先机。"

次来到日本，又见到众多将军，却感受到与以往非常不同的印象。甚至让人怀疑是不是同一种群、同一民族。这到底是什么道理呢？"

吉田被麦克阿瑟这么一问，不知道如何作答，他向审议会的各位提出问题道："大家关于这个问题是怎么想的？这个问题对今后的文教政策可是具有相当重要的意义啊。"

麦克阿瑟的观察角度也许不能说很客观。无论观察者还是被观察者，因为时间不同，情况发生了变化，感觉也就会不同。即使同一个人，或许也会给人以相当不同的印象。而且恐怕无法简单地认定众多将军都是如元帅所讲的那样。尽管如此，日本的将军们相差一代人，便集体性地给观察者以不同印象，令我觉得这个问题非常值得研究。如果从前者的代表东乡、乃木，后者的代表东条、荒木贞夫来观察，不会不明白麦克阿瑟之问的深意。

东乡、乃木等人为代表的日本将军们，少年时，受到的是《论语》《孟子》等中国古代典籍的教育，是在性格已经形成后再学习西方军事学的。与他们相反，东条、荒木等人为代表的下一代将军们，开始便在教育敕语和军人敕谕（二者都是进行军国主义教育的天皇谕旨）的熏陶下成长，大概不再诵读《论语》《孟子》。于是，《论语》《孟子》培养出来的将军们有着自己独特的儒雅风貌，给麦克阿瑟以好印象，而教育敕语和军人敕谕培养出来的将军们，完全就像不同人种一样，给元帅以坏印象。

　　二者之间的关系非常清楚，因此吉田不可能无视这点单纯地提出麦克阿瑟之问。如此一来，吉田提到的麦克阿瑟之问问的是，为了培养后来人的道德素养，使用古代典籍好呢，还是使用不像古代典籍那样迂腐，而是根据现实需要适当编写的可以使人简明扼要地获得基本要领的说明书类的书籍好呢？我感到这是一个切中要害的问题。

　　我对此发表看法是在第二次会议上。正好我那时读了从高木惣吉处借来的一本书，是日本海海战时在东乡长官身边的秋山真之参谋根据自己的经验写成的海军教科书。这本书确实写得非常好，是一本通俗易懂简明扼要的教科书，据说后来长期在培养海军士官方面发挥作用。然而如果问起使用秋山的教科书培养出来的海军士官中是否有像东乡、秋山那样的优秀海战指挥者，回答是没有。由于太平洋海战发生于武器革命的背景下，需要新的战术战法。但是从那本书里学不到能够适应变化的创造性能力。过于面面俱到的教育反而会使创造性思维的萌芽枯萎。我以此为例，阐述了在培养道德素质方面，看上去迂腐的古代典籍要比看上去简明扼要的说明书类书籍更有效果的意见。当然，我没有重归中国古代典籍的想法。西方的古代典籍，印度的古代典籍，都可以成为教材。经过长期涤荡流传下来的古代典籍中蕴含着使人具有创造性思维的不可思议的力量。吸收西方文明时，更应该从根本上吸收西方文明源头的西方古代典籍。

我的意见比较迂腐没有被大家接受，不过我至今依然坚持我的想法。

回想补余：

天皇陛下与麦克阿瑟元帅——奥村胜藏（驻瑞士大使，原外务次官）

我先后两次担任天皇陛下与麦克阿瑟元帅会见时的翻译。

第一次在战争结束当年的9月27日，陛下第一次到访元帅居住地美国大使馆时。从当时的日本国情来说，这是非常不得了的一件事，将其视作开天辟地以来的大事情的人们煞费苦心，慎之又慎。而且"不需闲杂人等回避的巡幸"这一点也是头一次，有关人员用心之良苦非比寻常。

当天上午10点前，陛下从"御文库"出发。皇后送陛下到门口处的情景让我印象颇深。我们首先过二重桥，在祝田桥右拐，经樱田门、警视厅，通过虎之门来到美国大使馆。那一带交通量相当大，陛下的专车不得已要降低速度，甚至有时和首都电车平行慢慢行驶。

在大使馆的玄关处有元帅的两位属下出来迎接。进入大使馆后，直行几步右侧是一间书房，藤田尚德侍从长、石渡庄太郎宫内大臣等随从人员都按照要求在此等候，只有陛下和我被带到位于使馆内部的大会客室。麦克阿瑟元帅一个人在门口迎候。

陛下刚一走进房间，元帅便说道："请站在那里。"正装的陛下默不作声地站在房间正中后，元帅迅速站到陛下右侧。我内心正揣测接下来会怎样时，很快戴着"陆军摄影组"袖标的士兵走进来，架起照相机，照了两三张照片后，又很快退出去。这就是后来非常有名的那张合影。

才9月下旬，其实并不冷，房间内的火炉里却燃着熊熊火焰。偌大的房间里没有任何装饰，空荡荡的。

我的座位距离元帅很近，能清楚看到元帅的脸部。长年征战的疲劳在他脸上刻出深深的皱纹，紧张的面容显得苍白。但声音铿锵有力，语意清晰明了，很不擅长美式英语的我翻译起来也没有困难。

陛下和元帅的会谈，我记得各种内容加起来45分钟左右。最初的寒暄结束后，元帅的语气一变，开始用演讲腔调滔滔不绝地说起话来，主要内容是元帅关于战争与和平的看法。英语表达无懈可击，但他大量使用书面用语，而且每段话非常长，翻译起来相当吃力。

这次可以称为"世纪会谈"的见面进行期间，不时会有大使馆的签证官身穿日式正装，脚穿白色短布袜踏着竹皮草履，将火炉用的木材放在盆里悄无声息地捧进来，使房间里洋溢着无法言说的幽默气氛。元帅演讲般说了一通后，接下来的内容近似闲话。例如，他说自己和日本有四十年的渊源。之所以这么说，是因为他曾经早在日俄战争期间，作为副官陪同他任海外驻军将领的父亲阿瑟·麦克阿瑟将军来过日本。

根据日美当局间针对第一次会见的协商结果，当天陛下到达大使馆时和离开大使馆时，均由元帅的两三名下属出迎和送行，元帅只在会客室门口迎送。陛下到达时，元帅按照协商结果在会客室门口迎接，回去时，元帅特意将陛下送到大使馆玄关处。这一点我记得很清楚。

陛下一行返回皇居后，我马上将会谈的内容报告给藤田侍从长。侍从长说，陛下返回途中，心情很好。

顺便提一句，外务省中比我英语强的人有很多，为什么让我做翻译呢？我很不解。后来社会党的曾祢益（当时在外务省政务局）告诉我是吉田的指示。

第二次翻译是在 1947 年 5 月 6 日，陛下第四次造访元帅时。实际上，第一次会见后，我提出担任情报部长这一本职工作的同时兼任翻译工作的话，时间安排不开，因此请求由专职人员担任翻译。碰巧第四次时那位专职翻译生病，便找我救场。

之前的大约一年半时间里，陛下两次会见元帅。即自然而然形成半年会见一次的规律。因而，第四次会见应该是按照上述规律进行的。陪同陛下会见元帅时，我特别注意到两人见面时的氛围非常和睦。元帅满面红光，显得非常年轻，而且前面提到的大会客室墙上挂着很多幅画，房间里摆放着各种用品和漂亮的花。我记得那时麦克阿瑟夫人也来到日本，住在大使馆里。

元帅谈话期间，数次使用"陛下"这一词语。这是在第一次见面时，从来没有听到过的表达方式，变化巨大。第一次会见，每当他在演讲般的谈话中停顿时，会转向我非常严肃地说："告诉天皇！"感觉非常刺耳。

关于陛下与元帅的会见，一直经常收到报纸、杂志社等的约稿，我总是坚决拒绝。不过，现在毕竟和当时形势已经不同，而且时间也过去很久，感到可以利用吉田出版回忆录的机会简单谈一下，因此写了这些文字。

二、总司令部的干部——附录·对日理事会

与总司令部的交涉，今天想起来，当时即使一个小问题也会使我们费尽心思。何况对粮食问题等各种迫在眉睫的紧急问题的处理，由于既不了解对方的心情，也不了解对方的态度，最初阶段让我们非常不安。随着与总司令官以及参谋长等人的接触加深，我们开始理解对方的好意，对方也开始理解我们的情况，如此一来，很多事情意外地变得相当顺利。

不过，尽管我们很了解麦克阿瑟元帅和参谋长的想法，但他们

属下的军官情况就不同了,其中有些人经常提出奇怪的要求。所以我们经常直接去元帅处提出反对意见。

在此我叙述一下有关总司令部数位重要干部的回忆。

受到民政局的厌弃

占领政治时期,因为工作关系,我们日本政府联系最多的部门就是总司令部内的民政局。该局局长是惠特尼少将,副局长是凯兹上校,两个人均为日本人所熟知。惠特尼少将原来做过律师,从战前担任麦克阿瑟元帅的菲律宾最高军事顾问时代开始便一直在元帅身边,随元帅转战各地,最后来到日本。他顶多算文职军官,不是从开始就是军人。

虽然有点涉及私人话题,不过直白说,好像以这位惠特尼少将为首的民政局人员不怎么认可我。至少有一段时期他们是那么认为的。像我第二次组阁进行首相提名时,该民政局出现不打算将政权移交给我的动向便是一例。至于不被认可的原因,我自己也不清楚。勉强说的话,我想可能因为我从来没有主动在民政局露过面。因为有什么事情和总司令部交涉时,一般情况下,我会直接拜访麦克阿瑟元帅。

占领的初期阶段,与麦克阿瑟元帅会谈时,基于工作性质,我一提起要亲自去民政局等部门谈谈,麦克阿瑟元帅便说:"没有必要去,我喊他们过来。"说完,就将惠特尼少将、马库特少将(经济科学局长)等人叫到总司令官室。这些人在元帅面前无论被吩咐什么，只能不断回答："是，长官。"事情瞬间得到解决。对我来说确实是好事，但设身处地地站在他们这些总司令部要人的角度看，当着我的面，站得笔直地回答"是，长官"不太有面子吧。

另外现在能想起来的还有一件事。民政局多次向外务省提出，某某人对占领政策不合作，应该停职或者开除公职。碰到这种情况，我会通过事务部门向民政局转达我的意思："这种性质的问题，口头提出不合适，请形成正式的书面文件给我。"于是很多时候便不了了之，没了下文。因为他们知道，形成书面文件的话，我会拿到麦克阿瑟元帅处，直接和元帅进行交涉。按照这种节奏发展下去，对方对我没有好印象或许也就理所应当了。

"新政拥护者"的暗中活动

有迹象表明，除参谋部以外，以民政局为首的绝大多数部门中相对比较年轻的职员里，混进了所谓新政拥护者的改革分子，特别是在占领初期阶段，人数相当多。这些人属于我之前提到过的理想主义者的典型代表，他们有把日本当作试验地加以利用，尝试实施他们一直主张的进步的改革理论。好像其中一部分人非常激进，后面我也会提到，他们与日本的左翼分子来往，听说更有甚者，有时竟然利用并且煽动日本的左翼分子。这些新政拥护者，后来逐渐被责令回国。据传一些人返美后，还被以"赤化"为理由受到众议院非美活动调查委员会的讯问。

其实不只是新政拥护者的问题，我有一次和麦克阿瑟元帅谈话时，提到总司令部职员的素质。我记得当时，元帅无奈地叹息道："不管怎么说，美国现在的经济状况很好，就业没有困难，一流人才中，主动来日本工作的人非常少。"

纯粹军人出身的人

我不被民政局等部门的（被我命名的）理想主义派喜欢，奇怪的是，纯粹的军人们和我可以说很对脾气，关系密切。他们不时地给我宝贵的忠告。我感到他们尽管是军人，却大多数都具有较高的修养，最重要的是他们不会玩弄理论概念，而是以对占领政治是否有实际效果作为判断标准，一旦得到他们的认可，便不会拘泥于面子、感情，鼓励我们、支持我们，给予我们巨大帮助。

他们中有参谋二部部长威洛克少将，还有虽然不是总司令部人员，但也是麦克阿瑟元帅统帅的第八军首位司令官艾克尔伯格少将。这些将军从他们的职责出发，就关于维持治安问题如何采取对策给予我们很大的鼓励和帮助。我自己到各地演说时，也承蒙他们派给护卫人员。因为粮食不足，他们让人送三明治盒饭给我，很直率地对我表达他们的好意。私人方面的好意姑且不谈，我认为绝不能轻视美国的这些纯粹军人派直接和间接地在占领政策顺利实施方面，同时在日美友好方面所做出的贡献。

对日理事会与总司令部

提到总司令部的人员，顺便说一下总司令官的顾问部门——对日理事会。对日理事会的构成已经在本章开始部分简述过。

对日理事会设置于东京丸内明治生命（公司）主楼内。虽然是总司令官的顾问部门，成立伊始便和总司令部之间存在微妙的隔阂。原来是从总司令部派出美方代表作为对日理事会成员出席会议，并担任会议主持人。第一次会议，麦克阿瑟总司令官亲自出席并担任会议主持人。可是苏联代表杰列维扬科中将等人频繁发言，进行妨碍施政和支持共产主义的宣传。总司令官考虑到自始至终出席会议，导致被卷入上述内容的争论之中毫无益处，便以"公务繁忙"为由，决定由总司令官外交顾问约翰·艾奇逊大使代替总司令官出任会议主持人。

这位艾奇逊先生相当稳重可靠，长年担任驻中国外交官，是美国国务院有名的东亚通。我任外务大臣时期，他住在距离外务省很近的前住友宅邸里，因此私下来往也很密切。遗憾的是，艾奇逊大使后来因为协商工作事宜返回本国途中，于夏威夷附近的太平洋上空飞机失事遇难。

艾奇逊的接任者依然为国务院出身，是时任总司令部外交局长的威廉·西博尔德。这位西博尔德先生，原为海军士官，年轻时曾受军方派遣留学日本学习日语，日语水平很高，也有很多日本朋友。后来调任国务院，目前是国务院少有的日本通，现任副国务卿。

艾奇逊、西博尔德都曾秉承麦克阿瑟元帅意旨，为了日本的利益与苏联代表等其他联合国代表进行激烈辩论。当时联合国方对此给予相当严厉的指责，元帅以及美国代表毫不在意，一直贯彻总司令部认可的方针。

苏联代表的掣肘遭遇失败

苏联代表杰列维扬科中将率领数百随员气势汹汹来到东京，意图大展一番宏图。然而他提出苏军进驻北海道的要求遭到严词拒绝后，无法施展拳脚，仅仅在国内宣传和指导日本共产党员方面多少取得一些成果。不仅如此，在日本俘虏送回问题上受到麦克阿瑟元帅的猛烈反击，以至于最后苏联不得不缩减驻东京代表团的人员。

无论是东京的对日理事会还是华盛顿的远东委员会，开始的时候，讨论天皇战犯论等对日本极为苛刻的内容，后来又屡次指责总司令部的对日态度过于宽松，但总司令部始终都能够坚持既有方针。之所以会这样，我想有一个事实不能忽视，那就是当时的杜鲁门总统大力支持麦克阿瑟元帅的做法。然而元帅本人却因此招致联合国的强烈反感和贬低，后来甚至成为美国总统解除他职务的背后原因之一。

对日理事会的冷风

关于对日理事会，我记得当时一个在终战联络事务局工作的人说过，对日理事会设在丸内的明治生命（公司）主楼六楼，日本人不能从正门进入。无论终战联络事务局的负责人还是新闻记者，只被允许从楼侧的出入口进入旁听席。如前所述，在这里，联合国各国代表态度严厉地讨论着如何惩罚、监视投降的日本。据说那是确实会让旁听的日本人至今仍历历在目的场景，使人痛切地感受到日本已经战败、投降的事实。

但另一方面，日本国会由于战败，军国主义的压力消失，在自由民主主义的旗号下，反复进行着天马行空、自由活跃的讨论，竟然好像完全忘却了战败这一事实。甚至有共产党的议员持"没有军备，我们还是一个独立国家吗"的论调，主张重新军事化。即一方面是对日理事会的严厉，另一方面是日本国会的自由奔放，对照非常鲜明。

上述终战联络事务局的人所说的话让我们看到二者的明显不同，我听后，深表赞同。我想这正是战败后不久的日本国情的一种体现。

回想补余：

民政局的表演——白洲次郎（东北电力公司董事长）

当时惠特尼少将担任 GHQ 的民政局长。占领一开始的时候局长并不是他。有一位姓名不详的人物担任了很短时间的局长，然后由惠特尼少将接任。我自认为接触过数量众多、性格各异的美国人，但像他这样的美国人从未见过。我听说过这位少将与麦克阿瑟的关系非同一般的大量传闻。有多少是真实的，有多少是虚假的，到现在我也不清楚。然而，占领时期，惠特尼受到麦克阿瑟庇护和信任的程度之深却有目共睹。其他 GHQ 干部非常害怕惠特尼。触怒惠特尼就意味着被麦克阿瑟疏远的传闻满天飞。甚至个别局长在我面前毫不掩饰对惠特尼的恐惧。也许他们听说我经常与惠特尼"发生冲突",好心劝我吧。可以看出来惠特尼的所作所为很多时候是在意识到麦克阿瑟能够做他后盾的情况下实施的。我认为GHQ的干部中,几乎没有人会对惠特尼抱有善意。

民政局内部可以说强将手下无弱兵,有相当"能干"的人。凯兹上校名列前茅。惠特尼打着麦克阿瑟的旗号,而凯兹在惠特尼的支持下,两人在GHQ内一时权势熏天。当时日本人中的"强人"拜访GHQ时,大部分情况可以毫无疑问地理解为是参见惠特尼,拜会凯兹。这些"强人"的卑躬屈膝即使在旁边看着也让人不齿。

现在,从结果看,GHQ的施政屡次出现不切实际的情况。我理所当然认为这种不切实际对日本无益,而且也坚信将损害未来的日美友好关系,因此针对不切实际的情况经常直陈强硬的意见。

当时吉田首相多次给予指示也是事实。与民政局"发生冲突"最多,我对民政局干部对我的态度最为愤慨,以他们的人品来说也颇为自然。或许他们认为明明我是被征服者,却趾高气扬。更何况其他"强人"对他们一味顺从。

一天,我被召集到民政局的会议室开会。日本人只有我一个。会议室里民政局的干部们坐成一圈,只有我在正中间。正好和法院审判嫌疑犯时的位置相同。惠特尼慢腾腾地出现在会议室，众人起立迎接，他坐下后，向我说道："最近日本政府出现轻慢 GHQ 的倾向。麦克阿瑟元帅到目前为止一直对日本实行柔性方针，但如果现在的状态持续下去，他将考虑不得不转换为强硬方针。"原话记不清楚了，总之惠特尼用严重警告的语气说完上述内容。我是 GHQ 与日本政府的联络员，便说我将把您的意思转达给吉田首相，然后离开会议室，会议在极短的时间里结束。

我向吉田首相进行了报告。柔性方针可能会转换为强硬方针，属于事关大政方针的重大问题。会议结束一个小时到两个小时之内，吉田首相面见麦克阿瑟确认他的真实想法，结果麦克阿瑟表示没有听说过。事后从吉田首相处听说到此事时，我并没有太吃惊，只是想这种表演这些人能干出来。

三、占领下的日本人

前面，我叙述了占领政策的动向和总司令部的对日态度。下面，我将说一下针对这些政策和对方的态度，我作为日方的负责人所采取的对策和当时的心态。

我在 9 月 17 日就任战后的东久迩内阁外务大臣。这一天麦克阿瑟元帅进入作为总司令部事务所新征用的东京第一相互大楼办公。

做一个好的失败者

我任外务大臣后不久，一天到铃木贯太郎海军大将在大森的临时寓所拜访。众所周知铃木大将是战争结束时的首相。他长期担任陛下的侍从长，因为岳父牧野伯爵的缘故，与我关系不错。我前去拜访时，铃木大将因自己的房子在空袭中烧毁，住在朋友家里。见面后，我向大将请教，这次我担任外务大臣，您有什么要叮嘱我的话吗？铃木大将说道："战争，胜者固然有胜者之道，败者也要有败者之道。就像鲤鱼摆在案板上，无论人家怎么切割都要一动不动。希望你做一个好的失败者。"西方有一句谚语"A good winner is a good loser(一个好的赢家是一个好的失败者)"，我也非常认同。做好失败者是我针对总司令部的一贯想法。

做好失败者，并不是凡事回答"是，先生"。只是表面同意，回去后改变态度，所谓阳奉阴违，是我最为忌讳的。我的态度是，关键在于全力配合占领政策的实施。但是，对方想法有问题时，或者不符合日本国情时，尽量向对方解释我方的情况，努力说服对方。即使事情按照对方所说的确定下来，也要首先顺应对方，等待能够调整错误和过失的机会来临。换言之，该说的时候说，剩下的就是干净利落地加以服从的态度。

抵抗

我的这种态度，麦克阿瑟元帅等人给予充分理解。不过，有时在总司令部的干部当中也并不能说完全没有误解我是在进行抵抗或者妨碍的人。至少存在认为"吉田很不逊"的人。

最近经常听到有人得意洋洋地说"自己在占领时代都进行过什

么样的抵抗"。"抵抗"这一词汇，据我观察，近来一般情况下使用在带有某种特定概念的场合。即甘地的对英不合作运动、德国军队占领下法国人的抵抗运动等。然而我们对占领军采取的态度根本不是那种意义上的抵抗。我们所主张的"抵抗"其真实含义说到底，是在确信会符合日本的实情，给日本以及给日美关系带来正面结果、正面影响的情况下，敢于向对方提出抗议或者进行解释，从未有过基于感情和面子而反对的情况。

这样，到今天，我想从结果来看，不是自卖自夸，如日本般合格的失败者在世界历史上很少见到先例。刚刚投降时，所有日本人最大的担心便是占领将持续几年，还是几十年。很多人认为将持续二十年、三十年，其中悲观的人甚至担心会不会达到半个世纪。可是，对日本的占领，六年八个月便结束了。回想起六年八个月的岁月以及其间的辛劳，对我来说好像特别漫长。如前所述，从刚刚投降时国民的担心来看，占领意外地在很短时间内结束倒确实是真的。这也证明了我们日本人是好的失败者。

一些日本人令人不快的态度

如前所述，日本人整体是好的失败者。但说到个体，就不一定了。我对占领期间我们日本人的态度有两个感到不快的地方。

一个是，日本人当中曾经发生过缠着总司令部的人，意图得到什么好处，赠送对方过当的礼物，极其奢侈地招待对方，反而招致对方的轻慢或者使对方腐化堕落的事例。赠送礼物和宴请，一方面也许体现出日本人善交际的特点，但需要有限度。朋友间互相赠送发自内心充满好意的物品是非常美好的事情。无须赘言，期待某种回馈而赠送过当的礼品，进行高档宴请，即使不触犯法律，也应该给予谴责。说起来，见对方是外国人便想赠送过当礼品是一些日本人的积习，是我今后无论如何都想加以纠正的想法之一。

与赠送礼品相关的，不知道说成崇洋媚外还是自卑感哪个更恰切，占领期间我看到不少如果是总司令部人士说的话，不管针对什么事，不管在什么场合的发言，皆被其奉为圭臬的日本人。这种情况多解释为是平时不太接触的外国人以征服者身份出现造成的。我只有希望今天的日本人，特别是未来的年轻国民具有强大的自信，以堂堂正正的态度面对外国人，不再重蹈那种愚蠢拙劣的覆辙。

另一个占领期间让我不快的日本人的态度是所谓进步主义者和过激改革派中的某些人的行动。特别在占领初期非常让人侧目。

这些人当时频繁进出总司令部，基于其偏狭的观点，告密和中伤同胞的迹象明显。大范围实施开除公职政策时，特别在涉及报纸、杂志等领域实施开除公职政策时，这些人的活动相当活跃。而且前面多次提到，在初期的总司令部里存在相当数量的左翼分子，今天可以明确断定他们出于"解放日本"的意识形态，与日本的左翼分子进行呼应，甚至加以利用是无法掩盖的事实。当然如果从日本左翼分子的观点来说，也许他们的行动在配合占领政策。实际上，无疑他们利用这个机会，不择手段地扩大自己的势力。平心而论，不得不说他们的行为是对日本同胞的背叛行为。

回顾他们的行为给复兴日本带来的重大干扰，以及他们中的大多数人不出数年便站到反美、排美运动的最前列等事实，应该说暴露了他们的"配合占领政策"不过是进行自我宣传的借口而已。

来时为敌去时化友

社会上一些人对美军的日本占领管理有所了解，与日本军部曾经在伪满洲国等中国各地、东南亚实施的军管相比较，主张二者存在类似性。当时，日本尚不老练的青年将领、顶多为校级的军人，凭借武力和权力，对中国等国的老政治家和工商界的人，进行所谓的"内部指导"。那些人据此与总司令部以及地方军政部的职员进行比较，得出无论哪国国民，如果站在征服者、占领者的立场，其所作所为均相同的结论。如果只看部分或者表面，确实有很大相似性。但是，据我观察，这样的类似绝不是本质性的东西，因此从大局来说，这种比较并不得当。

非常遗憾，众所熟知的事实是，日本军队实施的占领管理，到处引发怨恨，导致强烈的对日憎恶感。然而必须说美国与日本这两个曾经的敌对国家之间，通过占领建立起来的大约七年的关系是现代史中值得大书特书的成功。而且我认为这对日美两国人民是非常幸运的结果。美国占领军的将士们，诚如西欧一位诗人所赞美的那样："作为敌人来到这个国家，却作为朋友离开这个国家。"可是，现在的一些日本人，无意义地高喊"反美""排美"。与明治时期的前人们宽广的胸襟与内敛的气质相比，简直是天壤之别。遗憾至极。

第五章　我的政治生活

一、踏入政界的第一步——成为宫内阁的外务大臣

战争结束前后的情况，像我在前面提及的那样，因为隐居于大矶，知道的不过传闻程度而已，详细内容并不清楚。关于东久迩宫，我后来从当时的内大臣木户幸一侯爵处了解到，战争爆发前近卫内阁倒台，东条内阁开始执政时，据说近卫公就有意请殿下组阁。因为考虑到要抑制当时过度膨胀的军部势力，必须殿下出面。但另一方面木户内大臣等人担心，如果能成为走和平道路的内阁另当别论，万一误判也许反而会导致战争，从而累及皇室。出于上述考虑，他们表示反对，结果决定由东条大将组阁。因为有如此过往，在战争终于行将结束之际，为了控制住乖张的军部，以便能够正常处理战后事务，决定恭请殿下出马。

殿下的召唤

美军进驻后不久的 9 月 17 日，当时殿下内阁的办公厅主任绪方竹虎（现已去世）给在大矶的我打来电话说："殿下有急事，你带着正装来一趟。"我想可能是和总司令部有关的事情，便坐上来迎接的汽车在下午6点左右抵达东京。来到首相官邸见到绪方后，他才告诉我，重光外务大臣因故辞职，由我接任。我考虑自己到目前为止一直隐居，什么形势也不清楚，而且值此重要时期，必须由国内外深孚众望的人担任外相为好，就向绪方推荐当时还健在的池田成彬、币原喜重郎两位。绪方东拉西扯根本不听我说。因为他说殿下等我很久了，便暂且到麻布市兵卫町的住友别宅即东久迩宫的临时宅邸去面见殿下。

殿下表情沉重地对我说，就拜托你了。我把和绪方说过的内容又和殿下重述了一遍，但毕竟不能像对绪方那样强硬，结果只好接受。尽管夜已经很深，却在当天晚上就举行了任命仪式。

顺便说一下，因为事情发生过于突然，令我为难的是，忘记携带与正装搭配的黑皮鞋。绪方问我："鞋怎么回事？"我回答："你也没有告诉我带来啊。"两人笑在一处。没办法，借了一双鞋出席任命仪式。但因为皮鞋过大行走困难，而且还发出咯噔咯噔的声音，在殿下面前我努力控制着自己不出丑。当时的情景至今不能忘记。就这样，我迈出了参与政治的第一步。

两个美国士兵

当时发生过这样一件事。在藤泽和户冢之间的东海道一带有一片荒凉的松树林，一天，在那里，我的汽车被两个美国士兵拦住。

我想这两个人也许要抢劫，两个美国士兵却说，他们实际上因为迷路正不知道怎么办好。想回东京，如果方向相同的话，希望我让他们搭车，哪怕半路下车也可以。这对我来说小事一桩，便让他们坐到车里。没想到，车开了一会儿，两个大兵便笑嘻嘻地又给我巧克力，又给我口香糖，又给我香烟，态度和蔼地招待起我来。这就是占领军将士常见的态度，那时我自己的感受应该和普通国民的感受相同。我深深地感到，正是因为美国大兵们的这种态度，才使他们一枪未发便平稳地完成了占领。

劝说币原男爵出山

10月4日，麦克阿瑟元帅下令发布《关于解除对政治自由的限制的备忘录》。其内容为：第一，废除《治安维持法》和《治安警察法》等所有限制自由的法令；第二，废除内务省警保局和府县特高课；第三，全部罢免从内务大臣、警保局长、警视总监、府县警察部长到特高课长总数将近5000人的重要官员。当时的内务大臣山崎岩第一个被解除职务。

现在看起来，也许不难理解推出这样的措施有什么意义，没有特别重大的感觉。但对当时尚未适应占领管理之严厉的政府来说，受到非常大的震动，东久迩内阁以战后事务告一段落为理由在备忘录发布的第二天即10月5日，宣布集体辞职。

于是就产生了下任首相由谁来担任的问题，木户内大臣挑选币原喜重郎男爵担此重任，并且让内大臣秘书长松平康昌到我处要我出面劝说币原先生出山。币原先生是我担任外务省次官时的大臣，对我来说既是老前辈，也是当时外交界的一位元老，由于被视为和平主义者，受到军人排挤，一直远离仕途，过着与政治无缘的隐居生活。我马上出发前往他当时在玉川的家，传达木户内大臣请他出山的消息。

然而币原先生完全无意出山，一直顾左右而言他。我把前些天绪方刚对我说过的话，比如，现在不是应该回避责任的时候，必须迅速收拾时局等等，原封不动地用在币原先生身上，说得我口干舌燥。币原先生却找出各种理由加以拒绝。如此胶着了一小时左右后，我灰溜溜地回去了。

"会说英语吗？"

返回后向木户内大臣报告了经过，建议说，只有内大臣亲自对币原先生进行说服一途，除此之外别无他法。并告诉内大臣，我从币原家回来前留下一句话："陛下马上就会传召您，您还是做好准备。"内大臣迅速将币原先生叫到内大臣府，向他转告陛下非常担心时局，诚恳地劝说他。据说木户内大臣事先取得陛下许可，当天由御膳房提供膳食，两人边吃边谈的。

这样，确认币原先生态度有所松动的木户内大臣马上向陛下报告，陛下特事特办，免除一些形式上的手续，召见币原先生。当时，陛下特别赐座，并和他亲切交谈。币原先生深受感动，终于接受任命。于是，我作为使者，去见麦克阿瑟元帅，请求批准币原担任继任首相的申请。当时的情形我记得很清楚，刚一走进司令部萨瑟兰参谋长的房间，他便问道："您有什么事？"我如实回答道："我前来报告，下一任首相的人选内定为币原。"正在这时，元帅走进来，问道："你们说什么呢？"我答道："来请求批准币原男爵的任命。"元帅又问："年龄多大？""70多。""年纪有点大啊，会说英语吗？"币原先生是公认的英语大家，本人也以此为傲，不想到了元帅这里，竟然被问是否懂英语。我赶紧回答："当然会说。"币原在世的时候我曾把这件事说给他本人听，他像老小孩一般甚至考虑见到元帅后要挫挫元帅的锐气，不过，最后也没有等到这个机会。

留任外务大臣

得到认可后，开始组阁。说是组阁，也没有特别合适的场所。不得已在我当时居住的位于麻布市兵卫町的外务大臣官邸设立总部，着手进行组阁。组阁参谋这一职务由后来成为新内阁办公厅主任的次田大三郎担任，找来阁员候选人进行谈话。我在幕后提供帮助，相当于幕后参谋。虽说是幕后参谋，但因为军部当时已经不存在，又没有像样的政党组织，组阁没有费什么事。只是获得总司令部的认可多少有点麻烦，用了两天时间才完事。当时还保留着陆海军大臣，海军大臣由现已去世的米内光政大将担任，陆军大臣由下村定大将担任。我记得曾帮忙与他们交涉。这两位将军在终止战争以及之后对军部的镇压和处理方面竭尽全力，功不可没。

我在币原内阁中留任外务大臣，不过当时外务省虽然存在，但无须赘言，占领初期日本没有外交。我留任外务大臣不久后的10月25日，根据总司令部的命令，停止一切外交和领事相关的工作，对外联系包括与驻日外国外交代表的联络在内悉数通过总司令部外交局进行。因此，我的主要工作就是关于重要问题与总司令部联络而已。

几千万人中的十五个人

当时有这样一件事。总司令部下达命令，罢免地方长官15人。币原首相正因罹患肺炎卧床不起，对我说，设法与美方交涉一下，我便在美国大使馆面见元帅。我提出抗议说："罢免15名知事不好办，这样一来，地方行政将会崩溃。请重新给予考虑。""你说，日本人口到底有多少？"元帅微笑着说，与以往一样在我身边绕圈子走个不停。"恐怕有几千万吧。罢免几千万人当中的区区15个人，地方行政便会崩溃，不是太奇怪了吗？何况，知事下面有能力的年轻人肯定多的是。给他们一些机会不好吗？人口如此众多的日本应该给年轻人更多的机会。罢免15个知事，没有什么可以担心的。这是常识，对吧？""你说的当然有道理。"我表示投降。确实应该给年轻人机会，把众多的"老爷爷"赶下台也不错，想到此我的想法从反对变为赞成。明明去说服别人反而被别人说服，我回去把情况向卧病在床的币原首相汇报后，他苦笑了起来。

《麦克阿瑟传》一书中的错误

有关总司令部和麦克阿瑟元帅的详细内容在别章叙述，本节我想指出以原民政局长惠特尼名义出版的《麦克阿瑟传》一书中一些重要之处的错误。

尽管我本意不打算批评别人的著述，但是涉及的内容是我做外务大臣时代亲自参与过的，而且在占领行政方面，记述的是像"直接行使最高司令官职能的最初事例"这样的重要问题。

这本书中记录了作为军队司令官的麦克阿瑟元帅于第二次世界大战以及战后数年里，在美国远东军司令官任上的业绩。第二部《日本》中有这样的内容：尽管占领管理基本通过日本政府实施，美国政府却指示，最高司令官可以在他认为遂行职务有必要的情况下直接行使自己的职能。叙述完后，作为例子提到下述插曲。

开除公职指令下达后，当时的币原内阁数名阁员被要求开除，因此明显可以理解为是1946年1月4日那几天的事情。根据该书的记述，币原内阁对该指令"决定以集体辞职表示反对态度"，"不巧币原首相卧病在床，为了向麦克阿瑟元帅报告该决定，派出外务大臣吉田茂，同时通知给报社。报社在吉田面见麦克阿瑟元帅之前，用大标题进行了报道"。

该书接下来记述：元帅马上同意会见吉田，并冷淡地听取了吉田的解释；吉田说，向天皇提交内阁全体的辞表的同时，计划请求天皇再次命令币原首相组阁；辞职程序基于当时依然生效的明治宪法等。而且还写到，听完吉田解释的元帅严肃发表了如下意见：

"我知道币原男爵是执行占领指令的最佳人选。不过,如果值此之际男爵做出内阁集体辞职之举,日本国民必定会理解为他拒绝执行指令。那样的话,币原男爵也许对天皇来说是一位好的继任首相,我却不能接受。"

我完全没有记忆

我引述了书中部分内容。然而关于此事,我完全没有记忆。也不知道币原内阁那时决定集体辞职。同样不记得麦克阿瑟元帅和我谈到币原先生的情形。我只在前述东久迩内阁解散后,前往总司令部请求同意其作为继任者担任首相那次和元帅谈到过币原先生。

当然该书的创作方式采取的是仿佛在旁亲眼观察的剧本写法,也不像完全都是无根无梢的事情,所以或许有人以其他人为对象说过同样的话做过同样的事,惠特尼少将误认为发生在我身上。[①]

二、意外成为政党总裁

大概是我担任币原内阁外务大臣时的事情。鸠山一郎[②]为中心

[①] 关于这点,开除公职令发布时曾担任内阁办公厅主任的次田大三郎先生明确说,当时没有内阁总辞职的决定,不过确实政府内部有一些人提出过总辞职的建议,因此新闻报道完全基于臆测,不可能有政府公开宣布总辞职的事情。

[②] 鸠山一郎(1883—1959),日本政治家,第52、53、54任首相,被认为是二战后日本最重要的首相之一。鸠山一郎一生坚信议会政治,并敢于坚持自己的主张。因为战争期间曾站在议会政治的立场公开反对东条内阁独裁式的推荐候选人方法和《战时刑法特别修正法案》,他一度被迫隐居。在战后初期的日本政坛,享有极大威望。他是日本前任首相鸠山由纪夫的祖父。

召集安藤正纯、芦田均等旧政友会的国会议员成立日本自由党，不久之后以旧民政党派的议员为主成立日本进步党。我对政党天生不怎么有亲近感，所以当时也没人劝我参加，我也不特别感兴趣。到后来我意外地被推举为自由党总裁前，如果说多少与政党产生关系的事便是在推荐币原先生为进步党总裁之际，曾经稍微说了几句话而已。

没有党首的进步党

币原内阁诞生时，政党还处于尚未重建状态，国会议员是战时选举并延续下来的。当时的立法活动根据投降条件规定必须无条件地在国会通过总司令官的命令，几近与政党和内阁没有任何关系。而且为了将总司令部的命令具体化，并将其中三个需要迅速转换成法律的内容通过立法程序制定为法律，如：包括妇女参政权在内的《新选举法》、扩大工会权利的《工会法》以及使佃农成为拥有自己土地的农民的《农地调整法》等，召集的临时国会将近年末时随着法案的通过而被解散。接下来的总选举因为开除公职审查的缘故延期，到第二年的 1946 年 4 月 10 日新议员选出前，国会基本上等于不存在，因此即使想与政党有关系，或许也没有机会。

前面提到的日本进步党，由于包含大量所谓战时支持军部的议员，根据 1946 年颁布的开除公职令以及其后进行的候选人资格审查结果，出现众多无资格人员。在 4 月份的总选举中，自由党获得 130 多个席位，进步党不过 90 多个席位，下降为稍强于第三名社会党的势力。创建时的总裁（现已故）町田忠治先生也在被开除公职之列，造成进步党没有总裁，町田、大麻唯男等干部为了找到合适人选煞费苦心。

推荐币原为进步党总裁

正好这时，一方面币原先生身边的人在他辞去首相职务后考虑如果币原先生就此再次归隐另当别论，如果不是那种情况，欲作为政治家为国家和社会贡献自己的力量，就必须正式加入一个政党，当选为众议院议员，因此希望币原先生以总裁身份加入进步党。而我也考虑由币原先生担任进步党总裁比较合适，记得是在总选举稍早前，在没有任何人打招呼的情况下，我主动去劝说他。

"今后不会有官僚政治了。您承陛下信任，成为首相。但以后无论如何都将由选举中占多数的政党总裁出面组阁。您也抓紧时间加入一个政党吧。现在进步党的町田受到开除公职处理，导致进步党没有总裁，正处于困境之中，我建议您加入进步党并担任总裁！町田与您曾在同一个内阁里为官，关系不错，您就接任吧。"然而，币原先生那时又找出一些理由搪塞，没有马上同意。

町田忠治先生在浜口雄幸内阁时代，是我担任外务省次官时的农林大臣。后来我们关系也一直不错。劝说完币原先生后，我去拜见町田先生，对他说，进步党总裁，币原不合适吗？你也了解他，以前他还多次担任民政党内阁的外务大臣，与党的渊源很深。结果町田先生听完后非常赞成，去劝说币原先生，依然遭到拒绝。之后和大麻唯男一起去币原先生那里。在大麻的极力劝说下,币原总算答应了担任总裁一职。

没想到大麻问我道,那你到底怎么打算的?我回答说,我对政党什么的没有兴趣,没有考虑过入党。大麻便说那我要说一下,之所以请出币原,也是想将你一起请出来。我回答说,只要币原当上总裁,我自己怎么样都可以。入党不入党的事情当时没有明确回答,谈话就此打住。

受到鸠山开除公职的波及

这样,币原先生确定担任进步党总裁。恰好这时获知总选举的结果,自由党成为第一大党,社会上都预测下一任首相理所当然由自由党总裁鸠山一郎担任,币原内阁必然总辞职,因此认为币原首相答应做进步党总裁是出于让进步党占据执政党位置的考虑。阁员当中,也许有人内心如此打算,但我关于那方面的事情完全不懂。不仅限于这个问题,从总选举开始到开除鸠山公职时为止的内幕情况,我大多不清楚。

鸠山一郎被开除公职令我十分震惊。后来我才知道,关于鸠山将被开除公职的传闻早就在政府内部流传,从什么渠道获得的消息不清楚,有迹象表明是办公厅主任楢桥渡和内务大臣三土忠造等人掌握并传播出去的。

于是,当时从政府部门传出来否定所谓宪政常道论(政党轮替,由第一大党执掌政权的模式。认为如果鸠山不能当首相,政权未必必须由第一政党执掌。结果这一论调没有得到舆论支持，便又逐渐出现了开除鸠山公职的说法。

因此鸠山的开除公职处分在台面下的政治角力中被充分利用，针对鸠山本人，也有人忠告他，由于存在被开除公职的可能性，最好不要寻求获得政治上的正式地位。鸠山并不在意那种私底下传播的消息，请现在已故的三木武吉等人推动与社会党的联合工作。然而，在联合工作刚刚遭受失败之际，他便被开除公职了。没想到，这件事竟然波及到从未认真考虑过加入政党的我，不仅意外地加入了政党，甚至还坐上了总裁的位置。

"自由党总裁你来干！"

鸠山的开除公职处分确定之后，好容易建立起来的组阁新路完全崩溃。币原内阁已经提交辞呈，只有等待下任内阁出现一途。

一方面尽管币原先生已经成为进步党总裁，但现在却不能居首相位；另一方面，又找不到继任者。这时，鸠山找到我，对我说，自由党总裁你来干吧！我本来对政党什么的就不感兴趣，内政方面也没有相关知识和经验，而且岳父牧野伯爵又反对，因此并不想接受。于是便推荐前辈政治家古岛一雄老先生[1]。鸠山说，那就拜托你去说一下。我前往世田谷经堂古岛老先生的家拜访，提及此事，老

---

[1] 古岛一雄，兵库县丰冈市人士，号古一念。曾任职东京电报（公司）、日本新闻记者，后进入政界，自1912年开始当选国会议员六次。1925年从政界引退，1932年被遴选为贵族院议员。与犬养毅先生关系良好，经常为其提供咨询意见。战后居家悠闲度日，于1952年5月26日去世，终年86岁。

人家说:"一个八十岁的老人已经不能再上台演出了。你快放过我吧!"干脆利落地拒绝了我。

我向鸠山报告结果的同时,又向他推荐外交界元老前宫内大臣松平恒雄,还是由我前去询问意向。我马上前往涉谷的松平家拜访,说明来意,感觉对方拒绝的语气并不十分坚决,便告诉鸠山亲自前去劝说。两三天后,鸠山突然来到我这里说,刚从松平家回来,已向松平先生表示收回前言。这是怎么回事?为什么收回前言了呢?我很不解,鸠山解释说,如果请松平担任总裁,内部不同意见太大。不知为什么,党内强烈反对。鸠山最后对我说,还是务必请你来担任总裁。转了一圈又回到原点。

时间一天天过去,只要新内阁不上任,币原内阁就只能一直这么不上不下地拖下去。可能因为有报道说我或者成为自由党的顾问,或者接受担任总裁的邀请,一天内阁会议结束后,国务大臣松本烝治博士对我说,你快些接受吧,我们既不能辞职,又不能总是占着位置,头疼死了。我开玩笑说:"我自己不是自由党党员,没有接受的道理。芦田均是自由党员,你来做怎么样?"芦田当时担任币原内阁的厚生大臣。

危机四伏的社会形势

当时在场的币原先生听到我们说话后,让我散会后去他办公室。我一走进首相办公室,他便说不管怎么样你先接任吧。我态度郑重地对币原先生说:"您说我劝您出任政党总裁是非常残忍的事情。最近一段时间，您处境很困难。您想把收拾困局的工作推给我吗？"说罢离开了首相办公室。

又过去两三天时间，事态没有任何转机。于是，币原先生再次把我叫去说："无论如何你也得接任。"那时，因为政局走向不明朗，除自由党、进步党两党以外，社会党、协同党以及共产党等各政党之间出现很多复杂动向，特别是共产党的活动十分活跃，使战后本已不稳定的人心愈加动荡。

当时的社会形势混乱。总选举之前的4月初，一个名为"打倒币原内阁国民大会"的群众集会在日比谷公园召开，受到共产党的指导，成千上万的群众涌向首相官邸，发生警察开枪的事件，甚至占领军的装甲车和武装吉普车都出动警戒。这以后一直到币原内阁总辞职，首相官邸门前的游行示威每天都会发生。而且战时消失了的五一劳动节集会重新于当年5月1日在宫城前广场召开，有数十万工人参加。同样的集会在国内各地进行，当时的新闻报道称，红旗席卷全国。道理非常明显，如此动荡不安的现实形势要求，无论如何，首先必须迅速稳定政局，安抚民心。

接任自由党总裁的三个条件

这种情况下，我终于不得不开始考虑接任自由党总裁。我将鸠山叫到麻布市兵卫町的外务大臣官邸，进行最后的谈判。我那时提出三个条件。我没有钱，也不会去募集钱；阁员的挑选鸠山不能参与；不想继续做时可以随时不做。鸠山满口答应。于是我终于接受了接任总裁的请求。站在鸠山的立场，他大概考虑暂时由我掌管自由党，等待以后重返自由党的机会，而我本身也没有长期做下去的打算。总之，我的心情就是迫于形势不得已接受。

决定接任后的第一步便是正式加入自由党成为总务会长。成为总裁必须由党的大会决定。因此，我首先任代表党的职务即总务会长。所以，我在党的大会上被正式推选为总裁是很久以后的事情[①]。这样，自由党失去总裁以来混乱的政治局面，通过我接任党首重新回到"鸠山开除公职"前的状态。尽管如此，仅靠自由党自己不可能成为众议院的稳定势力。这期间发生过很多事情，最终我与币原总裁的进步党经过协商，提出自由、进步两党组成联合内阁的构想，由我代表自由党出任首相[②]。我记得那天是5月16日。

麻烦的组阁

组阁可不是容易的事情。我曾经前后有过两次帮助广田内阁和币原内阁组阁的经历。我自己组阁却是第一次。以永田町的首相官邸作为组阁总部，着手进行新内阁的组阁。

我的工作大体是执行党内已经定下来的事情，不过最麻烦的是挑选农林大臣。关于农林大臣，我与终战内阁的农林大臣、农政界元老石黑忠笃商议了一番。石黑最初推荐东京帝国大学教授东畑精

[①] 同意接任自由党总裁为5月14日。正式被推举为总裁是8月18日。
[②] 当时明治宪法还有效。内大臣府已经被废除，继任首相必须由前任首相举荐。因此等到通过保守联合建立下届政府的构想基本成立后，由币原首相向天皇举荐吉田。

一。认为战后复兴首先应从农村开始和农业立国的我，想打破选择农林大臣时从党推荐的数人当中考虑的固定模式，按照自己的想法进行挑选，因此我亲自运作东畑入阁事宜。结果费了半天力却遭到东畑本人的拒绝。接下来，考虑请前东大教授那须浩入阁，但被总司令部否决。

事情有点麻烦起来，我甚至有放弃组阁的念头。石黑也过意不去一直表示歉意。这种情况下，他推荐了农林省农政局长和田博雄。和田在党内存在一定问题，不过迫于当时陛下都有所担心的紧急状态，我毅然决定由和田担任农林大臣。起用新人和田，属于异常状况，引起很大骚动。我听说和田现在作为社会党政策审议会长十分活跃，本人正在党内构建自己的基本盘。想起当时情景，不由感慨时移势易。

在游行示威的情况下完成组阁

当时共产党德田球一等人率领的游行队伍包围组阁总部，在大门紧闭的情况下，竟然翻墙而入，总之他们打算采取静坐示威等方式，妨碍吉田内阁的成立。这些人趁组阁久拖不决之际跃跃欲试，组阁总部的发言人、办公厅主任林让治甚至被这些游行队伍堵在一个房间里听他们陈情6个小时之多。从上述情况来看，我半途不放弃，能熬到正常举行任命仪式，确实属于幸运之事。

如此这般，我的第一次组阁在陛下命我组阁一周后，币原内阁总辞职一个月后的5月22日，得以完成。进步党4人进入内阁，币原总裁成为国务大臣，从而实现两党联合。

三、第一次内阁的一年

甚至不知道第二天会怎样的混乱时期

我第一次组阁的1946年5月，正处于战后人心浮动、物质不足、特别是粮食匮乏的时代，不仅如此，还有趁此不幸从政治方面加以利用的共产主义分子的活动。

高喊着要吃粮的示威运动还算好的，一些人借机率领游行队伍，恐怕是有意识、有计划地闯入宫中厨房，属于极其欠缺常识的粗暴行为。除了破坏性势力之外，还有一个当时政府部门需要解决的主要课题，即在与每天都迅速加剧的通货膨胀作斗争的同时，到底采取何种手段才能确保国民生活的基本稳定？今天回顾当时，基本没有留下足以值得特别加以记忆的自己做过的事情。说什么百年大计，那可不是能够考虑到将来并据此采取对策的轻松状态。说得极端一些，处于只能顾及当天的窘境。

战败后，欲养无食、欲住无家，加之从海外撤回的军队、军属等在外国民高达数百万人，从死伤人员的补贴到军人复员的军事相关事务自不必说，战时损毁的铁路、港口、道路、桥梁的修复、治安秩序的维持、国民粮食的筹集等都需要处理。加之完全无从了解战胜国的对日处理方针和意图，严厉的命令接连下达。而且在避免与联军发生大的摩擦的情况下，不得不设法针对战败后出现的问题考虑出各种应急处理措施。每天都忙于处理突发事态，宛如梦中一般，也是我第一次内阁时代无法掩盖的事实。

纳入社会党的联合计划

成立联合政府后，最为紧迫的任务有筹集国民的衣食用度、增加粮食产量以及与之相关的肥料的产量，同时，另一方面增加煤炭的产量。简而言之就是：稳定国民生活、重振工业、再建经济。与其说这是一任内阁、一个政党的问题，不如说是超越政党的全民性课题。

然而当时，存在着不顾形势危急，欲将这些问题利用到政治斗争方面的势力。意图加剧经济动荡，妨碍工业复兴的运动如火如荼。而且这种用心险恶的集体活动，在内阁成立后依然没有停止，不是对劳动争议进行煽动和利用，就是演变成街头游行示威，使国民越发处于内心高度紧张不安的状态。

越来越多的人主张，有必要建立一个可以应对当前形势的政治体制，即不仅包括自由党和进步党，也将社会党纳入进来的举国一体的政权。和我相熟的人以及对自由党抱有好感的人当中，私下劝说我将社会党吸纳进联合政府的人不止一个，社会党方面也有相同意向。

而且当时进步党的干部当中持应该与社会党建立联合政府看法的人相当多，特别是总裁，即我的内阁国务大臣币原先生特别热心。多次提过，我那时对政治可以说完全没有经验，对政界的情况了解还属于外行范畴。因此受周围人的意见和时局影响，我逐渐认为成立联合内阁以克服国事艰难的说法基本符合逻辑，开始一点点接受劝告。事实上，我也按照大家的意见，亲自与社会党的西尾末广以及平野力三等干部反复认真协商，甚至谈到相当具体的内容。但是最后这种举国联合内阁的建立计划，尽管经过众多人士的努力，却还是无果而终。

政党人难以理解的心理

我认为失败的原因多种多样。就我个人来说，那时深深地感受到，政党本身存在着要比旁观者所观察到的外在体现深得多的而且非常顽强的对传统的传承，现在我的想法依然没变。自由党有着以前政友会的传承，进步党也残留着以前民政党的作风。再向前追溯，大隈重信、板垣退助时代便由性格、行为、感情等方面的差异不知不觉间形成了所谓的传统。这种传承和作风非但不会在短时间里消失，一旦发生什么事情，就会立即呈现到表面，妨碍妥协和融合。这种情况存在于已有政党即保守党一方，不过，自称改革派政党的社会党党内，右派和左派的意见对立也相当激烈，看法差异也相当大，超过旁观者的想象。

保守、改革两派政党的状态如上所述。因此，假设有关联合内阁计划的协商终于进行到挑选阁员的步骤，便会从这里或那里，在人选和人数方面提出要价，分配和调整非常困难，无法继续推进。

说句题外话，我国政党人的这种倾向，即使今天，与当时相比也没有多少改变，实在是遗憾。民主政治是多数人的政治。一旦经过多数人投票确定党首和首相，作为党员，就必须不再纠缠于过往，虚心坦荡地遵从党首或者首相的指示，提供帮助，全力支持政党或者国家的政治行动。如果没有如此决心和觉悟，就不能说是真正的民主政治家。忘记国家大局，受帮派的局部利益驱动，在这样的情况下，很难顺利实现合格的民主政治。

总算度过了粮食危机

关于粮食危机，甚至有饿死一千万的说法。不过，通过发放占领军拨给的援助粮食与处理日本军队以及政府战时持有的粮食，不管怎么说，总算度过了粮食危机。

有关这次粮食危机能想起来的是，一开始，我根据农林省提供的统计数字，即不进口450万吨粮食，会出现饿死者，去向总司令部陈情。结果，第一年度进口70万吨也够用了，并没有出现大量饿死者。由此，总司令部一方认为日方的统计数字水分大，对日方给予猛烈批评。实际上，农林省尽量低估农民能够提供的粮食，估计是意图从占领军手里获得更多的粮食援助，从而得出了上述450万吨的数字。而且从战时开始，日本政府习惯于故意或者下意识地发布对自己有利的数字。当时，竟然连麦克阿瑟元帅都批评日本数字造假，于是我笑着说，战前我国的统计如果非常全面准确，就不会发动那场愚蠢的战争，即使发动也可能会赢。

别的先不说，从这时起，我深切感到我国必须进行准确的统计，因此请出大内兵卫、有泽广巳、东畑精一、中山伊知郎、森田优三、美浓部亮吉等诸位学者，决心完善政府相关的统计。

新年祝词提到的"不轨之徒"

这样，勉力度过了粮食危机。可是，劳方的攻势却日益猛烈。1947年新年祝词时，我发表了一个意在警告国民的讲话。讲话中含有"不轨之徒"一词，引起世间非议。我指的是趁全体国民烦恼痛苦之际煽动工人运动的所谓职业性质的煽动者们。如果是他们的同伙还可以理解，竟然有很多家报纸和广播也妄评我称呼全体勤劳的工人们为不轨之徒。可见与当时的报社和广播电台有关的人员当中也出现了很多丧失理性的人。

不记得具体时间，关于劳方的攻势，我对司令部当局甚至也抱怨过。"也许我的想法不对，现在的工人闹事难道不是利用了总司令部不切实际的工会保护政策吗？"前面稍微提过，有迹象表明部分总司令部的人与工会方保持某种联系，背后推波助澜。

同时，我接触到的总司令部首脑层特别是那些纯粹行伍出身的军人对脱离经济要求的政治性质的劳方攻势，内心希望尽早进行镇压。因此，我尽管也感觉当时混乱至极的劳方攻势非常令人头疼，但我确信关键时刻，以占领军的实力可以控制局面。只不过关于镇压时机，总司令部的主要干部态度非常谨慎。之所以谨慎，是因为他们要时时考虑远东委员会和对日理事会的可能动作。苏联等国代表，反而对工人闹事、社会不稳定持欢迎态度，他们不断掣肘总司令部的行动，一旦发生什么事便进行抗议。

因此总司令部尽管承认必须对工人闹事进行镇压，但对时机的选择很谨慎。也就是说，他们在等待任何人都认可的如果继续放任下去，日本将陷入混乱，治安方面也将处于危险状态的阶段的到来。终于，所谓"二一罢工"被禁止。即使这样，苏联代表委员会利用对日理事会依然针对总司令部的镇压政策进行抗议。不过，他们的抗议遭到美国代表的坚决反对。如果当时总司令部不加以制止，任由"二一罢工"进行，之后的日本局势会向何处发展难以想象。每当我看到今天日本的复兴和繁荣，便对元帅的决断敬佩之至。

大前年，我从西德波恩政府首脑那里听到，在德国即使刚入职的年轻工人都热心于德国的战后复兴，互相告诫，不能让游行示威无意义地拖国家复兴的后腿，尽量避免举行游行示威。我羨慕地想，德国能有今天，还是有原因的。

拓展阅读：

吉田首相发表的新年祝辞要旨如下：

"……我国目前的经济形势十分令人堪忧。去年秋天以来，劳资争斗、示威游行频发，造成生产下降严重，通货膨胀加剧，国民生活水平越发难以保障，处于酿成所谓经济危机的状况之中。如何打破和克服这种现状是现在最重大的问题。……解决之道只有增加生产。……然而此时，劳资争斗、示威游行等频发，号称所谓劳方攻势，每天在市内进行游行示威，鼓动人心，使社会矛盾加剧。日本竟然会发生这种令人不堪回首的事情，使我大感意外。复兴工业、重建经济不是我们这届内阁自己的问题，而是超过政党范围的国家问题。一些人利用惨淡的经济形势，为达成政治目的，无谓地高叫经济危机，不仅增加社会动荡、妨碍生产，还意图破坏有利于重建经济的举国一体的政治体制。对于这种情况，我不得已要依靠国民的拳拳爱国心，强烈抨击他们这些人的行为。他们的这种行为现在在中欧等战败国频繁发生。……我不相信这种不轨之徒在我国国民中大量存在。我毫不怀疑在认识到我国的经济现状，充分了解政府政策本意的情况下，自来富有爱国热情的日本国民，会发动一场团结一心克服经济困难，共同致力于重建经济的国民运动。……"

第一政党让位于社会党

前述举国一体联合内阁的计划实现的可能性越来越小，而且在下达禁止"二一罢工"的命令后不久，2月7日，麦克阿瑟元帅让人给我送来一封函件。内容是："日本政府关于日本社会面临的根本问题，有必要再次要求国民以民主形式表明自己的意志。为此，我相信现在应该是进行总选举的时期。"即命令解散国会之意。这样，3月31日众议院遭到解散，至此，旧宪法实施以来五十余年，明治钦定宪法下的帝国议会于第92次议会告别历史舞台。

接下来于4月25日举行的总选举结果为社会党得到143个席

位成为第一大党,自由党以10个席位差距居第二位,而进步党当时已经改组为民主党,在此之前脱离自由党的芦田均和币原前进步党总裁处于核心领导的位置,获得120多个席位,居第三位。改革派政党社会党虽然登上第一大党的位置,但距离过半数尚远。与此相对,如果保守派两党合一,将大幅超过半数,形势微妙。因此开始出现自由党与民主党携手,建立保守联合内阁的声音,更有甚者,竟然出现了自由党从民主党挖人,组成第一大党的论调。我决定将政权让给第一大党社会党,值此国家重大转折之际有必要确立日本民主政治的规则。

得知总选举的结果,当时还健在的古岛一雄老先生来到首相官邸,直接说,你辞职吧!我回答,那就辞职,他脸上浮现出会心的笑容说:"是吗?那就好!"便从我的房间走了出去。据说他在大门口处突然给报社记者们扔下一句:"吉田要辞职了。"然后才离去。听到这件事,我想这真是古岛的性格,深有惺惺相惜之感。我有很多关于这位老先生的回忆。老爷子现在已经故去了,真是遗憾。

宪法纪念庆典

我的第一次内阁从1946年5月开始到1947年5月止正好一年,时间很短。然而,在旧宪法下的第90、91、92三次议会中,通过了对战后处理和再建民主日本将发挥根本性作用的大部分重要法案。即在完成审议宪法修正案的重大任务,制定新宪法之外,还中止军需补偿,制定了与此相关联的《经济再建整理法》,其他的法律像

《农地改革法》《劳动三法》《财产税法》《参议员选举法》《教育基本法》《地方自治法》《禁止垄断法》等都是具有划时代意义的战后日本的基本法。

1947年日本国新宪法正式实施，这一天，在皇居前广场举行了纪念仪式，天皇陛下也光临现场，这是我一生不会忘怀的事情。

四、在野一年半，以压倒性多数再次组阁

拒绝与社会党建立联合内阁

由于自由党输给社会党，我没有像党内部分人主张的那样建立联合内阁或者挖民主党墙角，干脆彻底地总辞职，将政权交给第一大党社会党，决意确立我国民主政治的规则。然而，不久之后社会党片山哲委员长和西尾办公室主任前来拜访我。开始，片山只是自己进到首相室说：“我想你反正也不会加入新内阁，不过社会、民主两党的联合内阁中也希望有来自自由党的阁员。”也就是说，他们想建立以社会党党首为首相的多党联合内阁。

于是我问道：“社会党内的所谓左派到底是什么想法？"片山没有立即回答我，他喊来在隔壁房间等着的西尾来回答我。西尾解释了很多，最后归结到"可以考虑容共"的结论。我马上回答：“那可不行。我们从一开始就是明确反共的。反共和容共的两个党派即使建立联合内阁，也会互相掣肘不会合拍。即使为社会党利益考虑，也不是好事。"谈判就此破裂。

然而，很快听到消息的自由党干部们足有二三十人涌到我处，说："希望你接受这次社会党的合作申请。如果不接受，直接下野的话，自由党会垮掉的。"他们如此强硬地向我提出要求。对此，我回答道："政党组织说到底，应该基于政策采取行动。政策完全不同的政党为了政权建立联合内阁这种事是在玷污政党政治。你们如果想做，是你们的自由，别拉上我。党是否确实会像你们所说的那样面临存废危机，属于党的重大问题。应该提交党代表大会进行讨论。你们的主张有道理还是我的意见正确，都应该由党代表大会来决定吧？"

第二天，我召开党代表大会，会上，我做了上述意见的演说。会场响起长时间的掌声，该问题就此解决。这样，在5月23日第一次国会的首相提名过程中，自由党的出席议员全部投了社会党片山的票，片山内阁上台。

从高知出战众议院选举

在此说一点题外话。4月的总选举中，我生来第一次参加众议院议员选举。到意外地成为自由党总裁为止，我从来没有考虑过自己进行什么选举。但既然已经入党，就必须参加国会议员选举，而且要当上首相，从法律角度讲也必须在国会拥有议席。问题在于从哪里开始竞选众议院议员呢？

在高知县我亲生父亲竹内纲被选为第一届议会议员，此后，我亲哥哥明太郎以及妹夫白石直治相继被选为议员。基于这样的渊源，我如果选择选举区，自然要以高知为目标。我决定从高知出马竞选议员后，一天，神奈川县藤泽在羽鸟（地名）的一个叫三觜的人来拜访我，让我在神奈川县参选。他热情地说："从中岛县令以来自由党在神奈川县也根基颇深，所以你没有必要去那么远的高知，从藤泽开始竞选即可。造势活动我们全部负责。"

我小时候曾经就读于羽鸟小笠原东阳老师的汉学私塾。因为碰巧同乡前辈中岛信行先生的小儿子在该私塾读过书的关系，我11岁时也来到这里学习，得到当地大家族三觜家的关照。那是距今几十年前的事情了。听到我出马选举的消息，三觜家的后人如前所述前来拜访。

因此我颇为心动，便与当时的众议院议长山崎猛商量，山崎却说："第一次会当选的。但是第二次以后我保证你会落选。你这个人对选区不会有好态度，选区民众来找你，你也不会积极接见他们吧？那样的话，第二次以后不太可能依然有人气。高知县的话，第一相距遥远，即使不频频在选区露面，也不会出现多少抱怨。选民来东京的可能性更不大了。就算来了，林让治会接待的。你的态度好坏就不那么明显了。所以高知更合适。"

他的话与我内心的一些想法不谋而合，我终于决定放弃神奈川县，从高知县参选。不料，我因选举关系前往久违的高知途中，当时还很健康的三木武吉在高松等我到来。见面后，他对我说："土佐不可靠。名声稍微大一点，就会拖你后腿。前辈浜口雄幸曾在那里落选。大石正巳也遭遇相同下场。你就不要去土佐了，来香川县吧,我把我的选区给你。"三木当时已经被开除公职,不能参选,正在隐居期间,所以他完全出于好意。我谢绝了三木的好意,还是从高知参选。今天我依然认为那时的选择是正确的。

学习当好在野党

1947年5月到1948年10月大约一年半时间是片山以及芦田两内阁,即社会党和民主党的联合内阁时代。这期间,自由党和我本人都获得了作为在野党的经验。而且作为在野党,为了迎接下一次选举,到各地进行宣传。很多地方我是第一次去,学到不少东西。

以改革派的片山为首相的内阁执政后,日本的各方面形势并没有特别好转,不仅如此,国民生活的困难状况也没有明显改善。在野党自由党无法坐视这种情况的持续,计划将所有保守派团结起来,获得政权,共克时艰。1947年11月提倡组成"救国新党"。当时,民主党内对与社会党联合执政持批判态度的币原喜重郎等人,支持自由党的倡议。但民主党的大部分人并不赞同,币原等人最后脱离民主党。

筹备结成新党时,一方面,尽管片山内阁放弃执政,然而在社会、民主两党联合的情况下继续由芦田内阁执政。很多人可能还记得,这种做法被批评为"私相传授政权"。另一方面,结成"救国新党"的速度从这时起得到加快,先前为参加新党脱离民主党的36名人士和自由党集结在一起,于1948年3月15日组成新的民主自由党,我成为总裁。

关于山崎继任首相问题的斗争

1948年10月芦田内阁因为昭和电工（公司名）贿赂问题被迫下台。按照民主政治、议会政治的规则，当然应该由在野第一大党民主自由党的总裁继任首相。这时突然在日本政界的部分人中出现了一股奇怪的动向。不用说，就是众所周知的"山崎问题"。与此相关的人士现在基本还在世，其中大部分人应该不会认为那是愉快的回忆。尽管我自己当时也感到不愉快，但说实话，没有想到会在社会上引起轩然大波，所以也没有重视这件事。具体细节我不可能知道，所以事到今天没有加以详述的想法。可以说，这件事也显露出在占领统治这一特殊时期日本政界动态的一个截面，我将大概的经过尽量简洁地回顾一下，以作为一种参考。

事情的肇始一般认为是总司令部的部分人引发的。我提到过，总司令部的部分人，特别是民政局对我没有什么好印象。尽管这些人在下届内阁由在野第一大党自由党组阁方面没有异议，但提名我担任首相他们自然不会高兴。事实上，总司令部的人士中，有人放话说："不喜欢吉田。"

我前面也提到过，当时我国政治家，有个毛病，即：如果是总司令部的人说的话，凡事奉若圭臬。处于占领状态下也许很正常。总之，"总司令部不喜欢吉田"被放大宣传，终于演变成"提名吉田作为首相，总司令部不会承认，必须提名其他候选人"。这样，有人发起了搁置民主自由党总裁的我，拥立干事长山崎猛的运动。

民主党内一些人利用总司令部对我的反感，寄希望于即使在联合内阁的形式下也要留在内阁的宝座上，而民主自由党中意图避免解散国会的部分人也加入其中，从而共同催生了这次运动。如此看待该运动最接近真相。

消除党内的思想混乱

这时我因病在大矶静养，有人来到我家向我述说了上述情况，问我总司令部是否拒绝我的首相提名。我说，是否拒绝我不清楚，应该直接问询他们的意见，此外没有多说什么。

大概10月7日，在党的紧急干部会上，我断言说："我相信社会上流传的消息不是真实的。政治不应该由人的好恶所左右。"而且在第二天的两院议员大会上发言说："面临政治变动，和获得政权相比，更应该以为了确立民主政治，我党要以率先垂范的姿态去面对。针对违背民主政治精神的流言蜚语，我希望全党一致用坚定的态度去应对政局变化。"明确地阐述了我的意见。

这样，民主自由党内部的团结逐渐得以加强，社会舆论也明确开始反对提名山崎接任首相。一直态度摇摆的山崎终于在民主自由党干部，特别是益谷秀次的劝说下，于10月14日辞去议员职务，为拥立运动画上了句号。我向麦克阿瑟元帅表示了接任下届首相的决心，得到他的同意和鼓励。

当天的众参两院正式会议上，作为民主自由党总裁的我被提名为下任内阁的首相，我的第二次内阁于10月19日正式起步。

对解散国会也有异议

尽管新内阁开始起步，但因为执政党是众议院少数党，执政不会顺利，便打算尽早解散众议院进行总选举。然而关于解散权又出现问题。也就是说，作为政府，希望援引宪法第七条解散众议院。对此，不希望很快解散众议院的在野三党（民主、社会、国民协同）认为该条款不过是针对天皇的礼节性的条款，主张应该优先执行宪法第六十九条："在众议院通过内阁不信任决议案，或者信任决议案遭到否决时，只要十天内众议院不被解散，就必须总辞职。"同时还有消息说，假设执政党采取提出信任决议案的战术，他们会故意弃权妨碍不信任的成立，不给执政党解散议会的机会。据传开始时总司令部的相关部门也是支持优先执行第六十九条的意见。

经过许多波折，最后在11月28日，通过总司令部当局的斡旋，民自、社会、民主、国协四党达成协议，两周内审议并通过追加预算提案，然后在野党提出内阁不信任案并通过，从而给政府以解散议会的机会。总司令部当局最初如前所说，赞成执行第六十九条。关于之后又出面在各党间进行斡旋一事，后来我听说，麦克阿瑟元帅得知解散权的问题，做了最终决断："少数党内阁吉田如果没有解散权，执政很困难，应该设法寻找一条解决之道。"

关于解散权的四党协议达成以后，在野党依然固执地尽量设法拖延解散，实现解散时已经是12月23日了。总选举是在第二年即1949年1月23日举行的。

这次解散在新闻界通称"合谋解散",讽刺执政党和在野党达成协议,从而实现不信任案的提出和通过。

我党取得压倒性胜利

通过总选举,民主自由党远超预想,获得压倒性绝对多数264个众议院席位(特别国会召集日时为269席),而且共产党从原来的4席一跃达到35席,所谓的中间派民主党、社会党、国民协同党惨遭大败。

以片山前首相为首的前阁员、原阁员大量落选,相反,民主自由党的池田勇人、佐藤荣作、冈崎胜男、福永健司、桥本龙伍、大桥武夫、小金义照、吉武惠市等作为新人第一次当选,他们后来都坐到了非常重要的位置。

我认为民主自由党获得大胜的一个原因是国民对芦田联合内阁的不满意转化为对民主自由党的期待。不过,归根到底重要的还是国民信任民主自由党稳健踏实的政策,希望出现一个强有力的稳定政权。事实上,这次总选举后,战后一直持续的不稳定、动荡的日本政局总算开始稳定,为其后民主自由党政权连续执政长达六年奠定了基础。这是一直执行对内控制住通货膨胀、重回自由经济轨道和充实国力、稳定提升民生等政策取得的成果,也是对外实现议和、重新获得独立的前提条件。因此我想把这次总选举说成是一次在战后政治方面具有值得大书特书意义的一次总选举。

回想补余：

有关初选的回忆——麻生太贺吉（麻生产业社长——著者的女婿）

1947年春的总选举是父亲第一次参选。当时即使贵为首相，也必须去选区竞选。从来没有进行过竞选演说的父亲谈起自己的事情怎么都让人看起来好像很放不开的样子。不过，一切都由同乡林让治谋划，尽管首次参选也取得了好成绩。

开始的时候，到底会怎样并不清楚，暂且定下来先去选区看看，便离开东京去高知。在大阪换乘宇野方向的列车，当时离发车还有将近1个小时。等发车时，社会党的西尾末广前来问候。西尾正在大阪开展竞选活动，脸晒得通红。他们隔着窗户谈了20分钟左右西尾才回去。

那是选举结束，社会党成为第一大党后的事了，忘记在什么场合，只记得西尾对我说过："在大阪车站见到你父亲时，你父亲说这次也请手下留情，那时他可能认为自由党会成为第一大党，从而再一次担任首相。结果却相反，我站到了必须请他手下留情的立场，不好意思。"不管如何，在选举正激烈时，在野党领袖竟然到车站问候自己，父亲非常感动。

抵达高松站后，父亲和原农林大臣和田博雄偶然遇见。和田博雄应该是来高松帮什么人助选，正要返回自己的选区冈山。父亲一看到和田，突然来了句："加入自由党吧！"搞得和田有点窘迫。高松当时举行了战后第一次知事的公开选举，现在的防卫厅次长增原惠吉以现任知事身份参选。去高知的列车离开车还早，父亲便和增原一起吃饭。增原一个劲儿劝父亲到高松来参选。

本以为父亲在高知的选举演说进行一次即可，可是到当地一看，根本不可能，三天时间的日程安排中，需要演说三次。林让治甚至提醒我说，走路时无论什么人，就是对着电线杆你也要鞠躬致敬。

高知知事是现在活跃在政坛上的众议院议员西村直己。西村于父亲到达那天在县厅的大广场召开了"吉田首相欢迎会"。大概有三四百人参加。西村致辞道："今天我们欢迎的不是候选人，而是首相。"于是父亲说："本来我回到高知选区，想趁这么多人聚集在一起的机会进行选举演说，既然西村说不行，那我就不在此演讲了。"听他这么说，大家赞声一片。社会党的佐竹晴记在我旁边笑着说："这难道不是最好的选举造势吗？"那时我想，这种态势的话有希望，便松了一口气。

竹内纲先生在高知建立有工业学校。参议院副议长寺尾丰毕业于此，趁父亲来高知的机会，将毕业生也就是有选举权的人召集起来，让父亲过去讲两句。父亲可能理解有误，把毕业生当作在学的学生，竟然说："你们要好好学习！"让有关人员慌了手脚。我记得第一次选举虽然在高知停留三天，演说却有五六次。

回想补余：

合谋解散的幕后——佐藤达夫（原法制局局长）

那是我担任法务厅（当时根据司令部指示将法制局和司法省合并后的部门）法制局局长时的事。第二次吉田内阁上台后不久的1948年11月，少数党执政的吉田内阁决定提前解散第三次国会。对此，在野党出现避免解散的动向，政局相当复杂。

正在此时，11月10日的《每日新闻》用"解散岂有此理·尾崎老先生强烈发声"的标题报道了咢堂老（尾崎行雄）的"众议院选出的首相不顾国会反对解散国会，这是雇员驱逐主人，是反民主主义的恶劣事例"的意见。但是，我们政府当局一直认为根据宪法第七条规定解散国会是内阁的责任，可以随时进行。所以认为这个报道不过是老年人的梦话，没予理睬。

恰巧10日我去总司令部拜访凯兹上校。谈完正事打算回去时，他喊住我向我展示《每日新闻》该篇报道的英译稿说："不愧是尾崎。我深切感到这样的人还活着实在很有意义。与解散国会的意思无关，内阁不应该太随意。你也是同样意见吧？"

我被他的话惊呆了，我引用和尾崎言论几乎同时间发表的宫泽俊义教授的意见，力图向他说明尾崎的意见毫无道理，对尾崎的意见进行了反驳。但是当时凯兹却含混地说"像这样存在两种意见的情况下，可以说表示有必要重新研究宪法第七条的规定"，然后便中断了谈话。

我从司令部直接跑到国会，找到殖田法务总裁和佐藤荣作官方长官，向他们进行了报告，并说，"看样子，解散不会很简单就能实现"。

两三天之后，11月13日的各家报纸报道说，片山社会党委员长、苫米地（义三）民主党总务会长拜访司令部，确认了司令部的意见是解散必须按照宪法第六十九条（即有不信任决议案的情况）执行。苫米地之前就持有和司令部相同的意见。总之，在野党通过这两位拜访司令部好像更得势了。

事情到此地步，政府也不能不采取行动。政府做了很多工作，例如将关于宪法的解释译成英文说明书提交给司令部，希望对方回心转意，结果也没有成功。

当然，司令部也了解不能拘泥于宪法，从当时的政治形势来说有必要解散国会。于是，他们制定了一个行动书，决定根据行动书进行"合谋解散"。

行动书的内容是：（1）当时处于会期的第三次国会，通过根据麦克阿瑟函件修订的《公务员法》;（2）政府提交改善公务员薪资水平的追加预算;（3）上述两个议案通过，在野党提出内阁不信任案并通过，据此实施解散的手续。

这样，司令部的威廉姆斯国会课长亲自到众议院议长室，召集相关政党领袖，向他们宣布以上述条件进行斡旋，最后和朝野各党达成妥协，让大家按照行动书执行。

只不过，在第三次国会上《公务员法（修正案）》得到通过后，新的薪资预算因会期结束而没有完成审议，因此解散被延期了。继第三次国会后召开了第四次国会，通过新的薪资预算后，在12月23日进入提交并通过内阁不信任决议案的阶段，当晚，众议院解散。这是新宪法实施后的第一次解散。

解散的诏书，最近都表述为"根据日本国宪法第七条，解散众议院"这句简单的书面语。当时的诏书却是："众议院已通过内阁不信任的决议案。因此本着内阁的建议和认可，根据日本国宪法第六十九条以及第七条，解散众议院。"不信任决议案受到强调。诏书中也吸收了司令部的意见。

五、第三次内阁时代——为独立做准备和独立的实现

部分保守派与民主自由党合流

之后我的第三次组阁没有什么麻烦事，只是到组阁完成颇花费了一些时间。原因在于，我考虑内阁中不仅要有占国会绝对多数的民主自由党成员，还要通过把主张基本相同的保守势力都团结起来，

确保政局的长期稳定,从而完成国家的重建,于是向民主党提出建立保守联合政权的建议,令我意外的是协商久拖不决。最后与民主党整体的联合没有实现,该党赞同联合的人当中,只有稻垣平太郎和现已故世的木村小左卫门加入我的第三次内阁。

那以后我依然深切感到有必要将保守势力团结起来。经过努力,总算在第二年即1950年的2月份,从民主党联合派当中吸收到众议院的有23人,到参议院的有5人,部分实现保守势力合流,新党名定为自由党。

时间向前回溯一下,第二次组阁时,币原先生离开民主党作为我党元老参与政治活动,他有意加入内阁成为我的后盾。当然这肯定是币原先生的好意。而且据说牧野伸显伯爵去世之前,币原先生去探望他时,伯爵对币原先生提到以后请多关照吉田,因此也可能有他不想辜负嘱托的因素。币原先生是我任外务省次官时的外务大臣,老前辈级别的人物。我考虑作为我来说对前辈应该礼数周到,让他进入内阁不如请他当众议院议长更好,便在选举后的特别国会上推举他为议长。议长一职当然是很重要的位置,新宪法实施后地位尤其特殊。我至今仍认为让币原担任议长是对整个国会非常合适的安排。

进行国企人员清理的良苦用心

第三次内阁持续时间最长,基本接近议员四年任期的三年零八个月。在解散议会之后的选举中,我党又一次赢得胜利,开始了第四次内阁的执政。这一时期是日本为逐渐摆脱占领政治做准备的时期，也是利用《旧金山和约》的商讨与国家重新独立进行重大转换的时期。在此期间即1950年6月，朝鲜战争爆发，我国在政治上和经济上受到很大影响。

第三次内阁因为建立在执政党占绝对多数的基础上，政局的稳定方面毫无悬念，然而整个社会、国家经济还远远谈不到稳定。

第三次内阁的头一年，共产主义分子策动或者可以认为是其策动的事件相继发生，益发加剧人心混乱。正好约瑟夫·道奇[①]作为总司令部的顾问来到日本，要求我们在财政和经济方面实行严厉的政策。政策之一，便是政府毅然进行大规模裁员，人数高达26万人以上。国会里不仅左翼政党猛烈攻击该政策，企图通过妨碍会议议程进行阻止，在国会外还有人组织各种导致动荡的集团性运动。裁撤人员最多的国铁，其工会内部的激进分子反抗得尤为剧烈，期间发生的下山总裁事件至今难以判明真相。让人感受到时局多艰。当时，国民的生活状态非常恶劣，裁撤人员必然会加剧社会动荡。但为了国家整体摆脱赤字重振经济，必须壮士断腕。

道奇计划和舒普改革

当时我最感痛苦的问题之一是民主自由党竞选时公开承诺的减税等重要政策，与道奇先生的指导意见（道奇计划）存在无法调和的矛盾，因而引发众多党员的种种不满。在那个时期即使压制不满

---

① 底特律银行的董事长

也要敢于执行利于恢复经济的政策。在道奇先生指导下制定的1949年度预算案，当时被称为节余预算，是一种连外汇管理和粮食管理等特别账户的运转资金都打破惯例使用普通税收进行支付，而且大幅度削减各种补助金，有意使收入超过支出的特别预算。因此不要说减税这一党的基本政策，甚至公共事业费等费用的增加悉数延后，在党内招致极大不满。但是，为了顾及大局，我决定忍耐。

这样，在第五次特别国会上，强行通过稳定经济的措施和国企裁员的决定。当年秋天的第六次以及第七次国会上，兑现了公开承诺的大幅减税。此前，舒普博士一行从美国本土来到日本对重整税收制度提出建议。根据他的意见，并充分考虑到我国的特殊情况，实现国税、地方税的彻底合理化；废止了片山内阁时期设置的被批评为苛捐杂税的流转税、战时就征收的同样被视为苛捐杂税的法人超过所得税；大幅度减低所得税，使继承税合理化；清理商品税。从而减轻了高达900亿日元的国民负担，我内心的负疚感因此有所缓解。

激进分子盲动不止

在财政经济方面综合采取多种政策，成功使经济形势稳定下来。然而，另一方面，进入1950年后，通货膨胀的反作用力引起不景气的发生，导致失业者增加，为社会不稳定埋下隐患。对此反而加以利用意图引发民心恐慌的一部分政治势力依然在推波助澜。特别是共产党受到其背后苏联的指示，不仅明确表露出否定议会妄图进行暴力革命的态度，还在皇居前广场召开人民奋起大会，大会上发生了参会群众对在场的美军将士实施暴力行为的事件。虽然规模不如后来的五一劳动节暴动，也给总司令部和日本政府以很大震动。事后不久，德田等 20 多名党干部受到开除公职的处分，机关报《赤旗》被勒令停刊。6 月 25 日爆发朝鲜战争，国际国内形势告急。不过，朝鲜战争后，日本经济界因为美国的军需，生产大量增加，可以说暂时摆脱了之前的不景气状态，经济为之一振。当然军需生产带来的景气又埋下祸根，军需减少后不景气反弹，经济重新陷入低迷，为此后来的第五次内阁必须采取紧缩政策。

解除鸠山的开除公职处分

第三次内阁的第三年即 1951 年，一直期待和平条约的签订，当时朝鲜战争还没有结束，属于多事之秋。但在国内政治方面，开除公职处分的解除得到全面彻底地推进，因开除公职处分暂时活动受到控制的、从战前便处于强有力位置的众多领导者重新返回到政治第一线。开除公职处分的最终解除集中在 6 月到 8 月，鸠山一郎、石桥湛山等总司令部直接指名开除公职的人士的处分解除一直延迟到 8 月份。

我接手自由党的事情经过前面已经说过。我本来对内政没有太多兴趣，所以像担任政党总裁这样的事尚未考虑过。承鸠山的拜托，接任自由党总裁。不过在接任总裁时，也对鸠山明白地表示，如果不想继续担任总裁时，可以随时离开。当然那种情况下本打算推举鸠山担任总裁，但不过是自己个人的想法，并没有和鸠山商谈过，也没有交换过合约书，又没有从鸠山那里收到过归还总裁位置的要求。政党总裁位置属于公产，非私有物品，因此不应该在两个人之间私相授受。所以理所当然不可能有人提出这种要求。

　　解除鸠山的开除公职处分意外地持续了很久。就放松开除公职处分一事与总司令部进行协商时，总司令部承认开除公职处分有不当之处，立即同意放松开除公职处分。不过，鸠山的开除公职处分是基于苏联政府的提议做出的，石桥的财政经济政策与总司令部的方针相反。除去此二人，放松其他人的开除公职处分总司令部没有异议。基于对鸠山的友谊，在解除他的开除公职处分方面我一直很在意。可是，直到8月份才勉强得到总司令部的同意。然而在这之前的6月份听说鸠山突然病倒，我非常震惊。9月份《旧金山和平条约》即将签订，出现日本恢复独立的曙光。鸠山的病体能够很好地担起重新独立再建国家的任务吗？只要这一点不明确，友谊姑且不论，作为我来说感到站在首相的位置上推举鸠山担负党总裁以及首相的重任便是不负责任。

　　我今天依然相信没有推举鸠山是正确的。

所谓的"突然袭击式解散"

　　第二年即1952年，《和平条约》生效，日本的占领管理宣告结束，这是值得牢记的一年。但是，激进分子的活动依然猖獗，特别是根据《和平条约》和《安全保障条约》，日本的对美关系得到确定，因此共产主义分子的破坏活动越发暴露出反美的倾向。于是，像我在其他场合说的那样，已经到了必须制定以动用政治手段压制破坏活动为目的的特定法律的时候。从当年 3 月末向国会提出法案，到 7 月初法案通过耗时三个多月。其间在皇居前广场发生的暴乱事件，更加证明制定相关法律的必要性。可是国会内，特别是在参议院，改革派政党妨碍法案通过的活动达到极致，妄图破坏议事程序，甚至出现了长达 10 天不能进行审议的事态。

另一方面，自由党内的形势随着鸠山病情基本好转，以他为中心形成的"解除开除公职处分派"开始活跃起来，破坏党内团结的气氛渐渐变得浓厚，国会的运作，在自由党内已不能协调一致。当时众议院议员的任期到第二年即 1953 年 1 月截止，鉴于国会里党内外的情况，也考虑到主张提前解散的社会舆论，我毅然决定到 1952 年 8 月底解散众议院。

在 1952 年 10 月 1 日进行选举。选举前后，党内部分人一直对我极其露骨地公然加以指责，选举活动也进行得非常困难。即便是选举后，各种麻烦事情依然接连发生。选举结果，自由党继续占有过半数席位，由我进行第五次组阁。然而党内的混乱、政局的不稳定从开始便一点点加剧。而且这次解散被当时的新闻报道通称为"突然袭击式解散"。事前保密，对于媒体来说，属于事发突然的消息，从这个意义来说，"突然袭击"这个词的使用也算准确。

回想补余：

鸠山的开除公职处分与我——林让治（自由党议员）

　　我记得应该是1947年春末夏初时节。当时我担任第一次吉田内阁办公厅主任。一天，总司令部来电话说，民政局长惠特尼准将有重要事情与你面谈，请来一趟。所以我马上和终联事务局的政治部长山田久就（现驻伊朗大使）前往总司令部。我们正要像往常一样进入惠特尼准将的办公室，秘书官告诉我们今天要在走廊里等通知。感觉有些奇怪的我们并没有等多久，便被带到民政局的大会议室，而非准将的办公室。进到大会议室，不由心里一紧。民政局干部级别的20个人左右，呈半圆形并排坐在一起。我和山田两个人被吩咐坐在放在正中间的长条桌前。桌子对面，和其他人隔开一点的位置坐着凯兹次官和里佐特别顾问。紧张的空气弥漫在整个房间里，压得人喘不过气来。

　　人到齐之后，主角惠特尼准将悠哉悠哉地出场了。他没有坐到座位上，而是在室内走来走去演说一般讲起话来。山田做的翻译，首先惠特尼准将指出，现内阁的成员频繁出入被开除公职的某政治家的住处征求其意见，而且该政治家自己对美国的报社记者公开声称如果没有他的指示，内阁运行很困难，特别像在场的这位林主任出入最为频繁。惠特尼对开除公职的基本精神又进行了长时间的说教，并警告如果这种情况继续下去，总司令部将不得不采取断然措施。

惠特尼准将的话结束后，我站起身来正打算说两句客套话，突然有人宣布本次会议到此结束，同时惠特尼准将迅速离开了会场。完全就像在演戏一般。

我马上能判断出惠特尼所指的某政治家是指当时处于开除公职状态的鸠山一郎先生。不管怎么说，我从青年时代开始就出入鸠山家，个人关系很深，特别是我家烧毁后我们夫妇一直借住在鸠山家里，每天都要穿过鸠山家的大门，经常碰到鸠山先生，不时还聊几句。所以理所当然要经常出入鸠山家，不出入鸠山家反而奇怪。后来我还把这个当笑话和大家说。

与此情况相似的还有河野一郎。战争结束后不久河野购入丸内高级饭店"常盘家"作为农林水产省外围团体的总部，同时河野个人的事务所也设在此处。自由党建党后，党总部办事处没有办公场所，河野便将常盘家的部分房间提供出来。也就是说，同一建筑物中既有自由党总部也有河野的事务所。因此河野处于开除公职状态期间，也会出入于自己的事务所，但表面看上去好像在出入党总部。

对此总司令部一直表示不满，让我们这些与其有联系的事务部门人员因为进出常盘家煞费苦心。

六、第四次、第五次内阁时期——政权基础严重动摇

党中党的形成

选举结果，自由党依然没有失去第一大党的位置，占有过半数席位，准备第四次组阁。但是，如前所述，以鸠山一郎为中心的党内部分人士，强烈推举鸠山担任下一届首相，为征得党内同意进行活动，使新内阁的成立大幅延后。幸而党内达成了谅解意见，但这部分人士很难释然，高达20多名自由党议员，做出成立号称民主化同盟的所谓党中党之举。他们的行为成为后来党内不团结的重要因素，并成为进一步威胁政局稳定的开端。事到今天，我还引以为憾。

尽管选举中自由党赢得过半数席位，但与在野党的差距仅十几名而已，处于即使少数倒戈人员集体缺席，也会导致议事方向按照在野党的意愿发展的状态。这种状态下，由于这些倒戈人员的存在，执政党表面占有过半数席位，实际上难以成为政府的坚强后盾，反而徒然使政局陷入混乱和摇摆。从当年年末到次年3月份国会解散，竟然多次发生常识无法理解的事件。这期间出现的诸多事情当时已经在社会上广为传播，记忆里也没有具体细节，因此在这里就不加以记述了。我只想提一下，1953年3月14日，在野党抓住微不足道的语言漏洞，提出"内阁不信任决议案"，对此，党内竟有30多人倒戈离党，投在野党赞成票，造成对方仅以微弱票数通过不信任案。这件事是当时发生的众多奇怪事件中最大的一起，令我很难忘怀。

五个半月后再次解散

无奈之下，距离前次选举仅仅五个半月后，我不得不再次解散国会，针对部分政治家的政治野心谋求国民的支持。选举结果，自由党只失去一两个席位，大幅领先其他党派，保住第一大党的地位。相反，改进党从88人降至76人，自由党分离派从39人减少至35人。不仅如此，两派均出现重要干部落选的现象。尽管同属保守立场的政治家，单纯因为权力欲望而与政治上水火不容的改革派政党联合在一起，进退开始失据。针对这种情况，国民表达了严厉批判的态度，必须说这是一次具有重要意义的选举。

选举后，自由党作为第一大党的地位没有发生变化，主导政局的责任和权力依然在我方手里。但是，从众议院议席的数量来说，距离绝对过半数还很遥远，正常情况下，不可能单独组阁。即使假设能组阁，也要采取非常手段。我按照议会政治的原则，基于建立保守稳定政权的目标，向改进党的重光总裁提出合作的请求。当时改进党内部，针对选举成绩不佳，要求进行反省的声音强烈，整体意见认为与一直在主义、政见方面观点相左的社会党的联合应该断然取消。尽管如此，要走向保守联合的道路，该党的内部情况过于复杂，他们顽固坚持应提名重光为总裁的前提条件，最后没有答应我方的合作要求。结果，在接下来的特别国会上，出现了除自由党的我以外，改进党以及左右两社会党分别提名各自首相候选人的奇怪现象，最终通过投票，我得到第五次担任首相的提名。

第五次组阁

关于第五次组阁我想单独说一下。虽然被提名为首相，但在自由党议员没有过半数的情况下单独组阁，政局不会稳定，我又一次请求改进党给予合作。在国会提名的第三天，我前往重光总裁位于镰仓的家拜访，诚恳请求合作。重光先生关于合作这一点对我的请求表示高度理解，也解释了不能合作的理由，因为改进党的党代表大会已经定下所谓健全反对党制度的原则，他必须遵守。不过，他同意不会拒绝有关重要政策的协商。改进党不同意合作，没有办法，只能由自由党单独组阁。经过我的一番活动，改进党党内大概也渐渐理解了保守合作的重要性，随后的一年里，得到该党以及自由党分离派的合作，作为保守派政党来说重要的政策方针，一般都有通过的机会。

跨党派的保守联合

在选举后的特别国会上，改进党结束了一直持续到上届国会的与社会党的在野党联合，站在所谓大是大非的立场，采取应该合作时就给予合作的态度。分离派自由党也对此保持同步，最终形成了应该说是横跨执政党与在野党的保守联合合作态势。通过保守联合，解决了许多悬而不决的重要议案。其中最典型的事例有，针对因为解散大幅拖后的1953年度预算，自由、改进、分自三党协调一致进行修正并最终通过；排除社会党全力抵制，通过了所谓《游行示威管制法》》①。

另外，对后来出现问题的《外航船舶造船利息补给法》的修正也在本次国会上完成。对这部法律的修正是在改进党的首先提倡下开始推动的。从当时的海运市场状况来看，重新振兴在战后重建方面最为迟缓的海运业非常有意义而且及时，这一点到后来表现得更为清楚。然而该制度被那些不了解实际情况的野心家当作借题发挥的对象，并且不择手段地加以歪曲利用，使其演变成所谓"造船受贿事件"。今天想来也让我遗憾至极。

在宪政史上留下污点的扰乱国会行为

上述这种保守联合，在接下来的普通国会上继续有效实施，政府提出两部教育法案、两部防卫法案、新警察法案等重要法案，自1954年春季开始到夏季，依次通过。两部教育法案规定禁止与义务教育有关的教职员特别是由其组成的工会进行政治活动和实施导向性教育；两部防卫法案规定设置自卫队和防卫厅；《新警察法案》规定废止自治警察（各地自行组建的警察部队），变更为像今天这样具有全国统一的组织和政令系统的制度。这些法案无一例外受到社会党两派的全力抵制。

特别是《新警察法案》，社会党图谋阻止审议，在国会闭会前一天的6月3日夜里，挑起所谓扰乱国会事件，在日本宪政史上留

---

① 正式名称为《关于电力部门以及煤矿企业发生有争议行为时进行管制的法律》。前者采取的停电措施，以及后者的放弃在坑道内进行安全保障作业，都视作有争议行为而受到禁止。

下了可耻的一页,这是全体国民谁都不会忘记的。他们有计划地阻止众议院议长进入会场,借此延长会议,令决定不能通过。他们还派遣有组织的暴力团伙潜入国会,不仅对在国会内执勤的卫兵,还对应议长要求前来维持秩序的警察施以暴力。诸般行为无论从哪个角度看,都证明了社会党特别是起主要作用的左派社会党,究其实质,不是民主政党而只是持暴力主义倾向的革命势力。多数人认为,该党的这种性质至今依然在延续。

但是,暴力最终没有成功。混乱之中,国会决定延长会期,社会党两派提出国会决定无效并拒绝出席4日以后的国会议事,但遭到国民谴责,最后不得不让步,6月15日全体以参加协商会议的形式出现在会场。各党共同发表自律声明,对国民表示歉意。《新警察法》最终得以通过,并于7月1日开始实施。具体情况其他场合再提,当时废止六大都市的自治警察有一年的缓冲期,于一年后的1955年6月被废止,议论颇多的新警察制度得以平稳顺利地落实,并一直平稳顺利地运行到今天。

今天想起来,当时对我抱有善意的人中,也有劝我放弃强行修改警察制度,使政局平稳运行的人。但我今天还是认为强行推动审议从而确立新警察制度是正确的。那时,假设法案没有通过,旧自治警察继续存在,我想改革的机会至今也不会到来。

防卫体制向前迈进一步

我第五次组阁时,面对的不都是国内政治问题,和对外关系相关的重要问题也很多。特别是随着接受美国根据所谓MSA法[①]提供武器援助的协议具体落实,要把按照逐渐增加防卫力量的方针将保安队转换为自卫队,同时也承担应对海外武装侵略的防卫任务的法案提上日程,有必要利用保守联合的力量解决该问题。因此,协调保守党各派的意见非常重要,我再次拜访重光总裁在镰仓的家。之前关于自卫的问题,虽然在自由党和改进党间存在理论方面和说法方面的差异,但涉及面对当前的现实性施政方针,几乎不会有意见相左的情况发生。我与重光总裁进行商谈,并就关于将保安队改编为自卫队并直接增加其应对侵略的防卫任务和根据国力推动长期防卫计划等需要当面解决的问题达成了一致。

关于防卫问题,脱离自由党的鸠山一郎与他的党派好像持有一些略显奇怪的意见。鸠山主张重新武装并为此修改宪法,我的想法与此相反。鸠山后来自己组阁时,经过一段时间执政,不知为什么,逐渐不再提起重新武装说,而且对修改宪法也没有了热情。我相信我的观点即使放在今天也是正确的。我认为没有必要轻易碰触重新武装这类增加国民负担的重大问题,防卫问题应该放到自卫队和日美安全保障体制下进行处理。

从单独防卫转向集体防卫

我在防卫问题方面的想法,将在后面重新武装的部分详细叙

---

① MSA,即《日美相互防卫援助协定》,也叫"MSA协定"。1854年日、美根据《相互安全保障法》(Mutual Secuity Act)缔结的协定。

述。此处只是简单地提一下。目前任何国家都从古老的单独防卫体制转向集体防卫，以英国本土为中心美国空军进驻欧洲，德法也都迎来美英军队的进驻。而且为落实所谓NATO即《北大西洋公约》，设立了协同作战总部。必须说，在军费飙升、与社会主义国家对立激化的今天，各国自然会转向集体安全保障体制。从这个意义上说，单独防卫的论调落后于时代，而且重新武装的论调也有与其相通之处。竟然提出这类主张甚至不知道自己大错特错的迂腐之辈，可以说不足以与他们商谈国政外交，我们应该清楚《日美安全保障条约》是恰当合适的防卫政策。

其他问题暂且不提，提出重新武装以及对宪法持有不同意见的鸠山一派，打算重新回到自由党内。协商从当年夏季到秋季在相关人员当中反复进行。但是，要达成协议，有必要调整上述看法的对立。我同意在党内设立鸠山主张的宪法调查会和外交调查会，从而实现了除了分离派的若干人之外大部分人的复归。11月中旬，我到鸠山家拜访，礼貌性地互致了问候。鸠山等人复归后，自由党重新成为具有229个席位的接近半数的势力。并且在接下来的国会会议上，如前所述，通过改保安队为自卫队和设立对其进行管辖的防卫厅的法律，实现了防卫体制向前迈进一步的目标。

受贿调查与基本人权

将《造船利息补给法（修正案）》与海运业者的政治献金联系到一起，引发所谓造船受贿事件，前面简单提到过。该事件是我整个政治生涯中最为遗憾的事情之一，在此稍作记述。

如前所述，造船利息补给制度本身可以促进战争中遭到摧毁的日本国商船队的重建，是有利于改善国际债务的合乎时宜的措施。无论是从当时停滞的海运市场实际状况来看，还是顾及造船业萎靡不振将导致出现裁减员工的威胁这一事实，我相信该修正案属于紧急状态下不得已而为之的国策性立法。这一点没有人会有异议。然而，后来海运业者提供的政治献金与该立法被联系到了一起，因有行贿受贿嫌疑发生大贪污案，自由党的佐藤干事长也卷入其中。

关于该事件的全面情况我至今仍不掌握。但是，违反《政治献金管制法》这一点暂且不提，根据我在佐藤干事长一事中所了解到的情况，我对认为必须将其逮捕收监的检察当局的说明无论如何不能认可。对于了解情况的人来说，《造船利息补给法》本身，是一部紧迫且有益的立法，不受是否有人托人情的左右。而且当时提供献金方不只是海运业者。在财界相关人士的斡旋下，献金额度被广泛摊付给普通业者，海运业者不过承担其中一部分。但是竟然与上届国会通过的利息补给法联系到一起，被视作受贿，负责收受献金任务的党的干事长遭到逮捕，我首先就不能同意这种逻辑。

能感觉到检方希望得到的供述是，既然因受贿嫌疑被逮捕，就应该是他受到了请托或者收到了谢礼。除此之外没有限制人身自由的理由。本来调查应该将重点放在客观证据的收集方面，可是，大概是没有彻底摆脱江户传马町①以来的旧习，即重口供的思想现在还残存的缘故吧，我经常听到对嫌疑人监禁拷问、最终演变成轻视和侵害基本人权的事例。接到逮捕干事长的请求，我突然产生出那样的怀疑。

这件事让我想起近年来发生在英国的伯吉斯和麦克莱恩事件。这两个人是英国外交部的官员，他们为避免暴露自己将国家机密泄露给苏联间谍的事，便抢先逃离了本国，并进入苏联领土。英国毫无疑问成为整个世界谈论的话题。这件事在议会受到质疑，在野党工人党指责政府迂腐迟钝，外交部回应说："两个人的活动早就处于监视之下，但物证还不充分，不能办理逮捕手续。"而且他们还反驳说，"无论好恶如何，既然要逮捕公民，就必须物证完备。否则，从尊重基本人权的角度不应该轻易进行逮捕。"我想英国外交部的做法我国检察部门应该引以为鉴。

干事长问题发生时，正是国会议事最重要的时期。即使假设逮捕势在必行，我也不认可妨碍国家重要政治进程匆忙进行逮捕的行为。绪方副首相也建议我说让犬养健法务大臣利用职权命令检察总长将逮捕延期到国会会期结束。会期只剩下十几天。但是这被称为滥用指挥权，成为抨击的标靶②。似乎被理解为法务大臣行

---

① 江户时代的监狱所在地。
② "滥用指挥权"是在1954年4月21日开始的第19次一般国会本应于5月8日闭会，但在这之后延期多达五次，6月15日才终于闭幕。即，第一次到5月22日共延期14天，第二次到5月31日延长9天，第三次到6月3日延长3天，第四次到6月5日延长两天，第五次到6月15日延长10天，合计延长38天。

141

使指挥权对检察部门的调查进行打压和阻止。国会闭会后，新法务大臣加藤通知检察部门解除指令，但逮捕没有实施。

  我特别感到遗憾的一点并不在于与检察部门的斗法。我真正视作问题的是部分政治家的态度，他们完全受权力欲望驱使，出于一心对我进行政治上打击的图谋，尽管基本掌握所有情况，却对事实加以夸大和歪曲。只要这种政治家的行为不受到舆论的正确批判，反而被视作英雄的情况存在，日本的民主政治就不会真正实现。这可不是言过其实。

第六章　我的外访日记

一、首先飞往加拿大

1954年9月26日，我从羽田机场出发，踏上周游七国的行程。访问目的地有加拿大、法国、西德、意大利、梵蒂冈、英国、美国等国家。按照最初的行程，除欧美各国外，应该还访问印度以及东南亚数国。不过，因为日程安排问题，不得不忍痛取消。

外访的动机和目的

我出国访问的想法其实早就有。因为第二次世界大战后国际关系发生了巨大变化，欧美各国的国内形势也发生了很大变化。所有国家为了应对新形势，纷纷制定新政策。特别是日本经历了不曾经历过的战败，所以我迫切希望详细考察这些国家的动向，并以此为根据，制定依靠自己的力量重建和复兴日本的国策。之前杜勒斯国务卿等美国首脑们来日访问时，我曾经在闲谈过程中谈过自己的想法。大概是我的想法被传递给艾森豪威尔总统，他让人传话说：

"如果确实要来访，我非常欢迎。"我考虑，如果出访当然美国最重要，然而英国也具有不次于美国的重要性。当时与英国之间由于外交上的问题很多事情不能顺利解决，因此我想通过出访，哪怕对增进两国友好关系尽到绵薄之力也是好的。

但是1954年6月初正要出访时，发生了前面所说的严重扰乱国会的事件。议会中出现暴力行为，标志着民主政治还不成熟。我想这种状态下，出访外国时无论谈什么都不会有作用，对方也不会相信我。于是我暂且取消了出访。副首相绪方等人对我说："这次你就去吧。警察法之类的问题我们会处理好的。"但是看到那些人的丑态，怎么会放心出访？其后大约四个月里，我为稳定政局付出了自己的努力。进入9月份，尽管担心国内政治形势，我还是从羽田机场出发踏上了出访旅程。

"国民寄语"

我出发的那天上午，在羽田机场对全体国民发表了如下致辞：

"我今天出发访问一直计划访问的美、英、法、西德、意大利、加、梵蒂冈等国。本次访问从旧金山和平会议时便已经开始计划，我深切希望借此对战后一直到恢复主权为止的上述各国给予我国的善意和援助代表国民表示谢意，并借此机会在外交、贸易方面，进一步加深彼此的了解。自战争结束时的混乱到今天恢复稳定，不外乎是基于各位国民衷心爱国的努力和热情的结果。不过这期间各国的援助也为加速此进程发挥了巨大作用，我们必须承认和表示感谢。

"但愿访问上述各国期间能够达成预期目标。我预计于11月14日回国。值此之际，我特别担心的是国家政局的稳定。政局稳定不仅是经济等各种民生稳定的基础，也是各国迫切的愿望。而且各国是否对我国将来抱有期待首先就在于我国政局是否稳定。只要没有稳定下来的希望，便难以对我国抱有期待。如果我国处于难以让各国抱有期待的状态，那么各国自然不会尊重我国以及我国国民。

"出发之际，我请求各位国民为我国实现自主复兴而努力奋斗。"

前往温哥华

9月26日上午9点10分，我乘坐CPAL包机按照计划从羽田机场出发前往加拿大。走的是经阿留申飞往温哥华的航线。到达温哥华依然是26日上午，只不过时间是10点半。因时差的关系，多赚了几乎整整一天。辛克莱渔业大臣、梅修驻日大使、孟希斯远东局长、温哥华市长、工商业联合会会长等人到机场迎接。

羽田机场受十五号台风余波的影响，处于降雨状态，风速达每秒20多米，而到了温哥华，晴空万里。在温哥华大酒店稍事休息后，到圣亨利公园以及大学校园内转了一圈，并向公园内日裔加拿大人的第一次世界大战纪念碑敬献了花圈。

大概因为天气好，公园里聚集了很多日裔加拿大人。他们让我讲几句，我便在纪念碑前做了如下讲话：

"居留在加拿大的各位日裔公民为加拿大而战，有人甚至献出了生命，对此我深感悲痛。能够抱有为居留国而牺牲这样的觉悟，我觉得非常了不起。在你们以自己是日本人为傲之前，以自己是居留国加拿大的公民为傲最为重要。因此我希望你们各位首先成为优秀的加拿大人。

"我经常思考，日本人的岛国根性太强，必须更多地熟悉世界，努力使自己成为世界人。既然在外国拥有国籍，危急时刻为所在国一搏生死是理所当然的义务。日本国土狭小，资源匮乏。即使为日本自身着想，日本人也有必要具有稍微宽广一些的心胸。世界上还有很多尚未开发的土地，因此，日本人需要到那些地方去寻求自己的生活空间。不过，无论去到哪里，如果只是一味怀念日本的故乡，那就不会为任何国家所接受，而且也扎不下根。"

好久不曾有的外访，让我深深感到加拿大土地之宽广丰饶。我发自内心希望日裔加拿大人成为优秀的加拿大人。

与圣劳伦特总理"商谈"

9月26日深夜我乘坐加拿大政府安排的专机离开温哥华，27日早晨抵达渥太华。圣劳伦特总理到机场迎接，并与我拥抱。圣劳伦特总理当年3月份刚刚对日本进行了访问，为对他访日期间受到的欢迎表示感谢，极尽周到地招待了我。

下午，正式拜访圣劳伦特总理，会谈了1个小时左右。当时以经济方面的话题为主。不管怎么说，日本与加拿大之间存在严重的贸易逆差。从对方大量购进商品，但从日本却很难出口商品给对方。进口的大宗商品当然是小麦。优质的加拿大小麦买多少都不够，但如果两国的贸易处于严重失衡状态的话，不可能顺利发展经贸关系。我为改善这种情况，颇费了一番口舌，想尽力说服加拿大人。

我说："日本国土狭窄，资源匮乏，市场封闭，是非常穷困的一个国家。而加拿大如你们自己所说，有铁矿、有天然气、有木材、有充足的粮食，应有尽有。我虽然想更多地购买你们的商品，但是，你们如果不买我们的商品，我们之间的贸易关系便不会顺利发展。我国将进口原料，努力生产质量上乘的商品。因此，请你们多买日本的商品。日本和加拿大是邻居，我们尽量从邻居购买商品，希望你们也从邻居购买商品。"

对于上述我的发言，圣劳伦特总理回答说："买没有问题。我倒是想更多地从日本购买商品。只不过我们想买质量好的商品，哪怕贵一些。我们不需要质量差的商品。我们也看见过经由美国进口的日本商品，便宜粗糙的商品居多。当然我们想要又便宜质量又好的商品，但我们不在意价格贵，只希望质量要好。"这就是"便宜却没好货的日本商品，遭到加拿大总理拒绝"这一说法的来历。我因此向他保证说："明白了。我一定会给你们价格高但质量好的商品。"

我马上给日本某贸易公司的朋友写信，转告了圣劳伦特总理的话："日本的贸易公司请尽情向加拿大出口日本商品，价高质优即可。多赚钱我们不在意。"那位朋友如言照办。

解决贸易失衡问题

我在加拿大停留期间，与圣劳伦特总理等该国政府重要人士会面，关于经济问题进行了多次会谈，感受到的印象大体如下：加方也认为，对日贸易收支不平衡状态长期持续的话，与加国利益并不一致，为解决该问题有必要加大努力力度。然而问题在于，过急解决不平衡问题，会使加方并不欢迎的日本商品在该国市场泛滥，从而造成该国工业生产和经济形势出现混乱，给日加关系带来有害影响。希望以两国都能接受的办法，慢慢解决贸易失衡问题，而且加拿大市场有足够的空间可以让日本商品健康发展。

27日夜，在圣劳伦特总理的招待晚宴上，餐桌上摆着红鲑、鳟鱼等菜品。据说都是圣劳伦特总理自己钓的。日本人也会通过自己亲手做菜来表示对客人发自内心的欢迎。受到对方这种发自内心的款待，我非常感谢。

与麦克唐纳先生会谈

28日，我和英国东南亚总干事长马尔科姆·麦克唐纳先生进行了会面。我一直想务必要找机会见见麦克唐纳先生。之前给他写过一封希望见面的信，他回信说："在加拿大见面吧，我在那里等你。"我记得好像他夫人出生于加拿大，所以当时他正好就在加拿大。

我之所以要见麦克唐纳先生，是想把我平时关于东南亚政策的一些想法与他进行探讨。我的想法后面会详细介绍，总而言之，不能眼看着东南亚地区落入社会主义的阵营。同为自由主义国家，理应设法采取应对措施。当然我的想法当中也暗含有在处理东亚问题方面，美英有必要更加重视我们日本的立场，从而倚重日本之意。

我出发前便期待利用这次难得的访问机会,向美英要人陈述我的想法,同时听取他们的意见。如果可能,能从麦克唐纳先生等人处有所借力。

马尔科姆·麦克唐纳先生是前工党党首拉姆齐·麦克唐纳先生的长子,年轻时便因才能出众很有名气,35岁担任鲍尔温内阁的殖民相。应该是我担任外务省次长的时候,有一次在京都召开国际会议,刚出校门的麦克唐纳先生作为英国代表的随员来到日本,我和他见过。当时他以年轻人的眼光好奇地对日本进行了观察。自那以后便成为对日本能给予很好理解的知日派。这之后我担任过驻英大使,麦克唐纳先生后来又作为驻新加坡的总干事长负责远东事务,我们自然而然交往颇深。

我的东南亚对策

我平时思考的东南亚对策,详细内容后面再说。总之,美国等国主要提供资金,日本以提供技术、经验的形式参加。有点自卖自夸的嫌疑,这是我心中的日美合作,从更大范围来说,是自由主义阵营共同的东南亚对策的核心内容。前面提到的麦克唐纳先生等人在新加坡建立防共政策总部,日、英、美、法、荷兰等有关国家,投入人力、物力,展开一个大规模的有效的东南亚反共攻势。如上所说,富有的国家不吝投入财力,日本这样只有人力和智力资源的国家,充分运用自己的经验和技术,自由主义国家阵营群策群力认真应对。如果能做到这些,我甚至想或许印度支那的骚乱、朝鲜的悲剧都不会发生。

实际上,东南亚地区繁荣昌盛的话,自由主义各国的贸易量也会相应增加。没有衣服穿的人穿上衣服,光脚的女孩们穿上鞋,对布匹和鞋的需求就会相应地增加。和贫穷相比,毫无疑问富有更受欢迎。凡事莫过于个人快乐,国家富有。

我对麦克唐纳先生提出大致如上的意见,并且对他直率地表示他最适合成为承担这种工作的主要人物,还强调说,我打算在巡访过程中对其他政治家发表同样的意见。对此,麦克唐纳先生非常赞同,临别前他对我说,等我结束欧美访问,在日本再找机会详细商谈。然而,我回到日本后不久,被迫内阁总辞职,我的计划就此半途而废没有下文。我特别期待,等到有朝一日在议会获得占绝对多数的 400 个左右席位的时候,痛痛快快地通过和实施这个计划。

大西洋上六天的航行

和麦克唐纳先生会面当天,我乘坐火车从渥太华出发,9 月 29 日上午到达纽约。然后登上伊丽莎白女王号。之所以乘坐冠达邮轮公司的轮船往返大西洋,是因为大家都劝我说,乘船可以好好休息。离开纽约,开始了前往法国瑟堡的六天航程。这六天里没有任何人来烦扰我,充分地享受了个人时间。

空余时间很多,所以有时也和同行的记者们一起用餐。和新闻记者们闲聊时,话题总会一头扎向政治。尽管和他们约好,为了不影响用餐避免碰触政治话题,但是不知不觉间话题就会偏向那个方向。虽然心里想这帮家伙真过分，不过因为他们太过热心政治话题，富有职业精神，有时也说些他们喜欢听到的内容。

新闻记者们好像最为关心我结束访问回到东京时会不会主动引退这件事。虽说在商言商不得不为，但他们看待政治的角度实在是奇怪。即使我自己打算引退，事态发展不允许我引退，我也引退不了。相反，我不想引退，如果大家都说你还是引退吧，那独自一个人也干不下去。当然，我没有引退的打算。要是打算引退的话，我从一开始就没有必要为了了解国外情况而出访。任何事情不到时候不会清楚。即使他们明确问了我引退还是不引退，我也不可能回答上来。

道理在于我引退与否，应该不是根本性的问题。政治朝哪个方向以何种方式发展下去才是更加根本性的问题。

我记得他们好像不断地想询问我对鸠山一郎的态度。这件事也很奇怪。我认为仅仅从我和鸠山的关系来观察当时的政治走向不合逻辑。如果鸠山的病情彻底好转，身体完全能够担当治国理政的重任，由他来执掌政权，于国于己更有好处的话，自然应该让他走到前台。根本不存在是否愿意将政权交付给他的问题。

二、法国九日

如画般美丽的窗外景色

10月4日上午9点半，伊丽莎白女王号抵达法国瑟堡。我转乘等候我的专用电车前往巴黎。天气晴朗，久违的法国田园风光如画一般美丽。牧场一处挨着一处，苹果树上果实累累。法国本土面积不太大，但电车窗外呈现出的景色给人以富裕、悠闲的印象。

在巴黎的圣拉扎尔车站，我受到了法国政府代表教育部长贝图安、巴黎军区司令官杜雷尔将军等人的欢迎。车站位于市中心，狭小的站前广场挤满了巴黎市民。军乐队奏响日法两国国歌，我在法国政府代表的陪同下在站前检阅200人的仪仗队后，住进日本大使馆。访法日程从10月4日到12日共9天，时间比较充裕。不过，由于必须尽早完成官方访问，因此10月5日排满了官方日程。上午，到总统官邸进行登记。晚上，参加法国总理孟戴斯举行的晚宴，一分钟闲暇都没有。中间的时间，到凯旋门向无名英雄墓敬献花圈，礼节性拜访上下两院议长、佛尔副总理、联合议会议长、经济审议会议长等人，然后接受他们礼节性的回访。

与科蒂总统会见

访问法国最主要的工作便是与法国总理孟戴斯进行会谈。此外，与科蒂总统以及佛尔副总理也进行了会见。在与副总理兼财务部部长佛尔会面时，双方对经济、文化关系，特别是经济问题交换了意见。当时日法两国之间，因战争而遭到废除的1911年缔结的《日法通商航海条约》还没有得到恢复。居住、船舶等部分问题通过战后互换协议顺利解决，但是关税关系依然处于不正常状态。因此我迫切希望佛尔副总理在缔结包括最惠国待遇在内的新通商航海条约和加入关贸总协定方面提供帮助。

6日傍晚，我前往总统官邸爱丽舍宫会见科蒂总统。此次会见的目的当然更多是礼节性的。作为我来说首先对皇太子殿下访法期间受到法国朝野上下的热情款待表示谢意，然后又就归还松方收藏品一事[①]法国政府的各种关照表示了谢意。会见持续了大约三十分钟，其间就日东京市债的处理问题以及国际政局的动向交换了意见。

繁忙的法国总理孟戴斯

10月12日的上午，会见法国总理孟戴斯。当时围绕着法国的国际形势激流涌动，总理工作相当忙碌，可以说使出了浑身解数。据说他到伦敦出席九国会议时偶感风寒，所以与我的会面拖了几天。

我与法国总理孟戴斯会见的前一天，法国社会党全国委员会以压倒多数决定同意"伦敦九国协议"[②]，因此面对议会的不信任投票，

[①] 松方收藏品一事：松方幸次郎（1865—1950）是明治时期日本首相松方正义之子。作为一名收藏家，他从第一次世界大战期间开始在欧洲大规模收购艺术品，藏品数量超过1万件，拥有当时全球最出色的私人收藏之一。他原本计划将这些艺术品运回日本，建立私人美术馆。受第二次世界大战和1927年经济危机影响，松方幸次郎未能将所有藏品运回日本，他将约8000件日本浮世绘在内的部分藏品带回日本，400件藏品交由法国罗丹博物馆负责人保管，最后一部分藏品保存于伦敦的一间仓库中——这间仓库在1939年失火，所有艺术品被烧毁一空。二战结束后，法国将罗丹博物馆中的400件藏品作为"敌产"（Enemy property）查封，1951年根据《旧金山和约》将藏品收归国有。1959年法国政府以"创建一座由法国建筑师设计的美术馆"为条件向日本归还370件"松方藏品"。

[②] 伦敦九国协议：即《巴黎协定》，1954年10月23日，美、英、法等北大西洋公约组织成员国同德意志联邦共和国在巴黎签订的一系列文件的总称。文件包括关于终止联邦德国占领制度、关于西欧联盟、关于北大西洋公约组织以及法国和联邦德国间的双边协定等。

政府一方的胜利毫无悬念。就在我和首相会面的12日傍晚，孟戴斯总理在国民议会上获得激进社会党、戴高乐派、社会党等党派的大部分人的支持，支持人数超过半数，赢得信任。我以前一直认为日本政界婆婆妈妈的琐碎事多，直到了解了小党小派林立的法国政界我才有所平衡，我十分同情法国总理，他操的心应该不少于我。

因为情况比较明朗，我向孟戴斯总理先就访法期间受到的款待表示感谢，然后聊起当天早晨的新闻报道，对政府一方即将取得的压倒性胜利提前表示祝贺。总理好像心情不错，对我表示感谢，始终面带微笑。同孟戴斯总理的会谈内容，主要是围绕法国的欧洲形势。

法郎东京市债问题

如前所述，我在法国会见了很多政治家，科蒂总统、孟戴斯总理，还有埃利奥前总理、上下两院议长、联合议会议长、经济审议会议长等人。此外，利用晚宴、欢迎会等场合与法国主要政治家进行了短暂交谈。各种会谈中说的主要内容，比较重要的大致有如下几个：

首先，我转达了天皇和皇后两位陛下对皇太子殿下访法期间受到法方热情招待的谢意，这是我本次访问各国时向所有国家政府首脑说的第一句话。

其次，与法国的文化关系很深，特别是关于松方收藏品的归还问题，法国朝野付出了很大努力，对此我表示了诚挚的谢意。法方表示，问题原则上已经获得了解决。只不过需要形成法案在议会上表决一下，具体细节正在研究之中。正好将要在日本举办卢浮展，作为法国来说非常乐见日法的文化交流，表示一定要在法国举办日本美术展。我表示将尽快进行探讨。

法国政府更想谈的是旧东京市债的处理问题。日方主张，根据1939年的《日法和平协议议定书》规定的应支付额以及根据《比利时法郎选择约定条约》规定的增加额，合计共应支付5.95亿法郎。对此，法方主张按照英镑等价换算，合计61.9亿法郎，比日方的数字高出十倍以上。但是我表示，这也是需要设法解决的问题，作为日本政府来说愿意拿出诚意进行斡旋。

商谈如何应对社会主义

关于正好在我访问欧洲期间发表的《中苏北京声明》，我阐述了自己的看法：社会主义阵营最近有缓和国际局势的倾向，我认为这种和平攻势的亚洲目标就是日本，好像他们意图将日本从自由阵营分化出去，这次北京声明也是一个标志。对此，法方的看法大体相同。即，过去一年来，苏联在欧洲也改变态度意图缓和紧张局势，展开和平攻势。特别是最近几个月，讨论德国问题，提议英、美、法、苏四国会谈，在联合国讨论裁军问题等都可以明显看出上述倾向。但是仅止步于外交文件、要人演说，或者发表声明，如果认真研究其内容，可以发现它们是用极其谨慎且巧妙的词语组织起来的。苏联确实有对具体问题带有诚意进行妥协让步的意思吗？非常可疑。

我力陈自由阵营协调一致的重要性，内容如下：自由阵营内的大国应进行协调，削弱中共和苏联的联系，努力使中共脱离苏联，在该目标的确立和实现方法方面，必须达成一致意见。美英如果在该目标的确立和实现方法方面达成了一致，朝鲜问题和印度问题也许就不会发生。中苏企图利用亚洲问题使日本从自由阵营中脱离出去，自由阵营反过来使中共离开苏联是目前最紧迫的任务。

不幸的是，就像在承认中共方面所清楚地表现出来的那样，英美之间意见不一致。这也成为自由阵营在亚洲采取行动的最大障碍。因此我要在伦敦和华盛顿向两国领导人做说服工作，力陈美英协调一致疏远中苏两国关系的重要性。如何使说服工作更有效果，我想听听与美英领导人关系密切的法国领导人的意见，希望能给予一些有益的提示。

法国领导人对我的看法深有同感，表示该年夏天在日内瓦召开的停战会议本来是与中共接触的好机会，非常遗憾的是由于美英的态度迥异，没等到讨论印度之外的问题便结束了议程。此外我就法国政情、国内对共政策、劳动政策咨询了法国上层的意见，受教颇多。

三、和西德领导人会谈

从法国前往西德

10月12日乘坐下午的飞机从巴黎出发，不到两个小时，便抵达了西德的杜塞尔多夫机场。我想两国如此之近，怪不得两国关系存在问题。距离过近，好坏参半。我理解法国对西德重新武装的敏感，也充分理解西德对法国的这种警惕目光心中不悦。我和法国以及西德的政治家们谈过很多内容，今天看来，这些领导人对对方国家表现得非常不成熟。话虽如此，像法国这样小党林立的国家，总理执政还是相当困难的。因为这个问题给我留下深刻印象的是阿登纳总理的一句话："要治理好国家，必须有一个强有力的政府。"我非常认可他的看法。如果总是被国内问题掣肘，就不可能顺利执政。

在布莱登巴赫霍夫酒店稍事休息，对威斯特伐利亚州州长阿诺德先生的来访进行回访，出席在西德日本人的茶会后，我离开杜塞尔多夫前往波恩。当晚8点到达大使馆。

13日，到总统府登记后，会见了阿登纳总理。说实话，我虽然对西德的经济复兴印象深刻，但与这位阿登纳总理的会见是我此次出访过程中最为愉快、印象最为深刻的会见之一。

与阿登纳总理的会谈

仔细回忆了一下，那天一天之中竟然与阿登纳总理会面4次之多。而且每见一次面，便愈感意气相投，所以印象深刻也是理所当然的。到了晚上互相见到时，已经像相处十年的知己一样可以马上切入正题。两个人甚至有期待着与对方会面的感觉，自然能够相谈甚欢。

也许因为我们之间有脾性相投之处，也许因为双方的立场引起共鸣。虽然我还把自己当作中年人，但要说彼此都是老年人的话，我也可以认同。因为我们双方都已经超过七十岁高龄[1]，在相同时期担任处于军事占领这种艰难状态下的总理，自然共同语言很多。我们又同样必须在战败后国家被军事占领的情况下，设法重建国家，也许因此最后连为人之道都变得相似起来。不过阿登纳总理个头很高，而我，如大家所知道的那样个头不太高，所以这一点不同。通过和阿登纳总理的会面，我感到他意志坚定，可以信赖，要说相似处，恐怕就是都很顽固吧。

四次会面，首先是上午11点30分我拜访阿登纳总理，然后中午阿登纳总理回访。谈话一开始就很投机。这两次会谈可以说是正式会谈，内容以政治方面为主。谈话甚至持续到餐桌上，而且下午1点豪斯总统的午宴后和晚上8点阿登纳总理招待晚宴后，又反复进行了会谈。如果我没有坏肚子，谈话或许会持续到第二天。我在法国，久违的美食吃得太多导致消化不良，到达西德时，被迫不吃午餐，但一直没能好转，便看了医生。这位医生是阿登纳总理的朋友。他告诉阿登纳总理，14日我必须休息一整天。医生的诊断有时真让人感激。

表情温和的豪斯总统

我与豪斯总统在13日中午的总统招待午宴之前进行了会谈。总统当时70岁。正好当年7月西德举行总统选举，他刚获得连任不久。豪斯总统当过编辑，并具有教授身份，是纯粹的自由主义者。他在希特勒当政时著有《希特勒的道路》，受到纳粹的厌恶，该书

---

[1] 当时阿登纳总理78岁，吉田首相76岁。

遭到焚毁。不过我见到他时，他已经满头白发，表情温和，不见当年的锋芒毕露。

我对皇太子殿下访德时受到的款待深表谢意。殿下外访过程中，有很多收获，因此天皇、皇后两位陛下也让我转告他们的诚挚谢意。总统对此郑重地表示感谢后，对我说有点东西想让我看看，便拿来一本日文书，是总统岳父克纳普所著的研究货币著作的日文译本。豪斯总统对自己藏书中有日文书籍非常高兴，并引以为豪。

豪斯总统谈及军事占领下的日德两国的共同处境，相对于德国遭到4个国家的占领，他认为日本实际上只有美国1个国家占领很幸运。我回答他道："不是的，日本被11个国家占领。只不过美国可以坚持它作为主要占领国的态度，从这一点看日本很幸运。"豪斯总统微笑着说："确实如此，确实如此。"对我的话给予了充分肯定，同时他作为了解内情的人发自内心地表示了同情："麦克阿瑟元帅是一位伟人，对于日本来说真是幸运之极。尽管如此，与占领军打交道你也经历了诸多困难吧。"

听到这里我心情也很好，又提起麦克阿瑟元帅年轻时和他的父亲一起到日本来过，对日本了解非常深，所以我也很轻松。但是麦克阿瑟元帅的部下当中，不一定都是对日本了解的人。有一次我向麦克阿瑟元帅诉说上述烦恼，元帅笑着回答我说："我也想让非常优秀的人物到我这里工作，然而美国现在经济形势大好，各方面都在抢夺人才，我也没有办法。"对此，豪斯总统连声说："是吗？是吗！"脸上浮现出特别愉快的笑容。也许德国占领军方面也存在着相同问题。

探究西德复苏的真正原因

在西德,我与豪斯总统、阿登纳总理以及埃哈特经济部长、威斯特伐利亚州州长阿诺德先生进行了会谈。而且午宴、晚宴等场合,有很多和西德政治家交流的机会。我最期待的是,通过和这些人交谈探寻西德经济复苏的真相。战败后,是如何取得今天这样的经济发展成就的?为什么没有罢工?防共政策是怎样推进的?这些方面都是我特别想知道的。

关于经济复苏的问题,西德方是这样解释的:战争让德国成为非常贫穷的国家,无论国家还是国民都一贫如洗,没有互相争吵的闲暇。面对贫困,所有德国人首先考虑的是复苏,除了齐心合力重建国家之外没有别的道路。因此大多数国民很清楚,他们没有时间罢工,而且罢工说到底于国于民都没有好处。

根据上述解释,我甚至产生了在生产方面感觉不到负面影响的印象,真是羡慕至极啊。然而,从对方眼里看来,日本也在稳步推进经济复苏,经常说:"你们国家的民众在勤劳这点上还是世界闻名啊。"每当这个时候,我必须坦白说我没有回答"对"的自信。因为说实话,根据那时日本工会的实际情况,我不认为日本国民非常勤劳。听说最近工会和社会党都逐渐变得具有现实性,如果属实,我想确实是一件大好事。我在任时,特别是前期,我国劳方的氛围绝不是现实性的,而且也不怎么能看到讲求勤劳的风气。权利要主张，工作却放到了第二位。竟然连公务员也热衷罢工，随意把公仆的义务抛到一旁。

坦言日本的劳方状况

关于日本劳方罢工风潮的产生原因，我将我的看法向西德要人们做了大致如下的说明：大部分原因在于战略政策的不切实际。最明显的例子是占领军强行推动的劳动立法，结果造成工人的自由和权利显著扩大，物极必反，工人们趁机以自由和权利的名义提出过分且任性的要求，以致妨碍生产的进行。另一方面，占领军又命令解散财阀，导致企业没有余力，各种产业都出现资金匮乏，无法制定稳定长期的生产计划。这种情况下不可能生产出质量上乘的产品，从而在国际市场上没有竞争力。也就是说，出口没有增长。很多情况都是由占领军的错误政策造成的。

西德政治家们饶有兴趣地倾听了我的看法。关于共产党引起骚乱和罢工的问题，我向遇到的每个西德政坛人士进行了询问，答案都是一样的。阿登纳总理如此，阿诺德州长也是如此，他清楚地对我说："那个问题很简单。每天从苏联占领的东德有大量难民出逃，他们就会宣传社会主义制度的实际情况。西德人很清楚，苏联和东德共产党无论说什么样的甜言蜜语，都不会真正实行，现实情况完全与他们的说辞相反。这些事情我们西德人听得太多以致耳朵都磨出茧子来了。"

我听到这些话时，心里想真应该让日本的工人们和自诩改革家的人士也听一听，好好品味一下。

我服了

经济复苏进展顺利，也不用太担心国内社会主义分子。如此这般，明显是德国胜了。很早前我就听说西德的复苏顺利，不过我却想，德国被分割为东德、西德，实际情况大概相当麻烦吧。亲眼看到令我意外的稳定和复苏进展，我和阿登纳总理会谈时，多少带有恭维的语气这样说道："我以前想过您是我的竞争对手，内心很在意您和我同一时期相同条件下担任总理，谁能首先成功地复苏经济和重建国家。来到西德，亲眼看到、亲耳听到真实情况，毫无疑问是我输了。我彻底服了！"

阿登纳总理哈哈大笑说："怎么会？我想如果我到贵国访问，会和您一样，不得不承认我输了。"我马上回应说："不会的。如果现在阁下来到日本看到真实情况，会非常郁闷的。"二人的谈话以大笑告终。

西德的防共策略

在应对共产圈国家的态度方面，经过确认，西德领导人的想法从根本上说，和我的想法完全相同。简单说来就是，美国和苏联两大强国处于对立状态，形成自由主义国家和社会主义国家两大阵营，西德和日本都要协助美国，作为自由国家阵营的一员发挥自己的作用，除此之外别无他法。而且，西德和日本必须清醒认识到两国位于邻近共产圈国家的前哨位置。即：对于两国来说保卫自由，就是保卫自由国家阵营。与此同时，处于前哨位置也意味着和共产圈国家打交道的各种机会很多。当然可以进行贸易，尽可能保持和平友好关系，但是必须知道，陷入苏方的最终图谋即孤立美国的策略中，从保卫自由主义国家阵营来说也是不利的。这是西德方面的看法，对此我表示完全赞同。

我向西德领导人强调的与该问题相关的另一个问题是希望西欧各国更多关注东亚形势，也就是说，共产势力经常会抓住自由世界的弱点展开攻势。因此，我认为他们在现在的形势下，最先攻击的目标不是欧洲而是东亚。如果东亚陷入共产势力的手中，那就意味着整个自由世界的败北。另外，我也理所当然地就我一直坚持的在其他章节详细做过记述的开发东南亚这一观点进行了表述。

再者，我非常想了解西德国内的防共策略。对此，西德方面的说明大致如下：西德按照宪法规定不能禁止政党结社。不过，根据宪法第二十一条规定，如果出现破坏宪法的活动需要加以禁止时可以向宪法法院提起控诉。因此，政府在数年之前已经认定"共产党的活动破坏了宪法，应该禁止其活动"，并向法院提起控诉，而且佐证材料也收集得很充分，据说控诉得到受理的可能性达到九成[1]。

在重新武装方面意见不同

我与西德首脑的会谈，也许有人认为从头到尾都是同意、同

---

[1] 提起诉讼开始于1951年11月，做出不合法判决是在这次会谈后的第二年即1956年8月。西德政府马上采取了解散党组织、没收其财产的措施。

感。其实至少有一点，意见不同或者立场不一致，即"重新武装"的问题。西德方好像对日本在该问题方面持何种态度非常关心，我做了如下解释：对于今天的日本来说重新武装反而有可能带来负面效果。日本的经济实力还没有达到能够承受重新武装的程度。当然会拥有某种程度的自卫能力，但拥有超过限度的武装力量将给国民带来巨大负担。如果带来国内不安的话，反倒会给共产势力以可乘之机。因此我作为日本首相一直坚持"暂时不会重新武装"的意见，但却为此付出了相当大的辛劳。

西德方没有接受我的解释。他们说，西德每年支付的占领费为90亿马克左右。即使组成50万人的军队，也不会花费更多的钱。只要伦敦会议的结果得以明确，西德便打算开始重新组建本国军队。

我访问波恩是在讨论西德重新武装问题的伦敦九国会议刚结束的时候。像大家所知道的那样，根据该次会议上决定的基调，不久之后各国签署了同意恢复西德主权和重新武装的《巴黎协定》[①]，随之西德于1956年开始着手进行重新武装。

关于西德国民针对占领军的态度，忘记谁说的了，总之我问一位西德重要人物时，他回答我说："美军受欢迎，英军装腔作势，法军最不怀好意。"表达了西德民众对三国占领军的态度，给人一种奇异的感觉。

---

① 《巴黎协定》1956年5月5日开始生效，与此同时西德成为独立国家，1956年7月实施征兵法，计划到1960年完成武装12个师，组建50万人的军队。

回想补余：

西德总理与吉田首相——田中不破三（原内阁官房副长官）

我是吉田首相外访时的随行人员。当时我印象很深的一件事是西德的阿登纳总理与我们吉田首相一见如故，肝胆相照。我的日志中有如下记载：

10月14日（周四）晴　首相基本完成访问西德的行程，将于10月15日从西德出发前往意大利。为此，按计划由加濑俊一大使主持召开饯行晚宴，招待西德领导人和各国驻西德使节。

然而，从日本出发以来的访问持续多日，外事活动频繁，加之身体疲惫，首相中午过后开始感觉腹痛，只能卧床休息。因此，请波恩大学医学部主任兼该大学附属医院院长马提尼博士前来诊治。博士是西德数一数二的名医，据说按例不会出诊，这次却特意亲自过来诊病。他建议首相摄取流食并保持绝对安静。但是首相因为晚上在外交官俱乐部的晚宴有阿登纳总理等西德政府首脑以及各国外交人员出席，所以表示无论如何也要出席。马提尼博士好像对此束手无策，便向阿登纳总理转告了首相的病情，由总理劝说首相取消晚宴。

阿登纳总理给首相打电话说："后面的行程还很长，必须注意身体。请你取消今天晚上的晚宴。你一定要听老朋友的劝告。"首相听后终于决定取消晚宴。那时已经晚上7点左右了。晚宴开始时间定在8点，必须在仅仅1个小时内，将取消晚宴的消息通知到所有邀请的宾客，首相对此有些担心。但在阿登纳总理指示下，很快便通知完所有人。西德情报局长亲自到外交官俱乐部确认通知是否有问题。幸运的是没有一位客人白跑一趟。听到很短时间内便顺利通知完超过100名宾客，相关人员都松了一口气。

四、飞往罗马

意大利的公路和移民

10月15日下午我乘机从法兰克福机场飞往罗马。好久没有来欧洲了，看到乘飞机旅行变得如此方便，我颇为惊讶。又看到很多国家的公路非常漂亮，想到日本的公路破败不堪，深感遗憾。即便美国和德国理所应当，但法国和意大利的公路状况也要比日本好得多。我想要成为合格的文明国家，现在的公路显然不达标准。无论从生产方面看，还是从提高国民生活水平方面看，公路问题都是当前的重要课题，这绝不是庸人自扰。

我听说意大利的公路经常穿行于山岭上，景色好不说，还不用担心会被大水冲断。日本和意大利在多山方面有相似点，我便考虑可否作为一个有趣的课题加以研究。在山上修筑道路，既不用毁坏农田，也不用害怕有人提出天价出让费，不由得想了很多。

提起研究课题，还有一个移民问题。我对意大利的移民问题兴趣非常大。意大利移民和日本移民不同，去到哪个国家都会融入进去，在世界很多国家扎下了根。我听说移民们向意大利本国汇款的金额相当庞大。我打算在意大利好好咨询一下这个问题。资源匮乏耕地稀少，尽管如此意大利国民却非常平静祥和，我认为这和移民有很大关系。但是，还没有找到机会，便不得不离开意大利，实在遗憾。

与夏尔巴总理会谈

10月18日上午，在可以将罗马市尽收眼底、风景绝佳的马达马别墅的一个房间会见了夏尔巴总理和马蒂诺外交部长。据说这个房间是在该别墅召开内阁会议时使用的房间，和日本首相官邸的内阁会议室相似。当然窗外的景色完全不同，对方是别墅，我们无法与之相比。会谈结束后，夏尔巴总理请我到阳台上，一边俯瞰罗马市区，一边向我详细介绍了罗马市内的风景名胜。拥有长达2000多年历史的罗马城确实充满着难以言表的情致。

夏尔巴总理还很年轻，我感觉应该50岁出头。言谈举止非常温和颇令我惊讶。我听说他在担任加斯贝利内阁内政部部长时期，通过了强硬的《选举法》。1948年共产党煽动各种运动时，组成"暴徒镇压队"镇压罢工，这和他那种温和的态度形成了鲜明的对比，给我留下了深刻的印象。

日意的相似点·不同点

我也有机会与夏尔巴总理、马蒂诺外交部长之外的意大利政府首脑会谈。在意大利谈的内容和在西德以及法国谈的内容几乎相同。可以说战争期间及战后，意大利和日本某种程度上处在类似的状况下。共产党势力比我国稍显强大这点算是他们的特色，然而另一方面，天主教势力（基督教民主党）也同样强大，因此作为国民整体来说不能说比我国偏左。国土、资源等方面，也许意大利比西德与我国更相似。想到这点，不由得产生出亲近感。

和意大利要人的谈话特别记忆深刻的是请求在战犯释放方面给予合作。对此，意大利政府首脑表示将不惜全力给予合作。不管怎么说，有必要长期拘禁战犯吗？我认为没有必要。只会让人一直牢记战争噩梦，并引发战败国对于战胜国的敌忾心和复仇心。而且难免会使国民不恰当地将战犯视作英雄。我不能理解长期拘禁战犯的意义所在。即使从人道方面考虑，也必须尽快释放战犯。战犯们早就已经偿还了他们的罪过。

也就是说，意大利早就基于应该全面告别过去历史的立场，进行了全国大赦，已经不存在战犯了。只不过目前在苏联的行踪不明人员尚有5万人。被苏联扣押的人员一共6万人左右，其中1万人得到释放，还有5万人行踪不明。在这方面，日本的牺牲更大，问题也更严重。如果为了解决这个问题而要向苏联派出使团时，意方愿给日本以大力协助。

对苏观点取得很大共识

提起苏联，自由主义国家之间确实有共同话题。我们一致认为，苏联驱使被扣押人员进行重体力劳动，甚至连名单都不清楚的做法，证明了社会主义国家没有人道，暴露出共产帝国主义的政策极度缺乏远见。

而且当时正值中苏发表北京声明，日本对此的立场成为会谈的中心话题。我谈了与在法国和西德相同的关于对中共的看法。大致内容如下：

中苏通过最近的共同声明发动攻势，意图离间日本和美国；日本绝不会轻易就中了他们的圈套；如果中苏确实有意恢复与日本的外交关系，应该首先废除以日本为假想敌的《中苏同盟条约》，再提出要求等。实际上，假设中苏向日本提出缔结互不侵犯条约，作为我们日本人来说也不可能忘记过去《日苏互不侵犯条约》像废纸一般遭到撕毁的事实。不仅用语言，也要用事实来证明诚意。否则，日本就只能相信中苏的提议只是一种策略。

日本国内也有人要求美国驻军必须撤出日本。这明显在配合中苏意图使日本陷入混乱。警察在场，强盗没有机会下手，所以强盗对警察说，请你离开这里。日本不能中这种离间日美的计策。

悬而未决的战时债务问题

另外，我请求尽快缔结日意通商航海条约。对英法两国我也谈过这个问题，但考虑到与意大利之间悬而未决的问题少，缔约谈判比较容易推进，因此便先于英法请求意大利和我们进行谈判。说到日意未解决的遗留问题，有日本战时尚未支付的战争物质款。意方提出过希望日方支付所欠货款，我向意大利政府明确表示，国际义务必须履行，准备支付欠款。虽然对方认可我的态度，但基于当时日本政府的财政窘境，我对能否马上支付没有把握。

任何国家的财政部都不好说话，日本更是如此。国内外需要支付的款项太多，大藏省（财政部）的压力非同一般。我向意方表示，希望意方理解日本的财政困境，关于支付方式也想好好谈谈。意大利政府有关方非常友好地回复说，意大利也是战败国，和日本立场相同，因此非常理解各国的特殊情况，他们相信友好关系应该具有建设性。

谒见罗马教皇

10月20日，我去位于罗马郊外的冈多菲堡拜见了罗马教皇庇护十二世。教皇虽然大病初愈，看起来却很有精神。

我首先向教皇致以大病初愈后的慰问，然后对皇太子殿下访问时给予的热情款待表示感谢。教皇详细询问了日本皇室的近况，我回答说，天皇一家都健康平安。教皇便表示将为皇室的平安幸福进行祈祷。因为我特别希望教皇能基于人道立场，对战犯问题的解决给予大力帮助，于是请求教皇说，巢鸭（东京丰岛区地名）现在关押着七百名战犯，继续关押那些战犯，只会使人拖长对战争的记忆，反而有害。为此，这次访问打算也请求英美迅速解决这个问题。对此，教皇表示完全同意，将尽力提供帮助。

我认为有宗教信仰是幸运的事情，虽然这个话题与国家政治无关。我的妻子属于基督教的信众，女儿也是。妻子去世时，非常安详，她是带着放心和满足离开人世的。我经常想起，当时女儿也用平静得令人吃惊的态度面对母亲的去世。这都源于宗教的伟大力量。

看着眼前这位年老的教皇，我深切感到，罗马教皇的发言毫无疑问将对今天的世界产生很大的影响。

五、前往老友众多的英国首都

伦敦一周

10月21日下午，由夏尔巴总理夫妇等人送行，我们从罗马机场乘机离开。飞机是英国引以为傲的涡轮发动机飞机。全新、干净，乘坐很舒服。那天，一路上乌云笼罩，基本看不到地面。到达老友众多的英国首都伦敦时已是傍晚6点多。到28日离开，在伦敦正好停留了一个星期。这期间一直与英国朝野政要进行会谈。

对我来说最为铭感至深的一件事是给予我对上下两院有兴趣的议员进行一场演说的机会。演说于26日下午在英国下院第十委员室进行。当着超过百人的议员的面，我用了足有30分钟，就日英间的诸多问题做了比较详尽的观点阐述：

拓展阅读：

吉田首相在英国议会的演说（节选）

1954年10月26日吉田首相对英国议会上下两院议员进行的演说内容大致如下：

议长以及上下两院的各位，我承蒙各位邀请有机会在这座历史悠久的建筑物内进行演讲荣幸之至。数年前我经常坐在上院的外交使团席位观摩开幕式。今天在这个委员室里在友好的气氛下见到各位，对我来说是从未有过的宝贵经历。

日英两国距离遥远。中国有个成语叫做"远交近攻"，如果带有些讽刺意味地说的话，就是马基雅维利式的表达，却也包含了契合日英关系的真理一面。日英关系历经几多变化。有时非常友好，有时又反目成仇。关系好时，对两国都有益。总结成一句话，这就是两国关系史。

像各位所了解到的那样，日英同盟不仅对两国有利，对远东的和平和稳定也作出了贡献。该同盟的缔结目的在于阻止俄罗斯帝国的南进，随着第一次世界大战期间俄罗斯的崩溃，该同盟解体了。这以后数十年里，经过多次曲折终于发展为悲剧性的太平洋战争。

在旧金山和会上，英国代表关于和平条约阐述了英国政府的态度，"议和目的在于在日本恢复独立自主、平等、尊严，能够和平并民主地进行贸易的条件下，谋求与日本公正且持久的和平。"我自己作为首席全权代表出席和会，英国代表所表现出来的宽容和亲切让我非常感动。而且联合国成员国中最先批准条约的国家就是英国。

然而，日英友好关系在和平条约生效后并没有像我们期待的那样得到增进。妨碍因素很多，但最主要的因素是贸易争端，即关于对日贸易争端问题英国的过度忧虑。我之所以说过度忧虑，是因为贵国对今天或者不远的将来的日本贸易竞争力的担心，并没有什么根据。三井、三菱等实力强大的财阀已经被解体，日本的各个产业在包含有各国无法比拟的、对工人极为有利条款的新劳动基本法下为高工资而烦恼。这使得日本的"社会倾销"不可能发生。各位如果调查一下日本经济的实际情况，就会理解对日英贸易竞争的过度忧虑毫无根据。

我很清楚，英国国会对三年前的对日和平条约以及今年2月份的日英支付协议进行讨论时，关于日本的贸易习惯发表了何种意见。事实上我直接听取了英方就日本的制造业者侵害英国工业设计的抱怨。昨天我和贵国陶器、纤维等产业的代表人士讨论了这个问题。我认为这种问题应该在相关业者之间基于相互理解和协商圆满地加以处理。不管怎么说，日本政府决心采取各种手段防止不公平竞争。

我相信日英间的贸易关系不一定是竞争甚至敌对的关系。如日英支付协定所显示的那样，我相信相互通融和有效合作的空间还很大。我们的问题不是相互分配固定的贸易额的问题,而是扩大贸易额的问题。我确信如果两国政策站在这种立场上,从共存共荣精神出发进行妥善调整的话,一定能够在两国国民之间树立健康和互惠的贸易关系。

两国失去了曾经繁盛的对华贸易。但幸运的是,相邻的东南亚地区天然资源丰富,而且现在受到英国以及英联邦各国金融和技术方面的支持,在"科伦坡计划"下推动长期的开发计划。令我非常喜悦的是,这些年轻国家的国民富有企业精神,而英联邦的人士具有高瞻远瞩的魄力和气度。我对日本能够作为援助国方参加"科伦坡计划"表示感谢。当然我们的能力还有限,不过我们准备通过派遣专家,培训当地的技术人员,为支持这些国家尽自己最大的努力。

充分开发这些地区并同时提高当地居民的生活水平不仅在排除社会主义渗透的危险方面发挥作用,也是针对世界其他各国开发新市场。这里存在着两国能够共同发挥重大作用的舞台。

对此,我真诚希望在正好从今天开始召开的日内瓦关贸总协定会议上,英国支持日本加入该协定,其他各国也支持日本加入以自由国家阵营互助和协调为目标的所有国际机构。

我深知打消战争中的痛苦记忆如何困难。日本按照和平条约十六条的规定,对于贵国俘虏在战时监禁中遭受到的痛苦经历,具有必须进行赔偿的义务。我发誓我国政府有决心排除万难履行条约规定的义务。同时我恳请迅速给予在贵国军事审判当中被判决有罪，今天仍在东京巢鸭监狱服刑的日本战犯以特赦。

战争结束后，日本丧失了领土的一半和包括大米、白糖、大豆、盐、铁矿等在内的大部分重要资源。加之，从海外归国者达600万人，日本人口急剧增加到8700万。日本现在的经济实力、生活水平、贸易量甚至还没有恢复到战前水平。处于逆境之中的日本，还必须致力于解决对亚洲两三个国家的赔偿问题。而且需要支付战前欠下的巨额外债。各位应该记得，1952年日本为支付战前的英镑国债在英格兰银行寄存了2000万英镑。我特别注意不损及日本到目前为止没有停止过偿还外债的好名声。我们重新组建了需要巨额经费的陆、海、空部队用于本土防卫。

我想请各位了解的是，无论处于何种困境下，无论负担如何沉重，日本都在为开拓自己的未来而努力着。请给予理解和包涵。并且我特别拜托各位为重建日英间的深情厚谊提供合作和支持。

日英两国与当时结成日英同盟时相同，现在都面临着共同的威胁——社会主义的威胁。苏联的目标明显在于赤化东南亚，值此之际，我认为应努力增进日英友好关系，消除这种共同的威胁。但是如果要指出妨碍日英增进友好关系的主要因素，那就是关于贸易方面与日本的竞争,英国抱有多余的顾虑。我认为如果对日本的经济现状进行调查就会发现,日英间的贸易关系不一定是竞争以及敌对的关系。

演说结束后,议员就俘虏赔偿、纤维工业、中共问题、劳动法规等进行了提问。大体上气氛比较友好,从中可以看出议员想要了解日本的心情。只有一位刚刚参观过日本纺织工厂的女议员正要提出一个带有恶意的问题,结果被其他议员劝止。

丘吉尔首相的欢迎辞

10月27日丘吉尔首相举办晚宴招待我们一行,席间他致了如下意味深长的欢迎辞:

"首先,今天我十分欢迎吉田首相的到访。吉田首相据说在本国非常强硬,盛名在外。然而,今天一见感到他非常亲切,证明了他也是一位极其敦厚的人。我刚才说欢迎石田首相到访,我相信这代表了所有英国人的心情。理由就是,在场的人不仅有政府的代表、执政党的代表、反对党的代表,还有英国工会(T.U.G)的代表们。

"日英同盟遭到废除一事是否合理,今天我不想在此讨论。不管怎样,我不是当时的内阁成员。但是,如果日英同盟没有遭到废除,世界的形势恐怕与今天不同吧。

"众所周知,吉田首相作为一位爱好和平的人士战前、战时为了维护和平做出很大努力。这次历访欧美各国,得到与各国政界领导人会谈的机会,不仅对日本有利,对维护世界和平也极具重大意义。我祝吉田首相访问成功。"

将我引荐给艾德礼先生

晚宴结束后在旁边房间休息时，丘吉尔首相来到我旁边问道："你认识艾德礼先生吗？"我表示不认识，他马上亲自去把艾德礼先生带过来介绍给我认识。首相的晚宴上也请来反对党领袖以及工会的干部，并向我介绍。这确实是一件好事。民主政治要体现出互敬互让和大度，而不是敌我双方的仇恨。争论是必须的，但应该属于君子之争。其优点在于不夹杂私人感情，为国家整体利益互相合作。朝野两党相互理解对方的立场，共同推动国家的发展，为国民的幸福、国家的繁荣、文化水平的提高而努力。民主政治必须如此。无论邀请还是被邀请，各政党之间有主义之争却又存在共同点，这才是民主政治。参加首相的晚宴，看到上述场景，留下很深的印象，不愧为民主政治、议会政治的发源地。而且我一直听说日英同盟的话题在今天的英国属于禁忌，然而首相亲自提及。到底还是丘吉尔啊！不媚俗，不为众人意见所迷惑，坚定、自信地面对国民的这种态度，我认为民主政治家们应该好好学习。丘吉尔首相对我们的款待并非礼节性的形式上的，而是非常热情和用心。当然他作为英联邦的政治核心人物，与各国政治家和外交官打交道自是轻车熟路。尽管如此，如果不是真正的民主政治家、深谋远虑的治世能人，不可能做到。我还是为丘吉尔先生的伟大所折服。

老友喜重逢

我年轻时便曾在伦敦驻在,后来作为大使又在伦敦度过两三年,对英国自然而然有一种亲近感。这次访英期间,见到汉基卿、克雷格及克劳原驻日大使公使、皮戈特少将等相交多年的老朋友,自然成为我愉快的回忆。26日我到白金汉宫谒见了伊丽莎白女王陛下。陪同者只有伊登外交部长。陛下给我的印象是,没有任何矫揉造作,始终保持直率的态度,在自然散发出大英帝国女王陛下威严的同时,带有非常清新纯净的感觉。而且伊登外交部长充满尊敬之意的谦恭态度中,还夹杂着英式的亲近感,他们君臣之间威严中显示出的亲近感让人感佩。英国皇室是英国国民尊敬的对象、道德的典范、理想的代表。陛下的态度使我感到确实应该很好地维系这个传统原则。这次能够见到已经辞世的原首相张伯伦的夫人也很高兴。张伯伦首相与对德关系相比更重视对日关系,特意将罗伯特·克雷格先生从对美部门中抽调出来派到东京,努力维护日英关系,对我也表示出相当大的善意。说实话,我这次出访英国,主要关注的是,日英关系中经济方面的问题。因为遗留有令人不太愉快的悬案和问题,对访英,在公事方面实在没有太高兴致。但是,来了之后,不由感叹这就是英国人。一旦成为朋友,友情就是友情,绨袍恋恋故人情,确实令人感到温馨。

关于战时俘虏的赔偿问题

我在伦敦停留期间,曾经担任新加坡守备军司令的帕西瓦尔中将作为远东俘虏联盟代表要求会见。见面后,对方提出希望日本政府迅速履行和平条约第十六条的义务,即对战争期间俘虏受到的苦痛进行赔偿。关于赔偿的支付问题,日本政府打算动用战争期间被联合国冻结的瑞士银行存款,瑞士政府表示尽管战争期间作为日本的利益代表国进行过垫付,但不同意向联合国进行支付,因此成为悬案被束之高阁。对此我坦率地表示:"既然是条约规定的义务,日本政府当然有决心支付。"当时罗伯特公使作为解决该问题的特派员赴日进行谈判,我回到日本时,谈判已经接近尾声。幸运的是我国财政部痛快地承诺支付赔偿金。问题了结,罗伯特公使满意地返回英国。

日英的经济关系当时存在多种悬而未决的问题。其中很大部分是对日本的不满和抱怨。例如,日本商品的不正当竞争、对商标设计的侵权、日本政府对海运、造船以及出口产业的过度补贴、在没有欧洲航路同盟的同意下进行的船只调配等。对于这些抱怨,我解释道,日本现在限于严格的劳动立法,而且在福利设施等方面需要投入很多资金。现在日本与战前不同,已经没有进行不正当竞争、倾销等的富余资金。而且我建议,纺织业等行业日英两国同业者不要从竞争角度考虑问题,应该签订产品种类和销售渠道方面的协议,合作开发新市场。

两千万英镑的余荫

此处想追加一笔的是,在听取英方抱怨的会议上,伊登外交部长介绍我说:"吉田先生是我担任外交部长后不久便来到英国赴任的日本大使，我们的友情一直持续到今天。"听到这里，巴特拉财政部长也说道："日本政府曾经在英国手中外汇数量减少到最低点时，以日本国债利息支付保证金的名义向英格兰银行存入 2000 万英镑。当时日本政府的首相就是吉田先生。"两位大臣的先后发言使会议的空气和缓下来。

那时记忆比较深的一件事是我到外交部拜访时，英国的摄影记者想要拍摄我和伊登外交部长的照片，他们挤在我们身边态度非常执着，顿时惹恼了伊登部长，他大喊到：走开！我心里暗笑道："脾气真爆！"

六、前往最后一站美国

纽约六日

10 月 28 日正午我们乘坐的玛丽皇后号从南安普敦起航，11 月 2 日到达纽约。大约五天的航程使我从巡访欧洲的疲劳中彻底恢复过来。穿越大西洋的航程中，玛丽皇后号上发行的报纸《海上泰晤士报》10 月 30 日报道说："在日内瓦会议上日本承诺关于关税、贸易协定将与各国进行谈判。这是日本加入关贸总协定的第一步。"这则消息对我们一行人来说就在身边刚刚发生。

前往洛克菲勒庄园

一到纽约，马上就被接到位于郊外塔里敦的洛克菲勒先生的庄园。庄园占地面积很大。其规模之大以日本人的观念有些无法想象。据说庄园内部亲戚之间来往都需要驾车数十分钟。庄园内有牧场，分别放养着肉用牛和奶牛，各有数十头。牛儿们看上去非常悠闲自得地享受着大自然。我对洛克菲勒先生说："真想成为这里的牛啊。"洛克菲勒先生笑道："到这处房屋的地下室去看一下，牛儿们都变成牛肉挂在那里。"被吃掉可就不妙了，于是打消了变成牛的想法。洛克菲勒先生的招待无微不至，非常感谢。

这位洛克菲勒先生今天在日本也广为人知，是著名的大洛克菲勒的孙子，他担任纽约日本协会的会长，包括我、鸠山、重光在内，每当有日本著名政治家、企业家访问纽约时，都会召开盛大的欢迎会，尽心把我们介绍给美国各界。他们夫妻二人数次访问日本，出资建造国际文化会馆，为提振日本的文化事业做出了很大贡献。

日本协会的欢迎宴

我在纽约停留期间，11月5日，日本协会举办晚宴。华尔道夫酒店的大宴会厅里聚集了1500人，会长洛克菲勒先生向众人介绍我之后，我作为主宾做了演讲，此外美国参院外交委员会委员长亚历山大·怀利先生、因"富布赖特法"而名声大噪的参议院议员富布赖特先生也到场，关于日美友好进行了发言。这样的晚宴，无论质还是量，对在美日本人来说据说都是没有先例的。能够举办这种层次的晚宴，说到底，多亏洛克菲勒三世担任日本协会的会长。作为日本人能够在美国拥有这样的知日派、亲日派，应该说深感幸运。

提起亲日派，这次访美能够见到麦克阿瑟元帅让我非常高兴。现在他担任雷明顿兰德公司的董事长，依然精神饱满，对他离职后的日本依然关心。我向他介绍了日本的重建情况，他特别高兴，并鼓励我们继续努力。我在纽约还见到了占领时代的副参谋长威洛比将军，叙旧一番。纽约市长瓦格纳先生以及纽约州州长杜威先生也分别举行午宴，向我介绍了很多有实力的人士。在泽田廉三联合国大使主办的聚会上，有机会见到不少联合国的干部。我还受邀在外交协会演讲，在哥伦比亚广播电视公司发表讲话，每天相当忙碌。这样一来，到11月7日才得以出发前往华盛顿。

访问华盛顿的目的

纽约六天主要以社交性活动为主。而在华盛顿虽然也有社交性活动，但更大的目的是与美国政要进行会谈。这些会谈也不是说有什么特别的问题要谈，不过是向对方介绍我国的政治经济现状，加深对方对我们的了解而已。简单说来，就是广义的友好访问。

在我从欧洲赴美访问的两三周前，以通商产业大臣爱知揆一为团长的先遣队先期到达华盛顿。我在华盛顿停留不过数日，为使我的这几天停留更有意义，这个访问团便担负起"与美方相关部门进行预备会谈"的使命。实际上，关于剩余农产品的购买、GARIOA[①]债务的解决等各种问题，与对方相关部门之间达成的共识超出了预备会谈的程度。

---

① 第二次世界大战后的占领区治理和救济

我在华盛顿有机会直接见到的美国政府官员有艾森豪威尔总统、尼克松副总统、杜勒斯国务卿、威尔逊国防部长、汉弗莱财务部长、威克斯商务部长、史塔生援外事务管理署署长等人。同时各部的相关首长自然大部分场合都会列席。此外还会见了布拉克世界银行总裁，与英法的驻美大使也进行了会谈。意外的是，偶然遇到菲律宾上院议员劳威尔先生，有幸和他关于对菲律宾的赔偿问题进行了会谈。

卡斯特尔、格鲁两位先生战前都曾担任驻日大使，对日本非常熟悉，返美后始终作为"日本之友"为日美友好做出贡献。他们像以前一样和颜悦色地欢迎我们，极大地缓解了我在华盛顿停留期间的紧张和疲劳。在此特别记下此事以表感激之情。

在新闻记者俱乐部的演说

我在华盛顿的访问说到底属于广义上的友好访问。不过，11月8日我受邀在华盛顿的全国新闻记者俱乐部的午宴上进行演说，就东南亚开发问题提出了我的观点和建议。11月10日，白宫和日本大使馆还公布了"艾森豪威尔总统和吉田首相大臣的共同声明"，还报道了美国要人和我会谈的内容梗概。

拓展阅读：

美国总统·吉田首相的共同声明

1954年11月10日发布的日美共同声明（吉田首相与艾

森豪威尔总统）全文如下：

艾森豪威尔总统和吉田首相于11月9日进行会谈，再次重申日美两国邦交基础在于友好合作精神。首相还与杜勒斯国务卿、汉弗莱财务部长、威尔逊国防部长、史塔生援外事务管理署署长等进行了会谈。首相与国务卿本周再次会见，就两国共同的问题坦率地交换了意见，同时关于过去三周里两国代表的协商成果进行了探讨。

一、总统和首相关于自由各国团结一心，共同为世界和平发挥了巨大作用这一点抱有同感。总统以及首相表明，日美两国政府今后依然要合力与亚洲自由各国进行协调，共同维护并增进亚洲的和平与繁荣。首相再次重申，日本政府有决心为实现上述目的全力做出自己的贡献，特别强调日本强烈希望在亚洲自由各国的经济发展方面，尽己所能给予帮助。总统和首相表明，两国政府以和平为目的，两国国民追求两国以及邻国的和平与自由。

二、两国政府代表关于日本经济的现状进行了详细探讨。关于日本国民的经济状况好坏对整个自由世界来说都是重要的问题这一点双方意见一致。日本经济状况的改善关乎日本国民自己能否遂行健全的、具有建设性的国内金融以及各项经济政策，还关乎能否继续推动贸易增长。战争结束后，美国通过各种方法和途径对日本实现的经济增长做出相当大的贡献。美国也认同今天的日本为解决经济方面的各种难题付出的努力，美国的方针是今后将积极研究能够采取的各种措施以谋求日本国民更大的福祉。

本次会谈中探讨了若干具体措施。关于针对日本推动贸易增长，努力改善与外国经济关系美国需给予支持方面，双方达成原则性共识。双方还就美国出售日本的各种农产品，将与在日本销售金额相当的金额用于改善日本国内经济，提高防卫能力以及发展地区经济取得一致意见。讨论的其他事项有在日本实施提高生产能力的计划，通过日本与南亚以及东南亚的自由各国一道，参与该地区的经济发展而理应产出的共赢利益等。双方一致认为这些措施都将对促进改善日本经济状况以及提高生活水平发挥重大作用。

三、美国代表就3月1日在太平洋进行核爆实验时释放出的放射性物质灼伤23名日本渔民，其中1名死亡的事件表明遗憾之意。美国代表强调他确信稳步推进核能的和平利用从最终结果来看，将给日本以及世界上的友好国家带来巨大利益。

世界各国总理以及著名政治家和外交家访问华盛顿时都会被邀请到全国新闻记者俱乐部进行一次演说，这是美国新闻界的惯例之一。参加人员除全美新闻社的驻华盛顿特派员以外，有时世界各国新闻社的驻美特派员也会出席。我演说那天来了三四百名新闻记者。我的演说结束后，听众纷纷提问，回答这些提问用了足有一个小时。每当我回答提问时，听众都会鼓掌，大概因为主持人主持得法吧，现场气氛相当和谐。这和我在日本国内经历的记者见面会感觉大为不同。

拓展阅读：

吉田首相在华盛顿记者俱乐部的演说

1954年11月8日，吉田茂先生在华盛顿全国新闻记者俱乐部发表的演说内容如下：

全国新闻记者俱乐部的会长、会员、各位来宾：

我今天能在此见到各位非常高兴。各位当中今天没有一个人因为战争奔赴海外，我感到很欣慰。

但是近年来，冷战却在持续，紧张气氛几乎影响到我们的所有行为。自由世界的命运与亚洲保卫自由的努力具有深刻的关系。现在这一时刻，虽没有发生互射实弹的战斗，然而对美国国民等自由各国的国民来说，从未有发生过像"冷战"这样猛烈，且规模庞大的战斗。

在亚洲有众多人口拼命努力想从过去的悲惨和贫困中摆脱出来。在亚洲还有一个一刻也不会离开我们内心的冷酷事实，即中共的存在。还有数量众多的落后国家国民在与中共的压力相抗衡的同时，努力试图开辟自己的道路，建立稳定的民主社会，从而提高生活水平。

从政治角度看，社会主义对摆脱不了贫穷的、政治上尚不成熟的国家来说具有强大且理所当然的魅力。不过这些新兴国家的国民面对社会主义的魅力吸引，却想确立民主主义制度。从经济角度看，这些国家在努力提高生活水平，却因为缺乏扩大生产的资金和技术而烦恼。

作为远东地区国家的日本，对这些邻近国家的问题感同身受。我们日本也同样面临着这样的问题。我们所有人都期盼生活水平的提高、国家的安全稳定、和平自由的生活。我们所有人都需要真正的自主和独立。

对日本来说亚洲自由各国的振兴具有重大意义。众所周知岛国日本完全依靠贸易，所以如果亚洲其他自由国家的经济水平得不到提升，并且不能进行自由贸易和获得友好的合作，日本也不可能提高自己的经济发展水平。对于不可能再像以前那样与亚洲大陆进行正常和传统贸易的日本来说，为了自身生存，必须发展与东南亚的贸易。

全体自由世界的国家也与亚洲自由国家有密切的联系。如果中共的经济发展数年之后实质性凌驾于邻近国家，东南亚各国将无法抵抗中共压力，很容易便会倒向社会主义。

经济学家认为要谋求经济发展，投资规模是决定性因素。中共为增进其经济能力，进行大量投资，投资人均额至少达到东南亚的两倍。自由世界的我们要帮助东南亚提高经济发展水平，必须走一条"艰难道路"，这是美国人经常使用的一个词。即，必须堂堂正正地，冒着民主主义带来的政治风险，根据自由国民的自由意志来做。但为避免一切为时过晚，就必须从外部伸出援助之手。

像我以前已经指出的那样，东南亚自由国家非常缺乏开发资金。外国民间资本如何？这些民族主义高涨的新兴国家其经济现状即使在今天这种重要时期，也不具备使民间资本能够放心投资的环境。民间资本的进入是其具备了一定的稳定性之后的事情。可是亚洲自由各国现在处于不可能等下去的状态。

世界上有几个向落后国家提供资金的专门机构。但是这些机构存在一定的规则和限制。实际上，世界银行、援外事务管理署、科伦坡计划等机构一年提供给东南亚的全部资金只有4亿美元而已。

这种投资规模只达到与中共竞争所需资金的十分之一。落后国家作为自由世界成员要提高自己的经济发展，必须有人研究采取某种手段增加援助额。

有必要大规模扩大政府和国际金融机构的资金供给，并把这些资金合理使用到教育、运输、灌溉、动力、生产等基础领域，还有最基本的卫生保健领域。由此奠定民间企业将来进行投资所需安全成本较低的基础环境。

为使资金投入取得最大效果，有必要通过所有相关各国参加的一个机构，进行资金分配。而资金分配会使尚年轻的新兴国家国民培养出对他们很重要的自助、自立参加的观念。在这个意义上说,"科伦坡计划"是比较理想的组织。

这种计划会顺利进行吗?事实上,有顺利实施到今天的计划。我指的是 O.E.E.C(欧洲经济协力机构)。如果在东南亚也有这种机构,会告诉新兴国家可以实现建立牢固健全的民主制度,避免"混乱"。

我一直说得非常宏观,这种计划的详细内容当然必须由专家全面周到地进行制定。日本国民将不遗余力促使计划取得成功。日本是亚洲工业最为发达的一个国家,我们自身也是亚洲的一员,我们最了解如何把代表人类进步的西方技术和东方的生活方式与当地条件结合起来。

欧洲在 O.E.E.C 机构的帮助下,目前已经以严肃的态度加入了自由阵营。回忆当初该计划具体实施时,有人批评说"这是外国帝国主义",有人批评说"这是把金子扔到了脏水沟"。结果先见之明和忍耐取得了胜利。挽救了欧洲的这个大胆宏伟的构想,是由心胸宽广具有爱心的人士们凭借相互信任和现实合作的精神,与他们的朋友共同制定的。这一经典事例将长久留存在历史上。

根据这种方法,能够协助亚洲各国在自由的名义下自力更生,对抗社会主义的渗透,按照各自的传统踏上发展进步的道路。这些国家拥有丰富的足以对自由世界做出贡献的古老文化遗产。不允许任由这些国家失败。如果不以更加宏伟的构想采取决定性的行动，在和中共的对抗、竞争中，难以期待天平向我们倾斜。已经没有慢慢进行研究的时间了。留给我们的道路只有马上行动一条。

我在这次演说中，提议每年 40 亿美元的投资计划，引起相当大的反响。关于我的新提议，金额方面暂且不提，基本看法在此后公布的艾森豪威尔总统与我的共同声明中也有部分体现，我认为这说明新提议获得了某种程度上的理解和认同。

关于美国接收的日本资产的处理问题也进行了讨论，美国代表表示该问题目前正在考虑过程中。两国又就其他问题进行了探讨，如社会主义势力意图削弱亚洲自由各国政府的执政能力并且使其丧失公信力；日方对于战犯问题应该纳入考虑范围的请求；当前国际形势下的琉球以及小笠原诸岛的地位；日方关于小笠原诸岛原岛民返岛的请求等。

艾森豪威尔·吉田共同声明

接下来我说一下艾森豪威尔总统与我的共同声明。前面提到爱知通商产业大臣一行提前来到美国，与罗伯逊助理国务卿等相关部门人员进行多次会谈，作为结果拟出一个草案，得到我的同意后便发布了。

该共同声明中，首先我最在意的一点是希望美国充分认可作为独立国家的日本在亚洲的地位，宣布日美两国以平等的地位维护并促进亚洲的和平与繁荣这一基本方针。而且想强调日本希望尽力为亚洲各自由主义国家的经济发展提供支持，从而显示出独立后的日本积极的一面。这些内容在声明开头便得以明确。其次，在认同日本国民经济状况的好坏对整个自由世界来说都是重要的问题的基础上，为增进日本国民的福祉而采取的各种政策方面，希望美国今后需带有善意进行研究。在日本也需促进贸易发展，努力改善与外国的经济关系，美国对此还需给予支持等方面，双方达成了原则上的共识。虽然稍微提到其他具体经济问题，然而总体来说，提高日本国民的生活水平，振兴日本经济为最大要务这一观点得到美方一定程度的认可。

不管怎么说，从来都是以防卫第一主义面目出现的美国认同了亚洲的经济发展对亚洲的自由与繁荣最为重要这一点，没有特别提及防卫问题也是共同声明的一个特点。

关于剩余农产品的谈判

剩余农产品问题在爱知揆一和美国相关部门努力谈判之下得到解决。作为美国来说出现剩余农产品非常麻烦，而作为日本在不能粮食自给的现在，具有不使用宝贵的外汇便能购买到粮食的好处。只不过美方担心从美国购买粮食的话，必然会超过正常进口量，因此会给从东南亚进口大米带来影响。但日方非常注意尽量不给进口带来影响，事实上毫无疑问也没有那种可能，所以我希望好容易开启的谈判一定要有个结论。谈判结果决定，剩余农产品按1亿美元处理，其中 1500 万美元赠与，其余 8500 万美元的三成由美国在日本国内使用，七成以借款形式，用于改善日本国内经济、提升防卫能力以及发展地区经济。

我在纽约停留期间，经洛克菲勒三世介绍，和花旗银行以及其他两家银行的董事们见面时，谈及一直在考虑的日本移民问题，各位银行家们给予了关注。后来在有关人员的努力下移民借款得以实现。

回想补余：

作为先行出发的使者——爱知揆一（自民党议员，原通产相）

吉田首相历访欧洲到达美国之前，由于事先需要做各种准备，同时就两国间的态度进行充分沟通，我们所谓爱知使者团于 1954 年 10 月 17 日吉田首相尚在意大利访问的时候从东京出发前往华盛顿。

一到达华盛顿，就开始小组单项谈判。正式的全体会议是 10 月 25 日傍晚召开的，日美双方众多有关人员出席了这次会议。会议的主持人为罗伯逊助理国务卿，由我致开场白。开场白有为会议定调的意味，我们也慎重地进行了准备。

我们想坦率地告诉美方，美国当政者作为自由国家阵营的指导者推动世界政策没有问题，但在那种情况下基于相信自己正确的一种自信，经常没有理解对方的微妙情绪，给对方以强行灌输美方想法的印象，从结果来看也不是没有招致反目成仇的不幸事态发生，美方应该设法改变这种态度。

正好一年前，我参加了所谓的池田、罗伯逊会谈。当时美方关于防卫问题极其热心地劝说日方加大投入力度。然而一年后，情况却发生了大幅转变。尽管如此，朝鲜、法印支的停战使日本人的"中立主义"思想不时变得强烈起来。他们如何看待像核爆实验、日本渔民受害这样的事？另外，美国在远东明显将重点放在军事方面而不是经济方面，例如对 SEATO 很热心，却轻视经济层面，这在日本人眼中又会怎么看？还有去年谈妥的五千万美元小麦资金的分配，过于微观的事情也要参与，让人感觉像在操纵牵线木偶。美国的这种态度，会对日本人的自尊心产生什么样的影响？上述的这些内容，我想坦率地告诉美国人。

幸运的是日本经济在吉田首相的严格要求下，当年预算控制在一兆日元之内。从此，通货膨胀的预期迅速消失，然后物价下降，贸易额上升，与上一年相比属于大幅度上升，因此可以认为日本的立场要比上一年坚定。

如前所述，我在开场白中用"太自信"这个词来形容美国过于多嘴或者毫不客气。我考虑到将来的日美友好关系，毅然使用了在外交场合的发言中极少使用的这个词。在场的 20 多位美国代表们一瞬间好像吃了一惊。

我的致辞刚一结束，罗伯逊先生马上站起来反驳说："刚才你的发言中好像有太自信这样的表达，如果日本真有那样想的人，日本政府不是有责任进行说明和解释吗？"其态度相当严厉，但通过这种坦率的交流反而使双方的理解加深了。

证据就是，在后面的会谈期间，美方很注意倾听日方的说明，而且，对于日本的国内问题特别是防卫问题未置一词。基于上一年的经验，这让我们有些意外。不过在最后的共同声明中防卫的防字都没有出现。想到上一年的情况，真是感慨颇多。我相信坚定自主的态度，才产生出这样的结果。想到这里，我们心情十分愉快。

我相信因为存在吉田首相如此重量级的人物才会有这样的结果，我们也拿出了足够的勇气，美方也表达了充分的敬意，在相互信赖的基础上取得了成果。我甚至觉得在吉田首相冲锋陷阵带领下的我们，有时，也许反而"太自信"。

七、外访五十余天的感受

结束长约两周时间的访美行程，我于11月7日到达羽田机场。出发后在53天的仓促时间里，我快速巡访了欧美七国。到达羽田后，我做了如下的回国致辞：

"我结束了长达50余天的欧美访问，刚刚回到日本。我在访问过程中，就战争结束以来各国对我国的支持和帮助，代表诸位国民表示了谢意。同时，就实现我国国民为亚洲的稳定和繁荣，以致世界和平做出贡献这一发自内心的愿望，努力去争取各国的理解和支持。我还与各国领导人坦率地交换了意见，就目前的各种问题说明我国立场的同时，又充分了解了各国的看法。

在与美国艾森豪威尔总统的会谈中，先是发表了《日美共同声明》。双方均认为日美两国国民真正相互理解、相互合作对世界和平非常重要，同时强调为谋求世界福祉今后两国应在与亚洲自由各国协商的前提下，进一步加强合作。美方再次重申日本的经济发展对整个自由世界都具有重要意义，美国今后将继续认真研究切合实际的各种措施以支持日本的经济发展。

我确信通过这次访问，解决了今后我国与欧美各国在外交、经济方面存在的问题，奠定了获得他们支持的基础。欧洲各国明显都从战争带来的物质损失、精神创伤中重新站立起来，国民一心致力于重建国家，成为当之无愧的典范，同时我还深切感到我国应该对此深刻反思。我认为我国要想为世界的和平和繁荣做出贡献，首先我国国民必须以对祖国炽烈的爱来维护祖国团结一致。

我在此向这次访问期间，相关各国的朝野上下给予的深情厚谊表示深深的感谢，同时对各位国民的支持表示衷心感谢。"

到处催促还债

如前所述，这次访问我收获很大，留下了很多美好回忆。尽管如此，另一方面说是糟糕的回忆或许有些过分，总之有些意外的是，去到哪里都有人催促我们还债，仿佛自己是行将倒闭的公司总经理。例如在法国，对方提出东京市法郎公债的归还问题；在意大利，对方提出该国外汇局在横滨正金银行的冻结资产返还问题；在英国，催促我们按照和平条约十六条进行赔偿的问题；在美国，

GARIOA 资金的返还问题在等着我们。如此这般，如果历访东南亚各国还会有赔偿问题出现，作为发动大规模战争后的战败国，这也是不得已吧。

我一直强调，一个国家的对外债务无论采取何种措施，都绝对有必要按照约定归还。一直以来日本的对外信用水平与芬兰并列，国际评价非常高。我们应该清醒地认识到不能失去长期以来建立的对外信用，这一点非常重要。因此我外访期间，出现上述问题时，总是明确表示"日本一定会履行约定"。外访归来，本来打算马上处理上述约定和债务问题，然而由于内阁总辞职，没能按照预期进行。只有对英债务，即和约十六条规定的赔偿问题在内阁辞职前的很短时间里得到处理。

我特别期待各位国民，在未来的包括经济问题在内的所有方面，都要让世界知道日本是能够被信赖的国家。

第七章　从我的政治经验来看

一、我眼中的政党和政治家

我前面已经提过进入政界之前的经历，我本是官员出身，而且只有当外交官的经历，对政治的各种内幕不太清楚，也不打算清楚。即使今天依然不太清楚。我的老前辈币原先生也是，在战前很长时间就数次担任民政党内阁的外务大臣，当滨口首相在东京站前受到凶徒袭击后，还代理过首相职务。总之，他和民政党渊源很深，但最后也没有加入民政党。

开始接触政治

我在田中、币原两位外务大臣手下担任副大臣，与政友、民政两党出身的阁员关系很好。不过，与币原先生一样，完全没有加入政党的想法。但是我的父亲出身于土佐，因为与板垣退助伯爵的关系，长期与自由党关系密切，甚至形成了土佐派，当时家里不断有政治人物出入，使我从少年时期便耳濡目染了不少政治活动，不属于对政治没有兴趣的人。或者说至少比币原先生兴趣多一些。币原先生作为外务大臣，参加内阁会议，却不参加内阁的午餐会，一定跑回外务省的食堂用餐，和局、课长们讲些无聊的笑话，经常长达一两个小时。由于币原先生对政治不感兴趣，我作为他属下的副大臣面对裁军等问题时，为能够辅佐大臣，主动承担了政治方面的联络，亲自接触元老、枢密院、政党人士，多少交了一些政治方面的朋友，从而与现实政治产生越来越多的联系也是事实。

而且军部抬头后，从满洲以及中国问题起他们开始插手外交，频频得到发言的机会。军部参与外交让我深感忧虑，考虑到日本的将来，便想阻止他们干涉外交，自然招致了军部的反感。在我担任驻英国大使负责对英外交时，因为陆军横加干涉，屡次出现意见冲突，多少有些露骨地表明了反对军队的言行，这也是事实。尽管如此，当时完全没有自己站到政治中心的想法，也没有那样的抱负。

向权势低头的弊端

我认为政党应该以主义、主张考虑进退，以维系政权为目的的联合绝非正道，所以我不满足、不赞同自前年以来计划的所谓保守联合。我想与其将保守政党单纯地联合在一起，不如建立新党。如果政治观、政治道德不同，只是根据政权更迭聚散离合，只在意数量多少的话，我认为没有意义。实际上，我观察到的，不，感觉到的是，政治家的大部分行为过于政权本位主义。

我想，关于政治是什么，应该处于什么状态，是作为政治家必须首先深思熟虑的。这是一个一般原则。

据我所知，我国的政治家从事政治活动时多有过于功利性、过于以自己为中心的倾向。出人头地思想过浓。甚至极端情况下，将政治作为设法谋利的工具。那是不对的。努力摆脱和消灭那种氛围也是重要的政治。这种情况下，即使在党内遭受少数人憎恨，我觉得对自己认为对的事情也应该坚持到底。

为权力所左右的政治家在其他权力出现时，会没有自尊地表示屈服。占领期间我多次看到那种场景。敏锐地察觉出权力所在的同时，设法靠近，并阿谀奉承、跟随其后，并进一步利用这一点不断巩固自己的地位，也许这是作为政治家最容易走的平稳道路，但同时却也是不能选择的道路。

这里提到的权力，不一定仅仅是占领军、大臣的地位，或者武力。所谓的社会舆论、工会、以及时代潮流等，有时也会成为眼睛看不到的压力。以上述权力为自己的背景，或者作为手段，意图提高自己的地位，应该是政治家最为唾弃的事情。没有任何主义主张，只靠金钱聚拢人气，人气聚拢起来之后形成势力，又能得到更多的金钱，成为公司老板一样的人。但我认为这样的人仍属于市井无赖之辈，与之不能共处于政界。只要有这种人存在，就难以期待政界的纯洁，必须说这明显是政党政治、民主政治的癌症。

多选用学者作为大臣

我当政期间经常被社会议论的话题之一是"吉田喜欢学者""选

择阁员时到处请学者出山"。说实话"喜欢学者"的鼻祖是牧野伸显伯爵。牧野伯爵以前就喜欢学者，经常邀学者进府请教，有时还在一起下围棋。东大的东畑精一、有泽广巳两位教授据说都是伯爵的好棋友。忘记什么时候了，有一次伯爵问我说，他邀请当时日本国内核物理学的最高权威仁科芳雄博士到家里来讲讲核物理学，问我想不想来听一下。我拒绝说，博士谈的内容太深奥听了也不懂，我就不去了。

我第一次组阁前，牧野伯爵屡次提醒我说："必须尊重学者的意见和专家的话。不要只听政党人士的意见，应该也认真听取学者、专家的意见，在坚实的基础上出台政策，从事政治。"我非常认可他的观点，但更多是因为战争刚结束不久，大部分练达的政治家、资深的财界人士受到开除公职处分，引退归野，很不容易找到合适的阁员人选。纯粹政治方面不一定必须是职业政治家，非专业人士依靠常识也能某种程度上从政。其实，我认为在需要对日本进行根本性改革的情况下，与老派人物相比，反而起用新人更合适。不过，说到经济方面的阁员，考虑到经济活动比政治活动具有更强的理论性，进行重大改革时，我认为特别有必要利用学者、经济理论家等人士的专业知识。

文部大臣的选用

但是与经济方面相比较，文化教育方面我成功地邀请到当代一流学者担任大臣。文化教育为国家百年大计的基础，特别在战后，必须从新的角度研究教育。由于我认为教育不能局限于某方面，偏颇于一方，因此考虑请不属于任何党派的优秀学者或者教育家担任文部大臣。事实上我认为我是仿效三顾茅庐，将这样的人士邀请出了山。

我在第一次内阁中，邀请田中耕太郎（1946.5—1947.1）、高桥诚一郎（1947.1—1947.5），第二次内阁中，邀请下条康麿（1948.10—1949.2），第三次内阁中，邀请高瀬庄太郎（1949.2—1950.5）、天野贞祐（1950.5—1952.8）等各位博士担任文部大臣，他们都是一流的学者，也是真正的教育家。

"六三学制"等新教育制度和新方针大体确立后，在我国文化教育界发生了各种问题。我特别担心的是，教师的思想倾向和由这些人组成的教师工会引发的政治运动逐渐激烈起来。我认为第五次内阁的大达茂雄确实是适合应对这种事态的文部大臣。内阁总辞职使大达的理想就此中断，但是与脱离常轨的日本教育工会斗争到底的坚强信念值得敬佩。说到底，知识、见识当然很重要，但已经到了需要信念坚定的政治家的时代了。

批量生产大臣

伴随"喜欢学者"的评价，"批量生产大臣"也屡屡成为议论的话题。我从第一次内阁到第五次内阁长期执政，在此期间存在改造、改组内阁的情况，从而将相当数量的人士推举为大臣也是事实。由于战后的开除公职制度，政界的职业政治家几乎从政坛消失了，由新人取而代之。对这些政界新人进行观察，不难发现有种缺憾，即纯粹政党出身的人往往缺乏政治经验，对官僚制度不了解，另一方面，官员出身的人又不了解政党为何物。因此我考虑的是，对官员出身的人普及政党知识，对政党出身的人普及行政知识，从而塑造其政治家性格，培养出优秀的政治家。于是，我选用政党出身的人担任大臣以及政务官，而让官员出身的人担任党的干部。如果政党和官员不能相互理解，协调一致，民主主义政治的运行实际上就不会顺畅无碍。这是从我的经验中得出的理念之一。

政党出身的人与官员出身的人

在英国，议会政治和官僚政治相互支撑，以使政治得以顺利运行。政党听取官员的意见研究制定政策，官僚自由地阐述自己的专业意见，供政党参考。一旦政策得到确定，具体进行落实之际，官僚要虚心坦荡并且忠实地实施既定政策，努力不犯大的过失。政党也要注意努力不使官僚带有政党色彩。这是由多年的政治经验积累起来的习惯，这种习惯成为一种不成文的做法而得到执行。这是英国政治的特色，正因如此，官员可以在政党政治下安心履行职务，政党也可以信任官员的忠实度，听取他们的意见。我认为英国成熟的政治思想、行政惯例成就了上述不成文的做法。

这种习惯是长期形成的，如果政党政治经历时间较短，很难马上达到英国的程度。即使暂时没有办法，也应该努力用心达到英国的程度。

舆论对政治的态度

关于政治家应该注意的方面在前面进行了阐述，另外，关于舆论对政治家或者政治问题所持的态度，我多次感到遗憾。

话题有些遥远。第二次世界大战开始稍早前，英国首相张伯伦与德国元首希特勒进行了会谈，史称"慕尼黑会谈"。张伯伦过于热心维护和平，他相信了希特勒"只要我们得到苏德台地区，就不会对其他领土抱有领土野心"的话，与法国一起强迫捷克割让苏德台地区，保持了暂时的和平。不久之后，这一事件成为第二次世界大战的导火索。当时张伯伦的做法、看法，尽管在英国政界受到激烈批判和异议，认为他对德国软弱，然而当他结束会谈返回英国时，他的"我以名誉保证我带回了和平"的机场演说，换回了迎接他的英国国民的喝彩声。英国人有对别国领导人等代表国家的政治家的言论表示基本敬意的习惯，何况对代表本国出访的政治家在国外的言行更理所当然地要表示基本的敬意。

然而我国有一种恶习，还没有调查清楚事情的真相就以可靠性很低的、或者可信性很低的报道为根据，批评政治家的言行，或者带有恶意地贬损。这种倾向绝不是最近才有的，有时甚至非常过分。例如众所周知的发生在参加朴茨茅斯和谈会议的小村寿太郎代表身上的事。他回国前，国内不仅盛传恶言恶语，竟然还有人意图在他从横滨上岸时加害于他。小村在新桥站下车时，桂太郎首相和山本权兵卫海军大臣站在他的两侧从列车处一直走到车站出口。大概是要死一起死的心情吧。

日本作为五大战胜国之一参加了凡尔赛和会。由于之前风传身为战胜国的日本分得的利益太少,没能参加五大国会议等等,迎接西园寺公望首席全权代表等人的绝不是鲜花和掌声。出席伦敦裁军会议的若槻礼次郎全权代表在神户上岸时也担心有生命危险。我国就是这样的舆论氛围。类似的情况很多,都是在会议的过程和成果如何尚不明了期间,首先指责和妄议便流传开来。感觉最近看到的倾向也相同,也没有明确的根据,说得极端一些,受带有故意性的恶意中伤之类宣传所鼓动,舆论导向非常混乱。真让人内心苦涩,我想问问东方君子国家的风度哪里去了?

二、使中苏走向疏远的方法

中共政府周恩来总理于 1956 年末到 1957 年初,访问印度以及东南亚各国。同时,前往莫斯科,从东欧各国问题谈到与日本相关问题,再次引起世界瞩目。中共表示支持苏联针对匈牙利的武力干涉,并再次重申中苏两国的友好,两国显示出更加紧密的关系。中共的态度依然没有发生变化,对此据说美国领导人感到巨大的失落,愈发抱有强烈的警惕心。但是,我对这样的两国关系是否从根本上不能加以撬动抱有很深的疑问。

共产圈伪装的实力

最近不怎么流行了,有一段时间去国外参观访问,特别是受邀去共产圈各国旅行归来的人士讲述的各种见闻不断登载在报纸、杂志上。其中有一些内容相当过分。尤其学者等所谓进步文化人士的见闻录更是如此。他们把苏联、中共描写得宛如天堂一般，对苏联、中共迅猛的发展赞誉有加。土木工程、工业、教育、卫生等的改善与进步并不是共产各国才有的。像蓄水大坝工程亚洲、非洲等地也能看到。我甚至想建议他们说，倒不如参观考察一下日本的天龙川工程更有益处。在报纸上可以看到关于中国的重工业、农业开发等很多见闻录，但了解我国重工业和农业改造设施实际情况的人士中，恐怕有人会提不起任何兴趣。

对共产圈的所谓进步发展稍加注意，应该能够很容易察觉到事实的真相。不难想象对其大加称赞的背后隐藏着某种目的。这是英国著名政治家对我说的话。我认为他的话很简单，却深刻地揭示出了真相。

中苏结盟的基础薄弱

像苏联和中共等共产圈国家，相较于自由国家阵营，外表看起来国家实力很强大，外交上的主动权经常在他们手里，然而这两个社会主义国家的优势之处在于，他们横跨欧亚两大洲，形成一个整体，处于能够随处攻击自由国家薄弱点的位置。中苏的结盟表面上很牢固，并表现得实力非常强大，但我认为真相未必如此。

中国人拥有古老的传统和历史，自称中国，称呼自己为中华，对其他国家，至少在亚洲国家各国面前，优越感根深蒂固。苏联人以空想、梦想为前提编造出一个社会理论，而中国人具有现实性，对利害关系非常敏感。从这两个国家的国民性格以及环境差异来看难以相信他们会长期合作下去。就在前几年的日内瓦等国际会议上，曾经采取隶属于苏联的态度的中共，逐渐占据了主动地位。如果能够引导中共国民觉醒过来开始着眼于现实的话，在国际政治方面让中苏两国疏远不一定是空想。我相信辅以适当的方法进行引导，中苏关系并非坚不可破。

日英两国的立场和使命

引导中共走向开放道路，同文同种的日本国民的力量不可或缺。日本应该致力于巧妙地引导中共人民，必须向中共人民说明，开放政策是最好的政策，既有利于中共人民、也有利于东南亚开发，亦有利于世界经济。我认为与中共在地理上和历史上关系颇深的日本处于能够引导其采取开放政策的有利位置。通过使中共脱离苏联主导的社会主义阵营，改善自由国家阵营与共产国家之间的关系，有利于世界和平、增进繁荣，由此让各国认可我国外交上所处的优势地位。

而且在事关中国方面，拥有多年经验的日英两国，应该协调一致使中国脱离苏联，加入自由国家阵营。在此想请英国多加考虑的是，俄罗斯帝国时代曾经定下向远东地区发展的国策，铺设满洲铁路，租借旅顺大连，成功地逐步落实其国策。于是，当时的英国政治家提议日英结盟，采取从俄罗斯帝国的侵略中挽救中国的政策。

日本为防止俄罗斯帝国的势力东移这一共同危险，主动响应日英结盟的建议，最终付出日俄战争的牺牲，阻止了俄罗斯帝国向远东的扩张，同时获得世界强国的地位。

第二次世界大战末期以来，苏联侵入满洲一带，将中共纳入自己的阵营，并以此为根据地，向亚洲南部地区扩张势力，最终向从西至地中海东至中近东各国、远东各国的广大地区露出了染指之心。对此自由国家阵营处于应对无措、疲于奔命的状态，当年敏锐果敢地提出日英结盟的英国外交，今天要如何应对这种事态呢？我非常想听到他们的看法。

将日本排除在外导致的失败

考虑到英国废除日英同盟以后的经过，英美的远东政策招致失败的根本原因在于排除日本独自行事。当然之所以排除日本，日本也负有很大责任。这一点暂且不提，对比过去英国外交因与日本合作取得的成功和其后美国将日本排除在外招致远东政策的失败来考虑，结论不言自明。废除日英同盟的英国，支持中国的抗日，以此牵制日本的行动。美国也对日本施压，并据此在中国扩大自己的势力，最终迫使中共倒向苏联。以上事实美国人自己也承认。

美国之所以意识到战后对日本的占领初期采取非常严厉的政策是错误的，并改变为援助政策，虽然有国际形势变化带来的影响，也是因为美国发现远东政策不以日本为中心不会取得成功。

东南亚得到开发，中国采取开放方针后，才能期待日本经济的独立与发展。德国尽管在重建方面比我国困难要大得多，工业和贸易复兴的势头却优于我国。其原因在于，德国国内有优质的煤炭，国民的科学技术素养较高，加之邻国生产的钢铁质量优良，同时周边便是英法等富裕的欧洲市场。而日本不仅工业资源缺乏，东亚东南亚一带的市场还很弱小，延缓了日本重建的脚步。如果资源丰富，而且货船可以开向任何地点，东南亚各国得到开发，成为世界贸易的市场，仅仅达到这种程度，日本的经济便能打下更加坚实的基础。如果进一步将中国等亚洲一带开发为世界贸易的市场，会对世界经济的成长是一大助力。

共产国家善于宣传

一直以来社会主义国家就是宣传之国。苏联对内宣称，美英等自由主义国家或者资本主义国家是由金融家、财阀、大地主、大企业组成的剥削集团，得到教会拥护，到处充满失业人员、贫民，劳动人民奋起抗争打倒资本家只是时间问题，从而使苏联人民忍受眼下的困难。同时还努力描绘出空想的"大饼"，说什么今后将指导资本主义国家的无产阶级革命，苏联本身必然成为资本主义国家的领路人和榜样。1956年布尔加宁、赫鲁晓夫二人访问英国时，公开表示英苏两国恢复邦交的话，三年内，苏联准备从英国购买10亿英镑的货物，英方没有在意他们的话，嘲讽他们说，货款的支付怎么办？

前面刚刚提到过，中苏联盟在从地中海到远东的广大区域随处出没，以致形成社会主义国家今天的发展势头。中苏两国集团必然形成吗？会长期存在吗？长期存在会给世界文明的繁荣和人类的幸福带来益处吗？我的这些问题烦请包括日本在内的资本主义国家的政治领导人认真思考。

大体上，一个国家的政治形态是该国民族性格以及历史的产物。苏联国民自从彼得大帝以来处于专制政治之下，完全像奴隶一般一直过着艰难困苦的生活，是由少数上流社会长期控制着大多数愚笨、没有受过教育的国民。中共的国民拥有3000年的文化，自称中华、中国，眼界颇高。总的说来中国历史上盛行排外，蔑视其他民族。因此，不会长期甘受苏联驱使。尽管苏联人到中国进行各种指导，但据说他们尽量不去惹怒中国人。

要使中苏疏远

基于我说的原因，中国人现在对苏联表面上以兄长事之，显示出尊敬的态度，然而果真是发自内心的尊敬吗，值得怀疑。两国交往越深，中国人对苏联的尊敬之心自然就会越淡薄。虽说与苏联结盟，暂时没有问题，但不可能长期获利。无利状态持续一段时间后，必然会意识到与苏联结盟的不利。如果有办法使中共方面理解这种道理和现实情况，我想离间中国和苏联应该很容易。

英国人和日本人长年因为中国问题而历尽辛劳，因此最为了解中国人的民族心理。坦率地说，美国还没有达到真正了解中国的地步。可以认为战后美国的对华政策几乎都以失败告终。即使日美友好理所当然是今后日本外交的基调，不过为了使友好外交能够坚持下去，根据情况和问题，加入英国这个可以说是中间人的角色，使三国关系紧密相连，特别在对华政策方面采取一致的态度非常重要。

共同参与东南亚开发

东南亚各国天然资源丰富，倘若致力于资源开发，使这些国家民众的生活变得富裕将不是难事。为此，充分利用美国的第四点计划即技术援助落后地区计划，以及以英国为中心的目的相同的"科伦坡计划"非常重要。特别是后者，由于日本作为援助国之一加入到其中，主要贡献经验和技术力量。这就是我所期待的日英合作，从大的角度说，是自由各国共同的东南亚政策的主要关注点。

此外，日本有义务支付赔偿金。要求赔偿的民众和新兴国家一般都处于民族独立意识旺盛的状态，和发达国家投入的资金相比更热心于利用日本的赔偿金进行本国的经济开发。我国在与缅甸和菲律宾签订的协定中，约定赔偿的同时协助其进行经济开发，采取了两者互为表里同时推进的方针。我深切感到也有必要与美英各国团结一致，共同对该地区进行经济开发。

三、与社会主义国家的外交状况

表面漂亮的对苏复交论

借论述中苏两国关系的机会，关于与社会主义国家，特别是与苏联的外交写一点我的看法。日本相对于社会主义阵营国家，政治体制以及经济组织完全不同,并且这些国家不断鼓动国内部分人扰乱社会、进行体制革命,因此在外交关系方面我们自己必须有特别的心理准备。当然不是说既然这样,与社会主义国家的邦交就可以长期搁置不理。我认为恢复外交关系才是正常的。但是,着手复交之前必须充分考虑复交带来的内外影响。不应该出于听上去漂亮和博得虚名而考虑复交。

前些天,日苏恢复邦交问题甚嚣尘上时,日苏恢复邦交会对世界和平作出贡献、可以促进贸易往来等等,以美丽辞藻赞赏其意义的论调横行。更有甚者,竟然有人说日本会由此成为东西融合的桥梁。日苏恢复邦交既然成为事实,已经没有讨论恢复邦交一事本身是否可行的余地了。促成恢复邦交的这类看法应该又会成为今后对苏外交政策的基本点,所以我对此想发表一点不同看法。

我对上文提到的美丽辞藻即使不用"胡言乱语"这个词形容,从重视实际效果的现实政治的观点来看,不外乎就是语言游戏。过去一两年,苏联的对外态度看起来温和许多也是事实。但那是因为以美国为首的自由各国加强团结,稳步充实防卫力量,面对苏联武力进行主义输出的威胁,以实力多次阻击侵略行动成功的缘故。既不是第三势力的抑制之功,也不是中立国家的努力调节。不仅如此,社会主义国家内部的矛盾愈加激烈,无论如何也必须转换成和平态势,否则内部团结肯定难以维持。这一点从莫斯科政府向南斯拉夫表示道歉、缓和对东欧各卫星国的高压政治、对亚非各国好言好语、对日本既威胁又拉拢、翻弄人质和渔业问题等各种计谋逼迫日本与之恢复邦交等最近的事例中可以窥见。这种因苏联改变政策带来的紧张缓和，与日本等国今天是否要和苏联恢复邦交没有任何关系。

促进贸易的效果很难期待

有论调寄希望于恢复贸易关系。当然往来贸易越频繁越好，确实随着邦交的恢复，对贸易关系多少有所促进。但是对苏贸易顺利与否并不一定取决于正式外交关系的有无，还要依靠更为根本性的条件：那就是苏联自身有没有支付能力。比较典型的一个例子是英苏贸易。1956年春，苏联官员访问伦敦，作为见面礼曾经透露出将在三年时间里采购8到10亿英镑的货物。然而当时的《经济学人》杂志评论说："苏联对首先前往莫斯科访问的英国企业代表团提出三年里购买英国4亿英镑的商品，但其后兑现的购买量不过很少一部分。"而且到目前为止与俄罗斯的贸易结算基本使用黄金或者用出口小麦来进行易货贸易。然而目前苏联黄金产量下降，由于人口增加和小麦减产，出口能力值得怀疑。有人抛出一个颇有讽刺意味的问题："有订单是好事，关键在于如何付款。"其意在于警告与苏联的贸易和宣传出入很大。

就此看来，与苏联恢复邦交时被赋予重大意义的贸易问题是否具有相应价值是有相当大疑问的。就算前述对世界和平的贡献不是毫无根据的说法，但其实际效果与宣传相差甚远，贸易问题与之毫无二致。

稳健的西德政治家的观点

日本那些关于与社会主义国家阵营进行外交的头脑简单的论调使我不由得想起在如何对待苏联方面和日本处于同样立场的西德领导人的看法。前几年外访过程中我到过西德，当时就很多问题听取了西德方面的看法。那段时间里，中苏两国的北京声明刚刚发表，特别呼吁恢复与日本的外交关系。西德方面的看法大致如下：

"与苏联邦交正常化本身应该做，这方面的努力不能放松。但是另一方面，对苏邦交如果某种程度上意味着削弱和孤立美国，那是绝对要避免的。

"苏联的最大目标在于孤立美国。美苏两国是世界两大强国，美国既然对苏联来说是最强大的竞争对手，苏联的外交政策倾向于孤立美国理所当然。就我们来说，对此有必要十分警惕，不能中了苏联的圈套。

"两大强国发生对立已经是严肃的事实。面对这个事实，假定必须选择站在哪一边，我们决不能支持苏联。除了和美国合作下去没有其他道路。如果承认这一点，我们就不能在孤立美国政策方面为虎作伥。"

相似的日本和西德

西德方面表达得非常清楚。不用说，我也表示了完全相同的意见。日本和西德处于相同立场，是双方引起强烈共鸣的原因。我对此阐述自己的意见道："双方在自由世界中，都位于邻接社会主义阵营的前哨位置。我们国策的基本方向必须以正确认识这一事实为出发点。面对社会主义势力的侵略保卫自己的同时就是在保卫自由世界，保卫自由世界的同时就是在保卫自己。"

我特别希望的是西欧各国对东亚形势保持极大关注。社会主义势力总是抓住自由世界的弱点发动攻势。因此，他们在现在的形势下，最先攻击的不是欧洲而是东亚吧。这是因为他们认为如果东亚落入社会主义势力的手中，那就意味着整个自由世界的失败。

四、国际信用和引进外资

与英国首相谈论日本国债

我作为驻英大使在伦敦履职时，一天，张伯伦首相打电话给我说要见一下。于是我前往唐宁街首相官邸拜见他。我们谈了很多问题，其中涉及到日本国债问题。我到伦敦赴任前，日本银行总裁的深井英五对我提过，希望在英国发行国债，以前的国债利息太高之类的内容。因此我对首相提出："日本国债的利息为六分，太高了，和巴尔干的小国一个水平。国债关系到日本的信誉。我们打算低息借款归还，如何？"我还半开玩笑地加了一句，"日本从来没有过拖延偿还国债本息。据说中国尽管多次拖延偿还本息，最近却又在伦敦市场上发行了新国债。我在考虑是不是呈报我国政府，最好日本也不时地拖延偿还几次……"张伯伦首相微微笑道："还是不要呈报为好。我们会考虑低息借款的问题。"

然而令人惊讶的是，第二天日本国债市场从89英镑一跃上升到95英镑。之后，英国财务部长凯斯·罗斯对我说："可以给日本5000万英镑信用额度，你看如何？"我回答说，和信用额度相比，我们还是希望发行新国债，而且希望低息借款。这次又和上次一样，伦敦市场上的日本国债出现了同样的升值情况。当时，日德接近不断成为社会话题，刺激着英国政府的神经，稍微涉及敏感内容的谈话传递到市场上，马上就影响到了日本国债的市价。这也让我们能够推测出政府和金融市场的关系多么紧密。

两千万英镑的存款

战后日本的出口增加，外汇储备达到12亿美元，而英国的外汇储备曾经下降到16亿美元。日本政府作为支付国债本息的准备金，向英格兰银行存入了2000万英镑。前年访问欧美到达英国时，一天英国内阁成员聚集到外交部，准备向我提出对日不满的一些问题。在这前几年，据说向井忠晴代表政府到访伦敦时，遭遇和我一样。不过，我这一次情形要好很多，在会谈开始前，伊登外交部长首先向大家介绍我。然后巴特拉财务部长站起来说，日本政府在英国外汇非常紧张之时，向英格兰银行存入了2000万英镑。由此可以了解到日本的亲英感情。会场的紧张情绪缓和下来，在非常和睦的气氛中互相坦率地进行了交谈。

那时因为贸易问题对日本的不满很多，我本来认为会受到猛烈抨击，结果如上所述反而相互之间始终亲切友好。伊登、巴特拉两位部长的善意发言起了很大作用，但我认为最关键的是在英格兰银行的存款给大家以非常好的印象。在伦敦停留期间，与英国政界财界的大人物会谈时也屡次谈到这笔存款，他们均高度赞赏日本政府关注对外债务问题。

纽约银行家的好意

纽约市场和日本国债自日俄战争以来便有关系。战后，由花旗银行等在东京设立分行的美国银行处理我国持有的外汇。这些美国银行向我国从事对美贸易的商社提供金融方面的便利，相互之间建立了良好关系。本来作为在履行支付外债本息义务方面从不拖延的国家，日本就经常和芬兰一起获得赞赏。和平条约生效后日本马上开始在纽约市场上支付国债利息。我认为这件事也对日本在纽约市场的信用提升具有重大意义，在引进美国资本方面发挥了极大作用。

我前几年访问欧美时，受邀前往位于纽约郊外的洛克菲勒三世的庄园。当时洛克菲勒三世善意地将花旗银行、大通曼哈顿银行、美国银行等美国数一数二的大银行的董事们介绍给我，我和他们谈了海外移民对日本的重要性。意大利的实际事例使我很早就开始关注移民问题。意大利不仅因为海外移民的汇款改善了国内经济状况，而且移民的存在，促进了意大利的海运行业的发展，使意大利对南美贸易也不断增长。日本移民虽然在战前饱受诟病，但不管怎么说为人口过剩的日本做出了贡献。我认为国家重视移民问题，毫无疑问对移民自身有利,也给普通民众带来美好的希望。这之后,我便前往华盛顿,在那里我指示预先去美国的财政部长到纽约商谈移民借款问题[1]。意外的是,事情进展得很顺利。

之所以会这样,我想洛克菲勒三世的善意介绍很重要,同时,日本的财政信用发挥了较大作用。这以后,纽约重量级银行的官员中甚至有人宣传在纽约市场发行日本国债的可能性。

为修路引进外资

尽管日本战败,但战后重建却效果显著。然而经济规模、经济基础还不能说十分理想。铁路、公路、港口、电信电话等已有交通通信设施的维护改善本来就应该做,增建扩建的申请接连不断。问题的症结集中在资金方面。

近来道路问题总算引起了政治家和一般民众的注意。与很多文明国家相比日本的道路状况只能说令人汗颜。某外国人问:"日本的道路是为了修缮而建的吗?"真是一针见血啊。如果修建道路,就必须修建坚牢而无需经常维护的道路。虽然我理解,近年来交通流量增加极其迅速,造成道路的破损非常快,但仍不得不承认道路本身的质量也过于低劣。

这些交通设施的维护和改善并不是说过多少年都可以做,应该在最近两三年内完成。这是日本产业发展的迫切需要,越快完成对

---

[1] 总额1500万美元。借款方为花旗银行等三家银行。接受方为1945年9月设立的半官方机构日本海外移民振兴株式会社,负责借给移民人员旅费,提供移民人员定居的土地和资金,为接收移民人员的企业融资等业务。

我国经济的复兴就越有利。幸运的是政府开始高度重视道路问题，好像正在制订修建计划。我觉得不要按照那种吝啬的年度预算缓慢进行，应该制订宏大的计划，为日本经济的重振和腾飞奠定基础。只不过，加快建设的结果必然伴随着资金出现大量缺口的问题。我认为可以使用外债。交通设施的改善给国民经济带来的助益不可估量，并且修建道路获得的直接收益也很容易计算出来。我认为在制订出完善的计划的情况下，引进外资绝不困难。

道路网也是防卫能力的组成部分

我经常思考：即使为维持国内治安，投入大量资金组成了自卫队，并使装备实现现代化，一旦有事时，如果没有保障部队机动能力的完善的道路网，自卫队也只能发挥出部分作用而已。而且道路质量如果像现在这样总是处于三天两头需要维修的低劣状态也没有用。我因为住所的关系，乘车往来于东京和大矶或者箱根之间的机会很多。毫不夸张地说，一年之中，多处道路总是在维修。日本道路的修建质量可以说差到极点。

我对此特别担心，前几年某位美国要人来访时，我表达了这样的看法：作为日本防卫力量的重要组成部分，希望美国发挥资金优势，帮助日本修建合格的道路网。这位要人当然没有反对我的看法，岂止没有反对，实际上是非常赞成。不过，当时还没有完成建设理想道路网所需的基础调查，事到如今情况也没有发生改变。因此需要多长时间和多少费用，以及如何布网等关键问题还没有眉目。那次谈话后，设立了日美共同调查委员会。在我后来访问美国时，请求美国政府给予协助和支持，但是现在还没有结出具体的果实。

我相信，这种事情依然需要日本政府制订出切实可行的计划，做好足以得到对方信赖的准备，如此一来目标的实现绝不困难。

第八章　新宪法诞生以前

一、币原内阁与修宪

麦克阿瑟元帅对近卫公的暗示

对战后日本来说，修宪问题是最重大的事件。既然接受了《波茨坦公告》，日本就有义务忠实地履行公告所规定的事项，这自然会出现要修改明治宪法的必要。但是，东久迩内阁时期——我是9月17日进入内阁当外相的，由于刚刚战败投降，整个社会都因战败的巨大打击而陷入一种茫然自失的状态。政府要处理占领军不断发出的指令，同时又为当前的战后事务而忙得不可开交，所以根本无暇顾及宪法问题。

后来币原内阁上台，刚刚组阁时（1945年10月9日），近卫文麿公爵被任命为内务府御用挂[①]，他知道内务府开始准备修改宪法。近卫公在任东久迩内阁的国务大臣时得到了麦克阿瑟元帅的暗示。

[①] 本意是御前高等奴才，听命于内务府，大致相当于"秘书"。

政府内部有一种认识，说到底，修宪这种重大国务由皇宫机关内务部操作是不适当的，但既已如此，政府认为不能置之不理，就决定开始对宪法问题进行调查。币原首相10月1日做就职演说并同麦克阿瑟元帅进行会谈时也得到了需要修改宪法的暗示，我认为这就是修宪的契机。

内阁成立非正式调查委员会

10月13日内阁会议上决定成立非正式的委员会，着手调查宪法问题，并以国务大臣松本烝治博士为主任。实际上此时才是政府向修改明治宪法迈出的第一步。从这个时候起直到1946年11月3日新宪法公布之日，用了一年零一个月的时间，由币原内阁过渡到吉田内阁，其间多次跟占领军司令部进行沟通、讨论，还要在枢密院、众议院、贵族院充分进行审议，草案进行多次修改，最终诞生了新宪法。

我认为，在币原内阁设立上述委员会时，实际上并没有确定要修改宪法，而是以讨论明治宪法存在的问题为主旨，以便为将来随着时局的发展需要修宪时做好充分准备。但无论如何，根据上述内阁会议的决定，宪法问题调查委员会于10月25日成立，并于27日召开了第一次会议。[①]

[①] 宪法调查委员会成立当时的委员：东京大学教授宫泽俊义、东北大学教授清宫四郎、法制局局长楢桥渡、法制局第一部长入江俊郎、法制局第二部长佐藤达夫、九州大学教授河村又介、枢密院秘书长石黑武重；顾问：帝国学士院院士清水澄、帝国学士院院士美浓部达吉、东京大学名誉教授野村淳治。后来有个别变动。

221

从"调查"到"起草"

如前所述，有心人就有一种担心：日本既然接受了《波茨坦公告》，被迫修改宪法是迟早的事。当时政府当局的主流认识是修改宪法这种关乎国家根本的大事，应该做周到深入的研究和充分的准备。换言之，如此重大的事项不应操之过急。当时举国上下正处于刚刚结束战争的慌乱之中，这种求稳的认识是理所当然的。政府当然想采取重视宪法问题的姿态，通过设置相应的委员会来回应占领军司令部和国内部分人的修宪动向。

事实上这种从容很快就无以为继了。因此，委员会进行审议，其方法由"调查"转向了"修正草案"，而当时的政府认为，即使正式修改，也要把范围控制在绝对必要的最小限度内。

修改宪法的四项原则

12月8日，国务大臣松本在众议院预算委员会上宣布了政府的上述思想。当时称之为修宪四原则：

（一）天皇总揽统治权原则不变；

（二）扩大议会权限，即所谓在一定程度上限制天皇统治权限内的相关事项；

（三）国务大臣辅佐天皇的责任涉及国务的所有方面，直接对帝国议会负责；

（四）保护人民的权利，强化国家保护人民权利使之不受侵害。

总而言之，政府的方针就在于不改变明治宪法所规定的国家统治的基本形态，在此框架内满足《波茨坦公告》关于日本民主化的要求。

宪法问题调查委员会根据这一思想形成了几个宪法修改方案。这期间，政党以及民间团体也发表了宪法修改方案。我记得松本国务大臣根据上述委员会的调查，在1946年1月写完宪法修改的初稿，向内阁会议做了汇报。我不记得具体的内容了，好像把"天皇神圣不可侵犯"改成了"天皇至尊不可侵犯"。这是明治宪法的形式上的修改。据森本博士说，在讨论稿形成时肯定会出现各种各样的意见，所以叫作草案。这份《松本草案》于2月上旬提交给司令部。

二、总司令部的督促和指示

然而，这个宪法问题调查委员会的修宪草案可能是因为2月初在报纸上发表了，麦克阿瑟元帅其后立即向民政局长惠特尼少将发出命令：加紧起草宪法修改草案。惠特尼少将认为日方的草案不过是对明治宪法的小修小补，因而大为光火。所以他认为修改宪法草案只能由总司令部形成初稿。好像司令部的修改草案仅一周的时间内就写完了[①]。

[①] 据司令部民政局长惠特尼少将所著《麦克阿瑟传》第249页记载：关于司令部所拟的宪法修正案，是根据麦克阿瑟元帅的指示形成的，在民政局内设立"运营委员会"，任命民政局副局长卡迪斯大校担任委员长，罗威尔中校、哈赛海军中校两位为委员。据说因为他们三位都出身于律师。这些运营委员根据起草的题目，都配备了几组助手，构成小委员会。民政局花了6天时间完成草案，为此他们放下所有的其他工作，全力以赴从事此项任务。

亲手递交的范本

2月13日，根据司令部的要求，在当时位于麻布市兵卫町的外务大臣官邸与对方会见。当时有我和松本博士、当时担任战后联络事务局副局长的白洲次郎在场。对方有民政局长惠特尼少将、卡迪斯大校等。惠特尼局长说："日本政府提出的宪法修正案司令部无法接受。所以，司令部就拟定了一个范本。这个交给你们，请火速依照范本起草一份日本的方案。"说着就把几份英文打字稿递了过来。他说，这个方案无论是美国政府还是远东委员会都会接受的，麦克阿瑟元帅早就在深入思考天皇的地位问题，相信以此为基础的宪法修正草案可达成此目的。不然，天皇的身家性命无法保证。他接着说："虽然这不是对日本政府的命令，但我们热切地盼望日本政府迅速形成并提交一份在基本原则和根本形态上与司令部相同的修改方案。"

"我先上院子去散散步"

他把方案递给我们之后说："我先上院子去散散步，你们可以用这段间阅读一下我们的范本。"说着走出了房间。这期间，松本仔细地看着他们的草案，我也一眼就看到开头写着"我们日本国人民……"，第一条就有"天皇为国家的象征"。我当时就想，他们提出的范本简直岂有此理①！另外，根据这个方案，国会为一院制。松本和对方争论了几句，最终说"回去充分阅读，然后再提意见"，当天的会谈就结束了。

毋庸赘言，总司令部的这份方案的内容在当时实在是革命性的文件。于是政府没有立即把它作为修改方案的基础，而是开始跟总司令部谈判。然而对方态度十分强硬，显出毫不妥协的气势。2月19日的内阁会上松本详细报告了迄今为止的经过，有两三个内阁成员说总司令部的方案无论如何不能接受，还有一些其他意见。结果，币原首相马上造访总司令部，达成一致的是，有关问题的处置以后再协商。

麦克阿瑟元帅的真意

为此，2月21日币原首相拜会麦克阿瑟元帅，直接探询他的意向。元帅说："我是真诚地为日本考虑。尤其是会见天皇以来，我就一心想天皇平安无事。然而远东委员会对此事极其不快，这远远超出想象，尤其是苏联和澳洲非常害怕日本复仇。"司令部的草案是要竭力保住天皇制，草案的最重要目标是强调第一条把天皇规定为国家的象征和第二条规定放弃战争这两条。然后币原首相说：

---

① 据总司令部民政局的正式报告书《日本的政治改革》第102页记述，作为新宪法中应予明文化的重要原则，记载了麦克阿瑟元帅对民政局长惠特尼少将指示的三条备忘录，其第一条写有 Emperor is at the head of the State 的字样。其中 The head of the State 一般应译为"一国之元首"，然而司令部交给我们的草案上却用了"象征"一词。我方当时的相关人员认为，上述备忘录的文字意思有欠明确，我们不知道其中的情由和过程。

225

"我得到的印象是,除了这两条,似乎还有妥协的余地。"

但是当天下午,松本博士在司令部拜会了惠特尼局长,确认对方草案在多大程度上存在妥协的余地,结果他清楚地得知除了把一院制变为两院制这一点之外,其他没有商量的余地。对方的态度非常强硬,说"司令部的草案是一个有机的整体"。如此这般就远非日方所想象的那么简单了。

总司令部频繁督促

然后松本博士在法制局参事的协助下,在绝密状态下开始工作,而司令部的督促日益严厉,连英译都来不及就于3月4日向总司令部提交了日方的草案。对此,民政局以日方当局为对象通宵进行审议,一直持续到3月5日傍晚。

3月5日上午开始召开内阁会议,松本博士报告了前一天的情况。同时会上还审议了司令部接连不断地交过来的草案。内阁会议对他们的草案不满之处很多,尤其是关于天皇的地位问题,内阁成员多持异议,无法达成共识。下文还会提到,天皇亲自发出的口谕:"内阁会议不宜延宕过久,关于天皇地位,司令部草案似可接受。"口谕转达到内阁会上时,各位大臣才勉强集中讨论只能原则性接受司令部的草案。也就是说,最终,大家领悟了为确保皇室平安无事,只此一途别无他法。内阁决定先由首相向陛下奏报此方案,获得陛下批准并下达形成草案的圣旨。另一方面,司令部正要积极发表方案,所以当晚法制局彻夜赶写对外发表用的大纲,次日在内阁会议上进行了讨论。

总司令部为什么着急

司令部为什么急于形成宪法修改草案？关于这个问题，正如本书[1]所述，我认为元帅对天皇制的好感和热忱起了相当大的作用。我从麦克阿瑟元帅亲口对我的讲述可以想象得出来，元帅会见陛下，深为陛下的人格所感动。另外，元帅切实感到，占领军能够不流血，轻而易举地成功登陆全赖陛下的努力。加之后来元帅亲身体察并认识到日本国民对天皇崇敬是如此之深。显然元帅是天皇制的支持者。

其次，同远东委员会的关系也是元帅所担心的。如前所述，作为天皇制的支持者，元帅在远东委员会上提出此问题加以讨论的时候，考虑到苏联和澳洲的意向，无法推测结果将会如何。可以认为，这是出于他的这样一种考量：要及早提出一份谁都提不出异议的改革方案以造成既成的事实。事实上元帅的担心也是可以理解的，因为去年年底在莫斯科召开的外长会议上决定设立远东委员会，而其第一次会议将于2月26日在华盛顿召开。关于天皇的地位和权限问题在彼此意见发生分歧的时候，总司令部一直对我们说，完全按司令部的意见行事则在同远东委员会的关系上，最终是会对天皇有利的。

---

[1] 参见第四章第一部分：麦克阿瑟其人。

自由表达出来的的国民意志

当时原定在4月10日开始的众议院议员选举之前公布修改方案，但麦克阿瑟元帅希冀尽量提早公开发表修改草案，以便充分地留足国民批评的时间和决定自己意志的时间。根据《波茨坦公告》，日本政府的形态应依日本国民的意志来决定，这次大选无疑是向国民征询意见的绝佳机会。尤其是麦克阿瑟元帅在1947年3月就提早发表声明说日本已经具备了恢复和平的资格。如果说元帅老早就抱有早日媾和、早日结束占领之构想，则在他看来这个4月的大选正是倾听国民对新宪法草案意见的绝无仅有的好机会。

战后不出两个月就要着手修改宪法这种根本性的改革，应该说这就是美国的理性主义，甚至也可以说，企图用半年或一年的时间完成这项改革，是出于美国人或者军人的急性子。实际的情况是，各种内情、原因、理由的叠加作用促成了宪法的修改。

日方对大局的判断

关于总司令部和宪法修改问题，联合国军进驻日本以来接连不断地发出各种指令，在某种意义上，应该认为都是预备措施。他们理所当然地期待这些指令的精神和效果能体现在新宪法中，换言之，他们希望新宪法能够包含对日管理的一贯方针。只不过他们坚持修宪原则上是日本政府自主实行的这一态度。

但上文已经提到，看看这个修宪草案的形成过程就知道，对日方来说，这是近似于与外国缔结条约的谈判。甚至毋宁说，这比缔结条约的谈判更具有"涉外性"。不过就这谈判中双方的立场而言，日本政府一言以蔽之是消极的、缓行的，与之相反，总司令部则是积极的、彻底的、激进的。

事实上，下文要提到的宪法修改大纲的发表，对日本政府来说算不上是完全情愿和满意的。坦率地说，日方政府的判断是：答应修宪要求在大局上是有利的。当时在与联合国的关系上，作为我国的当务之急是尽早缔结媾和条约，恢复独立和主权，为此需要向国内外表明我们是民主国家、和平国家的实质内容，获得信任。不消说修改宪法是大事，在上述客观形势下，在立法的技术层面一直拘泥于细节并非上策，在大的原则上如果没有障碍，那么，形成一个修正案是好的，这就是当局者的真实心理。也就是说，事实上当局者内心深处的国际关系的常识还起作用。

三、修宪大纲草案的公布

修改是"根本性的修改"

就这样，1946年3月6日终于要公布《宪法修改草案大纲》了。虽说是修改宪法，实质上是废除明治宪法，以全新的宪法取而代之。下文提到的天皇敕语也说是"根本性的修改"，只不过采取了宪法第73条规定的修改形式。条款规定："依圣喻将议案交由帝国议会讨论。"所以政府谨承关于修宪的敕语①，据此形成议案提交帝国议会。另外，币原首相发表讲话，总司令部最高指挥官麦克阿瑟发表声明赞成草案。

"象征"之提法听凭圣裁

次日即3月7日在报纸上刊登了大纲等文件，当时由于内容非常激进，无疑给社会以巨大冲击。这期间在内阁会上问题最大的是表示天皇地位的"象征"这一提法。围绕这个问题阁僚之间争论不休。币原首相觐见天皇陛下，详尽奏明关于同总司令部就修改宪法进行的交涉之经过，恭听圣意。陛下亲下口谕："象征，可也。"得此圣裁，阁僚皆勇气十足地接受了"象征"的提法。因此可以说这个问题完全是圣上的决断。

接下来的问题是"放弃战争"的提法。我是赞成放弃战争的。当时联合国的主流共识是日本乃是危害和平的好战民族。从而需要努力让联合国承认日本人乃是热爱和平之民族，只贡献于世界和平而绝不危害。为此须接受放弃战争的宪法规定。

首倡"放弃战争"的是谁

究竟是谁首先提出放弃战争这一条款的？有人说是币原首相。

---

① 天皇敕语：朕已接受《波茨坦公告》，日本国政治之最终形态应依日本国民自由表达之意愿方可决定，故此，日本国民依正义之觉悟享受和平之生活，希求文化之提高，进而放弃战争，深怀与万邦修好之决心，即依据以国民总体意志为基础按尊重基本人权之主义从根本上修改宪法以强固国家重建之根基。政府能充分体察朕意，尔等当期待此目之必然达成。

也有传说是麦克阿瑟元帅回国后在议会——1951年5月美国众议院军事外交联合委员会的听证会上作证时说的。我也经常被问及此事，据我的感觉，还是麦克阿瑟元帅首先提出的。我想，应该是在币原首相和麦克阿瑟元帅会谈时提到这事，两人一拍即合。

拓展阅读：

1946年3月6日，决定要发表宪法修改案，连同天皇敕语发表的币原首相的谈话如下：

"臣等诚惶诚恐，昨日拜闻天皇陛下的内阁口谕。为使我国国民向世界人类理想同步并进，陛下以非常之决断，指示我等从根本上修改现行宪法以夯实民主和平国家建设之基础。余以为，世界历史之动向系长年以来自涂炭人类之动乱向和平、从暴虐向慈悲、从奴隶向自由、由横暴向秩序，一点一滴一步一步沉稳阔步前行。余深信，日本国民为在世界占有光荣之一席，应于所制定之新宪法中向世界宣布：国内确立民主政治之基础，国际上率先提出期待消灭战争。即向世界宣示永远放弃国家主权发动之战争，决计以和平方式处理与他国之纷争。余知全体国民为遵从至仁至慈之圣意，实现国家社会之安宁，根本大法之制定当务求万全。政府经过与联合国总司令部的密切联络，发表宪法修改草案大纲于此。"

同一天，联合国军总司令部麦克阿瑟元帅也发表了关于草案的声明，其开头部分说："我十分满意地看到天皇和日本政府明确表示决定向日本国民提示我们全面承认的、新的宪法。此宪法是在5个月以前我向内阁发出第一个指令以来，日本政府和本司令部的相关人员经过艰苦的调查和多次会商之后起草形成的。"

四、枢密院对草案进行咨询

首个用平假名和口语体写成的法律文件

大纲就是这样发表的。此后由法制局成文，政府于4月17日发表草案。这是我国第一个用平假名和口语体形成的法律文件，引起广泛的关注。这是出于适应内容并在形式上也体现民主化的主旨。这在当时是要下很大的决心的。

这个草案根据明治宪法所定的修改程序，4月17日交由枢密院进行咨询，而审议是在4月22日币原内阁总辞职的当天。这到我的第一次内阁成立有大约一个月的时间，审议在此期间进行。我记得是松本博士做的说明。

5月22日我的第一次内阁成立，随着内阁的更替，先收回咨询案，经过若干修改后重新提出。5月29日新内阁成立后首次召开审查委员会，我也列席，致词后进行了简单的说明。

"为何急于审议"

当时，林赖三郎顾问就急于审议宪法修改案的理由提出质询，我回答了前述的内容。他接着问，立即发表可以理解，但既然已发表草案，有什么必要急于审议？我大体作了这样的回答："作为日本，希望尽快恢复主权，请占领军撤离。有人说 G·H·Q 就是 go home quickly（尽快回家）的缩写。为此，有必要让联合国放心，我们会放弃再军备、彻底完成民主化进程。这最好要在作为根本大法的宪法上得以确立。"

此外，关于放弃军备，又受到质询：如果国内出现骚乱将如何应对？对此我回答说："我们无法预见占领军撤出后的局面。历史有可能重演，总之无法预见将来的事。"

就这样，6月8日召开了枢密院大会，审查委员长潮惠之辅做了审查报告后有两三个顾问发言就通过了。

五、修改案提交众议院

共产党公然反对天皇制

时间回溯到4月10日，这一天举行了战后首次大选。这次大选的特点是：采取连记投票制[①]；由于驱逐公职事件而使保守阵营的旧势力受到沉痛的打击；青年妇女阶层获得选举权，在原有的1400

---

① 选举人可在同一张选票上选举两个以上候选人的投票制度。

万选举人之上增加 3200 万新选举人；另外日本宪政史上共产党首次公开参与政治活动，他们利用言论自由，彻底抨击天皇制。

大选结果是自由党有 140 人当选，毫无悬念成为第一大党，进步党获选 94 人，社会党 92 人，这样，拥护天皇制的党派占了压倒多数，反对天皇制的共产党仅有 5 人当选。此外从中央到地方，非常引人注目的是各种名目的政党大量涌现，绝大多数拥护天皇制，跟呼吁废除天皇制的共产党相对立。选举后币原首相成为进步党总裁，内阁于 4 月 22 日总辞职。如前所述，这一天是宪法修改草案开始在枢密院审议的日子。

会议伊始即开论战

我第一次组阁是以旧宪法时代那种谨承皇命的形式开始的，6 月 20 日召开最后一次帝国议会，新内阁负责向众议院提出宪法修改方案。由于没有指定负责宪法的大臣以取代前任内阁的松本国务大臣，临到开会的时候才感到有此必要，就启用了曾经作为内阁嘱托[①]协助非正式立案的原法制局局长金森德次郎担任负责宪法的国务大臣。

这个宪法修正案被提到众议院正式会议议程上是 6 月 25 日，而实质性的审议应该说在刚刚开始开会（6 月 21 日）做施政方针演说时就已经开始了。我的施政方针演说的开头是这样说的："……诸位，现在议会开始，根据天皇的圣喻提交审议应该成为新日本建

---

① 某项工作的特约人员。

设基础的宪法修正草案。政府能利用此机会与诸位讨论国家最高法典宪法的修改问题，为此而感到无上光荣。"由片山哲先生、德田球一先生提出了与此演说相关联的若干质疑。接下来在25日的大会上，关于提案理由我做了如下说明。

提出宪法修改案的理由

众所周知，去年我国所接受的《波茨坦公告》以及联合国所发出的与此有关的文告中有这样内容的一些条款："应该在日本国民中消除妨碍复兴民主主义的一切障碍，明确保证尊重言论和宗教以及思想的自由和基本人权"；"日本国最终的政治形态，应该根据日本国民自由表明的意志来决定"。这个方针指明了日本真正迈向和平的康庄大道。为达此目的，我认为无论如何，至关重要的是修改作为国家基本法的日本宪法。自前内阁至现内阁积极推进这一调查、立案的进程，终于形成成熟的方案，上奏天皇以期在本次帝国议会复议，得以在本次众议院会议上审议。

本修改草案以国民总体意志至上的原理决定政府机构，尊重基本人权，永远保障国民的自由的福祉，以此确立民主政治的同时，在世界上率先放弃战争，把希望自由与和平的世界人类理想体现在国家宪法之中。此种精神已在修改草案前言中详细表述。以下准备叙述草案中的各项重点内容。

第一，关于天皇的地位。在第一条中规定天皇为日本国家的象征，这是统一日本国民的象征，其地位以日本国民最高的总体意志为基础加以明确。这就规定了天皇代表日本国民，应体现为统一日本国民的总体形象，同时天皇的这种地位就是以日本国民的最高的总体意志为基础的。据此，有关天皇的神秘性、非现实性完全消除，如实地显示其基础在于现实的国民的总体意志。然而如现行宪法所规定的，在规定天皇的广泛的重大权限上，政府以及其他掌权者有时被错误的理念所左右，躲在天皇名义的背后歪曲民意，专断国政，经常实行鲁莽的政策，这反而必然地把国家和国民引向毁灭的境地，其危害所及远远超过想象。修改草案中，天皇只在根据内阁的谏言和同意的范围内施行一定的国务活动，我认为这种形态正是蹈袭民主国政的常轨。

第二，草案特辟一章规定放弃战争条款。即永远放弃启动国家主权的战争和行使以武力相威胁、以武力来解决与他国的纠纷，进而放弃保持陆海空军等的战斗力和国家的交战权。这是修宪草案的最重大项目。决心设此条款，在各国传统的宪法中也是绝无仅有的。这样，日本国祈愿永久和平，把将来的安全和生存完全交给热爱和平的世界各国国民的公正与信义。我国的根本大法要明确地表示，以此崇高的理想站在爱好和平的国家的先头，在正义的大道上勇往直前的坚定的决心。

第三，关于国民的权利和义务。规定国民享有所有的基本人权不受妨碍的大原则，另外，明确表示作为宪法所保障的基本人权为不受侵害的永久性的权利。而关于具体的事项，为保障权利和自由以及发展民主主义，设置了必要的规定。

关于政治机构，依照三权分立的宗旨，设立国会、内阁、法院，以国会为最高权力机关，同时是国家的唯一的立法机关。其构成，采用众议院和参议院的两院制，以期对国事审议的慎重。承认众议院比参议院有各种优越的地位。另外，行政权在内阁，设立如下条款：关于内阁行使行政权，要协同国会并对其负责，国务大臣的任命要由国会指名或者同意。在众议院通过不信任案时，只要不解散众议院就需全体辞职。这就是采用议院内阁的原则。

关于司法，所有司法权都属于依据最高法院和法律的规定设立的以下各级法院。行政裁判包括在司法权之中，不承认设立特殊法庭。使最高法院兼有宪法裁定机能，能够裁决所有法令或处分是否合乎宪法。

此外，关于财政，确定根据国会决议提出的原则行使处理国家财政的权限，以此作出必要的规定，同时从根本上改变了有关皇室财产和皇室经费的制度。另外，着眼于地方自治的重要性，重新设置相关规定。关于修改宪法的手续，将来由国会提出动仪，需要向国民提出建议，获得承认。尤其是关于最高法规，特设一章，明确宪法以及依宪法制定的法律、条约的权威性。最后作为附则，从本宪法公布之日算起，6个月后开始实施，还设立了其他一些过程性规定。

另外，本草案对照以上所述，在形式上谋求民主化，为使普通国民易于理解采用口语体的表述，使用平假名。我认为，作为法令的形式这是里程碑式的事件。

本草案大纲说明到此结束。谨希望认真审议。

焦点是国体和放弃战争问题

就这样，宪法修改案提到6月25日的众议院大会的议程上。对于我上面所作的提案理由说明，有几名议员提出质疑，可以说问题集中在国体和放弃战争上。尤其是国体问题以及相关的主权所在问题，在整个议会审议过程中，成了左翼、右翼两方面质疑的焦点。即，社会党主张应将主权在民更明确地表现在条文上，而另一方面，自由党、进步党方面则由于具有因捍卫国体而胜选的关系，他们希望明确写明国体不变。

我在第一次答辩的时候说："众所周知，现行宪法为国民所尊重的永不磨灭的大法，不幸的是宪法的精神被歪曲才导致今天的悲惨结局。对照《波茨坦公告》，现状若不加以改变，在国政运用上，以及从国际关系上来看，就不充分了。""面对这种悲剧的结局，为了保护国体，维护国民的幸福，最优先应该考虑的是消除各国对再次威胁世界和平的误解。为此要向世界说明我们的基本法——宪法一定贯彻和平主义和民主主义。"

国体是否已改变

关于国体问题，我曾作如下答辩："日本的宪法可以说是从五条誓约[①]起步的，看看誓约的内容就知道，日本是民主国家。因此，

[①] 1868年3月14日明治天皇对神发誓表明新政府的姿态：广开会议，万机决于公论；上下一心，大行经纶；官民各遂其志，人心无怠；破陋习以行公道；求世界之知识以雄振皇基。

民主并非由新宪法首次引进，关于宪法和皇室之间的关系，皇室的存在，就是自然产生于国民之中的国体本身之中，君民之间当然不存在相互对立的关系：君民可谓一家人。国体并未因新宪法而有任何改变。之所以使用象征字样是因为任何日本人的头脑中都有天皇乃日本国之象征的思想。君臣一体即国家之形态，故用象征字样表述之。倾听民众之声如睹无色之色，不疑于日本国民。"

放弃战争与自卫权

关于放弃战争，我答辩说："本草案之规定放弃战争，虽非直接否定自卫权，但第九条第二款不承认一切军备和国家交战权，结果等于放弃了自卫权和交战权。近年的战争多以自卫权之名而行之。当今诸国对我国的最大疑虑是，日本是好战之国，不知何时会发动复仇之战，威胁世界和平。我认为纠正此误解是我们必须做的第一件事。"

对放弃战争的答辩是回应原夫次郎的，接着野坂参三关于这一条质疑说："侵略战争是非正义战争，但我认为保卫本国的战争是正确的，宪法草案没有必要全面放弃战争，所以应该仅止于放弃侵略战争。"我答辩说："为了国家正当防卫权的战争似乎可以认为是正义的战争，然而我认为承认此条是有害的。近年来的许多战争大多是在国家防卫权的名义下进行的。因此我认为，承认正当防卫权就会诱发战争。"

关于自卫权还有许多质疑和答辩，在上述回应原议员的答辩中就清楚地说过，并没有否定自卫权，另外在参议院特别委员会上回应林平马的质疑时做了补充说明。总之，作为共产党首脑的野坂参三做上述议论是意味深长的。

必须明确主权在民

接下来，宪法修改草案的审议转移到特别委员会，其构成比预算委员会还多5名，为72名，是在众议院成立后的大委员会进行的审议，成员囊括了各个党派。芦田均为委员长，从7月1日到8月21日，冒着盛夏的酷暑悉心审议。我有时候出席，答辩几乎都是金森做的。

修宪草案提交议会以来，总司令部基本上采取了旁观的态度，只是在众议院审议中他们提出了一个意见，那就是主权在民问题。即金森国务大臣在议会上答辩的时候一如旧宪法，而在议会上围绕国体和主权问题议员提出了许多质疑，由此看来草案的语句表述有些含混不清，他们希望努力在草案修改中明确主权在民这一点。尽管英译本中主权在民是明白无误的，但在日文文本中却表述为"国民最高的统一意志"。所以他们说希望改成"主权存在于国民之中"。他们是跟金森交涉的，后来决定在众议院小委员会进行修改。

所谓"文官"问题

另一个是"文官"问题。提交给议会的原案中，任命国务大臣这一项规定"根据国会的同意"由首相任命。委员讨论认为——都征得国会同意太麻烦。另外，首相仅仅是"依据国会决议而指名"，没有加上"从国会议员中"这个限制。也没有加上"文官"的限制，这在后来出了不少麻烦。

然而，众议院委员会审议将近结束的时候，我受总司令部传唤，去了之后，说是华盛顿的远东委员会有指示，让加上"首相和半数以上的其他国务大臣必须从国会议员中选出"的条件，而且还得在条文中写明"这些人员必须是文职"。

前者是理所当然的修改，委员会立即照办，而文职问题则有点离谱，要说文职，那就应该理解为不是军人，而在放弃军备的宪法中加上以军人存在为前提的规定是没有意义的。当然要命人跟对方当局交涉说此点不能接受，结果对方顺顺当当地就同意了。

然而，一个多月以后，修正案在贵族院审议中途，金森国务大臣被叫去。再一次被要求必须加上"文职"这一条款。到底还是远东委员会非常挑剔，他们要求这一条的同时还要求在宪法条文中明确保证成年男女具有平等的选举权。选举权问题姑置不论，关于表示英文 civilian 的确切的法律术语使金森等政府方面的负责人和委员会的人都大费周章。最终就如新宪法，用了"文民（文职）"这个日文。

成问题的皇室财产的处理

回溯到以前所谈到的内容，就是总司令部最初亲自交来的样板草案中有"除继承性财产以外，皇室所有财产归国家。从所有皇室财产产生的收入应交国库"这样的条文。皇室财产的范围也是个问题，但更严重的是好不容易作为继承财产留给皇室，但由此产生的收益都交国库的话，那就毫无意义了。政府几次跟总司令部交涉认为这实在不合理，但都没有达成共识，最终完全交给议会讨论，政府草案也就原样照搬了。

在众议院特别委员会上，这一点果然出了问题，结果小委员会修改为世袭财产所产生的收益归皇室。然而总司令部并不同意这个修改案，他们大致说："不如把'除世袭财产之外'的字句和有关皇室财产所得收入的归属部分删掉更好。此条文究竟是保留日本政府原案还是修正为总司令部的建议案，当然由日方做出选择，但是总司令部方案大概对皇室来说更有利吧。要说这是为什么，若按日本政府原案，无论皇室有多少财产，那只是名义上的，收入是没有的。若按修正案，即便一旦失去了财产，今后还可以节省从预算得到的收入，另外还可以积累进贡所得的财产。这样，所谓'皇室财产'仅限于公有财产部分，私人财产当然并不归国家所有。"

总司令部的意向传达到小委员会，结果撤回了修正案，作为各派共同的提案，修正为现在的简单的规定，即"皇室所有财产归国家所有"。

反对票仅有8票

这样，宪法修改案经过各种波折，在8月24日提交众议院大会讨论，增加了20余条的修改意见最终通过。投票总数为429票，其中赞成421票，反对8票。议案得以通过，我要求发言，做了如下讲话："宪法修改案刚刚得以通过，回顾一下，宪法修改案6月25日提交本次大会以来，由本会的委员会，经各位议员始终一贯的慎重而热诚的艰苦努力，恰如其分地承担起了这个旷古未有的重大责任，对此谨表由衷的敬意。毋庸置疑，本案构筑了建设新日本的基石，将能获得世界和平。我相信今天投赞成票的各位议员的发言作为全体国民的意愿的代表，在国内外引起反响，将使国内外进一步明了和理解本案，我为此无比欣慰。本案最终成立之前，当然还有诸多程序，在此对各位的辛劳谨表谢忱。"

六、在贵族院仍需修改

这样，舞台转到了贵族院。无论是币原内阁时期还是我的内阁，都期待着这样的审议，只要一有机会，我们就尽量把学界的权威作为钦点议员向天皇奏报以求批准。值得一提的是贵族院的议员和这些学者一起认真地进行审议，这就是所谓的"最后的服务"。

部分修改有关文职人员的条款

贵族院的讨论仍以国体问题为中心。另外，放弃战争、尤其是自卫权问题讨论热烈，这一点和众议院一样。我认为，参议院的组织结构采取什么形式，这是许多议员所关心的。这些讨论大都是从专业性和学术性的角度进行的，这是当时贵族院的一大特色。

如前所述，在贵族院再一次提出了"文官"问题，尽管没有做太大的修改。9月24日这一天正是秋季的皇灵祭祀日①，民政局来联系此事。碍于远东委员会的强烈要求，总司令部也不能独断其事，结果就以增加下述条款为条件，同意了民政局的请求，即宪法第61条"首相以及其他国务大臣必须是文官"；第15条"关于公务员选举，保证成年人的普通选举"。就这样，贵族院最终以修改的形式增加了这些条款。

对"认证"不满的人

贵族院的审议，通过大会和特别委员会进行，一直持续了一个半月。10月6日召开了最后一次大会。这次会议上提出了特别委员会的修正案，此外还提出了《有关天皇的权限的修改案》《有关尊重家庭成员生活的修正案》。所谓天皇相关的修正案是由山田三良和高柳贤三两位牵头，其内容是去掉原案中的全权委任状和批准书的认证，而由天皇作为其权限直接操作，去掉大赦的认证，也作为天皇的直接行为。其理由是，一方面承认天皇制，但同时由内阁批准条约和派遣大使、公使，而天皇仅仅对此进行认证，这不合国际惯例，在国际上令我们颜面尽失。这两位非常积极地主张修改，我这里也来过，也得到了总司令部的理解，所以一定要让政府同意他们的主张。然而金森持反对意见。也是由于在众议院进行过说明，所以在提出修正案的时候有反对意见的演说，不知是不是这个缘

---

① 1908年9月19日发布《皇灵祭祀令》，每年春分和秋分以国家大祭的形式祭祀历代天皇和皇后以及皇亲的祖灵。1947年5月2日废除此令。1948年起仅作为天皇的家祭在皇宫进行。

故,修正意见最终被否决。

另外,关于《尊重家庭成员生活的修正案》是由牧野英一提出的,其理由是,由于政府原案仅仅提到了婚姻关系,这就有可能出现轻视亲子关系以及包括亲子关系在内的家庭成员生活的风气,因此提议进行修改以防患于未然。然而此议也被否决。

最终的结果是,只通过了由特别委员会采纳的修正案和有关文职的议案。表决时我记得有4人反对。由于加上了贵族院的修改意见,原案送回到众议院,10月7日在众议院大会得以通过。于是我要求发言,讲到与国民共同庆祝议案的通过,政府和国民竭诚一致,表明要在此宪法的范围内向着国家的重建的方向勇往直前。接下来,关于在议会上的修正部分再一次向枢密院征询意见,获得同意后上奏天皇并获得同意,新宪法由此诞生。

明治节公布宪法

新宪法的公布,经占卜确定为11月3日明治节①这个吉日,在贵族院会议大厅正式公布。天皇陛下亲临仪式并宣读诏书。我和众、参两院议长对此致词。从币原内阁时的宪法问题调查会算起一年多,从总司令部提出草案算起9个月,经过诸多曲折和波澜,终于迎来了这一天。

---

① 1927年决定11月3日明治天皇的诞辰为国家重大节日。1948年废止。

七、我对批评宪法的议论的看法

所谓强加的宪法

众所周知，上述宪法公布，次年即 1947 年 5 月 3 日起生效。然而，后来在社会上对这个宪法，有批判意见，说这是在占领军诉诸强权强加给日本国民的。随着修改议论的甚嚣尘上，批判日渐激烈。但依我作为当时制定者负责人的经历，对强加之说不敢苟同。当然，形成草案的当初，由于正处在战争刚刚结束的特殊时期，占领军有过积极的督导，也有对内容的要求，这些已如前所述。尽管如此，在其后的交涉中并没有受到绝大的压力或者强迫。他们能够倾听我方专家和负责人的意见，接受我方主张的情形也不少。在双方争论僵持不下的时候，他们常说："那就先实践一下看效果如何。你们日本人依旧宪法的头脑来思考问题才容易有不同意见。实际操作一下看看，说不定会顺理成章呢。如果实践了，发现确实不好，再找适当的时机重新讨论，根据需要再改也不迟啊。"就是这样，随着时间的推移，双方的交涉渐趋圆满，从而变为协商、商量的气氛。这倒是实情。

拓展阅读：

对新宪法再讨论的暗示

关于新宪法的再讨论，总司令部以及远东委员会已有暗示。关于这一点，将原法制局长佐藤达夫的记述附录于下以备参考。

关于新宪法再讨论问题，1947年1月3日麦克阿瑟元帅以致吉田茂首相信件的形式正式做出暗示。其要点是："远东委员会参照新宪法实施过程，一两年之内再进行讨论，如有必要则修改之，这是日本国民的自由。进而如有必要征询日本国民的意向，应进行全民公投。也就是说，联合国认为新宪法乃是以国民自由意志为基础制定的，对这一点不宜留下疑惑之点。当然，不断地对宪法进行再讨论是国民的天经地义的权利，这一点是不言而喻的。但是我认为至关重要的是你必须充分把握事态，因此特别告知阁下。"内容大致如此。

此书简写于1946年10月17日，即10月7日我国国会审议完了10天之后，依据远东委员会的决定所写的。换言之，在11月3日公布之前传来了联合国的这个决定，进一步说，在实施（次年5月3日）的几个月前向日本方面发出此书简是意味深长的。另外，远东委员会以及麦克阿瑟元帅的书简发表于3月27日（3月30日见诸报端）。当时从政府到媒体，都集中精力于新宪法的普及等等事情，可能是由于这个缘故，书简的发表似乎并没有引起太大的反响。

后来在1948年夏天，芦田内阁的法务总裁铃木义男得到总司令部的宪法再讨论的暗示。铃木总裁据此向法务厅内部下达调查的命令，同时向两院议长进行了传达，结果有意见说在国会内部成立一个调查委员会如何？但由于芦田内阁的倒台和继此之后成立的第二次吉田内阁解散众议院等政局的变化，这个问题就不了了之了。

1949年，即麦克阿瑟书简所说"一两年"最终期限之年，修宪问题为世人所关注。在这前后，学界（东京大学宪法研究会、公法研究会等）在法律杂志上发表了再修改宪法的试行草案，然而社会的气氛并没有因此热烈起来。另据4月30日报纸的报道，说"远东委员会在28日例行会议上决定不发表有关宪法的新的指令"，因此可以说，新宪法再讨论的问题与联合国的关系便基本了断。

基本上反映了国民的良知和一致的意愿

另外所谓草案形成之后，作为国内的程序在枢密院、众议院以及贵族院经过了三级公共机关的审议。这些机关的顾问或议员以一流的宪法学家为代表，都是法律界、政治界、以及官界的资深学者。而且这些人，虽在当时占领下的环境中，但其言论不受任何限制，进行了毫无顾忌的尽情议论。也就是说，只要是关于宪法问题，基本上表达了当时国民的良知和总体意志。尽管有议论强调新宪法是在刚刚结束战争，处于军事占领之下制定的这一特点，然而看看外国的宪法制定就知道，在战时或非常时期制定宪法的情况非常多，在一般和平时期制定的却格外少。所以我认为，纠缠于制定当时的环境，对此神经过敏并不适当。总之要看新宪法是否符合国家和国民的利益。

新宪法既已制定，作为国民最重要的就是充分理解其长处，抓住其真意，正确地运用它。宪法是一国的基本法。虽非"万古不易之法典"，一旦公布之后，就应努力尊重它、善用它。在我看来，上述总司令部的言辞"有不适当之处，改正之即可"是为使日方接受而作的劝谏之言。这也是并非以势压人的一个佐证。

无需再修宪

看看现在诸多的修宪论的根据，大多是未必需要的。多数情况下，即使在现行宪法的框架内，要实现论者的目的也并非不可能。

仅举一例，关于天皇的地位，现在用"国民的象征"一词，如前所述，我们第一次听到这个词的时候确实感到异样。而现在如何呢？无论是象征也好，不是象征也好，普通国民对天皇陛下和皇后陛下的尊崇敬爱之情却一如既往。就我所知，国民对皇室反倒比战前抱有更深厚的亲近感。在国民的心目中天皇依然是日本国家元首，皇后依然是国母，这就足够了。这就是日本国民传统的皇室观。这也是一句法律上的话语所改变不了的国民情感。关于我对皇室的存在方式的看法，我想在别的章节会有机会详细叙述。总之我相信，如英国皇室一样，在现行宪法框架中，有充分的空间建立起一种加深皇室跟国民联系的制度或者惯例性的规矩。

军备、家族制度和新宪法

不仅是皇室问题，而且军备问题以及家庭生活问题，我都不认为需要立即修改现行宪法。军备问题另有机会加以讨论，在此不加详论，例如宪法第九条即所谓"和平条款"，我作为政府的负责人，一直认为按宪法规定不加修改就可以了。从国内的国民负担和外交上现在的国际形势尤其是在海外的对日情感方面考虑，我看不到匆忙修改第九条的正当理由。

另外，关系到新宪法，最近成为热门话题的是，在家族制度方面，我国传统的淳朴良好的风尚较之战前有所丧失。我当然也认为这不是好的风气和潮流，这多半是战后混乱期的现象，不过我相信，将来国民生活稳定提高，国民素质逐步提高，即使法律规定略有不尽如人意之处，实际的家族制度方面，根据国民的良知，新的淳朴而良好的民风是可以建立起来的。

修宪不可急功近利

修宪这样的大事，不是一届内阁、一个政党的事。我当然不是说宪法永远不可修改。关于宪法的执行，应该承认国民需要秉持不断批判的精神。如果国民的总体意志已达到必须修改宪法的地步并以某种形式表现出来，这时才应该着手修宪。换言之，应该用相当长的时间充分听取全体国民的意志，经过广泛充分地讨论，并且必须按着民主的程序进行修改。一届内阁或一个政党对修宪急于求成是必须竭力排除的。

现今，无论什么样的国家，无视国际关系都无法保证其生存，更何况我们日本是拥有有增无减的人口的大国。加之现今的国际形势远非太平安稳可言，这已是尽人皆知的事实。两个世界的对立，冷战何时结束不可预测。20世纪后半叶核问题带来的世界不安和动荡将持续。就是从这一点来说我也确信我国不应急于修改宪法。

八、宪法附属法规的修改

随着宪法的修改，出现了为数甚多的需要重新制定或者应予修改、废除的法令，其中包括《皇室典范》《皇室经济法》《国会法》《内阁法》《法院法》《参议院议员选举法》等，仅次于宪法的诸多重要法案。

临时法制调查会

准备工作需要尽早着手，所以政府在1946年7月《宪法修正案》在众议院审议期间，决定设立临时法制调查会，对这些法案进行调查和审议。这个调查会以首相为会长，有几十名委员，除了贵族院、众议院以及有关的各厅工作人员之外，还包括高端学者以及其他有才学的人员。这个调查会直到秋天，形成了各个重要法案的大纲，政府据此形成法案，先后提交给秋季11月末召开的第91次临时议会以及接下来的第92次例行议会。有关《国会法》的法案以议员起立的方式决定立项。

关于天皇退位和女天皇问题

这些法案中，关于是否承认天皇退位以及女天皇问题成了重大议题。关于退位，有的议论依据的逻辑是尊重作为人的天皇的自由意志；关于女天皇，有人根据男女平等的宗旨强烈主张应该予以承认。而作为政府，经过审慎的讨论，认为退位制度反而可能有弊端，担心危及皇位的稳定；而女天皇问题，历史上的先例大体上都是非正规的暂居皇位，或者关于其配偶出现难于解决的麻烦的场合。基于这些理由，政府自始至终一直持反对意见。

另外总司令部好像也曾议论过退位和女天皇问题，但他们并不坚持，最终还是对《皇室典范》没有说太多的意见。然而，对《皇室经济法》及其实施方法极其神经过敏，很难达成共识，结果，《皇室经济法实施法》暂且作为临时法案，而真正立法要交给根据新宪法形成的国会去解决。

为《参议院议员选举法》而煞费苦心

《参议院议员选举法》也煞费苦心。由于宪法定为"公选"，这就必须研究在其条件框架内的最适当的选举方法。既然采取两院制，参议院如果与众议院性质相同则无意义。这事在审议宪法的议会上就已讨论过，至少要在选举方法上要带上些独特之处。这就煞费心机了。

对此，临时法制调查会探讨了诸如职能代表制、间接选举制、或者直接选举制和间接选举制的组合等所有的方法，社会党最热心于职能代表制，他们甚至主张，如果不采用职能代表制那还不如一院制更好。然而关于职能代表制，其实行上的困难是可想而知的，这简直有点开玩笑，在如何对待妇女的职能这个问题上就碰壁了。

因此，最终参议院的议员定为 250 名，其中 50 名落实到从地方区域选出。而所谓全国区当时还没有先例，究竟能否顺利进行仍有一些担心，还是期待着能因此选出有别于地方选区的全国性人才。

关于参议院议员的最低年龄条件，有 30 岁、35 岁、40 岁的各种说法，最后对照众议院的 25 岁，参议院定为 30 岁。

众议院解散权问题

《内阁法》等没有什么大问题，关于《内阁法》我记得当时在众议院大会上，对解散众议院的权限有人提出质疑，我回答说："在宪法所规定（即第 69 条）的范围以外，政府要征求民意的时候也随时可以解散众议院。"

说到解散，有个小插曲。第二届吉田内阁成立的 1948 年年底，当时是以个别执政党为背景的单独内阁，所以无论如何有必要解散众议院来问信于民。然而这里出现了解散权问题，在野党方面以总司令部民政局的解释——除非通过了不信任决议，否则不能解散——为依据提出异议而跟政府见解相对立。然而司令部知道解散的必要性，从中调解，执政党和在野党达成妥协，在野党提出不信任案采纳之后方可解散。这真是一出滑稽戏。这就是社会上所说的"合谋解散"①。

第二次解散是1952年8月28日。那时没有不信任案,仅凭宪法第七条实现的。社会上批判说是"突然袭击式的解散②",因为事出突然而由此批判是可以理解的,当时的舆论是希望快点解散,而政界的形式也是全国都拉开架势准备选举,所以不能说是单方面决定解散的。这正如我所发表的谈话那样。并且那是首次单凭宪法第七条解散的,所以前些年以来一直不死不活的关于解散权的议论又重新被点燃。作为宪法解释,如同我答辩时所说的那样,我相信自己是正确的,也得到了诸多理论上的支持,事实上国会两院法规委员会已在这年的6月向两院议长提出相同的结论。

回想补余:

国体不变——金森德次郎(原国务大臣)

战败后,日本人受到了不曾体验过的外国的强烈压迫。国民思想动摇不定。日本人那种不知今后会将如何的不安感在内心深处激荡着。而我自己,因职责上不在其位并未感到不安,可以表面上处之泰然,不过仍暗自担心谁来重建这社会的基础。

---

① 参考第五章之四:在野一年半,以压倒性多数再次组阁。
② 参考第五章之五:第三次内阁时代——为独立做准备和独立的实现。

当时经过诸多波折，我承担起了制定新宪法的职责。当时无论是首相币原先生还是后任首相吉田先生我都仅仅是认识而已，几乎没有说过多少话。松本烝治先生在大正时代是法制局参事官，后来成为局长，所以与他有所接触。不过也仅限于聆听他督责年轻人要忠于职守之类的一般性训诫。没想到，就是这三位竟让我承担了他们拼死拼活志在必得的《新宪法草案》的部分工作。说老实话，形成草案的基础那是极其艰巨的任务。因为那是国民的重要的安危所系，是在世界的狂涛中寻找稳妥的着陆点。但腹案的十之八九已酝酿成熟，把它接过来只不过是起个接生婆那样的事务性作用，是比较轻松的。在我思考是否接受这工作的时候，有人给我忠告说，现在宪法可能通过，但以后人心转向相反方向的时候，你恐怕就没好日子过了。但我满不在乎，回应说：老天爷不会留我到那一天的，你就放心吧。虽然我觉得这忠告有三分之一是真理，但我还是坚信日本国民是不会像他说的那样的。

实际上从根本上说，宪法并无秘闻。诸如谁在背后说了什么、有哪些动作、有女人的特殊努力等等不一谈资而足，这些都只是对结果没有影响的饭后茶余而已。宪法是愚蠢的战争带来的美丽的珠玉。有句话说"求鱼而得蛇"，在外国人看来，也许我们真的得了蛇，而实际上得到的却是鱼！也许有人要打压日本，然而相反却把日本推向了世界的水平。虽然整体上优缺点互见，但从大局来看，国家发展了，个人也进步了。最后去掉了落后国家的因素，已经能够以此为基础向前发展了。尽管不无小的瑕疵，但总体而言毕竟瑕不掩瑜。

这里附带讲几则往事的记忆

（一）我所考虑的宪法修改希望是以近于全体一致的形式进行。所以我认为答辩必须是恳切、耐心、有说服力的才行。有人计数国会答辩为1365次。大会的答辩有时超过两小时。两院的委员长都提醒我要言语简明。这与我的内心所想稍有出入。如果我没记错的话，众议院有9人反对，贵族院只有2人反对，这使我内心甚感欣慰。

（二）国会应该讨论法律的制定问题而非学术原理和学说。然而，国体是否已经改变却成了论战的一大中心内容。国体这个词本身主要还是学术方面的词汇。但战后当时国体论就举国沸沸扬扬，所以议会也甚嚣尘上。当时我说：就国家根本特质来说没有变，在政治形式上有改变。这似乎没有得到理解。值得欣慰的是贵族院有优秀的宪法学者支持我的观点。然而外文报纸把国体一词译成了Polity，写道："金森说Polity是不变的。"其实Polity是指政治形式。这就糟了。本来改变政治形式就是修宪的目的，说这是不变的就讲不通了。好像外国也认为我说话前后矛盾。我对外国人详细解释所谓国体就是国家的根本特点。但是东京还是编出了"金森啥刀？两面三刀"的儿歌，使我大受其困。

回想补余：

宪法与吉田首相大臣——佐藤达夫（原法制局长）

我在工作上跟吉田先生有所联系是从第一次吉田内阁成立不久。就算有联系，可以说也并没有机会说话，因为当时我只是法制局副局长，写给首相为宪法问题答辩用的资料，或者在枢密院和议会审议宪法草案时坐在政府委员的末席聆听别人的发言而已。

准备答辩用资料是非常劳神的工作。当时尤其在关于所讨论的重点问题即主权在谁的问题、国体问题、以及放弃战争等等问题上大费周章。总之，占议会多数席位的执政党议员都是以保护国体为旗号在选举中胜出的人，不能回答说国体将因宪法而改变之类的话。另一方面，总司令部尤其关注议会中的一问一答。

正是在这种环境中，答辩用的资料一字一句都不敢稍有差池。我们和金森国务大臣、入江法制局长围着桌子绞尽脑汁准备各种方案。"天皇是国民憧憬的中心"这类警句就是这一时期想出来的。

我们就是这样小心谨慎地准备答辩资料。要说宪法草案，那可是关乎内阁命运的重大问题，正因为如此，事先就得想到首相可能也是要按我们提供的本子进行答辩，要尽量做到万无一失。然而，在会场听着首相的答辩，尽管大方向没有偏离我们提供的资料,可并不完全依赖于我们的资料。甚至可以说是完全放开手脚按自己的意思进行答辩。看样子他好像很鲁莽,无所畏惧,起初我非常担心,然而他却没有照本宣科地读我们战战兢兢给他准备好的稳妥的备忘录,而做了充满个性的答辩。

不过有一次还着实让我们捏了一把冷汗。那是关于放弃战争问题,野坂议员质问说:"自卫性战争是正义的战争,而这个草案是连自卫战争也放弃,这不是矫枉过正了吗?"首相说:"国家正当防卫战争似乎是正义的战争,但我认为承认这种战争是有害的。"

当然,以金森为核心,看看我们准备的答辩方针就知道,"根据第九条第一款,并没有放弃自卫权和自卫战争;而第二款,否定战斗力,结果实际上是无法实施自卫战争"。所以,首相的发言并没有脱离草案。因为他语气十分强烈,所以就可能产生连自卫权都否定的误解。

我们坐在后台议论说:"大概因为质疑者是首相所讨厌的人,所以今天显得有点过激。"这次答辩没惹麻烦,顺利通过了。

不过在那以后,当《安保条约》或者《自卫队法案》成为国会议题的时候,在野党提出并追究宪法审议时首相的发言。对此,吉田首相毫不在意地回答说:"总之得等调查速记之后……"当时就这么过去了,后来发难的人反倒说:"审议宪法的时候有那事吗？"

提到宪法和吉田先生的关系，可以说不光现在的宪法是在吉田内阁诞生的。堪称宪法附属法典的《皇室典范》《参议院议员选举法》《内阁法》《法院法》《地方自治法》《教育基本法》《财政法》等一系列重要法律全都是在第一届吉田内阁提出议案并通过的。在宪法实施后，吉田内阁在任时间很长，所以众议院解散、参议院紧急会议、最高法院法官的国民审查等，宪法运用的重要先例几乎都是在吉田内阁时代完成的。

在这期间，国会解散权问题、保安队自卫队问题、和平与安保两个条约、日美联防支援协议的问题等许多宪法问题在国会成为议论的焦点，作为政治方面的重大问题提出。但在我的经历中，关于围绕这些问题的宪法解释，吉田首相从来都没有要求什么或者让我们违心地做什么。关于宪法解释，我记得在解释法制局的意见时他笑着说："你们怎么牵线我怎么动。"他总是十分认真地听取专家的意见。实际上，在宪法议会期间他基本上都是完全依靠金森国务大臣的。

第九章　开除公职及其解除

一、有20万人被开除公职

"开除公职"制度的本意

开除公职，民间称之为"清洗（purge）"，这个制度对我国各界领导层的许多人来说是一种苦涩的经历，至今仍记忆犹新。

1946年1月4日，联合国军总司令发出了"把负有战争责任的人从公职中清理出去"的指令。这原本就是根据《波茨坦公告》上的"必须永远清除那些欺骗国民，犯下实施征服世界过错者的权力及势力"这一条款发出的指令。随后，日本政府（币原内阁）于同年2月28日根据"关于接受《波茨坦公告》时所发命令"的第109号敕令公布了"关于禁止就业、免官、退职事项"以及其执行令的内阁令第1号内务部令，即实施了"肃清"。

联合国进驻日本当时的考虑是，因为日本是极端的军国主义国家，是专制的警察国家，打压自由主义和民主主义思想，驱使国民参加侵略战争，所以要根除其领导者的影响，解放国民使其走向自由主义和民主主义。也就是说，这个《清洗》制度当然是联合国方面为使日本民主化的一项政策，在解散财阀、惩罚战犯的同时还具有惩罚战败国领导层的意义。这在初期占领政策中也是至关重要的[①]。

双方的梦魇

也许这是一种只重视结果的议论，现在想来，与其说这种"清洗"制度是占领政策值得骄傲的方面，不如说对占领当局而言也许说成是一种自觉脸上无光甚至是留下苦涩回味的举措更恰当。例如，负责这项"清洗"运动并积极推行的惠特尼少将（占领时代是总司令部的民政局长）所著《麦克阿瑟传》中，清洗问题仅用两三行一笔带过。

但是，关于这一点，作为受动者的日本人也同样满是苦涩的回味，尤其从我们日本人的角度来说，明治时代，尤其在初期，当时各藩政府禁止他们所讨厌的如我的生父竹内纲那样的政治家客进入首都几日里[②]以内，这就是一种"清洗"令。此事我知道一些，尽管记忆有些模糊。作为一种制度大规模进行"清洗"运动是日本史无前例的事件，并且除了个别国家以外，在世界史上也是绝无仅有的。因此，1946年1月4日发出这一指令的时候，朝野上下当然全

[①] 参照第三章之二：对日管理政策的转变（一）（二）。
[②] 日本长度单位，1日里约等于3.9公里。

都受到了巨大的冲击。

令人难以接受的"清洗"理论根据

在从东久迩内阁到币原内阁时期，对这"清洗"制度的根本观点我一开始就不能赞成。因为在我国历来处于第一线的人并不都是联合国方面所说的军国主义者、极端的民族主义者，有很多人是自由主义者、议会主义者。仅仅是短时间地任凭军阀以及追随军阀的军国主义者在日本国家、社会发挥其统治的淫威，但这并不是日本这个社会和国家的真正状态。历史可以证明从明治时代开始，相当长的时期以来日本的社会制度、国家机构的根本思想无论是在自由主义方面还是在民权主义方面已有相当的提升。仅凭暂时的状态就劈头盖脑地判定为本质的和实际的状态，这是轻率而苛刻的。

因此，关于这件事我跟当时的总司令部的人争论多次，对他们来说，日本是极端的军国主义国家，是警察国家，而自由主义和民主主义即便在非军阀的领导层也都丧失殆尽。这种观念已根深蒂固，所以我们的话他们根本听不进去。岂止如此，随着时间的推移，甚至超出我们当初的预想而愈演愈烈，已经到了玉石不分的程度。

在意"清洗"的人数

最初，根据1946年1月总司令部的指令，第一次"清洗"的人员，仅限于中央的政界、官场的上层，数量也不多。然而，据说华盛顿的远东委员会成员，尤其是苏联方面认为总司令部的做法太手软而非常不满并提出了抗议。可能是由于这个缘故，总司令部民政局负责"清洗"的官员开始不断地抱怨"清洗"人数太少，尤其比德国少。

但是本来所谓"清洗"，根据"波茨坦公告"，关于把日本国民引向战争的实际责任应该是确定的问题，人数只不过是判断的结果。从一开头就追求人数是不正常的。另外，日本与德国纳粹那种同气相求的全国性的组织实施独裁政治有所不同，所以拿德国的例子在人数上作文章是不适当的。我让停战联络事务局的负责人大讲个中道理，我自己也有时和对方争论，但结果都不行。

对经济界的先入观

再说，总司令部对日本的经济界从一开始就有一种强烈的先入观。这是关于经济界在把日本引向战争方面的作用问题，总而言之，认为是大资本家为了追求自己的利益，把军界和政界拖入了帝国主义的侵略战争。它来自左派以公式论为依据的极强烈的疑虑和反感。从最初关押战犯嫌疑人时，有为数众多的经济界人士被点名这点就可以看出其中的苗头。所以，正如后面所述，总司令部的头脑中，大概一开始就有向经济界扩大"清洗"的安排。

你是三井财阀的亲戚吗？

说一点题外话，刚刚结束战争的时候，不用说总司令部，即便是普通外国人对财阀的反感和敌视之情也非常强烈，不断议论如何消解财阀。1945年10月19日币原内阁成立，随后我作为外务大臣接受外国记者团的请求，会见了他们。从外国记者提问的架势来看，他们还是认为日本的财阀是侵略战争的动力之一，应该彻底"清洗"和消解他们。于是我大致对他们讲了下面的话。

"认为日本的财阀净干坏事是一种错误的判断。迄今为止的日本的经济机构是靠三井、三菱等旧财阀得以维系的。可以说日本国民的好日子多赖这些财阀的努力。因此，是不是解散了这些旧财阀就对国民有利，还有待商榷。各个财阀并非总是唯利是图的。战争中，旧财阀蒙受损失经营其旗下的分支产业。因为政府无视这些财阀的损失，命令他们生产舰船和飞机。而跟军阀合作牟取暴利的正是新兴财阀。军阀禁止旧财阀在满洲等占领地活动，给新兴财阀以特权。旧财阀是在和平时期创造其财富的，战争结束，他们是最高兴的。"

我的这番讲话一结束，有个中国记者，我忘记他的名字了，他就突然问道："外务大臣是不是三井的亲戚呀？"我不由得报以苦笑。在当时，由于我直率地为财阀辩护，大概就被认为是大富翁了。

总之，我的"财阀论"当时据说引起包括苏联在内的联合国方面的高度关注。但是1946年5月我被指定为首相，刚刚组阁，就对外国记者团的提问回答说："关于财阀，我相信我担任外务大臣时表明的见解现在仍然是正确的。"那以后过了十多年，现在如果有人来问，我仍会作同样的回答。

对媒体的"清洗"和左翼的活动

接着是对媒体的"清洗"。当时总司令部出于种种需要，对战前和战争期间的报纸杂志、书籍等进行大力调查。调查的结果，理所当然地出现了"清洗"问题，跟日本的所谓进步分子尤其是共产党关系密切的那些人强烈建议总司令部清理媒体的领导层。当然总司令部民政局负责"清洗"的人当中有人跟这些分子保持密切的联系。已有证据证明他们的意见极强地反映在民政局上层中。不光是在"清洗"令这方面，在所谓日本民主化改革实施方面，共产主义者、他们的同路人、赶潮流的左派机会主义者显出进步的、民主主义者的面孔在总司令部进进出出，发挥着作用。另一方面，由于美国当局对日本的实际情况、共产党乃至共产主义运动的实际情况并不了解，他们有足够的能力把一种近于偏见的固定观念扎扎实实地播种于总司令部的人们的头脑当中。

来自民政局的内部方案

基于上述背景，"清洗"令实施的扩大化，我记得是从1946年9月中旬开始的。总司令部向我们联络事务局递交了一份非正式的备忘录。据此，总司令部的方针是要把"清洗"令扩大到经济界、媒体以及地方等层面，让日本政府形成并提交一个方案。

当时，实际上由于已对政界实施了第一波"清洗"，对经济界解散财阀和排除垄断，进一步在媒体施行时，由于有激进的工会方面的强势压力，引起了相当深刻的不安和混乱。因此，单从"清洗"

令本意应该是清除战争的直接责任人来说，这种扩大法着实令日本政府无法接受，就让联络事务局向他们说明情况，然而民政当局无论如何也不接受。最终由我向麦克阿瑟元帅写信陈述情况。

就这样，我方没有形成自主方案，一直拖到 11 月，民政局方面又交来非正式的具体方案，这回明确展示了他们的全部意图。那就是把他们的负责人透露过的想法再进一步加以扩大。民政当局此时提出的是向地方扩大、向经济界延伸，而媒体的具体方案则推迟到很晚。

这样的"清洗"制度在我国当然是史无前例的，真不希望这样的历史重演。对日后的记录倒也不能认为毫无意义，当时联络事务局有直接承担工作的事务局所提供的资料，对读者来说可能不胜其烦，但我还想根据这些资料以跟总司令部的交涉为重点再详细交代一下"清洗"扩大化的具体内情。

向市镇村扩大

首先关于地方层次，从沟桥事变到战败期间，地方行政机关的基层人员凡彼时当过长官的一律要"清洗"。其中包括县知事[①]、市长、镇长、村长以及居民委员会主任。接着是与大政翼赞会[②]有关的、从县到镇、村的支部负责人，此外还包括顾问、参事、评议员，

---

① 地方最高行政长官。大约相当于其他国家的州长或省长。日本的县在级别上相当于中国的省。

② 1940 年 10 月 12 日作为战时体制的核心组织成立的机构。主要活动是支援太平洋战争。1945 年 6 月 23 日解散。

从当时情况来说，举凡在地方上有影响的人，都一网打尽式地悉数"清洗"出公职。另外包括其他团体的地方分支机构的人员也都遭到了"清洗"。对日本政府冲击最大的还是前二者。

县知事在最初的"清洗"中就已经清除了一大半，全国的市、镇、村长、居民委员会主任，仅仅因为"在那特定时期在任上"就追究战争责任，完全不符合实际情况，令人无法接受。当然，这个问题在另外的意义上，即从战后的地方民主化立场上，为了重新选择新一代领导人也算多少有可以理解的地方，那也就算了，但即便如此不也应该采取别的措施吗？日本政府认为，不管当事人平素的思想、行动如何，都一网打尽式地一直到最末端组织，大张旗鼓地追究战争责任，这完全不符合"清洗"的本意。岂止如此，还一味地引起很多国民极大的怨怼，增加了地方的混乱。

总司令部当局感到了我方的态度格外强硬，但当时仍然没有要改变根本方针的意思。显出多少能倾听我方主张的苗头是后来同意把居民委员会主任从"清洗"对象中排除。然而，关于市、镇、村长，无论我们怎么说，他们还是坚决反对解除对他们的"清洗"。我们建议说："那就一个人一个人地调查他的实际行动，等着个人审查的结果吧。"然而他们说"不行"。

除了市、镇、村长问题以外，另一个重大问题是对大政翼赞会地方支部扩大"清洗"。对此，我们当然也强烈地要求他们重新考虑。之所以这样要求是因为，如果完全接受那就意味着地方的领导层将被彻底扫地出门。

我们的主张是，翼赞会跟德国的纳粹那样的志同道合的政治团体从本质上是不同的；由于制度的规定，市、镇、村长自动成为支部负责人以及其他相关负责人；顾问、参事、评议员等，个别人除外，完全是名义上的职务；由于当时这个团体确实有无法拒绝的隐衷，所以如果按总司令部指令进行"清洗"，则地方上即便是相当稳健的人物都将被清理出去，这就给地方自治带来巨大的困难。然而总司令部方面始终坚持强硬的态度，结果对翼赞会仅限于顾问、参事、评议员做了某种程度的让步。

对经济界"清洗"的扩大化

民政局意在向经济界扩大"清洗"的最初腹案考虑过向极广的范围扩大，将对经济界产生极其深远的影响。上文说过总司令部对经济界的战争责任看得很重。很明显，这种看法并不限于总司令部，还受到苏联和其他联合国成员的支持。

但是，据说在总司令部内部，在这个问题上起着重要作用的是负责经济方面的专门的官员维森先生和一个叫哈德雷的女人。维森以前在日本待过，他具有明显的美国新经济政策思想，对日本经济界民主化持有革新思想，甚至带有红色的社会主义的思想。

哈德雷小姐以前也来过日本。尤其是作为日本财阀的研究者比较有名。她特别关注日本的侵略战争和财阀的作用方面的问题。她的理论是，为实现日本民主化与和平化，有必要从所有的角度彻底地解散财阀。而且她所想象的财阀并不仅是三井、三菱那样的家族财阀,凡是资本过度集中的企业、在市场对某种商品具有支配能力的企业都看成是与三井、三菱差不多的财阀。据说后来她回到美国,出版了关于日本财阀的书,还发表论文,也进行讲演,将她的见解公诸美国的媒体。

"清洗"经济界的草案

总之,出自这两位之手的总司令部"清洗"经济界的草案递交给我方是在1946年12月初。首先成为经济界"清洗"对象的公司的标准定为(一)资金1亿日元以上的公司;(二)公司产品支配10%以上市场份额;(三)从事过军需工业以及支持侵略战争的恶劣经济活动的企业;(四)在殖民地或占领地从事过开发活动的主要企业;(五)不管资金如何,具有巨大经济支配能力的公司。

按上述标准捕捉到的公司大概有240～250家。战争期间,上述公司在职的董事(经理、副经理、专务董事、常务董事、一般董事)以及审计人员,不管是专职还是兼职、具有其他职务的人、具有同等或以上的支配能力的人员,一律进行"清洗"。这样一来,处于日本经济能力中枢的企业几乎悉数网罗,这些企业的领导干部几乎全都面临被"清洗"的严峻局面。作为日本政府当然无论如何也不能接受这个方案,理所当然地跟民政局直接进行交涉。当时认为必须着眼于日本经济重建的总司令部经济局等部门通过各种办法倾注全力试图缓解局面。

但是,尽管日本方面进行了如此这般的努力,比较小的公司都因各自的性质而被调整，结果中枢性的企业基本都网罗已尽，日本方面主张理应以是不是和平产业为判断的标准，然而就连这样的主张都没有得到承认。尤其根据草案制定者的性格，对财阀公司的追究是极其严厉的。说到此，还是彼此之间见解的不同，是意识形态或者哲学的不同，可以说是谁也没办法的事。

一般董事得以幸免

但是在适用地位问题上，如果一般董事全部被"清洗"，那就导致日本经济界多少有点经验的经营者的总崩溃，对需要重建的我国经济界来说实实在在是个致命的严重问题。但这个问题无论我们如何多次陈情，对方一步也不退让。1947年1月4日（第一次"清洗"令整一周年之日）是扩大"清洗"令发布的最后时限，这是个严格指定的日子。其前一天即1月3日的内阁会议上，决定让我方办事当局去跟民政局交涉以求至少解除对普通董事的"清洗"，我方人员后来报告说：当时那可真是拼了老命争取，交涉绵延4个多小时，看样子民政局到底是坚持不住了，在最后的最后作出让步，成功地让麦克阿瑟元帅承认了我方的修改要求。

另外，关于对普通董事的免除"清洗"，需要附带说一下。那就是，对方英文原案写的 Standing Director，我方译成了"常务董事"。正确的译法应该是"专职董事"。从而，如果严格按原语翻译，要从大多数一般董事都是专职的这一实际情况来说，适用范围就更广了。但日本方面还是硬解释为"常务"，贯穿到最后。这样，得以幸免的普通董事的范围就宽得多了。误译有时也有点用处。

对媒体"清洗"的扩大化

对媒体的"清洗"似乎关联着各种复杂的背景。关于把日本推向战争所起作用的个人或言论机关的领导，都要追究其责任，这是总司令部的既定方针。但其执行标准定在什么档次上，最初的一段时间还没有定下来。后来总司令部的周密而涉及面甚广的腹案所展现出来的，大体上是下面三个要素主要起作用。即，第一，企图占据媒体部门（包括报纸、出版界、广播、电影的所有大众媒体的部门）的左翼分子对总司令部的不厌其烦的进言；第二，总司令部存在与他们相呼应的人；第三，民政局的意图是利用这个标准"清洗"特定的人物。

但是在决定这个标准的时候，民政局对我方下达命令说，仔细调查并提交从 1937 年 8 月 7 日即日中战争爆发到 1941 年 12 月 8 日期间所有报纸、杂志、电影、定期出版物、广播稿等，在此期间有关公司、团体等提倡或支持军国主义、极端民族主义、侵略战争者在数量上究竟有多少。这简直是岂有此理的要求，以有限的人数在有限的时间里完成这个任务，根本不可能。但总司令部拨出特别经费，增加临时雇用的人数，硬要求我方无论如何也要尽量完成。于是动员很多打工的大学生来查书。为了判定，还设置了由学者和舆论界人士组成的委员会。

特别调查《东洋经济新报》

这期间首先奉命进行特别调查，要调查时任大藏大臣（即财政部长）的石桥湛山主编的《东洋经济新报》和同类的经济类杂志《钻石》。但《东洋经济新报》一般常识都认为是反军国主义的，是自由主义的。由于有总司令部的特别要求，所以我们的事务当局就非常周密地进行了调查，还提出了若干次中间报告，而根据最后提出的报告，符合"清洗"条件的只有二十五六篇，而另一方面，在当时的形势下竟然刊发了二十七八篇反战的论文。由此，我方的事务当局和委员会的判断都是《东洋经济新报》不应在"清洗"之列。

然而这个判断民政局却并不认可。这是因为总司令部如后所述，最初就盯上了石桥先生，为此他们拿出了符合"清洗"《东洋经济新报》的标准。根据他们的说辞，在战时无论发表了多少和平主义的论文，都不能抵罪。他们粗暴的理论是，一旦用毒箭杀死人，无论事后怎么做，死者都不能复生。美方所显露的态度再没有比这个时期更蛮横无理的了，因此我们的事务当局实在是苦不堪言。总之，从《东洋经济新报》调查以后，他们说不良文章登载一篇都不行，就这样，言论部门成了众矢之的，几乎所有的报纸、杂志尽在扫荡之列。

连部门负责人都在"清洗"之列

这样一来，问题就成了相关公司或团体应把"清洗"的范围定在什么级别上，他们竟然说定在部门负责人这个级别。这样，报纸、杂志、出版社就全军覆没了。对这一点，我们双方几经交涉，最终对言论界"清洗"的扩大化没能赶上1月4日这个既定日期，命令发布推迟了两个月。关于相关负责人的级别，经过凯迪斯大卫（民政局副局长）同我方最后磋商，结果大幅度宽松化，部门负责人得以免除，还承认了各种特殊情况，成功地使"清洗"范围大大缩小。

这样，由1946年1月总司令部指令为发端，制定诏书，实施审查，截止到1948年5月已处理约20万人的驱逐公职大"清洗"至此基本画上了句号。

二、过度"清洗"和国民情感

限制被"清洗"者的行动

如前所述，"清洗"的实施与扩大化虽告一段落，但那以后被"清洗"者的行动又开始成问题了。有日本一方的密告和内部通报说，有的被"清洗"者仍在暗中从事政治活动；有的对原来的手下人以及小兄弟之类发出指示；有的去原来的单位或部下那里发挥各种影响。这些被总司令部当成了重大问题。

这样，在总司令部的要求之下，甚至产生了稀奇古怪的规定，如："禁止被开除公职人员从事政治活动及向其他公职人员施加其影响力""禁止被开除公职人员踏入原工作场所的建筑物"。最终在制定"禁止三等亲以内的人继承被'清洗'者原有的地位"这一规定的时候，我方对总司令部的神经过敏大为震惊。作为实业界的问题，例如财阀的儿子或兄弟不能接父兄的的班而担任公司的经理、董事等要职还可以找到理由说是为了防止财阀东山再起，而公务员是有明确的任用制度的，尽管不是灭九族，这种牵连三族的做法，不正是践踏基本人权的封建思想吗！所以对总司令部的做法，我们尽全力促其反省，然而对方一旦决定了，就会找各种理由，最终还是坚持不改。我对这三等亲问题实在忍无可忍，给麦克阿瑟元帅写信要求改正，然而未能奏效。即便是现在来看，那也是毫无道理的措施。

"清洗"的正面和负面的效果

上述有关"清洗"过头的事例，不胜枚举。但冷静回顾一下，这种"清洗"制度对促进战后我国各界民主化方面，还是有一定效果的，关于这一点任何人都无法否认。也就是说，各方面旧有的领导者被一扫而光，新时代的人们取而代之，占据要职，因新体制机构和新的人员配置，在与战前、战时完全不同的基础和完全不同的环境下，万事得以运转，根本不可能再使那些"使日本国民犯错误的权利和势力"复活。有的人把这叫作日本"道德方面解除武装"，甚至是不流血的革命，在某种意义上确实可以这样说。

这种正面效果的另一面是，这个"清洗"制度也无可否认地带来了不少消极因素或曰弊端。作为我，尽管知道其中也有情非得已的隐衷，但当时特别担心由于"清洗"的扩大化而阻碍各方面的新的发展。比如在经济界，以后大力发展对外贸易，应该在世界经济舞台大显身手，但由于"清洗"的结果，使积累多年丰富经验的领军人物明显匮乏。在政界也一样，新进人物当然不错，然而常年在议会政治中锻炼成长起来的政治家中，非常优秀的人物有的却被排除在外了。实际上，大正、昭和初期的政友、民政两党、以及属于大众政党的议会政治家在反抗军部压迫的同时，拥护议会政治，有很多人不断付出难以想象的艰苦努力，这些都是无可否认的事实。我认为，为了民主政治的健康发展，让这些人再工作一些时间是非常有意义的。我认为这些事在地方政治以及日本社会其他方面也都是一样的。

不公正、过分的事例

进一步说，无论如何，这种"清洗"制度是占领下的总司令部的命令，是上面压下来的，而且在实施中根据"清洗"令的规定不得不执行一刀切的标准，在审查过程中，不得不短时间处理非常多的案件，在这样的情况下，就不可能没有机械性处理的倾向。这就难免发生明显的错案以及很多不公正的案例。而且在当时的形势下，加上日本人一般的态度都是低调行事，几乎没有人对此类实例进行强烈抗争。

另外关于这个"清洗"制度，总司令部的目的是仅仅开除公职而已，但在当时我国社会的具体情况下，被"清洗"的人并不是单纯被排除在公职的大门之外，有时由于周围人缺乏理解，据说，即便想在法律允许就业的民间企业工作或者做小买卖，实际上都有障碍。甚至就连跟"清洗"不沾边的普通人，战后其就业也极端困难，生活极端困窘，不得不面临激烈的竞争。而在行政措施和社会实际待遇上背负着不利条件的被"清洗"者中势必有很多人被逼入生活的绝境。不难想见，陷入这种极端悲惨境地的这些人必然数以万计。"清洗"问题到了这个地步，实际上就成了社会问题、人道主义问题。

产生压抑感

总之战争刚结束时，事实上日本人并没有法国国民那样的自主、自动地强烈要求批判和审判负有战争责任的人的动向。虽说对军阀怀有强烈的憎恨，但几乎没想进行人民审判。另一方面，由于联合国军主持实施的战犯审判，再加上广泛的大"清洗"，就感到极度的压抑。更何况"清洗"制度产生了前述那些负面影响和弊端，在当时的形势下公开批判和攻击几乎是不可能的。我当时就暗自担心将来会因此而酿成排美反美的势头。

到了1949年前后，在国民情感上，希求某种光明的气氛渐渐浓厚起来。审判战犯的高潮已过，开始要求重新考虑"清洗"问题，可以说这是一种自然的趋势。不管怎么说，日本国民要求总司令部采取措施，不让这种制度永远持续下去，这是应该的，同时作为渐渐迫近实现对日媾和时期，"清洗"问题的处理当然要提到日程上来。

三、"清洗"解除之前

申诉委员会的设置

下面谈谈解除"清洗"的事。在总司令部进行"清洗"过程中也不是完全没有解除"清洗"的制度。实际上1947年3月3日（当时是第一届吉田内阁时期）就设立了公职资格申诉审查委员会（俗称第一届申诉委员会）。就是受到"清洗"的人认为决定有误，如果能提供相关证据，可以向这个委员会提出重审的申诉。但这个第一届申诉委员会受理1千多件申诉，只有150件解除了"清洗"。第二年即1948年5月10日在发表最后确定"清洗"者的同时撤销了申诉委员会。

但是，由于"清洗"20万人之多，随着时间的推移，前述的负面影响逐渐显露出来，对国民的心情和生活影响逐渐增大。我方由原来的努力协助总司令部确定具体"清洗"对象转而向着解除"清洗"努力，1949年第二届内阁大选后不久，我亲自拜会麦克阿瑟元帅，说明各种情况，请他同意设立第二届申诉委员会。没想到他痛痛快快地答应了。这时，直接的当事人不消说，就是普通国民也都作为一大好消息而欢迎这个决定，这从报纸的报道中就看得出来。

民政局依然态度强硬

虽然麦克阿瑟元帅痛快地同意了我们的要求，而实际上等到申诉委员会开始工作的时候，总司令部当局的态度就不像元帅那样和气了。据当时的报告，委员会刚成立时，谷村（唯次郎）委员长拜会民政局惠特尼局长跟他寒暄的时候，惠特尼却说："这个委员会作为特殊的措施允许设立，而要缓和'清洗'令所规定的标准即'清洗'令框架，民政局是不能同意的。委员会的任务仅限于把由于错误或有严重不公正的情况作为'特别免除'处理而加以解除，为此要进行严格公正的审查。"

其实，我方委员会事务当局不得不以超过实施"清洗"时的热情和耐心坚持与民政局进行交涉。这是因为，第二届申诉委员会直到那以后1年半，开了119次会，审查申诉申请，每次审查判定结果都报告给总司令部方面，然而这期间总司令部没有提出任何决定，也没表明任何意志，所以完全无法预见什么时候解除"清洗"。委员会就不消说了，即便是政府多次恳切请求，他们都不作丝毫回应。申诉者度日如年地等待着决定。委员会和都道府县的办公厅整天都不断有人来打听和恳求。

于是，我又特为此事给麦克阿瑟元帅写信申诉，这次又是与各方面悲观的预见相反，申诉委员会的决定几乎全都照单承认，特别免除申请3万2千多件中，有1万多人解除了"清洗"。后来，"清洗"框架有所缓和，太平洋战争爆发后进入陆海军学校的正式军官3 250名在1950年10月末全都解除了"清洗"。

朝鲜战争的影响

第二届申诉委员会开始工作之初，总司令部方面表现出非常强硬的态度，对我方的恳切请求不置可否，而在最后的关键时刻，一下子完全承认了委员会审查的结果。我认为这里是有不少内情的。

随着时间的推移，由于我方事务当局的坚韧不拔的努力，他们开始倾听我们的诉说，气氛也有所缓和，这当然是事实。尽管如此，这期间的国际形势的变化，尤其是朝鲜战争的影响是不能忽视的。总之，东亚的形势急剧变化，之前致力于日本非军事化和民主化的占领政策开始向对日措施缓和的方向转化。我们有理由认为，这对不久以后解除"清洗"产生了影响。

驻日美军突然出动朝鲜后，作为总司令部，首先不能不考虑的是我国的治安维持和国民思想动向。因而总司令部也痛感由于地方骨干的缺乏可能产生政治真空，这种状态正给过激分子留下可乘之机，这是非常危险的。进一步，重建健康的日本经济，准备对日媾和，为使日本能够在国际上参与竞争，有能力的经营人才是不可或缺的。我认为总司令部渐渐开始承认这一点了。记得在我给麦克阿瑟元帅的信件中就写了这层意思。

当时反美情感还不太强烈。所以总司令部方面对"清洗"制度的继续存在与反美情绪的关系并不感到忧虑，但是当时如果不解除"清洗"制度，这制度更长时间存在于国民各阶层中的话，无疑那以后的反美情绪会更加强烈，更加难以收拾。我现在深刻认识到，解除"清洗"对日本对美国都是好事。

"清洗"问题的终结

就这样,前述第二届申诉委员会出色地完成任务,于 1951 年 3 月末被撤销。但接着于同年 6 月设立公职资格审查委员会,到 11 月撤销为止,共取消了 17 万 7 千多名被指定"清洗"者的处分,后来接着于 11 月成立公职资格申诉审查委员会,解除了 9 千多名被"清洗"者的处分。众所周知,1952 年 4 月 28 日《旧金山和平条约》生效,与此同时,开除公职的"清洗"相关法令一概废除,至此,所有有关"清洗"的问题宣告结束。

四、涉及"清洗"的回忆

所谓备忘录事件

写完"清洗"问题,再交代一下与我个人有关的几件事。"备忘录事件"这个词不知是谁先用的,总之,是指以来自总司令部民政局的特殊备忘录的形式特别点名说"这个人这个人得'清洗'"。后来到了解除"清洗"的最后阶段,日本政府"清洗"的人可以由政府考虑解除,但根据总司令部备忘录"清洗"的人,总司令部说:从道理上说应由总司令部做出决定,不应包括在日本政府决定解除的名单中。其中包括鸠山一郎先生和石桥湛山先生以及其他人共计 20 多名。

对鸠山一郎的处理

前面叙述了麦克阿瑟元帅欣然同意设立申诉委员会,当时元帅特别说道:"但这是有条件的。鸠山和石桥的可不能解除。"元帅毫不含糊地说:"对鸠山的'清洗'处理是根据苏联的强烈建议确定的,要解除,不能单由美方决定。"

鸠山先生被苏联盯上,也许我有些责任。那是在战争刚结束的时候,鸠山先生正实施组建自由党的计划,有一天来找我,言谈中提到新党的政策政纲问题。我说:"今后无论在国内还是在国际上,共产主义都是个问题,干脆从正面打出反共的大旗怎么样?"不知是不是由于这个原因,鸠山先生就真的提出拥护天皇制,反对共产主义而成立了日本自由党。这就是苏联强烈要求"清洗"鸠山,并且一直到最后都反对解放他的主要原因。如果真是这样,也许我也有一定的责任。不过到后来,鸠山先生自己当了首相,却强烈主张"共产主义并不可怕",最终以恢复日苏邦交为卸任的"红毯"。由此看来,也许当年的反共并非货真价实,不过是临时抱佛脚而已。

对石桥湛山的处理

石桥湛山先生本来是财政经济界自成一家的专家,而且性格上是个信念坚定的人。在我的第一届内阁中他作为大藏大臣亲自跟总司令部交涉财政、经济政策问题,他坚持己见,给人一种凡事都硬碰硬的印象,在经济科学局也终于被看成占领政策的对抗者。加之石桥先生就是在这样的环境下仍然态度不变,终于他们向我传达了

"让石桥大藏大臣辞职"的意见。但是我没有答应罢免石桥的要求："如果仅仅对总司令部的指示陈述自己的反对意见就解除职务,这样下去,总有一天政治将一事无成。事情到这个地步,明显是干涉内政。这与总司令部平时常说的不是自相矛盾吗?"没想到他们以备忘录的形式决定"清洗"他。

据我方战后事务联络事务局事后的报告说,凯迪斯大校(民政局副局长)大致说了下面的话:总司令部担心石桥先生成为反对占领政策的首领,并且在这点上非正式地提醒日本政府注意,但日方没有采取任何措施。正如上文在有关言论方面"清洗"扩大化的部分所记述的那样,从审查石桥先生在战争期间主编《东洋经济新报》的劲头来看,民政局老早就下决心要在适当的时候把石桥先生定为言论方面的"清洗"对象。我想这种看法应该接近真实的情况。总之,无论是石桥先生还是鸠山先生,对他们的"清洗"都有特殊的内情,所以要解除"清洗",我方是无法插手的。

瞄准特定人物

从上述事例可知,很多次都是瞄准特定的人物然后诉诸了"清洗"这一手段。例如桦山爱辅伯爵的情形就这样。大家知道,桦山伯爵担任日美协会会长多年,即使说他的一生几乎都献给了日美友好事业也不算过分。他当然是个和平主义者,一开始就反对跟美国开战。然而不知为什么,总司令部方面放着别人不抓,却偏偏要求"清洗"桦山伯爵,而且他们的要求早早就传达到我方来了。表面上的理由是战争期间桦山伯爵担任了室兰冶铁所的代表。每当我们的办事当局把对方急如星火的催促报到我这里来，我总是不予理睬地说放一边不管它。我记得最终我的内阁总辞职，继任的片山内阁成立后桦山伯爵被指定"清洗"。

还有，当时在外务省担任调查局长的法华津孝太先生（曾任极洋捕鲸社社长）也遭遇同样命运。法华津先生大概不太听对方的话。总司令部以他曾在战争期间担任过最高指导会干事为由就多次对我方事务局说："罢免他！"于是我通过事务局转告对方：那就别以口头形式，以书简的形式正式提出要求。我是打算等对方信件到了就拿着去直接和麦克阿瑟元帅交涉。但是最终对方也没递交书信就拉倒了。

不仅是法华津先生，记得我多次成功地使用令其递交书信的战术。而那种书信到底一次也没递交过来。由于这个缘故，我管辖的外务省没有发生过受到错误"清洗"或者被罢免的例子。其他的部门，尤其是地方军政部管辖的省厅由于违反占领军的指示、不配合工作、受到本国反对派的告密或重伤等，由负责军政的官员的一己之见而被罢免的例子似乎不少。我听说了为此有不少有用人才不得不离职的悲剧性事例。现在想来，可以说这是占领初期的一种牺牲。

第十章　围绕文教改革

一、六三制与义务教育的延长

刚刚战败时的日本人

在记述我当首相时的文教政策之前，先讲一下我看到刚刚战败后的社会状况而深有所感的事情。

那就是一旦战败，优等民族的金玉外表被剥掉之后，日本人显现的是何等的悲惨和丑陋啊！因为自己也是日本人，所以实在羞愧难当。动辄拿国家呀、军部呀之类的玩意儿虚张声势吓唬人，这是日本人的痼疾，战前和战争期间我为此感到痛苦和赧然。现在国家战败，人们马上就变得没出息，卑躬屈膝，外国人放的屁都是香的。那些一有事就向美国人乞哀告怜的人比比皆是。在身居领导岗位的人中，无论在政界、实业界还是学界，上述那种人不在少数。

每当我看到这种情形就想必须改变教育状况以匡正日本人的人性。用极端的说法，现在的日本人，作为一个独立的人来看，仍有很多人在国际社会中属于乡巴佬。我甚至认为要跟昭和时代的日本人相比，明治时代的先辈放在世界任何地方都不丢脸的人更多。必须改掉夜郎自大的毛病，要把每一个日本人培养成所有外国人都信任都尊重并乐于亲近的人。

其次，要把每一个日本人改造成哪怕身无分文，也要有正常的自尊心的人。为此，必须具有通行于世界的、作为一个人的文化教养，同时还要具有作为日本人所特有的、无愧于日本人的素养。总之，为了重新获得文化教养，培养出畅行于世界的、出色的日本人，如果不把精英力量集中起来，将来的日本就没有救。战败之后我强烈地意识到这一点。我感到了教育的重要性，看到战败后的状态，我深感于此。

占领军对日本人的看法

我对战败后日本人那不堪的样子的感想已如前述。而占领军是怀着怎样的看法进驻日本的，这个问题正如第七章以前所述。至少在占领之初，占领军的政策要点是首先就认定日本人的军国主义思想已深入骨髓，凝结为极端的民族主义，因此必须解放他们使其变为自由主义、民主主义的人。

太平洋战争，尤其是在南方战场，美军所仰仗的优越的机械力量意外地受到日军的顽强抵抗，这回算着实地领教了日本人的称之为战斗力的精神力量的强大。不光是美军，英军也一样在战争初期阶段在马来半岛和新加坡战场遭到日军沉痛打击，所以对日本人的憎恶极其强烈。

这种情况导致日本一投降，占领军把日本军国主义者、极端民族主义者的首恶作为战犯关押在巢鸭，但却感到意犹未尽而决定"清洗"更多人，从各方面强制推行根本性的改革，就这样开始了对日本的管理。教育问题在占领管理政策中就被当成了最重要的问题之一，占领初期就毫不客气地促其实行改革。

美国教育使节团的忠告

占领军方面有关教育制度改革方针具体化的契机是1946年3月上旬美国教育使节团受联合国军委托来到日本。当时是币原内阁文部大臣[①]安倍能成先生在任的时候。美国教育使节团在日本逗留约1个月，在这期间听取了日本有识之士的意见，研究了日本教育改革计划并向总司令部提出了建议案。

其后不久，1946年5月成立了吉田内阁，设立了首相的咨询机关教育刷新委员会，让他们研究一下美国教育使节团的建议计划草案。其计划草案以尊重人权和教育机会均等为要点，作为先进的民主国家的教育方法，从常识来看是一个好的方案，而是否适用于日本，有许多具体问题要考虑，于是让委员会进行专门研究。然后大体上形成了日本方面的具体方案。

[①] 相当于文教部长。文部省于2001年与科学技术厅合并而改称文部科学省，简称文科省，主要负责教育、学术、体育、文化、科技、宗教等事务。长官为文科大臣。

"六三制"实施上的困难

问题的核心是所谓"六三制"的学校制度。原则上可以认为这是个好的制度,它提升教育水平,任何一个孩子,只要有能力都可以升入大学,这是个公平的制度。本来这是在明治时期菊池大麓等人就研究并提出过的方案,战争期间以近卫公爵为中心的昭和研究会①也制定过类似的、旨在教育机会均等的计划。所以"六三制"并不是美国的独家专利。为提高一个国家的智力水平,必使"野无遗贤";而如何在青少年时期就能"使无遗贤",这是心系国家的政治家理应考虑的事情。所以日本明治以来提出"六三制"方案就是理所当然的。明治时期福泽谕吉翁的想法也是"考虑教育之机会均等有利于国",正是由于某种程度的实施,日本才在明治以来迅速摆脱封建时代而有所进步。

所以我基本上赞成美国教育使节团和教育刷新委员会研究的结果。不过这里我想到实施时有几件重要的事是必须考虑的。第一,搞好学校制度当然很好,但什么是教育精神的核心?能否具体提示出来?也就是说,问题在于,所有的日本人都看得见摸得着的中心精神,怎样具体地把它表现出来?第二,"六三制"需要巨大的经费,即使在战前的鼎盛时期也只勉强做到六年义务教育。战争期间在法律的一纸书面上倒是制定了八年义务教育制,但实际上并没有施行。战后作为九年义务教育,财政上真的能办到吗?能否实现姑

---

① 作为近卫文麿的智囊班子成立于1933年10月,1936年以后为世人所知,旨在为新体制运动注入智慧和思想的研究团体。1940年11月解散。

且不提，如果实施，必然造成国民的巨大负担。本来都吃不上饭，绝不能再胡乱强行给国民增加负担了。当时我是二元论思想：计划很好，实施得慢慢来。

相关部门的辛劳

但是，舆论界和教育界人士提出即使有难处也得勇往直前，尽快推行"六三制"。当然，这反映了美国占领军年轻行政官员的善意却鲁莽的意见，另外也许与日本改良主义者中"见风使舵者"的意见反映在舆论中有关。

总之，好事倒是好事，然而不顾一切地贸然乱闯也会把事情搞砸。我就是这样想的。专家文部大臣田中耕太郎和副大臣山崎匡辅两位跟我思想一样，他们对占领军的操之过急的做法提出抗议，给予忠告。而且我知道他们吃了不少苦。后来，不管怎么样，占领军司令部强制命令说从1947年开始实行"六三制"！

非常认真的田中大臣夹在中间两面受气。认真地考虑一下战败后的日本的现实情况，田中他们认为宗旨是好的，可是对照一下国民经济复兴的状况，按顺序从小学、初中、高中、再到大学，一步一步地切换成新制度才是明智的。他们的认识是天经地义的。也是文部大臣的立场使然。然而，从1947年开始三年中每年总司令部都表明其态度说小学、初中、高中、大学都要实行新制度。具体负责人当然受不了了。田中、山崎他们一直与之周旋，当我觉得抵抗到了极限的时候，就劝田中先生休养。我看得清楚，再这样下去对日美双方都不利。

可是"六三制"终于强行推开了。我一直都觉得具体负责的人太苦了。理想是好的,但通过这件事我深深感到了脚踏实地工作的人们的辛苦。所以我认为日本国民现在都应该理解相关工作人员所付出的辛劳。

怎样才能获得好老师

第三,关于教育改革我想到的大事之一就是"老师"的问题。教师队伍如果不配齐优秀人才,教育改革就无异于画饼充饥。我常常想,要把优秀人才变成教师得用什么样的方略,这话也一直跟文部大臣商量。这事很难尽如人意。坦率地说我觉得现在也没有令人满意的结果。

总之,当时作为文教上的问题,最重要的是教育精神、学校制度、教师素质这三个问题。我把自己的这些想法告诉了文部大臣以及文部省的官员。

二、教育精神方面的问题——第二届、第三届内阁时期的教育问题

我认为第一届内阁已大体上铺设完使新日本诞生的轨道。说铺设完轨道可能有点自夸,但至少可以说铺设完了承载轨道的砂石路基。

这首先是完成新宪法并加以公布。其次关于文教,前述那样的担心和愿望明明白白是有的,为了培养民主国家的国民,已决定采

用先进的教育制度，使有能力的人都能上大学。后来进行大选，社会党成为第一大党，我一边内心牵挂着新教育制度的实施问题一边向社会党政权彻底交差。

然而第二年即1948年10月我又组织了第二届内阁，在那以前的社会状况，尤其是教育界的势头非常糟糕。国家的重建进行得并不顺利，而共产主义的倾向不断扩大。鲁莽的劳动纠纷层出不穷。教育界也受其影响，出现了外国根本不可能有的、违背常识的小学教师罢工、大学生罢课的情况。

各地随便开办大学

新教育制度的方向大体上是好的。不过关于高等教育，过去的制度反而比较民主，是好的。旧制高等学校毕业就可以升入东京、京都以及其他的所喜欢的旧制大学。我认为新教育制度从整体上说，其目标还是可以的。

不过与此相关，我想起来一个意料之外的事情。如果实施新制度，就不能不增设比以前更多的高中和大学。总司令部说美国各州都有一两所大学，所以日本各县也可以有大学。可是我们说，美国的州和日本的县无论大小还是结构上概念都完全不同，但是他们并不同意，说学校设立越多新的教育方针就越能彻底贯彻。

为此我想，许多大学就算办起来了，但没有至关重要的教师，没有优秀教师，学校的评价就好不了，也没有学生愿意去。一时就算开办了，到头来还得被自然淘汰。然而实际上学生人数年年有增无减,即使是不好的学校,也没有倒闭而是继续存在下去,甚至出现了"车站盒饭大学[①]"的说法。现实实在是出乎我的预料。

教育信条的缺失

这且不说,如前所述,总之还算好的教育制度一旦付诸实施,我最初担心的情况非但没有消除,反倒越来越严重。实施"六三制"使财政极端困难自不待言,虽说要尽量努力,而实际并没有充实教育的内容。

首先,教育的理念或者叫信条,并无明确的一以贯之的东西。不错,制定了《教育基本法》,把新教育的根本以法律的形式展示给国民了。但这充其量不过是把民主国家教育上的信条和该做的项目依据常识罗列成法律条文而已。那都是通用于任何现代民主国家的常识性语句。对于有着日本历史文化背景并且在日本社会生活的所有日本人来说,《教育基本法》不能成为所有日本人的教育上的依据,也不能成为长存于日本人心中并影响他们的有血有肉的活的信条。

所以无论是大学的先生还是小学老师乃至家长们,那些所谓教育者们没有信心,在游移不定中给年轻的莘莘学子们传道授业,致使年轻人中生出一股潮流,误以为不尊重老师,轻视家长就是民主。

我越来越深刻地认识到,实在有必要提出日本国民都认可的教

---

① 评论家大宅壮一原创的词语。他说:所有快车车站都卖盒饭,而这样的车站所在的城市一定会有大学。所以"车站盒饭大学"就含有"随处都有的大学"的意思。这是对战后到处都办的大学的一种挖苦的说法。

育信条。战败以前《教育敕语》就起到这种作用。我当然也并不认为《教育敕语》作为教育信条从头到尾都无可指摘，但它显示了"施于内外而无悖，贯通古今而不谬"的优秀教育精神，对全体国民产生过良好的影响。至少有《教育敕语》要比没有这个活路标好得多。在教育刷新委员会上讨论《教育敕语》存废问题的时候，最终得出结论：作为新的日本，这个讲求臣民之道的诏书还是废止为上，而代之以制定《教育基本法》，但似乎仅有《教育基本法》还不够。总之，这样的时期浅薄的"喜新"之论总能占上风。

教师缺乏见识

其次是教员问题。我总觉得无论大学的先生还是小学的老师，很多人缺乏有关教育的见识。本来应该以明确的态度指导年轻人，不为社会上胡乱流行的风潮所迷惑，培养年轻人习惯于以民主的思维判断世事，牢牢地掌握基础知识，然而教师们却在进步的名义下迎合年轻人的意向，有点像一味娇纵孩子的倾向。与欧美先进国家相比，日本的青少年举止不端，缺乏教养简直令人惊讶。

成立教师工会是好事，然而那教师工会却学着纯企业的那些丧失本来使命的工会的做法，丢下对青少年教育的正事不管，只顾干那些吃政治饭的人和职业煽动家的行当而倍受有良知的世人的谴责。

本来民主主义的信条是 Understanding, Generosity, Magnanimity（理智·宽容·大度）。然而在战后的日本，很多人误解自由，一味主张自己的权利而不理解别人的立场。他们是强行推动集团私利而远离民主真意的现代野蛮人。我一直认为教育工会也显出这样的倾向，这实在叫人无法接受。教育刷新委员会聚拢了有识之士，希望由这样的人来引领社会，但是他们没有充分发挥作用。确实遗憾。

设立文教审议会

经过多方思考，第三届吉田内阁组成以后，一半是为了我个人，在首相府内成立了文教审议会，后来改名为文教恳谈会，这是一个商量文教方面事宜的机构。经常把我尊敬的有识之士请来交换意见。当时高濑庄太郎担任文部大臣，最初有安倍能成、天野贞祐、和辻哲郎、长谷川如是闲、高桥诚一郎、铃木文四郎、板仓卓造、马场恒吾几位，后来又有小泉信三、铃木大拙和中山伊知郎加入。我一有时间就参会，所谈的问题涉及文教的所有方面。针对当时国民道德下滑、人们对自由主义错误理解、借改良主义之名忘却日本传统和立场之现状，对如何改变这种情况、如何纠正大学生中存在的政治偏向问题、青少年学力低下怎么办、必须提高教师水平等等这些问题，大家的想法基本相同。

在这个会上，关于制定全体国民共同理解的教育信条，也就是所谓《教育宣言》，我征求过大家的意见。这个《教育宣言》究竟是以政府的名义制定好，还是以国会的名义制定好，发表的方法和技术上的问题必须考虑周全。如果发表的方法不适当可能效果适得其反，大家讨论的结果是不能立即制定并发表，但是多数意见是教育信条的思想还是以《教育宣言》这样的形式表现出来为好。

粗暴至极的教育内容

这期间，事态迅速向我不希望的方向发展。存在于大学教授和学生之间的左倾主义者的破坏活动越来越严重；教员工会的极左倾向愈演愈烈。与此同时，教育内容也越发偏于一种违背常识的方向，他们认为作为日本人有一颗爱国之心是错误的。社会课的教育科目引进美国思想，但那只是机械模仿美国的某一种教学方法而不讲授日本的社会课。任何国家的教育都是先教本国的语文、历史、地理，这样致力于培养国民性格、修养是理所当然的。然而他们并不努力给我国青少年讲授日本历史、地理，这实在令人惊讶。另外我听说有的教员即便教这些内容也是倾向于极左的教法，例如向学生灌输天皇和皇室所做的一切都是残害人民。

其中，有一件事与其说令我惊讶不如说失望，那就是有些教员竟然认为把《君之代》作为国歌来唱是封建主义的，把太阳旗作为国旗悬挂是不民主的。这种奇特无比的教育理论除了在战后的日本，恐怕全世界都是见不到的。

我想，必须设法改变这种倾向，于是1950年5月我以三顾之礼请求我所敬重的天野贞祐先生担任文部大臣。天野先生说自己不适于需要做政治交涉的这类职位而一再谢绝。我敬佩他的人格和见识，说政治方面的事我来做，就这样硬是说服了他。

不久美国第二次教育使节团到来，他们看到日本的教育现状，佩服日本积极致力于新的教育所取得的进步，但是就连这些美国的专家也在报告书中写道：必须进一步在道德教育方面下更大的力气。

天野文部大臣的"道德标准"

天野大臣一直认为"战前和战争期间只重视国家的立场而忘却了个人，二战后却一味重视个人的立场而忘掉了国家。这是不对的"。他殷切地期待着教育国民懂得"中正"是何等的重要，而实践它又是何等的困难这个道理。我赞同天野大臣的思想，推荐他为文部大臣，就是期待他重建文教事业。

1950年11月文化节这天，文部大臣正式发言说希望挂国旗、唱国歌。另外，文部大臣经过慎重考虑，制定了一个方针，即应该研究全体国民都认可的道德标准——"国民实践要领"并发表其成果。他说这不是强制，只是提示给国民作为参考。还有，除了社会课以外还建议开设伦理课，教导学生具有系统的人生观。

所有这一切我都赞成，我认为文部大臣的努力是非同一般的。然而见诸报刊的意见，虽然我想说是有赞成有反对，但反对意见却非常之多。而反对的理由很多是非常滑稽、荒诞的。

反对国歌、国旗问题，总之说是复活陈旧的军国主义，这简直是极其愚昧、恶劣的反对理由。任何文明国家的国民都不可能有人认为唱传统的国歌、挂国旗是不民主的。这样的反对议论是不值得理睬的。事实上体育选手在国外夺冠奏国歌、升国旗时不都是非常激动吗！这是国民情感的自然流露。

另外，就因为提示了参考性的国民道德标准就谴责为抹杀个性、封建主义，简直岂有此理！如果你认为那道德标准没有价值，你可以了解其内容后提出你的批判。没有国民道德的国民生活是无法想象的。问题在于标准是否妥当，或者是不是强加于人的。如果出现了不值一提的标准，完全可以提出更好的标准。如果是强制性的，当然可以反对。设置伦理课，系统地讲授道德问题，怎么可以说成是不民主呢？应该掌握系统的道德知识，就跟学习数学、语文一样。

我知道新闻界有不少反对意见，但我还知道社会上赞成者意外地多。日本的媒体有明显的阿谀逢迎潮流的一面，在文教方面尤其严重。然而大多数普通民众没有机会在媒体上实名发表意见，而在他们中间却有着跟那些受媒体摆布的"名人"完全不同的舆论。我觉得这是可喜的事，应该认为国民的常识是健康的，这是国民值得骄傲的地方。我坚信善良而稳健的民众中支持天野先生意见的，现在也是很多的。然而如前所述，有相当多大学教师，为获得媒体和倾向左翼的青年的人气，发表"忘掉日本人立场才是进步的"之类的意见。我认为这些人应该称之为新型的"曲学阿世"之徒。

悬挂国旗和总司令部的态度

可能有点跑题，在我的回忆录中提到国旗、国歌问题时，想到了在占领初期实际上是禁止悬挂国旗的，我想知道当时更详细的情况就下令进行调查，结果得到外务省和国会图书馆工作人员的协助获得了宝贵的资料。这资料，既如实地反映了占领政治的一个断面，同时也准确反映了战败最初时我们和他们之间的情况是怎样的。所以我不厌其烦，列在这里以备后世之参考。

先说结论。占领期间禁止悬挂国旗的事并没有总司令部的备忘录或者指令。尽管如此，后来却发出允许悬挂的信件和备忘录。乍一看令人费解，下面说一下其中的具体情况。

1945年联合国军进驻日本，最初引起国旗之争是9月15日在宫城县盐釜市。9月17日驻仙台战后联络事务局长武藤义雄先生致信重光外相询问如下事项：

（关于撤去悬挂国旗之事）15日在盐釜为迎回遗骨，居民组悬挂国旗。然而发生美军命令撤下国旗的事件，美军方面主张毫无疑问当然禁止悬挂国旗，我们怀疑没有根据，因秋季皇灵祭祀临近，恳请急速回电如何处理。

仙台战后联络事务局于9月23日再度发文询问。对此，战后联络中央事务局长冈崎胜男先生作了如下答复：

仙台9月23日第四号函询案件，一如此前指示，悬挂应无任何问题。不过作为暂时过渡性权宜之计尚有不得已而不挂之情由，目下其他地方尚未显示有问题之状况，故而关于此事诚愿由你处因地制宜妥善处理为盼。谨此专复。

由此看来，仙台地方的美军尽管当时没有任何禁止的根据，但却硬说悬挂日本国旗是被禁止的，而日本方面明知美军的主张没有根据，悬挂国旗应该没有问题，但是屈服于战胜国的威压，认为在当时的形势下，"作为暂时过渡性的权宜之计不得已而不挂"。

10月17日，神尝祭[①]，福冈县大牟田市发生农户家所挂国旗被美国兵撤下的事件。

11月8日栃木县足尾町发生国民学校悬挂国旗，MP（美国宪兵）宣布说"官衙团体作为战败国挂国旗是不适当的"，命令降下国旗的事件。

11月23日，新尝祭[②]，发生贵族院第二便门所挂国旗被MP命令撤下的事件。

由于发生了上述这些事件，战后联络中央事务局不能等闲视之，与美军交涉，美军最终也没明确表态是禁止还是允许悬挂日本国旗，日本方面只好采取作为个别问题求得谅解的方针处理。

一般认为这期间的情形从1945年12月14日战后联络中央事务局下达给各地方战后联络事务局长以及都道府县长官的通告可以得知。

[①] 始于公元721年的宫廷祭祀活动。每年阴历9月17日把当年收获的新稻穗奉献到神社"伊势神宫"，祭祀天照大神。1873年采用阳历，后于1879年改为每年的10月17日献祭。

[②] 始于古代何年不详。11月23日，天皇以新收获的稻谷献祭天神和地神感谢神的恩惠，同时祈祝第二年的丰收。1948年改称"勤劳感谢日"，作为法定节日。

"联合国军进驻以来,因各地报告发生有关悬挂我国旗之问题,中央事务局紧急与联合国军总司令部达成明确之谅解,双方将此事各自通知有关当局周知以使妥善处理。10月中旬已向总司令部提交须悬挂国旗之日期,如附页之列表。其后虽多经督促以求回复,然讫未接其片纸作答。据悉关于本案件,无论如何督促,其参谋长亦绝不置可否。其原由似有如下三端:(1)有议论恐致鼓吹军国主义(欢迎士兵返乡及陆海军纪念日等);(2)易刺激联合国军士兵(尤以对战场之惨状记忆深刻者为然);(3)易为联合国士兵收为藏品。凡此种种皆为复杂敏感之问题,故我方应据对方官员之提示行事,暂不求问题之全面解决,每事须获对方之谅解。前此尝新祭时虽已先行申请,然至当日上午方接总司令部官员口头指示:悬挂无妨,然于时已无暇通知必须之全员而仅止于联络内阁之少数人员而已。又虽有前述准许之指示,仍发生国会议事堂悬挂国旗时派往该处之美国宪兵强令除下我国旗之事端。因有上述事件,且大正天皇之祭祀迫近,专此紧急通报各地方事务局及都道府县官厅周知。"

当时在民众中出于对战时过分强调太阳旗的反感,加之对占领军的卑微的屈服感,还有城市的许多国旗在战火中烧毁,因而大家对国旗的关心极低。然而占领军没有下达禁止悬挂国旗的命令,当然有上述中央事务局所举的三个理由,另外,作为占领政策,考虑到因为禁止悬挂一国的国旗会一味刺激日本国民的情感，与其那样莫不如采取在事实上造成禁止的气氛，而在各个具体情况下又允许的方针更好。从战后事务联络中央事务局所说的"应据对方官员之提示行事，暂不求问题之全面解决，每事须获对方之谅解"这句比较含蓄的话也可以窥知占领军的这层意思。值得注意的是在国家重大节日时允许悬挂，但相反在当时天皇频繁地进行地方巡幸时却禁止悬挂国旗。

此后有关悬挂国旗的问题的大体情况如下。

（一）1947年5月3日（新宪法实施纪念日）特别允许悬挂；

（二）麦克阿瑟元帅致吉田首相信件（1947年5月2日）称，1947年5月3日以后，国会、最高法院、首相官邸、皇宫悬挂国旗一概允许而无限制；

（三）从1948年3月1日起，包括四方拜①在内，日本12个重大祭祀日是否悬挂国旗可自主决定，无需一一请示许可（总司令部备忘录）；

（四）自1949年1月1日起，在日本领土内允许悬挂和使用日本国旗而不加限制（1949年1月6日总司令部备忘录）。

其中，麦克阿瑟元帅致吉田首相的信这样写道：

---

① 在皇宫举行的祭拜仪式。每年元旦早晨5点半天皇穿和服到神嘉殿南庭对皇大神宫、丰受大神宫、天神地祇、天地四方、山陵进行拜祭，祈求宝祚无穷、天下太平、万民安宁。

"随着新宪法生效，等于说日本将确立民主政治。为纪念这个迈向民主自由的历史，从今以后，代表三权分立的国会、最高法院、首相官邸以及作为国民象征和国民统一的象征的天皇的皇宫上不加限制地悬挂日本国旗，甚为恰当。我祝愿日本国旗飘扬下去，以昭示基于个人自由、尊严、宽容、正义的永久和平时代的到来。"

如上所述，占领军并未提出禁止悬挂国旗的备忘录。而后来在1948年3月1日的备忘录中说允许在12个节庆日悬挂国旗，由此，作为相反的解释，他们的态度是除允许的这些日子以外，原则上是禁止悬挂的。举一个例子，1948年6月16日《朝日新闻》低调报道：小田原市山王一色渔业会长宫坂宽次郎涉嫌在节庆日以外悬挂国旗，在6月14日横滨第一宪兵裁判所军事裁判中被判重劳动6个月。对此，外务省有疑义，询问总司令部，其法制局最初回答说：（一）禁止悬挂国旗的基本备忘录不存在；（二）但在精神方面可以说这种行为违反占领目的；（三）承认无需法律治裁。随后又重新回复说：（一）指定日期以外禁止悬挂国旗，所以上述案件即为法律处罚对象；（二）但处罚权在日本；（三）我方将郑重提醒军政部门：今后再出此类事件由日本法院裁判。可以说这是总司令部在为地方军政部所犯过度审判所作的辩解。

另外，没有这样一种国际惯例：战败国在被占领期间要自律性地不悬挂战败国国旗。

读了上述资料我深刻地思考着，一国的国旗，它的意义远比普通的日本人尤其是战后的日本人所想的要重大得多。那些没怎么受过教育的占领军士兵看到悬挂的太阳旗就命令降下来，难道这事本身不就证明他们不仅对本国、即使对敌国的国旗也看得很重吗？

无论哪国国旗都有其传统并伴有一份感情。欧美人对国旗一般表现为一种宗教样的尊崇。与此相反，日本人在特定场合看着升国旗也很少有人脱帽致敬。其中还有人表现出与己无关的态度。更有甚者，有人说对国旗致敬是复活军国主义、封建主义。

我希望日本的年轻人在高举红旗感到兴奋之前能有一种仰望太阳旗的心情。即使是一般家庭，我也希望至少在节庆之日每家每户都能让太阳旗迎风招展。我这个年纪的人年轻的时候甚至把这叫作升旗日。自古以来，没有爱国之心的国民是不会昌盛的。

三、偏执的教育令人不能容忍——第四届、第五届内阁时的教育问题

破坏性的、偏执的教育者

《旧金山和约》缔结完成回国后，我深刻地感到必须让日本的国民牢牢地把持住作为国家主人的自尊心。

然而不知何故，无论青年还是大学生，都看不到强烈的国民的自豪感。他们错误地理解民主主义，把自由和无秩序混为一谈，没有对责任和义务的高度的自觉性，一味地主张权利并认为理所当然，到处弥散这样的风气。这是由于战争和战后思想的真空和茫然

自失状态导致教育者缺乏见识，又由于他们的短视而产生的恶果。

我总觉得战后教育者缺乏指导能力。教育者本来应该培养青少年具有作为国民的自尊心，但他们并不重视指导和培养。最糟糕的是，极少数已经离开讲台的、具有破坏性的教师出身的一伙人要把全国的教师引导到一个方向上去。他们破坏学校秩序，妨碍学校真正的负责人履行职责，要由他们自己来管理，他们冒充革命者，有组织地对学生进行"苏联一边倒"的偏激的教育，无论如何这就不能等闲视之了。这样的具有破坏性、偏执的教员为数甚少，但思想上是狂热而执迷不悟的，所以其影响力极强。我认为不仅是我一人觉得不能等闲视之，还有社会上的普通家长也是真心这样认识的。

保持教育中立的两个法律

对这种事态，当时的大达文部大臣于1953年8月来到在大矶的我的私邸向我做了详细的介绍。第二年（1954年）1月14日，我在目黑的官邸召开文教恳谈会。会上文部大臣详细地讲述了要把具有破坏作用的或进行偏执思想教育的教师从教师队伍中清理出去的必要性。不厌其详地说明旨在达到此目的的法律草案。我也认为此时不能再犹豫了。

第19届国会的施政演说中我着重讲了教育界的革新，发自内心地呼吁教师要不偏不倚，作为不得已的办法可以采取立法的措施。然后向国会提出了严守教育中立的两个法案，一个是以禁止教职员从事政治活动为目的（以前作为地方公务员的特例曾经允许过）；另一个以禁止通过教职员的组织进行偏激的教育活动为目的。这次遭到了前所未有的反对。真正反对的为数极少，但其反对声浪甚高，这些偏执的教师们不分昼夜地试图殊死抵抗。殊死的抵抗导向更激烈的偏执。看气势，他们向家长、媒体、学校的同事也要显示其组织的威力。我们已无法再把这些人当作教育家教师而坐视不管，再把自己的子弟交给他们了。对他们没有进行社会制裁或者政治制裁简直是国家的耻辱。

鼓励大达文部大臣

但是，法案的审议一进一退，非常不顺利。所有妨碍议事的做法都不择手段地被运用，他们采取拖延审议的策略。不知审议何时是头。我认为在如此困难的情况下锐意奋战的大达文部大臣是可靠的，就不断地鼓励他不要退却。

1954年5月这个难产的法律终于诞生了。目的就是挽救教育，使之不受破坏分子的残害，希望将来能保护国民不受极权主义的祸害，使我国真正地、自由地、有秩序地民主繁盛起来。

四、关于美术的两个回忆

如前所述，对文教方面，我本来是所谓门外汉的立场，但是，看到战败后的实际情况，我在内心痛感在一国的政治当中，教育是非常重要的。我想，与其外行多嘴多舌说这说那，不如交给教育专家和教师更好，所以正如第七章（一、我眼中的政党和政治家）所述,直到我第三届内阁组阁,只有文部大臣不是由自己所属的政党推荐,而以三顾之礼延请我确认"非他莫属"、值得信赖的人出任。现在想想,基本上都是成功的。

总之就是这样,在文教事务方面,我直接参与的场合比较少,但我自认为总是怀着强烈的关心注视着。我的五届内阁六年半期间在与文教有关的事务方面,有些事多少直接接触过一些,这里我想谈一谈关于松方收藏美术馆[①]的事。

我和松方美术馆

1920年我在伦敦大使馆工作,当时在法国不断物色和购买美术品的松方幸次郎来到伦敦,在克拉里奇宾馆举行晚餐会招待画家、画商等美术方面的人士以及林权助驻英大使和大使馆馆员。林大使本来生于会津,在明治维新的会津战争中成了孤儿,是萨摩藩[②]的一个人救了他,带他到鹿儿岛,他就在那里长大。由于这层关系,他和松方先生成了莫逆之交。林大使在晚餐结束时致词说:"松方,你早晚得破产。在你还有钱的时候要买法国美术品。这是你为国效劳的唯一途径。"

这话说得实在太不客气了。大使喜欢惊人的言行,但在他的谐谑之中总是包含着真理和强烈的爱国的至诚之心。此时大使的话大概成了劝勉之言,从那以后松方先生虽不致破产,但因自己亲手发

---

① 即国立近代美术馆,在东京都中央区京桥3-11。
② 江户时代的诸侯国名,在今鹿儿岛县、宫崎县的日向等地。

展起来的川崎造船厂的破产事件与他有关联而不得不辞去经理的职位。要说晚年如何，身为奇才，他晚景悲凉，失意而终。

但是松芳先生生前在欧洲各地购得的美术品无论在质量上还是在数量上都非同寻常。后来其中一部分运回东京，其余的都留在了巴黎。第二次世界大战中作为帝国的财产由法国政府保管。

容我说点别的事情。1932年我奉外务省之命巡视驻外使领馆，在欧洲转了一圈，途中也到了莫斯科。我有个毛病，到哪儿都要去动物园看看。我一是天生喜欢动物，二是在动物园狮子就是狮子，老虎就是老虎，用不着别人多做说明。所以马上去了莫斯科的动物园。据说动物园的所在地叫"麻雀山"，进去一看，并没有像样的动物。我和带我去的大使馆人员相视而笑："咳！除了名副其实的麻雀以外哪有什么别的动物啊！"可是后来我被带到法国美术馆。进去一看，就连我这个名副其实的外行都深切感到了法国美术馆的壮美！在动物园幻想的破灭，因鉴赏法国美术馆得到了完美的补偿。

舒曼外长的好意

在那以后，1951年9月旧金山和平会议时，我见到了法国代表舒曼外交部长。在交谈中我谈到："我去莫斯科之后才感到法国美术的伟大。那简直就像在沙漠里遇到绿洲，懂得了绿树和清泉的宝贵，比照当时莫斯科的荒凉与单调，更凸显了法国美术的华贵，就连我们真正的外行都印象深刻。比如松方收集的作品，正是因为来自万里之遥的巴黎，东京的那些藏品才更能发挥其真正的价值，给外国游客以感动。真诚地希望松方先生的藏品能运到日本。"苏曼外长爽快地接受了我的要求，回国后为此多有奔波。

作为结果，法国政府关照说，如果日本能建造适于容纳这些藏品的美术馆就准备移交。听说当时我方正在准备接收。将来若松方藏品移送东京并展出，我们的民众应该向舒曼先生和法国政府致以最大的感谢和敬意。

近代美术馆

近代美术馆于1952年3月竣工，在东京平民区[①]中心地带，展示现代最好的美术品。它地处首都中心，商业街忙碌的市民得以在此消遣，在不觉间培养高尚的情趣。这实在是个极好的计划。

这个计划开始时文部省在用地选择上颇费周章，原想建在皇宫外广场的一角，而我指定了现在的地方。因为无论是巴黎的卢浮宫还是伦敦的大英博物馆，全都建在首都中心或其附近以便于市民的欣赏，在日常的不知不觉间培养起喜爱美术心和情操。所以我认为东京也应该向他们学习。我看到伦敦的海德公园和巴黎的博亚就想要是东京也有那么大的绿地就好了。有时我梦想着能不能以爱宕山、日比谷公园、皇宫附近为中心从芝公园到上野公园，再把御茶之水也囊括进来，形成一个清爽的大公园。1922年关东大地震后，我记得曾向当时的内务大臣兼帝都复兴院总裁后藤新平伯爵建

[①] 工商业者、手工业者即一般平民比较集中居住的地方。在东京主要指下谷、浅草、神田、日本桥、深川一带。

议过，他说钱的问题怎么办？我无言以对，再不作声了。战争刚结束，我看到这一带大片的火灾废墟，又想起了以前的旧梦。这个时期国民几乎都处于想吃而没有饭，要住而没有房子的状态，我最终没能张开那个口。现在想来，实在是错过了一个好机会。作为大都会的巴黎之所以有今天，那是因为拿破仑一世的雄才大略得以付诸实施，从这一点来看，拿破仑也应该说是一位稀世英雄。

回想补余：

松方藏品的由来——松方三郎（共同通讯社专务理事、已故松方幸次郎先生的胞弟）

作为收藏品，有如此复杂经历的实属不多。从时间上回顾一下收集的历史，最初的开端是从1916年即第一次世界大战当中开始的，所以到今年已过了40个春秋。这样，东京建造新的美术馆，把现在还在法国的绘画和雕刻纳入其中的时间都算上，大体上已有半个世纪了。

从收集到的美术品内容来看，并不仅限于欧洲近代美术品。第一，现已有9千件左右的风俗画入藏国立博物馆，这里的欧洲的美术品，有法国、英国乃至北欧的作品。年代上，从文艺复兴时期到现代都有。其中甚至还有壁挂作品、椅子、桌子等工艺品。

能如此大规模地收集，原因之一是收集者漫无边际地广事收罗，目的是让日本的美术研究家以及学绘画的学生可以不花大量外汇去外国，在日本国内基本上就能学到西洋的艺术；另一个原因是，这次大战之后，德国不消说了，就连法国、北欧各国也都像现在的日本一样，在经济上受到巨大的打击，持有众多收藏品的人们有很多不得不卖掉自藏的艺术品。

这些收藏品大体上都是在欧洲搜求的，而要把这些运回日本就出了各种问题。进口关税就非常严厉，由于诸多原因，有一部分艺术品还没来得及往日本运，就爆发了这次大战，无论是放在法国的还是放在英国的，就因为是日本的东西而被扣留了。

但是法国政府认为这些艺术品本来是为了要向日本介绍欧洲尤其是法国的美术而收集的，不能把这些东西一律看作跟其他日本人的财产一样而当作法国的东西处理。如果把这些东西运到日本，以这些东西为中心建设一个美术馆，就可以对法日两国的文化交流发挥积极作用。这事就发生在占领时代结束的时候。作为日本，对法国政府的这番好意实在是充满感激。

然而《旧金山和约》却认定这些财产的正式归属是法国，在本条约缔结以前开始的非正式的谈话，原则上要从头再谈，或者全都不算数。

吉田先生在旧金山向法国外长舒曼提到此事就是那个时

候，当时我也在旧金山，我根本没指望他能提及此事，因为他那么忙，我想他没有机会提及绘画的事。所以吉田先生提出这件事，我们听说这回法国政府重新把此事作为法国政府和日本政府即国与国之间的正式问题来处理，简直大喜过望。

所以，这批艺术品作为法国给日本的礼物来到日本，日本要履行对法国的约定，为此建造一所美术馆。美术馆的地址已经选好了，就在上野。接受设计任务的勒·柯布西耶[①]来到日本，考察了现场，基本完成了设计。接下来是我国政府进行建造，本年度内可望告竣。至此，要让日本人看到这些藏品而把它们运往日本的故人松方幸次郎的心愿实现了，吉田先生的多方努力也有了结果，法国政府的目的也已达成，终于有了一处鉴赏欧洲美术的美术馆。光是罗丹的雕刻作品就有50件，还有一百块画布大的雷诺阿[②]的作品。这件事完成，可以说日本文化史就开始了一个新纪元。

[①] 勒·柯布西耶（Le Corbusier）（1887—1965）是生于瑞士活跃于法国的建筑师、设计师、城市规划专家，是世界现代建筑三大巨匠之一。

[②] 雷诺阿（Pierre Auguste R）（1841—1919）是法国印象派画家。